Das Excel-VBA Codebook

Bert Körn,
Monika Weber

Das Excel-VBA Codebook

ADDISON-WESLEY

An imprint of Pearson Education

München • Boston • San Francisco • Harlow, England
Don Mills, Ontario • Sydney • Mexico City
Madrid • Amsterdam

Die Deutsche Bibliothek - CIP-Einheitsaufnahme

Ein Titeldatensatz für diese Publikation ist bei
Der Deutschen Bibliothek erhältlich.

Die Informationen in diesem Produkt werden ohne Rücksicht auf einen eventuellen Patentschutz veröffentlicht. Warennamen werden ohne Gewährleistung der freien Verwendbarkeit benutzt. Bei der Zusammenstellung von Texten und Abbildungen wurde mit größter Sorgfalt vorgegangen. Trotzdem können Fehler nicht vollständig ausgeschlossen werden. Verlag, Herausgeber und Autoren können für fehlerhafte Angaben und deren Folgen weder eine juristische Verantwortung noch irgendeine Haftung übernehmen.
Für Verbesserungsvorschläge und Hinweise auf Fehler sind Verlag und Herausgeber dankbar.

Falls alle Hardware- und Softwarebezeichnungen, die in diesem Buch erwähnt werden, sind gleichzeitig auch eingetragene Warenzeichen oder sollten als solche betrachtet werden.

Umwelthinweis:
Dieses Buch wurde auf chlorfrei gebleichtem Papier gedruckt.
Die Einschrumpffolie – zum Schutz vor Verschmutzung – ist aus umweltfreundlichem und recyclingfähigem PE-Material.

10 9 8 7 6 5 4 3 2 1
04 03 02

ISBN 3-8273-1979-X

ein Imprint der Pearson Education Deutschland GmbH
Martin-Kollar-Straße 10–12, D-81829 München/Germany

Lektorat: Frank Eller, feller@pearson.de
Korrektorat: G&U Technische Dokumentation GmbH, Flensburg
CD Mastering: Gregor Kopietz, gkopietz@pearson.de
Satz: reemers publishing services gmbh, Krefeld – gesetzt aus der Minion
Umschlaggestaltung: Marco Lindenbeck (mlindenbeck@webwo.de)
Druck und Verarbeitung: Kösel Kempten (www.koeselbuch.de)

Printed in Germany

Inhaltsverzeichnis

Vorwort

Das Buch, das Sie nun in den Händen halten ist in seiner Art etwas ganz Besonderes. Es ist kein Lehrbuch, das nach und nach aufbaut und vom Anfang bis zum Ende durchgearbeitet werden muss, sondern ein nützliches Nachschlagwerk, das Ihnen fertige Lösungen und Tipps zur Verfügung stellt. Ganz nach dem Motto: »Es muss nicht immer VBA sein«, werden Sie neben Programmcode auch Beispiele finden, die durchaus ohne VBA zurechtkommen. Wenn es Möglichkeiten mit Tabellenblattfunktionalitäten gibt, dann werden diese von uns genauso aufgezeigt wie ein komplexer Makrocode. Das Schwergewicht ist und bleibt natürlich bei VBA.

Wenn Sie das Buch durchblättern, werden Sie feststellen, dass es nicht in Kapitel, sondern in Kategorien eingeteilt ist, ähnlich einem Lexikon. In jeder Kategorie finden sie von einfachen bis hin zu komplexen Lösungen alles rund um diesen Themenbereich. Das Buch soll ein nützlicher Begleiter sein, der Ihnen viele Antworten auf Fragen in Bezug auf die Excel-Programmierung mit VBA anbietet.

Alle Lösungen wurden in den Versionen Excel 97, 2000 und XP getestet. Fast alle Lösungen sind in allen drei Excel-Versionen lauffähig.

Dieses Buch richtet sich an jene Leser, welche bereits Grundkenntnisse in der Excel-VBA-Programmierung haben. Das bedeutet, dass nicht jedes Detail ausführlich erläutert wird. In diesem Buch sind etwa 500 Beispiele mit weit über 1500 Einzelprozeduren mit funktionsfähigem Code enthalten, der sich sofort in die Praxis übernehmen lässt oder eine gute Basis für die Programmierung einer ähnlichen Lösung anbietet.

Ob Sie eine Exceltabelle »nur« farbig formatieren, oder einen kompletten Kalender mit Feiertagen per Makro erstellen wollen, es ist ein sehr breites Spektrum an Lösungen vorhanden.

Wir, die Autoren, betreuen unser eigenes Excel-Forum und sind zudem aktiv in verschiedenen anderen Newsgroups tätig. Von daher sind wir mit den alltäglichen Anwenderfragen und -problemen bestens vertraut. Speziell die FAQ's (frequently asked questions), also die häufig gestellten Fragen, werden in diesem Buch behandelt und sind mit vielen Beispielen vertreten.

Wie Sie wissen, ist Excel bereits von Grund auf ein sehr mächtiges Instrument im Bereich der Tabellenkalkulation, welches, wie man meinen sollte, schon alles bietet. Der erfahrene Benutzer jedoch weiß, dass die Bedürfnisse und Ansprüche einer Anwendung, die er täglich nutzt, immer mehr wachsen und die zur Verfügung stehenden Funktionen schon bald nicht mehr ausreichen. Zusammen mit VBA wird Excel zu einem mächtigen Entwicklungssystem, das sich maßgeschneidert an die eigenen Bedürfnisse anpassen lässt.

VBA ist, entgegen vieler Meinungen, keine einfache Programmiersprache, die sich in wenigen Wochen erlernen lässt. Im Gegenteil, es erfordert sehr viel Zeit und Geduld, bis man sich auch nur annähernd damit auskennt und man muss sein Wissen ständig pflegen und anwenden, damit es nicht wieder verloren geht.

Aus der einst relativ einfachen Makro-Sprache, welche von Microsoft damals noch in Deutsch (heute in Englisch) zur Verfügung gestellt wurde, hat sich im Verlaufe der Jahre eine sehr umfangreiche objektorientierte Programmiersprache entwickelt. Von daher ist man auf gute Literatur angewiesen.

Sie werden staunen, was Excel alles leisten kann.

Danksagung

Wir möchten uns bei allen bedanken, die uns bei diesem Projekt unterstützt haben, speziell natürlich bei den aktiv Mitwirkenden in unserem Diskussions-Forum.

Ganz besonders möchten wir beide uns bei unseren Familienangehörigen und Freunden bedanken, welche uns geduldig zur Seite gestanden haben.

Ein weiterer Dank gilt all den unzähligen Freunden und Newsgroup-Helfern, die uns bei unseren Anfängerproblemen vor Jahren hilfreich unter die Arme gegriffen haben, und uns nach wie vor als Freunde zur Seite stehen.

Bert Körn, Deutschland
http://www.bert-koern.de

Monika Weber, Schweiz
http://www.jumper.ch

TEIL I
Einführung

Die CD zum Buch

Im Verzeichnis *Buchdaten* der CD finden Sie zwei Exceldateien, die von zentraler Bedeutung sind.

Für die Ausführung einzelner Makros ist es erforderlich, auf Dateien auf der Festplatte schreibend zuzugreifen. Aus Sicherheitsgründen haben wir uns deshalb auf unsere Beispieldateien beschränkt. Legen sie am besten mit der Datei *Codebook-Setup.xls* eine Verzeichnisstruktur im Laufwerk *C:* an. Es wird ein Verzeichnis *C:\Codebook* mit Unterverzeichnissen und falls erforderlich *C:\Temp* angelegt. Diese Daten werden bei einigen Beispielen zum Bearbeiten benötigt. Im Verzeichnis *C:\Codebook\Temp* befinden sich von ihnen testweise per Prozedur gespeicherte Dateien. In den anderen Verzeichnissen befinden sich die Beispieldateien, die erst zur Laufzeit des Makros benötigt werden. Dabei handelt es sich um verschiedene Dateien, u.a. natürlich Excel-Dateien oder Bilder.

Das Verzeichnis *C:\Temp* gibt es standardmäßig auf den meisten Rechnern und sollte sowieso ab und zu leer geräumt werden. Dieses benutzen wir ausschließlich für temporäre Dateien, die zwischengespeichert werden müssen.

Die Exceldatei mit Namen *CD_Uebersicht_fuer_Beispiele.xls* ist unser Steuerzentrum, von wo aus Sie jede andere Beispieldatei starten können. Den Ordner *Beispiele* können Sie optional mit dem Setup in das Verzeichnis *C:\Codebook* kopieren.

Die Datei enthält für jede Kategorie ein Tabellenblatt, von dem aus die jeweiligen Beispiele gestartet werden können. Mit dem Menüeintrag »*Das Excel-VBA Codebook*« können sie jederzeit auf das betreffende Tabellenblatt wechseln und weitere Beispieldateien starten (siehe Abbildung 1). Sie werden feststellen, dass das Symbol des zuletzt besuchten Tabellenblattes vertieft dargestellt wird.

Die bereits besuchten Dateien werden in einer anderen Farbe dargestellt. Über den Menüeintrag BUTTON-FARBEN ZURÜCKSETZEN können Sie diese pro Kategorie wieder zurücksetzen lassen.

Die Beispieldateien wurden mit aussagekräftigen Dateinamen versehen, sodass sie diese jederzeit identifizieren können. Auf den jeweiligen Buchseiten, wo sich die Beispiele befinden, haben wir deshalb meist auf Datei-Hinweise verzichtet.

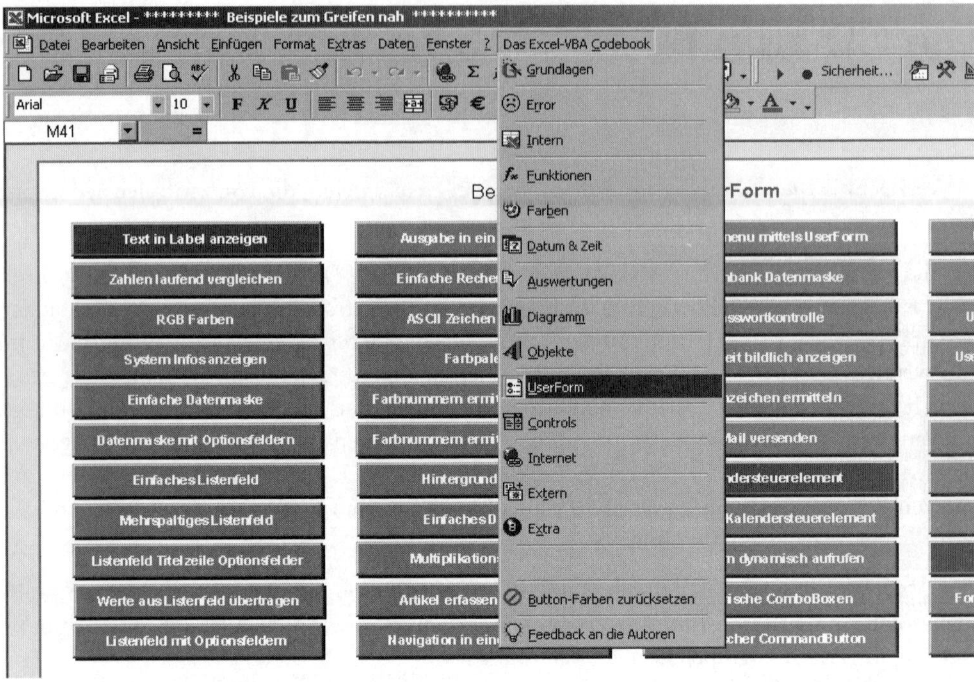

Abbildung 1: Unser Kontrollzentrum: CD_Uebersicht_fuer_Beispiele.xls

Erläuterungen der Schreibweisen im Buch

In diesem Buch haben wir die neue – eigentlich ja schon wieder veraltete – deutsche Rechtschreibung angewandt. wir haben aus Gründen der Lesbarkeit darauf verzichtet, Leserinnen und Leser getrennt anzusprechen. Bitte fassen Sie dies nicht als Diskriminierung auf, denn so ist es natürlich nicht gedacht, zumal sich das Autoren-Team aus beiden Geschlechtern zusammensetzt. Ein Satz, der lediglich »Mitarbeiter« enthält ist jedoch flüssiger zu lesen, als ein Satz, der »Mitarbeiter/innen« enthält. Wir bitten daher um Verständnis.

Voraussetzungen

Wir setzen voraus, dass Sie, wie meist üblich, die Analyse-Funktionen von Excel aktiviert haben. Falls dies noch nicht geschehen ist, hier die Erläuterung zur Aktivierung:

Klicken sie auf den Menüpunkt: EXTRAS | ADD-INS-MANAGER (siehe Abbildung 2).

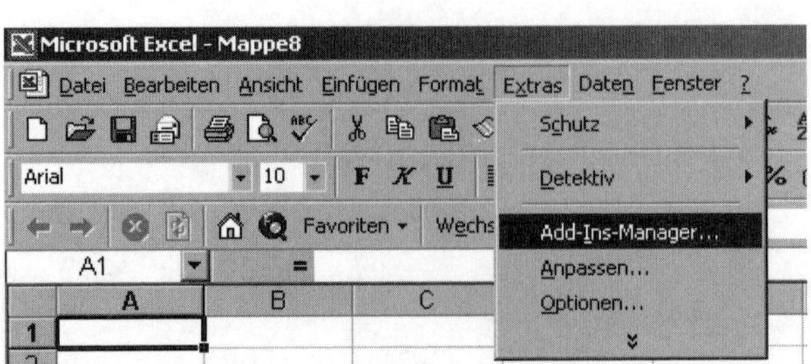

Abbildung 2: Der Weg zum Add-Ins-Manager

Im nachfolgenden Fenster suchen Sie bitte den Eintrag Analyse-Funktionen und aktivieren sie das entsprechende Kontrollkästchen (siehe Abbildung 3)

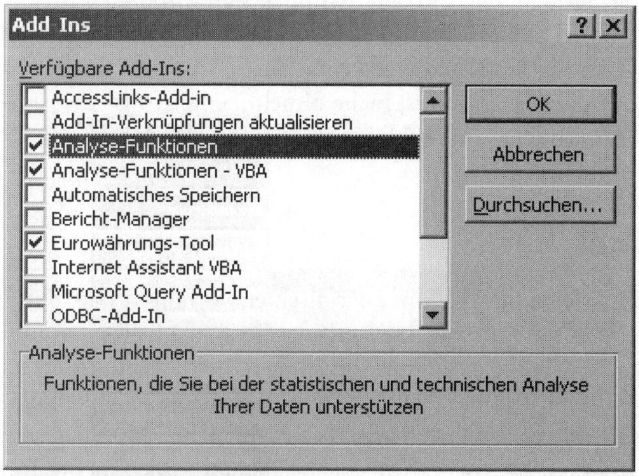

Abbildung 3: So wird's gemacht

Die Analysefunktionen enthalten viele nützliche finanzmathematische, statistische und technische Funktionen auf die wir in den Beispielen teilweise zugreifen werden

Des Weiteren ist es hilfreich, wenn Sie folgende Verweise auf andere Objektbibliotheken in der VBA-Entwicklungsumgebung setzen (siehe Abbildung 4). Wir werden sie pro Kategorie bzw. Abschnitt auf einzelne Verweise aufmerksam machen, welche für die Funktionsfähigkeit der Prozedur erforderlich sind.

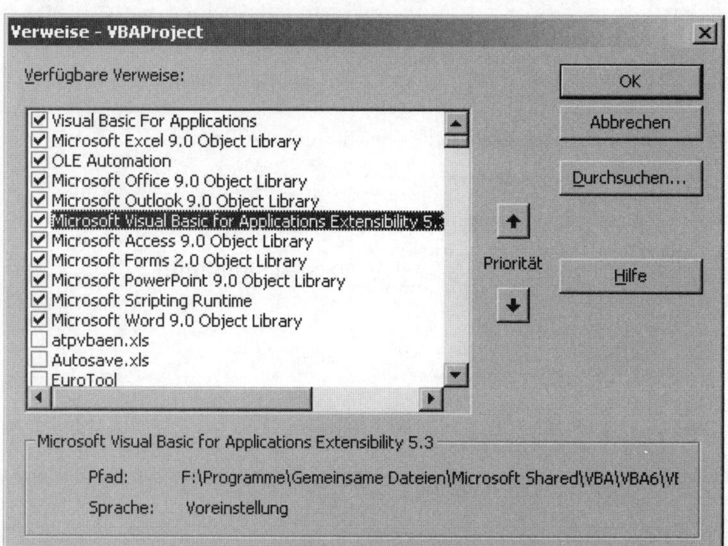

Abbildung 4: Mit diesen Verweisen wird im Buch gearbeitet

Datenaustausch

Prinzipiell spielt es keine Rolle, mit welcher Sprachversion von Excel Sie die Dateien öffnen werden, es werden immer die in der betreffenden Sprache richtigen Bezeichnungen für die Tabellenblattfunktionen angezeigt. Eine Sonderstellung nehmen die benutzerdefinierten Formatierungen und die selbstprogrammierten Funktionen ein. Beim VBA-Code gibt es fast überhaupt keine Schwierigkeiten, da die Programmiersprache ohnehin englisch ist. Die einzigen Stolpersteine sind Zahlenformatierungen und VBA-Funktionen die den Wortbestandteil »local « haben.

Die Geschichte von Excel

Microsoft Excel gibt es schon seit sehr vielen Jahren. Einer der direkten Vorfahren war Multiplan. Schon zu DOS-Zeiten konnte man seit Oktober 1987 mit der Version 2.0 arbeiten und in den folgenden Jahren bis heute machte Excel einen gewaltigen Veränderungsprozess durch. Seit 1996 ist MS Excel Marktführer und hat das bis dahin führende Tabellenkalkulationsprogramm Lotus 1-2-3 in den Verkaufszahlen überholt. Jetzt, im Jahre 2002 liegt die Excelversion 10.0 mit dem Verkaufsnamen XP vor. Tabelle 1 zeigt Ihnen die Geschichte von Microsoft Excel auf.

Excel-version	Jahr	Bemerkungen / Änderung gegenüber Vorversion
2.0	1987	Betriebssystem: DOS 3.0 oder höher
3.0	1990	▶ Benötigt zwingend Windows 3.0 oder höher ▶ Grafiksymbolleiste ▶ mit *.xla-Makros ▶ 3D-Diagramme ▶ in Tabellen sind Bilder einfügbar
4.0	1992	▶ Diagrammassistent ▶ Speicherung als Einzeltabelle oder Bündel von Tabellen ▶ Analyse-Tools werden mitgeliefert
5.0	1993	▶ Neues Arbeitsmappenformat: Es können so viele Tabellen in einer Mappe vorhanden sein, wie benötigt ▶ Import von Textdateien ist möglich ▶ Direkteingabe in Zellen ▶ neue Makrosprache (VBA), sogar in Deutsch ▶ Hilfeassistent ▶ neuer Funktionsassistent ▶ 3D-Formeln und Namen werden unterstützt

Tabelle 1: Die verschiedenen Excel-Versionen

Excel-version	Jahr	Bemerkungen / Änderung gegenüber Vorversion
6.0	-----	Gibt es nicht, da Versionsnummernanpassung der einzelnen Officeprogramme
7.0	1995	Verkaufsname: **Excel 95** ▶ lange Dateinamen, sonst nur wenige Änderungen ▶ Deutsche Makrosprache noch möglich, englisch ist aber bereits Standard
8.0	1997	Verkaufsname: **Excel 97** ▶ **Änderung des Dateiformats** – ältere Versionen können diese Dateien nicht immer lesen ▶ bedingte Formatierung ▶ Starke Änderungen / Erweiterungen bei VBA ▶ Nur noch englische VBA-Sprache
9.0	1999	Verkaufsname: **Excel 2000** ▶ stärkere Webintegration
10.0	2001	Verkaufsname: **Excel XP** ▶ Vor allem Dingen Neuerungen in der Bedienerführung ▶ Endlich ist es möglich Tabellenübergreifend zu suchen. ▶ Einführung eines Formelprüfers ▶ Noch stärkere Webintegration ▶ Erweiterte Kopf- und Fußzeilen (z.B. Firmenlogos)

Tabelle 1: Die verschiedenen Excel-Versionen

Wie Sie feststellen werden, sind die meisten Abbildungen in diesem Buch mit Excel 2000 erstellt worden, da es die zur Zeit am meisten benutzte Excel-Version ist. Da die Programmversionen Excel 97, Excel 2000 und Excel XP auf dem gleichen Datenformat beruhen, sind sie zu fast 100% abwärtskompatibel. Bei Versionsdifferenzen werden Sie in den einzelnen Abschnitten darauf hingewiesen.

Excel für Macintosh

Microsoft bietet seit vielen Jahren Excel auch für Macintosh an. Diese Versionen haben laut Herstellerangaben fast zu 100% die gleichen Funktionen wie die PC-Versionen. Die einzelnen uns bekannten Versionen im Überblick:

- Excel 4.0
- Excel 5.0
- Excel 98 (vergleichbar Excel 97 für Windows)
- Excel 2001 (vergleichbar Excel 2000 für Windows)
- Excel 10 für Mac OS X (vergleichbar Excel XP für Windows)

Der Datenaustausch zwischen den zwei Computerwelten ist bei Exceldateien relativ problemlos. In Windows sind die Dateinamenserweiterungen zwingend notwendig um die Datei einer Anwendung zuordnen zu können. Mac OS X unterstützt sowohl die Erweiterungen von Dateinamen aus der PC-Welt (*.xls, *.doc etc.) als auch die unsichtbare Erweiterung, die in früheren Versionen von Mac OS verwendet wurde. Die meisten Mac OS X Programme ermöglichen es Ihnen, automatisch eine Dateinamenerweiterung an Dateinamen anzuhängen, die vom Benutzer erstellt wurden, sodass keine manuellen Änderungen erforderlich sind. Standardmäßig werden diese Dateinamenerweiterungen im Finder nicht angezeigt, um die Darstellung beizubehalten, die Mac-Benutzer gewöhnt sind.

Zum Datenaustausch eignen sich hervorragend mit FAT formatierte Disketten, Netzlaufwerke und austauschbare Wechselmedien mit FAT-Formatierung. Mit dem E-Mail-Versand und -Empfang gibt es ebenfalls keine Probleme.

Dieses Buch beinhaltet Beispiele aus der Windowswelt, die meisten Beispiele sind aber auch unter Excel für Macintosh lauffähig. Die Beschreibungen im Text gelten generell für beide Versionen.

Pocket Excel

Dieses Programm wurde speziell für Handheld-PCs entworfen und beinhaltet die Grundfunktionalitäten des großen Bruders. Pocket Excel ist bisher in den folgenden Versionen erschienen:

- Pocket Excel 1.0
- Pocket Excel 2.0 (2002)

Die Versionen beinhalten auch eine Im- und Exportmöglichkeit von und zur PC-Version. Da sie allerdings lediglich Grundfunktionen beinhalten, verzichten wir an dieser Stelle auf eine detaillierte Beschreibung.

Servicerelease

Microsoft veröffentlicht immer wieder sogenannte *Service Releases* bzw. *Service Packs* für das aktuelle Office-Paket. Diese beinhalten jede Menge Produktupdates (Fehlerkorrekturen) für die einzelnen Officeprogramme. Auch wenn Sie nur Excel als Einzelprodukt erworben haben, können Sie diese benutzen.

Ihre Excelversion können sie einfach feststellen, indem Sie zunächst auf das Fragezeichen rechts oben in der Menüleiste und anschließend auf INFO klicken. Im erscheinenden Fenster sehen Sie die Angaben (siehe folgende Abbildungen)

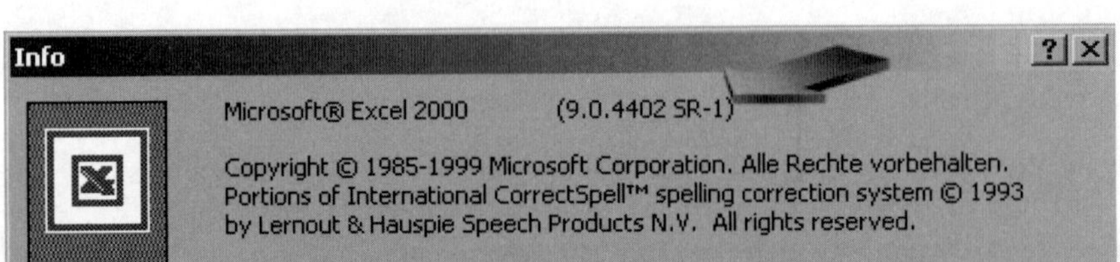

Abbildung 2: Excel 2000: Hier sehen sie beim Pfeil den genauen Versionsstand

Abbildung 3: Excel 97

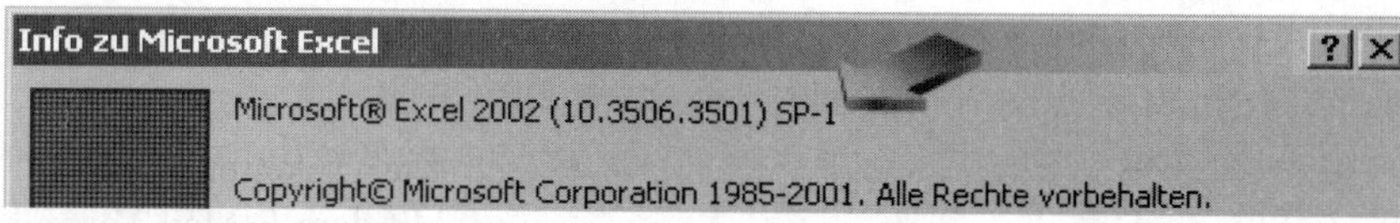

Abbildung 4: Excel XP

Wo finde ich Hilfe bei Excel-Problemen

Falls Sie Probleme damit haben sollten, die Beispiele aus dem Buch an Ihre Bedürfnisse anzupassen, oder weiterzuentwickeln, dann stehen Ihnen im Internet freiwillige Helfer zur Verfügung. Wir Autoren unterhalten, wie bereits erwähnt, selbst ein Excelforum, in dem nicht nur wir, sondern auch viele kompetente Freunde unentgeltliche Hilfestellung geben. Das Forum erreichen Sie über die Webseiten:

http://www.jumper.ch

http://www.excelabc.de

Auch die Excel-Newsgroups von Microsoft sind sehr empfehlenswert. Nachfolgend finden Sie den Link zur deutschsprachigen Newsgroup:

news://msnews.microsoft.com/microsoft.public.de.excel

Da Sie für den eben genannten Hyperlink Outlook Express oder einen vergleichbaren Newsreader benötigen, der nicht jedermann zur Verfügung steht, können Sie die Newsgroup alternativ auch über folgende Webseite aufrufen:

http://support.microsoft.com/newsgroups/default.aspx

Zu den häufig gestellten Fragen und Antworten hat Microsoft kostenlose Supportseiten ins Internet gestellt. Sie erreichen sie unter:

http://support.microsoft.com/default.aspx?ln=DE&scid=fh;DE;kbinfo
(Achtung: Fragezeichen Ludwig Nordpol = de)

Von Emails mit Dateianhängen bitten wir Abstand zu nehmen, besonders von solchen, die Viren enthalten könnten. Da Sie mit diesen immer eine Einzelperson ansprechen, kann es vorkommen, dass Sie erst nach Tagen eine Antwort erhalten werden. Foren und Newsgroups sprechen einen wesentlich größeren Leserkreis an.

Falls Sie Fehler in unserem Buch entdecken sollten, wären wir Ihnen dankbar, wenn Sie uns diese in einer Textmail mit Seitenangabe des Buches mitteilen würden. Kein Mensch ist fehlerfrei, und wir bilden da keine Ausnahme. Eine spezielle E-Mail-Adresse, die nur für das Excel-VBA Codebook Verwendung findet, finden sie im Menü der Steuerungsdatei.

Netikette in den Foren

Bitte verwenden Sie einen aussagekräftigen Betreff für ihre Frage und beschreiben Sie das Problem so ausreichend, dass andere Ihr Problem verstehen und nachvollziehen können. Da sich der Leistungsumfang von Excel von Version zu Version verändert hat, ist es ratsam die Version mit anzugeben. Sie sollten vermeiden, eine bestimmte Person im Betreff anzusprechen, da sich dann im Regelfall die anderen Helfer zurückhalten werden und sie somit länger auf eine Antwort warten müssen.

Jeder der Forumteilnehmer hilft unentgeltlich. Sie sollten das entsprechend respektieren. Wenn ihnen diese Hilfe nicht ausreicht gibt es genügend Dienstleister, die Ihnen (allerdings gegen Bezahlung) weiterhelfen.

Ein Missbrauch der Foren ist das so genannte *Crossposting*. Der Begriff Crossposting bedeutet, dass eine Frage in mehreren Foren gleichzeitig gestellt wird. Bitte bedenken Sie, dass sich die halbe deutsche Excel-Welt damit beschäftigt, Ihr Problem zu lösen. Wenn Ihre Frage nun in einem Forum beantwortet wurde, dann beschäftigen sich dennoch in den anderen Foren die Helfer unnötigerweise weiterhin mit der Lösung des Problems. Wenn Sie eine Frage haben, dann stellen sie diese bitte nur in einem Forum. Viele der Helfer sind in mehreren Foren unterwegs und so bleibt ein Crossposting meist nicht unentdeckt. Die meisten Forenbetreiber und auch die Helfer fassen dies als Nichtanerkennung ihres Fachwissens auf und reagieren dementsprechend, in dem sie künftig darauf verzichten werden, ihre Fragen zu beantworten.

Wenn sich nach einer geraumen Weile keine Antwort findet, dann liegt es möglicherweise daran, dass Sie Ihr Problem nicht ausreichend beschrieben haben. Prüfen Sie dann zuerst, ob die Details in der Frage umfangreich genug waren um das Problem zu erfassen. Zu einigen speziellen Fragen werden sie möglicherweise erst nach Tagen die Antwort eines Spezialisten erhalten, der sich mit diesem besonderen Teilbereich von Excel auskennt. Wenn eine Antwort nach geraumer Zeit dennoch ausbleiben sollte, dann können sie die Frage guten Gewissens in einem anderen Forum stellen. Weisen sie aber bitte darauf hin, dass sie die Frage bereits woanders gestellt haben, und dass sie dort keine Antwort erhalten haben. Dann werden die Helfer dafür sicherlich Verständnis haben und es wird somit auch nicht als Crossposting angesehen.

Haftungsausschluss

Wir haben versucht alle Prozeduren für ihr System und ihre Dateien sicher zu programmieren. Aus sicherlich verständlichen Gründen übernehmen wir keinerlei Haftung für ihr System sowie den Datenbestand auf ihrem Rechner. Sie können aber versichert sein, dass im Originalzustand kein an sich schädlicher Code wissentlich eingebaut wurde.

Aus Sicherheitsgründen sollten sie den Quellcode aus dem Buch zuerst an Kopien ihrer Dateien testen. Ein Beispiel: Unser Code ist so aufgebaut, dass die Spalte B gelöscht wird. Sie hingegen möchten möglicherweise die Spalte C löschen. Wenn sie den Programmcode vorher nicht entsprechend angepasst haben, wird die falsche Spalte gelöscht. Für Makroausführungen gibt es keine Rückgängig-Funktion.

TEIL II
Rezepte

Grundlagen

1 Was ist ein Makro?

Ein Makro ist eine Automation von Anweisungen. Mit einem Makro können Sie häufig wiederkehrende, gleiche Handlungen automatisieren. Als guter Excel-Kenner sind Ihre Ansprüche bestimmt schon so gewachsen, dass Sie gewisse Abläufe automatisieren möchten, oder Sie möchten über die Grenzen der in Excel zur Verfügung stehenden Funktionen hinausgehen.

Nehmen wir einmal an, dass Ihre Spaltenüberschriften immer gleich aussehen sollen: Fett, Grau, Schriftgröße Arial 12, derselbe Text. Jedes Mal, wenn Sie eine neue Tabelle erstellen, müssen Sie Schritt für Schritt die Spaltenüberschrift neu formatieren. Mit einem Makro lassen sich diese Schritte aufzeichnen. Anschließend müssen Sie nur noch das Makro starten, und die aufgezeichneten Schritte werden nacheinander ausgeführt. Je nachdem, wie viel Sie aufgezeichnet haben, ist es ein schönes Schauspiel zuzusehen, wie die Arbeit für Sie erledigt wird.

Zum Aufzeichnen von Makros steht Ihnen der Makro-Rekorder zur Verfügung. Sie können sich diesen wie einen Kassettenrekorder vorstellen. Wenn Sie beim Kassettenrekorder die Taste »Record« drücken und ins Mikrofon sprechen, wird alles, was Sie sprechen, aufgezeichnet, bis Sie »Beenden« drücken. Später können Sie sich das Gesprochene wieder anhören. Genauso funktioniert auch der Makro-Rekorder, nur machen Sie keine Sprachaufnahme, sondern zeichnen eben Ihre Arbeitsschritte auf.

Hinter einem Makro verbirgt sich nichts anderes als eine Prozedur, also der Sourcecode von VBA. Bis Sie mit VBA einigermaßen gut umgehen können, wird Ihnen der Makro-Rekorder immer wieder eine gute Unterstützung sein, und sei es nur, um zu sehen, wie denn eigentlich der genaue Code lautet, um eine Zelle einzufärben.

Tipp

Denken Sie beim Aufzeichnen daran, dass der Makro-Rekorder wirklich jede einzelne Ihrer Eingaben speichert, daher ist es ratsam, sich vorher die Schritte genau zu überlegen.

Versuchen Sie es zuerst ohne Aufzeichnung. Gehen Sie jeden einzelnen Schritt durch. Wenn Sie glauben, dass Sie alle Schritte gut beherrschen, können Sie mit der Aufzeichnung beginnen.

2 Ein Makro aufzeichnen

Beispiel: Zeichenformatierung:

Wir möchten das Formatieren der Spaltenüberschriften automatisieren. Die Überschrift soll folgendermaßen aussehen:

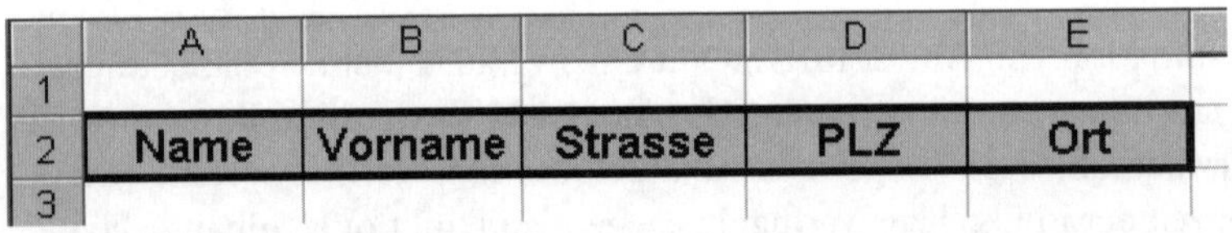

Abbildung 1: Spaltenüberschrift

Zusammenfassung der Aufzeichnungsschritte:

1. Text eingeben
2. Ausrichtung: Zentriert
3. Schriftart: Arial
4. Schriftschnitt: Fett
5. Schriftgröße: 12
6. Rahmenlinien innen: Fein
7. Rahmenlinien außen: Stark
8. Hintergrundfarbe: Grau

Starten Sie den Makro-Rekorder: EXTRAS | MAKRO | AUFZEICHNEN

Name: Geben Sie dem Makro einen Namen. Hier im Beispiel *Spaltenueberschrift*. Beachten Sie bei der Vergabe des Namens, dass er nicht mit einer Zahl beginnen darf, er darf auch keine Leerschläge und keine Sonderzeichen (\ / : ? " < > |) enthalten. Umlaute können zwar verwendet werden, aber es ist generell davon abzuraten. Empfehlenswert sind folgende Schreibweisen bei langen Makrobezeichnungen, um die Übersicht zu erhöhen:

- `Sub Dies_ist_der Makroname()`
- `Sub DiesIstDerMakroname()`

Wir haben im Buch die erste Variante benutzt. Spätestens wenn Sie mehrere Mappen geöffnet haben, sind Sie dankbar für aussagekräftige Bezeichnungen.

Tastenkombination: Sie können dem Makro eine Tastenkombination vergeben, damit Sie es später bequemer aufrufen können.

Makro speichern in: Wählen Sie PERSÖNLICHE MAKROARBEITSMAPPE, wenn Sie das Makro auch in anderen Mappen aufrufen wollen. Falls Sie das Makro nur in dieser Mappe verwenden wollen, wählen Sie DIESE ARBEITSMAPPE.

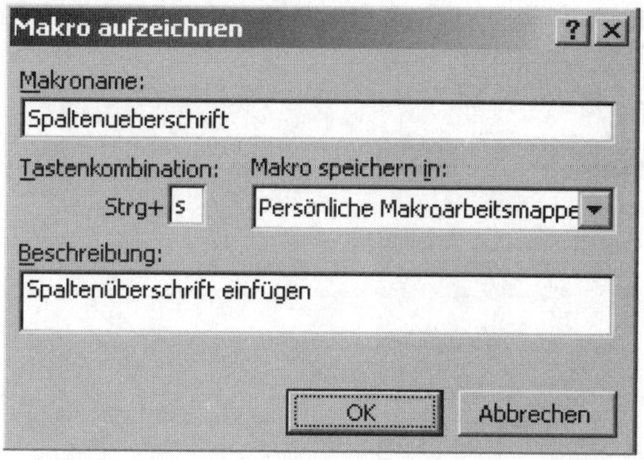

Abbildung 2: Makro-Aufzeichnung

Sobald Sie die Schaltfläche OK betätigen, wird eine zusätzliche Symbolleiste eingeblendet.

Abbildung 3: Makro-Symbolleiste

Bevor Sie den Bereich markieren, sollten Sie die Zelle A1 anklicken, damit Excel einen festen Startpunkt hat.

Markieren Sie nun den gewünschten Bereich und führen Sie jeden der oben beschriebenen Schritte aus. Beenden Sie anschließend die Aufzeichnung, indem Sie in der Makrosymbolleiste die erste Schaltfläche, AUFZEICHNUNG BEENDEN, anklicken.

3 Ein Makro ausführen

Nun möchten Sie natürlich wissen, ob das Makro auch funktioniert. Öffnen Sie eine neue Mappe oder wechseln Sie auf ein leeres Tabellenblatt.

Falls Sie dem Makro eine Tastenkombination zugewiesen haben, können Sie es nun auf diesem Weg starten. Alternativ: Menüpunkt: EXTRAS | MAKRO | MAKROS oder [ALT] + [F8]. Wählen Sie im Listenfeld das gewünschte Makro aus.

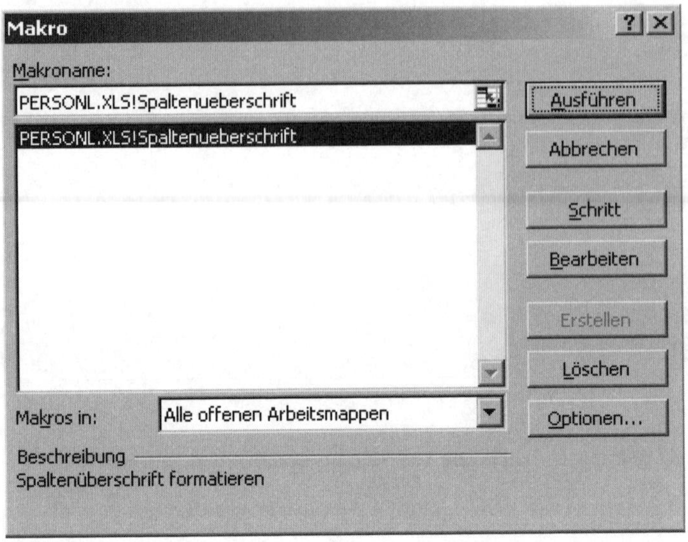

Abbildung 4: Makro ausführen

4 Absolute und relative Aufzeichnung

Beim obigen Beispiel haben wir das Makro *absolut* aufgezeichnet. Das heißt, dass sich das Makro beim Ausführen immer auf denselben Bereich bezieht, z. B. auf A2:E2.

Excel bietet Ihnen auch die Möglichkeit, das Makro *relativ* aufzuzeichnen. Das heißt, Sie können den Cursor auf eine beliebige Zelle stellen, das Makro starten und der Code wird genau an dieser Stelle ausgeführt.

Um ein Makro relativ aufzuzeichnen, klicken Sie in der Makro-Symbolleiste auf die rechte Schaltfläche.

Abbildung 5: Relative Aufzeichnung

Dass es sich um eine relative Aufzeichnung handelt, erkennen Sie daran, dass die rechte Schaltfläche vertieft dargestellt ist.

Tipp

Achten Sie bei der relativen Aufzeichnung darauf, dass Sie sich bereits vor dem Start der Aufzeichnung auf der Zelle befinden, in der Sie beginnen möchten. Es wird jeder Schritt aufgezeichnet. Wenn Sie während der Aufzeichnung auf eine Zelle klicken, die sich z. B. 2 Zeilen oberhalb befindet, werden Sie später beim Aufrufen des Makros feststellen, dass immer zuerst 2 Zeilen nach oben gesprungen wird. Das ist natürlich nicht wünschenswert.

5 Programm-Code bei aufgezeichneten Makros anpassen

Grundlagen
Fehler
Intern
Funktionen
Farben
Datum/Zeit
Auswertungen
Diagramme
Objekte
UserForm
Controls
Internet
Extern
Extra

Wenn Sie ein Makro aufgezeichnet haben und sich dann in der VBA-Umgebung [Alt]+[F11] den Code ansehen, werden Sie feststellen, dass der Programmcode sehr umfangreich geworden ist. Beim Aufzeichnen wird viel überflüssiger Code erzeugt. Das heißt, es wird eben alles aufgezeichnet, vor allem wenn Sie über die Menüpunkte arbeiten, was Sie ja eigentlich auch tun sollten. Wenn Sie zum Beispiel eine einfache Aufzeichnung vornehmen, die den Text fett formatiert, dann sieht der Programm-Code bereits so aus, obwohl Sie ja eigentlich nur »Fett« ausgewählt haben:

```
Sub Fettschrift()
    With Selection.Font
        .Name = "Arial"
        .FontStyle = "Fett"
        .Size = 10
        .Strikethrough = False
        .Superscript = False
        .Subscript = False
        .OutlineFont = False
        .Shadow = False
        .Underline = xlUnderlineStyleNone
        .ColorIndex = xlAutomatic
    End With
End Sub
```

Das meiste davon können Sie entfernen. Wenn Sie den Code nicht bereinigen, kann es den unerwünschten Nebeneffekt haben, dass bestehende Formatierungen überschrieben werden. Wenn Sie einen Text in der Schriftgröße 16 Punkt formatiert haben und ihn nun über das Makro noch fett formatieren wollen, wird auch die Schriftgröße auf 10 zurückgestellt, denn in der aufgezeichneten Programmzeile 5 steht ja *.Size = 10*. Außerdem wird das Makro entsprechend langsamer, je mehr Code darin enthalten ist. Bei großen Aufzeichnungen wird das sehr deutlich.

Wenn Sie ein Makro aufzeichnen, sehen Sie sich bitte den Programmcode an und entfernen die unnötigen Zeilen.

Der Code für das Fettformatieren würde nach dem Bereinigen so aussehen:

```
Sub Fettschrift()
    With Selection.Font
        .FontStyle = "Fett"
    End With
End Sub
```

Wenn Sie über bessere VBA-Kenntnisse verfügen, dann wissen Sie, dass man diesen Code noch weiter bereinigen kann:

```
Sub Fettschrift()
   Selection.Font.FontStyle = "Fett"
End Sub
```

Um den Sourcecode zu reduzieren, wechseln Sie in die VBA-Umgebung: EXTRAS | MAKRO | VISUAL BASIC EDITOR, alternativ: [Alt] + [F11]. Wenn Sie das Makro in die PERSÖNLICHE ARBEITSMAPPE aufgezeichnet haben, dann befindet sich der Code jetzt im VBA-PROJECT (*PERSONL.XLS)* im MODUL1.

Wenn Sie nicht sicher sind, welche Zeilen Sie löschen dürfen, so dass das Makro dann doch noch einwandfrei ausführbar ist, setzen Sie diese zuerst inaktiv, indem Sie ein Hochkomma (') vor die entsprechende Zeile setzen. Testen Sie es anschließend. Wenn Sie sich in der VBA-Umgebung befinden, können Sie das Makro mit der Taste [F5] ausführen. Wenn alles noch einwandfrei läuft, löschen Sie die überflüssigen Zeilen endgültig raus, ansonsten können Sie einfach die Hochkommas vor den Zeilen entfernen, um diese wieder zu aktivieren. Sie sparen sich damit eine Menge Arbeit.

Inaktiven Text erkennt man an dem Hochkomma davor, außerdem wird dieser Text grün dargestellt.

```
Sub Fettschrift()
   With Selection.Font
'       .Name = "Arial"
        .FontStyle = "Fett"
'       .Size = 10
'       .Strikethrough = False
'       .Superscript = False
'       .Subscript = False
'       .OutlineFont = False
'       .Shadow = False
'       .Underline = xlUnderlineStyleNone
'       .ColorIndex = xlAutomatic
   End With
End Sub
```

6 Persönliche Makroarbeitsmappe (PERSONL.XLS)

In die *PERSONL.XLS* können Sie alle Module speichern, die bei jeder Excel-Sitzung zur Verfügung stehen müssen. Das heißt, wenn Sie eine Prozedur erstellen, die in jedem Fall immer verfügbar sein muss, nicht nur, wenn eine bestimmte Mappe geöffnet ist, dann erstellen Sie diese gleich in der Datei *PERSONL.XLS*. Dies kann u.a. für *Funktionen* sehr wichtig sein (mehr darüber erfahren Sie in der entsprechenden Kategorie).

Wenn Sie den Benutzer jeweils beim Öffnen von Excel einen guten Morgen wünschen möchten, dann können Sie diese Nachricht als Ereignis-Prozedur in DIESEARBEITSMAPPE von *PERSONL.XLS* schreiben.

Direkt nach dem Start von Excel wird die entsprechende Dialogbox angezeigt.

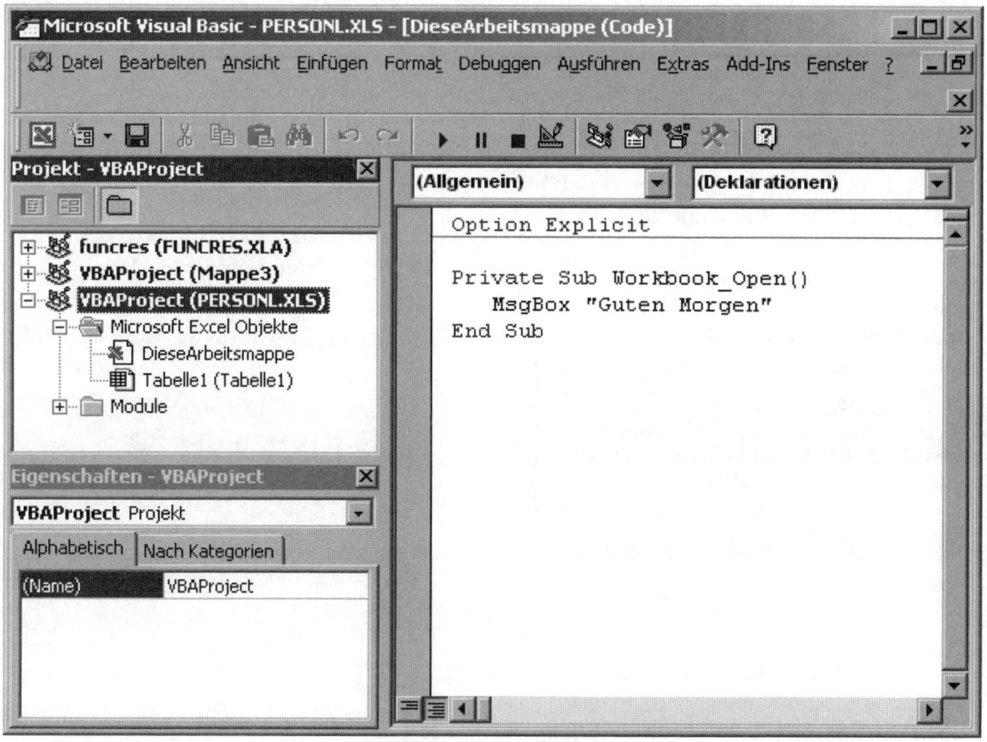

Abbildung 6: PERSONL.XLS

Hinweis

PERSONL.XLS muss automatisch erzeugt werden. Wenn Ihnen die Datei nicht zur Verfügung steht, dann zeichnen Sie ein Makro auf, das Sie in die PERSÖNLICHE MAKROARBEITSMAPPE speichern.

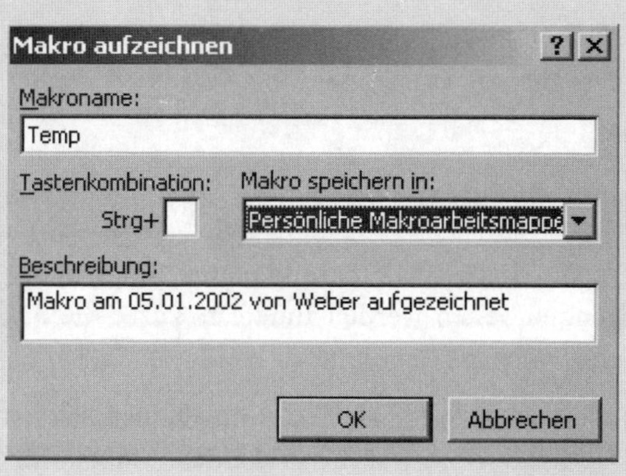

Abbildung 7: Makro aufzeichnen

> Wenn Sie dann in die VBA-Umgebung wechseln (Alt + F11), werden Sie feststellen, dass *PERSONL.XLS* erzeugt wurde. Das Makro können Sie danach löschen.
>
> Die Mappe *PERSONL.XLS* wird von nun an automatisch bei jedem Start von Excel geladen und ausgeblendet.

Wenn Sie eine Änderung an *PERSONL.XLS* vorgenommen haben, dann werden Sie beim Beenden von Excel gefragt, ob Sie diese Änderungen speichern möchten. Bestätigen Sie dies mit JA, sonst gehen Ihre Änderungen verloren.

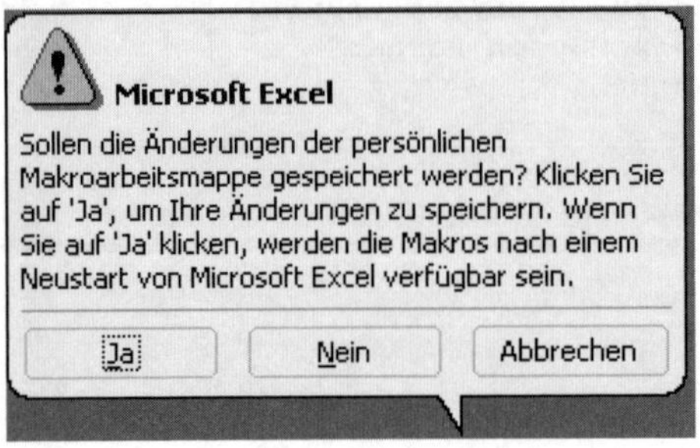

Abbildung 8: Änderungen speichern

7 Syntaxkonventionen

In VBA gibt es bestimmte Konventionen, also Regeln, die beachtet werden müssen. Bei der Vergabe von Namen für Prozeduren, Variablen und Konstanten gelten folgende Regeln:

- Groß- und Kleinschreibung wird nicht unterschieden
- Das erste Zeichen muss ein Buchstabe sein
- Leerzeichen und Sonderzeichen dürfen nicht verwendet werden: . ! @ & % #
- Maximale Anzahl Zeichen pro Namen: 255
- Es dürfen keine Namen benutzt werden, die von Excel oder VBA bereits verwendet werden

8 Objekte (Application)

In VBA gibt es Objekte, Methoden und Eigenschaften. Diese muss man kennen, damit man die Sprache erlernen kann. Auf den folgenden Seiten werden Ihnen in Kürze die Basiselemente erläutert.

Wenn Sie Excel-VBA programmieren wollen, müssen Sie als Erstes die Objekte kennen lernen, denn sie sind das A und O, wie Sie bald selbst feststellen werden. Da es sehr viele Objekte gibt, sollen hier nur die wichtigsten genannt werden.

Alle Objekte sind hierarchisch angeordnet (siehe Abbildung 9). Das erste Objekt ist die *Applikation*, also Excel an sich. Das Objekt heißt `Application`.

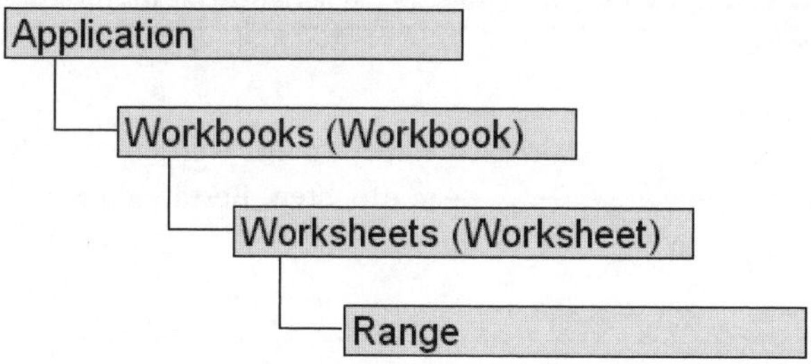

Abbildung 9: Hierarchieebenen

In unserem Beispiel wollen wir gleich die Applikation ansprechen. Der Titelzeile von Excel soll ein anderer Text zugewiesen werden:

```
Sub Excel_umbenennen()
   Application.Caption = "Hallo Welt"
End Sub
```

Abbildung 10: Excel mit geänderter Titelzeile

Um die Titelzeile zurückzusetzen, verwenden Sie den folgenden Code:

```
Sub Excel_zuruecksetzen()
   Application.Caption = Empty
End Sub
```

Abbildung 11: Original-Titelzeile

9 Objekte (Workbook, Workbooks, ActiveWorkbook, ThisWorkbook)

Wenn wir in der Excel-Hierarchie eine Ebene tiefer gehen, dann gelangen wir zum *Workbook*. Damit ist die Mappe, also die Datei gemeint.

Der folgende Code erzeugt eine neue Mappe.

```
Sub Neue_Mappe_erzeugen()
   Workbooks.Add
End Sub
```

Mit `ActiveWorkbook` wird die momentan aktive Mappe angesprochen. Man kann zum Beispiel in einer `MsgBox` (Nachrichtenfenster) den Namen der aktiven Mappe ausgeben.

```
Sub Name_der_aktiven_Mappe()
   MsgBox ("Der Name dieser Mappe ist: " & ActiveWorkbook.Name)
End Sub
```

Mit `ThisWorkbook` wird etwas in der Mappe ausgeführt, in der sich der Code befindet.

```
Sub Name_dieser_Mappe()
   MsgBox ("Der Name dieser Mappe ist: " & ThisWorkbook.Name)
End Sub
```

Abbildung 12: Der Name dieser Mappe wird ausgegeben

10 Objekte (Worksheets, Worksheet, Sheets, Sheet, ActiveSheet)

Gehen wir in der Excel-Hierarchie noch eine Ebene tiefer. Hier treffen wir auf die Tabellenblätter, manchmal auch als Register bezeichnet.

Mit der folgenden Prozedur wird das Tabellenblatt 1 ausgeblendet (`False`).

```
Sub Tabellenblatt_ausblenden()
   Worksheets(1).Visible = False
End Sub
```

Mit der Anweisung `True` kann man es wieder einblenden:

```
Sub Tabellenblatt_ausblenden()
   Worksheets(1).Visible = True
End Sub
```

Im Gegensatz zu den `Worksheets`, mit denen nur Tabellenblätter angesprochen werden, können Sie mit `Sheet(s)` auch Diagrammblätter, Makroblätter etc. ansprechen.

Über das nachfolgende Beispiel wird das aktive Tabellenblatt angesprochen (`ActiveSheet`):

```
Sub Aktives_Tabellenblatt_loeschen()
   ActiveSheet.Delete
End Sub
```

Wie Sie sehen, wird bei mehrfach vorhandenen Objekten meist die englische Pluralform verwendet. Bei `Worksheets` gefolgt von einer Zahl in Klammern wird eben dieses Tabellenblatt angesprochen. Dies muss nicht das Aktive sein.

Alternativ zur Reihenfolgennummer können Sie dieses Tabellenblatt auch mit seinem Namen, der auf der Registerzunge zu sehen ist, ansprechen.

```
Sub Tabellenblatt_ausblenden2()
   Worksheets("Tabelle1").Visible = False
End Sub
```

11 Objekte (Rows, Columns, Range, Cells)

Wiederum eine Ebene tiefer treffen wir auf die Zeilen (`Rows`) und Spalten (`Columns`).

Mit der Methode `Select` wird eine Zeile markiert. Im folgenden Beispiel ist es die 3. Zeile, die markiert werden soll:

```
Sub Zeile_markieren()
   Rows(3).Select
End Sub
```

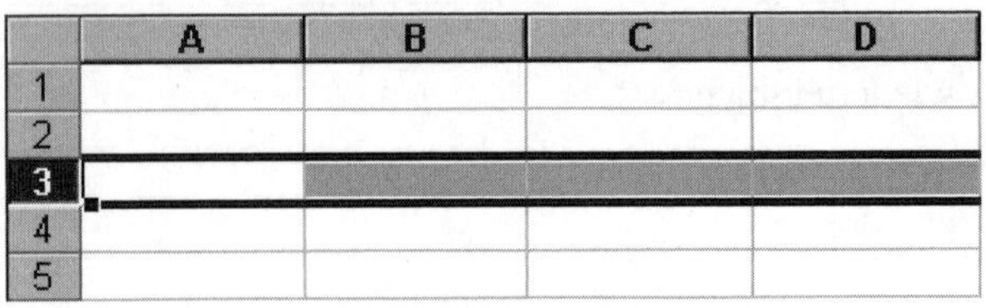

Abbildung 13: Zeile 3 markieren

Dieser Code markiert die Spalte C, also die 3. Spalte von links:

```
Sub Spalte_markieren()
   Columns(3).Select
End Sub
```

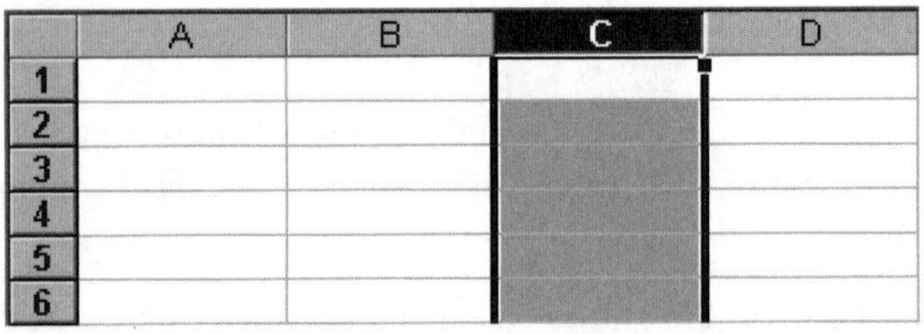

Abbildung 14: Spalte C markieren

12 Objekte (Range, Cells)

Zu den Bereichen (`Range`) und Zellen (`Cells`). Ein Bereich wäre z.B. A1:C5, oder im einfachsten Fall auch nur eine Zelle, zum Beispiel `A1`.

Es gibt zwei Möglichkeiten, einen Bereich anzusprechen. Es ist wohl Ansichtssache, welche Möglichkeit man bevorzugen möchte.

Die folgende Prozedur füllt jede Zelle im Bereich von `A1:C5` mit dem Text »Hallo Welt«.

```
Sub Bereich_ausfuellen()
   Range("A1:C5").Value = "Hallo Welt"
End Sub
```

	A	B	C
1	Hallo Welt	Hallo Welt	Hallo Welt
2	Hallo Welt	Hallo Welt	Hallo Welt
3	Hallo Welt	Hallo Welt	Hallo Welt
4	Hallo Welt	Hallo Welt	Hallo Welt
5	Hallo Welt	Hallo Welt	Hallo Welt
6			

Abbildung 15: Bereich ausfüllen

Nun die zweite Möglichkeit. Man lässt hier das `Range` weg und verwendet stattdessen zwei eckige Klammern. Das Ergebnis ist dasselbe.

```
Sub Bereich_ausfuellen()
   [A1:C5].Value = "Hallo Welt"
End Sub
```

Bei einer einzelnen Zelle gilt dasselbe, man kann entweder `Range` verwenden oder mit den eckigen Klammern arbeiten. Alternativ gibt es für einzelne Zellen noch die `Cells`-Schreibweise, die insgesamt flexibler ist.

In dieser Prozedur wird zur Zelle `B3` gesprungen.

```
Sub Zelle_selektieren()
   Cells(3, 2).Select
End Sub
```

> **Hinweis**
> Etwas gewöhnungsbedürftig ist für die meisten die Tatsache, dass in der runden Klammer von `Cells(1, 2)` die erste Zahl für die *Zeile* und die zweite Zahl für die *Spalte* steht. Die wenigen Anwender, die mit der »Z1S1«-Schreibweise in den Tabellen gearbeitet haben, haben es jetzt einfacher.

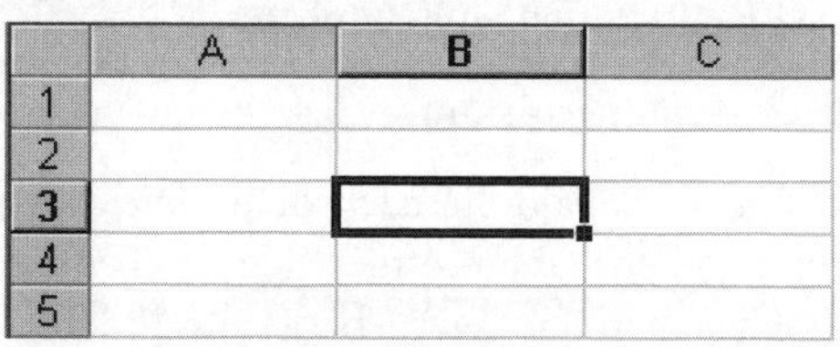

Abbildung 16: Zelle selektieren

Derselbe Code mit eckigen Klammern:

```
Sub Zelle_selektieren()
   [B3].Select
End Sub
```

13 Offset-Methode

Eine sehr nützliche Hilfe stellt die `Offset`-Methode dar. Stellen Sie sich vor, Sie suchen in Spalte A eine Angabe. Wenn Sie diese gefunden haben, können Sie die Zelle 4 nach rechts und 2 unterhalb direkt ansprechen, ohne sie selektieren zu müssen. Im Beispiel ist genau dies der Fall. Die Zelle wird in diesem Fall rot formatiert. Sie könnten diese Zelle zwar mit `Select` ansprechen, müssten aber zum weiteren Suchen wieder zurückspringen.

```
Sub Offset1()
  ActiveCell.Offset(2, 4).Interior.ColorIndex = 3
End Sub
```

Wie Sie sehen, ist die `Offset`-Methode im Prinzip genauso aufgebaut wie die `Cells`-Methode, aber eben mit einem relativen Bezugspunkt.

Zusammenfassung: Wir haben also folgende Objekte hierarchisch angeordnet:

- Anwendung
- Arbeitsmappe
- Tabellenblatt
- Spalten und Zeilen
- Bereich (kann auch nur eine einzige Zelle enthalten)
- Zelle

Natürlich gibt es noch mehr Objekte, wie zum Beispiel Diagramm, Pivot-Tabellen, Grafiken etc. Es würde aber zu weit führen, diese hier alle aufzulisten.

14 Methoden

Methoden führen Aktionen aus oder verändern die Eigenschaften eines Objektes.

Hier einige Beispiele, wie man ein `Application`-Objekt verändern kann:

Mit der Methode `Quit` wird die Anwendung geschlossen. Sobald Sie nach dem Objekt den Punkt und den ersten Buchstaben der Methode eingegeben haben, öffnet sich das Fenster, das Ihnen alle zum Objekt `Application` zur Verfügung stehenden Eigenschaften und Methoden anzeigt. Wählen Sie das Gewünschte aus und betätigen Sie die [Tab], um die Auswahl zu übernehmen. Sie müssen so nicht den ganzen Text von Hand eingeben. Dass es sich um eine

Methode handelt, erkennen Sie an dem grünen Symbol, das in dem Fenster angezeigt wird. Eine Erläuterung der verschiedenen Symbole finden Sie weiter unten in dieser Kategorie.

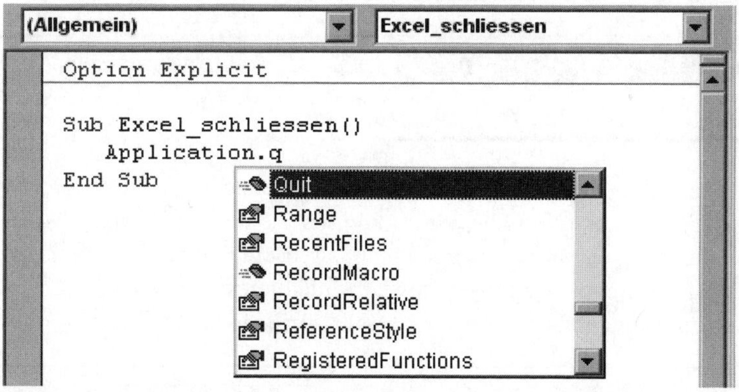

Abbildung 17: Methode

Application:

```
Sub Excel_schliessen()
   Application.Quit
End Sub
```

Workbooks:

Mit der Methode `Activate` wird eine gewünschte Mappe aktiviert.

```
Sub Mappe_aktivieren()
   Workbooks(2).Activate
End Sub
```

Worksheets:

Mit der Methode `PrintOut` wird das Tabellenblatt ausgedruckt.

```
Sub Tabellenblatt_drucken()
   Worksheets(1).PrintOut
End Sub
```

Columns, Rows:

Mit der Anweisung `Hidden = True` wird die dritte Zeile ausgeblendet. Um die Zeilen wieder einzublenden, ersetzen Sie das `True` durch `False`.

```
Sub Zeile_ausblenden()
   Rows(3).Hidden = True
End Sub
```

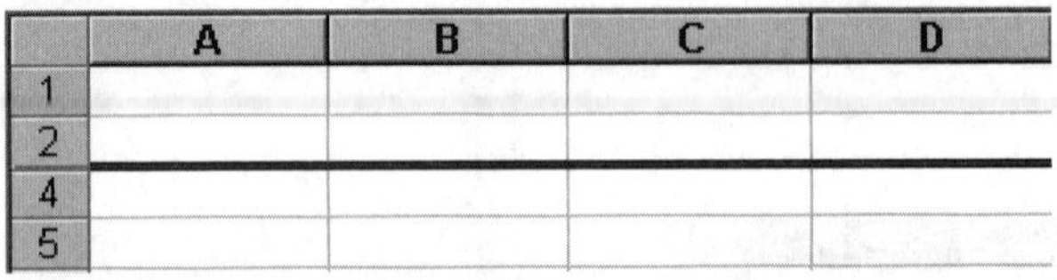

Abbildung 18: Zeile 3 ausblenden

Dieser Code blendet die Spalte C aus:

```
Sub Spalte_ausblenden()
   Columns(3).Hidden = True
End Sub
```

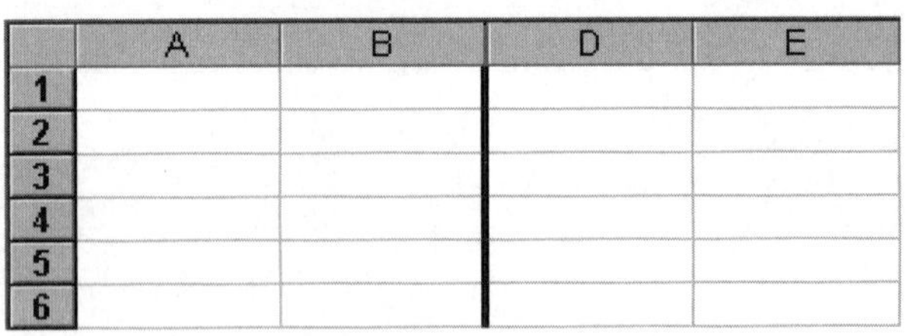

Abbildung 19: Spalte C ausblenden

Range, Cells

Mit der Methode `Delete` können Sie ein Objekt löschen. In diesem Beispiel löschen wir die Zellen im Bereich `A1:C5`.

```
Sub Bereich_loeschen()
   Range("A1:C5").Delete
End Sub
```

Mit der Methode `Cut` (Ausschneiden) und `Paste` (Einfügen) können Sie ein Objekt ausschneiden und an einer anderen Stelle wieder einfügen.

```
Sub Ausschneiden_Einfuegen()
   [A1].Cut
   [C7].Select
   ActiveSheet.Paste
End Sub
```

Bei diesem Beispiel werden der komplette Zelleninhalt und die Zellenformatierung in C7 übertragen.

15 Eigenschaften

Eigenschaften sind *Merkmale* eines Objektes. Ein Objekt kann zum Beispiel rot sein. Auch ein Name ist eine *Eigenschaft* eines Objektes.

Application:

Der folgende Code enthält die Methode, um die Applikation zu schließen, und ebenso die Eigenschaft, dies zu tun, ohne vorher zu speichern.

```
Sub Excel_schliessen_ohne_speichern()
   Application.Quit
   Application.DisplayAlerts = False
End Sub
```

Dass es sich um eine Eigenschaft und nicht um eine Methode handelt, können Sie dem entsprechenden Symbol in der Abbildung entnehmen.

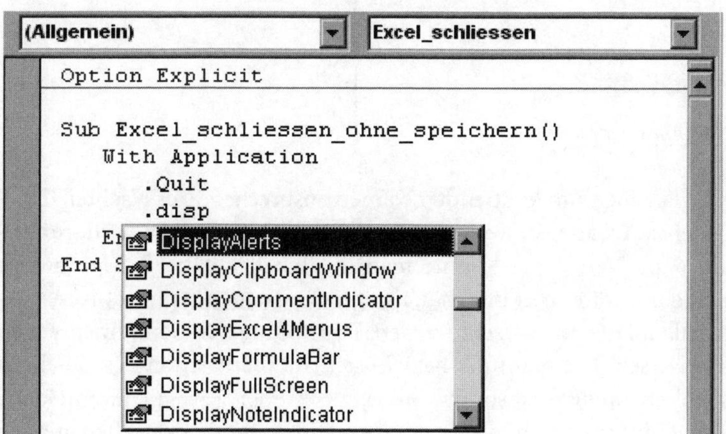

Abbildung 20: Eigenschaft

Workbooks:

Hier wird die zweite Mappe über eine Methode aktiviert und darin über die Eigenschaft `Interior.Colorindex` der Hintergrund der Zelle `A1` rot eingefärbt.

```
Sub Mappe_aktivieren_A1_einfärben()
   Workbooks(2).Activate
   [A1].Interior.ColorIndex = 3
End Sub
```

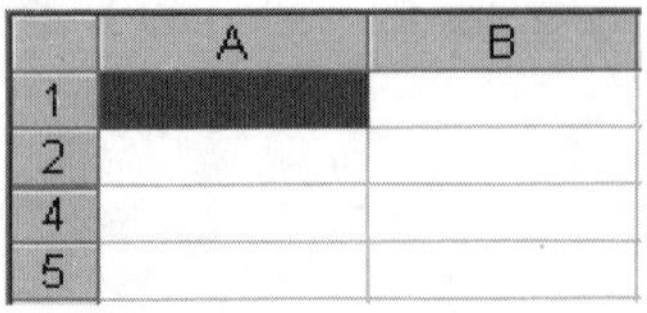

Abbildung 21: Mappe2 aktivieren und A1 rot einfärben

Worksheets:

Der Name eines Tabellenblatts ist ebenfalls eine Eigenschaft:

```
Sub Tabellenblatt_umbenennen1()
   Worksheets(1).Name = "Umsatz 2000"
   Worksheets(2).Name = "Umsatz 2001"
End Sub
```

Abbildung 22: Ursprüngliche Namen

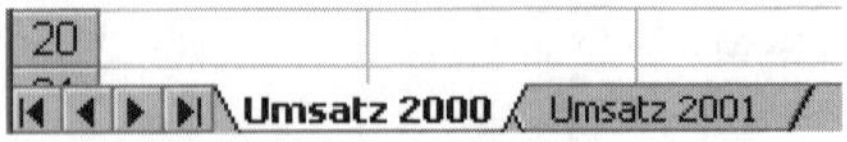

Abbildung 23: Tabellenblätter umbenannt

Die Tabellenblätter könnte man auch direkt über den Namen ansprechen. Der Nachteil dabei ist, dass man weniger flexibel ist. Das heißt, wenn ein Tabellenblatt umbenannt wird, funktioniert die Prozedur nicht mehr. Von daher könnte man die Tabellenblätter beispielsweise über den *Index* ansprechen, dann wäre man unabhängig von den Namen. Vorsicht ist natürlich geboten, wenn die Tabellenblätter vertauscht werden. Das könnte sich beim Ansprechen des Indexes als nachteilig erweisen. Die Nummer bezieht sich auf die Position des Tabellenblattes. Das zweite Tabellenblatt von links ist somit `Worksheets(2)` oder `Sheets(2)`, wenn keine Diagrammblätter und andere Blätter enthalten sind. Sind andere Blätter in der Arbeitsmappe enthalten, werden diese bei `Sheets` mitgezählt.

```
Sub Tabellenblatt_umbenennen2()
   Worksheets("Tabelle1").Name = "Umsatz 2000"
   Worksheets("Tabelle2").Name = "Umsatz 2001"
End Sub
```

Columns, Rows:

Hierzu wollen wir noch einige Beispiele erläutern.

In der folgenden Prozedur wird der gesamten Spalte B mit der Methode `Font.Bold = True` der Schriftschnitt »Fett« zugewiesen.

```
Sub Spalte_Schriftschnitt_Fett()
    Columns(2).Font.Bold = True
End Sub
```

	A	B
1	Excel	**Excel**
2	Excel	**Excel**
3	Excel	**Excel**
4	Excel	**Excel**
5	Excel	**Excel**
6	Excel	**Excel**
7	Excel	**Excel**
8	Excel	**Excel**
9	Excel	**Excel**
10	Excel	**Excel**

Abbildung 24: Spalte B, Schriftschnitt Fett

Mit dem folgenden Code wird der Zeile 3 der Schriftschnitt `Font.Italic = True`, also »Kursiv«, zugewiesen.

```
Sub Zeile_Schriftschnitt_Kursiv()
    Rows(3).Font.Italic = True
End Sub
```

	A	B	C	D	E	F
1	Excel	Excel	Excel	Excel	Excel	Excel
2	Excel	Excel	Excel	Excel	Excel	Excel
3	*Excel*	*Excel*	*Excel*	*Excel*	*Excel*	*Excel*
4	Excel	Excel	Excel	Excel	Excel	Excel
5	Excel	Excel	Excel	Excel	Excel	Excel

Abbildung 25: Zeile 3, Schriftschnitt Kursiv

Range, Cells:

In der folgenden Prozedur wird der Schrift in Zelle `B2` die Farbe Weiß (`Font.ColorIndex = 2`) zugewiesen und dem Hintergrund (`Interior.ColorIndex = 1`) die Farbe Schwarz.

```
Sub Zelle_einfaerben1()
    Cells(2, 2).Value = "Farben"
    Cells(2, 2).Font.ColorIndex = 2
    Cells(2, 2).Interior.ColorIndex = 1
End Sub
```

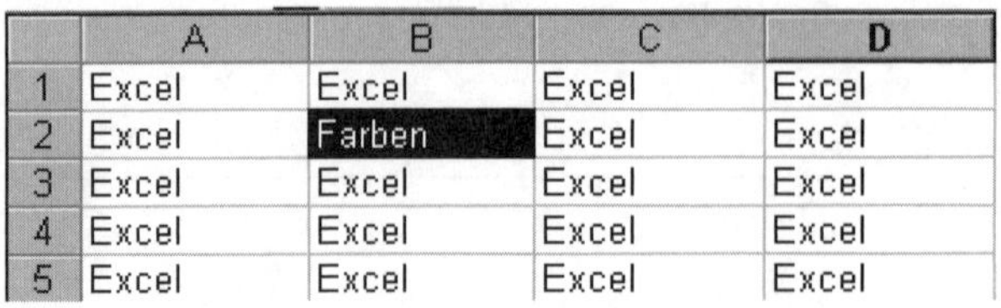

	A	B	C	D
1	Excel	Excel	Excel	Excel
2	Excel	Farben	Excel	Excel
3	Excel	Excel	Excel	Excel
4	Excel	Excel	Excel	Excel
5	Excel	Excel	Excel	Excel

Abbildung 26: Zelle B2, Schrift Weiß, Hintergrund Schwarz

Derselbe Code mit eckigen Klammern:

```
Sub Zelle_einfaerben2()
   [B2].Value = "Farben"
   [B2].Font.ColorIndex = 2
   [B2].Interior.ColorIndex = 1
End Sub
```

16 Der Objektkatalog

Wenn Sie erfahren möchten, welche Eigenschaften und Methoden einem Objekt zur Verfügung stehen, dann öffnen Sie am besten den Objektkatalog (ANSICHT | OBJEKTKATALOG), oder drücken Sie die Befehlstaste [F2]. Voraussetzung ist, dass Sie sich in der VBA-Umgebung befinden. Wählen Sie aus dem Objektkatalog im linken Fenster das Objekt aus. Im rechten Teil des Fensters werden Ihnen die zugehörigen Eigenschaften und Methoden angezeigt.

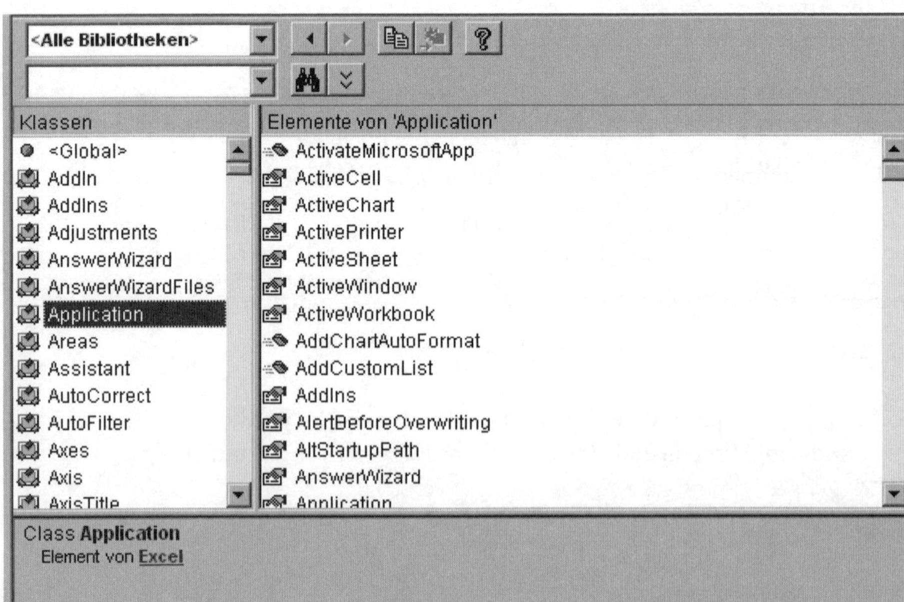

Abbildung 27: Der Objektkatalog

Sie können Ihren Suchbegriff auch in das leere Feld (siehe Abbildung 27) eingeben, um Näheres dazu in Erfahrung zu bringen.

Ein Überblick über die Symbole:

Symbol	Bezeichnung
	Eigenschaft
	Methode
	Ereignis
	Global
	Klasse
	Konstanten
	Modul

Tabelle 5: Beschreibung der Symbole

17 Das Direktfenster (Debug.Print)

Bevor wir uns dem nächsten Thema, den Variablen, widmen, möchten wir Ihnen die Benutzung des Direktfensters erläutern. Im Direktfenster lässt sich auf einfache Weise der Inhalt einer Variablen oder Konstanten anzeigen.

Falls das Direktfenster in Ihrer VBA-Umgebung nicht sichtbar ist, können Sie es über den Menüpunkt ANSICHT | DIREKTFENSTER oder die Tastenkombination [Strg]+[G] einblenden.

Im Direktfenster können Sie Werte direkt abfragen, indem Sie der gewünschten Abfrage ein Fragezeichen (?) voranstellen.

Abbildung 28: Direkte Abfrage mit einem ? voraus

Was Sie wahrscheinlich häufiger gebrauchen werden, ist der Befehl `Debug.Print`, der direkt in die Prozedur eingebaut wird, gefolgt von der gewünschten Variablen, deren Inhalt im Direktfenster ausgegeben wird.

Grundlagen
Fehler
Intern
Funktionen
Farben
Datum/Zeit
Auswertungen
Diagramme
Objekte
UserForm
Controls
Internet
Extern
Extra

Im folgenden Beispiel werden das aktuelle Datum (`Date`) und die aktuelle Uhrzeit (`Time`) zuerst einer Variablen übergeben und anschließend über den Befehl `Debug.Print` an das Direktfenster geschickt.

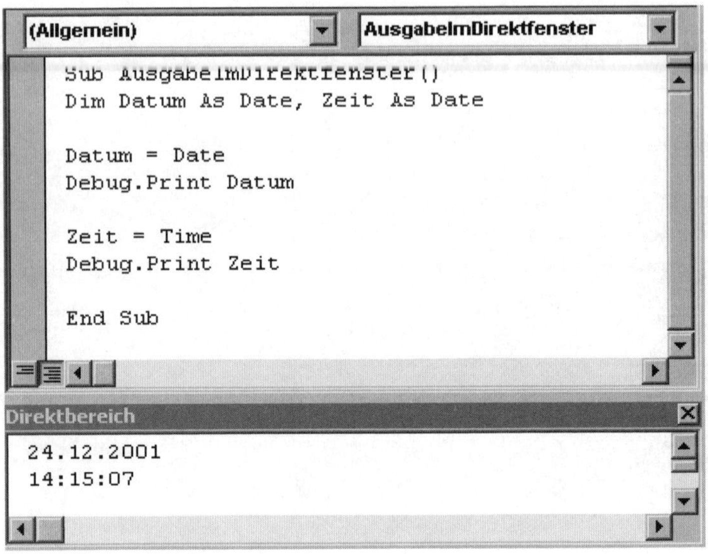

Abbildung 29: Ausgabe im Direktfenster

Die Werte können im Direktfenster auch nebeneinander ausgegeben werden, indem sie in der Prozedur durch ein Komma getrennt werden.

```
Sub Ausgabe_im_Direktfenster()
  Dim dtmDatum As Date, dtmZeit As Date
  dtmDatum = Date
  dtmUhrzeit = Time

  Debug.Print dtmDatum, dtmUhrzeit
End Sub
```

Abbildung 30: Variablen nebeneinander ausgeben

Tipp Führen Sie die Prozedur aus, indem Sie die Taste [F5] drücken.

18 Variablen

Variablen werden mit Werten gefüllt, die sich im Laufe der Prozedur mehrfach verändern können. Sie sollten am Anfang jeder Prozedur deklariert werden, damit das Programm überschaubarer bleibt, schneller wird und damit die Variablen nicht versehentlich doppelt belegt werden.

Bei der Deklaration von Variablen sollten Sie jeweils den geeigneten Datentyp mit angeben. Wenn Sie das nicht tun, wird unnötigerweise eine Menge Speicherplatz verschwendet, da dann automatisch der Datentyp `Variant` zugewiesen wird.

Der Datentyp `Variant` kann zwar jeden Wert annehmen, was im ersten Moment vielleicht bequem aussieht, er braucht jedoch mit 16 Bytes bei Zahlen und mit 22 Bytes bei Text bei weitem am meisten Speicherplatz. Selbst mit sehr viel Arbeitsspeicher ist die vollständige Deklaration mehr als ratsam.

19 Liste der Datentypen

Nachfolgend eine Liste der möglichen Datentypen. Diese Informationen finden Sie auch in der Online-Hilfe (Stichwort: `Datentypen`):

Datentyp	Speicherbedarf	Wertebereich
Byte	1 Byte	0 bis 255
Boolean	2 Bytes	True oder False
Integer	2 Bytes	-32.768 bis 32.767
Long (lange Ganzzahl)	4 Bytes	-2.147.483.648 bis 2.147.483.647
Single (Gleitkommazahl mit einfacher Genauigkeit)	4 Bytes	-3,402823E38 bis -1,401298E-45 für negative Werte; 1,401298E-45 bis 3,402823E38 für positive Werte
Double (Gleitkommazahl mit doppelter Genauigkeit)	8 Bytes	-1,79769313486231E308 bis -4,94065645841247E-324 für negative Werte; 4,94065645841247E-324 bis 1,79769313486232E308 für positive Werte
Currency (Skalierte Ganzzahl)	8 Bytes	-922.337.203.685.477,5808 bis 922.337.203.685.477,5807
Decimal	14 Bytes	+/- 79.228.162.514.264.337.593.543.950.335 ohne Dezimalzeichen; +/-7,9228162514264337593543950335 mit 28 Nachkommastellen; die kleinste Zahl ungleich Null ist +/-0,0000000000000000000000000001

Tabelle 6: Datentypen und deren Größe

Datentyp	Speicherbedarf	Wertebereich
Date	8 Bytes	1. Januar 100 bis 31. Dezember 9999
Object	4 Bytes	Beliebiger Verweis auf ein Objekt vom Typ Object
String (variable Länge)	10 Bytes plus Zeichenfolgen-länge	0 bis ca. 2 Milliarden
String (feste Länge)	Zeichenfolgenlänge	1 bis ca. 65.400
Variant (mit Zahlen)	16 Bytes	Numerische Werte im Bereich des Daten-typs Double
Variant (mit Zeichen)	22 Bytes plus Zeichenfolgen-länge	Wie bei String mit variabler Länge

Tabelle 6: Datentypen und deren Größe (Forts.)

20 Variablendeklaration erzwingen

Die Variablendeklaration kann in Excel so eingestellt werden, dass sie erzwungen wird. Diese Einstellung sollten Sie unbedingt vornehmen, denn Sie sparen sich damit eine Menge Ärger.

Wechseln Sie in die VBA-Umgebung (`Alt`+`F11`) und klicken Sie dort auf den Menüpunkt EXTRAS | OPTIONEN. Aktivieren Sie darin das Kontrollkästchen »Variablendeklaration erforderlich«.

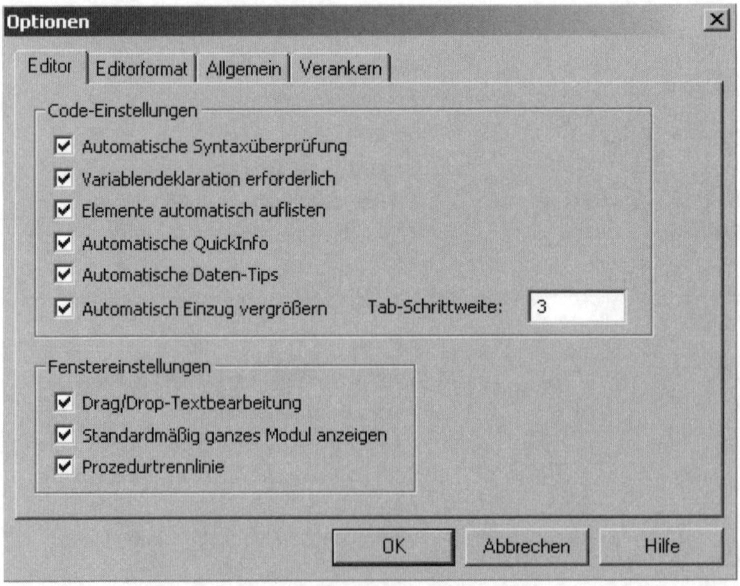

Abbildung 31: Variablendeklaration erzwingen

Wenn diese Option aktiviert ist, erscheint in jedem neuen Modul, UserForm, Klassenmodul etc. zu Beginn der Eintrag `Option Explicit`.

21 Variablen deklarieren

Die Variablen werden meist über die Anweisung `Dim` (Dimensionierung) deklariert.

Wie gesagt, eine Variable ist ein veränderlicher Wert. Um dies zu verdeutlichen, finden Sie nachfolgend ein Beispiel, in dem die Variable im Verlauf der Prozedur drei Mal den Wert ändert.

Die Variable wird hier direkt in der Prozedur abgefüllt. Beachten Sie, dass in der ganzen Prozedur immer mit derselben Variablen `strText` vom Typ `String`, also Text, gearbeitet wird.

```
Sub Gleiche_Variable_verwenden()
   Dim strText As String
   strText = "Felix"
   Debug.Print strText

   strText = "Muster"
   Debug.Print strText

   strText = "München"
   Debug.Print strText
End Sub
```

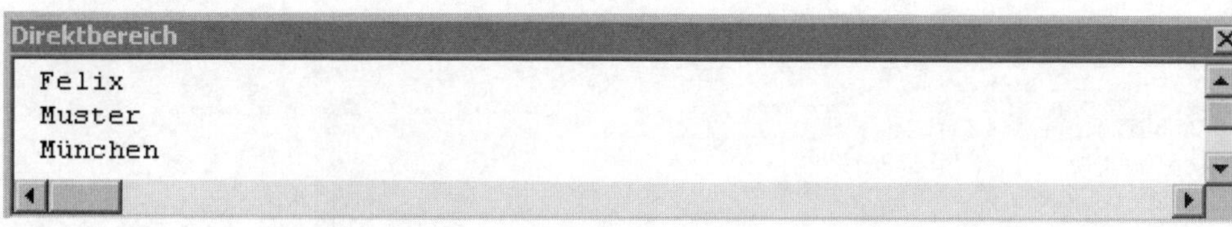

Abbildung 32: Dieselbe Variable strText wird drei Mal verwendet

Wenn Sie mit mehreren Variablen arbeiten, können Sie diese untereinander oder nebeneinander eingeben, wobei jeder Zeile das `Dim` vorausgestellt werden muss.

```
Sub Deklaration_untereinander()
   Dim intZahl1 As Byte
   Dim intZahl2 As Byte
   intZahl1 = 100
   Debug.Print intZahl1

   intZahl2 = 200
    Debug.Print intZahl2
End Sub
```

Wie gesagt, Variablen können auch nebeneinander geschrieben werden. Denken Sie aber daran, dass auch hier der Datentyp immer angegeben werden muss, da sonst wiederum der Datentyp `Variant` zugewiesen wird. Die Variablen werden jeweils durch ein Komma voneinander getrennt. Das `Dim` muss nur einmal, d.h. zu Beginn der Zeile eingegeben werden.

```
Sub Deklaration_nebeneinander()
   Dim intZahl1 As Byte, intZahl2 As Byte
   intZahl1 = 100
   Debug.Print intZahl1

   intZahl2 = 200
   Debug.Print intZahl2
End Sub
```

22 Verschiedene Datentypen

Hier ein Beispiel einiger Datentypen:

```
Sub Verschiedene_Typen()
   Dim bytByte As Byte
   Dim intInteger As Integer
   Dim sngSingle As Single
   Dim dblDouble As Double
   Dim dtmDate As Date
   Dim strString As String

   bytByte = 255
   intInteger = 32767
   sngSingle = 1.1234
   dblDouble = 1.123456789123
   dtmDate = Now
   strString = "Felix Muster"

   Debug.Print bytByte
   Debug.Print intInteger
   Debug.Print sngSingle
   Debug.Print dblDouble
   Debug.Print dtmDate
   Debug.Print strString
End Sub
```

Der Datentyp `Boolean` kann nur zwei Werte annehmen, nämlich `Wahr` oder `Falsch` bzw. `True` oder `False`.

Abbildung 33: Ausgabe der verschiedenen Datentypen

Auch hierzu ein kleines Beispiel:

```
Sub Typ_Boolean()
   Dim blnWahr As Boolean, blnFalsch As Boolean
   blnWahr = True
   blnFalsch = False

   Debug.Print blnWahr, blnFalsch

   'genauso möglich:
   blnWahr = 1
   blnFalsch = 0

   Debug.Print blnWahr, blnFalsch
End Sub
```

23 Typkennzeichen

Anstelle der ausgeschriebenen Datentypen, wie z.B. `Integer`, haben Sie die Möglichkeit, Kürzel zu verwenden.

Datentyp	Typkennzeichen
Integer	%
Long	&
Single	!
Double	#
Currency	@
String	$

Tabelle 7: Typkennzeichen

Die Deklaration würde dann so aussehen:

```
Sub Typenkennzeichen()
   Dim intInteger%
   Dim sngSingle&
   Dim dblDouble!
   Dim strString$


   intInteger = 32767
   sngSingle = 1.1234
   dblDouble = 1.123456789123
   strString = "Felix Muster"

   Debug.Print intInteger
   Debug.Print sngSingle
   Debug.Print dblDouble
   Debug.Print strString
End Sub
```

Abbildung 34: Variablenausgabe im Direktbereich

24 Dauerhafte Variablen

Die bisher vorgestellten Variablen sind an die Laufzeit der Prozedur gebunden. Sie verfallen / werden ungültig mit Beendigung der Prozedur. Sie werden oberhalb der eigentlichen Prozedur deklariert und können bei umfangreichen Projekten sogar in einem eigenen Modulblatt untergebracht sein.

Beispielmakro:

```
' Dauerhafte Variable deklarieren:
Public Var1 As String

Sub Variablenwert_setzen()
  If Var1 = "" Then Var1 = 0
  Var1 = Var1 + 1
End Sub

Sub Variablenwert_abfragen()
   MsgBox Var1
End Sub
```

Bei jedem Aufruf der Prozedur `Variablenwert_setzen` wird der Zähler um 1 erhöht. Dies kann man mit dem Makro `Variablenwert_abfragen` jederzeit prüfen.

25 Konstanten

Konstanten werden verwendet, wenn der Inhalt während der ganzen Prozedur nie verändert wird. Im Gegensatz zu Variablen haben sie einen festen Wert, der zu Beginn der Prozedur zugewiesen wird.

Wie Sie dem obigen Thema entnehmen konnten, werden Variablen mit `Dim` deklariert. Konstanten hingegen werden mit dem Schlüsselwort `Const` deklariert.

Ein Beispiel für die Verwendung einer Konstanten wäre z.B. der Mehrwertsteuersatz, der ja in der Regel bis zu einer Gesetzesänderung gleich bleibt. Das hätte den Vorteil, dass bei einer Änderung des Gesetzes nur die Konstante zu Beginn der Prozedur angepasst werden müsste. Wo immer im Code die Konstante verwendet wird, der Wert würde automatisch in der ganzen Prozedur angepasst. Zudem könnte man die Fehlerquelle ausschließen, dass versehentlich während der Prozedur der Mehrwertsteuer ein falscher Wert zugewiesen würde.

Konstanten können z.B. auch bei festen Pfadangaben verwendet werden.

Im folgenden Beispiel wird der Konstanten »Pfad« ein fixer Pfad zugewiesen. In der Prozedur wird eine neue Mappe erzeugt (`Workbooks.Add`). Diese wird gespeichert (`SaveAs`), wobei der Pfad miteinbezogen wird. Auch der Dateiname wird in diesem Beispiel einer Konstanten zugewiesen.

```
Sub Dateiablage()
    Const strPfad As String = "C:\MeineDateien\"
    Const strDateiname As String = "Bestellung.xls"
    Workbooks.Add.SaveAs Filename:=strPfad & strDateiname
End Sub
```

26 Lokalfenster und Haltepunkte

Im Lokalfenster können Sie prüfen, welchen Datentyp Ihre Variablen haben. Das Lokalfenster finden Sie unter dem Menüpunkt ANSICHT | LOKALFENSTER, wo Sie es einblenden können, falls dies nicht bereits geschehen ist.

Damit die Variablen im Lokalfenster ausgegeben werden, können Sie einen oder mehrere Haltepunkte setzen. Um einen Haltepunkt zu setzen, klicken Sie links vor der Code-Zeile einmal auf die graue Leiste. Der Haltepunkt wird durch einen Kreis gekennzeichnet. Durch einen erneuten Klick auf diesen Punkt wird er entfernt.

In unserem Beispiel wollen wir einige Datentypen überprüfen.

```
Sub Variablen_pruefen()
    Dim intInteger As Integer
    Dim sngSingle As Single
    Dim dtmDate As Date
    Dim strString As String
    Dim varVariant1    ' Keine explizite Deklaration!
    Dim varVariant2    ' Keine explizite Deklaration!
   intInteger = 32767
   sngSingle = 1.1234
   dtmDate = Date & " " & Time
   strString = "Felix Muster"
   varVariant1 = 12345
   varVariant2 = "Felix Muster"
End Sub
```

Führen Sie den Code aus, indem Sie die Taste [F5] drücken. Der Haltepunkt wird erreicht und die Prozedur wird unterbrochen. Im Lokalfenster können Sie nun die Datentypen überprüfen. Drücken Sie so lange die Taste [F5], bis die ganze Prozedur beendet ist.

Sie können auch ohne Haltepunkte arbeiten, indem Sie schrittweise debuggen. Benutzen Sie dazu die Taste [F8] oder den Menüpunkt DEBUGGEN | EINZELSCHRITT. Auf diese Weise können Sie nacheinander die einzelnen Variablen überprüfen.

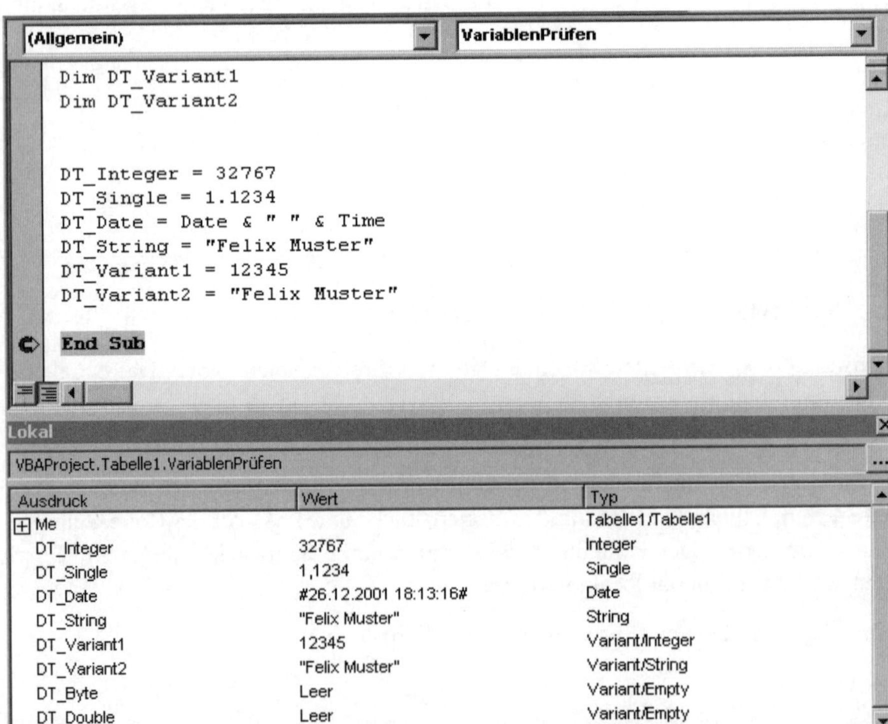

Abbildung 35: Variablen prüfen im Lokalfenster

27 Markieren / Selektieren

Das Selektieren von Objekten, wie z.B. Zellen, Bereichen, Zeilen, Spalten, Tabellenblättern etc., ist ein oft unterschätztes Thema. Wenn man dies nicht beherrscht, kann man nicht mit der richtigen Programmierung beginnen. Nachfolgend finden Sie einige Hinweise und Tipps, wie Sie am besten damit umgehen.

Eine *Zelle* kann auf verschiedene Weise selektiert werden. Nehmen wir als Beispiel die Zelle C7. Wie können wir diese Zelle ansteuern? Nachfolgend finden Sie drei verschiedene Methoden, die Sie alle zum selben Ziel führen.

Den erfahrenen Programmieren unter den Lesern mag dieses Thema zu Recht ein Dorn im Auge sein, denn auf ein Selektieren sollte und kann in der Regel verzichtet werden, dasselbe gilt auch für das Aktivieren. Sie werden in diesem Buch genügend Beispiele finden, die dies beweisen.

Warum wird es dann trotzdem so ausführlich erläutert? Um mit einfachen und kurzen Beispielen den Einsteigern zu verdeutlichen, was Objekte sind und wie diese auf verschiedene Weise angesprochen werden können. Außerdem gehört es zu den Basics dazu, und es kann nicht in jedem Fall auf ein Selektieren oder Aktivieren verzichtet werden.

```
Sub Zelle_selektieren1()
   Range("C7").Select
End Sub


Sub Zelle_selektieren2()
   [C7].Select
End Sub


Sub Zelle_selektieren3()
   Cells(7, 3).Select
End Sub
```

Auch ein *Bereich* kann auf verschiedene Weise selektiert werden. Der Bereich B3:D8 soll markiert werden:

```
Sub Bereich_selektieren1()
   Range("B3:D8").Select
End Sub

Sub Bereich_selektieren2()
   [B3:D8].Select
End Sub

Sub Bereich_selektieren3()
   Range(Cells(3, 2), Cells(8, 4)).Select
End Sub
```

Den *benutzten Bereich* rund um die aktive Zelle selektieren:

```
Sub Bereich_um_Zelle_selektieren()
   ActiveCell.CurrentRegion.Select
End Sub
```

Eine *Zeile* selektieren.

Die Zeile 3 soll selektiert werden.

```
Sub Zeile_selektieren1()
   Range("3:3").Select
End Sub
Sub Zeile_selektieren2()
   [3:3].Select
End Sub
Sub Zeile_selektieren3()
   Rows(3).Select
End Sub
```

Mehrere Zeilen selektieren.

Die Zeilen 3 bis 6 sollen selektiert werden.

```
Sub Zeilen_selektieren1()
   Range("3:6").Select
End Sub
Sub Zeilen_selektieren2()
   [3:6].Select
End Sub
```

Eine *Spalte* selektieren.

Die Spalte C soll selektiert werden.

```
Sub Spalte_selektieren1()
   Range("C:C").Select
End Sub
Sub Spalte_selektieren2()
   [C:C].Select
End Sub


Sub Spalte_selektieren3()
   Columns(3).Select
End Sub
```

Grund-
lagen
Fehler
Intern
Funk-
tionen
Farben
Datum/
Zeit
Auswer-
tungen
Dia-
gramme
Objekte
User-
Form
Controls
Internet
Extern
Extra

Mehrere Spalten selektieren.

Die Spalten B bis F sollen selektiert werden.

```
Sub Spalten_selektieren1()
   Range("B:F").Select
End Sub

Sub Spalten_selektieren2()
   [B:F].Select
End Sub
```

Des Weiteren besteht auch die Möglichkeit, mehrere einzelne Spalten bzw. Zeilen anzusprechen.

```
Sub Mehrfachselection()
   Range("A:A,C:C").Select
   ' oder:
   [A:A,C:C].Select

   Range("1:1,3:3").Select
   ' oder:
   [1:1,3:3].Select
End Sub
```

Das *Tabellenblatt* mit dem Namen »Tabelle2« selektieren:

```
Sub Tabellenblatt_selektieren1()
   Worksheets("Tabelle2").Select
End Sub
```

Es besteht die Möglichkeit, die Tabelle nach der Reichenfolge, also nach der Nummer, zu selektieren. Das zweite Tabellenblatt würde dann so angesprochen:

```
Sub Tabellenblatt_selektieren2()
   Worksheets(2).Select
End Sub
```

Da die Tabelle ja umbenannt werden könnte, besteht die Möglichkeit, die Tabelle mit dem VBA-Namen anzusprechen. Dies ist der erste Eintrag eines Tabellenblattes im Eigenschaftsfenster, siehe hierzu Abbildung 36. Im Regelfall bleiben diese Namen statisch, da Normalbenutzer von Excel die VBA-Umgebung nicht öffnen, um Einträge zu ändern. Das Tabellenblatt 2 würde dann so angesprochen:

```
Sub Tabellenblatt_selektieren3()
   [Tabelle2].Select
End Sub
```

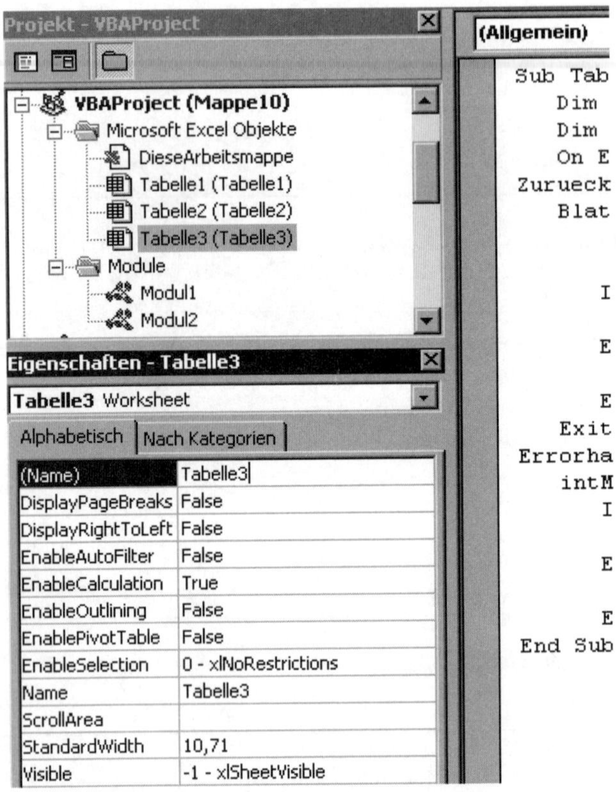

Abbildung 36: Eigenschaften einer Tabelle

Um alle Tabellenblätter einer Mappe zu selektieren, geben Sie keinen Namen an:

```
Sub Alle_Tabellenblaetter_selektieren()
   Worksheets.Select
End Sub
```

Um mehrere Tabellenblätter einer Mappe zu selektieren, benutzen Sie ein Array:

```
Sub Mehrere_Tabellenblätter_selektieren()
   Sheets(Array("Tabelle1", "Tabelle3")).Select
End Sub
```

Hiermit lässt sich aber nicht bei den Tabellenblättern die Druckeigenschaft auf einmal ändern. Dies ist ein altbekannter Fehler in Excel. Aber jeder stolpert irgendwann über diesen Stolperstein.

Eine andere Mappe kann man nicht *selektieren*, sondern nur *aktivieren*. Voraussetzung dafür ist, dass die Mappe geöffnet ist.

```
Sub Mappe_selektieren1()
   Workbooks("Testmappe.xls").Activate
End Sub
```

Oder man spricht sie auch wieder über die Nummer bzw. den Index an. Dafür erfolgt eine Fehlermeldung, falls nur eine Arbeitsmappe geöffnet ist. Sie müssen zudem davon ausgehen, dass Ihre Arbeitsmappe immer wieder eine andere Nummer besitzen wird, spätestens am nächsten Tag. Ohne weitere Codezeilen ist diese Methode sehr fehlerträchtig.

```
Sub Mappe_selektieren2()
   Workbooks(2).Activate
End Sub
```

28 Einige Tipps, um spezielle Zellen oder Bereiche anzusprechen

Diese Makros selektieren immer die Zellen, genauso gut könnten diese direkt formatiert, bearbeitet oder ausgewertet werden.

Zur letzten nicht belegten Zelle der Spalte A springen:

```
Sub Letzte_nichtleere_Zelle()
   Cells(Rows.Count, 1).End(xlUp).Select
End Sub
```

Dementsprechend wäre die erste leere Zelle der Spalte A:

```
Sub Erste_leere_Zelle()
   Cells(Rows.Count, 1).End(xlUp).Offset(1, 0).Select
End Sub
```

Aktuelle Zeile selektieren (wie [⇧] + [   ]):

```
Sub Aktuelle_Zeile_selektieren()
   Rows(ActiveCell.Row).Select
End Sub
```

Dementsprechend wäre die aktuelle Spalte:

```
Sub Aktuelle_Spalte_selektieren()
   Columns(ActiveCell.Column).Select
End Sub
```

Ab aktueller Zelle 5 Zellen runter selektieren:

```
Sub Aktuelle_Zelle_5runter()
   Range(ActiveCell, ActiveCell.Offset(5, 0)).Select
End Sub
```

Ab aktueller Zelle 5 Zellen nach rechts selektieren:

```
Sub Aktuelle_Zelle_5rechts()
   Range(ActiveCell.Offset(0, 5), ActiveCell).Select
End Sub
```

Ab der Zelle A1 bis zur letzten benutzten Zelle der Spalte C selektieren:

```
Sub Benutzer_Bereich_AC()
   Range("A1:C" & Cells(Rows.Count, 3).End(xlUp).Row).Select
End Sub
```

Selektierte Zellen zählen:

```
Sub Selektiere_Zellen_zaehlen1()
   Dim dblRange As Double
   dblRange = Selection.Cells.Count
   MsgBox ("Es wurden " & dblRange & " Zellen gezählt")
End Sub
```

Anzahl der selektierten Zeilen ausgeben:

```
Sub Selektiere_Zeilen_zaehlen2()
   Dim dblZeilen As Double
   dblZeilen = Selection.Rows.Count
   MsgBox ("Es wurden " & dblZeilen & " Zeilen gezählt")
End Sub
```

Anzahl der selektierten Spalten ausgeben:

```
Sub Selektiere_Spalten_zaehlen()
   Dim dblSpalten As Double
   dblSpalten = Selection.Columns.Count
   MsgBox ("Es wurden " & dblSpalten & " Spalten gezählt")
End Sub
```

29 Dialoge (MsgBox)

Der einfachste Weg, eine Meldung auf dem Bildschirm auszugeben, ist die Message-Box (`MsgBox`), also eine Nachricht.

Eine einfache Dialogbox ausgeben:

```
Sub Meldung1()
   MsgBox ("Hallo Welt")
End Sub
```

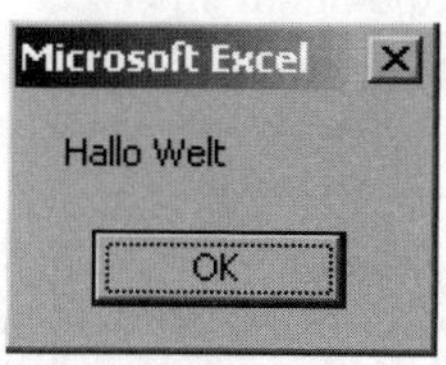

Abbildung 37: Einfache MsgBox

In der folgenden Dialogfenstern kann man entscheiden, ob man annehmen (`Ja`) oder ablehnen (`Nein`) will. Es werden also 2 Schaltflächen programmiert. Damit das funktioniert, muss man mit einer Variablen arbeiten (`Rueckfrage`), der man den Wert `Ja` oder `Nein` (`vbYesNo`) übergeben kann. Der Text »Zellen einfärben«, der an letzter Stelle in der Klammer geschrieben steht, wird in der Dialogbox als Titelzeile angezeigt.

```
Sub Meldung2()
   Rueckfrage = MsgBox("Rote Farbe zuweisen?", vbYesNo, _
              "Zellen einfärben")
      If Rueckfrage = vbYes Then
         [A1:C5].Interior.ColorIndex = 3
      Else
         Exit Sub
      End If
End Sub
```

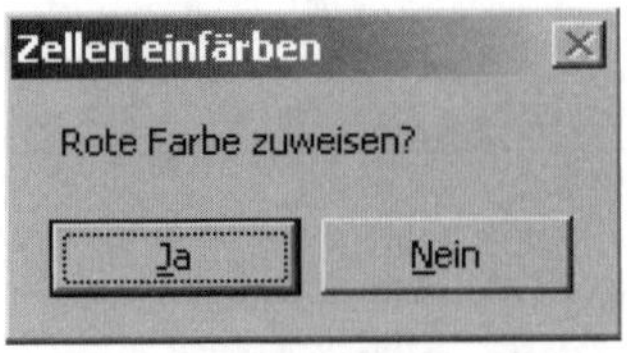

Abbildung 38: MsgBox mit Entscheidung

Hinweis

Eine Codezeile in VBA kann sehr lang werden. Zwar hat man die Möglichkeit, ziemlich lange Code-Zeilen zu schreiben (1024 Zeichen), aber das Ganze würde dann sehr unübersichtlich.

Um einen Code auf mehrere Zeilen zu verteilen, geben Sie ein Leerzeichen gefolgt von einem Unterstrich (_) ein.

Beispiel:

```
Rueckfrage = MsgBox("Rote Farbe zuweisen?", vbYesNo, _
             "Zellen einfärben")
```

In der nachfolgenden Tabelle finden Sie eine Übersicht der Konstanten, die Sie in einer Dialogbox verwenden können (mehr dazu in der Online-Hilfe unter dem Stichwort *MsgBox-Funktion*).

Konstante	Wert	Beschreibung
vbOKOnly	0	Nur die Schaltfläche **OK** anzeigen
vbOKCancel	1	Schaltflächen **OK** und **Abbrechen**
vbAbortRetryIgnore	2	Schaltflächen **Abbruch, Wiederholen** und **Ignorieren** anzeigen
vbYesNoCancel	3	Schaltflächen **Ja, Nein** und **Abbrechen** anzeigen
vbYesNo	4	Schaltflächen **Ja** und **Nein** anzeigen
vbRetryCancel	5	Schaltflächen **Wiederholen** und **Abbrechen** anzeigen
vbCritical	16	Meldung mit Stop-Symbol anzeigen
vbQuestion	32	Meldung mit Fragezeichen-Symbol anzeigen
vbExclamation	48	Meldung mit Ausrufezeichen-Symbol anzeigen
vbInformation	64	Meldung mit Info-Symbol anzeigen
vbDefaultButton1	0	Erste Schaltfläche ist Standardschaltfläche
vbDefaultButton2	256	Zweite Schaltfläche ist Standardschaltfläche
vbDefaultButton3	512	Dritte Schaltfläche ist Standardschaltfläche
vbDefaultButton4	768	Vierte Schaltfläche ist Standardschaltfläche
vbSystemModal	4096	An das System gebunden. Alle Anwendungen werden unterbrochen, bis der Benutzer auf das Meldungsfeld reagiert

Tabelle 8: Konstanten für Dialogbox

Anstelle von z.B. `vbYesNo` können Sie auch den Wert 4 einsetzen. Die verschiedenen Werte, die verwendet werden können, sind in der obigen Tabelle aufgelistet. Solche Werte können auch kombiniert werden. Wenn Sie eine `MsgBox` mit `vbYesNo` plus `vbQuestion` verwenden möchten, dann zählen Sie einfach die Werte zusammen (4 + 32 = 36).

```
Sub Meldung3()
   Dim strRueckfrage As String
   strRueckfrage = MsgBox("Blaue Farbe zuweisen?", 36, _
                "Zellen einfärben")
      If strRueckfrage = vbYes Then
         [A1:C5].Interior.ColorIndex = 5
      Else
         Exit Sub
      End If
End Sub
```

Abbildung 39: Ja/Nein plus Fragezeichen

Ein bisschen Spielerei: Sie können eine *Dialogbox* auch direkt einer Eingabe bzw. einem Klick, Rechtsklick oder Doppelklick zuweisen.

Dazu wird die Prozedur nicht in ein Modul geschrieben, sondern direkt hinter ein Tabellenblatt in der VBA-Umgebung. Es handelt sich somit um eine Ereignis-Prozedur. Im folgenden Beispiel wird dem Doppelklick die Meldung »Sie haben doppelt geklickt« zugewiesen. Das heißt, jedes Mal, wenn Sie einen Doppelklick ausführen, wird die entsprechende Dialogbox angezeigt. (Mehr zum Thema Ereignis-Prozeduren finden Sie weiter unten in dieser Kategorie.)

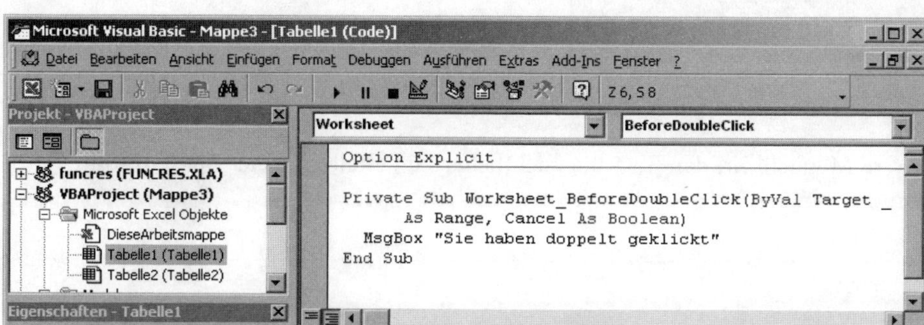

Abbildung 40: MsgBox bei Doppelklick

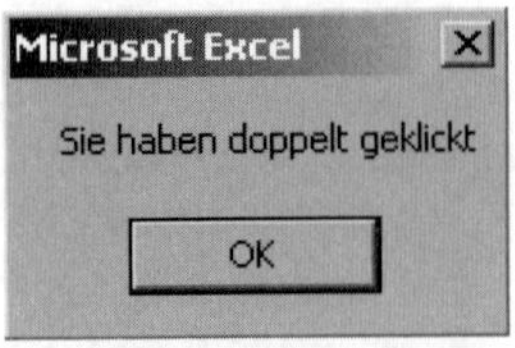

Abbildung 41: Ausgabe in der Dialogbox

Leider hat man in einer Dialogbox nicht viele Formatierungsmöglichkeiten, d.h., der Text kann nicht fett oder in einer anderen Schriftfarbe angezeigt werden.

Manchmal muss aber sehr viel Text in einer Dialogbox ausgegeben werden, so dass die Anzeige unübersichtlich werden könnte, wenn man den Text nicht etwas strukturieren würde. Sie können in einer Dialogbox Zeilenumbrüche generieren, z.B. mit `Chr(13)`, die jeweils durch ein `&` mit dem Text verkettet werden. Wenn Sie Meldungen mit verschiedenen Formatierungen verwenden möchten, müssen Sie eine *UserForm* verwenden (mehr dazu in der entsprechenden Kategorie). Bei den Dialogboxen können Sie alternativ auch `Chr(10)` verwenden.

```
Sub Text_mit_Zeilenumbruch()
   MsgBox ("Hallo User" & Chr(13) & Chr(13) & _
          "Dies könnte ein sehr langer Text werden," & Chr(13) & _
          "den man über mehrere Zeilen verteilen " & _
          "sollte. " & Chr(13) & Chr(13) & _
          "Gruss Felix Muster")
End Sub
```

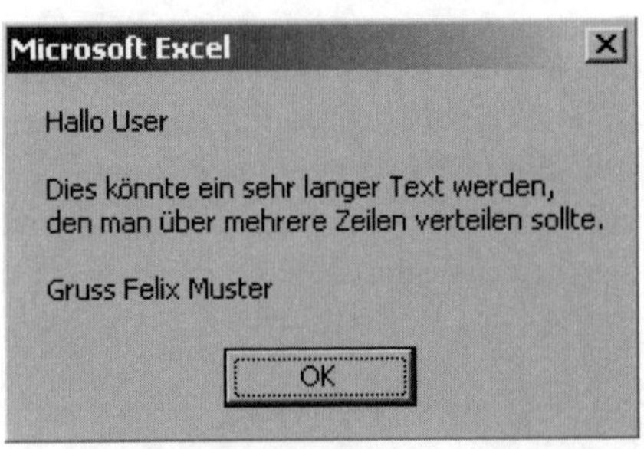

Abbildung 42: Dialogbox mit Zeilenumbrüchen

Eine weitere Möglichkeit, den Text übersichtlicher zu gestalten, bietet der Tabstopp `Chr(9)` innerhalb einer `MsgBox`.

```
Sub Tabstopp()
   Dim strVorname As String
   Dim strName As String
   Dim strOrt As String
   strVorname = "Felix"
```

```
    strName = "Muster"
    strOrt = "München"

    MsgBox ("Vorname:" & Chr(9) & strVorname & Chr(13) & _
            "Name:" & Chr(9) & strName & Chr(13) & _
            "Ort:" & Chr(9) & strOrt)
End Sub
```

Abbildung 43: Dialogbox mit Tabstopp

30 InputBox

Eine `InputBox` stellt eine Eingabezeile zur Verfügung. Den Wert, den Sie in ein Eingabefenster eingeben, können Sie einer Variablen übergeben. Die Variable kann später in der Prozedur weiter verwendet werden.

In unserem Beispiel übergeben wir die Variablen einer Dialogbox. Der Wert, der in das Eingabefenster eingegeben wird, wird in einer Dialogbox wieder ausgegeben.

```
Sub Eingabe()
   Dim strRueckfrage As String
   strRueckfrage = InputBox("Geben Sie Ihren Namen ein")
   MsgBox (strRueckfrage)
End Sub
```

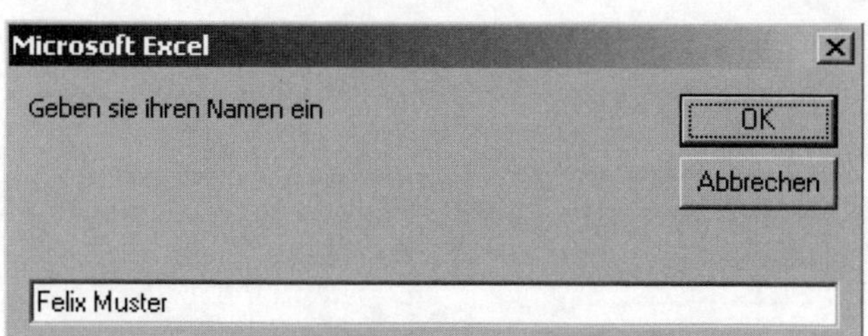

Abbildung 44: Inputbox (Eingabefenster)

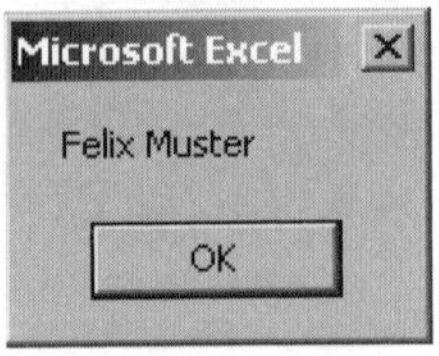

Abbildung 45: MsgBox (Dialogfenster)

Sie können den Wert, den Sie in ein Eingabefenster eingeben, auch in einer Zelle ausgeben. Im folgenden Beispiel wollen wir genau dies tun. Zudem programmieren wir die beiden Schaltflächen OK und ABBRECHEN. Wenn ABBRECHEN gedrückt wird, dann soll die Prozedur abgebrochen werden. Wenn `OK` gedrückt wird, soll der Wert in die Zelle A1 übergeben werden. Um das zu realisieren, arbeiten wir mit einer `Application.InputBox`.

Der Text »Hallo Anwender« wird in der Titelzeile der `MsgBox` angezeigt.

Als Default hinterlegen wir den Wert »Felix Muster«. Das heißt, dieser Wert steht standardmäßig in der Eingabezeile.

```
Sub Eingabe_mit_Entscheidung()
   Dim varRueckfrage As Variant
   varRueckfrage = Application.InputBox("Wollen Sie den Wert in" & _
                   "die Zelle A1 übertragen?", "Hallo Anwender", _
                   "Felix Muster")
      If varRueckfrage = "" Then
         Exit Sub
      Else
         [A1].Value = varRueckfrage
      End If
End Sub
```

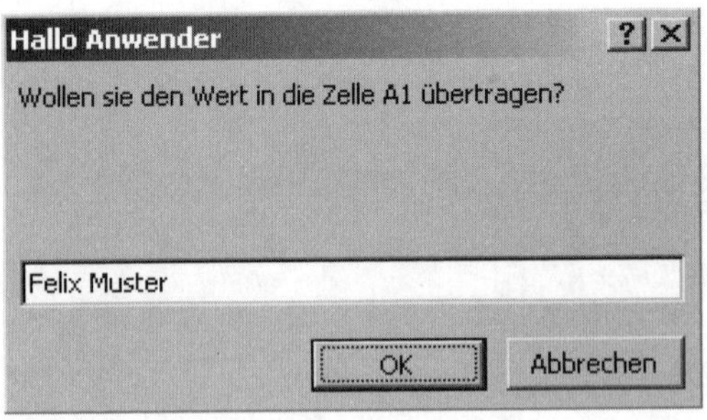

Abbildung 46: Application-InputBox

Das Ganze ist auch mit einer gewöhnlichen `InputBox` zu realisieren:

```
Sub Eingabe()
   Dim x As String
   x = InputBox("Hallo, bitte um eine Eingabe")
      If x = "" Then
         Exit Sub
      Else
         MsgBox "Eine Eingabe ist erfolgt"
      End If
End Sub
```

Nachfolgend einige Beispiele zum Thema `InputBox`. Um die Beispiele zu verkürzen, verwenden wir die Fehlerabfrage `On Error Resume Next`. Das müsste natürlich sauber ausprogrammiert werden. Mehr zum Thema »Errorhandling« finden Sie jedoch in der entsprechenden Kategorie.

Eine `InputBox` als Löschabfrage für eine Zeile verwenden:

```
Sub Zeile_loeschen()
   Dim i As Integer
   On Error Resume Next
   i = InputBox("Zeilen-Nummer eingeben", "Zeile löschen", "1")
   Rows(i).Delete
End Sub
```

Eine Spalte löschen:

```
Sub Spalte_loeschen()
   Dim i As Integer
   On Error Resume Next
   i = InputBox("Spalten-Buchstabe eingeben", _
             "Spalte löschen", "A")
   Columns(i).Delete
End Sub
```

Einen Bereich löschen:

```
Sub Bereich_loeschen()
   Dim i As Integer
   On Error Resume Next
   i = InputBox("Bereich eingeben", "Bereich löschen", "A1:C5")
   Range(i).Delete
End Sub
```

Ein Tabellenblatt löschen:

```
Sub Tabellenblatt_loeschen()
   Dim i As Integer
   On Error Resume Next
   i = InputBox("Tabellenname eingeben", "Tabelle löschen", _
            "Tabelle1")
   Sheets(i).Delete
End Sub
```

Eine Datei öffnen:

```
Sub Datei_oeffnen()
   On Error Goto Fehlerbehandlung
   Workbooks.Open Filename:=InputBox("Dateiname eingeben")
   Exit Sub
Fehlerbehandlung:
   MsgBox "Die Datei wurde nicht gefunden"
End Sub
```

Eine Datei speichern unter:

```
Sub Datei_speichern_unter()
   On Error Resume Next
   ActiveWorkbook.SaveAs Filename:=InputBox _
     ("Dateiname eingeben")
End Sub
```

Anzahl zu druckender Blätter:

```
Sub Anzahl_Ausdrucke()
   On Error Resume Next
   AnzAusdrucke = Application.InputBox("Anzahl Ausdrucke:", _
      "Druckenjob", 0)
   ActiveSheet.PrintOut Copies:=AnzAusdrucke
End Sub
```

Ein Beispiel zur Verwendung der `Application.InputBox`:

```
Sub Anwendungs_InputBox()
   Dim rngBereich As Range
   On Error GoTo Error
   ' Type 8 = Range
   Set rngBereich = Application.InputBox(Prompt:="Markieren" & _
     "Sie einen Bereich", Title:="Excel's Input Box", Type:=8)
```

```
    MsgBox ("Markierter Bereich: " & rngBereich.Address)
    Exit Sub
Error:
End Sub
```

Eine einfache `InputBox` gibt immer einen *String* zurück, während man bei der `Application.InputBox` angeben kann, von welchem Wert die Rückgabe sein soll (`Type:=`). Im obigen Beispiel ist es ein `Range`, also ein Bereich.

Wert	Bedeutung
0	Formel
1	Zahl
2	Text (Zeichenfolge)
4	Logischer Wert (`True` oder `False`)
8	Zellbezug, z.B. ein `Range`-Objekt
16	Fehlerwert, z.B. #N/A
64	Wertematrix

Tabelle 9: Rückgabewerte der Application.InputBox

31 Vordefinierte Dialoge

Excel bietet eine Vielzahl an vordefinierten Dialogen an. Bei der täglichen Arbeit mit Excel stoßen Sie immer wieder darauf. Ein Beispiel: Das Fenster »Speichern unter...«. Mit der Methode `Show` können Sie diese Dialoge anzeigen lassen.

Die Syntax für das Dialogfeld *Öffnen* lautet:

```
Sub Oeffnen()
    Application.Dialogs(xlDialogOpen).Show
End Sub
```

Die ausgewählte Datei wird daraufhin geöffnet.

Nachfolgend finden Sie eine kleine Auswahl der wichtigsten Dialoge. Wenn Sie alle 258 zur Verfügung stehenden Dialogfelder kennen lernen möchten, dann geben Sie bitte in der Online-Hilfe von Excel-VBA das Stichwort »Integrierte Dialogfeldargumente« ein.

Dialogfeld	Bedeutung
xlDialogOpen	Öffnen
xlDialogSaveCopyAs	Speichen unter
xlDialogPageSetup	Seite einrichten

Tabelle 10: Vorhandene Excel-Dialoge

Dialogfeld	Bedeutung
xlDialogPrint	Drucken
xlDialogNew	Neu
xlDialogFunctionWizard	Funktions-Assistent
xlDialogWorkbookName	Tabellenblatt umbenennen

Tabelle 10: Vorhandene Excel-Dialoge (Forts.)

Wie Sie eigene Dialogfelder erzeugen können, erfahren Sie in der Kategorie »UserForm«.

32 Schleifen

In Schleifen werden Anweisungen so lange ausgeführt, bis das Ziel erreicht ist. Dieses Ziel kann eine Anzahl von Durchläufen sein, ein Zielwert wird erreicht, oder eine unbekannte Anzahl an Objekten wird angesprochen. In VBA gibt es mehrere Typen von Schleifen. Da sich Schleifen am besten in der Praxis erklären lassen, finden Sie nachfolgend einige Beispiele, die Ihnen deren Verwendung näher bringen sollen.

33 For ... Next

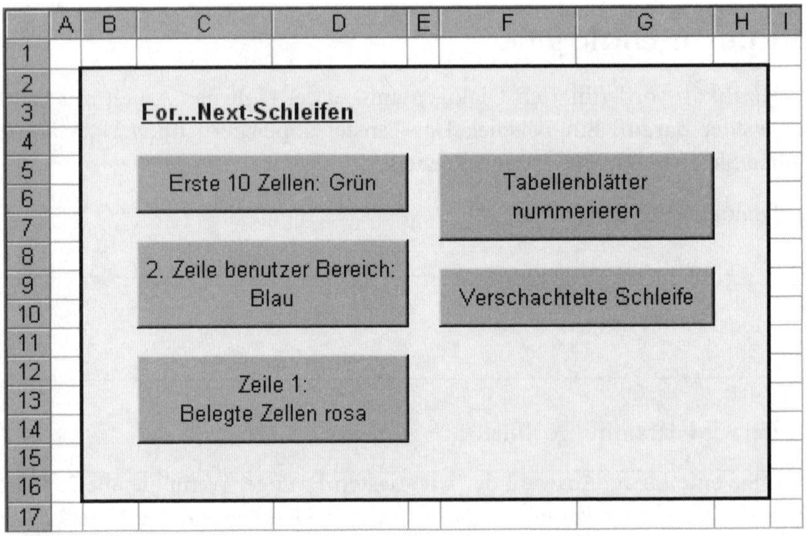

Abbildung 47: For ... Next-Schleifen

```
Syntax
For Zähler = Anfang To Ende [Step Schritt]
   [Anweisungen]
   [Exit For]
   [Anweisungen]
Next [Zähler]
```

Grund-
lagen
Fehler
Intern
Funk-
tionen
Farben
Datum/
Zeit
Auswer-
tungen
Dia-
gramme
Objekte
User-
Form
Controls
Internet
Extern
Extra

Die ersten zehn Zellen des Tabellenblattes grün einfärben:

```
Sub For_Next1()
   Dim i As Byte
      For i = 1 To 10
         Cells(i, 1).Interior.ColorIndex = 4
      Next i
End Sub
```

Jede zweite Zelle des benutzten Bereichs der ersten Spalte blau einfärben:

```
Sub For_Next2()
   Dim i As Integer
      For i = 1 To Cells(Rows.Count, 1).End(xlUp).Row Step 2
        Cells(i, 1).Interior.ColorIndex = 5
      Next i
End Sub
```

Alle belegten Zellen der Zeile 1 rosa einfärben:

```
Sub For_Next3()
   Dim i As Long
      For i = 1 To Cells(1, Columns.Count).End(xlToLeft).Column
        Cells(1, i).Interior.ColorIndex = 7
      Next i
End Sub
```

Alle Tabellenblätter durchnummerieren und »Rechnung« voranstellen:

```
Sub For_Next4()
   Dim i As Byte
      For i = 1 To Worksheets.Count
        Sheets(i).Name = "Rechnung " & i
      Next i
End Sub
```

Eine verschachtelte Schleife. Im nächsten Beispiel werden die Zeilen 1 bis 50 der Spalte A durchnummeriert und in jeder zweiten Reihe mit einer Hintergrund-Farbe entsprechend der Nummerierung eingefärbt:

```
Sub For_Next5()
   Dim i As Byte, x As Byte
      For i = 1 To 50
         Cells(i, 1).Value = i
            For x = 2 To 22 Step 2
```

```
                Cells(i, x).Interior.ColorIndex = i
            Next x
        Next i
End Sub
```

34 For ... Each

Etwas anders als bei den `For ... Next`-Schleifen verhält es sich bei den `For ... Each`-Schleifen. Bei den Ersteren arbeiten wir immer mit einem Zähler, wo jedoch bei diesen hier ein fester *Bereich* oder eine Objektgruppe angegeben wird.

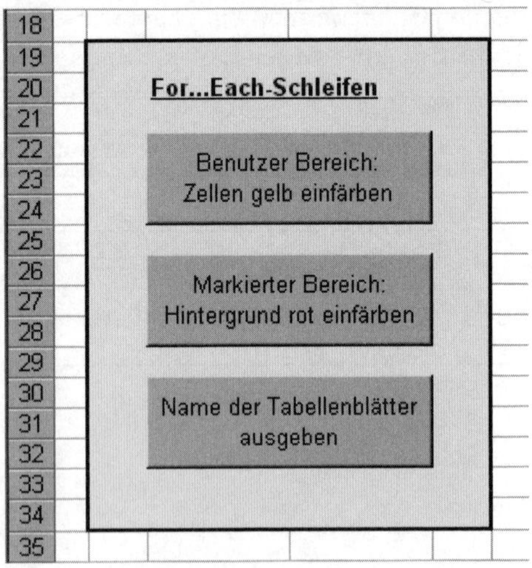

Abbildung 48: For...Each-Schleifen

Alle leeren Zellen des *benutzten* Bereichs gelb einfärben:

```
Sub For_Each1()
    Dim c As Object
        For Each c In ActiveSheet.UsedRange
          If c = "" Then c.Interior.ColorIndex = 6
        Next
End Sub
```

Allen Zellen eines *markierten* Bereichs die Hintergrundfarbe Rot zuweisen:

```
Sub For_Each2()
    Dim c As Object
        For Each c In Selection
           c.Interior.ColorIndex = 3
        Next c
End Sub
```

Sie können auch die unbekannte Anzahl an Tabellenblättern Ihrer aktiven Arbeitsmappe mit `For...Each` ansprechen. In diesem Beispiel wird der Name der Tabellenblätter zurückgegeben.

```
Sub For_Each3()
  Dim Sh As Worksheet
     For Each Sh In ActiveWorkbook.Worksheets
       MsgBox Sh.Name
     Next Sh
End Sub
```

Die `For...Each-Schleife` ist die gebräuchlichste Schleifenart, wenn man Objekte über einen Objektcontainer ansprechen kann, z.B. alle Tabellenblätter einer Arbeitsmappe. Speziell in den Kategorien »Objekte«, »Controls« und »Userform« werden Sie viele Beispiele dieser Schleifenform finden.

35 Do...While...Loop

Sie werden meist verwendet, wenn man nicht weiß, nach wie vielen Durchläufen das Ziel erreicht ist. Bei der `For...Next`-Schleife war die Anzahl der Schleifendurchläufe vorgegeben, hier gibt man einen Zielwert an, der erreicht werden soll. Dieser kann sogar völlig unabhängig von der Anzahl der Schleifendurchläufe sein, sondern nur von einem Ergebniswert abhängen.

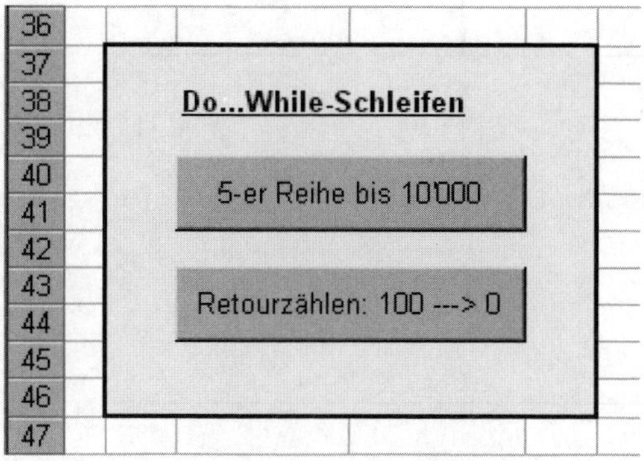

Abbildung 49: Do...While...Loop-Schleifen

```
Syntax
Do
   [Anweisungen]
   [Exit Do]
   [Anweisungen]
Loop [{While | Until} Bedingung]
```

Grundlagen
Fehler
Intern
Funktionen
Farben
Datum/Zeit
Auswertungen
Diagramme
Objekte
UserForm
Controls
Internet
Extern
Extra

Nachfolgend finden Sie zwei Praxisbeispiele.

5er-Reihe bis 10'000 in der Spalte A ausgeben:

```
Sub Do_While1()
   Dim Start As Integer
   Dim i As Integer
   Start = 0
      Do While Start < 10000
         Start = Start + 5
         i = i + 1
         If i > 1000 Then
            Exit Do
         End If
         Cells(i, 1).Value = Start
      Loop
End Sub
```

Sie werden feststellen, dass die Schleife nur bis 5000 zählt und dann abbricht. In der Entscheidung, in der die `Exit-Do`-Anweisung eingebettet ist, ist die Anzahl der Einträge auf 1000 beschränkt. Diese Bedingung wird aber bereits bei der Zahl 5000 erreicht. Solche Beendigungen bei `Do...While`-Schleifen sind üblich, um Endlosschleifen zu vermeiden. Ein Zähler wird so lange erhöht, bis die denkbar maximale Anzahl an Durchläufen bereits bei weitem überschritten ist.

Von 100 an zurück zählen und im Direktfenster ausgeben:

```
Sub Do_While2()
   Dim Start As Integer
   Dim i As Integer
   Start = 100
      Do While Start > 0
         Start = Start - 1
         Debug.Print Start
      Loop
End Sub
```

36 Do...Until...Loop

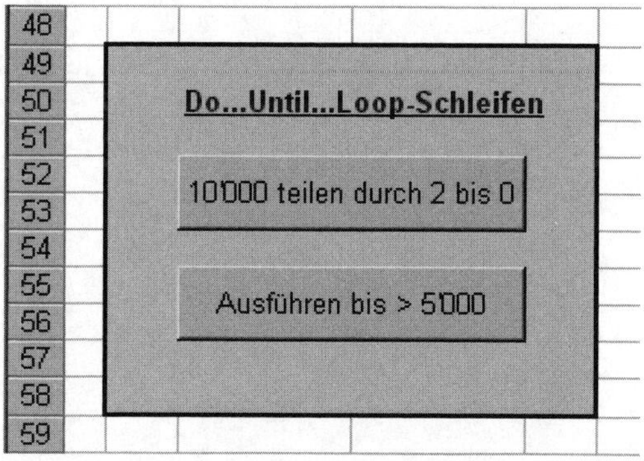

Abbildung 50: Do...Until...Loop-Schleifen

```
Syntax
Do [{While | Until} Bedingung]
   [Anweisungen]
   [Exit Do]
   [Anweisungen]
Loop
```

Nachfolgend finden Sie zwei Praxisbeispiele.

Die Start-Zahl wird so lange durch zwei geteilt, bis sie Null ist. Das Ergebnis wird im Direktfenster ausgegeben. Weil die Variable Start vom Typ `Integer` (Ganzzahl) ist, werden automatisch die Nachkommastellen entfernt. Sonst hätten wir mit dem Endwert = 0 eine Endlosschleife erstellt. Die `Exit-Do`-Anweisung in der Mitte lässt beim Wahrwerden der Bedingung die Schleife vorher beenden. Sie werden feststellen, dass die Schleife bei der Voreinstellung Start = 10000 nicht bis Null zählt, sondern bei 5 abbricht. Bei 11000 dagegen wird die Schleife bis Null durchlaufen.

```
Sub Do_Until1()
  Dim Start As Integer
  Start = 10000
    Do Until Start = 0
       Start = Start / 2
       Debug.Print Start
      ' Schleife beenden, falls Start den Wert 5 hat
      If Start = 5 Then
        Exit Do
      End If
    Loop
End Sub
```

Die Prozedur wird so lange durchgeführt, bis die Zahl größer als 5000 ist. Die Ausgabe erfolgt im Direktfenster:

```
Sub Do_Until2()
   Dim Start As Integer
   Start = 1
      Do
         Start = Start * 2
         Debug.Print Start
      Loop Until Start > 5000
End Sub
```

37 While...Wend

Das Einsatzgebiet dieser Schleifenart ist ähnlich der `Do...Loop...Until`-Schleife. Hier kommt es also primär nicht auf die Anzahl der Durchläufe an.

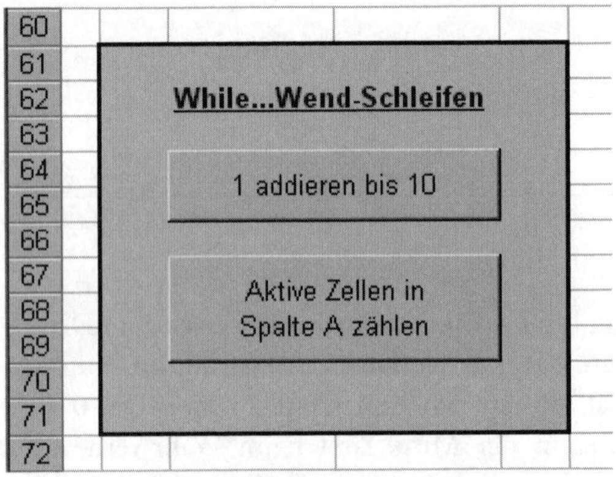

Abbildung 51: While...Wend-Schleifen

```
Syntax
While Bedingung
   [Anweisungen]
Wend
```

Nachfolgend finden Sie zwei Praxisbeispiele.

Es wird so lange die Zahl 2 mit der Potenz `i` potenziert, bis das Ergebnis größer als der Endwert 66666 ist. Hier ergibt der Umstand, dass 2^16 den Wert 65536 ergeben und erst die Potenz 17 größer ist als das Sollende. Im Direktbereich wird diese aber bereits ausgegeben, da nur ein weiterer Schleifendurchlauf nicht mehr erfolgen soll.

```
Sub While_Wend1()
   Dim i As Byte
   i = 0
      While 2 ^ i < 66666
         i = i + 1
         Debug.Print i
      Wend
End Sub
```

Die benutzten Zellen der Spalte A werden gezählt, bis eine leere Zelle erreicht wird. Es werden hierbei die Sprünge von Zelle zu Zelle gezählt, am Ende hat man die erste leere Zelle selektiert.

```
Sub While_Wend2()
   Dim i As Integer
   [A1].Select
      While ActiveCell.Value <> Empty
         i = i + 1
         ActiveCell.Offset(1, 0).Select
      Wend
   MsgBox ("Es wurden " & i & " Zellen gezählt")
End Sub
```

Allgemein sollten Sie bei Schleifen der Typen `While...Wend` und auch `Do...Loop` darauf achten, dass ein Endwert erreicht wird. Endlosschleifen können Sie notfalls mit der Taste [Esc] beenden.

38 Entscheidungen (Verzweigungen)

Entscheidungen werden jeweils mit `If...Then...Else` oder `Select...Case` durchgeführt. Sehr oft werden Entscheidungen innerhalb von Schleifen verwendet. Eine weitere, weniger bekannte Variante ist die `iif`-Entscheidung, die ähnlich der WENN-Abfrage in den Tabellenblättern funktioniert. Nachfolgend finden Sie einige Beispiele dazu.

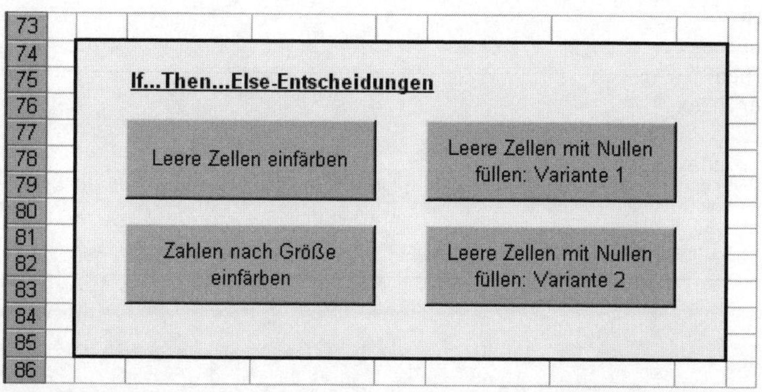

Abbildung 52: If...Then...Else-Entscheidungen

Grundlagen
Fehler
Intern
Funktionen
Farben
Datum/Zeit
Auswertungen
Diagramme
Objekte
UserForm
Controls
Internet
Extern
Extra

39 If...Then...Else

```
Syntax
If Bedingung Then [Anweisungen] [Else elseAnweisungen]
Alternativ können Sie die Block-Syntax verwenden:
If Bedingung Then
   [Anweisungen]
[ElseIf Bedingung-n Then
   [elseifAnweisungen] ...
[Else
   [elseAnweisungen]]
End If
```

Alle leeren Zellen im benutzten Bereich sollen mit roter Hintergrundfarbe eingefärbt werden. Die anderen Zellen werden entfärbt.

```
Sub Leere_Zellen_einfaerben()
   Dim c As Range
      For Each c In ActiveSheet.UsedRange
         If c.Value = "" Then
            c.Interior.ColorIndex = 3
         Else
            c.Interior.ColorIndex = xlNone
         End If
      Next c
End Sub
```

Im nächsten Beispiel werden alle Zahlen im benutzten Bereich, die größer als 500 sind, mit grüner Schriftfarbe eingefärbt, alle Zahlen, die größer sind als 0, mit blauer Schriftfarbe und alle restlichen Zahlen, also die Minusbeträge, rot eingefärbt.

```
Sub Zahlen_nach_Groesse_einfaerben()
   Dim c As Range
      For Each c In ActiveSheet.UsedRange
         If c > 500 Then
            c.Font.ColorIndex = 5
         ElseIf c > 0 Then
            c.Font.ColorIndex = 4
         Else
            c.Font.ColorIndex = 3
         End If
      Next c
End Sub
```

Alle leeren Zellen im selektierten Bereich sollen mit Nullen gefüllt werden.

```
Sub Leere_Zellen_mit_Nullen_fuellen()
   Dim c As Range
      For Each c In Selection
         If c.Value = "" Then
            c.Value = 0
         End If
      Next c
End Sub
```

Wenn nur eine einzige Reaktion auf die Bedingung(en) ausgelöst werden soll, eignet sich folgende Schreibweise, die auch in unserem Buch Verwendung findet:

```
Sub Leere_Zellen_mit_Nullen_fuellen2()
  Dim c As Range
     For Each c In Selection
       If c.Value = "" Then c.Value = 0
     Next c
End Sub
```

Wie Sie sehen, erspart man sich dadurch Zeilen.

Operatoren in Prozeduren:

Operator	Bedeutung
=	gleich
>	größer als
>=	größer / gleich
<	kleiner als
<=	kleiner / gleich
<>	Ungleich

Tabelle 11: Vergleichsoperatoren

Arithmetisch	Vergleich	Logisch
Potenzierung (^)	Gleich (=)	Not
Negation (-)	Ungleich (<>)	And
Multiplikation und Division (*, /)	Kleiner als (<)	Or
Ganzzahldivision (\)	Größer als (>)	Xor
Restwert (Mod)	Kleiner oder gleich (<=)	Eqv

Tabelle 12: Arithmetische Operatoren

Arithmetisch	Vergleich	Logisch
Addition oder Subtraktion (+, -)	Größer oder gleich (>=)	Imp
Zeichenverkettung (&)	Like Is	

Tabelle 12: Arithmetische Operatoren (Forts.)

Der Operator `Like` ist eigentlich ein Operator zum Mustervergleich, wird aber in der Rangfolge den anderen Vergleichsoperatoren gleichgestellt.

Der Operator `Is` dient zum Vergleichen von Verweisen auf Objekte. Er vergleicht nicht die Objekte oder deren Werte, sondern überprüft lediglich, ob sich zwei Objektverweise auf dasselbe Objekt beziehen.

40 Select...Case

Diese Form der Entscheidung bietet sich bei allen Entscheidungen an, die vielfältige Ergebnisse zulassen müssen. `Select...Case` ist meist etwas schneller als vergleichbare Abfragen.

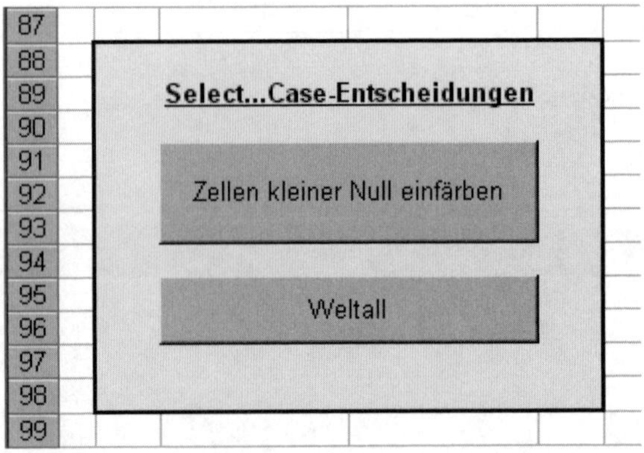

Abbildung 53: Select...Case-Entscheidungen

```
Syntax
Select Case Testausdruck
   [Case Ausdrucksliste-n
   [Anweisungen-n]] ...
Case Else
   [elseAnw]]
End Select
```

Nachfolgend finden Sie zwei Praxisbeispiele.

Alle Zellen im selektierten Bereich, die kleiner als Null sind, sollen mit roter Hintergrundfarbe belegt werden, diejenigen, die größer oder gleich Null sind, sollen keine Farbe erhalten.

```
Sub Zellen_kleiner_Null_einfaerben()
   Dim c As Range
      For Each c In Selection
         Select Case c
            Case c.Value < 0
               c.Interior.ColorIndex = 3
            Case c.Value >= 0
               c.Interior.ColorIndex = xlNone
         End Select
      Next c
End Sub
```

`Select...Case`-Entscheidung über Ein- und Ausgabe:

```
Sub Weltall()
  Dim strFrage As String
  Dim strAntwort As String
  strFrage = InputBox("Geben Sie den gewünschten " & _
                    "Planeten ein: " & Chr(13) & Chr(13) & _
                    "- Erde" & Chr(13) & _
                    "- Mars" & Chr(13) & _
                    "- Jupiter" & Chr(13) & _
                    "- Saturn" & Chr(13) & _
                    "- Uranus" & Chr(13) & _
                    "- Neptun" & Chr(13) & _
                    "- Pluto", "Monde (Trabanten)")
  Select Case strFrage
    Case "Erde": strAntwort = "Mond"
    Case "Mars": strAntwort = "Phobos und Deimos"
    Case "Jupiter": strAntwort = "28 Monde u.a. Ganymed"
    Case "Saturn": strAntwort = "30 Monde u.a. Titan"
    Case "Uranus": strAntwort = "20 Monde u.a. Oberon"
    Case "Neptun": strAntwort = "8 Monde u.a. Triton"
    Case "Pluto": strAntwort = "Charon"
    Case Else: strAntwort = "Falsche Eingabe" & Chr(13) _
      & "Sie haben """ & strFrage & """ eingegeben"
  End Select
  MsgBox strAntwort
End Sub
```

41 iif-Entscheidung

Diese Variante gliedert sich analog der Tabellenblattfunktion `Wenn` folgendermaßen:

```
IIf(expr, Wahrteil, Falschteil)
```

Sie ist ideal für die kleine Abfrage, bei der zwei Zustände zurückgegeben werden können. Für benutzerdefinierte Funktionen mit zwei Zuständen bietet sie sich regelrecht an.

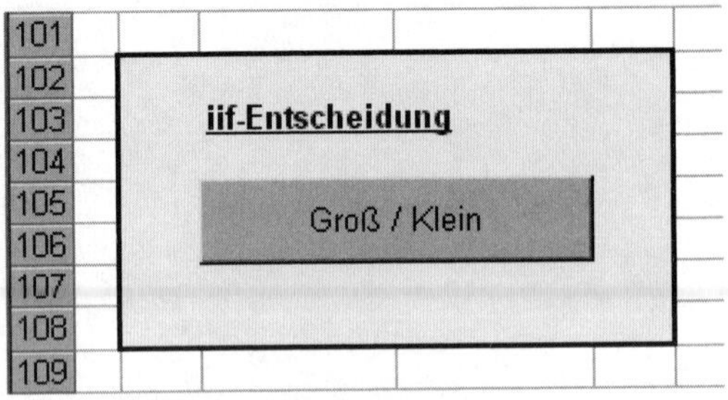

Abbildung 54: iif-Entscheidung

```
Sub iif_Entscheidung1()
  Dim intZahl As Integer
  Dim strText As String
  intZahl = 12
  strText = IIf(intZahl < 22, "klein", "GROSS")
  MsgBox strText
End Sub
```

42 Array (Datenfeld)

Was eine Variable ist, haben Sie ja bereits gelesen. Eine Variable ist ein veränderlicher Bereich, der dynamisch mit einem Wert gefüllt werden kann. In einem Array werden mehrere Variablen unter einem Namen zusammengefasst.

Wenn Sie ein Tabellenblatt ansprechen, können Sie dies über die Index-Nummer tun (`Sheets(5).Select`, also die 5 in der Klammer). Bei einem Array ist das ähnlich, denn es wird ebenfalls der Index angesprochen, nämlich jener Index, der selbst definiert und der Variablen zugewiesen wurde, z.B. `strNamen(3)`. Der Index ist der Wert, der in Klammern steht.

Einer Array-Variablen folgt ein Klammernpaar: `Dim strNamen() as String`. Wenn das Klammernpaar leer ist, bedeutet das, dass die Größe des Arrays erst im Verlaufe der Prozedur festgelegt wird.

Wenn Sie in dem Klammernpaar einen Wert eingeben, z.B. `strNamen(3)`, bedeutet das, dass dem Array *4* Werte zugewiesen werden können, denn die Nummerierung des Indexes beginnt mit *0* (Null), `deshalb sind es 4 Werte`. Wenn diese bei 1 beginnen soll, können Sie am Anfang des Moduls `Option Base 1` eingeben.

Wenn Sie `Option Base` nicht angeben, wird immer von 0 (Null) ausgegangen:

```
Sub Array1()
   Dim Woche(7) As String
   Woche(0) = "Montag"
   Woche(1) = "Dienstag"
   Woche(2) = "Mittwoch"
   Woche(3) = "Donnerstag"
   Woche(4) = "Freitag"
```

```
    Woche(5) = "Samstag"
    Woche(6) = "Sonntag"
    MsgBox Woche(0) & Chr(10) & _
           Woche(1) & Chr(10) & _
           Woche(2) & Chr(10) & _
           Woche(3) & Chr(10) & _
           Woche(4) & Chr(10) & _
           Woche(5) & Chr(10) & _
           Woche(6), , "Wochentage"
End Sub
```

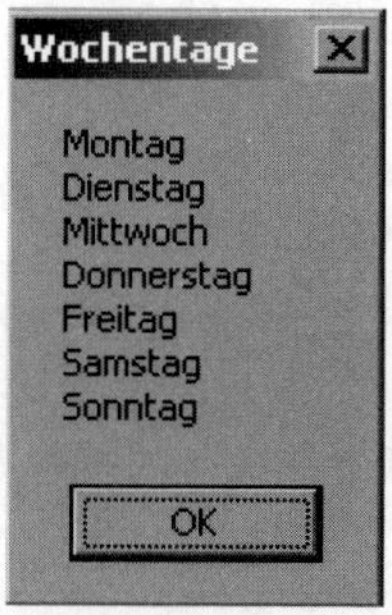

Abbildung 55: Die Werte stammen aus EINER Variablen

Dasselbe Beispiel unter Verwendung von `Option Base 1`. Achten Sie auf die Nummerierung. Das Ergebnis ist dasselbe wie oben.

```
Option Base 1

Sub Array2()
   Dim Woche(7) As String
   Woche(1) = "Montag"
   Woche(2) = "Dienstag"
   Woche(3) = "Mittwoch"
   Woche(4) = "Donnerstag"
   Woche(5) = "Freitag"
   Woche(6) = "Samstag"
   Woche(7) = "Sonntag"
   MsgBox Woche(1) & Chr(10) & _
          Woche(2) & Chr(10) & _
          Woche(3) & Chr(10) & _
          Woche(4) & Chr(10) & _
          Woche(5) & Chr(10) & _
          Woche(6) & Chr(10) & _
          Woche(7), , "Wochentage"
End Sub
```

43 Array-Funktion

Bei der Array-Funktion wird die Variable mit dem Datentyp `Variant` deklariert. Hier kann auf das Klammernpaar nach der Variablen verzichtet werden. Das Ergebnis ist ebenfalls dasselbe wie oben.

```
Option Base 1

Sub Array3()
   Dim Woche As Variant
   Woche = Array("Montag", "Dienstag", "Mittwoch", _
                 "Donnerstag", "Freitag", "Samstag", _
                 "Sonntag")
   MsgBox Woche(1) & Chr(10) & _
          Woche(2) & Chr(10) & _
          Woche(3) & Chr(10) & _
          Woche(4) & Chr(10) & _
          Woche(5) & Chr(10) & _
          Woche(6) & Chr(10) & _
          Woche(7), , "Wochentage"
End Sub
```

44 LBound und UBound

Mit `LBound` (Lower Boundary) können Sie die Untergrenze des Arrays ermitteln. Mit `UBound` (Upper Boundary) können Sie die Obergrenze des Arrays ermitteln.

Beispiel:

```
Option Base 1

Sub Array4()
   Dim Woche(7) As String
   Woche(1) = "Montag"
   Woche(2) = "Dienstag"
   Woche(3) = "Mittwoch"
   Woche(4) = "Donnerstag"
   Woche(5) = "Freitag"
   Woche(6) = "Samstag"
   Woche(7) = "Sonntag"
   MsgBox "Untergrenze:  " & LBound(Woche) & Chr(10) & _
          "Obergrenze :  " & UBound(Woche)
End Sub
```

Grund-
lagen
Fehler
Intern
Funk-
tionen
Farben
Datum/
Zeit
Auswer-
tungen
Dia-
gramme
Objekte
User-
Form
Controls
Internet
Extern
Extra

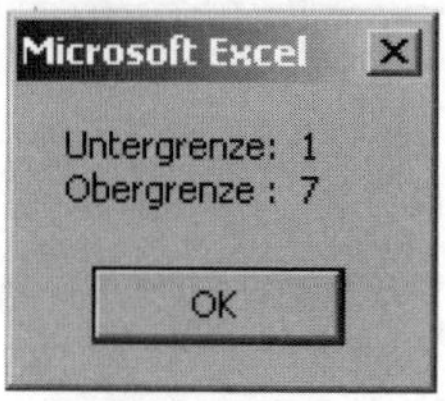

Abbildung 56: LBound und UBound

45 Mehrdimensionale Arrays

Es können bis zu 60 Dimensionen in einem Array hinterlegt werden. Es ist jedoch unwahrscheinlich, dass Sie dies jemals voll ausschöpfen werden. Zwei- und dreidimensionale Arrays sind aber durchaus üblich.

Im folgenden Beispiel finden Sie so ein zweidimensionales Array. Beachten Sie die Werte in Klammern in der Variablen-Deklaration. Es werden also zwei Datenfelder hinterlegt.

```
Option Base 1

Sub Array5()
   Dim x(1 To 100, -5 To 9)
   MsgBox "Untergrenze Datenfeld1: " & LBound(x, 1) & Chr(10) & _
          "Obergrenze  Datenfeld1: " & UBound(x, 1) & Chr(10) & _
          Chr(10) & _
          "Untergrenze Datenfeld2: " & LBound(x, 2) & Chr(10) & _
          "Obergrenze  Datenfeld2: " & UBound(x, 2), , _
          "Zweidimensionales Array"
End Sub
```

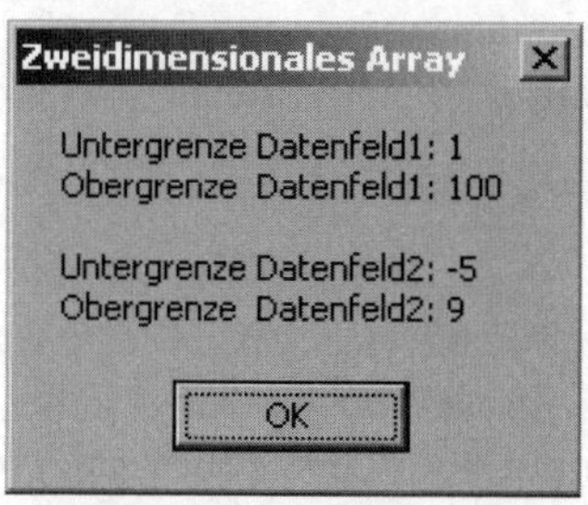

Abbildung 57: Zweidimensionales Array

Im nachfolgenden Beispiel finden Sie ein dreidimensionales Array. Dies kann so bis zu den 60 Dimensionen erweitert werden.

```
Option Base 1

Sub Array6()
   Dim x(1 To 100, -5 To 9, 0 To 7)
   MsgBox "Untergrenze Datenfeld1:    " & LBound(x, 1) & Chr(10) & _
          "Obergrenze  Datenfeld1:    " & UBound(x, 1) & Chr(10) & _
          Chr(10) & _
          "Untergrenze Datenfeld2:    " & LBound(x, 2) & Chr(10) & _
          "Obergrenze  Datenfeld2:    " & UBound(x, 2) & Chr(10) & _
          Chr(10) & _
          "Untergrenze Datenfeld3:    " & LBound(x, 3) & Chr(10) & _
          "Obergrenze  Datenfeld3:    " & UBound(x, 3), , _
          "Dreidimensionales Array"
End Sub
```

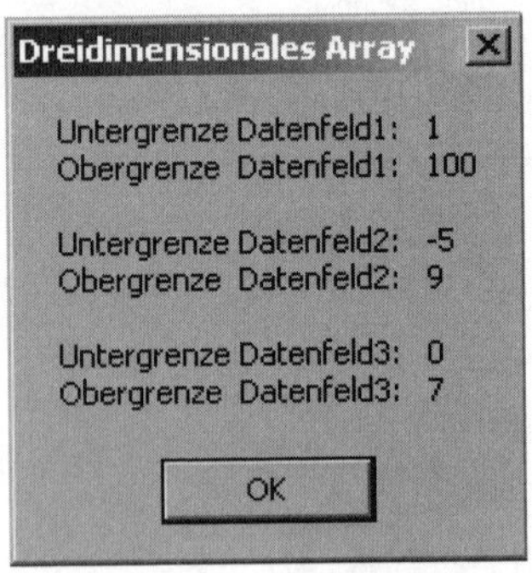

Abbildung 58: Dreidimensionales Array

46 Dynamische Arrays

Ein dynamisches Array kann man verwenden, wenn die Anzahl der zu verwendenden Elemente noch nicht feststeht und diese erst im Verlauf der Prozedur definiert werden.

Wenn Sie mit mehrdimensionalen dynamischen Arrays arbeiten wollen, dann müssen Sie beachten, dass nur die letzte Dimension dynamisch ist.

Beim dynamischen Datenfeld wird das Klammernpaar nach der Variablen leer gelassen. Dieses wird erst im Verlaufe der Prozedur über die Anweisung `ReDim` (Redimensionalisierung) festgelegt und kann auch über diesen Befehl im Verlaufe der Prozedur auf eine neue Größe geändert werden.

Bei der Anweisung `ReDim` verliert die Variable ihren Inhalt. Bei der Anweisung `ReDim Preserve` wird ebenfalls neu dimensionalisiert, der Inhalt der Variablen bleibt jedoch erhalten.

```
Sub Array7()
   Dim x() As Integer
   Dim i As Byte
   ReDim x(5)            ' Hier wird die Größe auf 5 festgelegt
      For i = 1 To 5
         x(i) = i        ' Hier wird das Datenfeld initialisiert
```

```
    Next i
  MsgBox "Untergrenze: " & LBound(x) & Chr(10) & _
         "Obergrenze : " & UBound(x)

  ReDim x(10)         ' Hier wird die Größe auf 10 geändert
    For i = 1 To 10
      x(i) = i
    Next i
  MsgBox "Untergrenze: " & LBound(x) & Chr(10) & _
         "Obergrenze : " & UBound(x)

  ReDim Preserve x(15) ' Grösse auf 15 ändern
  MsgBox "Untergrenze: " & LBound(x) & Chr(10) & _
         "Obergrenze : " & UBound(x)
End Sub
```

Wenn Sie das nächste Beispiel ausführen, wird sehr deutlich, dass bei ReDim der Inhalt der Variablen verloren geht, jedoch bei Preserve erhalten bleibt und gegebenenfalls erweitert wird. Es werden nacheinander vier Dialogboxen angezeigt, mit dem jeweils aktuellen Variablen-Inhalt.

```
Option Base 1

Sub Array8()
  Dim x() As Integer
  Dim i As Integer

  ' Die Werte werden in einer Schleife abgefüllt
  ReDim x(5)
    For i = 1 To 5
      x(i) = i
    Next i
  MsgBox x(1) & " - " & x(2) & " - " & x(3) & " - " & _
         x(4) & " - " & x(5)

  ' Die obigen Werte werden gelöscht und neu initialisiert
  ReDim x(7)
  MsgBox x(1) & " - " & x(2) & " - " & x(3) & " - " & _
         x(4) & " - " & x(5) & " - " & x(6) & " - " & x(7)

  ' Die obigen Werte werden gelöscht und neu initialisiert
  ReDim x(7)
    For i = 1 To 7
      x(i) = i
    Next i
  MsgBox x(1) & " - " & x(2) & " - " & x(3) & " - " & _
         x(4) & " - " & x(5) & " - " & x(6) & " - " & x(7)

  ' Die obigen Werte werden beibehalten und um 2 Felder ergänzt
  ReDim Preserve x(10)
  MsgBox x(1) & " - " & x(2) & " - " & x(3) & " - " & _
```

```
        x(4) & " - " & x(5) & " - " & x(6) & " - " & _
        x(7) & " - " & x(8) & " - " & x(9) & " - " & x(10)
End Sub
```

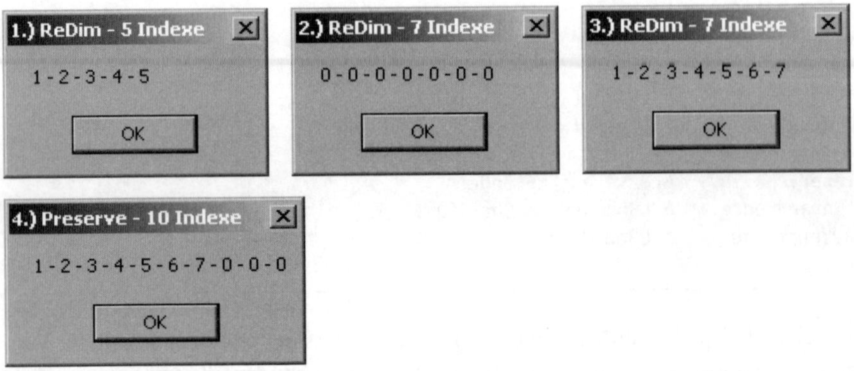

Abbildung 59: Die verschiedenen Ausgaben der obigen Prozeduren

47 Ereignis-Prozeduren

Ereignis-Prozeduren werden nicht in ein Modul, sondern direkt hinter ein Tabellenblatt oder hinter die Arbeitsmappe geschrieben. Bis jetzt haben wir die Prozeduren jeweils in ein Modul geschrieben. Bei Ereignis-Prozeduren soll jedoch direkt ein Ereignis ausgelöst werden, sobald etwas mit der Mappe oder dem Tabellenblatt geschieht.

Hier gibt es aber Besonderheiten zu beachten:

- Öffentliche Variablen sollten nicht hier deklariert werden, sondern in einem normalen Modul.
- Fremde Tabellenblätter und Arbeitsmappen müssen entweder genau referenziert werden, oder man lagert diese Prozedurzeilen in ein Makro auf einem normalen Modul aus und ruft nur dieses in der Ereignis-Prozedur auf.

48 Ereignis Workbook

In der folgenden Abbildung sehen Sie, dass im linken Fenster (Projekt) DIESEARBEITSMAPPE markiert ist. Wenn Sie doppelt auf DIESEARBEITSMAPPE klicken, gelangen Sie rechterhand in das Fenster, wo Sie die Ereignis-Prozedur zur Mappe eintragen können.

Das gewünschte Ereignis können Sie im rechten Fenster über die beiden DropDown-Menüs auswählen. Im ersten DropDown wird `Workbook` gewählt und im zweiten `Open`. Sie müssen den Code für die erste Zeile also nicht von Hand eintippen, sondern können ihn bequem anklicken und somit auch gleich sehen, welche Ereignisse Ihnen zum `Workbook` zur Verfügung stehen. Die Parameter in der Klammer sind zwingend erforderlich und sollten nicht verändert werden. `Target` ist zum Beispiel das auslösende Zellobjekt.

Die Prozedur, die zwischen `Private Sub Workbook_Open()` und `End Sub` steht, wird ausgelöst, sobald die Mappe geöffnet wird. In diesem Beispiel wird eine Dialogbox mit dem Namen der Arbeitsmappe angezeigt.

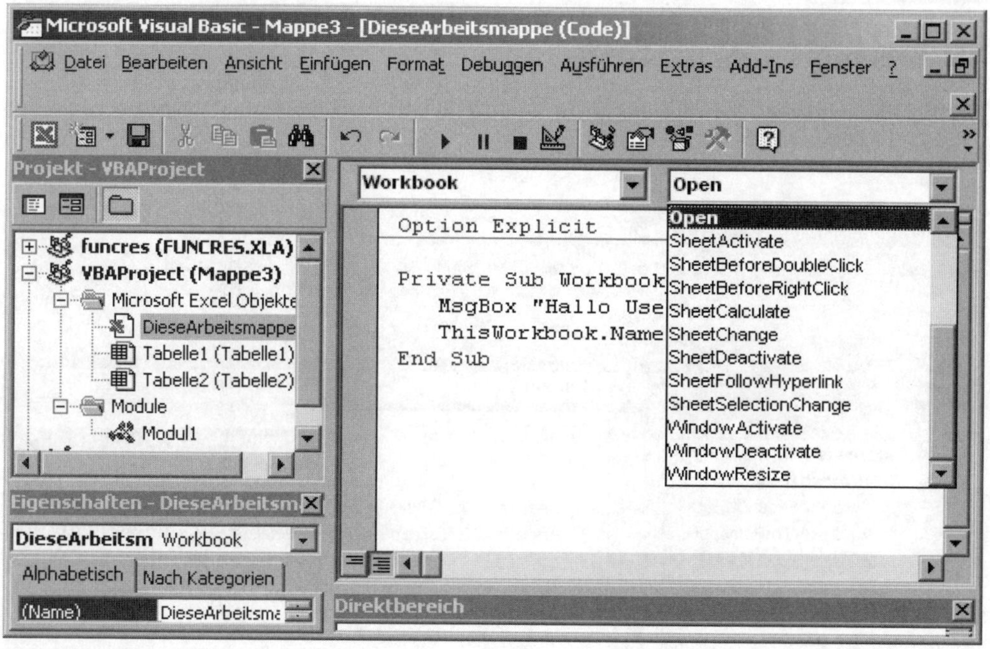

Abbildung 60: Ereignis-Prozedur zur Mappe

```
Private Sub Workbook_Open()
   MsgBox "Hallo User, du hast soeben die Mappe " & _
   ThisWorkbook.Name & " geöffnet"
End Sub
```

Sie können ebenso ein Ereignis auslösen, wenn die Mappe geschlossen wird (`Workbook_BeforeClose`). Im folgenden Beispiel wird vor dem Schließen der Mappe die Arbeitsmappe gespeichert.

```
Private Sub Workbook_BeforeClose(Cancel As Boolean)
  ThisWorkbook.Save
End Sub
```

Wenn Sie beispielsweise eine benutzerdefinierte Kopf- und Fußzeile vor dem Ausdruck oder vor dem Wechsel in die Seitenansicht aktualisieren möchten, dann wählen Sie das Ereignis `Workbook_BeforePrint`. In der folgenden Prozedur wird eine linke Fußzeile erzeugt, die den Wert aus Zelle A1 der Tabelle1 entnimmt.

```
Private Sub Workbook_BeforePrint(Cancel As Boolean)
   ActiveSheet.PageSetup.LeftFooter = _
      Worksheets(1).Range("A1").Value
End Sub
```

49 Ereignis Worksheet

Nachfolgend finden Sie einige Beispiele, die direkt an das Tabellenblatt gebunden werden können.

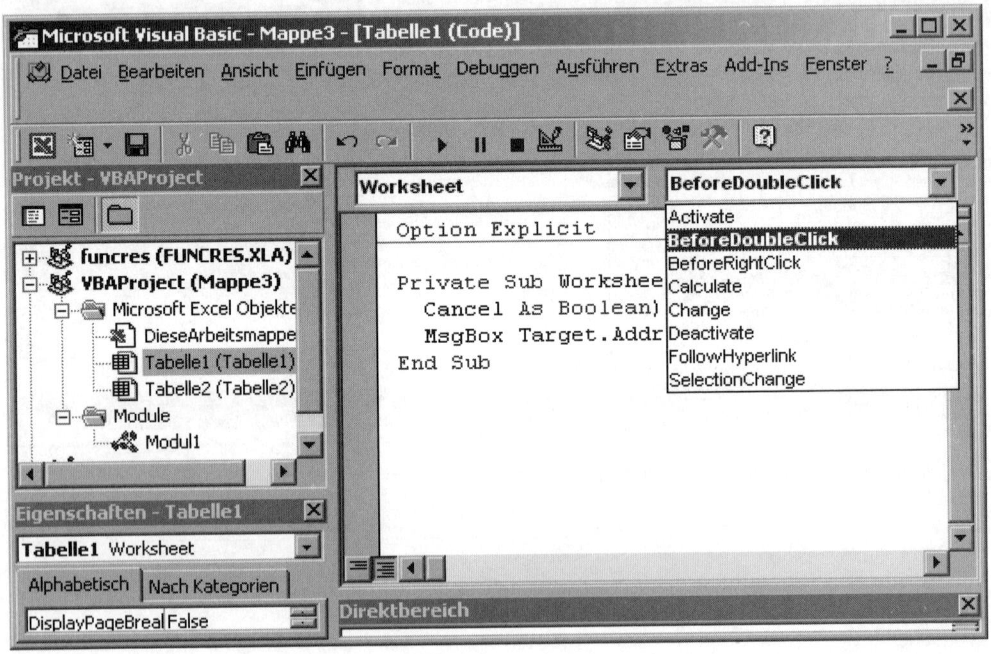

Abbildung 61: Ereignis-Prozedur zur Tabelle

Auch hier können Sie die erste Zeile der Prozedur wieder über die DropDowns auswählen.

Die folgende Prozedur wird beim Doppelklick auf eine Zelle in der Tabelle1 ausgeführt (`Worksheet_BeforeDoubleClick`). Wenn Sie doppelt auf eine der Zellen klicken, wird die Zelladresse in einem Hinweisdialog ausgegeben. `Target` ist in diesem Fall die Zelle, in der der Doppelklick erfolgte.

```
Private Sub Worksheet_BeforeDoubleClick(ByVal Target As Range, _
  Cancel As Boolean)
  MsgBox Target.Address(0, 0)
End Sub
```

Mit einer Entscheidung kombiniert, können selektiv einzelne Zellen oder Zellbereiche ausgeschlossen werden, oder es wird nur auf diese reagiert. Im nächsten Beispiel sehen Sie, dass nur auf die zweite Zeile, zweite Spalte und die Zelle B2 jeweils unterschiedliche Reaktionen erfolgen. Diese Entscheidungen könnte man unendlich fortsetzen.

```
Private Sub Worksheet_SelectionChange(ByVal Target As Range)
  If Target.Address(0, 0) = "B2" Then
    MsgBox "Zelle ""B2"" selektiert"
  ElseIf Target.Row = 2 Then
    MsgBox """Zeile2"" selektiert"
  ElseIf Target.Column = 2 Then
    MsgBox """SpalteB"" selektiert"
  End If
End Sub
```

Die nächste Prozedur wird ausgeführt, sobald die Tabelle1 aktiviert bzw. angeklickt wird (`Worksheet_Activate`). Es wird eine Dialogbox angezeigt:

```
Private Sub Worksheet_Activate()
   MsgBox "Bitte in dieser Tabelle keine Änderungen vornehmen", _
          vbCritical, "Achtung"
End Sub
```

Bei Rechtsklick soll das Dialogfenster für den Funktions-Assistenten angezeigt werden (`Worksheet_BeforeRightClick`). Da bei dem Rechtsklick normalerweise das Kontextmenü erscheint, könnten wir dieses deaktivieren. Die dazu passende Codezeile haben wir allerdings auskommentiert. Dies hat folgenden Grund: Bei allen möglichen Ereignissen, um das Tabellenblatt zu verlassen, muss dieser Befehl mit

```
Application.CommandBars("Cell").Enabled = True
```

wieder aufgehoben werden.

```
Private Sub Worksheet_BeforeRightClick(ByVal Target As Range, _
   Cancel As Boolean)
   On Error GoTo Errorhandler
   Application.Dialogs(xlDialogFunctionWizard).Show
   ' Application.CommandBars("Cell").Enabled = False
   Exit Sub
Errorhandler:
   MsgBox "Falsche Eingabe"
End Sub
```

In der nächsten Prozedur wollen wir mit dem Ereignis `Worksheet_Change` arbeiten. Wenn in der Spalte A ein Wert in die Zelle eingetragen wird, soll in der Zelle rechts daneben der

Betrag in Euro umgerechnet werden. Die Zelle wird dann auch gleich formatiert. Achtung: Da das Ergebnis nicht auf 2 Nachkommastellen gerundet wird, ist dies auch nicht als Beispiel für eine offiziell richtige Euro-Umrechnung zu verstehen.

```
Private Sub Worksheet_Change(ByVal Target As Range)
  Const Kurs As Single = 1.95583
  Dim Spalte As Byte
  Spalte = 1
  If Target.Cells.Count <> 1 Then Exit Sub
  If Target.Column = Spalte Then
    Target.Offset(0, 1).Value = Target.Value / Kurs
    Target.Offset(0, 1).NumberFormat = "#0.00 _"
  End If
End Sub
```

50 Kommentarzeilen, -anhänge

Ganz zu Anfang haben wir Ihnen bei der Codebereinigung den Tipp gegeben, Codezeilen auszukommentieren, bei denen Sie nicht sicher sind, ob sie benötigt werden. Zur Erinnerung: dies geschieht mit dem Hochkomma ([⇧] + [#]).

Der eigentliche Sinn dieser Kommentare ist folgender:

Sie sollten sich angewöhnen, den Code möglichst umfangreich zu kommentieren. Sie werden ein paar Tage nach der Erstellung der Prozedur bereits die Frage stellen »Wie war das noch mal?« Dies ist sehr natürlich. Sie müssen den Code so umfangreich kommentieren, dass man ohne umfangreiche Recherchen sofort den Sinn einzelner Codeabschnitte überblicken kann. In Sonderfällen kann der Kommentar umfangreicher als der ausführende Code sein. In der Regel werden Sie, um den Code sicher zu verstehen, ca. 25% bis 50% dafür benötigen.

Wir haben hier im Buch ersatzweise die Möglichkeit, in den Zeilen vor und nach den Codeabschnitten Erläuterungen abzugeben, dies sollten Sie in Ihren Prozeduren in Form von Kommentaren erreichen. In den Kommentaren können Sie natürlich mit Stichworten arbeiten, was uns hier verwehrt ist.

Ganze Blöcke am Stück können Sie über die BEARBEITEN-Symbolleiste bewerkstelligen. In der Abbildung 62 sehen Sie in der oberen Hälfte den markierten Bereich, der am Stück auskommentiert wurde.

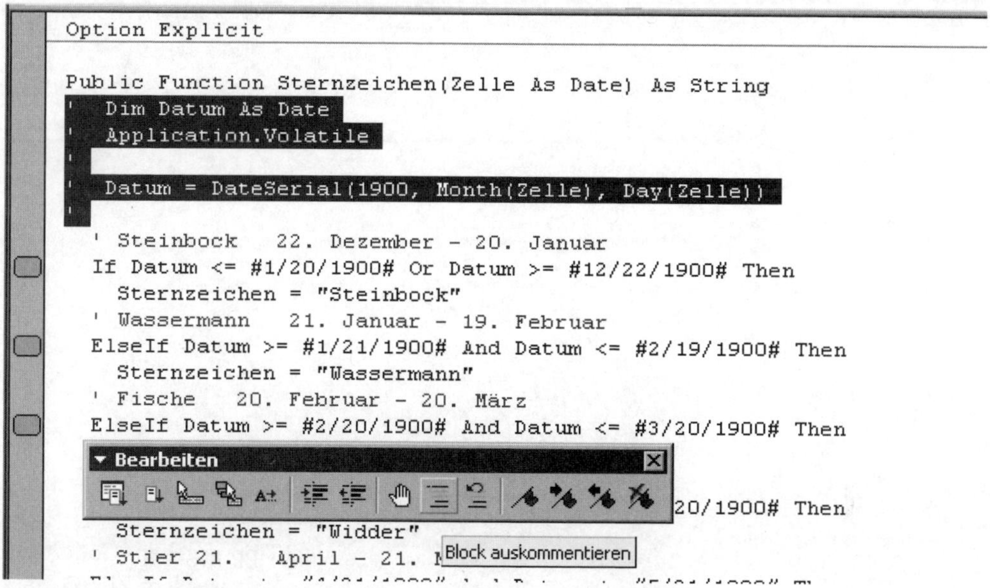

Abbildung 62: Block auskommentieren

51 Lesezeichen im Code

Zur besseren Navigation in den Codezeilen können Sie Lesezeichen setzen. In der Abbildung 62 sind bereits 3 Lesezeichen zu sehen. Es sind hellblaue Rechtecke. Sie können mit den 4 Buttons auf der rechten Seite der BEARBEITEN-Symbolleiste (Fähnchen) diese Rechtecke setzen, von einem zum anderen springen und natürlich auch löschen. Alternativ kann mit einem Rechtsklick auf einen Haltepunkt dieser über den Menüeintrag UMSCHALTEN in ein Lesezeichen umgewandelt werden.

Fehler

Fehler in Prozeduren können auf viele verschiedene Arten entstehen. Nachfolgend wollen wir versuchen, Ihnen einige Tipps zu geben, wie Sie Fehler finden, vermeiden und wegprogrammieren können.

Wenn ein Fehler in Ihrer Prozedur ist, wird entweder gar nicht erst gestartet oder es wird mittendrin abgebrochen.

Eine allgemeine Regel ist allerdings, dass man vorneweg versucht, Falscheingaben durch den Benutzer während der Dateneingabe auszuschließen und auch Ihnen während der Programmierung zu vermeiden hilft.

52 Option Explicit

Wie Sie ja bereits in der vorigen Kategorie gelernt haben, sollten Sie Ihre Variablen deklarieren. Dies kann je nachdem mit `Dim`, `Privat`, `Static` oder `Public` geschehen. Damit Ihnen beim Verwenden von Variablen keine Fehler unterlaufen, hiermit sind vor allem Tippfehler gemeint, sollte unbedingt zu Beginn jeder Prozedur die Anweisung `Option Explicit` stehen. Sie werden sich damit sehr viel Zeit, Suchen und Ärger ersparen.

Sie müssen diese Anweisung nicht jedes Mal von Hand eingeben. Wenn Sie den Menüpunkt EXTRAS | OPTIONEN wählen, aktivieren Sie im geöffneten Dialogfenster VARIABLENDEKLARATION ERFORDERLICH.

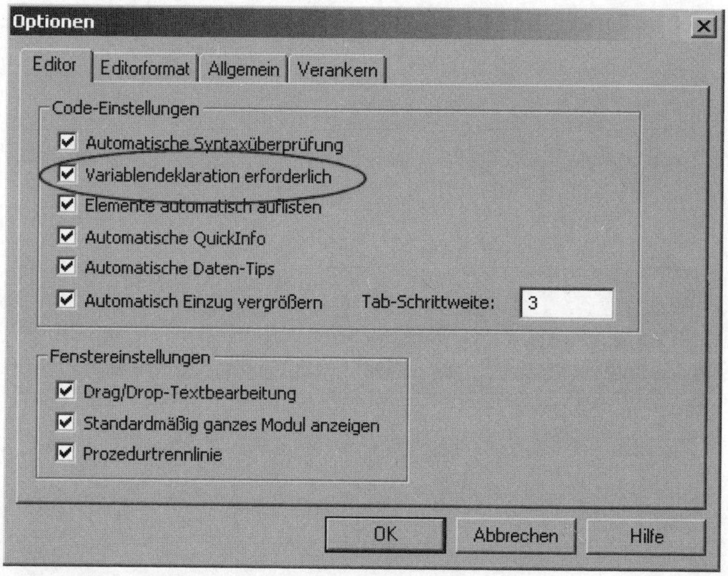

Abbildung 63: Variablendeklaration erzwingen

Von nun an wird zu Beginn in jedem neuen Modul etc. automatisch die Anweisung `Option Explicit` erscheinen.

Ein Beispiel mit einem Tippfehler. In der nachfolgenden Abbildung können Sie sehen, dass die Variable einen Tippfehler enthält. Die Variable Meldung wurde mit zwei ll geschrieben:

Abbildung 64: Fehlermeldung ausgelöst durch Tippfehler

```
Sub Nachricht()
   Dim Meldung As String
   Meldung = "Hallo Welt"
   MsgBox Melldung
End Sub
```

Wenn die Anweisung `Option Explicit` nicht am Anfang der Prozedur stehen würde, würden Sie in diesem Fall keine Fehlermeldung erhalten. Es würde einfach eine leere Dialogbox angezeigt (siehe Abbildung 65). Wenn sich der Code in einer umfangreichen Prozedur befindet, kann für Sie die Suche nach dem Fehler sehr zeitaufwändig werden.

Abbildung 65: Leere MsgBox wegen Tippfehler

In der Anfangsphase Ihrer Programmierung werden Sie sich über die Fehlermeldungen wegen fehlender Deklarationen ärgern, insgesamt ist diese Funktionalität aber mehr als hilfreich.

53 On Error Resume Next

Mit der Anweisung `On Error Resume Next` wird der Fehler schlicht und einfach übergangen und der Ablauf der Prozedur wird in der nächsten Codezeile fortgesetzt. Sicherlich nicht die eleganteste Art, einen Fehler zu umgehen, jedoch recht bequem. Wenn irgend möglich, sollten Sie jedoch versuchen, den Fehler auszuprogrammieren. Wir haben diese Fehlerunterdrückung in unseren Beispielen häufiger verwendet, damit der Code übersichtlicher bleibt. Sie können sich vorstellen, dass sonst viele Beispiele mehr als doppelt so viele Codezeilen benötigt hätten.

Im nachfolgenden Beispiel wird versucht, eine Datei zu öffnen, die nicht existiert. Der Laufzeitfehler 1004 wird ausgegeben.

```
Sub Datei_oeffnen1()
   Const Datei = "C:\Codebook\Beispiel1.xls"
   Application.Workbooks.Open Datei
End Sub
```

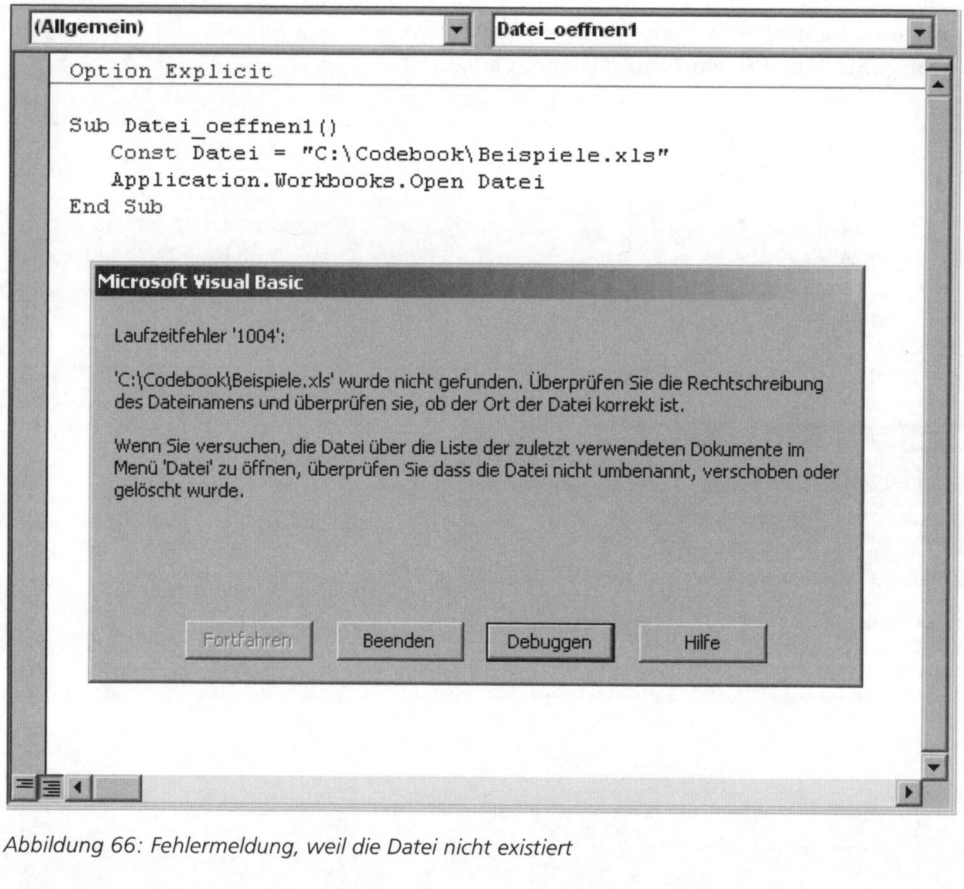

Abbildung 66: Fehlermeldung, weil die Datei nicht existiert

Ein Anwender, der sich mit VBA überhaupt nicht auskennt und auf eine solche Meldung stößt, die eins Ihrer Programme verursacht hat, hätte damit sicherlich ein Problem. Es ist daher ganz klar, dass solche Fehlermeldungen wegprogrammiert werden müssen.

Der einfachste Weg wäre nun sicherlich, einfach die Anweisung `On Error Resume Next` zu verwenden:

```
Sub Datei_oeffnen2()
   On Error Resume Next
   Const Datei = "C:\Codebook\Beispiel1.xls"
   Application.Workbooks.Open Datei
End Sub
```

Der Effekt wäre, dass beim Eintreten eines Fehlers gar nichts geschehen würde, das heißt der Fehler würde übersprungen und *keine* Fehlermeldung angezeigt. Das wiederum wäre für den Anwender ebenfalls schlecht, denn er wüsste ja nicht, weshalb (bezogen auf das obige Beispiel) die Datei nicht geöffnet wird. Eleganter wäre demnach, eine Meldung einzubauen, die aussagt, dass die Datei nicht existiert.

Im nächsten Beispiel wird über die Anweisung `Err.Number <> 0` geprüft, ob ein Fehler verursacht wurde. Wenn ja, wird eine Dialogbox angezeigt.

```
Sub Datei_oeffnen3()
   On Error Resume Next
   Const Datei = "C:\Codebook\Beispiel1.xls"
   Application.Workbooks.Open Datei
      If Err.Number <> 0 Then
         MsgBox "Die Datei " & Datei & " wurde nicht gefunden"
      End If
End Sub
```

Abbildung 67: Der Fehler wird abgefangen

54 On Error GoTo 0

Wenn Sie mit `On Error Resume Next` die Fehlermeldung ausschalten, dann gilt dies für die ganze restliche Prozedur. Wenn Sie jedoch möchten, dass ab einer bestimmten Zeile die Fehlermeldungen wieder ausgegeben werden, dann können Sie die Anweisung `On Error GoTo 0` einfügen. Die Anzeige von Fehlermeldungen wird damit wieder aktiviert.

In der folgenden Prozedur ist zweimal derselbe Fehler enthalten. Es wird versucht, ein Tabellenblatt zu selektieren, das es nicht gibt. Beim ersten Fehler wird die Fehlermeldung ausgeschaltet, so dass sie übergangen wird. Beim zweiten Fehler wird die Fehlermeldung wieder eingeschaltet:

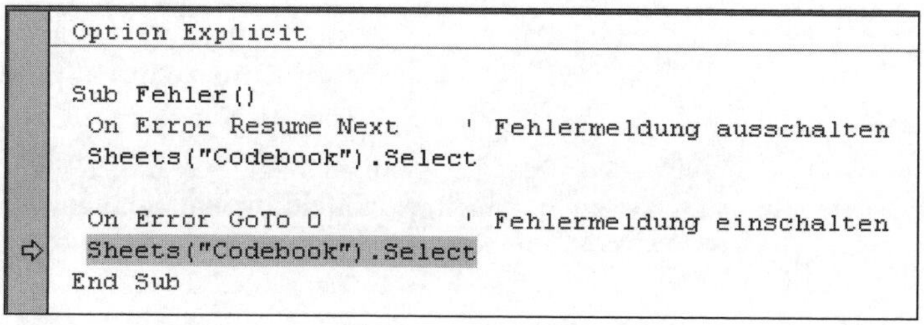

Abbildung 68: Fehlermeldung ein- und ausschalten

```
Sub Fehler()
   On Error Resume Next     ' Fehlermeldung ausschalten
   Sheets("Codebook").Select

   On Error GoTo 0          ' Fehlermeldung einschalten
   Sheets("Codebook").Select
End Sub
```

55 On Error GoTo Errorhandler (Sprungmarke)

In der folgenden Prozedur werden Sie aufgefordert, über ein Eingabefeld eine Zahl zwischen 0 und 255 einzugeben. Die Variable wurde als Byte deklariert. Wenn Sie in das Eingabefeld eine Zahl eingeben, die außerhalb dieses Bereiches ist, wird ein entsprechender Laufzeitfehler erzeugt:

```
Sub Zahl1()
   Dim Eingabe As Byte
   Eingabe = Application.InputBox _
           ("Geben Sie einen Wert zwischen 0 und 255 ein")
   If Eingabe = False Then Exit Sub
      Select Case Eingabe
      Case 0 To 255
         MsgBox "Korrekte Eingabe"
      End Select
End Sub
```

Seien Sie nicht erstaunt, wenn bei der Eingabe einer 0 ins Eingabefenster die Prozedur nicht wie erhofft eine Dialgobox anzeigt, sondern abgebrochen wird. Der Grund liegt darin, dass in der `If`-Entscheidung der Wert `False` abgefragt wird, der ebenfalls der Zahl 0 entspricht. Bei Zutreffen der `If`-Entscheidung, also beim Drücken der ABBRECHEN-Schaltfläche, wird die Prozedur verlassen. Dasselbe geschieht natürlich auch bei einer Eingabe von 0 ins Eingabefenster.

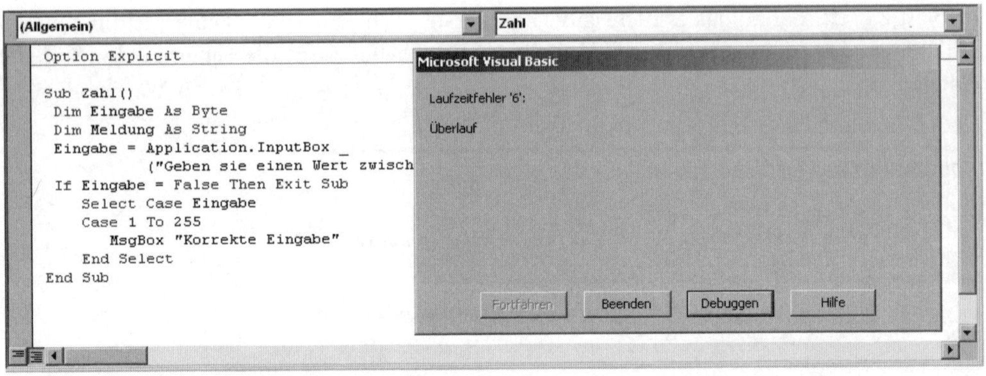

Abbildung 69: Fehlermeldung wegen Überlauf

In der folgenden Prozedur wurde nun die Sprungmarke eingebaut (`On Error GoTo Errorhandler`). An Stelle von `Errorhandler` können Sie auch einen anderen Begriff verwenden. Alternativ wird bei deutschsprachigen VBA-Prozeduren häufig der Begriff »Fehlerbehandlung« verwendet. Das können Sie halten, wie Sie möchten, wichtig dabei ist, dass Sie denselben Begriff auch bei der Sprungmarke verwenden.

Vor der Sprungmarke muss die Prozedur mit `Exit Sub` verlassen werden, da sonst die Codezeilen nach der Sprungmarke in jedem Fall durchlaufen werden und die Dialogbox bei jedem Durchlauf der Prozedur angezeigt würde, ob nun ein Fehler eintritt oder nicht.

In die Dialogbox bauen wir die Möglichkeit ein, die Prozedur zu wiederholen (`vbRetryCancel`), falls eine falsche Eingabe erfolgt ist.

```
Sub Zahl2()
   Dim Eingabe As Byte
   Dim Meldung As String
   On Error GoTo Errorhandler          ' Zur Fehlerbehandlung springen

   Eingabe = Application.InputBox _
            ("Geben Sie einen Wert zwischen 1 und 255 ein")
   If Eingabe = False Then Exit Sub
      Select Case Eingabe
      Case 0 To 255
         MsgBox "Korrekte Eingabe"
      End Select
    Exit Sub                                 ' Prozedur verlassen
```

```
Errorhandler:                              ' Sprungmarke
    Meldung = MsgBox("Sie haben einen falschen Wert eingegeben", _
              vbRetryCancel, "Meldung")    ' Meldung
    If Meldung = vbRetry Then Resume       ' Bei Bedarf wiederholen
End Sub
```

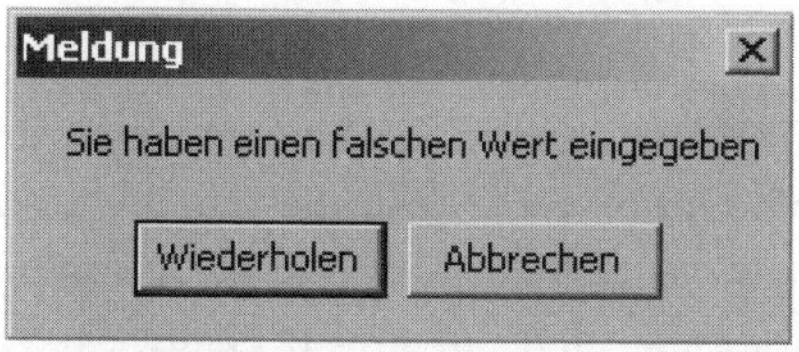

Abbildung 70: Möglichkeit, die Eingabe zu wiederholen

Sie können die Fehler auch direkt über die Laufzeitfehler-Nummer abfragen.

In unserem Beispiel wird der Laufzeitfehler '6' erzeugt, wenn der Wert außerhalb des Bereiches 0 bis 255 liegt, da wir die Variable als Typ `Byte` deklariert haben.

Ein Laufzeitfehler '13' wird erzeugt, wenn beispielsweise versehentlich Text eingegeben wurde.

In der folgenden Prozedur wollen wir diese beiden Laufzeitfehler mit entsprechenden Meldungen (`MsgBox`) abfangen.

```
Sub Zahl3()
   Dim Eingabe As Byte
   Dim Meldung As String
   On Error GoTo Errorhandler          ' Zur Fehlerbehandlung springen
   Eingabe = Application.InputBox _
           ("Geben Sie einen Wert zwischen 0 und 255 ein")
   If Eingabe = False Then Exit Sub
      Select Case Eingabe
      Case 0 To 255
         MsgBox "Korrekte Eingabe"
      End Select
    Exit Sub                           ' Prozedur verlassen
Errorhandler:                          ' Sprungmarke
    ' Die Laufzeitfehler-Nummern werden abgefangen
    If Err.Number = 6 Then _
       MsgBox "Die Zahl war außerhalb von 0 bis 255"
    If Err.Number = 13 Then MsgBox "Sie haben Text eingegeben"
End Sub
```

Grundlagen
Fehler
Intern
Funktionen
Farben
Datum/Zeit
Auswertungen
Diagramme
Objekte
UserForm
Controls
Internet
Extern
Extra

56 Sprungmarke in Schleife

Die Sprungmarke kann nicht nur bei Laufzeitfehlern verwendet werden, sondern auch, um andere Fehler auszuschließen.

Im folgenden Beispiel werden im gesamten markierten Bereich in jeder Zelle alle Zeichen bis auf das Erste gelöscht. In den Zellen, in denen Formeln enthalten sind, soll dies aber nicht geschehen.

Zu diesem Zweck setzen wir innerhalb der Schleife eine Sprungmarke. Die Sprungmarke wird angesprungen, wenn sich eine Formel in der Zelle befindet. Das heißt, die Schleife wird in diesem Falle nicht vollständig durchlaufen. Es wird vor das Ende der Schleife gesprungen, damit die Schleife weiter ausgeführt wird, falls noch weitere Zellen folgen, die gekürzt werden müssen.

```
Sub Erstes_Zeichen_auslesen()
   Dim c As Range
   Dim strZeichen As String
     For Each c In Selection
        If c.HasFormula Then
           GoTo Sprungmarke      ' Zur Sprungmarke springen
        ElseIf c.Value <> "" Then
           strZeichen = Left(c, 1)
           c.Value = strZeichen
        End If
Sprungmarke:                     ' Sprungmarke vor dem Ende der Schleife
     Next c
End Sub
```

57 Err: Fehlermeldung selbst erzeugen

Wenn Sie die Fehlermeldung erfahren möchten, jedoch ohne dass der Debugger gestartet wird, können Sie die Fehlermeldung in einer Dialogbox ausgeben.

```
Sub Fehler1()
   Dim Eingabe As Byte
   On Error GoTo Errorhandler
   Eingabe = 500
   Exit Sub
Errorhandler:
   MsgBox Err.Number & " - " & Err.Description & " - " & Err.Source
End Sub
```

Die Fehlermeldung wäre ein Überlauf, da die Variable als `Byte` deklariert ist und der Wert 500 übergeben wurde, was natürlich zu hoch ist für den Typ `Byte`.

Abbildung 71: Überlauf Fehlermeldung

Die nächste Fehlermeldung wird erzeugt, weil Text übergeben wird, obwohl die Variable als `Byte`, also als Zahl deklariert wurde:

```
Sub Fehler2()
   Dim Eingabe As Byte
   On Error GoTo Errorhandler
   Eingabe = "ABC"
   Exit Sub
Errorhandler:
   MsgBox Err.Number & " - " & Err.Description & " - " & Err.Source
End Sub
```

Abbildung 72: Typenkonflikt Fehlermeldung

Im nächsten Beispiel wird wiederum ein Tabellenblatt angesprochen, das nicht existiert. Daher befindet sich der Index nicht mehr innerhalb des gültigen Bereichs und eine entsprechende Fehlermeldung wird ausgegeben:

```
Sub Fehler3()
   On Error GoTo Errorhandler
   Worksheets(11).Select
Errorhandler:
   MsgBox Err.Number & " - " & Err.Description & " - " & Err.Source
End Sub
```

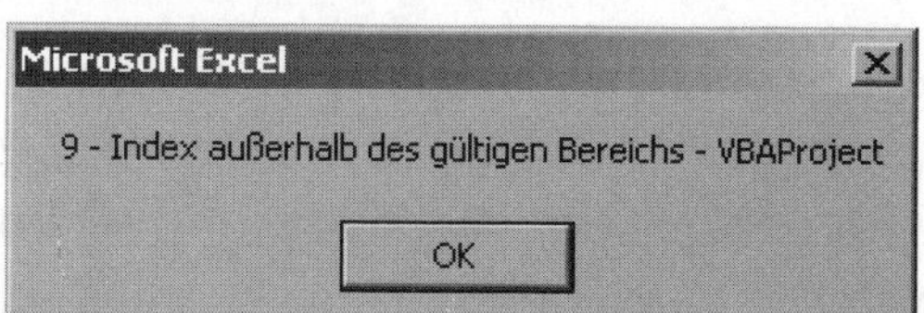

Abbildung 73: Index Fehlermeldung

58 Error()

Es soll in einer »Benutzerdefinierten Funktion« ein Fehler in Form von Text ausgegeben werden, wenn der Wert, der eingegeben wird, nicht numerisch ist.

```
Function Verdoppeln(Zahl)
   If IsNumeric(Zahl) Then
      Verdoppeln = Zahl * 2
   Else
      Verdoppeln = Error(11)   ' "Division durch Null" simulieren
   End If
End Function
```

Wenn Sie dies testen möchten, fügen Sie den Code in ein Modul ein. Die Funktion kann nun über den Funktions-Assistenten aufgerufen werden. Sie befindet sich in der Kategorie BENUTZERDEFINIERT. (Mehr zum Thema »Funktionen« erfahren Sie in der entsprechenden Kategorie.)

	A	B	C
1	500	1000	*=Verdoppeln(A1)*
2	Hallo	Division durch Null	*=Verdoppeln(A2)*

Abbildung 74: Fehlermeldung in Form von Text (Zelle B2)

Alle verfügbaren Fehlermeldungen sollen in einer Dialogbox angezeigt werden (siehe Abbildung 75):

```
Sub Fehlermeldungen()
   Dim i As Integer
   Dim str As String
      For i = 2 To 21
         str = str & Chr(10) & i & " ... " & Error(i)
      Next i
   MsgBox str, vbInformation, "Fehlermeldungen"
End Sub
```

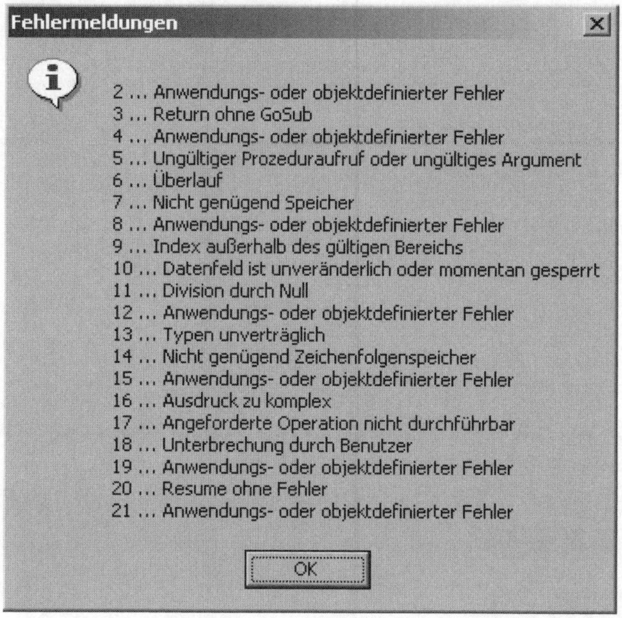

Abbildung 75: Fehlermeldungen ermitteln

59 CVErr

Das nächste Beispiel ist ebenfalls eine Funktion.

In der Funktion soll ein benutzerdefinierter Fehler ausgegeben werden, wenn der Wert, der übergeben wird, nicht numerisch ist.

```
Function Verdoppeln(Zahl)
   If IsNumeric(Zahl) Then
      Verdoppeln = Zahl * 2
   Else
      Verdoppeln = CVErr(2000)    ' Benutzerdefinierter Fehler
   End If
End Function
```

	A	B	C
1	500	1000	=*Verdoppeln(A1)*
2	Hallo	#NULL!	=*Verdoppeln(A2)*

Abbildung 76: Benutzerdefinierte Fehlermeldung in Zelle B2

In der Tabelle 17 finden Sie die gängigsten Fehlermeldungen, die Sie selbst erzeugen können:

Konstante	Fehlernummer	Zellfehlerwert
xlErrDiv0	2007	#DIV/0!
xlErrNA	2042	#NV
xlErrName	2029	#NAME?
xlErrNull	2000	#NULL!
xlErrNum	2036	#ZAHL!
xlErrRef	2023	#BEZUG!
xlErrValue	2015	#WERT!

Tabelle 13: Fehlermeldungen

Die nachfolgende Prozedur gibt die Werte aus der obigen Liste aus und zeigt von der aktiven Zelle die Dialogbox mit dem Fehlerwert und der Nummer an.

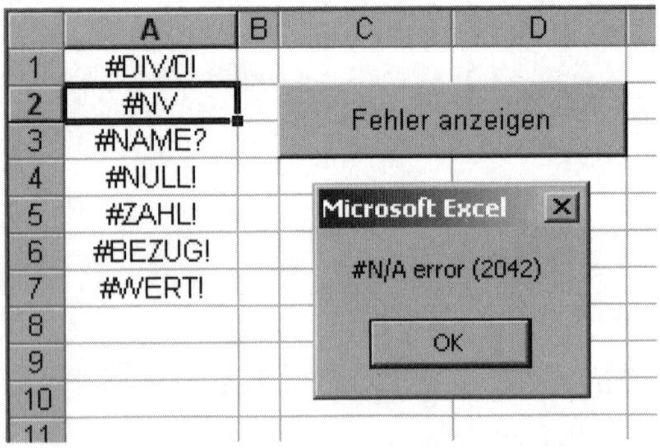

Abbildung 77: Zellfehlerwerte ausgeben

```
Sub Zellfehlerwerte()
   Dim Fehlerwerte, Wert
   Dim i As Byte

   Fehlerwerte = Array(xlErrDiv0, xlErrNA, xlErrName, xlErrNull, _
                 xlErrNum, xlErrRef, xlErrValue)
     For i = 1 To 7
        Worksheets(1).Cells(i, 1).Value = CVErr(Fehlerwerte(i - 1))
     Next i

   Worksheets(1).Activate
     If IsError(ActiveCell.Value) Then
        Wert = ActiveCell.Value
        Select Case Wert
           Case CVErr(xlErrDiv0)
              MsgBox "#DIV/0! error " & "(2007)"
           Case CVErr(xlErrNA)
              MsgBox "#N/A error " & "(2042)"
           Case CVErr(xlErrName)
```

```
            MsgBox "#NAME? error " & "(2029)"
         Case CVErr(xlErrNull)
            MsgBox "#NULL! error " & "(2000)"
         Case CVErr(xlErrNum)
            MsgBox "#NUM! error " & "(2036)"
         Case CVErr(xlErrRef)
            MsgBox "#REF! error " & "(2023)"
         Case CVErr(xlErrValue)
            MsgBox "#VALUE! error " & "(2015)"
         Case Else
            MsgBox "Das kann nicht funktionieren!"
      End Select
   End If
End Sub
```

60 Möglichkeiten zur Programmunterbrechung

Wenn Sie Prozeduren ausführen, die sehr lange dauern, haben Sie die Möglichkeit, diese zu unterbrechen oder abzubrechen.

Die Anweisung dazu heißt `Application.EnableCancelKey` gefolgt von der gewünschten Konstanten.

Konstante	Bedeutung
xlDisabled	Das Drücken der Abbruchtasten wird nicht beachtet
xlInterrupt	Die Prozedur wird unterbrochen. Der Benutzer hat die Möglichkeit, die Prozedur zu testen oder zu beenden
xlErrorHandler	Die Unterbrechung wird als Fehler an die momentan ausgeführte Prozedur gesendet. Dieser Fehler kann dort durch eine Fehlerbehandlungsroutine behandelt werden, die mit einer **On Error GoTo**-Anweisung festgelegt wurde. Der Fehlercode des auffangbaren Fehlers ist 18

Tabelle 14: Programmunterbrechungs-Möglichkeiten

Wortwörtlich aus der Onlinehilfe:

Die `EnableCancelKey`-Eigenschaft wird immer auf die Konstante `xlInterrupt` zurückgesetzt, sobald Microsoft Excel Leerlaufzeit hat und kein Code ausgeführt wird. Um Unterbrechungen in einer Prozedur abzufangen oder zu sperren, müssen Sie die `EnableCancelKey`-Eigenschaft bei jedem Aufruf der Prozedur explizit ändern.

61 xlDisabled

Wenn Sie jede Möglichkeit zur Unterbrechung der Prozedur unterbinden möchten, dann verwenden Sie die Konstante `xlDisabled`.

Vor dem Beginn der Prozedur soll mittels einer Dialogbox darauf hingewiesen werden, dass der Vorgang lange dauert und nicht unterbrochen werden kann. Es soll in dieser `Dialogbox` auch die Möglichkeit bestehen, vorher noch abzubrechen (siehe Abbildung 78).

```
Sub Fehler1()
   Dim Mldg As String
   Dim i As Long
   Application.EnableCancelKey = xlDisabled
   Mldg = MsgBox("Dieser Vorgang dauert ziemlich lange." & Chr(10) _
         & "Es ist nicht möglich, ihn während der Laufzeit " & _
         "abzubrechen!" & Chr(10) & "Wollen Sie jetzt abbrechen?", _
         49, "Achtung")
      If Mldg = vbCancel Then Exit Sub

      For i = 1 To 65536    ' Die Aktion wird 65536-mal ausgeführt
         Cells(i, 1).Select
      Next i
End Sub
```

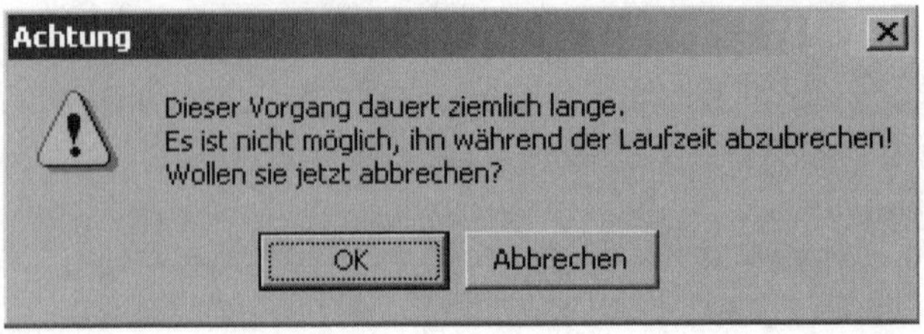

Abbildung 78: xlDisabled – Der Vorgang kann nicht beendet werden

62 xlInterrupt

In der folgenden Prozedur wird die Möglichkeit eingebaut, den Ablauf zu unterbrechen oder zu beenden (`xlInterrupt`). Zu Beginn der Prozedur wird in Form einer Dialogbox darauf hingewiesen (siehe Abbildung 79).

```
Sub Fehler2()
   Dim i As Long
   Application.EnableCancelKey = xlInterrupt
   MsgBox "Dieser Vorgang dauert ziemlich lange." & Chr(10) & _
         "Wenn Sie unterbrechen oder beenden wollen, " & Chr(10) & _
         "drücken Sie die Taste: --- ESC ---.", _
         vbExclamation, "Achtung"
      For i = 1 To 65536    ' Die Aktion wird 65536-mal ausgeführt
```

```
        Cells(i, 1).Select
    Next i
End Sub
```

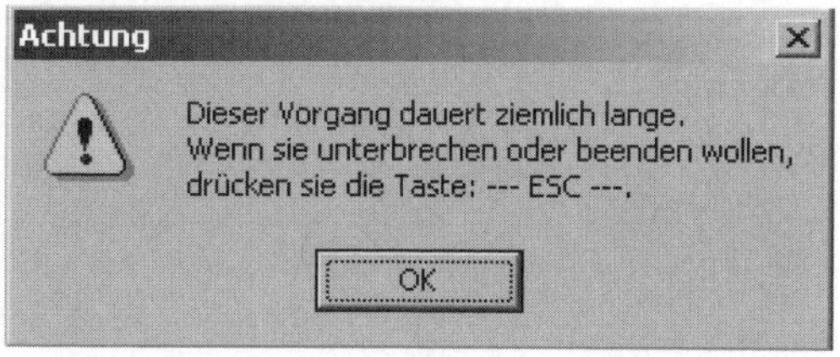

Abbildung 79: Meldung, dass die Prozedur unterbrochen werden kann

Die Prozedur kann also mit der Taste [ESC] unterbrochen werden. Wenn Sie dies tun, erhalten Sie das Fenster für den Debugger (siehe Abbildung 80).

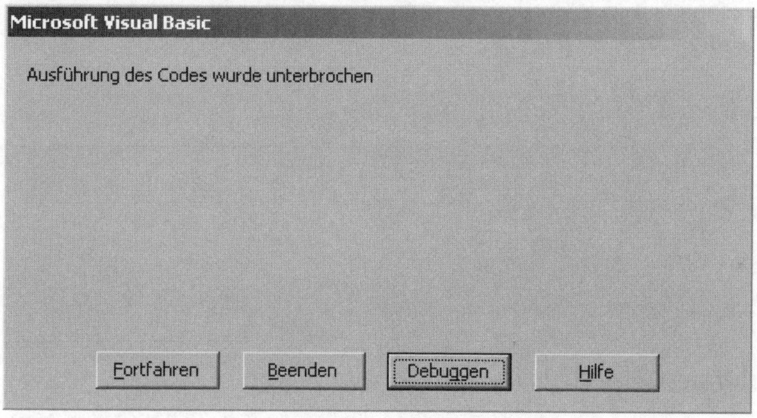

Abbildung 80: Die Prozedur kann nun unterbrochen oder beendet werden

63 xlErrorHandler

Mit der Konstanten `xlErrorHandler` können Sie die Prozedur während der Laufzeit abbrechen. Verwenden Sie dazu die Taste [ESC]. Auch hier wird zu Beginn der Prozedur darauf hingewiesen, dass der Vorgang länger dauert.

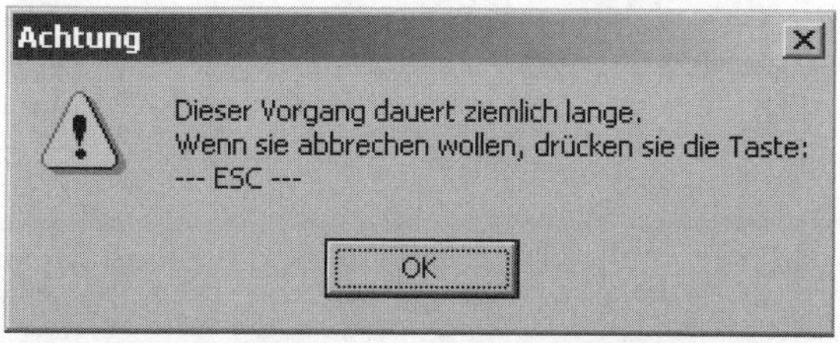

Abbildung 81: Meldung zu Beginn der Prozedur

```
Sub Fehler3()
   Dim i As Long
   On Error GoTo Errorhandler
   Application.EnableCancelKey = xlErrorHandler
   MsgBox "Dieser Vorgang dauert ziemlich lange." & Chr(10) & _
          "Wenn Sie abbrechen wollen, drücken Sie die Taste:" _
          & Chr(10) & "--- ESC ---",
          vbExclamation, "Achtung"
      For i = 1 To 65536      ' Die Aktion wird 65536-mal ausgeführt
         Cells(i, 1).Select
      Next i

Errorhandler:
      If Err = 18 Then
         MsgBox "Sie haben abgebrochen"
      End If
End Sub
```

Wenn die Prozedur abgebrochen wird, wollen wir mittels einer Dialogbox den Erfolg anzeigen lassen (siehe Abbildung 82).

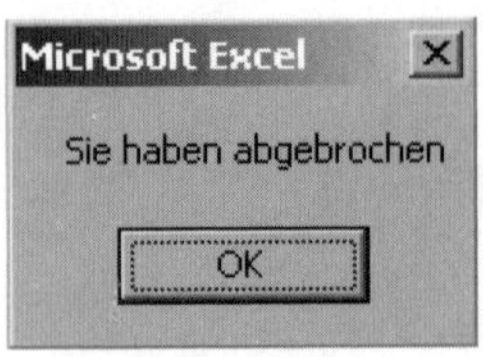

Abbildung 82: MsgBox zur Anzeige, dass abgebrochen wurde

64 Spurpfeil zum Fehler

Wenn Sie in einer Zelle eine Formel haben, die einen Fehler aufweist, können Sie ermitteln, aus welchen Zellen sich der Inhalt der Formel zusammensetzt, indem Sie Pfeile zu den Zellen anzeigen lassen.

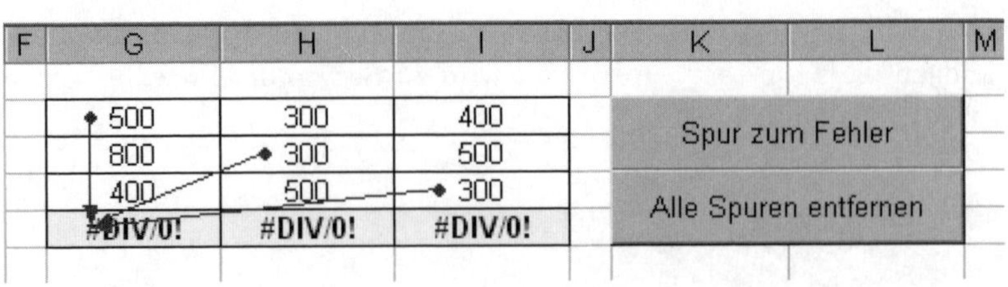

Abbildung 83: Spur zu den Zellen anzeigen

Dies geht manuell über das Menü EXTRAS | DETEKTIV | SPUR ZUM FEHLER, oder eben wie in der nachfolgend beschriebenen Prozedur auch per VBA.

```
Sub Spur_zum_Fehler()
   Worksheets(1).Activate
      If IsError(ActiveCell.Value) Then
         ActiveCell.ShowErrors
      End If
End Sub
```

Alle Spuren wieder entfernen

```
Sub Spuren_entfernen()
   ActiveSheet.ClearArrows
End Sub
```

65 Gültigkeit

Sie können die Eingabe der Zellen so einschränken, dass nur ein bestimmter Wert eingegeben werden kann. Wenn ein Wert außerhalb des festgelegten Wertes eingegeben wird, wird eine Fehlermeldung angezeigt.

Es gibt verschiedene Gültigkeitsprüfungen, die eingerichtet werden können. In unserem Beispiel wird die Eingabe im Bereich A1:C10 so eingeschränkt, dass nur Zahlen zwischen 5 und 10 eingegeben werden können. Sie finden die Gültigkeitsprüfung auch unter dem Menüpunkt DATEN | GÜLTIGKEIT.

Abbildung 84: Der Bereich A1:C10 ist eingeschränkt

```
Sub Gueltigkeit()
   With Range("A1:C10").Validation
      .Delete
      .Add Type:=xlValidateWholeNumber, _
```

Grund-lagen
Fehler
Intern
Funk-tionen
Farben
Datum/Zeit
Auswer-tungen
Dia-gramme
Objekte
User-Form
Controls
Internet
Extern
Extra

```
                AlertStyle:=xlValidAlertStop, _
                Operator:=xlBetween, _
                Formula1:="5", _
                Formula2:="10"
        .IgnoreBlank = True
        .InCellDropdown = True
        .InputTitle = "Gültigkeit"
        .ErrorTitle = "Falsche Eingabe"
        .InputMessage = "Geben Sie einen Wert zwischen 5 und 10 ein"
        .ErrorMessage = "Der Wert muss zwischen 5 und 10 sein"
        .ShowInput = True
        .ShowError = True
    End With
End Sub
```

Wenn ein Wert außerhalb dieses Bereiches eingegeben wird, dann wird eine Fehlermeldung angezeigt:

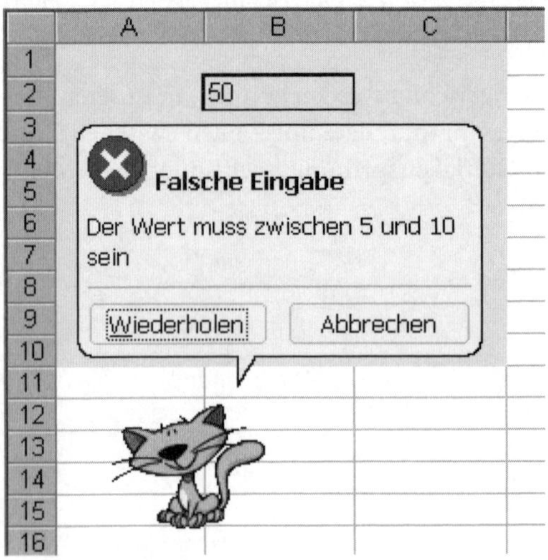

Abbildung 85: Fehlermeldung

Mehr zu diesem Thema finden Sie in der Kategorie »Auswertungen«.

66 Debuggen im Einzelschritt

Besonders wenn Sie die Variablenveränderung in Schleifen beobachten möchten, ist es nützlich, wenn Sie die Prozedur in Einzelschritten durchlaufen lassen, um so zu prüfen, was genau in der Schleife geschieht.

Am einfachsten ist es, wenn Sie mit der Funktionstaste [F8] arbeiten. Durch Drücken der Taste wird jeweils eine Anweisung ausgeführt.

Wenn Sie während dem *Debuggen im Einzelschritt* mit der Maus über die Variable fahren und einen kurzen Moment warten, können Sie in der Quickinfo den aktuellen Wert der Variablen ablesen.

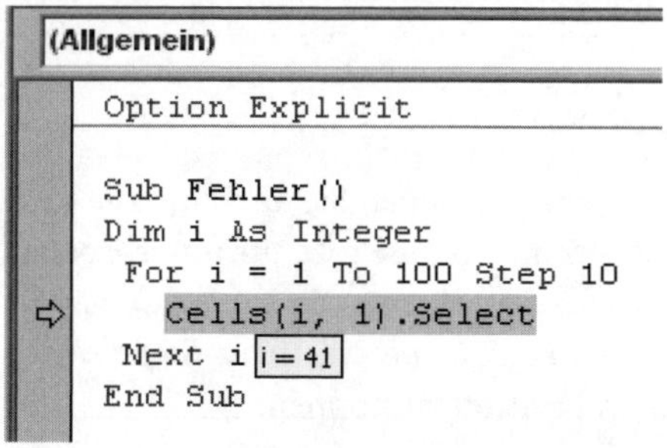

Abbildung 86: Die Quickinfo zeigt den aktuellen Inhalt der Variablen an

```
Sub Fehler()
   Dim i As Integer
      For i = 1 To 100 Step 10
         Cells(i, 1).Select
      Next i
End Sub
```

Wenn Sie den Einzelschrittmodus verlassen möchten, drücken Sie die Tastenkombination [⇧] + [Strg] + [F8].

67 Debuggen im Prozedurschritt

Das *Debuggen im Prozedurschritt* hat eigentlich dieselbe Bedeutung wie *Einzelschritt*. Wenn Sie jedoch von der einen Prozedur aus eine andere aufrufen, dann werden diese ebenfalls abgearbeitet. Verwenden Sie dazu die Tastenkombination [⇧] + [F8].

Starten Sie das Debuggen zuerst mit einem Einzelschritt ([F8]) und fahren Sie danach im Prozedurschritt ([⇧] + [F8]) fort.

In unserem nächsten Beispiel können somit alle drei Prozeduren durchlaufen werden, das heißt, das Modul wird nicht gewechselt, so wie es beim Einzelschritt der Fall wäre, sondern alle Prozeduren werden ausgehend von der Ersten durchlaufen.

```
Sub Prozedurschritt()
   Sheets(2).Select
   Call Prozedur2
End Sub

Sub Prozedur2()
   MsgBox "Sie befinden sich nun in der 2. Prozedur"
   Call Prozedur3
```

```
End Sub

Sub Prozedur3()
   MsgBox "Sie befinden sich nun in der 3. Prozedur"
End Sub
```

68 Debuggen bis zur Cursorposition

Wenn Sie nicht mit kleinen Einzelschritten arbeiten möchten, können Sie auch bis zur Cursorposition debuggen. Setzen Sie den Cursor an die Position, wo die Prozedur unterbrochen werden soll. Drücken Sie die Tastenkombination [Strg] + [F8], um die Prozedur an der gewünschten Stelle zu stoppen. Sie können nun den Cursor auch an eine neue Stelle setzen und wiederum [Strg] + [F8] drücken, um an der neuen Position zu stoppen.

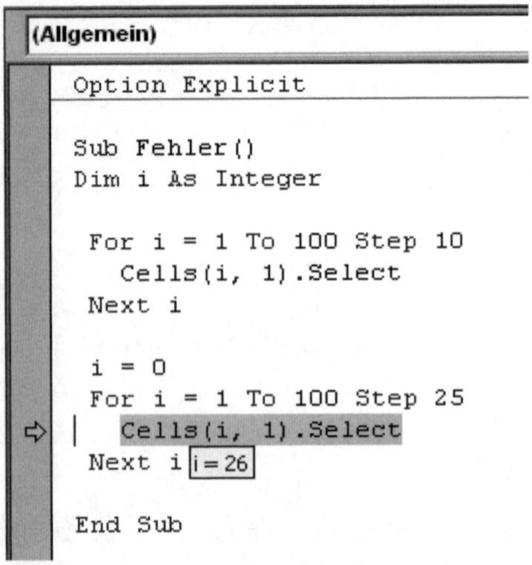

Abbildung 87: An der Cursor-Position stoppen

```
Sub Fehler()
   Dim i As Integer
      For i = 1 To 100 Step 10
         Cells(i, 1).Select
      Next i
  i = 0
    For i = 1 To 100 Step 25
       Cells(i, 1).Select
    Next i
 End Sub
```

69 Haltemodus

Der Haltemodus ermöglicht es Ihnen, das Programm bis zu einer gewünschten Stelle auszuführen und dann zu stoppen. Sie können in Ihrer Prozedur auch mehrere Haltepunkte setzen.

Um einen Haltepunkt zu setzen, stellen Sie den Cursor in die Zeile, in der gestoppt werden soll, und betätigen die Funktionstaste [F9]. Oder Sie klicken vor der Zeile auf den grauen Balken. Der Haltepunkt wird in diesem grauen Balken gesetzt.

Um den Haltepunkt zu entfernen, verfahren Sie auf dieselbe Weise. Um alle Haltepunkte zu entfernen, drücken Sie die Tastenkombination [⇧] + [Strg] + [F9].

Um die Prozedur bis zum Haltepunkt auszuführen, drücken Sie die Taste [F5].

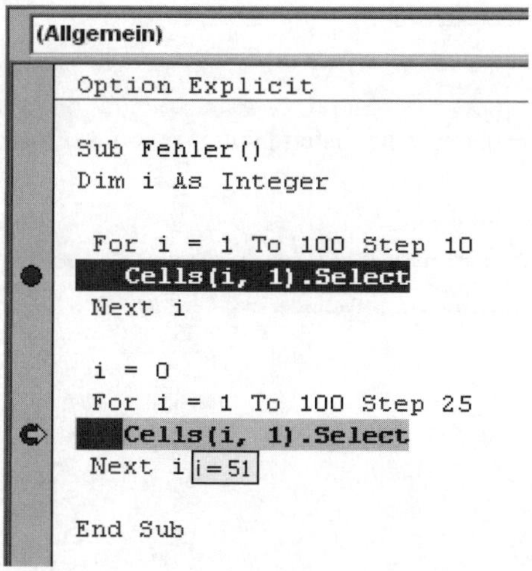

Abbildung 88: Debuggen bis zum Haltepunkt

70 Variablen überwachen

Sie können die Variablen auch in einem Überwachungsfenster überprüfen. Um eine Überwachung hinzuzufügen, wählen Sie den Menüpunkt DEBUGGEN | ÜBERWACHUNG HINZUFÜGEN. Das folgende Dialogfeld wird geöffnet. Sie können dort die Variable eingeben, die Sie überprüfen möchten. Sie können auch mehrere Variablen überwachen, indem Sie erneut den Menüpunkt DEBUGGEN | ÜBERWACHUNG HINZUFÜGEN wählen und wiederum die gewünschte Variable eingeben.

Im unteren Teil des Fensters werden die Überwachungsausdrücke angezeigt. Sie können dort den aktuellen Inhalt der Variablen ablesen.

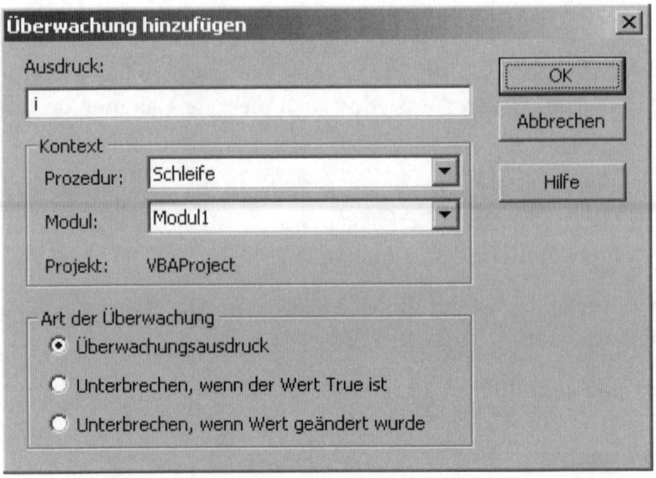

Abbildung 89: Überwachung hinzufügen

Drücken Sie jeweils die Taste F5, um die Prozedur bis zum nächsten Haltepunkt auszuführen.

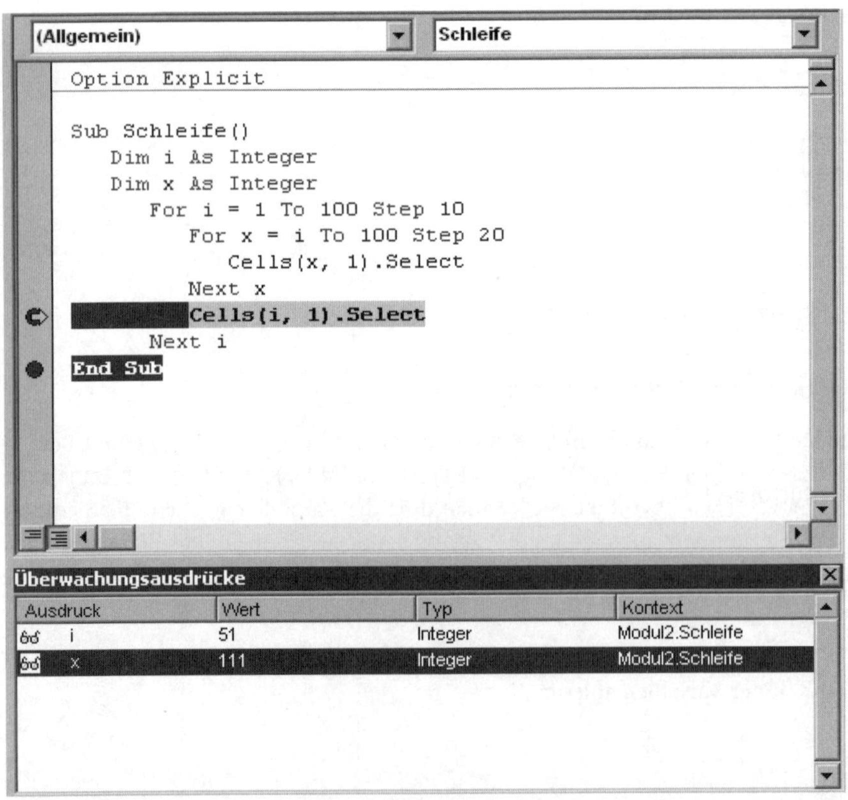

Abbildung 90: Überwachungsausdrücke im unteren Teil des Fensters

Sie können im Überwachungsfenster auch andere Elemente als nur Variablen überprüfen. Um eine Anzeige wie in Abbildung 91 zu erhalten, geben Sie im Überwachungsfenster den Begriff »ThisWorkbook« ein.

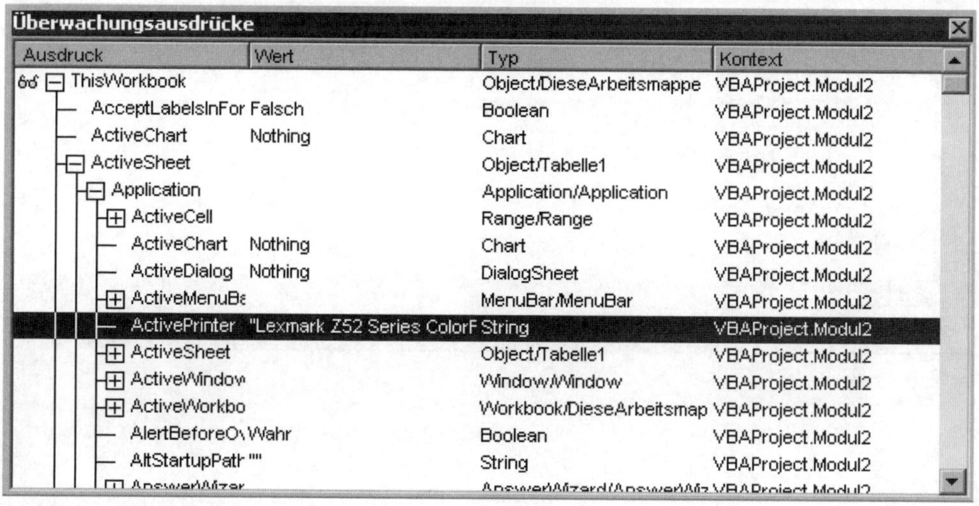

Abbildung 91: Objekte überwachen

71 Das Direktfenster

Das Direktfenster haben Sie ja bereits in der Kategorie »Grundlagen« kennen gelernt. Wir wollen Ihnen hier zeigen, dass Sie es auch zur Fehlersuche verwenden können.

Wenn das Direktfenster noch nicht geöffnet ist, drücken Sie die Tastenkombination [Strg] + [G], um es anzuzeigen.

Wenn Sie den Wert einer Variablen im Direktfenster ausgeben wollen, dann setzen Sie einen Haltepunkt nach der Variablen, die Sie ermitteln wollen.

In unserem nächsten Beispiel arbeiten wir mit drei Variablen. Alle drei wollen wir im Direktfenster anzeigen lassen. Jede Variable, deren Inhalt wir angezeigt haben wollen, schreiben wir gleich ins Direktfenster, wobei wir jeweils ein Fragezeichen (?) vor die Variable schreiben. Wenn die Prozedur den Haltepunkt erreicht hat, klicken Sie ins Direktfenster und drücken nach jeder Variablen [Enter]. Der momentane Inhalt der Variablen wird dann direkt unterhalb hingeschrieben.

Der Vorteil bei dieser Vorgehensweise ist, dass man den Code nicht verändern muss.

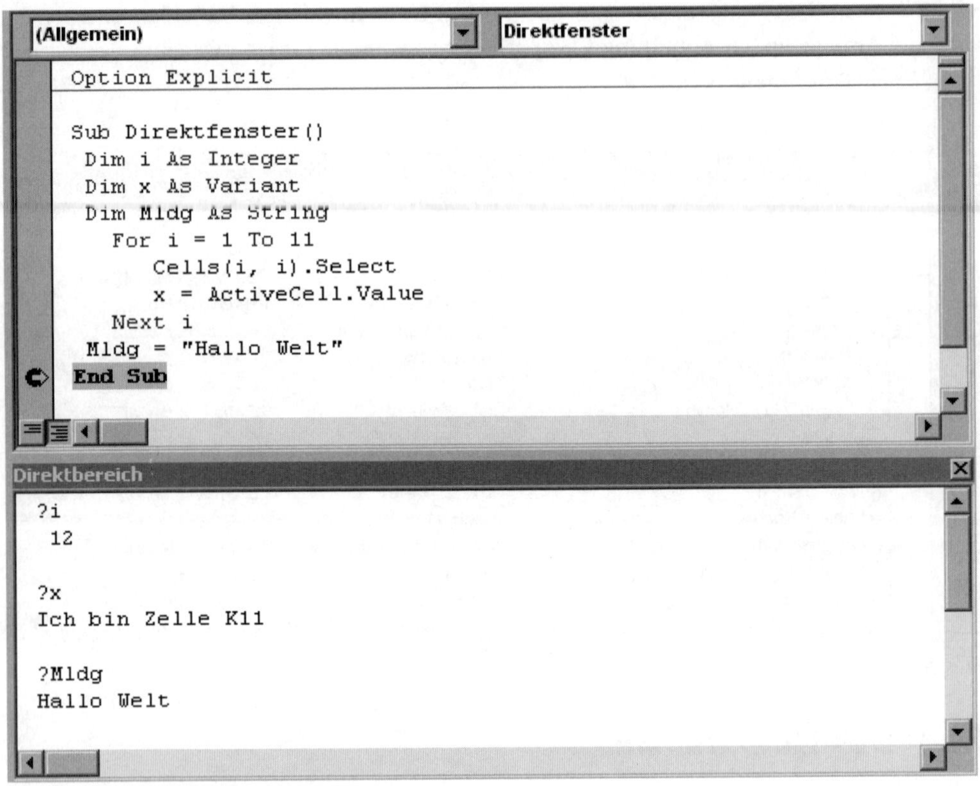

Abbildung 92: Variablen im Direktfenster überprüfen

```
Sub Direktfenster1()
   Dim i As Integer
   Dim x As Variant
   Dim Mldg As String
      For i = 1 To 11
         Cells(i, i).Select
         x = ActiveCell.Value
      Next i
    Mldg = "Hallo Welt"
End Sub
```

Sie können aber auch das Debuggen direkt im Code auslösen. Dies geschieht über die Anweisung `Debug.Print`. Sie müssen dazu keinen Haltepunkt setzen.

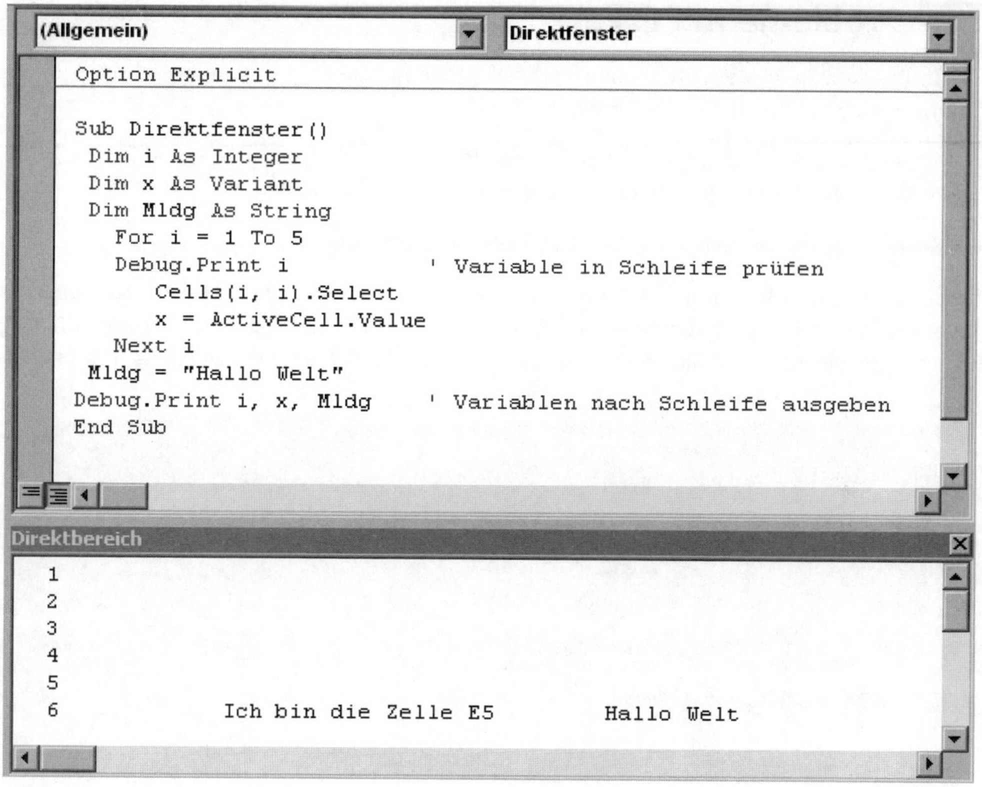

Abbildung 93: Variablen prüfen mittels Debug.Print

```
Sub Direktfenster2()
   Dim i As Integer
   Dim x As Variant
   Dim Mldg As String
      For i = 1 To 5
         Debug.Print i            ' Variable in Schleife prüfen
         Cells(i, i).Select
         x = ActiveCell.Value
      Next i
   Mldg = "Hallo Welt"
   Debug.Print i, x, Mldg         ' Variablen nach Schleife ausgeben
End Sub
```

72 Probleme mit Excel

Es kann vorkommen, wie wir aus eigenen Erfahrungen wissen, dass Excel irgendwelche Fehlfunktionen unterschiedlicher Art ausführt.

Wenn eine Neuinstallation mit allen Service Releases und Patches keine Abhilfe schafft, haben Sie noch zwei Möglichkeiten, die vielleicht weiterhelfen können.

1. Verschieben oder Löschen Sie Ihre Benutzereinstellungen.

Sie finden diese am besten mit der Suchenfunktion von Windows. Je nach Version von Windows, des Internet Explorers und natürlich auch von Excel ist die Datei an unterschiedlichen Pfaden abgespeichert und hat einen anderen Dateinamen. Suchen Sie einfach nach `*.xlb`.

Excel-Version	Dateiname
Excel 5	Excel5.xlb
Excel 95	Benutzername.xlb
Excel 97	Benutzername8.xlb
Excel 2000	Excel.xlb
Excel XP	Excel10.xlb

Tabelle 15: Die verschiedenen Dateinamen

Die verschiedenen Speicherpfade der Datei sind im Regelfall:

- Direkt im Windows-Verzeichnis zum Beispiel `C:\Windows` oder Ähnliches
- C:\Dokumente und Einstellungen\Benutzername\Anwendungsdaten\Microsoft\Excel

Bei »Benutzername« ist Ihr Name gemeint, unter dem Sie im Rechner angemeldet sind.

2. Zurücksetzen der Excel-Einstellungen in der Registry

Hierzu schließen Sie als Erstes Excel. In der DOS-Box des Betriebssystems oder alternativ unter START | AUSFÜHREN geben Sie folgenden Befehl ein:

```
C:\Programme\MS-Office\Office\EXCEL.EXE /unregserver
```

Und anschließend:

```
C:\Programme\MS-Office\Office\EXCEL.EXE /regserver
```

Den Pfad müssen Sie natürlich für Ihren Computer anpassen. Beachten Sie bei der Eingabe, dass bei der Pfadangabe Backslashs verwendet werden. Nach EXCEL.EXE folgt ein Leerzeichen und dann ein normaler Schrägstrich gefolgt von dem Parameter.

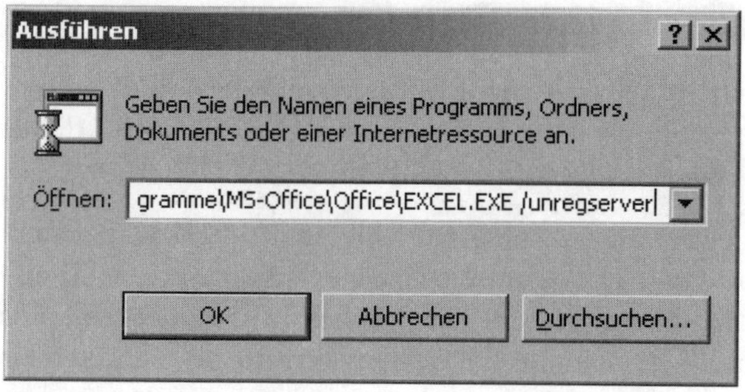

Abbildung 94: Über Ausführen die Registry zurücksetzen

Beim Ausführen des ersten Befehls werden fast alle Excel-Parameter aus der Registry entfernt. Durch den zweiten Befehl werden diese mit den Werkseinstellungen wieder in die Registry geschrieben.

Diese Methode funktioniert genauso bei den anderen Office-Komponenten wie Word und PowerPoint. Sie müssen nur EXCEL.EXE durch WINWORD.EXE oder dergleichen ersetzen.

73 Alternative Bewegungstasten

Diese Funktion können Sie unter EXTRAS | OPTIONEN | UMSTEIGEN aktivieren. Sie soll den Umstieg von Lotus 1-2-3 auf Excel erleichtern.

Hier gibt es einen Softwarebug in Excel 2000, der schon viele Excel-Anwender zur Verzweiflung getrieben hat. Einmal zum Testen aktiviert, ist dieses Feature bei jedem Neustart von Excel wieder aktiv.

Da hilft keine De- / Neuinstallation von Excel etc. Auch der vorhergehende Tipp ist leider wirkungslos.

Die hier vorgestellte Lösung ist ein Eingriff in die Registry von Windows 9x, ME, 2000 sowie XP. Dieser Tipp erfolgt ohne Gewähr, da die Veränderung eines falschen Schlüssels eine komplette Neuinstallation des Computers zur Folge haben könnte.

Bei der Aktivierung dieser Funktionalität wird in der Registry unter

```
HKEY_CURRENT_USER\Software\Microsoft\Office\9.0\Excel\Options
```

der Schlüssel

```
Options3=xxx
```

neu angelegt. Setzen Sie diesen auf

```
Option3=8
```

gleichgültig, was dort steht. Wenn Sie Excel neu starten, werden Sie feststellen, dass das Problem behoben ist.

74 Fehler beim Speichern einer Datei

Excel hat eine besondere Speichermethode, die sich vor allen Dingen im Netzwerk auswirken kann. Um die Datensicherheit zu erhöhen, werden im Netzwerk meist sehr restriktiv die Rechte eingeschränkt. Excel speichert die Datei folgendermaßen ab:

Es wird zuerst alles in eine neue Datei mit einem Zufallsnamen bestehend aus einer Buchstaben-Zahlen-Kombination abgespeichert. Erst wenn der Speichervorgang abgeschlossen ist, wird die ursprüngliche Datei gelöscht und die neue Datei in den richtigen Dateinamen umbenannt. Dazu braucht man allerdings mehr Rechte in dem Verzeichnis. Erhöhen Sie Ihre Rechte auf dieses Verzeichnis mindestens auf »Ändern«, oder weisen Sie den Systemadministrator des Servers auf dieses Problem hin.

Falls beim Speichern einer Datei ein Fehler auch anderer Art aufgetreten ist, können Sie eventuell Ihre Daten retten, indem Sie die Datei mit dem Zufallsnamen auf die Dateiendung `*.xls` umbenennen und versuchen, sie zu öffnen. Nicht immer werden Sie Erfolg haben, aber einen Versuch ist es wert.

75 Automatisches Speichern

Dieser Abschnitt soll Sie vor Datenverlust bewahren. Wir haben uns lange überlegt, in welche Kategorie das automatische Speichern am besten passen würde. Es blieben zum Schluss noch die Kategorie »Grundlagen« und diese hier übrig. Da die meisten von Ihnen die Grundlagen überblättern werden, haben wir uns entschlossen, Ihnen dieses Tool zur Datenrettung lieber hier zu präsentieren.

Mit Excel wird ein Add-In mitgeliefert, das nach einer einstellbaren Zeit automatisch Ihre Arbeit speichert. Bei instabilen Rechnersystemen ist hier sehr zu der Aktivierung zu raten. Sie müssen dieses Add-In im Add-Ins-Manager aktivieren.

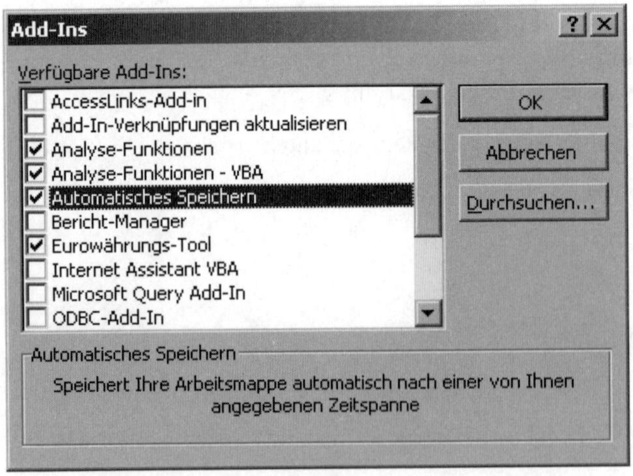

Abbildung 95: Der Add-Ins-Manager

Sie finden anschließend einen neuen Menüpunkt im Menü EXTRAS vor.

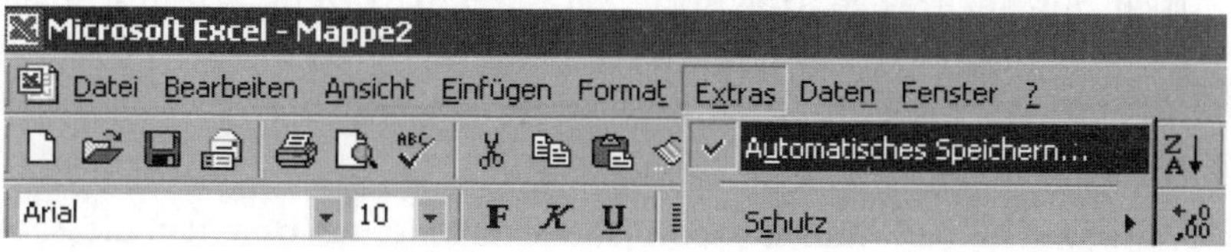

Abbildung 96: Menü-Eintrag »Automatisches Speichern«

Über diesen Menü-Eintrag können Sie das automatische Speichern konfigurieren. Hier geben wir Ihnen die Empfehlung, bei SPEICHERN BESTÄTIGEN das Häkchen zu entfernen. Der Rest sollte Ihren Bedürfnissen angepasst werden. Je größer Ihre Excel-Datei ist, umso länger dauern die Zwangsarbeitspausen beim Speichern.

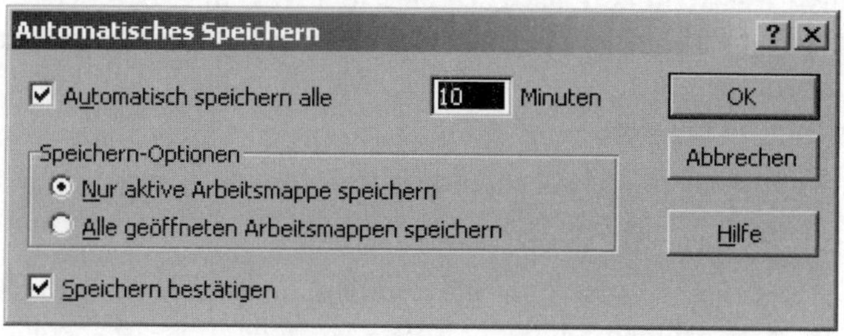

Abbildung 97: Konfiguration von »Automatisches Speichern«

Falls Sie das Häkchen nicht entfernt haben, erhalten Sie bei den oben eingestellten Werten alle 10 Minuten dieses Fenster zur Bestätigung angezeigt. In seltenen Fällen kann dies jedoch auch sinnvoll sein.

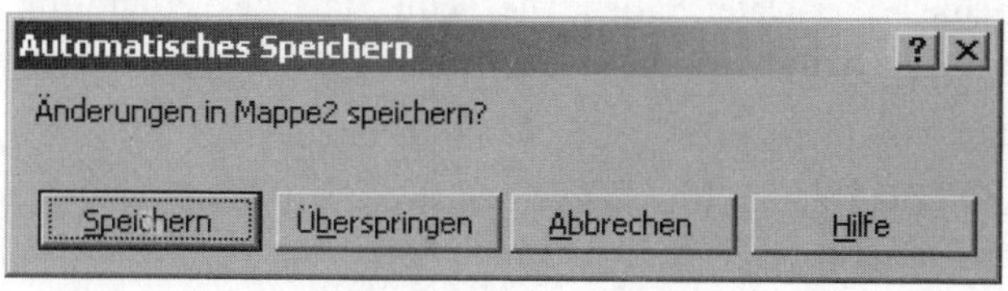

Abbildung 98: Speichern-Abfrage

Grundlagen
Fehler
Intern
Funktionen
Farben
Datum/Zeit
Auswertungen
Diagramme
Objekte
UserForm
Controls
Internet
Extern
Extra

76 Fehlfunktionen durch Einstellungen

Falls man bei der Arbeit einmal kurz den Arbeitsplatz verlässt, ohne den Bildschirmschoner zu aktivieren oder die Arbeitsstation zu sperren, haben neckische Kollegen schon mal Zeit und Gelegenheit, Ihnen einen kleinen Streich in Excel zu spielen. Dies soll allerdings keine Anleitung für Sie sein, was man so alles anstellen kann.

Wenig geübte Excel-Benutzer stolpern immer wieder über den Umstand, dass man die Zahlen, die eingegeben wurden, nur in veränderter Form in der Tabelle wiederfindet. Alles formatieren hilft nichts. Der Grund sind einfach Eingabehilfen, die unter EXTRAS | OPTIONEN aktiviert werden können.

- Feste Dezimalstelle, die fast nur im kaufmännischen Bereich benötigt wird. In Verbindung mit einer benutzerdefinierten Formatierung ohne Nachkommastelle kann man da verzweifeln. Allen Zahlen fehlen die letzten (meist 2) Ziffern.
- Ein normaler Buchstabe als Excel-Menütaste hat auch eine tolle Wirkung. Beim ersten Klick des Buchstabens aktiviert der Benutzer das Menü, bei weiteren Buchstaben werden dann die entsprechenden Menüs geöffnet. Wer flott auf der Tastatur schreibt, merkt nur das Fehlen der Anfangsbuchstaben je Zelle.
- Unter »Ansicht« sind wichtige Bearbeitungs- oder Navigationsmöglichkeiten deaktiviert. Dies geschieht häufiger auch durch unsachgemäßen Makro-Einsatz.
- Ausblendung aller Menüleisten durch Makros, da der Programmierer meint, er muss dem Benutzer diese Möglichkeiten nehmen. Wir lehnen diese Methode ab, sie ist aber leider weit verbreitet. Abhilfe: Den Reset der Menüs haben wir sehr umfangreich in der Kategorie »Controls« beschrieben.

77 Fehlermeldung beim Starten von Excel

Falls Sie beim Starten von Excel die Fehlermeldung wie in Abbildung 99 erhalten, ist das nicht tragisch. Sie müssen irgendeine Excel-Datei haben, die beim Start des Programms automatisch gestartet wird. Meist sind dies Add-Ins, die Sie testhalber im Add-Ins-Manager deaktivieren können.

Falls dies auszuschließen ist, kommen die Dateien im Verzeichnis `XLStart` in Frage sowie die Dateien in Ihrem zusätzlichen Startordner. Diesen finden Sie wie folgt: Im Menü EXTRAS | OPTIONEN | ALLGEMEIN können Sie den Pfad angeben bzw. wie in diesem Fall auslesen.

Das Excel-Startverzeichnis finden Sie meist unter folgendem Pfad:

```
C:\Dokumente und Einstellungen\Benutzername\ Anwendungsdaten\Microsoft\Excel\XLStart
```

Bei »Benutzername« ist Ihr Name gemeint, unter dem Sie im Rechner angemeldet sind. Im Startverzeichnis ist unter anderem auch die Datei PERSONL.XLS gespeichert.

In diesen zwei Verzeichnissen sollten Sie testhalber einzelne Dateien verschieben und Excel starten, bis die Fehlermeldung nicht mehr auftritt. Jetzt müssen Sie nur noch in der zuletzt entfernten Datei den Fehler suchen.

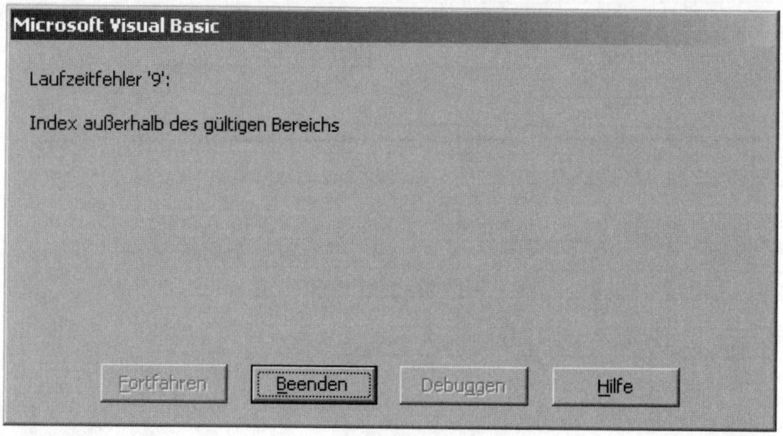

Abbildung 99: Fehlermeldung beim Start von Excel

Ungünstig ist an der Fehlermeldung, dass Sie nicht debuggen können, da das Projekt gesperrt ist. Sonst hätten Sie den fehlerhaften Code ja sofort gefunden. Die Aussagekraft dieser Fehlermeldung ist so gering, dass nicht einmal die Datei angegeben wird, in der der Fehler auftritt.

78 #DIV/0!

Immer wieder dasselbe Problem: Wie schalte ich die Fehlermeldungen, die entstehen, wenn der Teiler noch nicht vorhanden ist, aus?

Sie können auf verschiedene Arten dieser Fehlermeldung zu Leibe rücken. In der Abbildung 100 sehen Sie die 2 gängigsten Methoden.

In den Zeilen 2 bis 5 ist die Fehlerausgabe, wie sie die meisten Excel-Anwender kennen.

Die Fehleranzeige wird in den Zeilen 7 und 8 einfach unterdrückt. Wie Sie sehen, wird auch in Zeile 8 nur die Null ausgegeben, obwohl hier doch eigentlich die Zehn steht. Wenn Sie aber genauer hinschauen, werden Sie erkennen, dass in der Zelle die Eins gefolgt von dem Großbuchstaben »O« steht. Dieser Fehler wird gleich mit unterdrückt, obwohl hier die Fehlerausgabe »`#WERT!`« erscheinen sollte. Sie als Excel-Benutzer werden also auch nicht vor Falscheingaben gewarnt.

Die intelligentere Methode ist es, die mögliche Fehlerquelle, die toleriert werden kann, auszuschalten. Dies geschieht in den Zeilen 10 und 11. Wie Sie sehen, werden Sie hier vor dem Tippfehler gewarnt.

	A	B	C	D
1	**Zähler**	**Nenner**	**Ergebnis**	**Formel**
2	100	10	10	=A2/B2
3	100	0	#DIV/0!	=A3/B3
4	100		#DIV/0!	=A4/B4
5	100	10	#WERT!	=A5/B5
6				**Holzhammermethode**
7	100		0	=WENN(ISTFEHLER(A7/B7);0;A7/B7)
8	100	10	0	=WENN(ISTFEHLER(A8/B8);0;A8/B8)
9				**intelligente Methode**
10	100		0	=WENN(B10<>0;A10/B10;0)
11	100	10	#WERT!	=WENN(B11<>0;A11/B11;0)
12				

Abbildung 100: Fehlerunterdrückung bei #DIV/0!

79 Datumsberechnungen sind um 4 Jahre falsch

Dies ist ein Fehler, wie er jedem einmal passieren kann. Excel liegt bei Datumsberechnungen um genau 4 Jahre daneben. Dies kann sowohl in die Zukunft wie auch Richtung Vergangenheit gehen.

Die Ursache sind Verknüpfungen zwischen 2 Arbeitsmappen, die unterschiedliche Datumswerte benutzen. Näheres hierzu erfahren Sie in der Kategorie »Datum und Zeit« unter »Die 1904-Datumswerte«.

Jedenfalls ist es nicht ratsam, sofort eine Datei an die andere anzupassen, da bei der Umstellung alle enthaltenen Daten mit angepasst werden.

Intern

In dieser Kategorie finden Sie viele Antworten zu häufig gestellten Fragen. Hier haben wir alles zusammengefasst, was sich um die Excel-eigenen Funktionen dreht, wie sich diese programmieren oder ausbauen lassen.

80 Leerzellen löschen

Mit der Methode `SpecialCells` können Sie übereinstimmende Werte ermitteln und diese z.B. löschen (`Delete`). In unserer Prozedur werden die leeren Zellen entfernt und nach oben (`xlUp`) zusammengezogen

```
Sub Leerzellen_loeschen1()
   Selection.SpecialCells(xlCellTypeBlanks).Delete _
   Shift:=xlUp
End Sub
```

Weitere Konstanten zur Methode `SpecialCells`:

xlCellType-Konstante	Beschreibung
xlCellTypeAllFormatConditions	Zellen mit beliebigem Format
xlCellTypeAllValidation	Zellen mit Gültigkeitskriterien
xlCellTypeBlanks	Leere Zellen
xlCellTypeComments	Zellen mit Anmerkungen
xlCellTypeConstants	Zellen mit Konstanten
xlCellTypeFormulas	Zellen mit Formeln
xlCellTypeLastCell	Die letzte Zelle im benutzten Bereich
xlCellTypeSameFormatConditions	Zellen mit gleichem Format
xlCellTypeSameValidation	Zellen mit gleichen Gültigkeitskriterien
xlCellTypeVisible	Alle sichtbaren Zellen

Tabelle 16: Verfügbare SpecialCells

Um nach links zu löschen, verwenden Sie die Konstante `xlToLeft`. So werden alle Zellen, die rechts von leeren Zellen stehen, nach links verschoben, wobei die leeren Zellen entfernt werden.

```
Sub Leerzellen_loeschen2()
   Selection.SpecialCells(xlCellTypeBlanks).Delete _
   Shift:=xlToLeft
End Sub
```

Konstante	Beschreibung
xlDown	nach unten
xlToLeft	nach links
xlToRight	nach rechts
xlUp	nach oben

Tabelle 17: Zu löschende Richtung

81 Leer-Zeilen oder -Spalten löschen

Wenn Sie alle Zeilen löschen möchten, deren Zelle in der Spalte A leer ist, verwenden Sie unten stehende Prozedur. Um die Geschwindigkeit zu beschleunigen, empfiehlt es sich, die Bildschirmaktualisierung `ScreenUpdating` zu Beginn der Prozedur auszuschalten und erst am Ende des Codes wieder einzuschalten. Dies empfiehlt sich bereits, wenn Sie kleine Datenmengen zu bereinigen haben, da sich sonst die Bildschirmanzeige laufend neu aufbaut, was die Prozedur erheblich bremsen würde.

Die Zeilen 1 bis 100 werden bereinigt:

```
Sub Zeilen_loeschen()
   Dim i As Double
   Application.ScreenUpdating = False
      For i = 100 To 1 Step -1
         If Cells(i, 1).Value = "" Then _
            Cells(i, 1).EntireRow.Delete
      Next i
   Application.ScreenUpdating = True
End Sub
```

Wenn Sie alle Spalten löschen möchten, die in der ersten Zeile eine Leerzelle enthalten, dann verwenden Sie folgenden Code:

Die Spalten 1 bis 100 werden bereinigt.

```
Sub Spalten_loeschen()
   Dim i As Integer
   Application.ScreenUpdating = False
      For i = 100 To 1 Step -1
         If Cells(1, i).Value = "" Then _
            Cells(1, i).EntireColumn.Delete
```

```
      Next i
   Application.ScreenUpdating = True
End Sub
```

Ihnen ist sicherlich aufgefallen, dass diese Prozedur rückwärts läuft. Dies hat einen triftigen Grund: Wenn Sie zum Beispiel die Zeile 2 löschen, wird aus der früheren Zeile 3 die Zeile 2. Dadurch würde diese dann im dritten Schleifendurchlauf übersprungen. Allgemein ist es üblich, Schleifen mit Löschanweisungen von Elementen, die per Index angesprochen werden, rückwärts laufen zu lassen.

82 Ein Tabellenblatt löschen

In unserem nächsten Beispiel wollen wir ein Tabellenblatt löschen (`Delete`). Die Tabelle mit dem Namen »Tabelle2« wird aus der Mappe entfernt. Für den Fall, dass keine Tabelle mit diesem Namen in Ihrer Mappe enthalten ist, bauen wir eine Fehlerbehandlung ein.

```
Sub Tabellenblatt_loeschen()
   On Error GoTo Errorhandler
   Worksheets("Tabelle2").Delete
   Exit Sub
Errorhandler:
   MsgBox "Dieses Tabellenblatt existiert nicht"
End Sub
```

Das obige Beispiel bauen wir nun so aus, dass das Tabellenblatt unter Eingabe des Namens in ein Eingabefenster gelöscht werden kann. Wenn eine falsche Eingabe erfolgt, soll eine *Dialogbox* angezeigt werden, mit der Möglichkeit, den Vorgang zu wiederholen (`vbRetryCancel`).

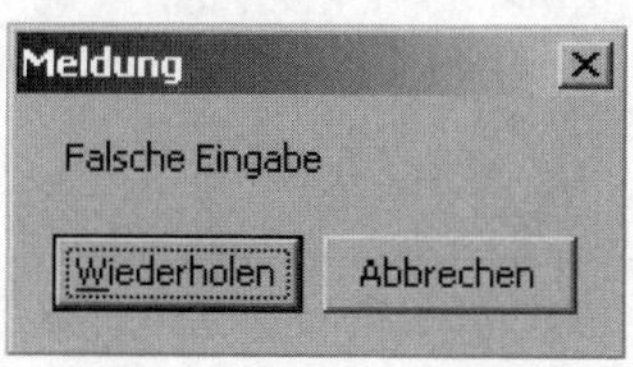

Abbildung 101: Rückfrage bei Fehleingabe

```
Sub Tabellenblaetter_loeschen()
   Dim strFrage
   Dim strMeldung As String

   On Error GoTo Errorhandler
   strFrage = Application.InputBox("Welches Tabellenblatt soll " & _
              "gelöscht werden?", "Löschen", "Tabelle2", Type:=2)
      If strFrage = False Then
         Exit Sub
      Else: Worksheets(strFrage).Delete
```

```
      End If
   Exit Sub
Errorhandler:
   strMeldung = MsgBox("Falsche Eingabe", vbRetryCancel, "Meldung")
   If strMeldung = vbRetry Then
      Call Tabellenblaetter_loeschen
   ElseIf strMeldung = vbCancel Then
      Exit Sub
   End If
End Sub
```

Sie werden standardmäßig von Excel vor dem Löschen des Blattes gefragt, ob Sie diese Aktion wirklich ausführen möchten. Um diese Meldung zu umgehen, können Sie zu Beginn der Prozedur `Application.DisplayAlerts` auf `False` setzen. Am Ende der Prozedur muss wieder auf `True` zurückgestellt werden, um die Systemmeldung wieder zu aktivieren. Ansonsten würden die Meldungen auch weiterhin ausbleiben. Das wäre natürlich schlecht.

```
Sub Tabellenblatt_loeschen()
   On Error GoTo Errorhandler
   Application.DisplayAlerts = False
   Worksheets("Tabelle2").Delete
   Application.DisplayAlerts = True
   Exit Sub
Errorhandler:
   MsgBox "Dieses Tabellenblatt existiert nicht"
End Sub
```

83 Alle Tabellenblätter löschen

Um alle Tabellenblätter zu löschen, bis auf eines – eines muss immer vorhanden sein –, verwenden Sie einen Zähler in einer `For...Next`-Schleife, um diese ab dem 2. Durchlauf zu löschen.

```
Sub Alle_Tabellenblaetter_loeschen()
   Dim i As Integer
   Dim x As Integer
   Application.DisplayAlerts = False
   x = Worksheets.Count
      For i = x To 2 Step -1
         Worksheets(i).Delete
      Next i
   Application.DisplayAlerts = True
End Sub
```

84 Zeilen/Spalten mit bestimmten Einträgen löschen

Wenn Sie alle Zeilen (Row) löschen möchten, in deren Zellen im Bereich in der Spalte A der Eintrag »Summe« enthalten ist, dann verwenden Sie folgenden Code:

```
Sub Zeilen_loeschen()
   Dim c As Range
   Application.ScreenUpdating = False
      For Each c In Range("A1:A100")
         If c.Value = "Summe" Then
            c.EntireRow.Delete
         End If
      Next c
   Application.ScreenUpdating = True
End Sub
```

Wenn Sie alle Spalten (Column) löschen möchten, in deren erster Zeile der Eintrag »Summe« steht, dann verwenden Sie die folgende Prozedur:

```
Sub Spalten_loeschen()
   Dim c As Range
   Application.ScreenUpdating = False
      For Each c In Range("1:1")
         If c.Value = "Summe" Then
            c.EntireColumn.Delete
         End If
      Next c
   Application.ScreenUpdating = True
End Sub
```

85 Einblenden von Zeilen und Spalten

Wenn Sie sämtliche ausgeblendeten Zeilen einblenden (Hidden) möchten, verwenden Sie die folgende Prozedur:

```
Sub Zeilen_einblenden()
   Rows.Hidden = False
End Sub
```

Wenn Sie sämtliche ausgeblendeten Spalten einblenden möchten, verwenden Sie die folgende Prozedur:

```
Sub Spalten_einblenden()
   Columns.Hidden = False
End Sub
```

Wenn Sie sämtliche ausgeblendeten Zeilen und Spalten wieder einblenden möchten, verwenden Sie die folgende Prozedur und kombinieren somit die beiden obigen Prozeduren:

```
Sub Alles_einblenden()
   Rows.Hidden = False
   Columns.Hidden = False
End Sub
```

86 Ausblenden von Zeilen und Spalten

Im folgenden Beispiel können Sie die Nummer der Zeile, die Sie löschen möchten, in ein Eingabefenster eingeben.

```
Sub Zeile_ausblenden()
   Dim x As Integer
   x = InputBox("Geben Sie die Zeilennummer ein", _
      "Zeile ausblenden", 1)
   If x = "" Then Exit Sub
   Rows(x).EntireRow.Hidden = True
End Sub
```

Im folgenden Beispiel können Sie die Nummer der Spalte, die Sie löschen möchten, in ein Eingabefenster eingeben.

```
Sub Spalte_ausblenden()
   Dim x As Integer
   x = InputBox("Geben Sie die Spaltennummer ein", _
      "Spalte ausblenden", 1)
   If x = "" Then Exit Sub
   Columns(x).EntireColumn.Hidden = True
End Sub
```

87 Ein- und ausblenden von Tabellenblättern

Um Tabellenblätter auszublenden (`Visible = False`), verwenden Sie folgenden Code. Sie sprechen hier das Tabellenblatt direkt mit dem Namen an. Das funktioniert natürlich nur, wenn dieses Tabellenblatt in Ihrer Mappe vorhanden ist. Alternativ können Sie das Tabellenblatt über den Index ansprechen (z.B. `Worksheets(2)`). Die Prozedur sollte zu diesem Zweck noch durch eine Fehlerbehandlung ergänzt werden.

```
Sub Tabellenblatt_ausblenden()
   Worksheets("Tabelle2").Visible = False
End Sub
```

Mit Abfrage über ein Eingabefenster:

Hier können Sie den Namen des auszublendenden Tabellenblattes in ein Eingabefenster eingeben. Der Name wird der Variablen `BlattName` übergeben. In der `If...Then...Else`-Entscheidung wird die Schaltfläche ABBRECHEN der `InputBox` abgefragt. Wenn diese Schaltfläche gedrückt wurde, wird die Prozedur abgebrochen. Wenn die Schaltfläche OK gedrückt wurde, wird das Tabellenblatt wie gewünscht ausgeblendet.

Für den Fall, dass ein Tabellenblattname eingegeben wurde, der nicht vorhanden ist, bauen wir eine Fehlerbehandlung ein. In dieser Fehlerbehandlung ist wiederum eine `If...Then...Else`-Entscheidung vorhanden, die im Falle einer Fehleingabe die Möglichkeit bietet, die Prozedur zu wiederholen oder komplett abzubrechen. Auf diese Weise muss bei einer Fehleingabe nicht jedes Mal die Prozedur neu gestartet werden.

```
Sub Tabellenblatt_ausblenden2()
   Dim BlattName
   Dim intMeldung As Integer
   On Error GoTo Errorhandler
   BlattName = Application.InputBox("Bitte geben Sie den " & _
               "Blattnamen ein, Blatt ausblenden", "Tabelle2", _
               Type:=2)
      If BlattName = False Then
         Exit Sub
      Else
         Sheets(BlattName).Visible = False
      End If
   Exit Sub
Errorhandler:
   intMeldung = MsgBox("Ungültiger Name", vbRetryCancel)
      If intMeldung = vbRetry Then
         Call Tabellenblatt_ausblenden2
      ElseIf intMeldung = vbAbort Then
         Exit Sub
      End If
End Sub
```

Diese Tabellenblätter sind zwar jetzt ausgeblendet, werden aber beim Drucken der gesamten Arbeitsmappe mit ausgedruckt. Außerdem sind sie manuell über den Menüeintrag FORMAT | BLATT | EINBLENDEN wieder einblendbar. Das manuelle Einblenden können Sie aber über den Arbeitsmappenschutz verhindern. Diesen finden Sie im Menü EXTRAS | DOKUMENT SCHÜTZEN | ARBEITSMAPPE. Hier müssen Sie die Option STRUKTUR aktivieren.

Alternativ können Sie das Tabellenblatt auch mit der Eigenschaft `xlVeryHidden` ausblenden. Dieses Tabellenblatt wird weder gedruckt noch ist es manuell einzublenden, es wird nicht einmal in der Auswahl zum Einblenden angezeigt. Über eine Prozedur ist es genauso einzublenden wie ein normal ausgeblendetes Tabellenblatt.

```
Sub Tabellenblatt_ausblenden3 ()
  Worksheets(2).Visible = xlVeryHidden
End Sub
```

Tabellenblätter einblenden:

Um ein bestimmtes Tabellenblatt einzublenden (`Visible = True`), verwenden Sie den folgenden Code. Auch hier wird das Tabellenblatt direkt mit dem Namen angesprochen. Wenn Sie den Index verwenden möchten, geben Sie in Klammern an Stelle von »Tabelle2« die entsprechende Nummer ein.

```
Sub Tabellenblatt_einblenden()
   Worksheets("Tabelle2").Visible = True
End Sub
```

Alle Tabellenblätter einblenden:

Um alle ausgeblendeten Tabellenblätter wieder einzublenden, verwenden Sie eine Variable als Zähler, um die Tabellenblätter nacheinander anzusprechen. Dies wiederum geschieht in der `For...Next`-Schleife. Sie sprechen hier das Tabellenblatt über den Index an. Bedenken Sie, dass `Worksheets` nur Tabellen-Blätter berücksichtigt. Wenn Sie alle Blätter, also auch Diagramm-Blätter etc., einblenden möchten, ersetzen Sie das `Worksheets` durch `Sheets`.

```
Sub Tabellenblaetter_einblenden()
   Dim i As Integer
      For i = 1 To Worksheets.Count
         Worksheets(i).Visible = True
      Next i
End Sub
```

88 Zeilen ausgeben

In unseren nächsten Beispielen soll ermittelt werden, wo sich gewisse Einträge im Tabellenblatt befinden. Das heißt, wir wollen die Zeilen-, Spalten- und Zell-Adressen ermitteln.

Zuerst erstellen wir eine Prozedur, die im benutzten Bereich (`UsedRange`) ermittelt, in welchen Zeilen (`Row`) sich der Text »Summe« befindet.

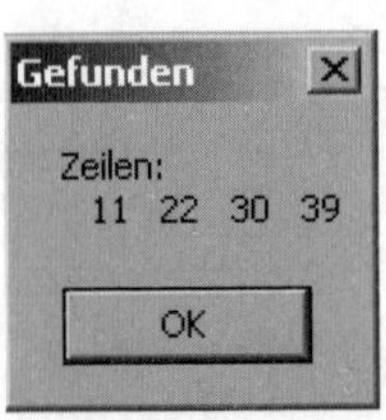

Abbildung 102: Zeilennummern ausgeben

In der For...Next-Schleife sprechen wir alle Zellen im benutzten Bereich an. Mittels der Variablen c werden alle Zellen abgearbeitet.

Die If...Then-Entscheidung prüft innerhalb der Schleife eine Zelle nach der anderen und ermittelt, ob der String »Summe« enthalten ist. Wenn dies zutrifft, wird der Variablen strZeile der Wert übergeben plus ein paar Leerzeichen, damit in der Dialogbox ein Abstand entsteht und somit die Zahlen nicht direkt nebeneinander geschrieben werden (siehe Abbildung 103). Nebst den Leerzeichen wird der Variablen das wichtigste, nämlich die Zeilennummer (Row), übergeben. Die Variable wird somit bei jedem Durchlauf der Schleife um die gewünschten Einträge erweitert.

Nach der Schleife finden Sie eine If...Then...Else-Entscheidung, die prüft, ob überhaupt einmal der Eintrag »Summe« ermittelt werden konnte. Je nachdem wird eine andere Dialogbox angezeigt.

Die nachfolgenden Beispiele bauen auf demselben Prinzip auf. Wir haben daher auf eine detaillierte Beschreibung der einzelnen Beispiele verzichtet.

```
Sub Zeilen_ausgeben()
   Dim c As Range
   Dim strZeile As String
      For Each c In ActiveSheet.UsedRange
         If c.Value = "Summe" Then strZeile = strZeile & "   " _
            & c.Row
      Next c
         If strZeile <> "" Then
            MsgBox "Zeilen: " & Chr(10) & strZeile, , "Gefunden"
         Else
            MsgBox "Wert nicht gefunden", vbInformation, "Meldung"
         End If
End Sub
```

89 Spalten ausgeben

Nun möchten wir das Pendant zur obigen Prozedur erstellen. Es sollen die Spalten (Column) angezeigt werden, in denen der Text »Summe« vorkommt.

Abbildung 103: Spaltennummern ausgeben

Grundlagen
Fehler
Intern
Funktionen
Farben
Datum/Zeit
Auswertungen
Diagramme
Objekte
UserForm
Controls
Internet
Extern
Extra

```
Sub Spalten_ausgeben()
   Dim c As Range
   Dim strSpalte As String
      For Each c In ActiveSheet.UsedRange
         If c.Value = "Summe" Then strSpalte = strSpalte & "   " _
           & c.Column
      Next c
      If strSpalte <> "" Then
         MsgBox "Spalten: " & Chr(10) & strSpalte, , "Gefunden in:"
      Else
         MsgBox "Wert nicht gefunden", vbInformation, "Meldung"
      End If
End Sub
```

Wenn Sie an Stelle der Spaltennummern lieber die Spalten-Buchstaben anzeigen möchten, dann verwenden Sie folgende Prozedur:

```
Sub SpaltenBuchstaben_ausgeben()
   Dim c As Range
   Dim strSpalte As String
      For Each c In ActiveSheet.UsedRange
         If c.Value = "Summe" Then strSpalte = strSpalte _
           & " " & Left(c.Address(False, False), 1)
      Next c
   If strSpalte <> "" Then
      MsgBox "Spalten: " & Chr(10) & strSpalte, , "Gefunden in:"
   Else
      MsgBox "Wert nicht gefunden", vbInformation, "Meldung"
   End If
End Sub
```

Abbildung 104: Spalten in Buchstaben ausgeben

Hier wird die Zellen-Adresse angesprochen, wobei jedoch mit der Eigenschaft `Left(..., 1)` nur das erste Zeichen angezeigt wird. Der Eintrag `False, False` bewirkt, dass die Zelladressen nicht absolut, sondern relativ angezeigt werden, also ohne $-Zeichen.

Ersatzweise können Sie für Spalten mit 1 oder 2 Buchstaben auch die folgende Variante verwenden:

```
Sub SpaltenBuchstaben_ausgeben2()
   Dim c As Range
   Dim strSpalte As String
      For Each c In ActiveSheet.UsedRange
         If c.Value = "Summe" Then strSpalte = strSpalte _
           & " " & Left(c.Address(False, False), _
           Len(c.Address(False, False)) - Len(CStr(c.Row)))
      Next c
   If strSpalte <> "" Then
      MsgBox "Spalten: " & Chr(10) & strSpalte, , "Gefunden in:"
   Else
      MsgBox "Wert nicht gefunden", vbInformation, "Meldung"
   End If
End Sub
```

90 Zellen-Adressen ausgeben

Auch hier suchen wir wieder nach dem Text »Summe«. Es sollen alle die Zellen-Adressen (`Address`) im benutzten Bereich angezeigt werden, in denen sich der Text befindet.

Abbildung 105: Zellen-Adressen ausgeben

```
Sub Zellen_ausgeben()
   Dim c As Range
   Dim strZelle As String
      For Each c In ActiveSheet.UsedRange
         If c.Value = "Summe" Then strZelle = strZelle & "  " & _
                 c.Address(False, False)
      Next c
   If strZelle <> "" Then
      MsgBox "Zellen: " & Chr(10) & strZelle, , "Wert gefunden in: "
   Else
      MsgBox "Wert nicht gefunden", vbInformation, "Meldung"
   End If
End Sub
```

Wenn Sie die Zellen-Adressen in VBA-Form (siehe Abbildung 106) anzeigen möchten, können Sie dies erreichen, indem Sie die Zeilen- und Spaltennummern miteinander verketten.

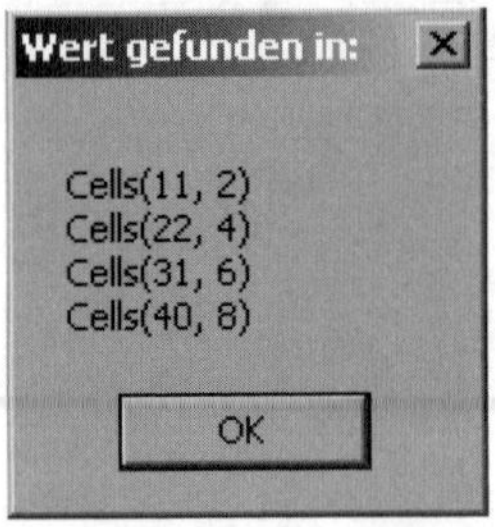

Abbildung 106: Zellen-Adressen in VBA-Form

```
Sub Cells_ausgeben()
   Dim c As Range
   Dim strZeile As String
   Dim strSpalte As String
   Dim strTemp As String
      For Each c In ActiveSheet.UsedRange
         If c.Value = "Summe" Then
            strZeile = c.Row
            strSpalte = c.Column
            strTemp = strTemp & Chr(10) & "Cells(" & strZeile _
                  & ", " & strSpalte & ")"
         End If
      Next c
   If strTemp <> "" Then
      MsgBox strTemp, , "Wert gefunden in:"
   Else
      MsgBox "Wert nicht gefunden", vbInformation, "Meldung"
   End If
End Sub
```

91 Tabellen- und Mappen-Namen ausgeben

Um den Namen eines Tabellenblattes in einer Dialogbox anzuzeigen, verwenden Sie die folgende Prozedur:

```
Sub Blattname_ausgeben()
   MsgBox ActiveSheet.Name, , "Blattname:"
End Sub
```

Abbildung 107: Blattname in Dialogbox ausgeben

Um den Namen der Arbeitsmappe auszugeben, verwenden Sie den folgenden Code:

```
Sub Mappenname_ausgeben()
   MsgBox Application.ActiveWorkbook.Name, , "Dateiname:"
End Sub
```

Abbildung 108: Mappenname in Dialogbox ausgeben

92 Tabellenblätter benennen

Um den Tabellenblättern Namen zuzuweisen, verwenden Sie die Eigenschaft `Name`:

```
Sub Tabellenblatt_Name()
   Worksheets(1).Name = "Frühling"
   Worksheets(2).Name = "Sommer"
   Worksheets(3).Name = "Herbst"
   Worksheets(4).Name = "Winter"
End Sub
```

Damit die obige Prozedur funktioniert, müssen mindestens vier Tabellenblätter in Ihrer Mappe enthalten sein. Auch darf kein Blatt bereits einen dieser Namen tragen. Wir haben hier zugunsten der Übersichtlichkeit auf eine Fehlerbehandlung verzichtet.

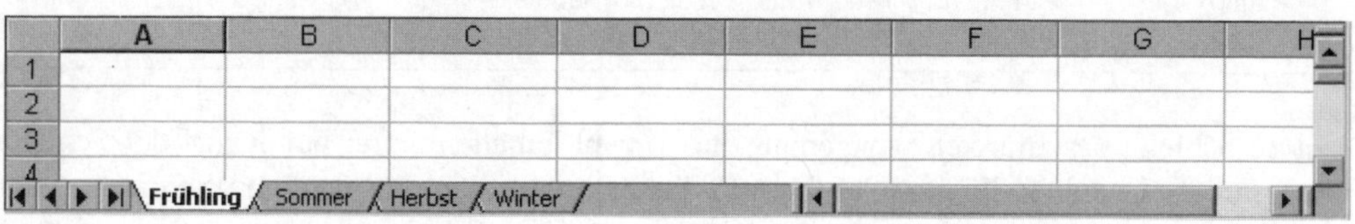

Abbildung 109: Tabellenblätter benennen

93 Tabellenblätter nummerieren

Oftmals werden die Tabellenblätter nummeriert. Es kann sich als sehr mühsam erweisen, wenn man von Hand jedes einzelne Blatt umbenennen muss.

Um dies zu automatisieren, werden die Tabellenblätter gezählt (`Worksheets.Count`). Diese Zahl wird in der `For...Next`-Schleife zweimal verwendet. Zum Ersten, um das Tabellenblatt anzusprechen (`Worksheets(i)`), und zum Zweiten, um dem Tabellenblatt die Nummer zuzuweisen (`"Rechnung " & i`).

```
Sub Tabellenblaetter_nummerieren()
   Dim i As Integer
      For i = 1 To Worksheets.Count
          Worksheets(i).Name = "Rechnung " & i
      Next i
End Sub
```

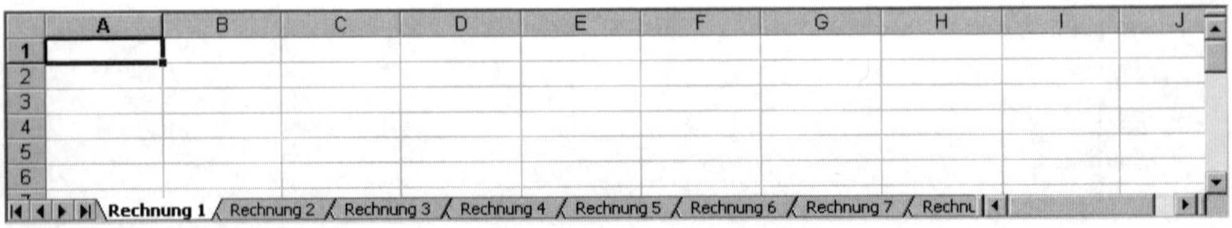

Abbildung 110: Die Registerzungen werden automatisch durchnummeriert

94 Tabellenblattnamen aus Zelle beziehen

Sie können auch die Namen, die Sie den Tabellenblättern vergeben möchten, bequem in der Tabelle erfassen. Um die Einträge in den Zellen den Tabellenblattnamen zuzuweisen, verwenden Sie die folgende Prozedur:

```
Sub TabName_aus_Zelle1()
   Dim i As Integer
   On Error GoTo Errorhandler
   Worksheets(1).Activate
      For i = 1 To 12
         Worksheets(i).Name = Cells(i, 1).Value
      Next i
   Exit Sub
Errorhandler:
   MsgBox "Es sind zu wenig Tabellenblätter vorhanden"
End Sub
```

Unsere Schleife beschränken wir gemäß der Anzahl Tabellenblätter auf 12. In der Schleife wird nun ab A1 jede Zelle durchlaufen und der Zellinhalt dem Blattnamen übergeben. Hier haben wir nun eine Fehlerbehandlung eingebaut für den Fall, dass zu wenig Tabellenblätter vorhanden sind.

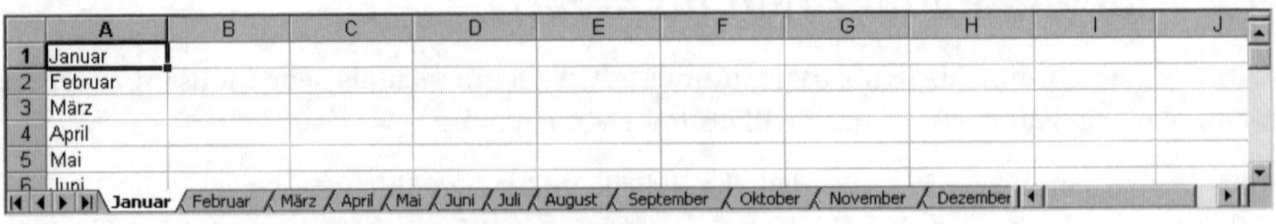

Abbildung 111: Tabellenblattnamen aus Zellen beziehen

Die obige Prozedur wollen wir nun so ausbauen, dass fehlende Tabellenblätter automatisch eingefügt werden. Der Variablen `x` wird die Anzahl der vorhandenen Tabellenblätter übergeben. Über `If...Then` wird ermittelt, ob `x` kleiner ist als `i` und gegebenenfalls ein Blatt hinzugefügt mit `Worksheets.Add`, damit das neue Tabellenblatt hinten angestellt wird, gefolgt von dem Parameter `After:=Worksheets(i - 1)`.

```
Sub TabName_aus_Zelle2()
   Dim i As Integer
   Dim x As Integer
   x = Worksheets.Count
      For i = 1 To Worksheets(1).Cells(Rows.Count, 1).End(xlUp).Row
         If i > x Then Worksheets.Add After:=Worksheets(i - 1)
         Worksheets(i).Name = Worksheets(1).Cells(i, 1).Value
      Next i
End Sub
```

Diese Prozedur hat eine nette Kleinigkeit dazubekommen, die auf den ersten Blick wahrscheinlich gar nicht auffällt: Sie sind jetzt nicht mehr abhängig von einer statischen Anzahl von Schleifendurchläufen. Es werden so viele Tabellenblätter neu angelegt und mit einem Namen versehen, wie es Einträge in der Spalte A des ersten Tabellenblattes gibt. Der Kniff ist der flexible Endwert der Schleife, der mit folgendem Codeteil ermittelt wird:

```
Worksheets(1).Cells(Rows.Count, 1).End(xlUp).Row
```

Die fettgedruckte »1« steht für die erste Spalte des Tabellenblattes, Sie können aber genauso gut die Spalte H mit einer 8 auswerten.

95 Fußzeile mit Pfad

Eine der sicherlich am häufigsten gestellten Fragen ist: Wie bringe ich den Pfad in die Fußzeile? Bestimmt haben Sie schon festgestellt, dass sich das über den Menüpunkt ANSICHT | KOPF- UND FUSSZEILE nicht so einfach machen lässt, wie beispielsweise in Word. Das soll aber noch lange nicht heißen, dass es nicht möglich ist. Sie müssen dabei aber auf VBA zurückgreifen, sofern Sie mit einer Excel-Version vor XP arbeiten. Ab XP ist es möglich, Firmenlogo und Pfad in Excel einzufügen, ohne VBA zu Hilfe nehmen zu müssen. Leider lässt sich auch per VBA bis und mit der Version 2000 keine Grafik in der Kopf- oder Fußzeile platzieren.

In der Gestaltung der Kopf- und Fußzeilen ist man in Excel leider generell sehr eingeschränkt und behindert. Auch wenn man sich mit VBA auskennt, wird man schnell feststellen, dass auch hier gewisse Grenzen erreicht werden. Eine der Grenzen haben wir bereits erwähnt: Es lässt sich keine Grafik einfügen. Eine weitere Einschränkung ist: Der Text lässt sich nicht farbig gestalten.

Weil sich so manches ohne VBA überhaupt nicht lösen lässt, haben wir diesem Thema sehr viele Buchseiten gewidmet und für die uns bekannten Probleme Lösungsvorschläge zur Verfügung gestellt.

Um auf den Pfad zurückzukommen: Für die weniger erfahrenen Programmierer ist der einfachste Weg sicherlich der, sich zuerst ein Makro mit den gewünschten Kopf- und Fußzeilen aufzuzeichnen und dieses dann mit dem entsprechenden Code für den Pfad zu ergänzen. Überflüssige Codezeilen, die bei der Aufzeichnung entstanden sind, sollten entfernt werden.

Zeichnen Sie also zuerst das Makro auf. Wechseln Sie dann in die VBA-Umgebung (ALT + F11) und löschen Sie den überflüssigen Programmcode im entsprechenden Modul. Der Code könnte dann folgendermaßen aussehen:

```
Sub Kopf_und_Fusszeilen()
   With ActiveSheet.PageSetup
      .LeftHeader = "Firma Muster AG"
      .CenterHeader = "Hauptstrasse 1"
      .RightHeader = "D-99999 München"
      .LeftFooter = "&F"
      .CenterFooter = "Seite &P von &N"
      .RightFooter = "&A"
   End With
End Sub
```

Das `&F` in der linken Fußzeile steht für den Dateinamen. Das `&P` in der mittleren Fußzeile steht für die aktuelle Seitenzahl und das `&N` für die gesamten Seitenzahlen. Das `&A` in der rechten Fußzeile steht für den Tabellenblattnamen.

Die linke Fußzeile soll den Pfad enthalten:

```
.LeftFooter = ActiveWorkbook.FullName
```

Übersicht über die Kopf- und Fußzeilen:

Englisch	Deutsch
LeftHeader	Linke Kopfzeile
CenterHeader	Mittlere Kopfzeile
RightHeader	Rechte Kopfzeile
LeftFooter	Linke Fußzeile
CenterFooter	Mittlere Fußzeile
RightFooter	Rechte Fußzeile

Tabelle 18: Kopf- und Fußzeilen im Überblick

Wert einer Zelle in die Fußzeile übernehmen:

Mit der folgenden Prozedur wird der Wert von Zelle A1 in die mittlere Fußzeile übernommen.

```
Sub Fusszeile_aus_Zelle()
   ActiveSheet.PageSetup.CenterFooter = [A1].Value
End Sub
```

96 Grafiken in Kopf- oder Fußzeilen

Wie bereits erwähnt, lässt sich auch mittels VBA keine Grafik in der Kopf- oder Fußzeile platzieren, sofern man nicht bereits mit der Version XP arbeitet.

Sie können sich dabei jedoch mit einem Trick behelfen. Um eine Grafik zu Beginn jeder Seite auszudrucken, können Sie die *Wiederholungszeilen* in den *Seiteneigenschaften* verwenden.

- Fügen Sie zuerst die Grafik an der gewünschten Stelle am oberen Rand Ihrer Tabelle ein
- Klicken Sie dann auf den Menüpunkt DATEI | SEITE EINRICHTEN
- Aktivieren Sie die Registerkarte TABELLE
- Klicken Sie in die Eingabezeile hinter WIEDERHOLUNGSZEILEN OBEN
- Markieren Sie nun bei geöffnetem Dialogfenster so viele Zeilen, wie die Grafik umfasst
- Schließen Sie das Dialogfenster, indem Sie auf OK klicken

In der Seitenansicht können Sie nun den Effekt prüfen. Ihre Grafik wird jetzt auf jeder Seite angezeigt.

97 Anzahl Registerblätter in der Fußzeile ausgeben

Um die Anzahl der Registerblätter in der Fußzeile ausgeben zu können, müssen Sie zuerst mit einer `For...Next`-Schleife die Anzahl der Registerblätter zählen. Diese Zahl wird der Variablen `i` übergeben, die wiederum der Fußzeile zugewiesen wird.

```
Sub Anzahl_Registerblaetter()
   Dim i As Integer
   i = Sheets.Count
   ActiveSheet.PageSetup.CenterFooter = _
      "Anzahl Registerblätter: " & i
End Sub
```

98 UserName in Fußzeile ausgeben

Um den Benutzernamen (`UserName`), der unter EXTRAS | OPTIONEN eingetragen ist, in der Fußzeile auszugeben, verwenden Sie folgenden Code:

```
Sub Fusszeile_mit_Username()
   ActiveSheet.PageSetup.CenterFooter = Application.UserName
End Sub
```

99 Fußzeile formatieren

Die Fußzeile können Sie, wenn auch nur in beschränktem Maße, formatieren. In der Tabelle 3.4 finden Sie einige Möglichkeiten. Diese lassen sich auch kombinieren. Wie bereits erwähnt, ist es auch per VBA nicht möglich, Farben in Kopf- oder Fußzeilen anzuwenden.

Formatierung	Ergebnis
»&8Felix Muster«	Schriftgröße
»&«»Courier,Fett«»Felix Muster«	Schriftart / Schriftschnitt
»&UFelix Muster«	Unterstrichen
»&EFelix Muster«	Doppelt unterstrichen
»&SFelix Muster«	Durchgestrichen
»&XFelix Muster«	Hochgestellt
»&YFelix Muster«	Tiefgestellt

Tabelle 19: Formatierungsmöglichkeiten

Nachfolgend finden Sie weitere Möglichkeiten, VBA für Kopf- oder Fußzeilen anzuwenden. Die Beschreibung finden Sie diesmal direkt im Code:

```
Sub Fusszeile()
   With ActiveSheet.PageSetup

      ' Abstand zum Seitenrand
      .LeftMargin = Application.InchesToPoints(0.5)
      .RightMargin = Application.InchesToPoints(0.5)
      .TopMargin = Application.InchesToPoints(0.5)
      .BottomMargin = Application.InchesToPoints(0.5)
      .HeaderMargin = Application.InchesToPoints(0.5)
      .FooterMargin = Application.InchesToPoints(0.5)

      ' Spalten- und Zeilenbeschriftung
      .PrintHeadings = False

      ' Gitternetzlinien
      .PrintGridlines = True

      ' xlPrintNoComments: Keine Kommentare werden gedruckt
      ' Pendant: xlPrintInPlace
      .PrintComments = xlPrintNoComments

      ' Druckqualität (je nach installiertem Drucker)
      .PrintQuality = 600

      ' Horizontale und Vertikale Zentrierung
      .CenterHorizontally = False
      .CenterVertically = False
```

```
        ' Ausrichtung des Blattes
        ' xlLandscape steht für Quer
        .Orientation = xlPortrait

        ' Bei True werden keine Grafiken ausgedruckt
        .Draft = False

        ' Grösse des Papiers
        .PaperSize = xlPaperA4

        ' Gibt die erste Seitenzahl zurück, die gedruckt werden soll
        .FirstPageNumber = xlAutomatic

        ' Reihenfolge der Seitennummerierung
        ' Pendant: xlOverThenDown
        .Order = xlDownThenOver

        ' Bei True wird nur Schwarz-Weiss gedruckt
        .BlackAndWhite = False

        ' Prozentsatz, in welchem das Tabellenblatt
        ' beim Druck skaliert wird
        .Zoom = 100

    End With
End Sub
```

100 Fußzeile mit Zeilenumbruch

Leider wird die Fußzeile nicht in ein Feld oder eine Zelle geschrieben, was bedeutet, dass kein Zeilenumbruch entsteht. Das heißt, wenn z.B. der Eintrag in der linken Fußzeile zu lang ist, wird die mittlere Fußzeile überschrieben.

Unser nächstes Beispiel widmet sich erneut dem Dateinamen und dem Pfad. Um das Problem des Überschreibens zu lösen, müssen Sie zuerst den Pfad und den Dateinamen miteinander verketten und an eine Variable übergeben. In unserem Beispiel heißt sie `strPfadname`.

Im folgenden Beispiel werden bis zu vier Zeilen à 35 Zeichen umbrochen, indem wir diese mittels Links, Rechts und Länge abfragen. Auch hier haben wir uns erlaubt, die Beschreibung direkt im Code unterzubringen.

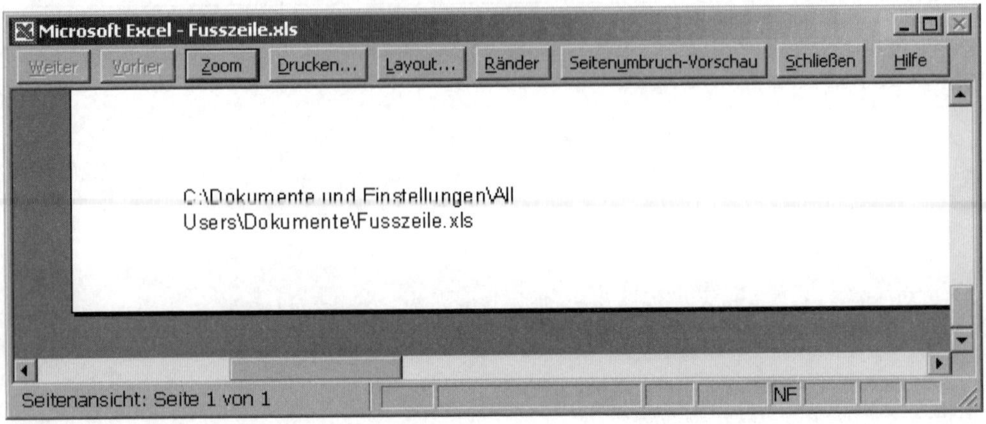

Abbildung 112: Fußzeile mit Zeilenumbruch

Der Programmcode könnte also so aussehen:

```
Sub Fußzeile_mit_Umbruch()
   Dim strPfadname As String
   ' Hier wird der Pfad mit dem Dateinamen verkettet
   strPfadname = ActiveWorkbook.FullName
      With ActiveSheet.PageSetup

      ' Wenn der Dateiname länger als 140 Zeichen ist, soll er
      ' auf 4 Zeilen verteilt werden
      If Len(strPfadname) > 140 Then
         strPfadname = Left(strPfadname, 140) & Chr(13) _
            & Right(strPfadname, Len(strPfadname) - 140)
         strPfadname = Left(strPfadname, 105) & Chr(13) _
            & Right(strPfadname, Len(strPfadname) - 105)
         strPfadname = Left(strPfadname, 70) & Chr(13) _
            & Right(strPfadname, Len(strPfadname) - 70)
         strPfadname = Left(strPfadname, 35) & Chr(13) _
            & Right(strPfadname, Len(strPfadname) - 35)

      ' Wenn der Dateiname länger als 105 Zeichen ist, soll er
      ' auf 3 Zeilen verteilt werden
      ElseIf Len(strPfadname) > 105 Then
         strPfadname = Left(strPfadname, 105) & Chr(13) _
            & Right(strPfadname, Len(strPfadname) - 105)
         strPfadname = Left(strPfadname, 70) & Chr(13) _
            & Right(strPfadname, Len(strPfadname) - 70)
         strPfadname = Left(strPfadname, 35) & Chr(13) _
            & Right(strPfadname, Len(strPfadname) - 35)

      ' Wenn der Dateiname länger als 70 Zeichen ist, soll er
      ' auf 2 Zeilen verteilt werden
      ElseIf Len(strPfadname) > 70 Then
         strPfadname = Left(strPfadname, 70) & Chr(13) _
```

```
            & Right(strPfadname, Len(strPfadname) - 70)
         strPfadname = Left(strPfadname, 35) & Chr(13) _
            & Right(strPfadname, Len(strPfadname) - 35)

      ' Wenn der Dateiname länger als 35 Zeichen ist, soll er
      ' auf 1 Zeile verteilt werden
      ElseIf Len(strPfadname) > 35 Then
         strPfadname = Left(strPfadname, 35) & Chr(13) _
            & Right(strPfadname, Len(strPfadname) - 35)
      End If

      ' Der Dateiname wird in die linke Fusszeile geschrieben
         .LeftFooter = strPfadname
      End With
End Sub
```

Alternativ können Sie zur Ermittlung der Pfadangabe auch die folgende Prozedur verwenden, die nicht statisch die einzelnen Wörter nach einer vorgegebenen Zeichenanzahl trennt, sondern nur den Backslash als Trennstelle benutzt.

```
Sub Pfad()
  Dim strPfad As String, strName As String
  Dim Such As String, Temp As String
  Dim x As Byte, umbr As Byte, alt As Byte
  strPfad = ActiveWorkbook.Path
  strName = ActiveWorkbook.Name
  Such = "\"
  x = 0
  umbr = 0

  Do Until x < alt
    alt = x
    x = InStr(x + 1, strPfad, Such, vbTextCompare)
    If umbr + 35 < x Then
      Temp = Temp & Mid(strPfad, umbr + 1, alt - umbr) & Chr(13)
      umbr = alt
    End If
  Loop

  If Len(Mid(strPfad, umbr + 1, Len(strPfad)) & strName) < 35 Then
    Temp = Temp & Mid(strPfad, umbr + 1, Len(strPfad)) _
      & "\" & strName
  Else
    Temp = Temp & Mid(strPfad, umbr + 1, Len(strPfad)) _
    & "\" & Chr(13) & strName
  End If
  ActiveSheet.PageSetup.LeftFooter = Temp
End Sub
```

101 Kopf- und Fußzeile mit Datei-Eigenschaften erstellen

Beim Öffnen der Mappe soll das Eigenschaften-Fenster angezeigt werden. Darin werden die Werte erfasst, die in der Fußzeile ausgegeben werden sollen.

Um das Eigenschaften-Fenster beim Öffnen der Mappe anzeigen zu lassen, verwenden Sie eine Ereignis-Prozedur, die Sie in »DieseArbeitsmappe« schreiben:

```
Private Sub Workbook_Open()
   Application.Dialogs(xlDialogSummaryInfo).Show
End Sub
```

Die Argumente, die Sie aus dem EIGENSCHAFTSFENTER verwenden können, lauten:

- title
- subject
- author
- keywords
- comments

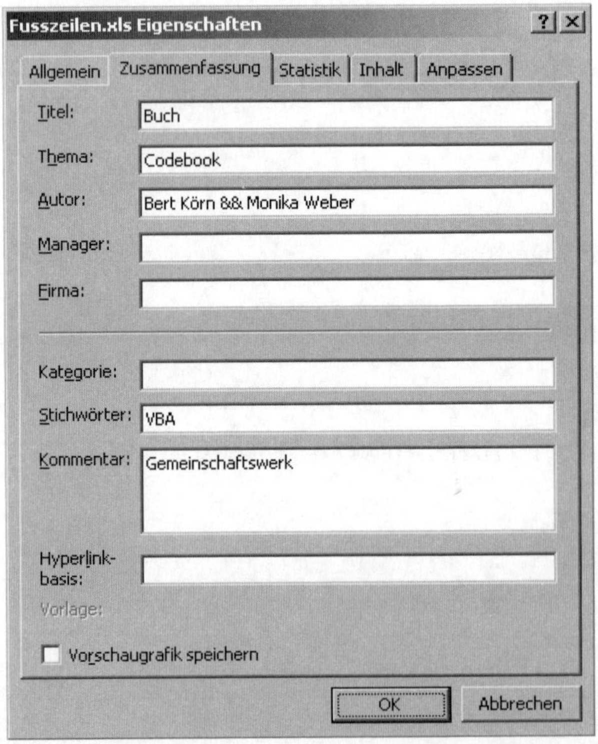

Abbildung 113: Fußzeile aus dem Eigenschaften-Fenster ermitteln

Der Eintrag »&&« unter »Autor« ist nicht etwa ein Tippfehler. Wenn man ein »&« in der Kopf- oder Fußzeile ausgeben will, muss man das Zeichen im Dialogfenster zweimal eingeben. Der Grund ist, dass das »&« in Excel und VBA bereits intern zum Verketten verwendet wird. Wenn Sie das »&« zweimal eintragen, wird es dennoch nur einmal angezeigt bzw. ausgedruckt.

Die *Ereignis*-Prozedur wurde in DIESEARBEITSMAPPE geschrieben. Die Anweisung `Workbook_BeforePrint` bewirkt, dass die Fußzeile vor jedem Ausdruck und auch vor dem Wechsel in die Seitenansicht aktualisiert wird.

```
Private Sub Workbook_BeforePrint(Cancel As Boolean)
   With ActiveSheet.PageSetup
       .LeftHeader = "Title: " & Title
       .CenterHeader = "Subject: " & Subject
       .RightHeader = "Author: " & Author
       .LeftFooter = "Keywords: " & Keywords
       .CenterFooter = ""
       .RightFooter = "Comments: " & Comments
   End With
End Sub
```

So würde das Ganze dann aussehen:

Abbildung 114: Kopfzeile

Abbildung 115: Fußzeile

102 Den Hilfe-Assistenten zum Sprechen bringen

Sie kennen ja sicherlich einen der lustigen Hilfe-Assistenten in den Office-Anwendungen. Sie können ihn aktivieren, indem Sie auf das Fragezeichen in der Menüleiste klicken und anschließend OFFICE-ASSISTENTEN EINBLENDEN wählen. Wenn Sie auf den Assistenten klicken, erscheint eine Sprechblase, die Ihnen Hilfestellungen zu den vorhandenen Möglichkeiten in Excel bietet.

Wenn Sie ein eigenes VBA-Programm schreiben, kann es erforderlich sein, Hilfe dazu anzubieten. Am einfachsten verwendet man dazu den Hilfe-Assistenten, der ja ohnehin schon zur Verfügung steht, und programmiert ihn entsprechend aus.

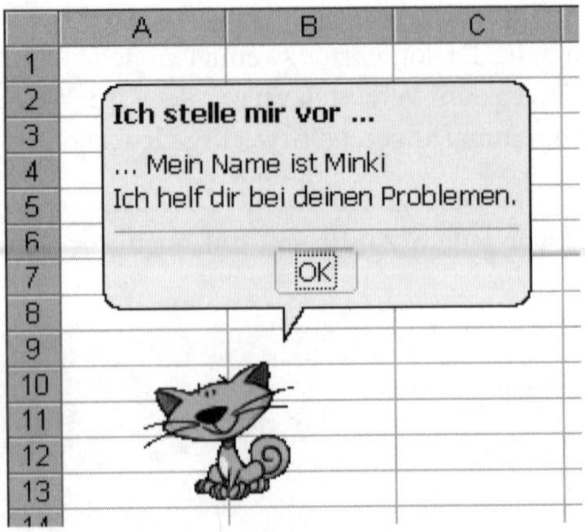

Abbildung 116: Der Hilfe-Assistent mit einer einfachen Ausgabe

Unser erster selbst programmierter Assistent soll ein ganz einfacher sein. In der Sprechblase des Assistenten soll ein Text ausgegeben werden. Das funktioniert natürlich nur, wenn Sie den Assistenten auch installiert haben.

Damit das Ganze funktioniert, muss zu Beginn der Prozedur der Assistent aktiviert werden. In der `With`-Anweisung wird eine Sprechblase erzeugt (`NewBalloon`). Dann wird der Titel (`Heading`) geschrieben, dann der Text. Am Ende der `With`-Anweisung wird die Sprechblase angezeigt (`Show`).

```
Sub Assistent()
    ' Aktiviert den Assistenten
    Assistant.On = True
       With Assistant.NewBalloon
          ' Dieser Text steht für den Titel
          .Heading = "Ich stelle mir vor ..."
          .Text = "... Mein Name ist Minki" & Chr(10) & _
                  "Ich helf dir bei deinen Problemen."
          .Show
       End With
End Sub
```

Unser nächster Assistent soll ein Symbol (`Icon`) erhalten und er wird mit Aufzählungspunkten (`Labels`) bestückt. Wenn Sie diese Prozedur mit der vorherigen vergleichen, werden Sie feststellen, dass anstelle der Eigenschaft `Text` die Labels verwendet werden, diese enthalten die Aufzählungszeichen.

Anstelle des Ausrufezeichens haben Sie die Möglichkeit, ein anderes Symbol anzuzeigen.

Hier finden Sie eine Liste der möglichen Symbole	
msoIconAlertCritical	Weißes Kreuz in rotem Kreis
msoIconAlertInfo	Blaues »I« in weißem Kreis
msoIconAlertQuery	Blaues Fragezeichen in weißer Sprechblase
msoIconAlertWarning	Schwarzes Ausrufzeichen in gelbem Dreieck
msoIconAlertNone	Ohne Zeichen
msoIconTip	Gelbe Glühbirne

Tabelle 20: Symbole für den Assistenten

```
Sub Aufzaehlung()
   ' Aktiviert den Assistenten
   Assistant.On = True
      With Assistant.NewBalloon
         ' msoIconAlert erzeugt das Ausrufezeichen im Assistenten
         .Icon = msoIconAlert
         .Heading = "Ich helf Dir weiter..."
         ' Eigene Aufzählungspunkte im Assistenten erzeugen
         .Labels(1).Text = "Ich bin der Hilfe-Assistent"
         .Labels(2).Text = "Mich kann man zum Sprechen bringen"
         .Labels(3).Text = "Ich biete meine Hilfe an"
         .Show
      End With
End Sub
```

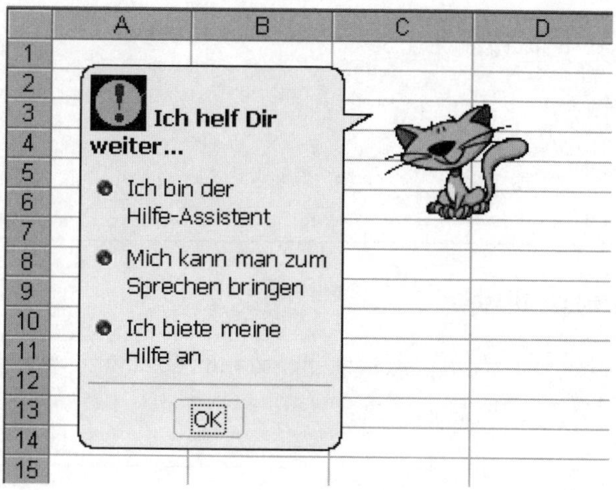

Abbildung 117: Sprechblase des Hilfe-Assistenten

Objekte des Assistenten:

Objekt	Beschreibung
Assistant	Stellt den Assistenten dar
Balloon	Die Sprechblase des Assistenten
BalloonCheckboxes	Kontrollfelder in der Sprechblase
BalloonLabels	Auflistungspunkte in der Sprechblase

Tabelle 21: Objekte für den Assistenten

Als Nächstes wollen wir dem Assistenten ein einfaches Kontrollkästchen (`Checkbox`) hinzufügen. Pro Sprechblase können bis zu fünf Checkboxen mit Text angezeigt werden. Wenn Sie mehr als fünf einfügen, wird ein Laufzeitfehler verursacht.

In unserem nächsten Code soll eine Prozedur aufgerufen werden, sobald das Kontrollkästchen aktiviert wird. Die Prozedur weist dem markierten Zellbereich eine rote Hintergrundfarbe zu.

```
Sub Kontrollkaestchen_einfach()
   Assistant.On = True
      With Assistant.NewBalloon
         .Heading = "Kontrollkästchen"
         .Text = "Prozedur aufrufen" & Chr(10)
         .Icon = msoIconTip
         .Button = msoButtonSetOkCancel
         ' Kontrollkästchen
         .CheckBoxes(1).Text = "Rote Hintergrund-Farbe"
         If .Show = msoBalloonButtonOK Then
            ' Externe Prozedur aufrufen
            If .CheckBoxes(1).Checked Then Call Rot
         End If
      End With
End Sub
```

Die zugehörige Prozedur für die Hintergrundfarbe:

```
Sub Rot()
   Selection.Interior.ColorIndex = 3
End Sub
```

Nun wollen wir den Assistenten mit drei Kontrollkästchen bestücken und alle Möglichkeiten ausschöpfen bzw. alle möglichen Kombinationen programmieren.

Abbildung 118: Assistent mit einem Kontrollkästchen

Die Prozedur könnte so aussehen:

```
Sub Kontrollkaestchen2()
   Assistant.On = True
   With Assistant.NewBalloon
      .Heading = "Kontrollkästchen anklicken"
      .Text = "Spiel mit den Kästchen: " & Chr(10)
      .Icon = msoIconTip

      ' Kontrollkästchen
      .CheckBoxes(1).Text = "Box 1"
      .CheckBoxes(2).Text = "Box 2"
      .CheckBoxes(3).Text = "Box 3"
      If .Show = msoBalloonButtonOK Then
         If .CheckBoxes(1).Checked And Not .CheckBoxes(2).Checked _
            And Not .CheckBoxes(3).Checked Then
            MsgBox "Du hast Box 1 angeklickt"
         ElseIf .CheckBoxes(1).Checked And .CheckBoxes(2). _
             Checked Then
             MsgBox "Du hast Box 1 und 2 angeklickt"
         ElseIf .CheckBoxes(1).Checked And .CheckBoxes(3). _
             Checked Then
             MsgBox "Du hast Box 1 und 3 angeklickt"
         ElseIf .CheckBoxes(2).Checked And .CheckBoxes(3). _
             Checked Then
             MsgBox "Du hast Box 2 und 3 angeklickt"
         ElseIf Not .CheckBoxes(1).Checked And Not _
             .CheckBoxes(2).Checked _
            And .CheckBoxes(3).Checked Then
            MsgBox "Du hast Box 3 angeklickt"
         ElseIf .CheckBoxes(2).Checked Then
            MsgBox "Du hast Box 2 angeklickt"
```

Grundlagen
Fehler
Intern
Funktionen
Farben
Datum/Zeit
Auswertungen
Diagramme
Objekte
UserForm
Controls
Internet
Extern
Extra

```
        End If
      End If
   End With
End Sub
```

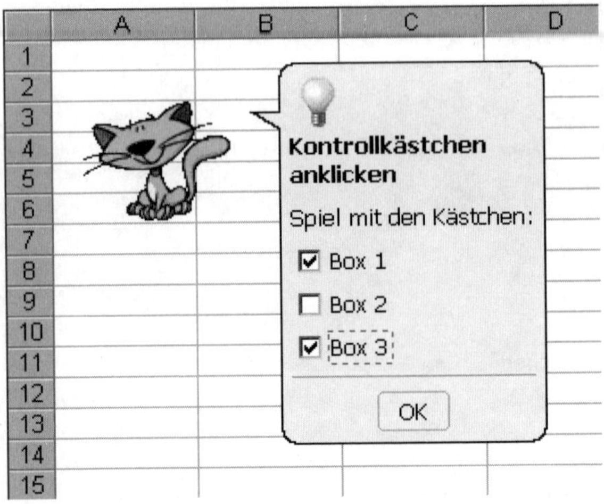

Abbildung 119: Assistent mit drei Checkboxen

103 Den Hilfe-Assistenten mit Hyperlinks versehen

Sie können das Beispiel so erweitern, dass in der Sprechblase des Assistenten Hyperlinks angezeigt werden.

Im folgenden Beispiel werden zwei Aufzählungspunkte erzeugt, die dann jeweils auf eine Webseite verweisen:

```
Sub HypLink()
   Dim intAssistent As Integer
   On Error GoTo Errorhandler:
   Assistant.Visible = True
      With Assistant.NewBalloon
         .Heading = "Ich bin der Hilfe-Assistent"

         ' Label mit Farbe
         .Labels(1).Text = "{cf 252}{ul 1}Jumper"
         .Labels(2).Text = "{cf 252}{ul 1}Excelabc"

         ' Schaltfläche
         .Button = msoButtonSetCancel
         .Animation = msoAnimationWritingNotingSomething
         intAssistent = .Show
      End With
      Select Case intAssistent
         Case 1: Call Hyperlink_folgen("http://www.jumper.ch")
```

```
          Case 2: Call Hyperlink_folgen("http://www.excelabc.de")
       End Select
       Exit Sub
Errorhandler:
    MsgBox "Die Hilfe kann nicht angezeigt werden"
End Sub


Private Sub Hyperlink_folgen(strHyperlink As String)
   Dim objInternetExplorer As Object
   Set objInternetExplorer = CreateObject _
     ("InternetExplorer.Application")
      With objInternetExplorer
         .Navigate strHyperlink
         .Visible = True
         .Offline = False
      End With
End Sub
```

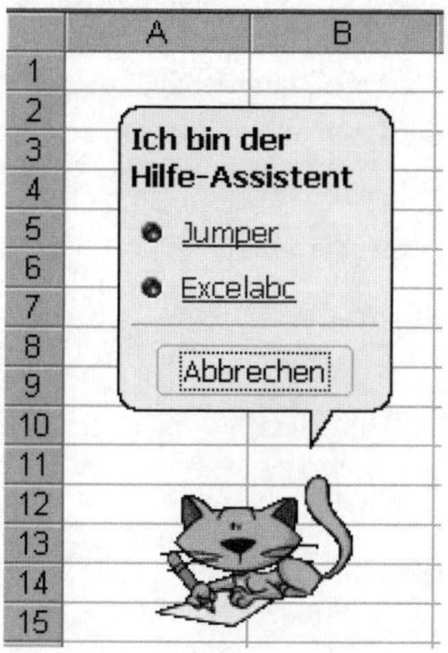

Abbildung 120: Der Assistent mit Hyperlinks

`On Error Goto` springt zu der Fehlerbehandlung, falls kein Assistent installiert ist. In diesem Fall wird eine Fehlermeldung in Form einer Dialogbox ausgegeben.

Das `{cf 252}` bedeutet `Color Font` und vergibt dem Text die Farbe Blau. Das `{ul 1}` bedeutet `UnderLine` und formatiert den Text unterstrichen. Beides dient dazu, den Text, der zum Hyperlink führt, wie einen Hyperlink aussehen zu lassen.

Farbnummer	Farbe	Farbnummer	Farbe
0	Schwarz	248	Mittelgrau
1	Dunkelrot	249	Rot
2	Dunkelgrün	250	Grün
3	Dunkelgelb	251	Gelb
4	Dunkelblau	252	Blau
5	Dunkelmagenta	253	Magenta
6	Dunkelcyan	254	Zyan
7	Hellgrau	255	Weiß

Tabelle 22: Farbnummern für Text in der Sprechblase

Der Befehl `msoButtonSetCancel` erzeugt die Schaltfläche ABBRECHEN in der Sprechblase. Wenn Sie diese Zeile weglassen würden, würde die Schaltfläche OK erscheinen.

Schaltflächen, die im Assistenten angezeigt werden können	
msoButtonSetAbortRetryIgnore	Abbrechen, Wiederholen, Ignorieren
msoButtonSetBackClose	Zurück, Schließen
msoButtonSetBackNextClose	Zurück, Weiter, Schließen
msoButtonSetBackNextSnooze	Zurück, Weiter, Erneut erinnern
msoButtonSetCancel	Abbrechen
msoButtonSetNextClose	Weiter, Schließen
msoButtonSetNone	Keine Schaltflächen anzeigen
msoButtonSetOK	OK
msoButtonSetOkCancel	OK, Abbrechen
msoButtonSetRetryCancel	Wiederholen, Abbrechen
msoButtonSetSearchClose	Suchen, Schließen
msoButtonSetYesAllNoCancel	Ja, Ja alle, Nein, Abbrechen
msoButtonSetYesNoCancel	Ja, Nein, Abbrechen
msoButtonSetYesNo	Ja, Nein

Tabelle 23: Einsetzbare Schaltflächen

104 Den Assistenten animieren

Die Konstante `msoAnimationWritingNotingSomething` erzeugt eine Animation des Assistenten. Der Assistent ist ja immer irgendwie aktiv, indem er sich bewegt, je nach Aktion, die Sie durchführen. Sie können dem Assistenten verschiedene Animationen zuweisen. Der Assistent wird jedoch nur in der gewünschten Form animiert, solange Ihre Prozedur ausgeführt wird. Man unterscheidet zwischen einmaligen Animationen und dauerhaften. Es kommt ganz darauf an, welche Konstante Sie zuweisen.

```
Sub Animiert()
   Assistant.On = True
   Assistant.Animation = msoAnimationCharacterSuccessMajor
End Sub
```

Einige einmalige Animationen im Bild:[1]

msoAnimationCharacter-SuccessMajor	msoAnimationEmptyTrash	msoAnimationGetArtsy
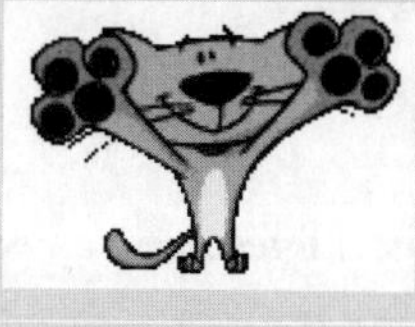		
msoAnimationGet-AttentionMinor	msoAnimationGetTechy	msoAnimationGreeting

msoAnimationPrinting	msoAnimationSaving	msoAnimationSearching

Tabelle 24: Einige Möglichkeiten zur Animation

Je nach Assistent, den Sie verwenden, haben Sie folgende Möglichkeiten:

Liste der möglichen Animationen, die einmalig ausgeführt werden	
msoAnimationAppear	msoAnimationListensToComputer
msoAnimationBeginSpeaking	msoAnimationLookDown
msoAnimationCharacterSuccessMajor	msoAnimationLookDownLeft
msoAnimationCheckingSomething	msoAnimationLookDownRight
msoAnimationDisappear	msoAnimationLookLeft
msoAnimationEmptyTrash	msoAnimationLookRight

Tabelle 25: Weitere Animationsmöglicheiten

1. Ok, ok, wir geben's zu, Minki ist unser Lieblings-Assistent.

Grund-lagen
Fehler
Intern
Funk-tionen
Farben
Datum/Zeit
Auswer-tungen
Dia-gramme
Objekte
User-Form
Controls
Internet
Extern
Extra

Liste der möglichen Animationen, die einmalig ausgeführt werden	
msoAnimationGestureDown	msoAnimationLookUp
msoAnimationGestureLeft	msoAnimationLookUpLeft
msoAnimationGestureRight	msoAnimationLookUpRight
msoAnimationGestureUp	msoAnimationPrinting
msoAnimationGetArtsy	msoAnimationRestPose
msoAnimationGetAttentionMajor	msoAnimationSaving
msoAnimationGetAttentionMinor	msoAnimationSearching
msoAnimationGetTechy	msoAnimationSendingMail
msoAnimationGetWizardy	msoAnimationThinking
msoAnimationGoodbye	msoAnimationWorkingAtSomething
msoAnimationGreeting	msoAnimationWritingNotingSomething
msoAnimationIdle	

Tabelle 25: Weitere Animationsmöglicheiten (Forts.)

Die folgenden Animationen werden so lange ausgeführt, bis der Assistent geschlossen wird:

Liste der möglichen Animationen, die permanent ausgeführt werden		

msoAnimationChecking-Something	msoAnimationThinking	msoAnimationWriting-NotingSomething
msoAnimationWorking-AtSomething	msoAnimationSearching	msoAnimationGetTechy

Tabelle 26: Permanente Animationen

Hinweis

Die Animationen sind abhängig vom Assistenten, den Sie verwenden. Nicht jeder Assistent unterstützt die oben aufgeführten Animationen.

105 Welche Assistenten gibt es?

Nachfolgend finden Sie eine Liste der Assistenten, die verfügbar sind. Die Assistenten beruhen auf dem Office 2000. In XP hat sich noch *Merlin*, der Magier, dazugesellt. In Office 97 waren manche noch recht unansehnlich, was sich seit Office 2000 geändert hat.

Assistent Name Dateiname	Assistent Name Dateiname	Assistent Name Dateiname	Assistent Name Dateiname

Karl Klammer Clippit.acs	Hüpfer Dot.acs	F1 F1.acs	Der Professor Genius.acs

Office Logo Logo.acs	Mutter Natur Mnature.acs	Minki Offcat.acs	Rocky Rocky.acs

Tabelle 27: Verfügbare Assistenten

Der gewünschte Office-Assistent kann so angezeigt werden:

```
Sub Minki()
   Assistant.Filename = "Offcat.acs"
   Assistant.Visible = True
End Sub
```

Am Rande bemerkt: Wenn Sie manuell einen Assistenten auswählen möchten, klicken Sie mit der rechten Maustaste auf den Assistenten und wählen aus dem Kontextmenü ASSISTENT AUSWÄHLEN.

106 Vokabeltrainer (MsgBox und InputBox)

Das nächste Beispiel kann zum Pauken von Wörtern jeder Sprache verwendet werden. In einer Excel-Tabelle können die Wörter erfasst werden. Anschließend wird der Test gestartet. In ein Eingabefenster (`InputBox`) kann die Antwort eingegeben werden und über eine Dialogbox wird ausgegeben, ob die Antwort richtig oder falsch ist. Am Ende des Tests wird ein UserForm mit der Auswertung angezeigt.

Alle falschen Antworten erhalten in der Spalte C den Eintrag 0, die richtigen Antworten erhalten den Eintrag 1. Aufgrund dieser Zahlen werden am Ende der Prozedur die Spalten neu sortiert. Die Wörter, die man nicht gewusst hat, also die mit einer 0 in der Spalte C, werden an erster Stelle stehen, so dass bei erneutem Start des Tests immer zuerst die Wörter abgefragt werden, die man nicht gewusst hat.

Da man die Sprachen hin und zurück (also z.B. Englisch-Deutsch / Deutsch-Englisch) lernen sollte, wollen wir auch gleich eine Schaltfläche einbauen, die die beiden Spalten austauscht.

Über die Schaltfläche AUSWERTUNG ANZEIGEN kann das UserForm mit der Auswertung angezeigt werden.

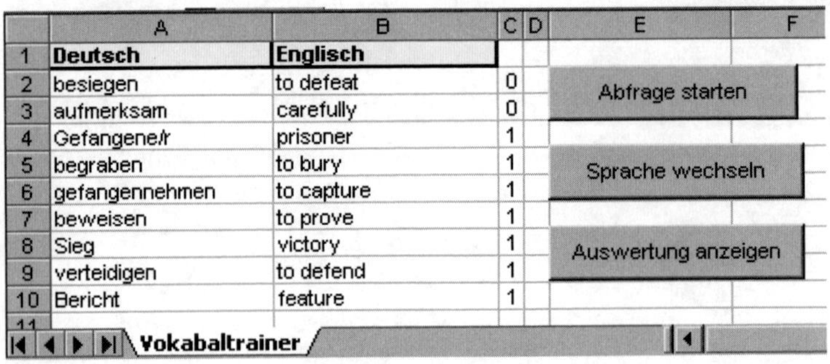

Abbildung 121: In dieser Tabelle werden die Wörter erfasst

Als Erstes nehmen wir uns der Prozedur für die Abfrage der Wörter an.

Zu Beginn der Prozedur, direkt nach der Variablendeklaration, wird der Inhalt der Spalte C, dort wo die 0 für Falsch oder die 1 für Richtig drin steht, gelöscht, damit sie im Laufe der Prozedur neu aufgefüllt werden kann.

Während der Wörter-Test läuft, sollen die Spalten A und B ausgeblendet werden. Sonst könnte man ja schummeln. Dies geschieht über die Anweisung `EntrieColumn.Hidden`. Am Ende der Prozedur werden die Spalten wieder eingeblendet.

Die `While...Wend`-Schleife wird so lange ausgeführt, bis der letzte Eintrag in der Tabelle erreicht ist (<> `Empty`), also so lange, bis ein leerer Eintrag gefunden wurde.

Wie bereits angesprochen, werden über ein Eingabefenster die Wörter abgefragt, das heißt im Fenster steht z.B. das Wort in Deutsch. In der Eingabezeile soll dann das Wort in Englisch eingegeben werden (siehe Abbildung 122).

Wenn die Antwort richtig war, erscheint ein Dialogfenster mit der Ausgabe »Richtig«, wenn die Antwort falsch war, erscheint ein Dialogfenster mit der Meldung »Falsch« und die richtige Antwort dazu (siehe Abbildung 123).

Grund-
lagen
Fehler
Intern
Funk-
tionen
Farben
Datum/
Zeit
Auswer-
tungen
Dia-
gramme
Objekte
User-
Form
Controls
Internet
Extern
Extra

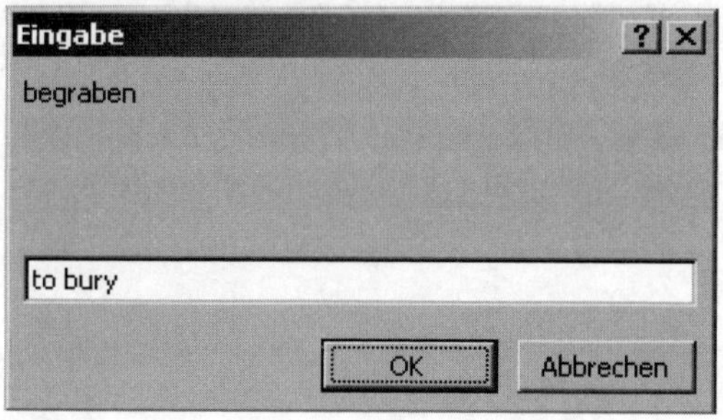

Abbildung 122: Eingabefenster für das Fremdwort

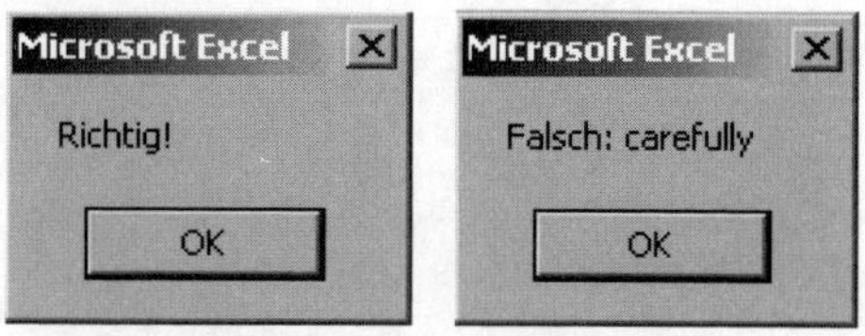

Abbildung 123: Antwort in Dialogbox

```
Sub VokabelTrainer()
   Dim Deutsch As String
   Dim Englisch As String
   Dim Antwort As Variant
   Columns("C").ClearContents
   Columns("A:B").EntireColumn.Hidden = True
   [A2].Select
      While ActiveCell.Value <> Empty
         Deutsch = ActiveCell.Value
         Englisch = ActiveCell.Offset(0, 1).Value
         Antwort = Application.InputBox(Deutsch)
            If Antwort = Englisch Then
               ActiveCell.Offset(0, 2) = 1
               MsgBox ("Richtig!")
            ElseIf Antwort = False Then GoTo Ende
            Else
               ActiveCell.Offset(0, 2) = 0
               MsgBox ("Falsch: " & Englisch)
            End If
         ActiveCell.Offset(1, 0).Select
      Wend
Ende:
   Columns("A:B").EntireColumn.Hidden = False
   Range("A3:C65536").Sort Key1:=Range("C:C"), _
   Orientation:=xlTopToBottom
   [A2].Select
   Call AuswertungAnzeigen
End Sub
```

Am Ende des Codes wird die Prozedur AuswertungAnzeigen aufgerufen. Wir werden sie später programmieren. Damit wird das UserForm angezeigt.

Erstellen Sie ein geeignetes UserForm mit 6 farbigen Textfeldern (Label) und der Schaltfläche ABBRECHEN (mehr zum Thema UserForm erfahren Sie in der entsprechenden Kategorie):

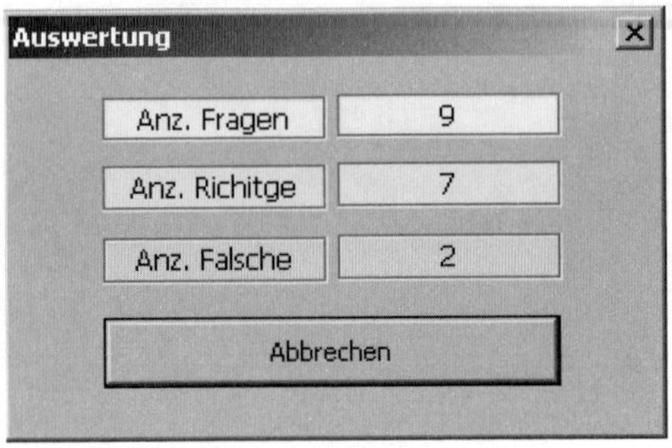

Abbildung 124: UserForm mit Labels

Hinterlegen Sie dem UserForm den folgenden Code, der die Auswertung berechnet:

```
Private Sub UserForm_Activate()
   lblAnzFragen = [CountA(A:A)-1]
   lblAnzRichtige = [Sum(C:C)]
   lblAnzFalsche = lblAnzFragen - lblAnzRichtige
End Sub
```

CountA steht für die Funktion Anzahl2, die die Anzahl der Einträge in der Spalte A zählt (auch Text). Da wir die Überschrift von der Berechnung ausschließen wollen, müssen wir noch –1 rechnen.

Die Prozedur soll auch über die Schaltfläche AUSWERTUNG ANZEIGEN aufgerufen werden können. Dazu benötigen wir eine Prozedur, über die das UserForm angezeigt werden kann.

```
Sub AuswertungAnzeigen()
   UserForm1.Show
End Sub
```

Die Schaltfläche ABBRECHEN für das UserForm muss auch noch programmiert werden. Klicken Sie doppelt auf die Schaltfläche, damit Sie gleich an die richtige Stelle gelangen, um den Code einzugeben.

```
Private Sub cmdAbbrechen_Click()
   Unload Me
End Sub
```

Zum Schluss wollen wir noch die Schaltfläche SPRACHE WECHSELN programmieren. Durch einen Klick auf diese Schaltfläche werden die beiden Spalten, in denen die Wörter stehen, also Spalte A und Spalte B, ausgetauscht.

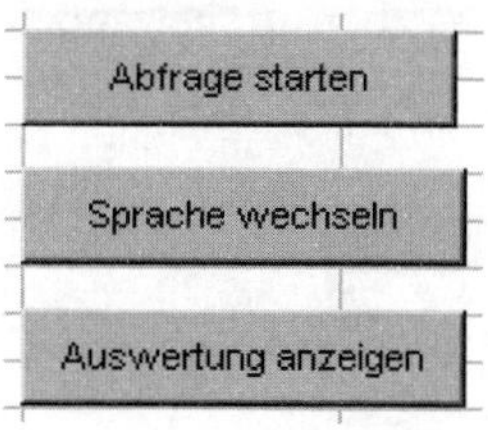

Abbildung 125: Schaltflächen in der Tabelle

```
Sub SpracheWechseln()
   Columns("B:B").Cut
   Columns("A:A").Insert Shift:=xlToRight
   [A2].Select
End Sub
```

107 Umwandlung in Großbuchstaben während der Eingabe

In unserem nächsten Beispiel wollen wir die Texteingabe fortlaufend in Großbuchstaben umwandeln. Das heißt, sobald ein Text in Kleinbuchstaben geschrieben wird, wird dieser in Großbuchstaben umgewandelt.

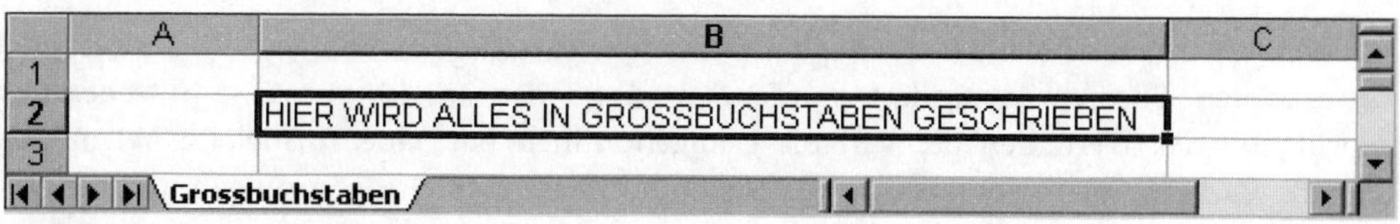

Abbildung 126: Großbuchstaben

Der Code wird als Ereignis-Prozedur in der VBA-Umgebung direkt in »Tabelle1« geschrieben, damit die Änderungen sofort nach dem Drücken der ENTER-Taste vorgenommen werden. Die Funktion `UCase` steht für Großbuchstaben.

```
Private Sub Worksheet_Change(ByVal Target As Excel.Range)
   On Error GoTo Errorhandler
   Target = UCase(Target)
   Errorhandler: Exit Sub
End Sub
```

108 Umwandlung in Kleinbuchstaben während der Eingabe

Auch das Pendant dazu wollen wir programmieren, also alles, was in Großbuchstaben geschrieben wird, wird beim Drücken der ENTER-Taste in Kleinbuchstaben umgewandelt. Die Funktion `LCase` steht für Kleinbuchstaben.

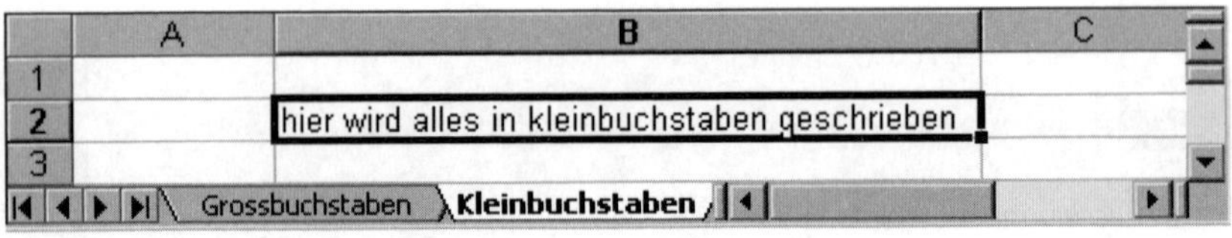

Abbildung 127: Kleinbuchstaben

Der Code wird als Ereignis-Prozedur direkt in »Tabelle2« geschrieben:

```
Private Sub Worksheet_Change(ByVal Target As Excel.Range)
   On Error GoTo Errorhandler
   Target = LCase(Target)
   Errorhandler: Exit Sub
End Sub
```

109 Jedes erste Zeichen in der Zelle groß schreiben

Wenn Sie die folgende Prozedur ausführen, wird jeweils das erste Zeichen in einer Zelle groß geschrieben. Die Prozedur wird in unserem Beispiel in ein Modul geschrieben.

In einer `For...Next`-Schleife werden alle Zellen im selektierten Bereich geprüft. Damit nicht versehentlich Formeln verändert werden, wird in der `If...Then...Else`-Entscheidung geprüft, ob der Wert, den die Variable `c` angenommen hat, eine Formel ist. Wenn dies zutrifft, wird zur Sprungmarke, d.h. vor das Ende der `For`-Schleife, gesprungen und die `For`-Schleife wird erneut durchlaufen, jedoch ohne vorher die Formel zu ändern.

Wenn der Wert der Variablen keine Formel und auch nicht leer ist, wird das erste Zeichen von links (`Left`) der Variablen `c` als Großbuchstabe der Variablen `strZeichen` übergeben. In der Variablen `strZeichen` steht nun also in Großbuchstaben das erste Zeichen der Zelle. Nun müssen wir noch die restlichen Zeichen, also die Zeichen, die rechts (`Right`) vom ersten Buchstaben stehen, mit dem Großbuchstaben in der Variablen `strZeichen` verketten. Das alles geschieht in unserer Prozedur in einer Zeile.

Danach wird der Inhalt der Variablen `strZeichen` zurück in die Zelle geschrieben.

```
Sub Erstes_Zeichen_gross()
   Dim c As Range
   Dim strZeichen As String
      For Each c In Selection
```

```
        If c.HasFormula Then
           GoTo Sprungmarke
        ElseIf c.Value <> "" Then
           strZeichen = UCase(Left(c, 1)) & Right(c, Len(c) - 1)
           c.Value = strZeichen
        End If
Sprungmarke:
      Next c
End Sub
```

110 Jedes erste Wort in der Zelle groß schreiben

Wenn Sie die folgende Prozedur ausführen, wird jedes Wort im markierten Bereich mit einem Großbuchstaben geschrieben.

Der Einfachheit halber finden Sie die Beschreibung zur Syntax direkt im Code:

```
Sub Erstes_Wort_gross()
 Dim c As Range
 Dim strSpeicher As String
 Dim strErstesZeichen As String
 Dim intStart As Integer
 Dim intPosition As Integer
 Dim strNaechstesZeichen As String
   For Each c In Selection
      If c.HasFormula = False Then      ' Formeln nicht ändern
         strSpeicher = c.Value
      If Len(strSpeicher) > 0 Then      ' Leere Zellen ausschließen

         strSpeicher = Trim(strSpeicher)' Leerzeichen am Anfang und
                                        ' am Ende entfernen
       ' Erstes Wort immer groß schreiben
        strErstesZeichen = UCase(Left(strSpeicher, 1))
        strSpeicher = strErstesZeichen & Right(strSpeicher, _
        Len(strSpeicher) - 1)

        intStart = 1
        ' Speicherwert: Anzahl Zeichen in der Zelle
        ' Nach Leerzeichen in der Zelle suchen
        ' und nächstes Zeichen groß schreiben
        intPosition = Len(strSpeicher)
           While intPosition <> 0 Or 0
               intPosition = InStr(intStart, strSpeicher, " ", _
               vbTextCompare)             ' mit VBTextCompare wird
                                         ' Text verglichen
               If intPosition <> 0 And intPosition <> _
                  Len(strSpeicher) Then
                  strNaechstesZeichen = UCase(Mid(strSpeicher, _
                  intPosition + 1, 1))
                  Mid(strSpeicher, intPosition + 1, 1) = _
                  strNaechstesZeichen
```

```
            End If
          intStart = intPosition + 1
        Wend
      End If
     c.Value = strSpeicher
      End If
   Next c
End Sub
```

111 Spaltenbreite und Zeilenhöhe in cm

Wir haben lange überlegt, ob wir dieses Thema überhaupt in das Buch aufnehmen sollen, denn die Einheit der Spaltenbreite bzw. Zeilenhöhe scheint eines der großen Rätsel von Microsoft zu sein. Da auch viele Nachforschungen zu jeweils verschiedenen Meinungen geführt haben, haben wir uns entschlossen, ein einheitliches Beispiel zu verfassen. Da dieses Thema immer wieder gefragt wird, sind wir zu dem Schluss gekommen, dass ein nicht ganz perfektes Beispiel immer noch besser ist als gar keins.

Es ist durchaus möglich, dass Sie die Berechnungen in diesem Code anpassen müssen, da auch eine Abhängigkeit zum benutzten Drucker besteht. Und dennoch, wir denken, dass dieses Beispiel eine gute Basis für einen Code ist, den Sie allenfalls noch anpassen können.

Spaltenbreite:

Wenn Sie die unten stehende Prozedur ausführen, wird die Spaltenbreite über eine Inputbox abgefragt. Darin können Sie die Zahl eingeben, die dann in cm umgerechnet wird.

Innerhalb der Prozedur geschieht nichts anderes, als dass der Wert, den Excel verwendet, umgerechnet wird in cm. Und genau hier kann es sein, dass Sie die Prozedur auf Ihren Drucker abstimmen müssen, bzw. der Divisions- und Multiplikations-Faktor muss angepasst werden.

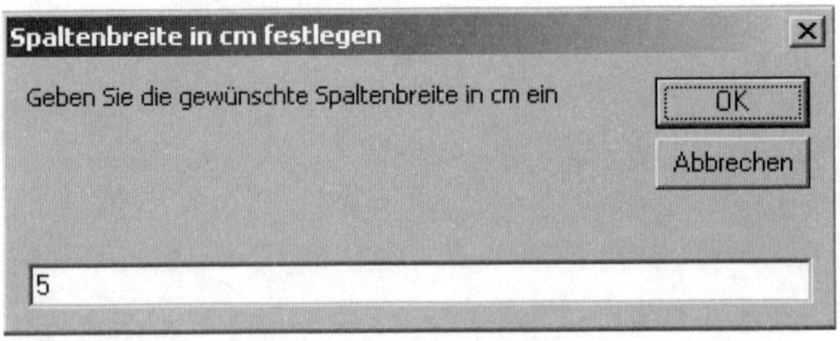

Abbildung 128: Spaltenbreite in cm festlegen

```
Sub Spaltenbreite_in_cm()
   Dim SpaltenBreite As Single
   Dim SpalteAktuell As Single
   Dim strEingabe As String
```

```
    SpalteAktuell = (Selection.ColumnWidth + 0.71) / 5.1425
    strEingabe = InputBox _
    ("Geben Sie die gewünschte Spaltenbreite in cm ein", _
       "Spaltenbreite in cm festlegen")
       If strEingabe <> "" Then
          SpaltenBreite = CSng(strEingabe)
          Selection.ColumnWidth = -0.71 + 5.1425 * SpaltenBreite
       End If
End Sub
```

Zeilenhöhe:

Wenn Sie die Prozedur ausführen, wird die Zeilenhöhe über ein Eingabefenster abgefragt. Darin können Sie die Zahl eingeben, die in cm umgerechnet wird.

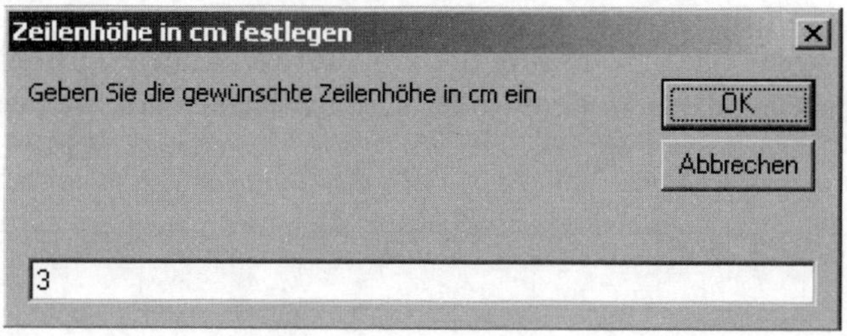

Abbildung 129: Zeilenhöhe in cm festlegen

```
Sub Zeilenhoehe_in_cm()
   Dim ZeilenHoehe As Single
   Dim ZeileAktuell As Single
   Dim strEingabe As String

   ZeileAktuell = Selection.RowHeight / 29.5
   strEingabe = InputBox _
   ("Geben Sie die gewünschte Zeilenhöhe in cm ein", _
      "Zeilenhöhe in cm festlegen")
      If strEingabe <> "" Then
         ZeilenHoehe = CSng(strEingabe)
         Selection.RowHeight = ZeilenHoehe * 29.5
      End If
End Sub
```

112 Tabellenblätter sortieren

Da in Excel keine Funktion für die Sortierung der Tabellenblätter in einer Mappe vorhanden ist, müssen wir die Tabellenblätter über einen entsprechenden VBA-Code sortieren lassen. Diesem Wermutstropfen von Excel wollen wir hier mit dem entsprechenden VBA-Code entgegenwirken.

Abbildung 130: Unsortierte Tabellenblätter

Wenn Sie die Anweisung `Option Compare Text` zu Beginn der Prozedur verwenden, spielt es keine Rolle, ob die Namen der Tabellenblätter in Groß- oder Kleinbuchstaben geschrieben sind.

```
Option Compare Text

Sub Tabellenblaetter_Sortieren()
   Dim x As Integer
   Dim i As Integer
      For i = 1 To Worksheets.Count
         For x = Worksheets.Count To 2 Step -1
            If Worksheets(x).Name < Worksheets(x - 1).Name Then _
               Worksheets(x).Move Before:=Worksheets(x - 1)
         Next x
      Next i
End Sub
```

Hinweis: Wenn Sie anstelle von `Worksheet` nur `Sheets` verwenden, dann werden die Diagramm-, Makro- und Dialogblätter etc. gleich mitsortiert.

In Abbildung 131 sehen Sie den Auszug der sortierten Tabellenblätter.

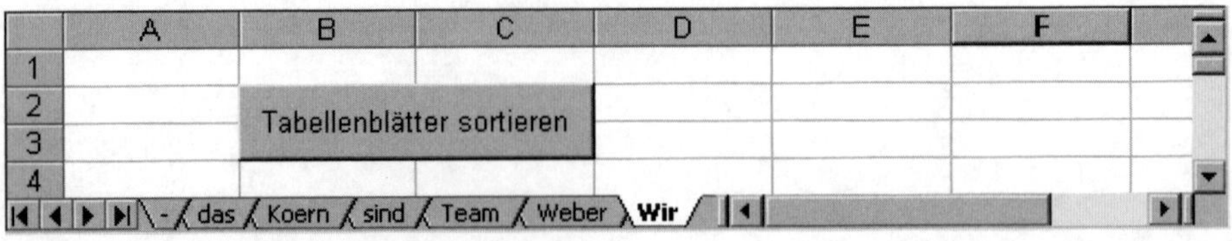

Abbildung 131: Sortierte Tabellenblätter

113 Initialen ermitteln

Im geschäftlichen Bereich wird ja viel mit Initialen statt mit ganzen Namen gearbeitet. Wenn Sie eine Liste aller Namen besitzen, können Sie daraus automatisch die Initialen ermitteln lassen.

	A	B
1	Natascha	Hauser
2	Maria	Keller
3	Carla	Klammer
4	Henry	Koller
5	Karl	Müller
6	Billi	Reich
7	Sonja	Sommer
8	Anita	Trüb
9	Monika	Tschan
10	Thomas	Vogt
11	Markus	Voller
12	René	Weiss

Abbildung 132: Liste ohne Initialen, sortiert nach Namen

In der `For...Next`-Schleife wird zuerst die Anzahl der Zeilen gezählt, die mit Werten gefüllt sind.

Danach wird über die Anweisung `Left` jeweils das erste Zeichen des Vornamens und des Nachnamens ermittelt. Diese beiden Werte werden zusammen verkettet (&) und in der Spalte C ausgegeben.

Um das Beispiel abzurunden, lassen wir die Liste nach der Spalte mit den Initialen, also der Spalte C, sortieren.

```
Sub Initialen_ermitteln()
   Dim i As Long
      For i = 1 To Cells(Rows.Count, 2).End(xlUp).Row
         Cells(i, 3) = Left(Cells(i, 1).Value, 1) & _
         Left(Cells(i, 2).Value, 1)
      Next i

   ' Sortieranweisung
   Range("A:C").Sort Key1:=Range("C:C"), Order1:=xlAscending, _
   Header:=xlGuess, OrderCustom:=1, MatchCase:=False, _
   Orientation:=xlTopToBottom
   [A1].Select
End Sub
```

	A	B	C
1	Anita	Trüb	AT
2	Billi	Reich	BR
3	Carla	Klammer	CK
4	Henry	Koller	HK
5	Karl	Müller	KM
6	Maria	Keller	MK
7	Monika	Tschan	MT
8	Markus	Voller	MV
9	Natascha	Hauser	NH
10	René	Weiss	RW
11	Sonja	Sommer	SS
12	Thomas	Vogt	TV
13			

Abbildung 133: Fertige Liste mit den Initialen – sortiert

114 Statuszeile: Bereich anzeigen

Mit der folgenden Prozedur wollen wir die Statuszeile manipulieren. Es soll laufend der Name der Mappe, des Tabellenblattes sowie des markierten Bereiches in der Statuszeile angezeigt werden (siehe Abbildung 134).

Schreiben Sie die Prozedur als Ereignis in »DieseArbeitsmappe«.

In diesem Beispiel sprechen wir die aktive Mappe nicht mit `ActiveWorkbook` an, sondern mit `Me` (mich). Das ist die kürzere Alternative.

```
Private Sub Workbook_SheetSelectionChange(ByVal Sh As Object, _
        ByVal Target As Excel.Range)
   Application.StatusBar = "Active Range: " & Me.Name & "|" & _
      Sh.Name & "|" & Target.Address
End Sub
```

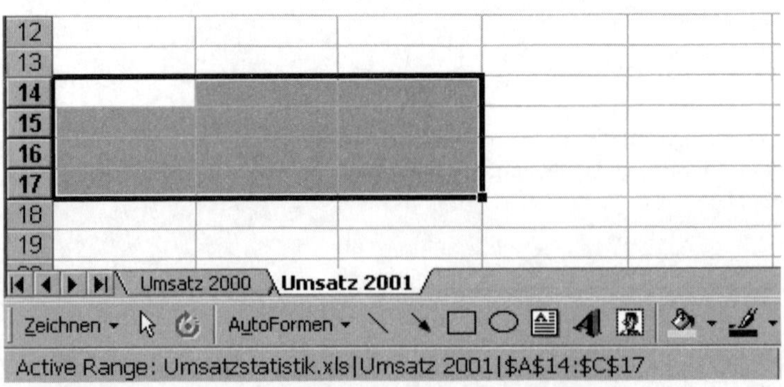

Abbildung 134: In der Statuszeile ist nun der Text sichtbar

115 DEM in EUR umrechnen

Dieses Thema wird auch in der Kategorie »Funktionen« kurz angesprochen. Hier wollen wir nun ein Programm schreiben, das alle Zahlen auf einmal von DEM in EUR umrechnen soll.

Die Zahlen sollen mittels `Round` auf zwei Nachkommastellen gerundet werden. Allen Zahlen weisen wir das benutzerdefinierte Zahlenformat € zu (`NumberFormat`).

Da die Gefahr besteht, dass die Prozedur zweimal ausgeführt werden könnte, was zu einer erneuten Berechnung führen würde, fragen wir über das Zahlenformat ab, ob die Tabelle bereits berechnet wurde. Wenn dies der Fall ist, wird eine entsprechende Meldung auf dem Bildschirm ausgegeben.

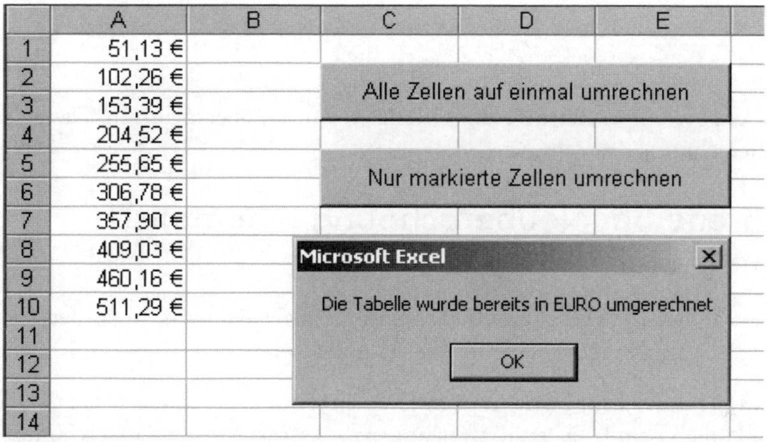

Abbildung 135: Falls die Tabelle bereits berechnet wurde, wird eine Meldung ausgegeben

In einer Schleife werden alle Zellen im benutzten Bereich abgearbeitet. In der Schleife prüfen wir über eine `If...Then...Else`-Entscheidung, ob das Zahlenformat bereits € ist. Wenn ja, wird die Prozedur abgebrochen (`Exit Sub`). Wenn nein, wird der Wert in € umgerechnet und das Zahlenformat auf € umgestellt.

```
Sub DEM_in_EUR()
   ' Alle Zahlen im Tabellenblatt umrechnen
   Dim c As Range
      For Each c In ActiveSheet.UsedRange
         If c.NumberFormat = "#,##0.00 _;[Red]-#,##0.00 _" Then
            MsgBox ("Die Tabelle wurde bereits in EURO umgerechnet")
            Exit Sub
         ElseIf IsNumeric(c) Then
            c = Round(c / 1.95583, 2)
            c.NumberFormat = "#,##0.00 _;[Red]-#,##0.00 _"
         End If
      Next c
End Sub
```

Grund-lagen
Fehler
Intern
Funk-tionen
Farben
Datum/Zeit
Auswer-tungen
Dia-gramme
Objekte
User-Form
Controls
Internet
Extern
Extra

Nun wollen wir noch eine Prozedur erstellen, bei der jeweils nur der markierte Bereich in Euro umgerechnet wird:

```
Sub DEM_in_EUR2()
    ' Nur Zahlen im markierten Bereich umrechnen
    Dim c As Range
       For Each c In Selection
          If c.NumberFormat = "#,##0.00 _;[Red]-#,##0.00 _" Then

          ElseIf IsNumeric(c) Then
             c = Round(c / 1.95583, 2)
             c.NumberFormat = "#,##0.00 _;[Red]-#,##0.00 _"
          End If
       Next c
End Sub
```

Dabei werden Zellen, die bereits das Euro-Format besitzen, einfach übersprungen. Dadurch erfolgt keine Doppelberechnung des Zellwertes.

116 Spaltenbreite bei Neuberechnung automatisch anpassen (AutoFit)

Bei den Zeilen ist es ja so, dass die Höhe jeweils automatisch angepasst wird, wenn der Text über mehrere Zeilen geht oder wenn die Schriftgröße verändert wird.

Bei den Spalten ist das nicht der Fall. Diese müssen jeweils manuell mit einem Doppelklick zwischen zwei Spaltenköpfen dem längsten Eintrag angepasst werden. Wenn Sie Berechnungen durchführen und das Ergebnis größer ist als die Zelle, werden Rauten (###) angezeigt. Dem können Sie vorbeugen, indem Sie der Tabelle eine entsprechende Ereignis-Prozedur hinterlegen.

Schreiben Sie die Prozedur in der VBA-Umgebung direkt in das entsprechende Tabellenblatt und geben Sie in Klammern ein, welche Spalten bei einer Neuberechnung automatisch angepasst werden sollen:

```
Private Sub Worksheet_Calculate()
   Columns("B:D").AutoFit
End Sub
```

Grundlagen
Fehler
Intern
Funktionen
Farben
Datum/Zeit
Auswertungen
Diagramme
Objekte
UserForm
Controls
Internet
Extern
Extra

	A	B	C	D	E
1	**Umsatzzahlen**				
2					
3		**Müller**	**Meier**	**Keller**	
4	**Januar**	€ 10.000,00	€ 20.000,00	€ 30.000,00	
5	**Februar**	€ 40.000,00	€ 50.000,00	€ 60.000,00	
6	**März**	€ 70.000,00	€ 80.000,00	€ 90.000,00	
7	**April**	€ 10.000,00	€ 20.000,00	€ 30.000,00	
8	**Mai**	€ 40.000,00	€ 50.000,00	€ 60.000,00	
9	**Juni**	€ 70.000,00	€ 80.000,00	€ 90.000,00	
10	**Juli**	€ 10.000,00	€ 20.000,00	€ 30.000,00	
11	**August**	€ 40.000,00	€ 50.000,00	€ 60.000,00	
12	**September**	€ 70.000,00	€ 80.000,00	€ 90.000,00	
13	**Oktober**	€ 10.000,00	€ 20.000,00	€ 30.000,00	
14	**November**	€ 40.000,00	€ 50.000,00	€ 60.000,00	
15	**Dezember**	€ 70.000,00	€ 80.000,00	€ 90.000,00	
16	**Total**	**€ 480.000,00**	**€ 600.000,00**	**€ 720.000,00**	
17					
18	*Die Spalten B bis D werden jeweils automatisch dem längsten Eintrag angepasst*				
19					

Abbildung 136: Spaltenbreite automatisch anpassen

117 Tabellenbereich blockieren

Wenn Sie verhindern möchten, dass in der Tabelle gescrollt werden kann, können Sie einen bestimmten Bereich Ihrer Tabelle blockieren.

Schreiben Sie die folgende Ereignis-Prozedur in »DieseArbeitsmappe«. Sie bewirkt, dass auf dem ersten Tabellenblatt der gewünschte Bereich blockiert wird. Auch die Scroll-Balken werden blockiert, es kann also nur noch innerhalb dieses Bereiches gearbeitet werden, außer wenn Sie direkt im Namensfeld eine bestimmte Zelle eingeben. Dann können Sie dort Einträge vornehmen. Leider ist diese Funktion flüchtig, so dass Sie bei jedem Öffnen der Datei diese Werte erneut setzen müssen.

```
Private Sub Workbook_Open()
   Worksheets("Tabelle1").ScrollArea = "A1:F20"
End Sub
```

Um die Blockade auf alle Tabellenblätter anzuwenden, arbeiten Sie zusätzlich mit einem Zähler:

```
Private Sub Workbook_Open()
   Dim i As Integer
      For i = 1 To Worksheets.Count
         Worksheets(i).ScrollArea = "A1:F20"
      Next i
End Sub
```

118 Koordinaten auf Doppelklick abfragen

Wenn Sie auf schnelle Weise einen bestimmten Bereich in Ihrer Tabelle markieren möchten, können Sie z.B. die Koordinaten über einen Doppelklick abfragen. In unserem Beispiel öffnet sich jeweils nach einem Doppelklick auf eine Zelle ein Eingabefenster, wo Sie die Koordinaten eingeben können.

Schreiben Sie die Ereignis-Prozedur in der VBA-Umgebung direkt hinter die gewünschte Tabelle. In unserem Beispiel verwenden wir die Tabelle1.

Mittels Fehlerbehandlung `On Error Resume Next` wird die Prozedur abgebrochen, wenn z.B. ein falscher Bereich eingegeben wurde oder wenn die ABBRECHEN-Schaltfläche angeklickt wird. Mehr zum Thema Errorhandling finden Sie in der entsprechenden Kategorie.

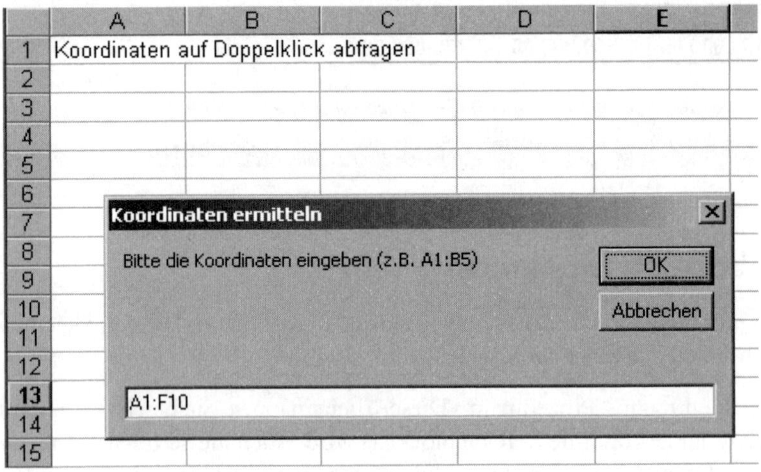

Abbildung 137: Koordinaten auf Doppelklick abfragen

```
Private Sub Worksheet_BeforeDoubleClick(ByVal _
   Target As Range, Cancel As Boolean)
   Dim rngBereich
   rngBereich = InputBox("Bitte die Koordinaten eingeben" & _
            "(z.B. A1:B5)", "Koordinaten ermitteln")
   On Error Resume Next
   Range(rngBereich).Select
End Sub
```

119 Anzahl Seitenumbrüche ermitteln

In unserer nächsten Prozedur wollen wir die Anzahl der Seiten nach unten, seitwärts und total zählen. Die gezählten Umbrüche sollen jeweils in einer Dialogbox angezeigt werden.

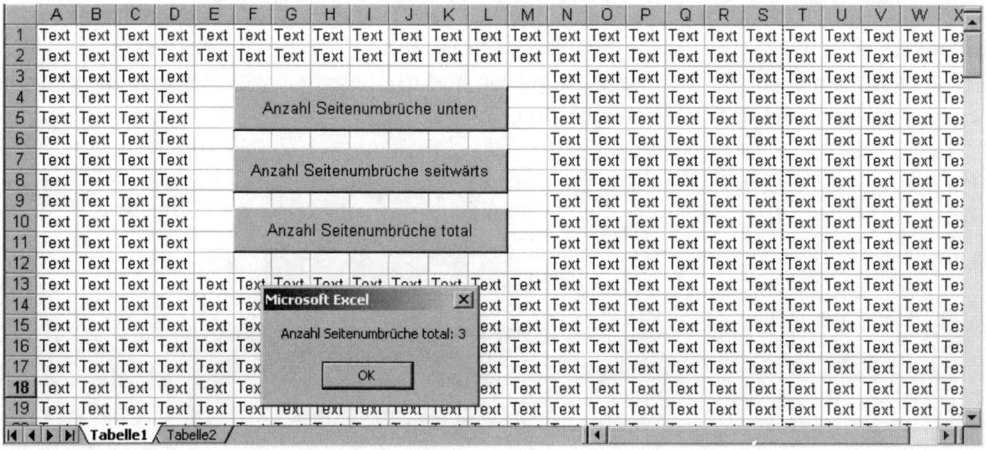

Abbildung 138: Anzahl Seitenumbrüche ermitteln

```
Sub Seitenumbrüche()
  MsgBox "Unten: " & ActiveSheet.HPageBreaks.Count & Chr(13) _
        & "Seite: " & ActiveSheet.VPageBreaks.Count
        & " Anzahl Seiten: " & (ActiveSheet.HPageBreaks.Count + 1) _
              * (ActiveSheet.VPageBreaks.Count + 1)
End Sub
```

120 Seitenumbruch mit Linie

Am Ende jeder Seite soll eine Linie eingefügt werden. In der folgenden Prozedur wird in einer `For...Next`-Schleife gezählt, wie viele Zeilen sich im benutzten Bereich `UsedRange` befinden. In der `If...Then`-Entscheidung wird jede Zeile auf einen Seitenumbruch `PageBreak` geprüft. Wenn ein Seitenumbruch gefunden wurde, wird eine Zeile oberhalb des Seitenumbruchs über 7 Zellen hinweg eine Linie gezogen.

Wenn die Prozedur beendet ist, wird eine Dialogbox »Der Vorgang ist beendet« angezeigt.

```
Sub Seitenumbruch_mit_Linie()
   Dim intAnzahl() As Integer
   Dim i As Long
      For i = 1 To ActiveSheet.UsedRange.Rows.Count
         If Rows(i).PageBreak <> xlNone Then
            Range(Cells(i - 1, 1), Cells(i - 1, 7)) _
            .Borders(xlEdgeBottom).Weight = xlThin
         End If
```

Grundlagen
Fehler
Intern
Funktionen
Farben
Datum/Zeit
Auswertungen
Diagramme
Objekte
UserForm
Controls
Internet
Extern
Extra

```
      Next
   MsgBox "Der Vorgang ist beendet", vbExclamation, "Ende"
End Sub
```

121 Einfache Suchmaschine mit Zellausgabe

In diesem Beispiel wollen wir eine einfache Suchmaschine programmieren. Über ein Eingabefenster kann ein Suchbegriff eingegeben werden und in einem Dialogfenster wird die Zelle, in der der gefundene Eintrag steht, ausgegeben.

Abbildung 139: Einfache Suchmaschine

Wir verwenden `ActiveCell.Address(False, False)`, damit in der Dialogbox nicht der absolute Bezug mit $ angezeigt wird, sondern lediglich die Zelle, also A6 und nicht $A$6.

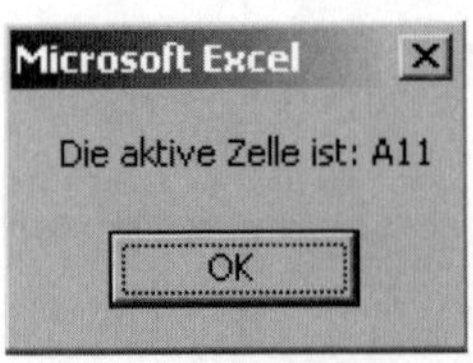

Abbildung 140: Relative Zellausgabe

Die Fehlerbehandlung wird eingesetzt, falls der Suchbegriff nicht gefunden wird. Es wird dann eine entsprechende Meldung angezeigt.

```
Sub Suchmaschine_mit_Zellausgabe()
   Dim strSuchen As Variant
   strSuchen = Application.InputBox _
            ("Bitte den Suchbegriff eingeben")
      If strSuchen = False Then
         Exit Sub
      Else
         On Error GoTo Errorhandler
         Cells.Find(What:=strSuchen).Activate
         MsgBox "Suchbegriff gefunden in: " & ActiveCell.Address _
           (False, False)
         Exit Sub
      End If
Errorhandler:
   MsgBox ("Suchbegriff nicht gefunden")
End Sub
```

122 Tabelle mit Passwortabfrage (3 Versuche)

Die Tabelle soll beim Eintritt durch ein Passwort gesichert werden. Es sind drei Versuche möglich. Bei jeder falschen Eingabe wird ein neues Eingabefenster geöffnet, das anzeigt, wie viele Versuche noch möglich sind. Wenn diese drei Versuche fehlschlagen, wird die Mappe geschlossen.

Wenn der Versuch glückt, wird das gewünschte Tabellenblatt sichtbar, vorher begnügen wir uns mit dem Anmelde-Bildschirm.

Das Tabellenblatt mit der Anmeldung wird ausgeblendet, sobald man Zugang zur Tabelle erhält, dafür wird dann das Datenblatt eingeblendet.

Abbildung 141: Begrüßungsbildschirm mit Passwortabfrage

Nun zu unserer Prozedur. Die ganze Prozedur wird als Ereignis in »DieseArbeitsmappe« geschrieben, damit sie gleich beim Öffnen der Tabelle ausgeführt wird.

Zu Beginn wird das Blatt mit dem Anzeige-Bildschirm (Intro) eingeblendet und selektiert. Damit das Ganze etwas schöner aussieht, werden die Zeilen- und Spaltenköpfe ausgeblendet (`DisplayHeadings`). Auch die Tabellenreiter (`DisplayWorkbookTabs`) werden ausgeblendet.

Danach wird die Variable mit dem Rückwärtszähler für die Anzahl Versuche definiert. Über ein Eingabefenster wird zur Passworteingabe aufgefordert. Man sollte natürlich im Eingabefenster darauf verzichten, das Passwort gleich mit anzugeben. Dies ist nur für unser Beispiel gut.

Über eine `If...Then...Else`-Entscheidung wird nun das Passwort geprüft. Wenn das richtige Passwort eingegeben wurde, wird das Tabellenblatt mit dem Anmelde-Bildschirm ausgeblendet und das Tabellenblatt »Daten« eingeblendet. Die Spalten- und Zeilenköpfe sowie die Tabellenreiter werden wieder sichtbar gemacht.

Wenn die Eingabe fehlschlägt, wird ein neues Eingabefenster aufgerufen. Es steht in einer `For...Next`-Schleife, die nur dreimal ausgeführt wird. Das heißt, dass man drei Versuche hat. Bei jedem dieser Versuche wird ein Eingabefenster angezeigt.

Abbildung 142: Passwortabfrage 2. Versuch

Die Variable `bytVersuche` wird bei jedem Fehlschlag um 1 reduziert. So kann im Eingabefenster jeweils angezeigt werden, wie viele Versuche noch bleiben. Wenn alle Versuche fehlschlagen, wird die Mappe ohne Rückfrage (`DisplayAlerts = False`) geschlossen. Es wird vorher noch eine Dialogbox angezeigt, die aussagt, dass 3 Fehlversuche stattgefunden haben und dass die Mappe nun geschlossen wird.

```
Private Sub Workbook_Open()
   Dim i As Long
   Dim bytVersuche As Long
   Dim strBName As String

   ' Eintrittsbildschirm anzeigen
   Worksheets("Intro").Visible = True
   Worksheets("Intro").Select

   ' Zeilen-/Spaltenbezeichnungen ausblenden
   ActiveWindow.DisplayHeadings = False
```

```
    ' Tabellenreiter ausblenden
    ActiveWindow.DisplayWorkbookTabs = False

    bytVersuche = 2     ' Rückwärts-Zähler für Versuche

    strBName = InputBox("Bitte das Passwort eingeben" & Chr(13) & _
                   "(Das Passwort ist ""Hallo"")")
       If strBName = "Hallo" Then
          Worksheets("Intro").Visible = False
          Worksheets("Daten").Visible = True
          ActiveWindow.DisplayHeadings = True
          ActiveWindow.DisplayWorkbookTabs = True
          Exit Sub
       Else
          For i = 1 To 3   ' Anzahl möglicher Versuche
          strBName = InputBox("Noch " & bytVersuche & " Versuche", _
             & "Passwort-Eingabe")
             If strBName = "Hallo" Then
                Worksheets("Intro").Visible = False
                Worksheets("Daten").Visible = True
                ActiveWindow.DisplayWorkbookTabs = True
                Exit Sub
             ElseIf strBName <> "Hallo" Then

                ' Zähler für Versuche = rückwärtszählen
                bytVersuche = bytVersuche - 1
                   If bytVersuche = 0 Then
                      MsgBox ("3 Fehlversuche, die Mappe wird " & _
                               "geschlossen")
                      ThisWorkbook.Saved = True
                      ThisWorkbook.Close
                   End If
                End If
             Next i
          End If
 End Sub
```

Es gibt bei der ganzen Sache leider zwei Nachteile. Der Erste ist, dass man die Kennworteingabe sieht, d.h., es werden im Eingabefenster nicht bloß Sternchen angezeigt, so wie das bei einer Passworteingabe üblich ist, sondern man kann das Passwort lesen. Der zweite Nachteil ist, wenn die Makros deaktiviert werden, gelangt man in die Mappe, als wäre sie gar nicht geschützt. Beide Probleme werden mit einem Beispiel in der Kategorie »UserForm« gelöst.

123 Alle Formeln schützen

Mit der folgenden Prozedur können sämtliche Zellen in einer Mappe, die Formeln enthalten, geschützt werden.

Wir arbeiten mit einer Schleife, die die Tabellenblätter zählt und so eins nach dem andern abarbeitet.

Zuerst muss ein eventuell vorhandener Blattschutz aufgehoben werden, denn wenn ein Blatt nicht geschützt ist, ist jeder Zellschutz unwirksam. Der Blattschutz wird vor dem Ende der Schleife wieder aktiviert.

Da die Zellen standardmäßig geschützt sind, müssen wir den Schutz zuerst auf `False` setzen, um ihn aufzuheben.

Für den Fall, dass keine Formeln in der Mappe enthalten sind, müssen wir einen Errorhandler einbauen, der eine Dialogbox mit der entsprechenden Meldung auslöst.

Die Zellen mit den Formeln werden selektiert und geschützt. Zudem werden sie rot eingefärbt, damit man sie besser erkennen kann.

```
Sub Formeln_schuetzen()
   Dim i As Long
   Dim WS As Worksheet
   On Error Resume Next
      For Each WS In ActiveWorkbook.Worksheets
         WS.Unprotect
         WS.Cells.Locked = False
         With WS.Cells.SpecialCells(xlCellTypeFormulas)
            .Locked = True
            .Interior.ColorIndex = 3
         WS.Protect
         End With
      Next WS
End Sub
```

124 Ein Tabellenblatt schützen

In Excel können Sie die Tabellenblätter schützen, so dass ein Anwender nicht versehentlich Daten überschreiben kann.

Es werden die Zellen geschützt, denen ein Schutz hinterlegt ist. Standardmäßig sind in Excel alle Zellen geschützt. Der Schutz wird jedoch erst aktiv, wenn das Blatt geschützt wird. Wenn Sie einzelne Zellen von dem Schutz ausschließen können, klicken Sie auf den Menüpunkt FORMAT | ZELLEN, Registerkarte `Schutz`, und deaktivieren dort `Gesperrt`.

Um das aktive Blatt zu schützen (`Protect`), verwenden Sie folgenden Code:

```
Sub Blatt_schuetzen()
   ActiveSheet.Protect
End Sub
```

Um den Schutz aufzuheben, verwenden Sie `Unprotect`:

```
Sub Blattschutz_aufheben()
   ActiveSheet.Unprotect
End Sub
```

125 Alle Tabellenblätter schützen

Man kann nur Blatt für Blatt den Blattschutz aktivieren bzw. aufheben, das bedeutet, dass Sie jedes einzelne Tabellenblatt anklicken und dann den Menüpunkt EXTRAS | SCHUTZ | BLATT SCHÜTZEN anklicken müssen, um alle Blätter zu schützen. Wenn Sie viele Blätter in einer Mappe haben, ist das recht umständlich.

Mit einem VBA-Code lassen sich alle Blätter in einem Durchgang schützen:

```
Sub Blaetter_schuetzen()
   Dim WS As Worksheet
      For Each WS In Worksheets
         WS.Protect
      Next WS
End Sub
```

Um den Blattschutz aufzuheben, verwenden Sie die Methode Unprotect:

```
Sub Blaetterschutz_aufheben()
   Dim WS As Worksheet
      For Each WS In Worksheets
         WS.Unprotect
      Next WS
End Sub
```

Sie können der Prozedur auch gleich ein Passwort mitliefern:

```
Sub Blaetter_schuetzen_mit_Passwort()
   Dim WS As Worksheet
      For Each WS In Worksheets
         WS.Protect Password:="xxx"
      Next WS
End Sub
```

```
Sub Blattschutz_aufheben_mit_Passwort()
   Dim WS As Worksheet
      For Each WS In Worksheets
         WS.Unprotect Password:="xxx"
      Next WS
End Sub
```

126 Blattschutz nur für einen Benutzer aufheben

Wenn Sie erreichen wollen, dass nur Sie selbst oder ein bestimmter Benutzer in der Lage ist, den Blattschutz aufzuheben, können Sie den Benutzernamen `UserName` abfragen, der in EXTRAS | OPTIONEN eingetragen ist.

```
Sub Blattschutz_aufheben_User()
    If Application.UserName = "Felix Muster" Then
        ActiveSheet.Unprotect Password:="xxx"
    Else: MsgBox "Sie haben nicht die Berechtigung," & Chr(10) & _
                 "den Blattschutz aufzuheben", vbCritical, "Meldung"
    End If
End Sub

Sub Blatt_schuetzen2()
 ActiveSheet.Protect Password:="xxx"
End Sub
```

127 Benannte Bereiche ermitteln

Mit der folgenden Prozedur können Sie alle benannten Bereiche einer Mappe ermitteln und diese mit Namen und Positionen in einer Dialogbox ausgeben.

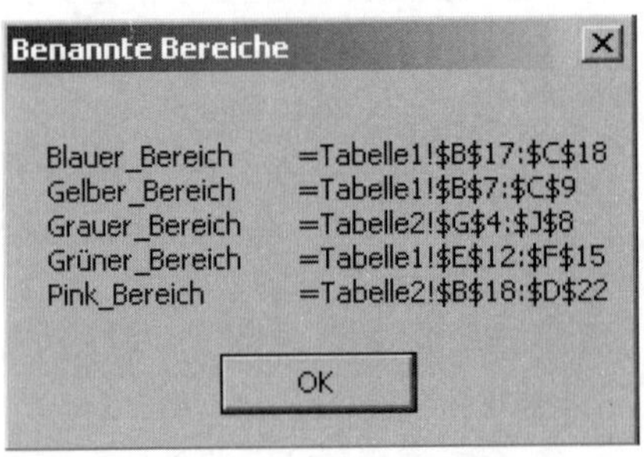

Abbildung 143: Ausgabe der benannten Bereiche

In der Prozedur werden die benannten Bereiche (`Names`) gezählt. Die gefundenen Bereiche der ganzen Mappe werden an die Variable `strName` übergeben.

Wenn die Schleifen fertig durchlaufen sind, wird geprüft, ob Einträge gefunden wurden bzw. ob sich die Variable strNamen gefüllt hat. Je nachdem wird eine entsprechende Dialogbox angezeigt.

```
Sub Benannte_Bereiche_ausgeben()
   Dim i As Integer
   Dim strName As String
      For i = 1 To Names.Count
        strName = strName & Chr(13) & _
        ActiveWorkbook.Names(i).Name & Chr(9) & Names(i)
      Next i
      If strName = "" Then
         MsgBox "Keine benannten Bereiche gefunden"
      Else: MsgBox strName, , "Benannte Bereiche"
      End If
End Sub
```

128 Bereiche automatisch benennen

Wenn Sie gleiche Bereiche mit fortlaufender Nummerierung benennen wollen, können Sie dies automatisieren.

In der folgenden Prozedur werden in der Tabelle1 55 Namen vergeben, jeweils im Bereich von A1:H1, A2:H2. Die Namen werden hinzugefügt (Add), wobei der Name gleich mitgeliefert wird. Er beginnt mit dem String »Codebook«, der mit der Variablen i verkettet wird. Bei diesem Vorgang wird auch gleich das Zahlenformat mitgeliefert (_00).

Die Variable i wird gleich nochmals verwendet, nämlich in Bezug auf die Zellen, denen die Namen zugewiesen werden sollen.

```
Sub Namen_automatisch_vergeben()
   Dim i As Integer
      For i = 1 To 55
         ActiveWorkbook.Names.Add "Codebook" & Format(i, "_00"), _
         RefersTo:="=Tabelle1!$A$" & i & ":$H$" & i
      Next i
End Sub
```

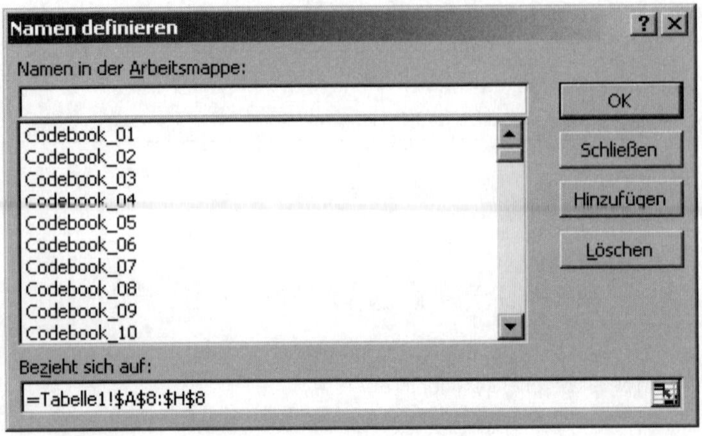

Abbildung 144: Automatisch benannte Bereiche

129 Benannte Bereiche löschen

Mit der folgenden Prozedur können sämtliche benannte Bereiche in der Mappe gelöscht werden.

Es wird mit einer Schleife gearbeitet, die zuerst die benannten Bereiche zählt. Bei Durchlauf der Schleife werden die benannten Bereiche nacheinander gelöscht.

Die Fehlerbehandlung haben wir dazu »missbraucht«, das Ende der Prozedur anzuzeigen.

```
Sub Namen_loeschen()
   Dim i As Integer
      For i = Names.Count To 1 Step -1
         ActiveWorkbook.Names(i).Delete
      Next i
End Sub
```

Alternativ können Sie auch diesen Code verwenden. In diesem Code werden alle benannten Bereiche der Arbeitsmappe gelöscht. Besonders auffallend ist, dass immer der erste Name gelöscht wird.

```
Sub Namen_loeschen2()
   Do While ActiveWorkbook.Names.Count > 0
      ActiveWorkbook.Names(1).Delete
   Loop
   MsgBox "Alle Namen wurden gelöscht"
End Sub
```

130 Mit Namen rechnen

Jeder kennt die Möglichkeit, mit benannten Zellen zu rechnen. Aber man kann damit noch viel mehr machen, nämlich direkt rechnen. Hier sind die Erläuterungen zu diesen Rechenbeispielen.

Wie Sie Zellen und Bereiche benennen können, dürften Sie bereits schon lange wissen. Deshalb hier nur kurz den Weg zur Erinnerung: Menü EINFÜGEN | NAME | DEFINIEREN... Hier können auch manuell die Namen bzw. benannten Bereiche gelöscht werden.

Es kommen folgende Namen zur Anwendung:

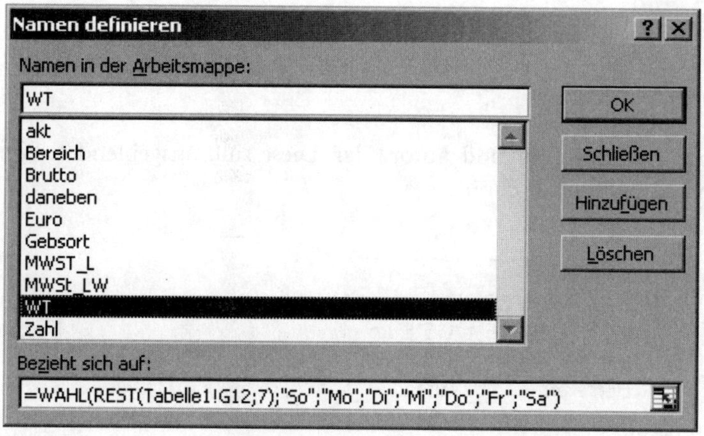

Abbildung 145: Die benutzten Namen

In der Abbildung 145 sind sie leider alphabetisch angeordnet, aber das soll uns nicht weiter stören.

Die einfachste Form der Anwendung von benannten Bereichen ist, einen Zellwert ohne Kenntnis der Zelladresse mehrmals zu benutzen. Das Gleiche gilt auch für Zellbereiche. Namen können in der Arbeitsmappe nur einmal vorkommen und in der ganzen Arbeitsmappe benutzt werden. Sie werden feststellen, dass wir immer wieder bei Beispielen diese verwenden werden und teilweise sogar müssen.

Bei den benannten Bereichen wird generell die absolute Zelladressierung benutzt. Nur so ist sichergestellt, dass immer die definierte Zelle, der definierte Zellbereich gemeint ist. Mit diesen Namen kann man ganz einfach rechnen, wie Sie im nächsten Bild sehen werden.

Dass man auch konstante Werte in einem Namen unterbringen kann, ohne eine Zelle benutzen zu müssen, wissen bereits viele nicht mehr. Es wird einfach bei der Definition des Namens anstatt der Zelladresse ein fester Wert definiert. Dies ist im Beispiel unter anderem beim Namen »Euro« der Fall. Hier wird bei »bezieht sich auf« einfach der Umrechnungsfaktor von 1,95583 eingegeben.

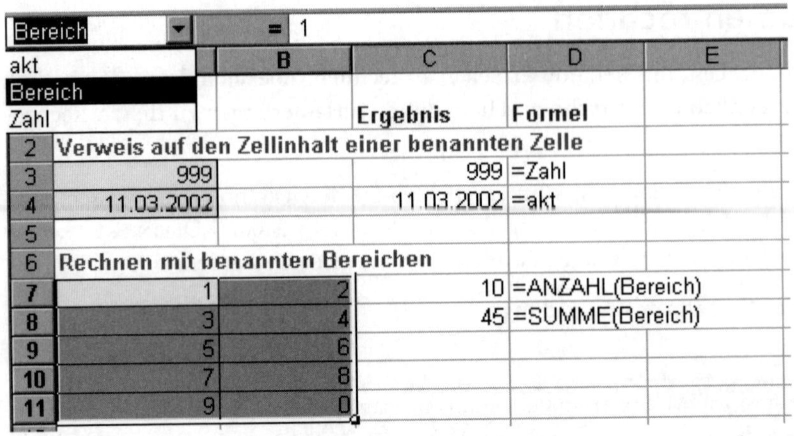

Abbildung 146: Benannte Zellen, Zellbereiche

Einen Sonderfall stellen die Namen Autor1 und Autor2 dar. Diese sind ausgeblendet. Wie dies geht, erfahren Sie im nächsten Buchabschnitt.

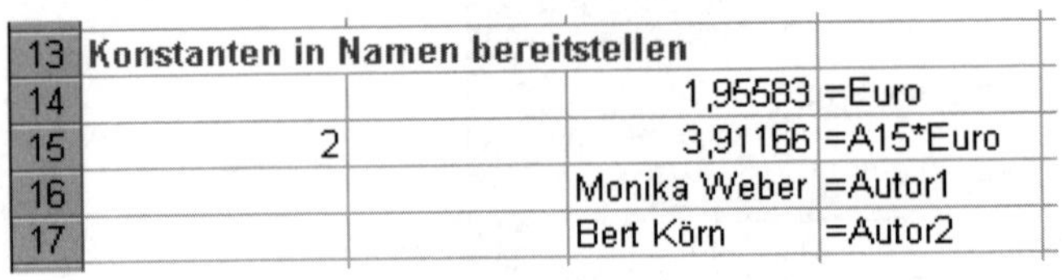

Abbildung 147: Konstante Werte

Sie sehen in Zeile 15 (siehe Abbildung 147), wie mit dem Eurofaktor gerechnet werden kann, ohne den Umrechnungskurs auswendig gelernt zu haben.

Mit den Werten aus angrenzenden Zellen zu rechnen, setzt voraus, dass die Zelladressierung relativ, ohne die Dollarzeichen, erfolgt. Es wird quasi für jede Zelle eine andere Zelle als Zielzelle angenommen. Dieser Trick ist aber auf die aktuelle Tabelle beschränkt, da bei der Adressierung zwingend ein Tabellenblatt angegeben werden muss.

Selektierte Zelle	Zelle im Namen
B1	= Tabelle1!A1
C2	= Tabelle1!B2

Tabelle 28: Relative Namen und die Zellen

Diese Variante ist weniger sinnvoll bei Bereichen.

19	**Mit Zellinhalten von angrenzenden Zellen rechnen**				
20	123	5	128	=daneben	
21		1.000,00 €	1.160,00 €	=MWST_L	
22		1.000,00 €	862,07 €	=Brutto	
23		1.000,00 €	137,93 €	=MWSt_LW	
24					
25		05.09.1968	0905	=Gebsort	Sortieren sie den eingerahmten Bereich
26		14.08.1963	0814	=Gebsort	nach der SpalteC
27		01.01.1999	0101	=Gebsort	
28		24.12.2002	1224	=Gebsort	
29		11.03.2002	0311	=Gebsort	

Abbildung 148: Rechnen mit angrenzenden Zellen

Die Beispiele rund um die Mehrwertsteuer benutzen immer die Zelle links von der Formel als Berechnungsgrundlage, genauso der Name »Gebsort«. Es sind einfache Formeln, die sich hinter diesen Namen verbergen, aber man hat den Vorteil, sie nicht immer tippen zu müssen. Schauen Sie sich die Formeln der Namen einfach genauer in der Beispieldatei an.

Das wohl sinnvollste Beispiel ist der Name »Gebsort«, der folgende Formel bezogen auf die Zelle B1 enthält:

=TEXT(Tabelle1!A1;"MMTT")

Nach dieser Spalte lässt sich anschließend prima eine Geburtstagsliste nach Datum ohne Jahr sortieren.

Das umfangreichste Beispiel enthält eine Variante der Wochentagsermittlung, die einen festen Wochentag ausgibt, der in weiteren Bearbeitungsschritten ausgewertet werden kann. Bei formatierten Zellen geht das nicht immer so einfach wie mit dieser Lösung.

31	**Komplizierte Formeln auslagern**			
32		11.03.2002	Mo	=WT

Abbildung 149: Umfangreiche Formel im Namen

Diese Formel bezogen auf die Zelle B1 ermöglicht in einem normalen Tabellenblatt die Wochentagsberechnung.

=WAHL(REST(Tabelle1!A1;7);"So";"Mo";"Di";"Mi";"Do";"Fr";"Sa")

Dieser Lösungsweg funktioniert nicht bei 1904-Datumswerten, da hier der Tag Null anders definiert ist und nicht zufälligerweise auf einen Sonntag fällt. Hier muss die Formel angepasst werden auf

=WAHL(REST(Tabelle1!A1;7);"Sa";"So";"Mo";"Di";"Mi";"Do";"Fr")

Insgesamt haben Formeln in Namen einen wichtigen Vorteil: Es werden dem Excel-Benutzer erweiterte Funktionen zur Verfügung gestellt, ohne dass beim Öffnen der Datei eine Makrowarnung ausgelöst wird.

131 Namen ausblenden

Wie bereits im vorhergehenden Abschnitt angedeutet, kann man diese Namen auch verbergen. Dies geht nur über VBA-Funktionalitäten. Sinnvoll kann dies sein, wenn Sie konstante Umrechnungsfaktoren vor den Augen Dritter verschleiern wollen. Falls Sie diese Werte irgendwann verändern wollen, gehen Sie einfach hin und überschreiben im Editor »Namen definieren« die Namen mitsamt den Werten.

```
Sub NameVerbergen()
  For i = 1 To 2
    ActiveWorkbook.Names("Autor" & i).Visible = False
  Next
End Sub
```

Es wurden die Namen Autor1 und Autor2 verborgen. Dennoch können Sie in jedem Tabellenblatt der Arbeitsmappe durch Eingabe von =Autor1 bzw. =Autor2 unsere Autorennamen erhalten.

132 Kommentar einfügen

Es soll ein einfacher Kommentar in die aktive Zelle eingefügt werden. Die folgende Prozedur tut genau das und enthält zudem eine Fehlerbehandlung, die eine Meldung ausgibt, falls die Zelle bereits einen Kommentar hat.

Die `With`-Anweisung nimmt Bezug auf die aktive Zelle. Darin wird der Kommentar hinzugefügt (`AddComment`). Er wird sichtbar gemacht (`Visible = True`) und es wird ihm ein Text zugewiesen.

```
Sub Kommentar_einfuegen()
   On Error GoTo Errorhandler
      With ActiveCell
          .AddComment
          .Comment.Visible = True
          .Comment.Text Text:="Hallo, das ist ein Kommentar"
      End With
   Exit Sub
Errorhandler:
   MsgBox "Diese Zelle enthält bereits einen Kommentar"
End Sub
```

Kommentar in ein Eingabefenster eingeben:

```
Sub Kommentar_einfuegen_InputBox()
   On Error GoTo Errorhandler
   Dim strText As String
   strText = InputBox("Bitte den Kommentar eingeben")
```

```
      With ActiveCell
         .AddComment
         .Comment.Visible = True
         .Comment.Text Text:=strText
      End With
   Exit Sub
Errorhandler:
   MsgBox "Diese Zelle enthält bereits einen Kommentar"
End Sub
```

133 Kommentar mit Benutzername, Datum und Uhrzeit

Um zurückverfolgen zu können, wer den Kommentar erstellt hat und wann, kann es sinnvoll sein, dem Kommentar die entsprechenden Informationen gleich mitzuliefern.

Für den Fall, dass bereits ein Kommentar in dieser Zelle vorhanden ist, wird zu Beginn der Prozedur der Befehl `ActiveCell.ClearComments` eingesetzt, der den Kommentar entfernen würde.

Die Größe des Kommentarfeldes automatisch angepasst (`AutoSize=True`).

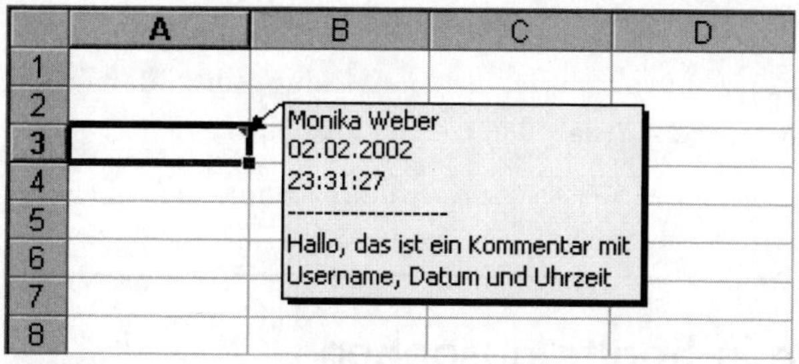

Abbildung 150: UserName, Datum und Zeit

```
Sub Kommentar_mit_DatumZeit()
   ActiveCell.ClearComments
      With ActiveCell
         .AddComment
         .Comment.Visible = True
         .Comment.Text Text:="Monika Weber" & Chr(10) & _
            Date & Chr(10) & Time & Chr(10) & _
            "-------------------" & Chr(10) & _
            "Hallo, das ist ein Kommentar mit" & Chr(10) & _
            "Username, Datum und Uhrzeit"
         .Comment.Shape.TextFrame.AutoSize = True
      End With
End Sub
```

134 Zellinhalt in Kommentar aufnehmen

Sie können den Text, den Sie in den Kommentar aufnehmen wollen, auch in die Zelle schreiben und dann die Prozedur starten, die den Zellinhalt in den Kommentar aufnimmt.

Wenn Sie mit mehreren Zeilen arbeiten, drücken Sie für den Zeilenumbruch die Tastenkombination [Alt]+[Enter].

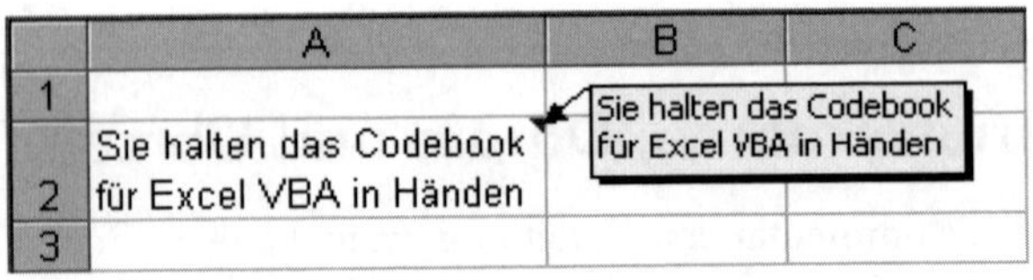

Abbildung 151: Kommentar enthält Zellinhalt

```
Sub Zellinhalt_in_Kommentar_aufnehmen()
   Dim strTemp As String
   strTemp = ActiveCell.Value
   ActiveCell.ClearComments
      With ActiveCell
        .AddComment
        .Comment.Visible = True
        .Comment.Text Text:=strTemp
        .Comment.Shape.TextFrame.AutoSize = True
      End With
    Exit Sub
End Sub
```

135 Kommentarinhalte in Spalte ausgeben

Im vorigen Beispiel wurde der Zellinhalt in den Kommentar aufgenommen. In diesem Beispiel geschieht das Gegenteil. Der Inhalt der Kommentar-Box wird in die Zelle rechts neben dem Kommentar geschrieben.

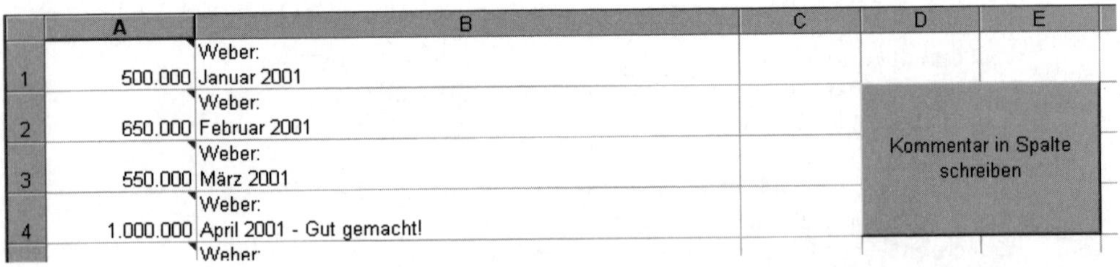

Abbildung 152: Alle Kommentar-Inhalte rechts neben kommentierte Zelle einfügen

In einer Schleife wird der gesamte benutzte Bereich abgearbeitet, indem nach und nach jede Zelle `c` angesprochen wird. Der Variablem `temp` wird der Kommentar-Text (`Comment.Text`) der aktuellen Zelle übergeben. In der `If`-Entscheidung wird geprüft, ob die Variable `temp` einen

Wert angenommen hat. Wenn dies zutrifft, wird der Wert in die Nebenzelle geschrieben (`Offset(0, 1)`). Danach wird die Variable `temp` geleert (`""`).

Der Einfachheit halber haben wir als Fehlerbehandlung ein »On Error Resume Next« eingebaut.

```
Sub Kommentar_in_Spalte_ausgeben()
   Dim c As Range
   Dim temp As String
   On Error Resume Next
      For Each c In ActiveSheet.UsedRange
         temp = c.Comment.Text
         If temp <> "" Then
            c.Offset(0, 1).Value = temp
            temp = ""
         End If
      Next c
End Sub
```

136 Kommentar ergänzen

Sie können bestehende Kommentare um weitere Zeilen ergänzen. In der folgenden Prozedur wird der bestehende Wert des Kommentarfeldes einer Variablen übergeben. Der neue Wert wird über ein Eingabefenster abgefragt und ebenfalls einer Variablen übergeben. Diese beiden Werte werden verkettet und in den Kommentar zurückgeschrieben.

```
Sub Kommentare_ergaenzen()
   Dim strTemp As String
   Dim strNeu As String
   On Error GoTo Errorhandler
   strTemp = ActiveCell.Comment.Text & Chr(10)
   strNeu = InputBox("Neuen Text hinzufügen")
      With ActiveCell.Comment
         .Text strTemp & strNeu
         .Shape.TextFrame.AutoSize = True
      End With
   Exit Sub
Errorhandler:
   MsgBox "Diese Zelle enthält keinen Kommentar"
End Sub
```

Die nächste Prozedur ergänzt einen bestehenden Kommentar um den Wert, der in ein Eingabefenster eingegeben wird. Zudem wird gleich das Datum und die Uhrzeit der Änderung mitgeliefert:

Abbildung 153: Kommentar ergänzen

```
Sub Kommentare_ergaenzen_mit_Datum()
   Dim strTemp As String
   Dim strNeu As String
   On Error GoTo Errorhandler

   strTemp = ActiveCell.Comment.Text & Chr(10)
   strNeu = InputBox("Neuen Text hinzufügen")
   ActiveCell.Comment.Text strTemp & strNeu & Chr(10) & _
                          "Ergänzt am: " & Date & " " & Time _
                          & Chr(10) & "--------------------"

   ActiveCell.Comment.Shape.TextFrame.AutoSize = True
   Exit Sub
Errorhandler:
   MsgBox "Diese Zelle enthält keinen Kommentar"
End Sub
```

Sie können einen bestehenden Kommentar um Benutzernamen, Datum und Zeit ergänzen. `Application.UserName` steht für den Office-Benutzernamen, der unter EXTRAS | OPTIONEN festgelegt wird.

```
Sub Kommentare_Username_Datum_Zeit()
   Dim strTemp As String
   Dim strSysInfo As String
   Dim Kmt As Comment
   On Error GoTo Errorhandler

   Set Kmt = ActiveCell.Comment

   strTemp = Kmt.Text & Chr(10)
   strSysInfo = Application.UserName & Chr(10) & _
             Date & Chr(10) & Time & Chr(10) & _
             "--------------------" & Chr(10)
     With Kmt
        .Text strSysInfo & strTemp
```

```
        .Shape.TextFrame.AutoSize = True
      End With
    Exit Sub
Errorhandler:
   MsgBox "Diese Zelle enthält keinen Kommentar"
End Sub
```

Um den Namen des am Computer angemeldeten Benutzers auszugeben, verwenden Sie Environ("UserName"):

```
Sub Kommentare_Username_Datum_Zeit()
   Dim strTemp As String
   Dim strSysInfo As String
   Dim Kmt As Comment
   On Error GoTo Errorhandler

   Set Kmt = ActiveCell.Comment

   strTemp = Kmt.Text & Chr(10)
   strSysInfo = Environ("UserName") & Chr(10) & _
                Date & Chr(10) & Time & Chr(10) & _
                "--------------------" & Chr(10)
     With Kmt
        .Text strSysInfo & strTemp
        .Shape.TextFrame.AutoSize = True
     End With
   Exit Sub
Errorhandler:
   MsgBox "Diese Zelle enthält keinen Kommentar"
End Sub
```

137 Kommentar löschen

Um nur den Kommentar der aktiven Zelle zu löschen, verwenden Sie die folgende Prozedur:

```
Sub Kommentar_loeschen()
   ActiveCell.ClearComments
End Sub

Sub Alle_Kommentare_loeschen_AktivesBlatt()
   ActiveSheet.Cells.SpecialCells(xlCellTypeComments).ClearComments
End Sub
```

Um sämtliche Kommentare der Mappe zu entfernen, zählen Sie zuerst die Tabellenblätter und binden dann die Schleife ein:

```
Sub Alle_Kommentare_loeschen_Mappe()
   Dim i As Integer
      For i = 1 To Worksheets.Count
         Sheets(i).Cells.ClearComments
      Next i
End Sub
```

138 Kommentar formatieren

Sie können die Hintergrundfarbe eines Kommentars und auch den Text verändern.

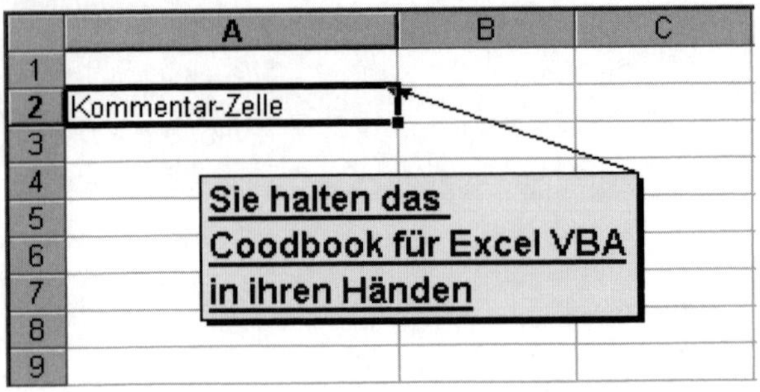

Abbildung 154: Formatierter Kommentar

Eine Fehlerbehandlung warnt Sie, wenn die Zelle keinen Kommentar enthält.

Folgende Prozedur verändert die Hintergrund-Farbe:

```
Sub Kommentar_Hintergrund()
   On Error GoTo Errorhandler
      With ActiveCell.Comment.Shape.Fill
         .ForeColor.SchemeColor = 43
         .Visible = msoTrue
         .Solid
      End With
     Exit Sub
Errorhandler:
   MsgBox "Diese Zelle enthält keinen Kommentar"
End Sub
```

Die Prozedur auf alle Kommentare der Mappe anwenden:

```
Sub Kommentar_Hintergrund_Alle()
   Dim Com As Comment
   Dim WS As Worksheet
      For Each WS In ActiveWorkbook.Worksheets
         For Each Com In WS.Comments
            With Com.Shape.Fill
```

```
            .ForeColor.SchemeColor = 41
            .Visible = msoTrue
            .Solid
         End With
      Next Com
   Next WS
End Sub
```

Folgende Prozedur verändert die Schrift:

```
Sub Kommentar_Schrift()
   On Error GoTo Errorhandler
      With ActiveCell.Comment.Shape.TextFrame.Characters.Font
         .Name = "Arial"
         .Size = 12
         .ColorIndex = 5
         .Bold = True
         .Underline = True
      End With
   Exit Sub
Errorhandler:
   MsgBox "Diese Zelle enthält keinen Kommentar"
End Sub
```

139 Kommentare in die Tabelle schreiben

Um die Kommentare auf einem Tabellenblatt übersichtlich mit Angabe der Position auszugeben (siehe Abbildung 155), verwenden Sie den folgenden Code:

```
Sub Kommentare_ausgeben()
   Dim Com As Comment
   Dim WS As Worksheet
   Dim i As Integer
   Sheets(1).Activate
   i = 1
      For Each WS In ActiveWorkbook.Worksheets
         For Each Com In Worksheets(WS.Name).Comments
            Cells(i, 1).Value = Com.Text
            Cells(i, 2).Value = WS.Name & "   " & _
               Com.Parent.Address(False, False)
            i = i + 1
         Next Com
      Next WS
   Sheets(1).Range("A1:B100").Columns.AutoFit
End Sub
```

	A	B	
1	Falsche Artikelnummer!	Tabelle1	B11
2	Zu wenig Umsatz!	Tabelle1	C27
3	Termin unbedingt einhalten!	Tabelle2	B15
4	Messebesuch in Hannover	Tabelle3	E26
5	Monatsliste prüfen	Tabelle4	C28
6			

Abbildung 155: Ausgabe in Tabelle

140 Tastenkombinationen programmieren

Wie Sie sicherlich wissen, stehen in Excel jede Menge Tastenkombinationen zur Verfügung, z.B. steht `Strg`+`C` für Kopieren, `Strg`+`V` für Einfügen etc.

Sie können eine Tastenkombination manuell hinzufügen oder per VBA.

Manuelle Zuweisung:

- Klicken Sie auf den Menüpunkt EXTRAS | MAKRO | MAKROS
- Wählen Sie die Prozedur aus, die eine Tastenkombination erhalten soll
- Klicken Sie auf die Schaltfläche OPTIONEN
- Geben Sie den gewünschten Buchstaben ein und bestätigen Sie mit OK

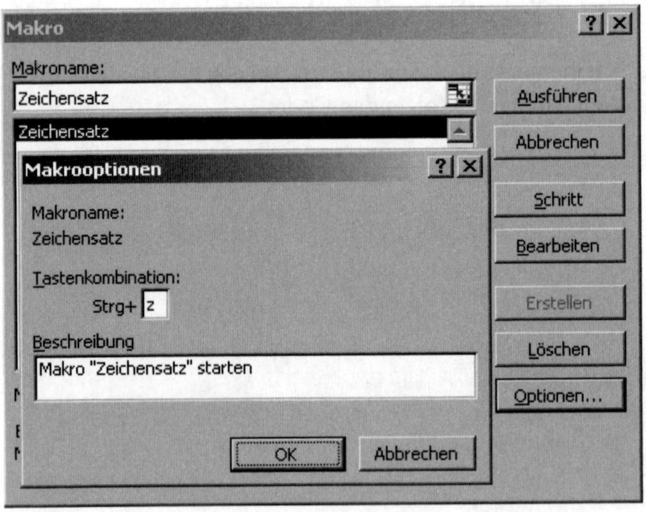

Abbildung 156: Tastenkombination einem Makro zuweisen

Wenn Sie per VBA eine Tastenkombination zuweisen, können Sie beim Öffnen der Mappe `Workbook_Open` die Tastenkombination aktivieren und beim Schließen der Mappe `Workbook_BeforeClose` wieder deaktivieren. Der Vorteil ist: Wenn Sie so versehentlich eine bereits bestehende Tastenkombination überschreiben, wird diese beim Schließen der Mappe wieder deaktiviert.

Über die Methode `OnKey` können Sie eine gewünschte Tastenkombination vergeben.

Syntax: `Application.OnKey (Key, [Procedure])`

Nachfolgend finden Sie eine Liste der Tasten:

Taste	Code
RÜCKTASTE	{BACKSPACE} oder {BS}
PAUSE	{BREAK}
FESTSTELLTASTE	{CAPSLOCK}
ENTF	{CLEAR} oder {DELETE} oder {DEL}
NACH-UNTEN-TASTE	{DOWN}
ENDE	{END}
EINGABETASTE (Zehnertastatur)	{ENTER}
EINGABETASTE	~ (Tilde)
ESC	{ESCAPE} oder {ESC}
HILFE	{HELP}
POS1	{HOME}
EINFG	{INSERT}
NACH-LINKS-TASTE	{LEFT}
NUM	{NUMLOCK}
BILD-AB	{PGDN}
BILD-AUF	{PGUP}
EINGABETASTE	{RETURN}
NACH-RECHTS-TASTE	{RIGHT}
ROLLEN	{SCROLLOCK}
TAB	{TAB}
NACH-OBEN-TASTE	{UP}
F1 bis F15	{F1} bis {F15}

Tabelle 29: Code für nicht nummerische und alphanummerische Tasten

Sie können die Tasten auch kombinieren (Beispiele finden Sie weiter unten).

Kombinieren mit	Vorangestelltes Zeichen
UMSCHALT	+ (Pluszeichen)
STRG	^ (Caret-Zeichen)
ALT	% (Prozentzeichen)

Tabelle 30: Tasten zum Kombinieren

Wenn Sie der obigen Prozedur die Tastenkombination [Strg] + [Z] per VBA zuweisen möchten, schreiben Sie den folgenden Code in ein Modul.

```
Sub Tastenkombination()
    ' Strg + z
    Application.OnKey "^z", "ASCIIZeichensatz"
End Sub
```

Die Tastenkombination [Strg] + [Z] ist in Excel bereits reserviert für »Rückgängig«. Wenn Sie den obigen Code ausgeführt haben, wurde die Tastenkombination von Excel mit der neuen Kombination überschrieben. Wenn Sie dies rückgängig machen möchten, verwenden Sie denselben Code, jedoch ohne Angabe der Prozedur:

```
Sub Tastenkombination_zuruecksetzen()
   Application.OnKey "^z"
End Sub
```

Wenn Sie die Tastenkombination nur für eine Mappe verwenden möchten, können Sie eine Ereignis-Prozedur programmieren, die beim Start der Mappe die Tastenkombination aktiviert und beim Verlassen wieder deaktiviert. Die Ereignis-Prozedur wird in DIESEARBEITSMAPPE geschrieben.

Für das Öffnen der Mappe:

```
Private Sub Workbook_Open()
   Application.OnKey "^z", "ASCIIZeichensatz"
End Sub
```

Für das Schließen der Mappe:

```
Private Sub Workbook_BeforeClose(Cancel As Boolean)
   Application.OnKey "^z"
End Sub
```

Nachfolgend noch ein kombiniertes Beispiel:

[Strg]+[↵](Auf der Zehnertastatur)

```
Private Sub Workbook_Open()
   Application.OnKey "^{Enter}", "ASCIIZeichensatz"
End Sub

Private Sub Workbook_BeforeClose(Cancel As Boolean)
   Application.OnKey "^{Enter}"
End Sub
```

141 ASCII-Zeichensatz programmieren

Der ASCII-Zeichensatz `Chr` umfasst 255 Zeichen. Um eine ASCII-Zeichentabelle zu erstellen, verwenden Sie die folgende Prozedur, die die Zeichen über mehrere Spalten verteilt, damit die Zeichen auf eine A4-Seite passen. Damit die Spalten besser auseinander zu halten sind, wird zwischen den Farben gewechselt.

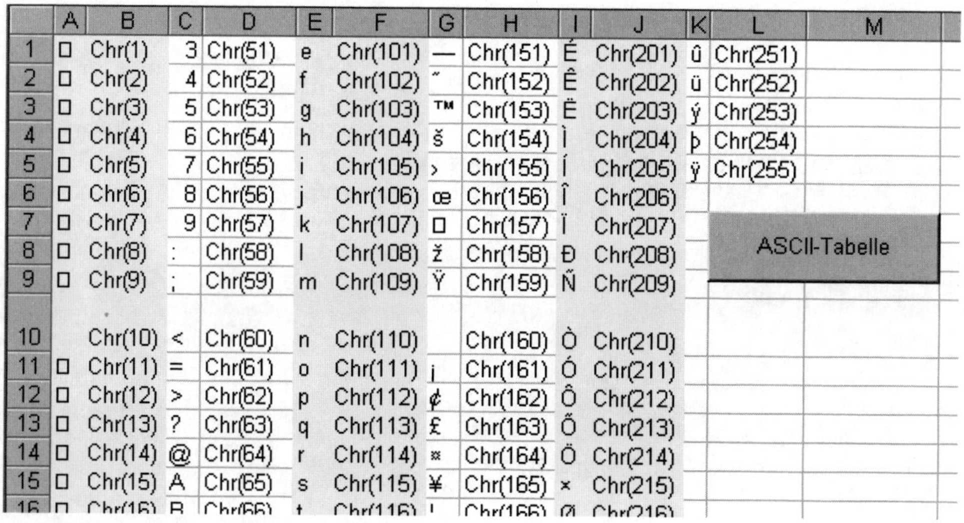

	A	B	C	D	E	F	G	H	I	J	K	L	M
1	□	Chr(1)	3	Chr(51)	e	Chr(101)	—	Chr(151)	É	Chr(201)	û	Chr(251)	
2	□	Chr(2)	4	Chr(52)	f	Chr(102)	˜	Chr(152)	Ê	Chr(202)	ü	Chr(252)	
3	□	Chr(3)	5	Chr(53)	g	Chr(103)	™	Chr(153)	Ë	Chr(203)	ý	Chr(253)	
4	□	Chr(4)	6	Chr(54)	h	Chr(104)	š	Chr(154)	Ì	Chr(204)	þ	Chr(254)	
5	□	Chr(5)	7	Chr(55)	i	Chr(105)	›	Chr(155)	Í	Chr(205)	ÿ	Chr(255)	
6	□	Chr(6)	8	Chr(56)	j	Chr(106)	œ	Chr(156)	Î	Chr(206)			
7	□	Chr(7)	9	Chr(57)	k	Chr(107)	□	Chr(157)	Ï	Chr(207)		ASCII-Tabelle	
8	□	Chr(8)	:	Chr(58)	l	Chr(108)	ž	Chr(158)	Ð	Chr(208)			
9	□	Chr(9)	;	Chr(59)	m	Chr(109)	Ÿ	Chr(159)	Ñ	Chr(209)			
10		Chr(10)	<	Chr(60)	n	Chr(110)		Chr(160)	Ò	Chr(210)			
11	□	Chr(11)	=	Chr(61)	o	Chr(111)	¡	Chr(161)	Ó	Chr(211)			
12	□	Chr(12)	>	Chr(62)	p	Chr(112)	¢	Chr(162)	Ô	Chr(212)			
13	□	Chr(13)	?	Chr(63)	q	Chr(113)	£	Chr(163)	Õ	Chr(213)			
14	□	Chr(14)	@	Chr(64)	r	Chr(114)	¤	Chr(164)	Ö	Chr(214)			
15	□	Chr(15)	A	Chr(65)	s	Chr(115)	¥	Chr(165)	×	Chr(215)			
16	□	Chr(16)	B	Chr(66)	t	Chr(116)	¦	Chr(166)	Ø	Chr(216)			

Abbildung 157: ASCII-Zeichentabelle erstellen

```
Sub ASCII_Zeichensatz()
  Dim i As Integer
  Dim x As Integer

  Application.ScreenUpdating = False

    For i = 1 To 50
      Cells(i, 1).Value = Chr(i)
      Cells(i, 2).Value = "Chr(" & i & ")"
      Cells(i, 1).Interior.ColorIndex = 19
      Cells(i, 2).Interior.ColorIndex = 19
    Next i

    For x = 1 To 50
      i = i + 1
      Cells(x, 3).Value = Chr(i - 1)
      Cells(x, 4).Value = "Chr(" & i - 1 & ")"
    Next x

    For x = 1 To 50
      i = i + 1
      Cells(x, 5).Value = Chr(i - 1)
      Cells(x, 6).Value = "Chr(" & i - 1 & ")"
```

```
        Cells(x, 5).Interior.ColorIndex = 19
        Cells(x, 6).Interior.ColorIndex = 19
    Next x

    For x = 1 To 50
        i = i + 1
        Cells(x, 7).Value = Chr(i - 1)
        Cells(x, 8).Value = "Chr(" & i - 1 & ")"
    Next x

    For x = 1 To 50
        i = i + 1
        Cells(x, 9).Value = Chr(i - 1)
        Cells(x, 10).Value = "Chr(" & i - 1 & ")"
        Cells(x, 9).Interior.ColorIndex = 19
        Cells(x, 10).Interior.ColorIndex = 19
    Next x

    For x = 1 To 5
        i = i + 1
        Cells(x, 11).Value = Chr(i - 1)
        Cells(x, 12).Value = "Chr(" & i - 1 & ")"
    Next x
  ' Spaltenbreite anpassen
  Worksheets(1).Columns("A:L").AutoFit
  [A1].Select
End Sub
```

142 Unicode-Zeichensatz programmieren

Der Vollständigkeit halber wollen wir hier auch eine Prozedur mit dem Unicode `ChrW` erstellen. Der Unicode-Zeichensatz umfasst 65535 Zeichen und würde somit die ganze Höhe eines Tabellenblattes füllen.

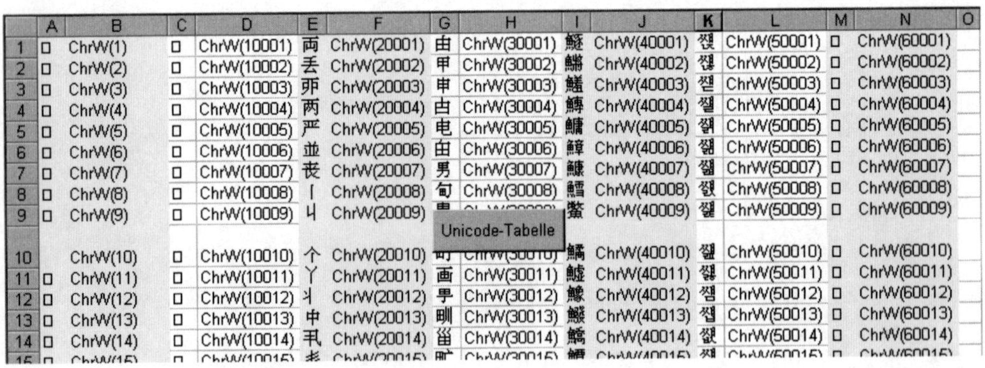

Abbildung 158: Unicode-Zeichentabelle erstellen

Wenn Sie diese Prozedur ausführen wollen, dann rechnen Sie ruhig eine Kaffeepause ein, denn um 131070 Zellen zu füllen, braucht der Rechner schon eine Weile.

```
Sub Unicode_Zeichensatz()
   Dim i As Long
   Dim x As Long
   Application.ScreenUpdating = False
   Sheets(2).Activate

      For i = 1 To 10000
         Cells(i, 1).Value = ChrW(i)
         Cells(i, 2).Value = "ChrW(" & i & ")"
         Cells(i, 1).Interior.ColorIndex = 19
         Cells(i, 2).Interior.ColorIndex = 19
      Next i

      For x = 1 To 10000
         i = i + 1
         Cells(x, 3).Value = ChrW(i - 1)
         Cells(x, 4).Value = "ChrW(" & i - 1 & ")"
      Next x

      For x = 1 To 10000
         i = i + 1
         Cells(x, 5).Value = ChrW(i - 1)
         Cells(x, 6).Value = "ChrW(" & i - 1 & ")"
         Cells(x, 5).Interior.ColorIndex = 19
         Cells(x, 6).Interior.ColorIndex = 19
      Next x

      For x = 1 To 10000
         i = i + 1
         Cells(x, 7).Value = ChrW(i - 1)
         Cells(x, 8).Value = "ChrW(" & i - 1 & ")"
      Next x

      For x = 1 To 10000
         i = i + 1
         Cells(x, 9).Value = ChrW(i - 1)
         Cells(x, 10).Value = "ChrW(" & i - 1 & ")"
         Cells(x, 9).Interior.ColorIndex = 19
         Cells(x, 10).Interior.ColorIndex = 19
      Next x

      For x = 1 To 10000
         i = i + 1
         Cells(x, 11).Value = ChrW(i - 1)
         Cells(x, 12).Value = "ChrW(" & i - 1 & ")"
      Next x

      For x = 1 To 5535
         i = i + 1
```

Grund-lagen
Fehler
Intern
Funk-tionen
Farben
Datum/Zeit
Auswer-tungen
Dia-gramme
Objekte
User-Form
Controls
Internet
Extern
Extra

```
        Cells(x, 13).Value = ChrW(i - 1)
        Cells(x, 14).Value = "ChrW(" & i - 1 & ")"
        Cells(x, 13).Interior.ColorIndex = 19
        Cells(x, 14).Interior.ColorIndex = 19
     Next x

   Worksheets(2).Columns("A:N").AutoFit
   Sheets(2).[A1].Select
End Sub
```

Alternativ können Sie auch folgenden Code verwenden:

```
Sub Unicode_Zeichensatz2()
   Dim i As Long
   Dim x As Long
   Dim y As Long
   Dim WS As Worksheet
   Set WS = Worksheets(1)

      For i = 1 To 65535
         x = ((i - 1) \ 10000) * 2 + 1
         y = (i - 1) Mod 10000 + 1

         WS.Cells(y, x).Value = ChrW(i)
         WS.Cells(y, x + 1).Value = "ChrW(" & i & ")"
      Next i
   WS. [A:B,E:F,i:J,M:N].Interior.ColorIndex = 19

   WS.Columns("A:N").AutoFit
End Sub
```

Der Code sieht zwar im ersten Moment ein bisschen undurchsichtig aus, aber vertiefen wir uns einmal in die Rechenformel, die das Herz dieser Prozedur bildet.

Der x-Wert für die Spalte ist die Ganzzahl der Teilung durch 10000. Diesen multiplizieren wir mit 2 und erhöhen ihn um 1, da es eine Spalte Null nicht gibt.

Der y-Wert ist nichts anderes, als der Rest bei der Teilung durch 10000, erhöht um 1.

Einfacher und kürzer geht es nicht mehr.

143 Einfaches Transponieren (Spalten und Zeilen vertauschen)

Wenn Ihre Werte in Spalten stehen, Sie diese jedoch in Zeilen angeordnet haben möchten, steht Ihnen das Transponieren zu Verfügung. Ohne VBA würden Sie die Werte in der Spalte markieren und kopieren, anschließend die Zielzelle anklicken und über BEARBEITEN | INHALTE EINFÜGEN mit der Auswahl TRANSPONIEREN die kopierten Werte wieder einfügen. Dann die alte Spalte löschen.

Diesen Vorgang können Sie per VBA automatisieren.

```
Sub Transponieren()
   [A1:A10].Copy
   [B1].PasteSpecial Paste:=xlAll, _
                     Operation:=xlNone, _
                     SkipBlanks:=False, _
                     Transpose:=True
   Application.CutCopyMode = False
   Columns(1).Delete
End Sub
```

144 Spezielles Transponieren

Die Ausgangslage können Sie der Abbildung 159 entnehmen. Hier sind ebenfalls alle Werte in einer Spalte. Es sind alles gleiche Datenblöcke, die jeweils durch eine leere Zelle voneinander getrennt sind. Das Transponieren soll diesmal mehrzeilig erfolgen, das heißt, dass jeder Datenblock in eine Zeile geschrieben werden soll.

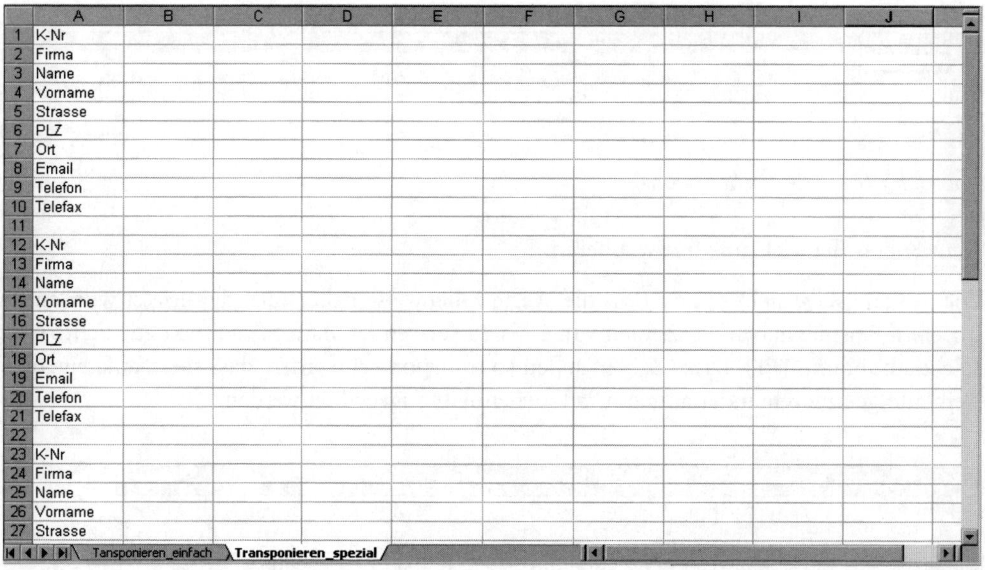

Abbildung 159: Ausgangslage für unser Transponieren-Beispiel

Die Variablen `intZiel` und `lngQuelle` dienen zur *Ermittlung* und *Ausgabe* der Zeilen-Nummer. Beide Werte werden zu Beginn auf 1 gesetzt. In der `For...Next`-Schleife wird jeweils ein Datenblock abgearbeitet (2 to 11), also von der 2. Zelle bis zur 11. Zeile.

In der `Do...Loop`-Schleife werden die beiden Werte jeweils um 1 und 11 erhöht. Das heißt, im zweiten Durchlauf wird die Variable `intZiel` zu 2, also zur 2. Zeile, die gefüllt werden soll, und die Variable `lngQuelle` wird zu 12, also zur 12. Zelle, ab der gelesen werden soll.

Grundlagen
Fehler
Intern
Funktionen
Farben
Datum/Zeit
Auswertungen
Diagramme
Objekte
UserForm
Controls
Internet
Extern
Extra

Die `Do...Loop`-Schleife wird so lange durchlaufen, bis zwei leere Zellen aufeinander folgen, bzw. bis das erste Mal ein leerer Eintrag `Empty` gefunden wird.

```
Sub Transponieren_spezial()
   Dim lngQuelle As Long
   Dim intZiel As Integer
   Dim i As Byte
   lngQuelle = 1
   intZiel = 1
      Do While Sheets(1).Cells(lngQuelle, 1) <> Empty
         For i = 2 To 11
            Sheets(1).Cells(intZiel, i) = _
            Sheets(1).Cells(lngQuelle + i - 2, 1)
         Next i
         lngQuelle = lngQuelle + 11
         intZiel = intZiel + 1
      Loop
   Columns(1).Delete
   [A1].Select
End Sub
```

	A	B	C	D	E	F	G	H	I	J
1	K-Nr	Firma	Name	Vorname	Strasse	PLZ	Ort	Email	Telefon	Telefax
2	K-Nr	Firma	Name	Vorname	Strasse	PLZ	Ort	Email	Telefon	Telefax
3	K-Nr	Firma	Name	Vorname	Strasse	PLZ	Ort	Email	Telefon	Telefax
4	K-Nr	Firma	Name	Vorname	Strasse	PLZ	Ort	Email	Telefon	Telefax
5	K-Nr	Firma	Name	Vorname	Strasse	PLZ	Ort	Email	Telefon	Telefax

Abbildung 160: Ergebis: Transponiert

Ein weiteres Beispiel zum Transponieren:

Die Ausgangslage sieht so aus, dass die Werte zeilenweise nebeneinander erfasst wurden. In unserem Beispiel haben wir Zahlen von 1 bis 20 verwendet, damit der Effekt gut sichtbar ist (siehe Abbildung 161). Diese Zahlen sollen so transponiert werden, dass sie in aufsteigender Reihenfolge untereinander auf dem 2. Tabellenblatt angeordnet werden.

	A	B	C	D	E	F
1	1	2	3	4	5	
2	6	7	8	9	10	
3	11	12	13	14	15	
4	16	17	18	19	20	
5						
6						
7			Start			
8						
9						
10						

Abbildung 161: Ausgangslage in der Tabelle1

Der folgende Code wird auf den benutzten Bereich `UsedRange` angewandt. Es werden zwei Zähler verwendet. Der Erste, also `x`, dient dazu, die Zeilen zu zählen. Der Zweite, also `i`, dient dazu, die Spalten zu zählen. Die beiden Zähler werden in zwei `For...Next`-Schleifen eingesetzt, um im Tabellenblatt 1 die Werte nacheinander auszulesen (`Cells(x, i)`) und der Variablen `str` zu übergeben. Im Tabellenblatt 2 werden die Werte, also der Inhalt der Variablen `str`, untereinander angeordnet wieder ausgegeben.

```
Sub Transponieren_spezial2()
   Dim x As Integer
   Dim i As Integer
   Dim str As String
      For x = 1 To Sheets(1).UsedRange.Rows.Count
         For i = 1 To Sheets(1).UsedRange.Columns.Count
            str = Sheets(1).Cells(x, i)
            Sheets(2).Cells(Rows.Count, 1).End(xlUp). _
               Offset(1, 0).Value = str
         Next i
      Next x
   Sheets(2).Rows(1).Delete
End Sub
```

	A	B
1	1	
2	2	
3	3	
4	4	
5	5	
6	6	
7	7	
8	8	
9	9	
10	10	
11	11	
12	12	
13	13	
14	14	
15	15	
16	16	
17	17	
18	18	
19	19	
20	20	
21		
22		

Abbildung 162: Ergebnis in Tabelle2

145 Drucken und Druckbereich

Nachfolgend finden Sie die verschiedenen Möglichkeiten, einen Ausdruck auszulösen.

Ausgewählte Tabellenblätter ausdrucken: `SelectedSheets.PrintOut`. Mittels `Copies:=1` können Sie die Anzahl der Ausdrucke bestimmen. Um die Blätter sortiert auszudrucken, verwenden Sie `Collate:=True`.

```
Sub Drucken1()
   ActiveWindow.SelectedSheets.PrintOut Copies:=1, Collate:=True
End Sub
```

Von Seite 1 bis 5 drucken: `From:=1, To:=5`:

```
Sub Drucken2()
   ActiveWindow.SelectedSheets.PrintOut From:=1, To:=5, _
    Copies:=1
End Sub
```

Nur den markierten Bereich `Selection` ausdrucken:

```
Sub Drucken3()
   Selection.PrintOut Copies:=1
End Sub
```

Die gesamte Arbeitsmappe ausdrucken mit `ActiveWorkbook`:

```
Sub Drucken4()
   ActiveWorkbook.PrintOut Copies:=1
End Sub
```

Wenn Sie Wiederholungszeilen oder -spalten festlegen möchten, verwenden Sie die Eigenschaft `PrintTitleRows` für die Wiederholungszeilen oben und `PrintTitleColumns` für Wiederholungsspalten links.

```
Sub Wiederholungszeilen()
   ActiveSheet.PageSetup.PrintTitleRows = "$1:$2"
   ActiveSheet.PageSetup.PrintTitleColumns = "$A:$A"
End Sub
```

Hier wird der Druckbereich rund um die aktive Zelle `CurrentRegion.Address` bestimmt:

```
Sub Druckbereich()
   ActiveSheet.PageSetup.PrintArea = _
      ActiveCell.CurrentRegion.Address
End Sub
```

Hier wird der Druckbereich des benutzen Bereiches `UsedRange.Address` festgelegt:

```
Sub Druckbereich2()
   ActiveSheet.PageSetup.PrintArea = ""
End Sub
```

146 Eigenschaften-Fenster auslesen

Sie können die Einträge, die Sie im Eigenschaften-Fenster erfasst haben, in einem Tabellenblatt ausgeben.

Das Eigenschaften-Fenster finden Sie unter dem Menüpunkt DATEI | EIGENSCHAFTEN.

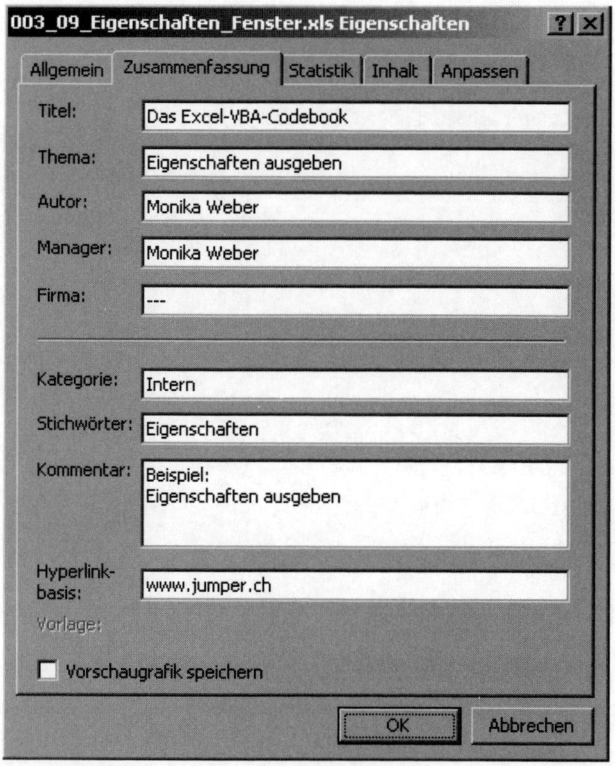

Abbildung 163: Das Eigenschaften-Fenster

Das Wichtigste an der folgenden Prozedur ist wohl die Eigenschaft `BuiltInDocumentProperties`. Damit werden nämlich die integrierten Eigenschaften angesprochen. Die Werte, die wir darin finden, übergeben wir der Variablen `ObjEig`, die wir als *Object* deklarieren müssen. Danach werden die Werte der Variablen den Zellen übergeben. Die benutzerdefinierten Eigenschaften haben zwar Vorgabeempfehlungen, doch ist man völlig frei in Bezug auf die Namen und Werte. Sie werden über `CustomDocumentProperties` angesprochen. Die gefundenen Einträge werden in der Variablen `ObjbenEig` zugeordnet.

```
Sub Dokumenteigenschaften_Tabelle()
  ' Werte in Tabelle ausgeben
   Dim i As Integer
   Dim ObjEig As Object
   Dim ObjbenEig As Object
   On Error Resume Next 'Fehlerunterdrückung ist leider erforderlich
   i = 1
   Worksheets(1).Activate
      For Each ObjEig In ActiveWorkbook.BuiltinDocumentProperties
         Cells(i, 1).Value = i
         Cells(i, 2).Value = ObjEig.Name
         Cells(i, 3).Value = ObjEig.Value
         i = i + 1
      Next
   Columns("A:C").AutoFit

  ' benutzerdefinierte Dokumenteigenschaften lesen
   i = 1
   For Each ObjEig In ActiveWorkbook.CustomDocumentProperties
      Cells(i, 6).Value = ObjEig.Name
      Cells(i, 7).Value = ObjEig.Value
      Cells(i, 8).Value = ObjEig.Type
   i = i + 1
   Next
   Columns("F:H").AutoFit
End Sub
```

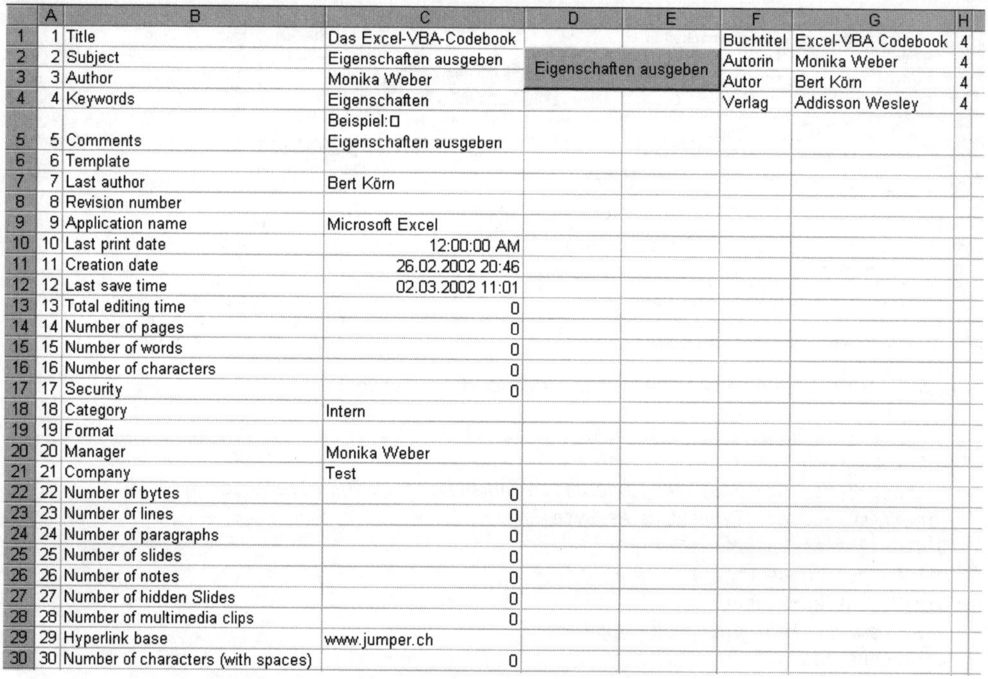

	A	B	C	D	E	F	G	H
1	1	Title	Das Excel-VBA-Codebook			Buchtitel	Excel-VBA Codebook	4
2	2	Subject	Eigenschaften ausgeben	Eigenschaften ausgeben		Autorin	Monika Weber	4
3	3	Author	Monika Weber			Autor	Bert Körn	4
4	4	Keywords	Eigenschaften			Verlag	Addisson Wesley	4
5	5	Comments	Beispiel:□ Eigenschaften ausgeben					
6	6	Template						
7	7	Last author	Bert Körn					
8	8	Revision number						
9	9	Application name	Microsoft Excel					
10	10	Last print date	12:00:00 AM					
11	11	Creation date	26.02.2002 20:46					
12	12	Last save time	02.03.2002 11:01					
13	13	Total editing time	0					
14	14	Number of pages	0					
15	15	Number of words	0					
16	16	Number of characters	0					
17	17	Security	0					
18	18	Category	Intern					
19	19	Format						
20	20	Manager	Monika Weber					
21	21	Company	Test					
22	22	Number of bytes	0					
23	23	Number of lines	0					
24	24	Number of paragraphs	0					
25	25	Number of slides	0					
26	26	Number of notes	0					
27	27	Number of hidden Slides	0					
28	28	Number of multimedia clips	0					
29	29	Hyperlink base	www.jumper.ch					
30	30	Number of characters (with spaces)	0					

Abbildung 164: Eigenschaften-Fenster auslesen

147 Datei-Eigenschaften ändern

Die zuvor eingelesenen Dokumenteigenschaften können zum größten Teil von Hand geändert werden. Natürlich geht das auch mit einer Prozedur. Ausgenommen sind bestimmte Datenfelder, die Excel selbst ausfüllt, wie zum Beispiel das Erstelldatum. Um dies zu ändern, speichern Sie einfach die Datei mit SPEICHERN UNTER... unter Ihrem eigenen Namen ab.

In dem Beispielmakro können Sie alle sinnvollen Eigenschaften ändern. Zur Demonstration wird eine neue Arbeitsmappe erstellt und deren Eigenschaften geändert. Die Prozedur als solche bearbeitet immer die aktive Arbeitsmappe. Es werden die Dokumenteigenschaften und auch die benutzerdefinierten Eigenschaften gleichzeitig geändert. Die integrierten Dokumenteigenschaften werden über den Namen angesprochen, obwohl es auch über den Index geht. Dafür kann auf überflüssigen Ballast in Form einer zusätzlichen Nummernspalte verzichtet werden. Die benutzerdefinierten Dokumenteigenschaften werden dagegen einfach gelöscht und neu erstellt. Natürlich ist es auch möglich, diese mit ihrem Namen anzusprechen, um sie zu ändern.

	A	B	C	D	E	F	G
1		**Eingebaute Dokumenteneigenschaften**				**benutzerdefinierte Eigenschaften**	
2	1	Title	Das Excel-VBA-Codebook			Excel Codebook	Von Monika Weber und Bert Körn
3	2	Subject	Dokumenteigenschaften änderr	Dokumenteigenschaften ändern		Ablage	Papierkorb
4	3	Author	Bert Körn			Abteilung	Abteilung xy
5	4	Keywords	Dokumenteigenschaften			Anordnung	Anordnung von oben
6	5	Comments	Beispiel:□ Eigenschaften ändern			Aufgezeichnet von	Excelbenutzer
7	7	Last author	Ein Leser des Codebook			Aufzeichnungsdatur	01.02.1912
8	8	Revision number	999			Bearbeiter	Sachbearbeiter
9	9	Application name	Microsoft Excel Macro			Bezug	FALSCH
10	10	Last print date	31.12.2222 00:00			Dokumentnummer	123456789
11	11	Creation date	31.12.2222 00:00			Eigentümer	ich
12	12	Last save time	31.12.2222 00:00			Erhalten von	Dir
13	18	Category	Intern			Erstellt von	Jemand
14	20	Manager	Manager des Jahres 1855			Gegenstand	Verhandlungssache
15	21	Company	Firma des Jahres 1855			Gruppierung	nicht politisch
16	29	Hyperlink base	www.addison-wesley.de			Hauptabteilung	da sitzt der Boss

Abbildung 165: Diese Eigenschaften werden geändert bzw. erstellt

```
Sub Dokumenteigenschaften_setzen()
  ' integrierte Dokumenteneigenschaften anhand der 2. Tabelle ändern
  Dim i As Integer, TypbenEig As Byte
  Dim ObjEig As Object
  Dim ObjbenEig As Object
  Dim WS2 As Worksheet
  ' Zu Demozwecken eine neue Mappe
  Workbooks.Add
  Set ObjEig = ActiveWorkbook.BuiltinDocumentProperties
  Set WS2 = ThisWorkbook.Worksheets("Eigenschaften setzen")
  For i = 2 To WS2.Cells(Rows.Count, 2).End(xlUp).Row
    ObjEig(WS2.Cells(i, 2).Value) = WS2.Cells(i, 3).Value
  Next i

  ' vorhandene benutzerdefinierte Dokumenteigenschaften löschen
  For Each ObjbenEig In ActiveWorkbook.CustomDocumentProperties
    ObjbenEig.Delete
  Next
  ' benutzerdefinierte Dokumenteigenschaften setzen
  Set ObjbenEig = ActiveWorkbook.CustomDocumentProperties
  ' Auswahl des Typs anhand des Zellinhalts ermitteln
  For i = 2 To WS2.Cells(Rows.Count, 6).End(xlUp).Row
    If IsNumeric(WS2.Cells(i, 7)) = True Then
      TypbenEig = 1  'Zahl
    ElseIf IsDate(WS2.Cells(i, 7)) = True Then
      TypbenEig = 3  'Datum
    Else
      TypbenEig = 4  'Text
    End If
    ' Schreiben
    With ObjbenEig.Add(Name:=WS2.Cells(i, 6), _
           LinkToContent:=False, _
           Type:=TypbenEig, _
           Value:=WS2.Cells(i, 7))
    End With
  Next i
End Sub
```

Die Einträge in die Datei-Eigenschaften sehen Sie in den nächsten Abbildungen:

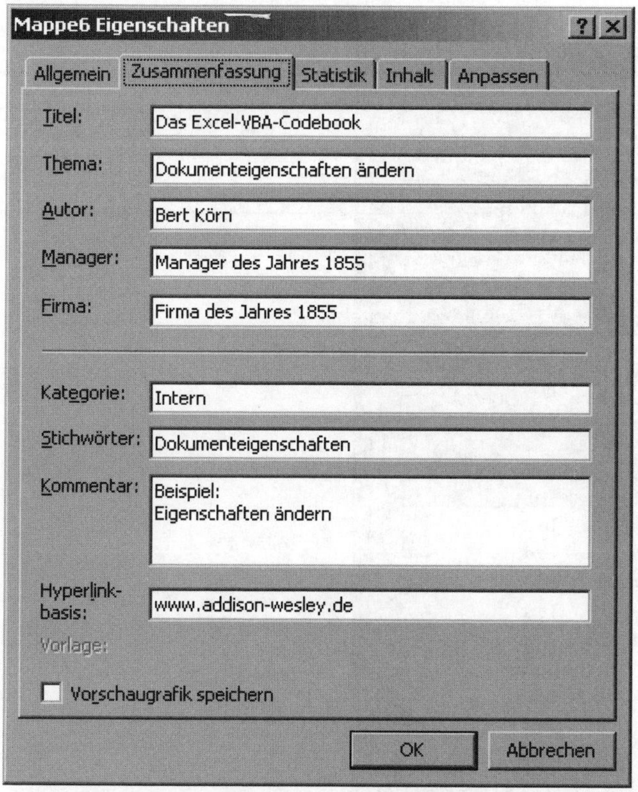

Abbildung 166: Zusammenfassung

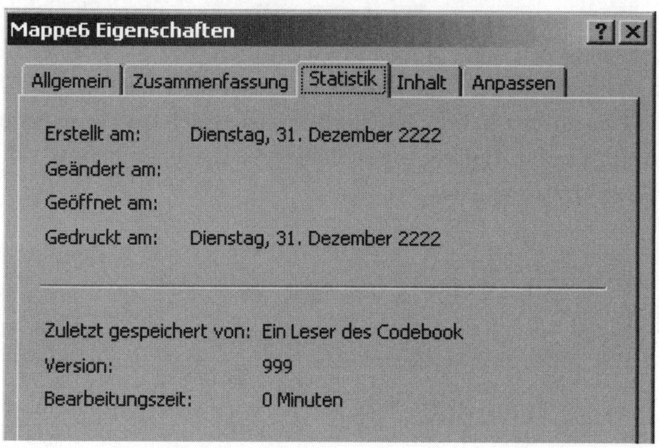

Abbildung 167: Statistik

Grundlagen
Fehler
Intern
Funktionen
Farben
Datum/Zeit
Auswertungen
Diagramme
Objekte
UserForm
Controls
Internet
Extern
Extra

Wie Sie in Abbildung 168 sehen können, kann man sogar das Erstelldatum und das Druckdatum anpassen.

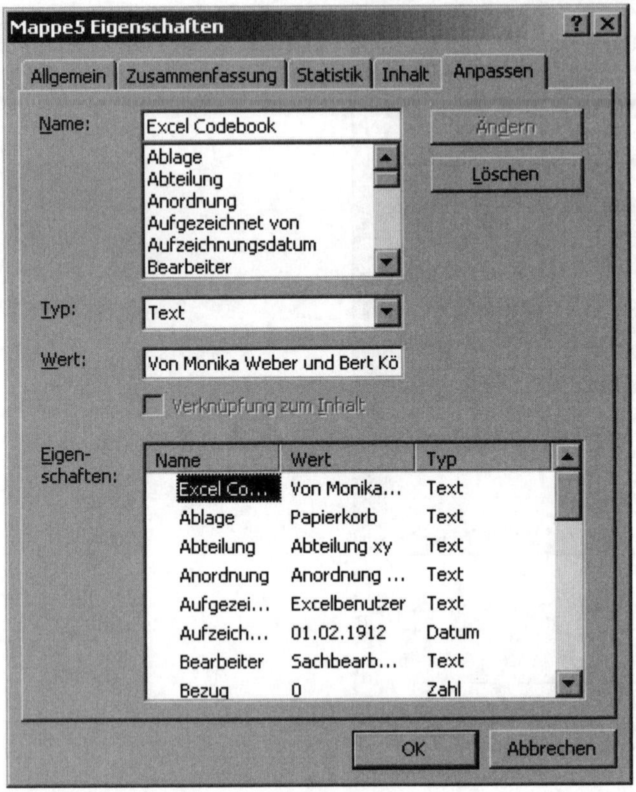

Abbildung 168: Benutzerdefinierte Eigenschaften

Wie Sie sehen, sind Sie völlig unabhängig von den eingebauten Vorgaben, wie es der oberste Eintrag in Abbildung 168 beweist. Wichtig ist zu wissen, dass man hier auch benutzerdefinierte Einstellungen für andere Makros anstatt in den Tabellenblättern speichern kann. Eine denkbare Variante wäre zum Beispiel die Eintragung eines Zählers, wie häufig bereits mit einem Vorlagenmakro eine neue Datei erstellt wurde.

148 Mit Fenstern arbeiten

In den nachfolgenden Beispielen finden Sie alle Möglichkeiten, wie Sie die Fenster manipulieren können. Diese Einstellungen beziehen sich auf den Menüpunkt FENSTER.

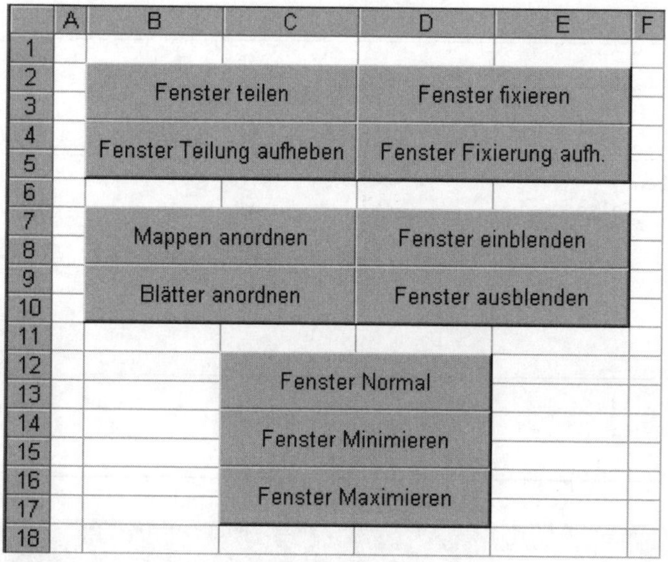

Abbildung 169: Mit Fenstern arbeiten

Fenster teilen:

```
Sub Fenster_teilen()
   ActiveWindow.NewWindow
      With ActiveWindow
         .SplitColumn = 8
         .SplitRow = 23
      End With
End Sub
```

Fenster-Teilung aufheben:

```
Sub Fenster_Teilung_Aufheben()
   ActiveWindow.NewWindow
      With ActiveWindow
         .SplitColumn = 0
         .SplitRow = 0
      End With
End Sub
```

Fenster fixieren:

```
Sub Fenster_fixieren()
   [B2].Select
   ActiveWindow.FreezePanes = True
End Sub
```

Fenster-Fixierung aufheben:

```
Sub Fenster_Fixierung_aufheben()
   ActiveWindow.FreezePanes = False
End Sub
```

Mappen anordnen:

```
Sub Mappen_anordnen_unterteilt()
   Windows.Arrange ArrangeStyle:=xlTiled
End Sub
```

Konstante	Anordnung
xlTiled	Unterteilt
xlHorizontal	Horizontal
xlVertical	Vertikal
xlCascade	Überlappend

Tabelle 31: Konstante zur Fenster-Anordnung

Tabellenblätter anordnen:

```
Sub Tabellenblaetter_anordnen()
   ActiveWindow.NewWindow
   Windows.Arrange ArrangeStyle:=xlVertical
End Sub
```

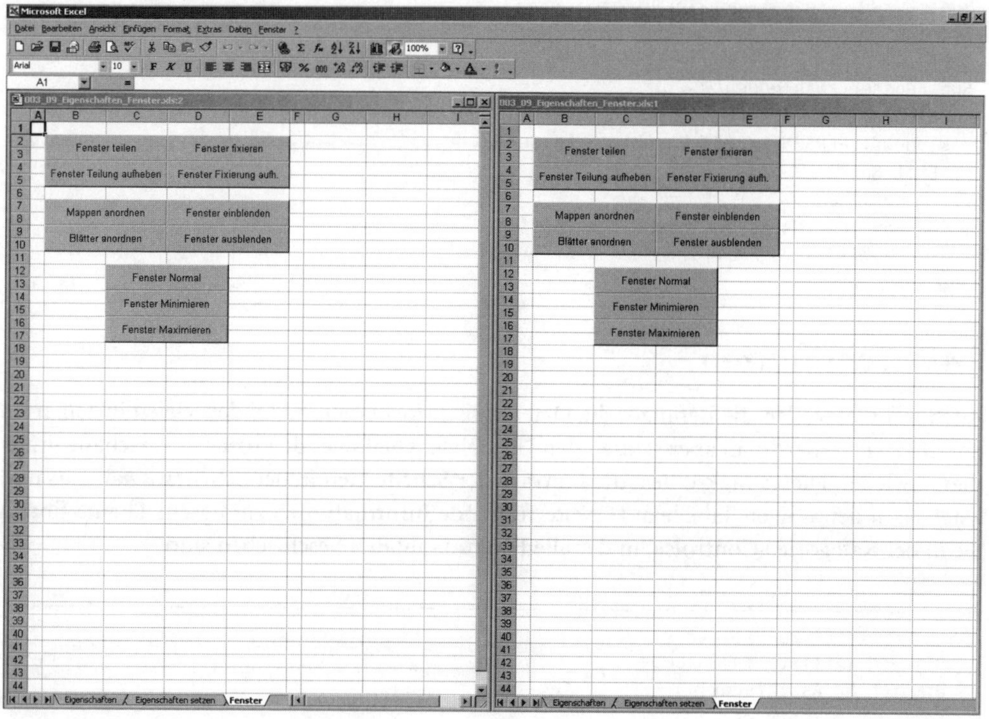

Abbildung 170: Tabellenblätter anordnen

Fenster-Größe:

```
Sub Fenster_Normal()
    ActiveWindow.WindowState = xlNormal
End Sub

Sub Fenster_Minimieren()
    ActiveWindow.WindowState = xlMinimized
End Sub
Sub Fenster_Maximieren()
    ActiveWindow.WindowState = xlMaximized
End Sub
```

Fenster ein-/ausblenden:

```
Sub Fenster_einblenden()
    On Error GoTo Errorhandler
    Windows("PERSONL.XLS").Visible = True
    Exit Sub
Errorhandler:
    MsgBox "Die Mappe ist nicht geöffnet", _
        vbCritical, "Fehler:"
```

Grundlagen
Fehler
Intern
Funktionen
Farben
Datum/Zeit
Auswertungen
Diagramme
Objekte
UserForm
Controls
Internet
Extern
Extra

```
End Sub

Sub Fenster_ausblenden()
  On Error GoTo Errorhandler
  Windows("PERSONL.XLS").Visible = False
   Exit Sub
Errorhandler:
   MsgBox "Die Mappe ist nicht geöffnet", _
        vbCritical, "Fehler:"
End Sub
```

149 Schriftarten

Auch in Excel wollen die Benutzer die Datei hübsch formatieren. Bei den vielen installierten Schriftarten verliert man aber schnell den Überblick. Die folgende Prozedur verschafft Ihnen diesen wieder. Dieses Makro liest die Einträge der Schriftarten in der Schriftauswahl aus und listet sie in der aktiven Tabelle auf. Weiterführende Informationen zu diesem Thema finden Sie in der Kategorie »Controls«, in der alle Funktionalitäten beschrieben sind.

```
Sub Schriftarten_auflisten()
  Dim Schriftliste As Object
  Dim SchrNr As Integer
  Set Schriftliste = _
    Application.CommandBars("formatting").FindControl(ID:=1728)
  Application.ScreenUpdating = False
  On Error Resume Next
  [A:D].ClearContents
  For SchrNr = 0 To Schriftliste.ListCount - 1
    Cells(SchrNr + 1, 1).Value = Schriftliste.List(SchrNr + 1)
    Cells(SchrNr + 1, 2).Value = "_"
    Cells(SchrNr + 1, 3).Value = "abcdefghijklmnopqrstuvwxyzäöü"
    Cells(SchrNr + 1, 4).Value = "ABCDEFGHIJKLMNOPQRSTUVWXYZÄÖÜ"
    Cells(SchrNr + 1, 2).Font.Name = Schriftliste.List(SchrNr + 1)
    Cells(SchrNr + 1, 3).Font.Name = Schriftliste.List(SchrNr + 1)
    Cells(SchrNr + 1, 4).Font.Name = Schriftliste.List(SchrNr + 1)
  Next
  [A:D].EntireColumn.AutoFit
  Application.ScreenUpdating = True
End Sub
```

Das fertige Ergebnis kann sich sehen lassen.

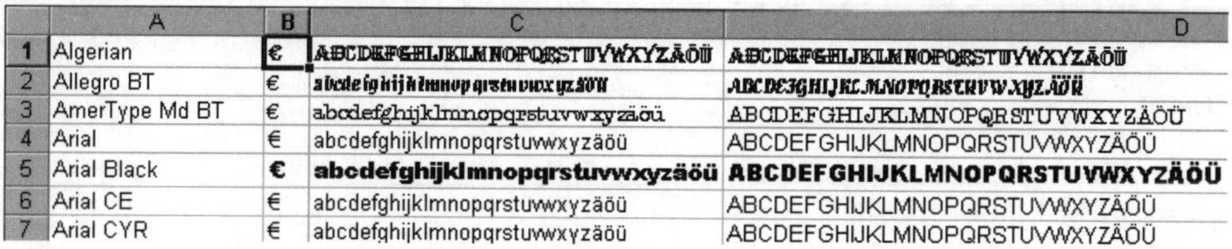

Abbildung 171: Übersicht der installierten Schriftarten

150 Tabellenblatt bei Selektion Blattschutz entfernen

Diese Variante der Passwortabfrage erleichtert das Entfernen und Setzen des Blattschutzes, wenn hauptsächlich ein Berechtigter daran arbeitet. Andere Benutzer werden fast gar nicht bei ihrer Arbeit gestört. Bei der Selektion des Tabellenblattes »geschützt« erfolgt eine Passwortabfrage per Eingabefeld. Die Datei, die bereits geöffnet war, wird in einer Variablen gespeichert. Dadurch kann diese Abfrage bei weiteren Aktivierungen unterdrückt werden.

```
Private Sub Worksheet_Activate()
  Static OK As Boolean
  Dim PW As String
  ' Falls Tabelle bereits selektiert war, Makro gleich verlassen
  If OK = True Then Exit Sub
  PW = InputBox("Bitte Passwort eingeben", "Passwortabfrage")
  ' In Static-Variable übergeben, dass bereits geöffnet wurde
  OK = True
  ' Falls keine Eingabe erfolgte gleich raus
  If PW = "" Then Exit Sub
  On Error GoTo Fehlerbehandlung
  ' Tabellenblatt entsperren
  ActiveSheet.Unprotect Password:=PW
  ' Vor der Fehlerbehandlung das Makro verlassen
  Exit Sub
Fehlerbehandlung:
  If Err.Number = 1004 Then MsgBox "Falsches Passwort"
End Sub
```

Damit der Blattschutz beim nächsten Öffnen wieder aktiv ist, wird er beim Schließen der Datei wieder gesetzt. Damit das Passwort nicht so leicht zu entziffern ist, ist es in der `Chr()`-Schreibweise hinterlegt. Für Sie ist das zwar kein Problem, aber für einen Anfänger schon. Die Prozedur gehört natürlich hinter DIESEARBEITSMAPPE und schützt in diesem Fall die Tabelle »geschützt«.

```
Private Sub Workbook_BeforeClose(Cancel As Boolean)
  Sheets(1).Select
  Sheets("geschützt").Protect Password:= _
    Chr(67) & Chr(111) & Chr(100) & Chr(101) _
    & Chr(98) & Chr(111) & Chr(111) & Chr(107)
  ' Da muss erst jemand auf die richtige Idee kommen
```

```
  ' im Klartext: "Codebook"
  ThisWorkbook.Save
End Sub

' Falls beim letzten Speichern was schiefgelaufen ist
Private Sub Workbook_Open()
  Sheets(1).Select
  Sheets("geschützt").Protect Password:= _
    Chr(67) & Chr(111) & Chr(100) & Chr(101) _
    & Chr(98) & Chr(111) & Chr(111) & Chr(107)
End Sub
```

Das Passwort in der `Chr`-Schreibweise können Sie bequem mit der benutzerdefinierten Funktion `Text2Chr()` aus der Kategorie »Funktionen« erhalten.

Mit dieser Prozedur können Sie testweise immer wieder das Passwort setzen.

```
Sub Passwort_setzen2()
  Sheets("Tabelle4").Protect Password:="Codebook"
End Sub
```

151 Vorlagen

Selbstverständlich haben Sie die Möglichkeit, das Aussehen von neuen Arbeitsmappen auch den Erfordernissen Ihrer Firma anzupassen. Sie haben also die Möglichkeit, die Tabellenblätter und Arbeitsmappen an die Corporate Identity anzupassen.

Tabellenblattvorlage:

Dazu erstellen Sie eine neue Arbeitsmappe mit einem Tabellenblatt. Dieses sollten Sie möglichst umfassend den Bedürfnissen anpassen. Unter anderem sind folgende Einstellungen möglich:

- Zellinhalte
- Formatierungen von einzelnen Zellen oder Zellbereichen
- Kopf- und Fußzeilen vorbelegen
- Wiederholungsspalten und –zeilen (Firmenlogo)
- Hintergrundbild
- Sogar Makros hinter dem Tabellenblatt sind möglich.

Diese Arbeitsmappe mit nur einem Tabellenblatt speichern Sie als TABELLE.XLT im Verzeichnis C:\DOKUMENTE UND EINSTELLUNGEN\BENUTZER\ANWENDUNGSDATEN\MICROSOFT\VORLAGEN\ ab.

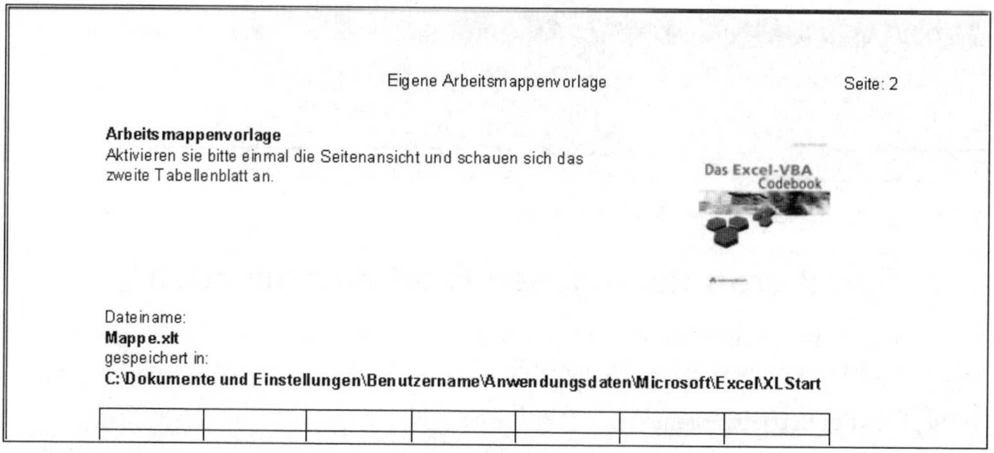

Abbildung 172: Die zweite Seite der Tabellenblattvorlage beim Ausdruck

Wie Sie in Abbildung 172 sehen können, hat diese Seite 2 ein »Firmenlogo«, das auf jeder Druckseite angezeigt wird.

Arbeitsmappenvorlage:

Die vorhergehenden Zeilen haben sich mit einem Tabellenblatt beschäftigt, das beim Einfügen in eine Arbeitsmappe verwendet werden soll. Um standardmäßig eine eigene Arbeitsmappenvorlage laden zu lassen, erstellen Sie eine weitere Arbeitsmappe mit einer x-beliebigen Anzahl an Tabellenblättern. Diese können jeweils total unterschiedlich formatiert werden. Zur Krönung können Sie auch Module und UserForms in ihr erstellen.

Der Pfad für diese Datei lautet:

C:\Dokumente und Einstellungen\ Benutzer \Anwendungsdaten\Microsoft\Excel

Wie Sie unsere Musterdateien in diese Verzeichnisse mit einer Prozedur in die entsprechenden Verzeichnisse kopieren können, ist in der Kategorie »Extern« beschrieben.

152 Speicherort der Tabellenblattvorlagen

Den variablen Speicherort Ihrer Vorlagen können Sie folgendermaßen sehr einfach ermitteln:

```
Sub Wo_Tabellenvorlage()
  MsgBox Application.TemplatesPath
End Sub
```

Abbildung 173: Speicherort der Tabellenvorlagen

153 Speicherort der eigenen Excel-Einstellungen

Ihre Benutzereinstellungen rund um Excel werden an 2 verschiedenen Stellen gespeichert, sofern sie nicht nur einzelne Dateien betrifft:

- Registry des Betriebssystems
- Angepasste Symbolleisten (*Excel.xlb*)

Sie finden die Datei *Excel.xlb* am besten mit der Suchenfunktion von Windows. Je nach Version von Windows, des Internet Explorers und natürlich auch von Excel ist die Datei an unterschiedlichen Pfaden abgespeichert und hat einen anderen Dateinamen. Suchen Sie einfach nach **.xlb*.

Excel-Version	Dateiname
Excel 5	Excel5.xlb
Excel 95	Benutzername.xlb
Excel 97	Benutzername8.xlb
Excel 2000	Excel.xlb
Excel XP	Excel10.xlb

Tabelle 32: Dateiname der Benutzereinstellungen

Die verschiedenen Speicherpfade der Datei sind im Regelfall:

- Direkt im Windows-Verzeichnis zum Beispiel *C:\Windows* oder Ähnlich
- *C:\Dokumente und Einstellungen\Benutzername\Anwendungsdaten\Microsoft\Excel*

Bei »Benutzername« ist Ihr Name gemeint, unter dem Sie im Rechner angemeldet sind.

Diese Datei sollten Sie bei einem Rechner- oder Betriebssystemwechsel sichern und weiterbenutzen. Es wäre schade, wenn Sie alle Einstellungen noch einmal vornehmen müssten.

Funktionen

154 Was ist eine Funktion?

Eine VBA-Funktion ist, wie der Name schon erahnen lässt, eine selbst gestrickte Funktion. Excel bietet zwar eine große Fülle an Funktionen an, aber manchmal ist eben doch nicht das dabei, was man benötigt. Was liegt dann näher, als selbst eine zu programmieren?

Auch stößt man bei den in Excel enthaltenen Funktionen oft an Grenzen. Ein klassisches Beispiel sind die Wenn-Bedingungen. Sie lassen maximal sieben Verschachtelungen zu. Was ist, wenn man nun mehr braucht? Man hilft sich mit einer VBA-Funktion, denn eine VBA-Funktion lässt sich auf einfache Weise beliebig ausbauen.

Tipp

Da alle Funktionen in VBA in Englisch geschrieben werden müssen, müssen Sie die Funktionen in Deutsch und Englisch kennen. Microsoft hat diesem Umstand freundlicherweise Abhilfe geschaffen. Suchen Sie in Ihrem System nach der Datei *VBALISTE.XLS*. Dort finden Sie die Übersetzungen dazu.

155 Funktion mit Select...Case

Das unten aufgeführte Beispiel zeigt Ihnen, wie Sie x-beliebige Wenn-Verschachtelungen ausführen können.

Als Beispiel nehmen wir ein Rechnungsformular. Auf der Rechnung wird dem Kunden je nach Höhe des Betrages ein Rabatt gewährt.

Hinweis

Damit eine Funktion ausführbar ist, muss sie in einem allgemeinen Modul stehen.

Die Rabattstaffel, die wir verwenden wollen, sieht folgendermaßen aus:

Betrag	Rabatt
< 1000	0 %
zwischen 1000 und 1999	1 %
zwischen 2000 und 2999	2 %
zwischen 3000 und 3999	3 %
zwischen 4000 und 4999	4 %

Tabelle 33: Rabattstaffel

Betrag	Rabatt
zwischen 5000 und 5999	5 %
zwischen 6000 und 6999	6 %
zwischen 7000 und 7999	7 %
zwischen 8000 und 8999	8 %
zwischen 9000 und 9999	9 %
> 9999	10 %

Tabelle 33: Rabattstaffel (Forts.)

Eine solche Abstufung ließe sich mit einer verschachtelten Wenn-Bedingung nicht lösen.

Im leeren Feld »Rabatt« soll nun mittels einer benutzerdefinierten Funktion der Rabatt automatisch berechnet werden.

Rechnung				
Art-Nr	Text	Menge	E-Preis	Total
103	CD-ROM	3	500	1500
105	Drucker	2	300	600
107	Maus	5	50	250
109	Bildschirm	1	900	900
			Total	3250
			Rabatt	

Abbildung 174: Beispiel des Rechnungsformulars

Fügen Sie in der VBA-Umgebung ein neues Modul ein und geben Sie den folgenden Code ein:

```
Function Rabatt(Betrag As Double) As Double
   Select Case Betrag
      Case Is < 1000
         Rabatt = 0
      Case 1000 To 1999
         Rabatt = 0.01
      Case 2000 To 2999
         Rabatt = 0.02
      Case 3000 To 3999
         Rabatt = 0.03
      Case 4000 To 4999
         Rabatt = 0.04
      Case 5000 To 5999
         Rabatt = 0.05
      Case 6000 To 6999
         Rabatt = 0.06
      Case 7000 To 7999
```

```
        Rabatt = 0.07
      Case 8000 To 8999
        Rabatt = 0.08
      Case 9000 To 9999
        Rabatt = 0.09
      Case Is > 9999
       Rabatt = 0.1
   End Select
End Function
```

Die Funktion hat den Namen »Rabatt« (siehe Code erste Zeile).

In dem Feld, wo der Rabatt berechnet werden soll, kann man nun die Funktion ausführen.

Um eine Funktion auszuführen, verfährt man *nicht* wie bei einer `Sub`. Das heißt, sie lässt sich nicht wie eine Prozedur oder ein Makro per EXTRAS | MAKROS | MAKRO aufrufen, sondern man klickt auf den Button für den Funktions-Assistenten.

Unter FUNKTIONS-KATEGORIE wählen Sie BENUTZERDEFINIERT. Im rechten Fenster sehen Sie nun die erstellte Funktion `Rabatt`:

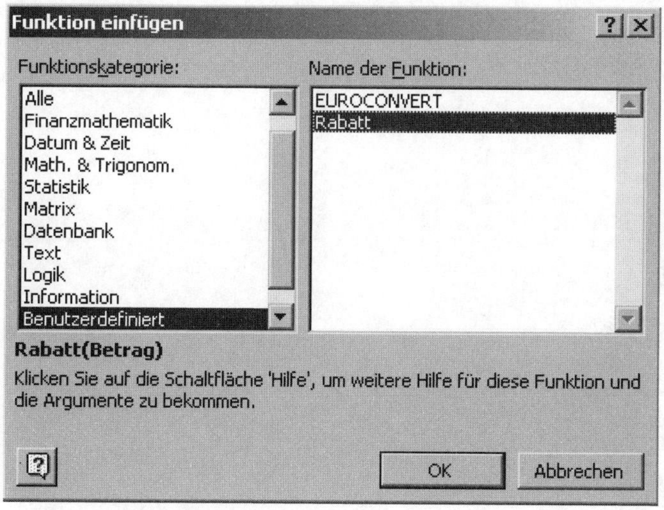

Abbildung 175: Selbst erstellte Funktion aufrufen

Nehmen Sie gemäß Abbildung 176 Bezug auf die gewünschte Zelle.

Die Variable `Betrag`, die Sie vor dem Eingabefeld sehen, stammt ebenfalls aus der ersten Zeile des Codes. Sie finden sie in der Klammer.

Die Zelle, in der nun der Rabatt-Betrag steht, müssen Sie nun noch als %-Format hinterlegen.

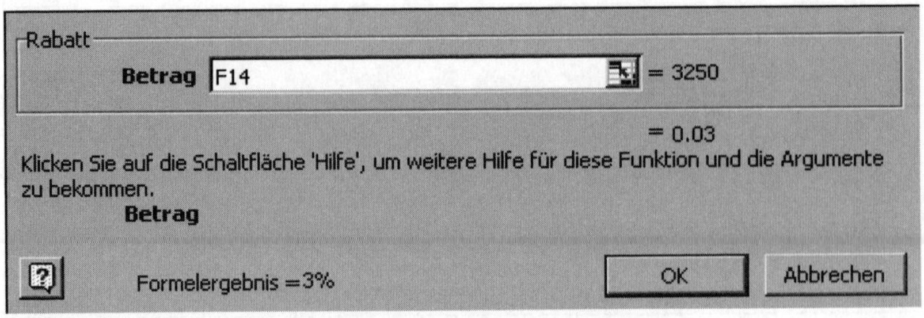

Abbildung 176: Bezug auf die gewünschte Zahl nehmen

156 Funktion mit If...Then...Else

Das Ganze ließe sich natürlich auch über `If...Then...Else` lösen.

Es ist schlicht und einfach Ansichtssache, was einfacher ist, ob nun `Select...Case` oder `If...Then...Else`. Der Code für `If...Then...Else` könnte so aussehen:

```
Function Rabatt(Betrag As Double) As Double
   If Betrag < 1000 Then
      Rabatt = 0
   ElseIf Betrag < 2000 Then
      Rabatt = 0.01
   ElseIf Betrag < 3000 Then
      Rabatt = 0.02
   ElseIf Betrag < 4000 Then
      Rabatt = 0.03
   ElseIf Betrag < 5000 Then
      Rabatt = 0.04
   ElseIf Betrag < 6000 Then
      Rabatt = 0.05
   ElseIf Betrag < 7000 Then
      Rabatt = 0.06
   ElseIf Betrag < 8000 Then
      Rabatt = 0.07
   ElseIf Betrag < 9000 Then
      Rabatt = 0.08
   ElseIf Betrag < 10000 Then
      Rabatt = 0.09
   ElseIf Betrag >= 1000 Then
      Rabatt = 0.1
   End If
End Function
```

157 Eine Auswahl (Choose)

Sie können einer Funktion eine Auswahl hinterlegen. Dies geschieht mittels der Anweisung Choose. In dem nachfolgenden Beispiel müssen Sie nach dem Aufruf der Funktion nur noch eine 1 für »Sehr gut«, eine 2 für »Gut« und eine 3 für »Genügend« etc. eingeben.

Hinweis

Application.Volatile stellt sicher, dass die Formel jeweils neu berechnet wird, sobald eine Zahl verändert wird. Deshalb sollte diese Anweisung in jeder Funktion enthalten sein.

Ausgeschlossen davon sind *Farben*, wie Sie in späteren Beispielen sehen werden.

```
Function Bewertung(Eingabe As Integer)
   Dim AWF As WorksheetFunction
   Set AWF = Application.WorksheetFunction
      Application.Volatile
      Bewertung = AWF.Choose(Eingabe, "Sehr gut", _
                                      "Gut", _
                                      "Befriedigend", _
                                      "Ausreichend", _
                                      "Ungenügend", _
                                      "Mangelhaft")
End Function
```

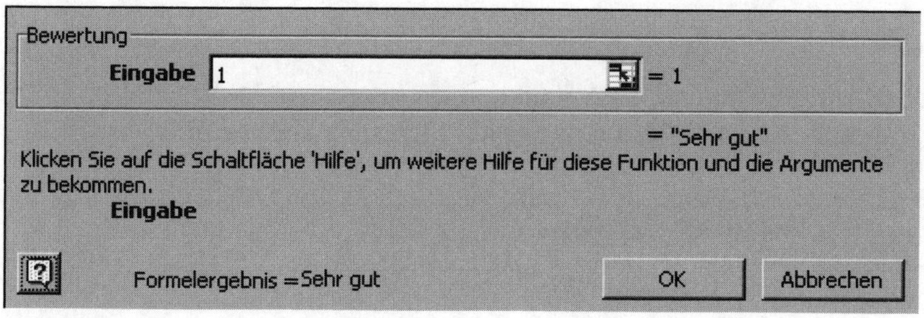

Abbildung 177: Funktion mit Choose

158 Runden

Um eine Zahl auf eine Ganzzahl auf- oder abzurunden, verwenden Sie die Funktion Round.

Die Excel-Funktion dafür sieht folgendermaßen aus, wobei die Null (0) für null Kommastellen steht:

=RUNDEN(A1;0)

In VBA umgesetzt, könnte es so aussehen:

```
Function RundenGanzzahl(Zahl As Double) As Double
   Dim AWF As WorksheetFunction
   Set AWF = Application.WorksheetFunction
      Application.Volatile
      RundenGanzzahl = AWF.Round(Zahl, 0)
End Function
```

Hinweis

Je nachdem, in welcher Objekt-Bibliothek die Funktion untergebracht ist, müssen Sie der Funktion das `Application.WorksheetFunction` voranstellen.

Leider ist das in den verschiedenen Excel-Versionen nicht immer gleich. In XL97 z.B. wird für die Funktion `Round` das `Applicaiton.WorksheetFunction` benötigt, was ab der Version 2000 nicht mehr der Fall ist.

159 Runden auf 5

Wenn Sie mit der Schweizer Währung zu tun haben, deren kleinste Einheit ja 5 Rappen ist und somit immer gerundet werden muss, wären Sie bestimmt auch schon froh gewesen, wenn es eigens dafür eine Funktion geben würde. Man kann das natürlich auch mit einer Formel berechnen, aber wenn eine einfache Funktion greifbar ist, ist das natürlich komfortabler. Vor allem wäre es auch für die unerfahrenen Excel-Benutzer, die solche Berechnungen durchführen müssen, von Vorteil, wenn sie auf eine Funktion zurückgreifen könnten.

Wenn man die Formel ohne VBA einsetzen würde, sähe sie beispielsweise so aus:

=RUNDEN(A1*20;0)/20

Diese Formel wollen wir jetzt in eine VBA-Funktion umsetzen. Wechseln Sie dazu in die VBA-Umgebung, fügen Sie ein Modul ein und geben Sie folgende Zeilen ein:

```
Function RundenAuf5(CHF As Double) As Double
   Dim AWF As WorksheetFunction
   Set AWF = Application.WorksheetFunction
      Application.Volatile
      RundenAuf5 = AWF.Round(CHF * 20, 0) / 20
End Function
```

Wenn Sie die Runden-Funktion in allen Mappen zur Verfügung haben möchten, dann erstellen Sie das Modul direkt in der Datei `Personl.xls`.

Testen Sie die Funktion, indem Sie in die Excel-Tabelle wechseln, dort den Funktions-Assistenten aufrufen und aus der Kategorie BENUTZERDEFINIERT die neu erstellte Funktion `RundenAuf5` auswählen.

160 Auf- oder Abrunden

Der Vollständigkeit halber wollen wir Ihnen hier die Funktionen zum Auf- und Abrunden nicht vorenthalten.

Um eine Zahl auf eine bestimmte Nachkommastelle auf- oder abzurunden, stellt Excel eigene Funktionen zur Verfügung.

	A	B	C
1	1,234567	1,3	=AUFRUNDEN(A1;1)
2	1,234567	1,2	=ABRUNDEN(A2;1)
3			

Abbildung 178: Auf- und Abrunden

Die englische Bezeichnung für »Aufrunden« ist `RoundUp`:

```
Function RundAuf(Zahl As Double) As Double
   Dim AWF As WorksheetFunction
   Set AWF = Application.WorksheetFunction
      RundAuf = AWF.RoundUp(Zahl, 1)
End Function
```

Die englische Bezeichnung für »Abrunden« ist `RoundDown`:

```
Function RundAb(Zahl As Double) As Double
   Dim AWF As WorksheetFunction
   Set AWF = Application.WorksheetFunction
      RundAb = AWF.RoundDown(Zahl, 1)
End Function
```

161 Links, Rechts, Teil, Finden

Daten trennen

Wenn Sie Daten trennen wollen, verwenden Sie in der Regel die Formel LINKS, RECHTS, LÄNGE oder TEIL. Das kann unter Umständen recht kompliziert werden. Sie können auch hier den Anwendern eine Erleichterung mittels Funktionen bereitstellen.

Ausgangslage für unser nächstes Beispiel ist, dass in der Zelle B2 folgender Eintrag steht:

Monika Weber, Schweiz (siehe Abbildung 179).

Um diese drei Wörter auf drei Zellen zu verteilen, würden Sie z.B. mit den folgenden Formeln arbeiten:

C2: =LINKS(B2;FINDEN(" ";B2)-1)
D2: =TEIL(B2;FINDEN(" ";B2)+1;FINDEN(",";B2)-FINDEN(" ";B2)-1)
E2: =RECHTS(B2;LÄNGE(B3)-FINDEN(",";B2)-1)

	A	B	C	D	E
1					
2		Monika Weber, Schweiz	**Monika**	**Weber**	**Schweiz**
3		Bert Körn, Deutschland	**Bert**	**Körn**	**Deutschland**
4		Felix Muster, Österreich	**Felix**	**Muster**	**Österreich**
5					

Abbildung 179: Beispiel <<Daten trennen>>

Wir wollen nun diese drei Formeln in VBA erstellen, so dass der Anwender später bequem über den Namen der Funktion die Formeln aufrufen kann, ohne sich Gedanken über die komplizierten Formeln im Hintergrund machen zu müssen.

Für die Zelle `C2` würde die Funktion so aussehen:

```
Function Vorname(Name As String) As String
   Dim AWF As WorksheetFunction
   Set AWF = Application.WorksheetFunction
      Application.Volatile
      Vorname = Left(Name, AWF.Find(" ", Name) - 1)
End Function
```

Das `Left` steht für LINKS und das `WorksheetFunction.Find` für FINDEN.

Für die Zelle `D2` würde die Funktion so aussehen:

```
Function Nachname(Name As String) As String
   Dim AWF As WorksheetFunction
   Set AWF = Application.WorksheetFunction
      Application.Volatile
      Nachname = Mid(Name, AWF.Find(" ", Name) + 1, _
                 AWF.Find(",", Name) - AWF.Find(" ", Name) - 1)
End Function
```

Das `Left` steht für LINKS, das `WorksheetFunction.Find` für FINDEN und das `Mid` für TEIL.

Für die Zelle `E2` würde die Funktion so aussehen:

```
Function Land(Name As String) As String
   Dim AWF As WorksheetFunction
   Set AWF = Application.WorksheetFunction
      Application.Volatile
      Land = Right(Name, Len(Name) - AWF.Find(",", Name) - 1)
End Function
```

Das `Right` steht für RECHTS, das `Len` für LÄNGE und das `WorksheetFunction.Find` für FINDEN.

162 Zweite Zahl von rechts ermitteln

Wenn Sie aus einer Reihe von Zahlen jeweils die zweite Zahl von rechts ermitteln möchten, sieht die Excel-Formel so aus:

=WERT(LINKS(RECHTS(A1;2);1))

Um diese Funktion in VBA umzusetzen, verwenden Sie den folgenden Code:

```
Function Zahl2(Zahl As Double) As Double
   Application.Volatile
   Zahl2 = Left(Right(Zahl, 2), 1)
End Function
```

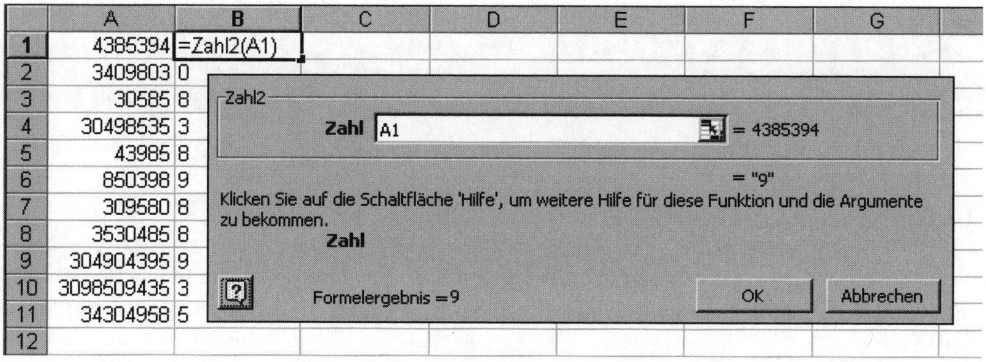

Abbildung 180: Zweite Zahl von rechts ermitteln

Alternativ dazu können Sie auch mit TEIL und LÄNGE arbeiten:

=TEIL(A1;LÄNGE(A1)-1;1)

In VBA würde das so aussehen:

```
Function Zahl2(Zahl As Double) As Double
    Application.Volatile
    Zahl2 = Mid(Zahl, Len(Zahl) - 1, 1)
End Function
```

Da der Rückgabewert dieser Funktionen eigentlich ein `String` ist, kann das zu Problemen führen. Sie sollten daher den Typ über `CByte` umwandeln.

```
Function Zahl2(Zahl as Double) as Byte
    Application.Volatile
    Zahl2 = CByte(Mid(Zahl, Len(Zahl) - 1, 1))
End Function
```

In der folgenden Liste finden Sie die *Typ-Umwandlungsfunktionen*:

Funktion	Rückgabetyp
CBool	Boolean
CByte	Byte
CCur	Currency
CDate	Date
CDbl	Double
CDec	Decimal
CInt	Integer
CLng	Long
CSng	Single
CVar	Variant
CStr	String

Tabelle 34: Typ-Umwandlungsfunktionen

163 Namen tauschen

Wenn Sie eine Liste von Namen haben, in denen die Vornamen und Namen stehen, und in der Sie die Reihenfolge umkehren möchten, dann könnten Sie mit der folgenden Formel arbeiten:

=GLÄTTEN(TEIL(A1;FINDEN(" ";A1);LÄNGE(A1))&" "&LINKS(A1;FINDEN(" ";A1)))

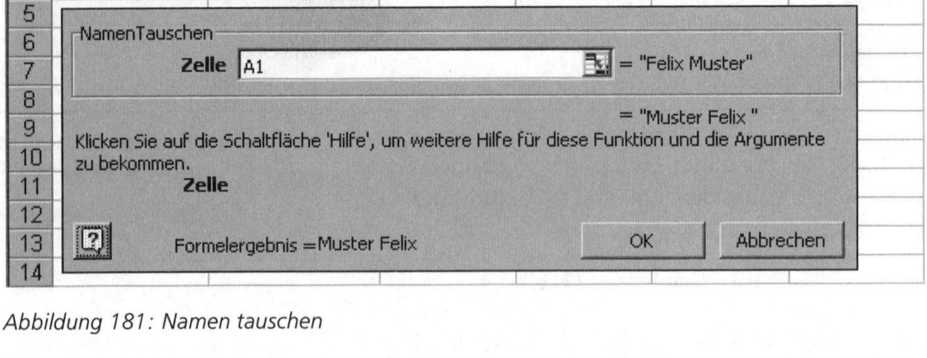

Abbildung 181: Namen tauschen

```
Function NamenTauschen(Zelle As String) As String
   Dim AWF As WorksheetFunction
   Set AWF = Application.WorksheetFunction
      Application.Volatile
      NamenTauschen = Trim(Mid(Zelle, AWF.Find(" ", Zelle), _
         Len(Zelle))) & " " & Left(Zelle, AWF.Find(" ", Zelle))
End Function
```

Alternativ können Sie auch mit dieser Funktion arbeiten:

```
Function NamenTauschen2(Zelle As String) As String
   Application.Volatile
   NamenTauschen2 = Mid(Zelle, InStr(1, Zelle, " ") + 1, _
      Len(Zelle)) & " " & Left(Zelle, InStr(1, Zelle, " "))
End Function
```

164 Zell-Format ermitteln

Mit der folgenden Funktion können Sie auf einfache Weise die verschiedenen Formate, die Sie den Zellen zugewiesen haben, ermitteln (siehe Abbildung 182).

```
Function Zahlenformat(Zelle)
   Application.Volatile
   Zahlenformat = Zelle.NumberFormatLocal
End Function
```

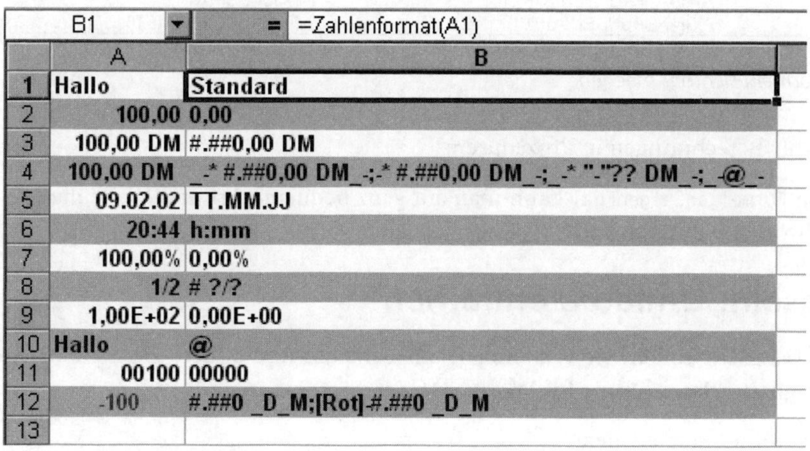
B1 = =Zahlenformat(A1)

	A	B
1	Hallo	Standard
2	100,00	0,00
3	100,00 DM	#.##0,00 DM
4	100,00 DM	_-* #.##0,00 DM_-;-* #.##0,00 DM_-;_-* "-"?? DM_-;_-@_-
5	09.02.02	TT.MM.JJ
6	20:44	h:mm
7	100,00%	0,00%
8	1/2	# ?/?
9	1,00E+02	0,00E+00
10	Hallo	@
11	00100	00000
12	-100	#.##0 _D_M;[Rot]-#.##0 _D_M
13		

Abbildung 182: Zell-Format ermitteln

165 Formeln sichtbar machen

Formeln können Sie mit den folgenden Funktionen von den betreffenden Zellen ermitteln. Die erste Funktion liefert die Formeln in der Landessprache der Excel-Version (Deutsch), die zweite liefert die Formeln in Englisch.

```
Function Formel_anzeigen(Zelle)
   Application.Volatile
   Formel_anzeigen = Zelle.FormulaLocal
End Function

Function Formel_anzeigenEngl(Zelle)
   Application.Volatile
   Formel_anzeigenEngl = Zelle.Formula
End Function
```

	A	B	C	D	E
1			Enthält Formel	Ausgabe in Deutsch	Ausgabe in Englisch
2	50	Zucker	0	=SUMMEWENN(B11:B25;"Honig";A11:A25)	=SUMIF(B11:B25,"Honig",A11:A25)
3	100	Mehl	Zucker	=SVERWEIS(A2;$A$2:$B$16;2;1)	=VLOOKUP(A2,$A$2:$B$16,2,1)
4	150	Mehl	Ja	=WENN(ODER(A4>100;A4<200);"Ja";"Nein")	=IF(OR(A4>100,A4<200),"Ja","Nein")
5	200	Zucker	Zuc	=LINKS(B5;3)	=LEFT(B5,3)
6	250	Honig	nig	=RECHTS(B6;LÄNGE(B6)-FINDEN("o";B6))	=RIGHT(B6,LEN(B6)-FIND("o",B6))
7	300	Honig	15	=ANZAHL(A2:A16)	=COUNT(A2:A16)
8	350	Zucker	15	=ANZAHL2(B2:B16)	=COUNTA(B2:B16)
9	400	Zucker	2	=ANZAHLLEEREZELLEN(A1:B16)	=COUNTBLANK(A1:B16)
10	450	Honig	HONIG	=GROSS(B10)	=UPPER(B10)
11	500	Brot	brot	=KLEIN(B11)	=LOWER(B11)
12	550	Mehl	750,2	=MAX(A2:A16)	=MAX(A2:A16)
13	600	Brot	50	=MIN(A2:A16)	=MIN(A2:A16)
14	650	Brot	400,0266667	=MITTELWERT(A2:A16)	=AVERAGE(A2:A16)
15	700,2	Brot	701	=AUFRUNDEN(A15;0)	=ROUNDUP(A15,0)
16	750,2	Mehl	750	=ABRUNDEN(A16;0)	=ROUNDDOWN(A16,0)

Abbildung 183: Formeln sichtbar machen

Ein kleiner Tipp für Berechnungen in Prozeduren:

Mit der Funktion `Formel_anzeigenEngl` kann man auf ganz bequeme Art und Weise die englischen Schlüsselwörter ermitteln.

166 Wechseln: Umlaute entfernen

Die Funktion WECHSELN wollen wir verwenden, um Umlaute und andere Zeichen auszuschreiben. Die englische Bezeichnung für WECHSELN lautet `Substitute`.

Die Excel-Formel könnte so aussehen:

=WECHSELN(WECHSELN(WECHSELN(WECHSELN(WECHSELN(WECHSELN(A1;"ß";"ss");"ä";"ae");"ö";"oe");"ü";"ue");"ë";"e");"ï";"i")

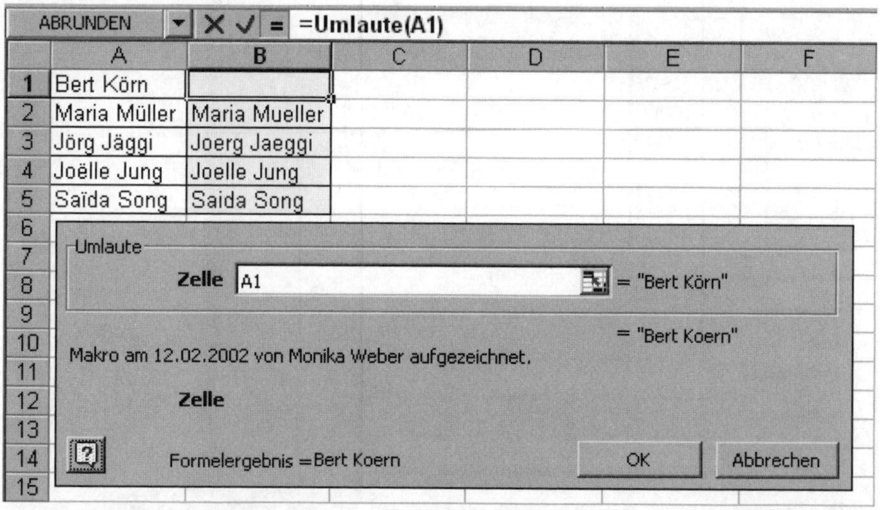

Abbildung 184: Umlaute entfernen

Die Funktion zur obigen Formel sieht so aus:

```
Function Umlaute(Zelle)
   Dim AWF As WorksheetFunction
   Set AWF = Application.WorksheetFunction
   Application.Volatile
   Umlaute = AWF.Substitute(AWF.Substitute(AWF.Substitute _
             (AWF.Substitute(AWF.Substitute(AWF.Substitute _
             (Zelle, "ß", "ss"), "ä", "ae"), "ö", "oe"), _
             "ü", "ue"), "ë", "e"), "ï", "i")
End Function
```

Das Ganze kann beliebig erweitert werden.

167 Vier Übergabewerte

Einfache Funktionen haben Sie ja nun bereits kennen gelernt. Als Nächstes wollen wir eine Funktion mit mehreren Übergabewerten erstellen. In unserem Beispiel sollen die vier Zahlen (siehe Abbildung unten) über eine Funktion ausgewählt werden. Das heißt, wir wollen die Kosten »Hardware« und »Installation« addieren und den Wert in die Variable `ZwSumme` (Zwischensumme) übergeben. Der Rabatt soll von dieser Zwischensumme subtrahiert werden und die Mehrwertsteuer (MwSt.) soll wiederum zur neuen Zwischensumme dazugezählt werden.

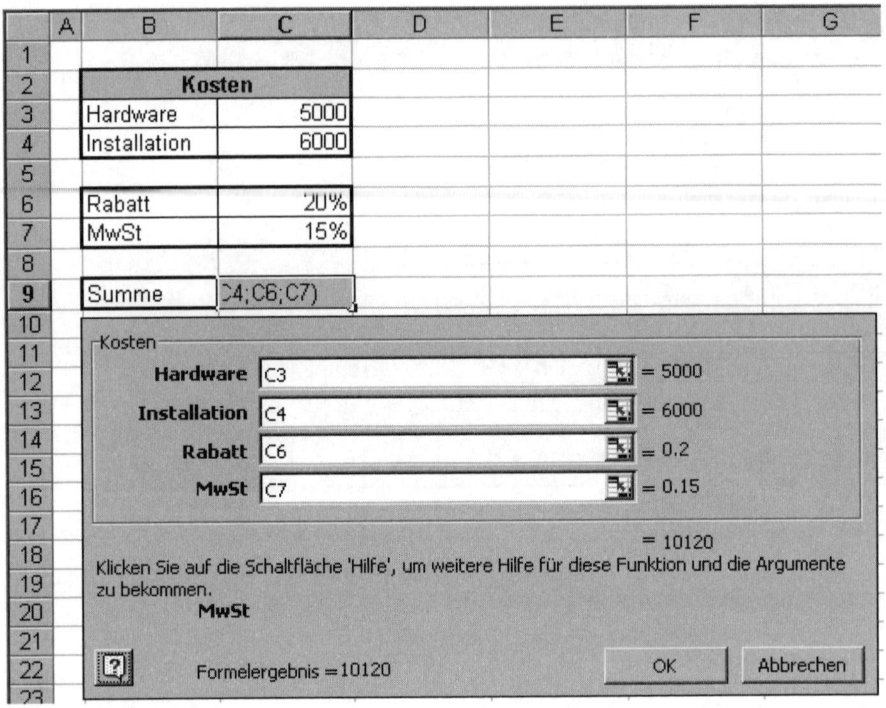

Abbildung 185: Beispiel einer Funktion mit 4 Übergabewerten

Der Code dafür könnte folgendermaßen aussehen:

```
Function Kosten(Hardware, Installation, Rabatt, MwSt) As Double
   Application.Volatile
   ZwSumme = Hardware + Installation
   ZwSumme = ZwSumme - (ZwSumme * Rabatt)
   Kosten = ZwSumme + (ZwSumme * MwSt)
End Function
```

168 Eine Funktion über einen Bereich

Die bisherigen Beispiele haben sich immer nur auf eine Zelle bezogen. Das ist sehr unflexibel, denn Sie können dabei nicht einen ganzen Bereich markieren und damit rechnen.

Im nächsten Beispiel wollen wir eine Funktion erstellen, die nicht nur mit einer Zelle, sondern gleich mit einem ganzen Bereich arbeiten soll. Das heißt, dass Sie beim Aufrufen des Funktions-Assistenten gleich Bezug auf einen ganzen Bereich, z.B. A1:C15, nehmen können, ähnlich wie die Summen-Funktion.

Wichtig ist dabei, dass Sie die Variable `As Range` deklarieren.

In unserem Beispiel wollen wir zwei Summen voneinander subtrahieren. Die Bereiche sind die »Einnahmen« und die »Ausgaben« (siehe Abbildung 186).

Ohne VBA würde die Formel so aussehen:

=SUMME(C4:C10)-SUMME(F4:F10)

Mit unserer eigenen Funktion sieht die Formel folgendermaßen aus:

	A	B	C	D	E	F
1						
2		Einnahmen KW48			Ausgaben KW48	
3		Montag	5'000.00		Montag	300.00
4		Dienstag	3'000.00		Dienstag	200.00
5		Mittwoch	4'000.00		Mittwoch	500.00
6		Donnerstag	5'000.00		Donnerstag	700.00
7		Freitag	6'000.00		Freitag	800.00
8		Samstag	7'000.00		Samstag	300.00
9		Sonntag	8'000.00		Sonntag	200.00
10						
11			=SumSpez(C3:C9;F3:F9)			
12						

Abbildung 186: Selbst erstellte Funktion über einen Bereich

Der Code für die Funktion lautet:

```
Function SumSpez(Einnahmen As Range, Ausgaben As Range) As Double
   Dim ZWTot1 As Double
   Dim ZWTot2 As Double
   Dim AWF As WorksheetFunction
   Set AWF = Application.WorksheetFunction
   Application.Volatile
   ZWTot1 = AWF.Sum(Einnahmen)
   ZWTot2 = AWF.Sum(Ausgaben)
   SumSpez = ZWTot1 - ZWTot2
End Function
```

Mit der Anweisung `As Range` wird, wie bereits erwähnt, festgelegt, dass es sich um einen Bereich handelt. Mit `Application.WorksheetsFunction.Sum` greifen Sie auf die Summen-Funktion von Excel zurück.

169 SVerweis fest für eine Tabelle festlegen

Für die nachfolgende Tabelle soll der Such-Verweis in einer Funktion festgelegt werden, so dass in der Funktion nur noch die Zahl, auf die Bezug genommen werden soll, und der Bereich eingegeben werden müssen.

	A	B	C	D	E	F	G	H	I
1									
2		**Käufer**	**Menge**	**E-Preis**	**Betrag**	**Rabatt**	*Excelfunktion:*	**Betrag**	**Rabatt**
3		Müller	30	50	1500	**1%**	**=SVERWEIS(E3;$H$3:$I$8;2;1)**	0	0%
4		Sommer	50	40	2000	**2%**		1000	1%
5		Winter	15	50	750	**0%**	*Eigene Funktion Variante 1:*	2000	2%
6		Keller	80	100	8000	**5%**	**=SV1(E4;$H$3:$I$8)**	3000	3%
7		Hauser	90	10	900	**0%**		4000	4%
8		Meier	30	50	1500	**1%**	*Eigene Funktion Variant 2:*	5000	5%
9		Meiser	25	35	875	**0%**	**=SV2(E4)**		
10		Weber	45	30	1350	**1%**			
11		Körn	75	40	3000	**3%**			
12		Eller	85	30	2550	**2%**			
13									

Abbildung 187: Tabelle mit SVerweis

Mit der Excel-Funktion `SVerweis` würde die Formel so aussehen:

=SVERWEIS(E3;$H$3:$I$8;2;1)

Bei der ersten Funktion, die wir definieren, muss der Benutzer nur noch die Zahl und den Bereich eingeben. Alles andere ist in der Funktion fest hinterlegt (siehe Abbildung 188). Die Funktion `VLookup` steht für `SVerweis`.

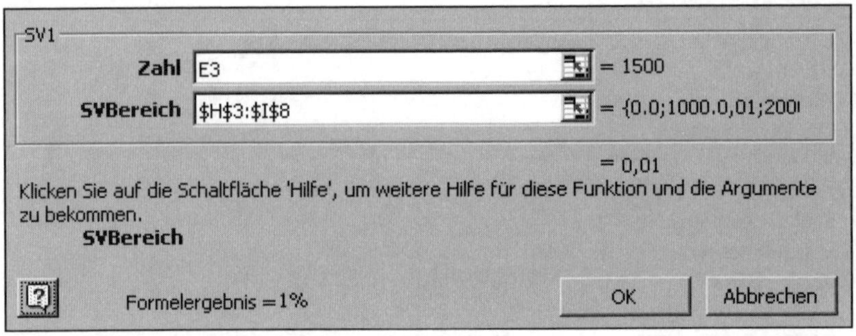

Abbildung 188: SVerweis / Beispiel 1

Der Code könnte folgendermaßen lauten:

```
Function SV1(Zahl As Double, SVBereich) As Double
   Dim AWF As WorksheetFunction
   Set AWF = Application.WorksheetFunction
   Application.Volatile
   SV1 = AWF.VLookup(Zahl, SVBereich, 2, 1)
End Function
```

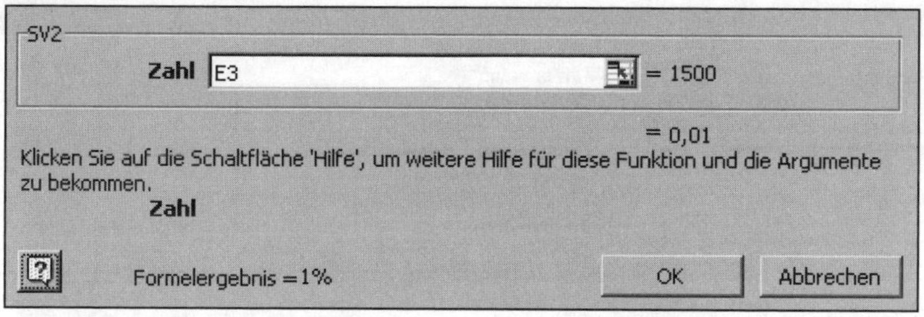

Abbildung 189: SVerweis / Beispiel 2

In der nachfolgenden Funktion muss der Benutzer nur noch die Zahl eingeben, auf die Bezug genommen werden soll. Alles andere ist fest hinterlegt (siehe Abbildung 189).

```
Function SV2(Zahl As Double) As Double
   Dim AWF As WorksheetFunction
   Set AWF = Application.WorksheetFunction
      Application.Volatile
      SV2 = AWF.VLookup(Zahl, Range("H2:I8"), 2, 1)
End Function
```

170 Zählenwenn und Summewenn

Über die Funktion ZÄHLENWENN können Sie ermitteln, wie oft der gewünschte Suchbegriff in einem Bereich vorhanden ist.

Die Excel-Formel dazu könnte wie folgt aussehen:

=ZÄHLENWENN(B3:B28;"Deutschland")

Um dies in VBA umzusetzen, verwenden Sie anstelle von ZÄHLENWENN den englischen Begriff `CountIf`:

```
Function ZWenn(Bereich As Range) As Double
   Dim AWF As WorksheetFunction
   Set AWF = Application.WorksheetFunction
   Application.Volatile
   ZWenn = AWF.CountIf(Bereich, "Deutschland")
End Function
```

Eine andere Variante ist ein optional möglicher Übergabewert in der Funktion. Im Beispiel ist der Übergabewert »Wert« keine Pflichteingabe mehr.

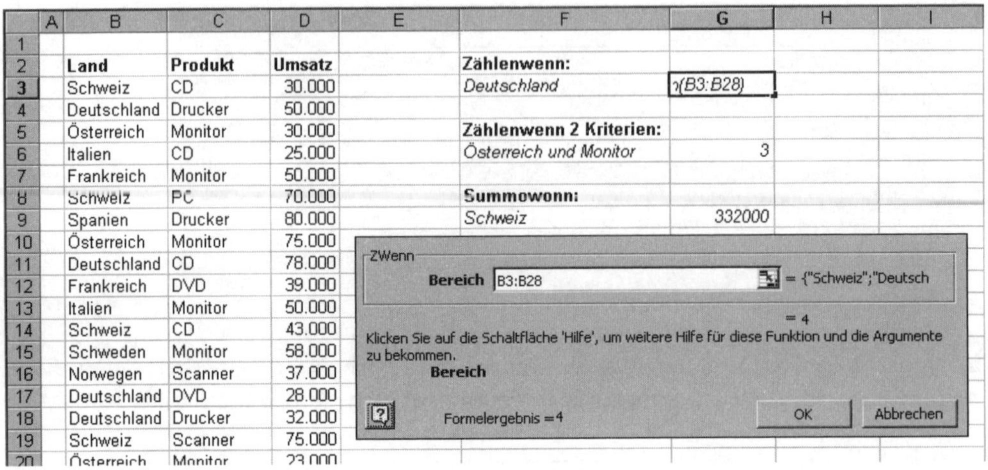

Abbildung 190: ZählenWenn

```
Function ZWenn(Bereich As Range, Optional Wert As String) As Double
   Dim AWF As WorksheetFunction
   Set AWF = Application.WorksheetFunction
   Application.Volatile
      If Wert = "" Then Wert = "Deutschland"
   ZWenn = AWF.CountIf(Bereich, Wert)
End Function
```

Bei der Funktion wurde Deutschland fest als Wert hinterlegt, so dass beim Aufrufen der Funktion nur noch der Bereich zwingend eingegeben werden muss. Optional kann ein anderer Wert im zweiten Parameter angegeben werden.

Unsere nächste Funktion beinhaltet ein ZÄHLENWENN mit zwei Kriterien. Beide Bereiche wurden fest hinterlegt:

```
Function ZWenn2Krit(Land, Produkt)
   Application.Volatile
      For Each c In Range("B2:B28")
         If c.Value = Land And c.Offset(0, 1).Value = _
                      Produkt Then
            ZWenn2Krit = ZWenn2Krit + 1
         End If
      Next c
End Function
```

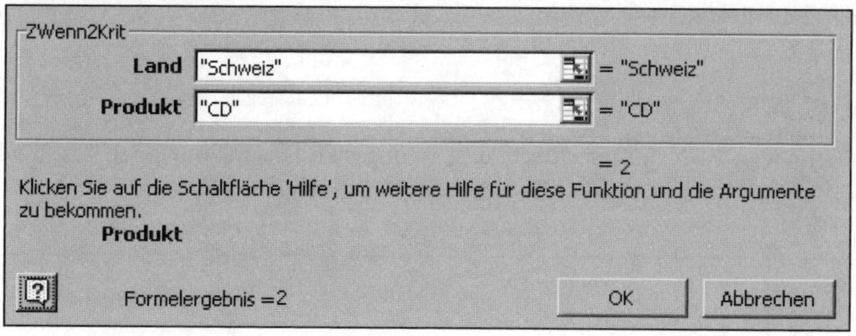

Abbildung 191: Zählenwenn mit zwei Kriterien

Wenn Sie den Bereich nicht fest hinterlegen wollen, dann sieht der Code so aus:

```
Function Anz2Krit(Bereich1 As Range, Land, Spalte2, Produkt)
   Application.Volatile
      For Each c In Bereich1
         If c.Value = Land And c.Offset(0, Spalte2).Value = _
                      Produkt Then
            Anz2Krit = Anz2Krit + 1
         End If
      Next c
End Function
```

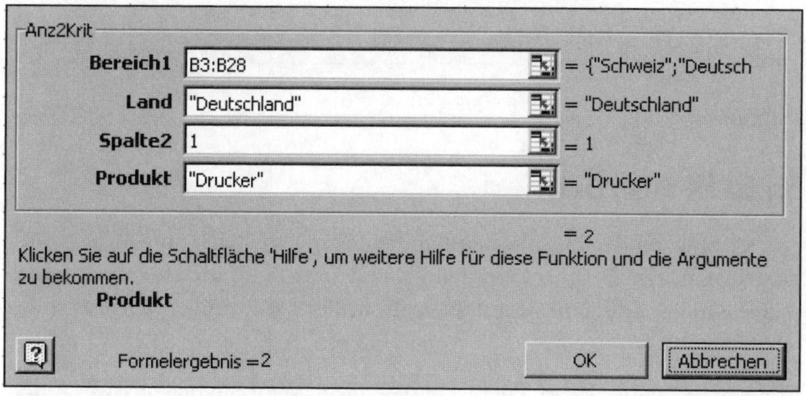

Abbildung 192: Zwei Kriterien (variabel)

In Spalte2 muss der Offset-Bereich eingegeben werden, 1 steht hier (siehe Abbildung 192) für die 2. Spalte nach dem markierten Bereich.

Verlassen wir das Thema ZÄHLENWENN und widmen wir uns der Funktion SUMMEWENN, die in VBA `SumIf` lautet.

Wir verwenden dasselbe Beispiel wie vorhin. Die Excel-Formel für SUMMEWENN könnte so aussehen:

=SUMMEWENN(B3:B28;"Schweiz";D3:D28)

Diese Formel wollen wir in VBA so hinterlegen, dass in unserem Beispiel nur noch das Land eingegeben werden muss. Die beiden Bereiche werden fix hinterlegt.

```
Function SWenn(Land As String) As Double
   Dim AWF As WorksheetFunction
   Set AWF = Application.WorksheetFunction
   Application.Volatile
   SWenn = AWF.SumIf(Range("B2:B28"), Land, Range("D2:D28"))
End Function
```

Abbildung 193: SummeWenn

171 DEM in EUR umrechnen

Nun wollen wir uns, auch wenn der Euro hoffentlich bei allen erfolgreich eingeführt wurde, mit diesem Thema befassen. Das Beispiel dient lediglich als Basis und Idee für das Umrechnen von festen Wechselkursen und kann somit auch für andere Währungen eingesetzt werden.

Bleiben wir der Einfachheit halber beim Thema EUR/DEM. Wenn Sie beispielsweise noch Tabellen mit DEM-Beträgen verwalten müssen, diese aber in EUR umrechnen wollen, dann können Sie dafür mit folgender Funktion arbeiten, die auch gleich auf zwei Nachkommastellen rundet:

```
Function DEM_in_EURO(DEM As Double) As Double
   Dim AWF As WorksheetFunction
   Set AWF = Application.WorksheetFunction
   Application.Volatile
   DEM_EUR = AWF.Round(DEM / 1.99583, 2)
```

```
End Function
```

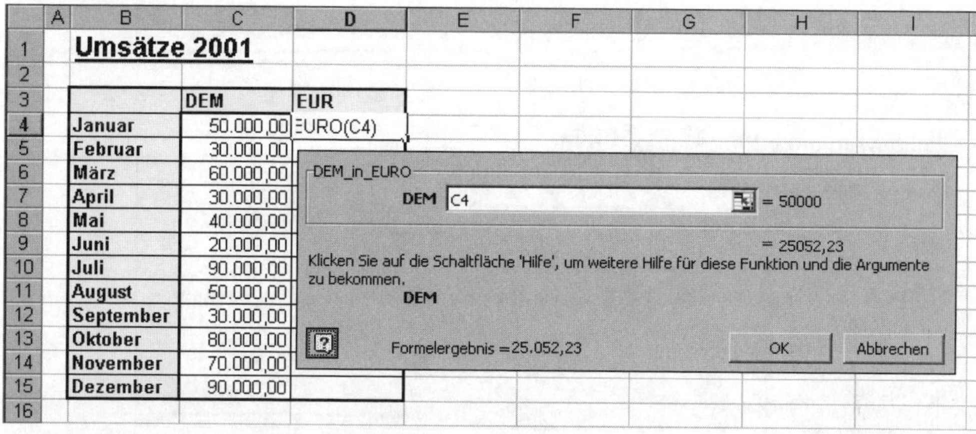

Abbildung 194: DEM in EUR umrechnen

Dementsprechend ist die Umrechnung von EUR in DEM:

```
Function EUR_DEM(EUR As Double) As Double
   Dim AWF As WorksheetFunction
   Set AWF = Application.WorksheetFunction
   Application.Volatile
   EUR_DEM = AWF.Round(EUR * 1.99583, 2)
End Function
```

172 Mittelwert ohne Null

Wenn Sie einen Mittelwert berechnen möchten, in dessen Bereich sich Nullwerte (0) befinden, wird das Ergebnis verfälscht. Sie können jedoch mit der richtigen Formel den Mittelwert ohne Nullen berechnen lassen.

Die Formel ohne VBA könnte so aussehen:

=SUMME(A1:B3)/ZÄHLENWENN(A1:B3;">0")

Diese Formel möchten wir nun in eine VBA-Funktion umwandeln, so dass der Benutzer nicht diese Formel kennen muss, sondern nur den Namen der Funktion, die dann im Hintergrund die Berechnung durchführt.

Die Anweisung `Sum` steht für SUMME und die Anweisung `CountIf` für ZÄHLENWENN.

```
Function MittelwertOhne0(Bereich As Range) As Double
   Application.Volatile
   MittelwertOhne0 = Application.WorksheetFunction.Sum(Bereich) _
     / Application.WorksheetFunction.CountIf(Bereich, ">0")
```

```
End Function
```

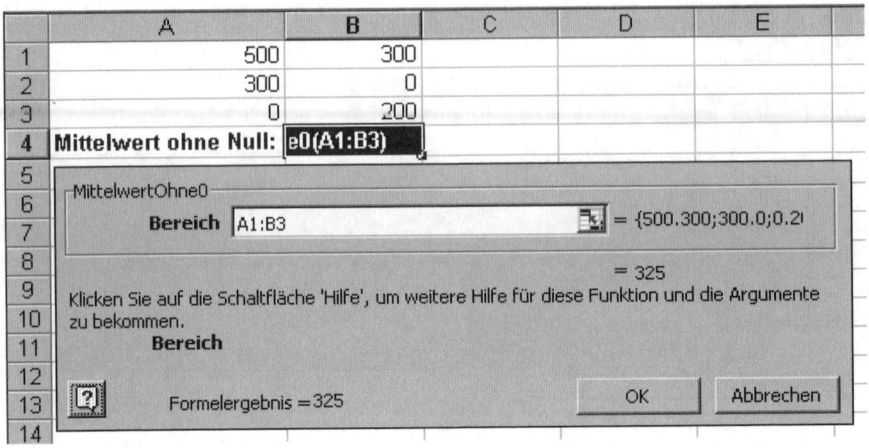

Abbildung 195: Mittelwert ohne Null

173 Wenn...Und

In diesem Beispiel wollen wir eine WENN ... UND-Formel als Funktion hinterlegen. Wenn der Wert größer als 50 (>50) und kleiner als 100 (<100) ist, soll der Text »OK« ausgegeben werden. Wenn der Wert außerhalb dieser Toleranz ist, soll die Meldung »***WARNUNG***« ausgegeben werden.

Die Formel ohne VBA könnte so aussehen:

=WENN(UND(A1>50;A1<100);"OK";"*WARNUNG***")**

Diese Formel wollen wir nun in einen VBA-Code umsetzen. Die Anweisung `IIf` steht für WENN und die Anweisung `And` für UND.

```
Function GroesserKleinerAls(Zahl As Double) As String
   Dim Toleranz As String
   Dim Warnung As String
   Application.Volatile
   Toleranz = "OK"
   Warnung = "***WARNUNG***"
   GroesserKleinerAls = IIf((Zahl > 50 And Zahl < 100), _
      Toleranz, Warnung)
End Function
```

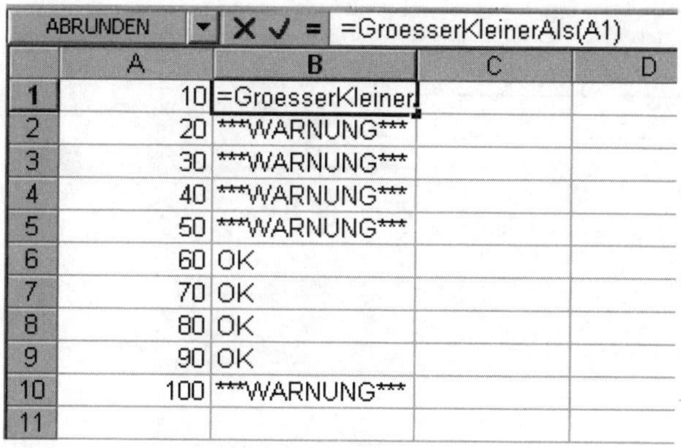

Abbildung 196: Wenn...Und-Funktion

174 Farbige Zahlen addieren

Das Addieren von farbigen Zahlen ist nur über eine VBA-Funktion möglich.

`Font.ColorIndex` steht für die Schriftfarbe.

> **Hinweis**
>
> Bedenken Sie jedoch, dass eine Veränderung der Farben keinen Einfluss auf die Zahlen an sich hat. Das bedeutet, dass die Formel jeweils aktualisiert werden muss, wenn Sie an der Textfarbe eine Änderung vornehmen [F9].
>
> *Noch wichtiger:*
>
> Bedenken Sie auch, dass rot nicht gleich rot ist und blau nicht gleich blau. Bei den 56 Farbtönen sind Farbverwechselungen immer möglich. Diese Farbnuancen können der Grund für Falschberechnungen sein (mehr zum Thema Farben und deren Nummern erfahren Sie in der entsprechenden Kategorie).

Der Code für eine Funktion, in der nur die Zahlen mit einer bestimmten Farbe addiert werden sollen, sieht so aus:

```
Function TextFarbe(Bereich As Range, Farbe As Byte)
   Dim c As Range
   Application.Volatile
      For Each c In Bereich
         If c.Font.ColorIndex = Farbe Then
            TextFarbe = TextFarbe + c
         End If
   Next
End Function
```

Wir verwenden eine `For...Each`-Schleife, die im ausgewählten Bereich alle Zellen auf das Vorhandensein der Farbe (`ColorIndex`) prüft.

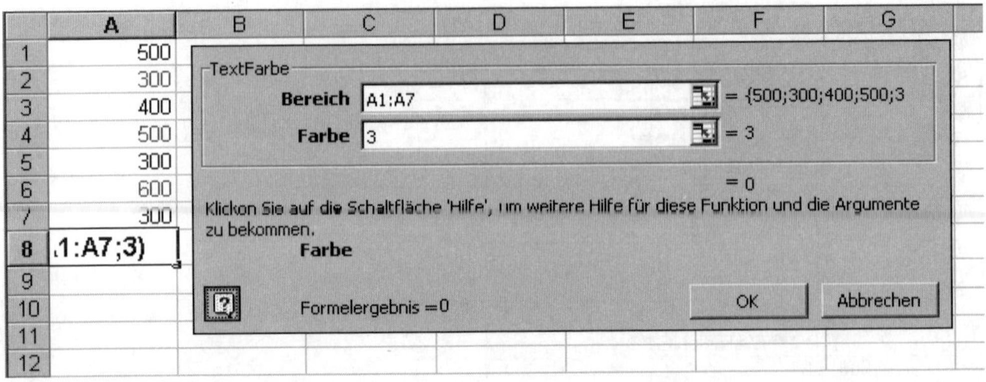

Abbildung 197: Funktion, die nur die roten Zahlen addiert (3 = Rot)

Ein weiteres Beispiel, in dem zwei Farben ausgewählt werden können:

```
Function TextFarbe(Bereich As Range, Farbe1 As Byte, _
      Farbe2 As Byte)
   Dim c As Range
   Application.Volatile
      For Each c In Bereich
         If c.Font.ColorIndex = Farbe1 Or c.Font.ColorIndex = Farbe2 Then
            TextFarbe = TextFarbe + c
         End If
      Next c
End Function
```

Bestimmte Farben von der Berechnung ausschließen:

```
Function TextFarbe(Bereich As Range, Farbe1 As Byte, _
  Farbe2 As Byte)
Dim c As Range
   Application.Volatile
      For Each c In Bereich
         If Not c.Font.ColorIndex = Farbe1 _
         And Not c.Font.ColorIndex = Farbe2 Then
            TextFarbe = TextFarbe + c
         End If
      Next
End Function
```

175 Nur Zahlen mit bestimmter Hintergrund-Farbe addieren

Die Funktion für den Hintergrund (`Interior.ColorIndex`) würde demnach so aussehen:

```
Function HGFarbe(Bereich As Range, Farbe As Byte)
   Application.Volatile
   Dim c As Range
      For Each c In Bereich
         If c.Interior.ColorIndex = Farbe Then
            HGFarbe = HGFarbe + c
         End If
      Next c
End Function
```

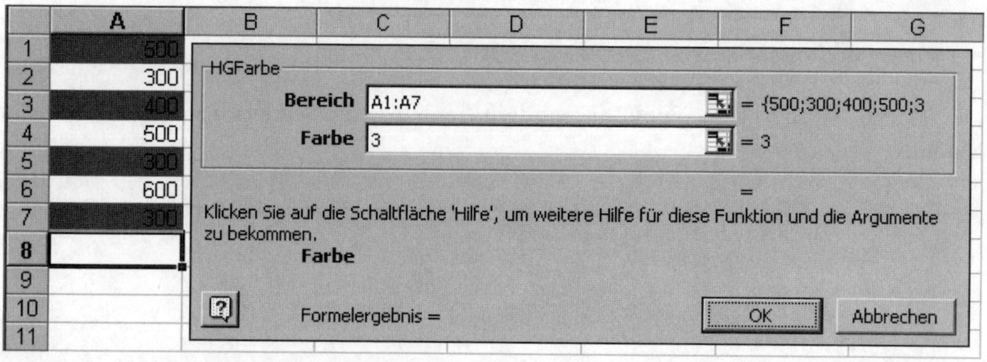

Abbildung 198: Nur rote Zahlen addieren

176 Einer Kategorie zuweisen

Eine selbst erstellte Funktion befindet sich automatisch in der Kategorie BENUTZERDEFINIERT. Sie können dies jedoch ändern, indem Sie Ihre Funktion einer anderen Kategorie zuweisen.

Nehmen wir dazu die Funktion `HGFarbe`, die wir im vorangegangenen Beispiel erstellt haben. Wir wollen diese der Kategorie FINANZMATHEMATIK zuweisen.

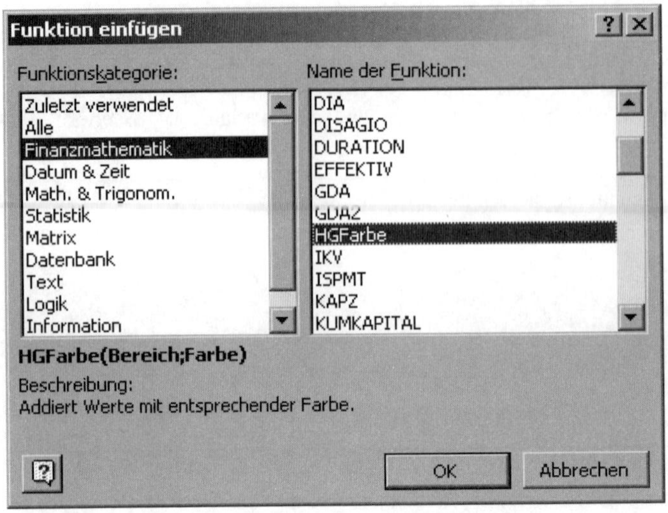

Abbildung 199: Funktion anderer Kategorie zuweisen

Der folgende Code ist keine Funktion, sondern eine Prozedur. Schreiben Sie den Code in ein Modul.

```
Sub Funktion_anderer_Kategorie_zuweisen()
   Application.MacroOptions _
   Macro:="HGFarbe", Description:="Beschreibung:" & Chr(13) _
   & "Addiert Werte mit entsprechender Farbe", _
   Category:=1
End Sub
```

Mit `Application.MacroOptions Macro:="HGFarbe«` geben Sie an, welche Funktion Sie einer anderen Kategorie zuweisen möchten. Mit `Discription` legen Sie den Text fest, der als Beschreibung für die Funktion dienen soll (siehe Abbildung 199).

Schreiben Sie diesen Code in ein Modul und führen Sie die Prozedur aus, indem Sie in der VBA-Umgebung die Taste [F5] drücken. Dieser Vorgang muss nur einmal ausgeführt werden. Die Funktion bleibt danach in der Kategorie erhalten.

Testen Sie dies, indem Sie den Funktions-Assistenten aufrufen. Unter der Kategorie FINANZMATHEMATIK finden Sie nun die Funktion `HGFarbe`.

In der nachfolgenden Liste finden Sie die Nummern der Kategorien, denen Sie eine selbst erstellte Funktion zuweisen können:

Nummer	Kategorie
1	Finanzmathematik
2	Datum & Uhrzeit
3	Math. & Trigonom.
4	Statistik
5	Matrix
6	Datenbank
7	Text
8	Logik
9	Information
10	Menübefehle
11	Benutzerorientiert (wird neu angezeigt)
12	Makrosteuerung (wird neu angezeigt)
13	DDE/Extern (wird neu angezeigt)
14	Benutzerdefiniert
15	Technisch

Tabelle 35: Kategorien

177 Starten über eine Schaltfläche

Wenn man eine Funktion sehr häufig braucht, wäre es natürlich schön, wenn man diese über eine Schaltfläche starten könnte, ähnlich der Summenschaltfläche in der Symbolleiste.

Am besten bleiben wir gleich bei unserem Beispiel `HGFarbe`.

Geben Sie in einem Modul in der VBA-Umgebung folgenden Code ein und weisen Sie diesen anschließend einer Schaltfläche zu.

```
Sub SummeSpezial()
   ActiveCell.FormulaR1C1 = "=HGFarbe()"
   Application.Dialogs(xlDialogFunctionWizard).Show
End Sub
```

178 Kalenderwoche nach DIN

```
Public Function DINKw(Tag As Date) As Byte
  DINKw = DatePart("ww", Tag, vbMonday, vbFirstFourDays)
End Function
```

179 Sternzeichen ermitteln

Das Ermitteln der Sternzeichen ist ein bisschen umfangreicher, da die Tage des Monats keiner einfachen mathematischen Regel unterzuordnen sind. Hier eine Beispielfunktion dazu. Der Zellwert wird zuerst mit `DateSerial` ins Jahr 1900 transformiert, damit die Berechnung übersichtlicher zu gestalten ist. Für den Steinbock ist eine völlig andere Ermittlung erforderlich als für die restlichen Sternzeichen, da er ja im Januar und im Dezember vorkommt.

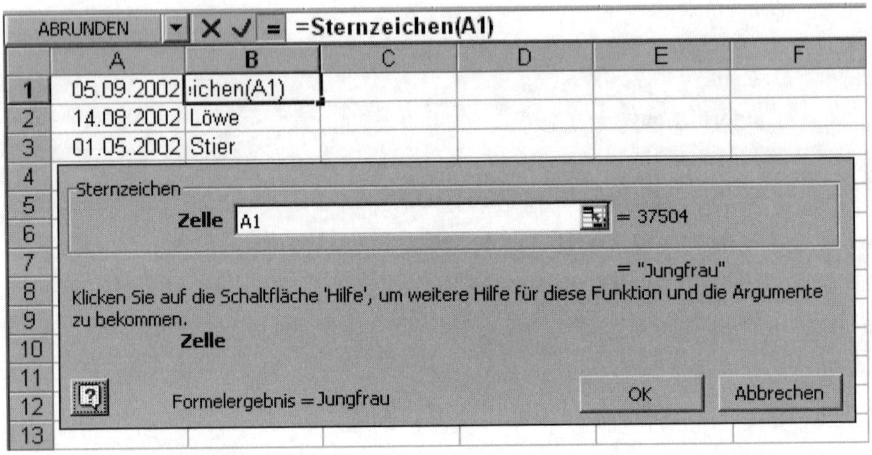

Abbildung 200: Sternzeichen ermitteln

```
Public Function Sternzeichen(Zelle As Date) As String
Dim Datum As Date
Application.Volatile

Datum = DateSerial(1900, Month(Zelle), Day(Zelle))

' Steinbock   22. Dezember - 20. Januar
   If Datum <= #1/20/1900# Or Datum >= #12/22/1900# Then
      Sternzeichen = "Steinbock"
' Wassermann   21. Januar - 19. Februar
   ElseIf Datum >= #1/21/1900# And Datum <= #2/19/1900# Then
      Sternzeichen = "Wassermann"
' Fische   20. Februar - 20. März
   ElseIf Datum >= #2/20/1900# And Datum <= #3/20/1900# Then
      Sternzeichen = "Fische"
' Widder   21. März - 20. April
   ElseIf Datum >= #3/21/1900# And Datum <= #4/20/1900# Then
      Sternzeichen = "Widder"
' Stier 21.   April - 21. Mai
   ElseIf Datum >= #4/21/1900# And Datum <= #5/21/1900# Then
      Sternzeichen = "Stier"
' Zwillinge   22. Mai - 21. Juni
   ElseIf Datum >= #5/22/1900# And Datum <= #6/21/1900# Then
      Sternzeichen = "Zwillinge"
```

```
' Krebs    22. Juni - 22. Juli
  ElseIf Datum >= #6/22/1900# And Datum <= #7/22/1900# Then
     Sternzeichen = "Krebs"
' Löwe    23. Juli - 23. August
  ElseIf Datum >= #7/23/1900# And Datum <= #8/23/1900# Then
     Sternzeichen = "Löwe"
' Jungfrau    24. August - 23. September
  ElseIf Datum >= #8/24/1900# And Datum <= #9/23/1900# Then
     Sternzeichen = "Jungfrau"
' Waage    24. September - 23. Oktober
  ElseIf Datum >= #9/24/1900# And Datum <= #10/23/1900# Then
     Sternzeichen = "Waage"
' Skorpion    24. Oktober - 22. November
  ElseIf Datum >= #10/24/1900# And Datum <= #11/22/1900# Then
     Sternzeichen = "Skorpion"
' Schütze    23. November - 21. Dezember
  ElseIf Datum >= #11/23/1900# And Datum <= #12/21/1900# Then
     Sternzeichen = "Schütze"
  Else
     Sternzeichen = "Fehler"
  End If
End Function
```

180 Feiertage ermitteln

Bei dieser Funktion ist der Rückgabewert »nur« Wahr oder Falsch. Dadurch ergeben sich eingeschränkte Möglichkeiten, die aber meist ausreichen. Als Besonderheit werden in dieser die Daten der Feiertage in ein eindimensionales Datenfeld eingetragen und am Ende in einer Schleife ausgewertet.

```
Public Function Feiertag2(Datum As Date) As Boolean
  Dim Feiert(19) As Date
  Dim J%, D%, i As Byte
  Dim O As Date
  J = Year(Datum)
  ' Osterberechnung
  D = (((255 - 11 * (J Mod 19)) - 21) Mod 30) + 21
  O = DateSerial(J, 3, 1) + D + (D > 48) + 6 - _
    ((J + J \ 4 + D + (D > 48) + 1) Mod 7)

  Feiert(1) = O          ' Ostern
  Feiert(2) = O + 1      ' Ostermontag
  Feiert(3) = O - 2      ' Karfreitag
  Feiert(4) = O + 39     ' Christi Himmelfahrt
  Feiert(5) = O + 49     ' Pfingsten
  Feiert(6) = O + 50     ' Pfingstmontag
  Feiert(7) = O + 60     ' Fronleichnam
  ' feste Feiertage
  Feiert(8) = DateSerial(J, 1, 1)
  Feiert(9) = DateSerial(J, 1, 6)
```

```
  Feiert(10) = DateSerial(J, 5, 1)
  Feiert(11) = DateSerial(J, 8, 15)
  Feiert(12) = DateSerial(J, 10, 3)
  Feiert(13) = DateSerial(J, 10, 31)
  Feiert(14) = DateSerial(J, 11, 1)
  Feiert(15) = DateSerial(J, 12, 24)
  Feiert(16) = DateSerial(J, 12, 25)
  Feiert(17) = DateSerial(J, 12, 26)
  Feiert(18) = DateSerial(J, 12, 31)
  ' Buß- und Bettag:
  Feiert(19) = DateSerial(J, 11, 22) -(DateSerial(J, 11, 18) Mod 7)
  For i = 1 To 19
    If Feiert(i) = Datum Then
      Feiertag2 = True
      Exit Function
    Else
      Feiertag2 = False
    End If
  Next i
End Function
```

Mit dieser wesentlich umfangreicheren Variante erhält man als Rückgabewert den Feiertagsnamen.

```
Public Function Feiertag(Datum As Date) As String
  Dim J%, D%
  Dim O As Date
  J = Year(Datum)
  ' Osterberechnung
  D = (((255 - 11 * (J Mod 19)) - 21) Mod 30) + 21
  O = DateSerial(J, 3, 1) + D + (D > 48) + 6 - _
    ((J + J \ 4 + D + (D > 48) + 1) Mod 7)
  ' Feiertage berechnen
  Select Case Datum
  Case Is = DateSerial(J, 1, 1)
    Feiertag = "Neujahr"
  Case Is = DateSerial(J, 1, 6)
    Feiertag = "Dreikönig*"
  Case Is = DateAdd("D", -2, O)
    Feiertag = "Karfreitag"
  Case Is = O
    Feiertag = "Ostersonntag"
  Case Is = DateAdd("D", 1, O)
    Feiertag = "Ostermontag"
  Case Is = DateSerial(J, 5, 1)
    Feiertag = "Erster Mai"
  Case Is = DateAdd("D", 39, O)
    Feiertag = "Christi Himmelfahrt"
  Case Is = DateAdd("D", 49, O)
    Feiertag = "Pfingstsonntag"
  Case Is = DateAdd("D", 50, O)
```

```
    Feiertag = "Pfingstmontag"
  Case Is = DateAdd("D", 60, 0)
    Feiertag = "Fronleichnam*"
  Case Is = DateSerial(J, 8, 15)
    Feiertag = "Maria Mimmelfahrt*"
  Case Is = DateSerial(J, 10, 3)
    Feiertag = "Tag der Deutschen Einheit"
  Case Is = DateSerial(J, 11, 22) - (DateSerial(J, 11, 18) Mod 7)
    Feiertag = "Buß- und Bettag*"
  Case Is = DateSerial(J, 10, 31)
    Feiertag = "Reformationstag*"
  Case Is = DateSerial(J, 11, 1)
    Feiertag = "Allerheiligen*"
  Case Is = DateSerial(J, 12, 24)
    Feiertag = "Heilig Abend*"
  Case Is = DateSerial(J, 12, 25)
    Feiertag = "Erster Weihnachtsfeiertag"
  Case Is = DateSerial(J, 12, 26)
    Feiertag = "Zweiter Weihnachtsfeiertag"
  Case Is = DateSerial(J, 12, 31)
    Feiertag = "Silvester*"
  Case Else
    Feiertag = ""
  End Select
End Function
```

Diese Funktion kann man auch bei der bedingten Formatierung (siehe Kategorie 03_Intern) einsetzen. Die Formeleingabe könnte dann so aussehen:

Für den ersten Farbwert: (Sonntage und einheitliche Feiertage)

```
=ODER(UND(RECHTS(Feiertag(A1);1)<>"*";LÄNGE(Feiertag(A1))>0);WOCHENTAG(A1)=1)
```

Für den zweiten Farbwert: (Samstage und nichteinheitliche Feiertage)

```
=ODER(LÄNGE(Feiertag(A1))>0;WOCHENTAG(A1)=7)
```

181 Umlaute für HTML-Code maskieren

Die Webbrowser haben je nach eingestelltem Gebietsschema Probleme mit unseren Umlauten. Ebenso mit Sonderzeichen im Text, die bei HTML als Steuerzeichen verwendet werden. Die nachfolgende Funktion ersetzt jeweils diese Zeichen durch die Maskierung. Das Eurosymbol ist von Microsoft nur mit einem Trick als Zeichen 128 darstellbar gemacht worden. Nicht jede Landesversion der Browser zeigt also das Eurosymbol an. Nach der Umwandlung mit dieser Funktion können alle Browser dieses Zeichen ausgeben, außer es ist keine Schriftart mit dem Eurosymbol eingestellt. Zum Testen der Funktion ist gleich ein Testmakro beigefügt.

Grundlagen
Fehler
Intern
Funktionen
Farben
Datum/Zeit
Auswertungen
Diagramme
Objekte
UserForm
Controls
Internet
Extern
Extra

```
Public Function Uml2HTML(txt As String) As String
  Application.Volatile
  txt = Replace(txt, "&", "&amp;")
  txt = Replace(txt, "<", "&lt;")
  txt = Replace(txt, ">", "&gt;")
  txt = Replace(txt, """", "&quot;")
  txt = Replace(txt, "ä", "&auml;")
  txt = Replace(txt, "Ä", "&Auml;")
  txt = Replace(txt, "ö", "&ouml;")
  txt = Replace(txt, "Ö", "&Ouml;")
  txt = Replace(txt, "ü", "&uuml;")
  txt = Replace(txt, "Ü", "&Uuml;")
  txt = Replace(txt, "ß", "&szlig;")
  txt = Replace(txt, "_", "&euro;")
  Uml2HTML = txt
End Function

Sub Testen()
  Dim txt As String
  txt = """Bert Körn: Übungsbeispiel"""
  MsgBox Uml2HTML(txt)
End Sub
```

182 Passwort im Code verschleiern

Viele Entwickler von Excel-Dateien müssen später in Tabellenblättern etc. Änderungen per Makrocode vornehmen. Jedoch soll das Passwort den Benutzern der Dateien soweit wie möglich verschleiert werden. Deshalb kann es sinnvoll sein, das Passwort nur im Zeichencode in der VBA-Umgebung einzutragen. Diese Funktion ist dabei eine sinnvolle Unterstützung.

```
Public Function Text2Chr(Zelle)
  Application.Volatile
  Dim i As Byte, L As Byte, txt As String
  L = Len(Zelle.Value)
  txt = "Chr(" & Asc(Left(Zelle, 1)) & ") "
  For i = 2 To L
    txt = txt & "& Chr(" & Asc(Mid(Zelle, i, 1)) & ") "
  Next i
  Text2Chr = txt
End Function
```

Aus dem Text

```
Chr(80) & Chr(97) & Chr(223) & Chr(119) & Chr(111) & Chr(114) & Chr(116)
```

werden die wenigsten Excel-Anwender das Passwort herauslesen können. Es hat ja zum Glück nicht jeder VBA-Kenntnisse.

183 Geheimschrift

Hier geht es bereits in den Bereich der richtigen Geheimschrift. Dieses Beispiel vertauscht nur immer den ungeraden Buchstaben mit dem nachfolgenden, aber man könnte diesen Lösungsansatz noch kräftig ausbauen. Dadurch werden zwar die Wortstrukturen noch nicht aufgebrochen, aber als Ungeübter hat man garantiert schon Schwierigkeiten, hinter dieses Rätsel zu kommen. Wissen Sie, was die Zeichenfolge

2 lkfjmf Lbsyfm hfgfm üafq cjf Tsqbßf

bedeuten könnte? Die nachfolgende Funktion übersetzt Ihnen den Satz in Reinschrift.

```
Public Function Geheim(Text)
   Dim BArray1, BArray2, tmp
   Barray1 = Array("b", "a", "d", "c", "f", "e", "h", "g", "j", _
         "i", "l", "k", "n", "m", "p", "o", "r", "q", "t", "s", _
         "v", "u", "x", "w", "z", "y")
   Barray2 = Array("B", "A", "D", "C", "F", "E", "H", "G", "J", _
         "I", "L", "K", "N", "M", "P", "O", "R", "Q", "T", "S", _
         "V", "U", "X", "W", "Z", "Y")
   For i = 1 To Len(Text)
      If Asc(Mid(Text, i, 1)) - 97 >= 0 And _
                  Asc(Mid(Text, i, 1)) - 97 <= 26 Then
         tmp = tmp & Barray1(Asc(Mid(Text, i, 1)) - 97)
      ElseIf Asc(Mid(Text, i, 1)) - 65 >= 0 And _
                  Asc(Mid(Text, i, 1)) - 65 <= 26 Then
         tmp = tmp & Barray2(Asc(Mid(Text, i, 1)) - 65)
      Else
         tmp = tmp & Mid(Text, i, 1)
      End If
   Next i
   Geheim = tmp
End Function
```

Der eigentliche Kern dieser Funktion ist schnell erläutert: In den Arrays `Barray1` und `Barray2` werden die zur Ersetzung vorgesehenen Buchstabenreihenfolgen definiert. Da in einem Array ohne Option Base 1 bei Null mit der Zählung begonnen wird, gehen die Wenn-Abfragen bereits mit Null los.

Damit Ihnen das Testen nicht zu schwer fällt, erhalten Sie auch gleich eine von vielen Aufrufmöglichkeiten dazu.

```
Sub Test_Geheim()
   Dim Demo As String
   Demo = "2 lkfjmf Lbsyfm hfgfm üafq cjf Tsqbßf"
   MsgBox Geheim(Demo), , "Übersetzung"
End Sub
```

Dieser Lösungsansatz ist bidirektional, die Ausgabe ist in der gleichen Funktion als Eingabe verwendbar. Es eröffnen sich ungeahnte Variationsmöglichkeiten, wenn man die Zahlen und druckbaren Zeichen mit in diese Funktion integriert.

184 Zahl zu Text

Sie haben natürlich auch die Möglichkeit, Zahlen in Text umzuwandeln. Die nächste Funktion ermöglicht Ihnen die einfache Zahlenausgabe. Es wird einfach jede Ziffer durch das entsprechende Wort ersetzt. Die einzelnen Zahlwörter stehen in einem Array mit dem Namen »AZahl«. Sie werden anstatt dem Zahlenwert ausgegeben.

```
Public Function TxtZahl(Zahl As String) As String
  Dim Erg As String
  Dim AZahl
  Dim i As Byte
  Application.Volatile
  AZahl = Array("Eins ", "Zwei ", "Drei ", "Vier ", "Fünf ", _
    "Sechs ", "Sieben ", "Acht ", "Neun ")
  If Zahl = "" Then
    ' Falls Sie keinen Wert auch als Fehler ausgeben wollen:
    ' TxtZahl = CVErr(xlErrNum)
    Exit Function
  End If
  ' Prüfen ob die Zahl numerisch ist
  If IsNumeric(Zahl) Then
   ' Schleife über jede Ziffer und durch Arrayinhalt ersetzen
    For i = 1 To Len(Zahl)
      If Mid(Zahl, i, 1) <> 0 And Mid(Zahl, i, 1) <> "," Then
        Erg = Erg & AZahl(Mid(Zahl, i, 1))
      ElseIf Mid(Zahl, i, 1) = "," Then
        Erg = Erg & "Komma "
      Else
        Erg = Erg & "Null "
      End If
    Next i
  Else
    ' Falls keine Zahl vorliegt
    TxtZahl = CVErr(xlErrNum)
  End If
  ' Ausgabe:
  TxtZahl = Erg
End Function
```

185 RGB-Farbwert ermitteln

Die Ermittlung des RGB-Farbwertes ist nicht ganz so einfach zu lösen. Der Rückgabewert von `.Interior.Color` ist eine Dezimalzahl. Um jetzt zu der hexadezimalen Zahl zu kommen, muss diese zuerst mit `Hex(Farbe)` umgeformt werden. Die Teilung der Farbbestandteile dürfte für Sie kein Problem darstellen. Damit Excel erkennt, dass eine Hexadezimalzahl vorliegt, muss vor dieses Ergebnis »&h« vorangestellt werden. Die Typumformung mit `CByte` bringt wieder die für uns gewohnten Zahlen hervor. Es muss nur noch erwähnt werden, dass in der hexadezimalen Schreibweise die Farbreihenfolge Blau – Grün – Rot ist.

```
Public Function FarbeRGB(Zelle As Range) As String
  Dim Farbe
  Dim ZRot As Byte, ZGruen As Byte, ZBlau As Byte
  Application.Volatile
  Farbe = Zelle.Interior.Color
  If Len(Hex(Farbe)) > 0 Then _
    ZRot = CByte("&h" & Right(Hex(Farbe), 2))
  If Len(Hex(Farbe)) > 2 Then _
    ZGruen = CByte("&h" & Mid(Hex(Farbe), 3, 2))
  If Len(Hex(Farbe)) > 4 Then _
    ZBlau = CByte("&h" & Mid(Hex(Farbe), 5, 2))
  ' Textausgabe lang:
  FarbeRGB = "Rot: " & ZRot & ", " & "Grün: " & ZGruen _
           & ", " & "Blau: " & ZBlau
 ' Textausgabe kurz:
 ' FarbeRGB = ZRot & ", " & ZGruen & ", " & ZBlau
End Function
```

186 RGB-Einzelwert ermitteln

Aufbauend auf der vorhergehenden Funktion ist in diesem Beispiel der Einzelwert einer Grundfarbe gefragt. Über das zweite Argument der Funktion wird bei Eingabe des ersten Buchstabens der Farbe die Farbintensität ausgegeben. Falls dieses optionale Argument nicht angegeben wird, erfolgt die Ausgabe des gesamten RGB-Wertes mit Kommas getrennt. Damit eine Eingabe des zweiten Arguments mit Groß- und Kleinbuchstaben möglich ist, wurden in der `Select-Case`-Auswahl 2 Werte angegeben.

```
Public Function FarbeRGB2(Zelle As Range, Optional Farbe As String)
   Dim FarbNr As Long
   Dim ZRot As Byte, ZGruen As Byte, ZBlau As Byte
   Application.Volatile
   FarbNr = Zelle.Interior.Color
   If Len(Hex(FarbNr)) > 0 Then _
      ZRot = CByte("&h" & Right(Hex(FarbNr), 2))
   If Len(Hex(FarbNr)) > 2 Then _
      ZGruen = CByte("&h" & Mid(Hex(FarbNr), 3, 2))
   If Len(Hex(FarbNr)) > 4 Then _
      ZBlau = CByte("&h" & Mid(Hex(FarbNr), 5, 2))
```

Grund-lagen
Fehler
Intern
Funk-tionen
Farben
Datum/Zeit
Auswer-tungen
Dia-gramme
Objekte
User-Form
Controls
Internet
Extern
Extra

```
   Select Case Farbe
   Case Is = "r", "R"
      FarbeRGB2 = ZRot
   Case Is = "g", "G"
      FarbeRGB2 = ZGruen
   Case Is = "b", "B"
      FarbeRGB2 = ZBlau
   Case Is = ""
      FarbeRGB2 = ZRot & ", " & ZGruen & ", " & ZBlau
   End Select
End Function
```

Farben

187 Farbskala erstellen

Gleich zu Beginn dieser Kategorie wollen wir eine Farbskala erstellen. Wenn man in VBA mit Farben arbeiten will, ist es wichtig zu wissen, welche Farbe welche Nummer hat.

In unserer Prozedur werden die Farben inkl. Nummern über sechs Spalten verteilt, damit sie auf einer Bildschirmseite Platz haben. Da die Anzahl der Farben in Excel auf 56 beschränkt ist, lässt sich das leicht bewerkstelligen (siehe Abbildung 201).

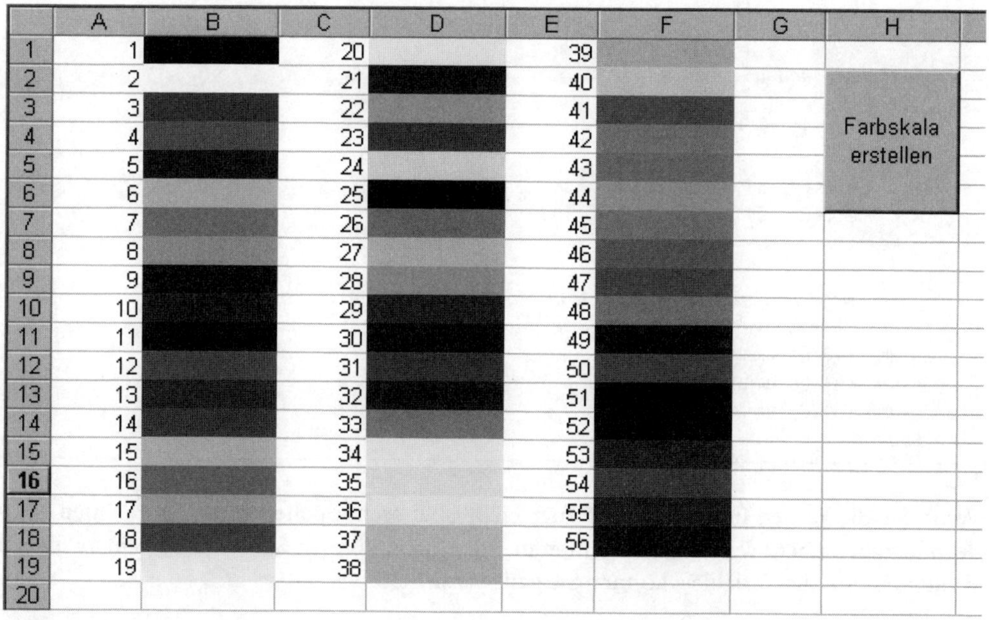

	A	B	C	D	E	F	G	H
1	1		20		39			
2	2		21		40			Farbskala erstellen
3	3		22		41			
4	4		23		42			
5	5		24		43			
6	6		25		44			
7	7		26		45			
8	8		27		46			
9	9		28		47			
10	10		29		48			
11	11		30		49			
12	12		31		50			
13	13		32		51			
14	14		33		52			
15	15		34		53			
16	16		35		54			
17	17		36		55			
18	18		37		56			
19	19		38					
20								

Abbildung 201: Farbskala

In der ersten `For...Next`-Schleife werden die ersten beiden Spalten mit Zahlen und Farben abgefüllt. Die Variable `i`, die wir als Zähler für die Farben verwenden, können wir auch gleich als Zeilenbezug benutzen.

Bei den restlichen Spalten müssen wir die Variable `x` als zweiten Zähler für die Zeilen hinzunehmen. Diese wird dann jeweils für die Spalten 3 und 4, 5 und 6 neu mit Werten gefüllt.

Am Ende der Prozedur werden die Spalten, die die Nummerierung der Farben enthalten, etwas schmaler gemacht (`ColumnWidth`).

```
Sub Farbskala_erstellen1()
   Dim i As Byte
   Dim x As Byte

   ' Spalten 1 und 2
      For i = 1 To 19
         Cells(i, 1).Value = i
         Cells(i, 2).Interior.ColorIndex = i
      Next i

   ' Spalten 3 und 4
      x = 0
      For i = 20 To 38
         x = x + 1
         Cells(x, 3).Value = i
         Cells(x, 4).Interior.ColorIndex = i
      Next i

  ' Spalten 5 und 6
      x = 0
      For i = 39 To 56
         x = x + 1
         Cells(x, 5).Value = i
         Cells(x, 6).Interior.ColorIndex = i
      Next i

   ' Hier werden die Spalten, die Zahlen enthalten, in
   ' ihrer Breite verkleinert
   Columns(1).ColumnWidth = 7
   Columns(3).ColumnWidth = 7
   Columns(5).ColumnWidth = 7
End Sub
```

Wenn Sie die Farben und deren Nummer nicht über sechs Spalten verteilen möchten, sondern lediglich über zwei, also alles untereinander, dann können Sie den Code entsprechend verkürzen. Auf die Variable x können Sie ganz verzichten:

```
Sub Farbskala_erstellen2()
   Dim i As Byte
      For i = 1 To 56
         Cells(i, 1).Value = i
         Cells(i, 2).Interior.ColorIndex = i
      Next i
   Columns(1).ColumnWidth = 7
End Sub
```

Die ersten acht Farben können Sie auch in Textform als Konstante eingeben. Der Vorteil dabei ist, dass Sie die Farbnummer nicht kennen müssen.

In der folgenden Prozedur werden den Zellen A1 bis A8 die Farb-Konstanten als Hintergrundfarbe zugewiesen:

```
Sub Farben_in_Textform()
   With ActiveSheet
      [A1].Interior.Color = vbWhite
      [A2].Interior.Color = vbBlack
      [A3].Interior.Color = vbRed
      [A4].Interior.Color = vbGreen
      [A5].Interior.Color = vbBlue
      [A6].Interior.Color = vbYellow
      [A7].Interior.Color = vbMagenta
      [A8].Interior.Color = vbCyan
   End With
End Sub
```

Konstante	Farbe
vbWhite	Weiß
vbBlack	Schwarz
vbRed	Rot
vbGreen	Grün
vbBlue	Blau
vbYellow	Gelb
vbMagenta	Rosa
vbCyan	Türkis

Tabelle 36: Farben und ihre VBA-Konstanten

188 Farbnummer der aktiven Zelle ermitteln

Wenn Sie keine Farbskala zur Verfügung haben, aber dennoch die Farbnummer einer Zelle ermitteln möchten, dann können Sie diese über eine kleine Prozedur abfragen und die Nummer der Farbe beispielsweise in einer Dialogbox ausgeben.

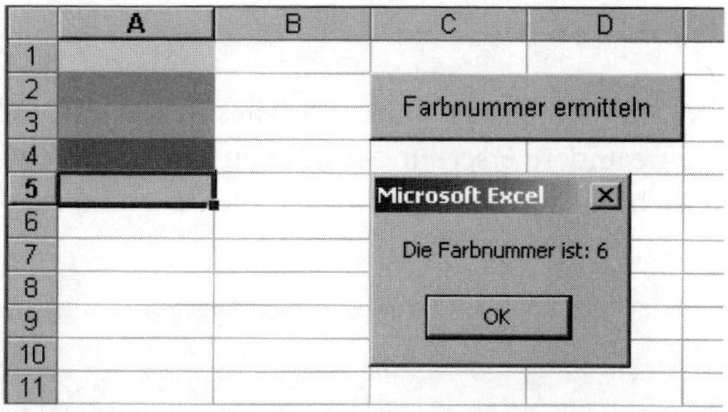

Abbildung 202: Farbnummer der aktiven Zelle ausgeben

Der Dialogbox wird ein Text und die Farbnummer der aktiven Zelle übergeben.

```
Sub Farbnummer_ermitteln ()
   MsgBox "Die Farbnummer ist: " & ActiveCell.Interior.ColorIndex
End Sub
```

189 RGB-Farbe aus Zellinhalt ermitteln

In drei verschiedenen Zellen in Ihrer Tabelle können Sie die RGB-Werte eintragen (siehe Abbildung 203). Die RGB-Werte setzen sich zusammen aus den Farben Rot, Grün und Blau. Bei entsprechender Mischung ergibt sich daraus die gewünschte Farbe. Der Hintergrund der Zelle `E2` soll in der Farbe, die den eingegebenen RGB-Werten entspricht, angezeigt werden.

	A	B	C	D	E
1		**Rot**	**Grün**	**Blau**	**Ergebnis**
2	**RGB-Wert**	255	0	255	
3					

Abbildung 203: RGB-Farbe aus Zellinhalt ermitteln

Damit sich die Hintergrundfarbe laufend bei der Eingabe von Werten in der Zelle ändert, weisen wir die Prozedur dem Ereignis `Worksheet_Change` zu. Der Code wird somit direkt hinter das entsprechende Tabellenblatt geschrieben.

```
Private Sub Worksheet_Change(ByVal Target As Range)
   Dim Rot As Byte
   Dim Gruen As Byte
   Dim Blau As Byte

   Rot = [B2].Value
   Gruen = [C2].Value
   Blau = [D2].Value

   [E2].Interior.Color = RGB(Rot, Gruen, Blau)
End Sub
```

190 Farben wechseln

In unserer Tabelle sind verschiedene Zellen farbig hinterlegt. Unser nächstes Programm soll die Farben dieser Zellen auf einmal durch eine andere ersetzen. Sie können sich damit eine Menge Arbeit ersparen, denn auf diese Weise brauchen Sie nicht vorher alle Zellen zu markieren.

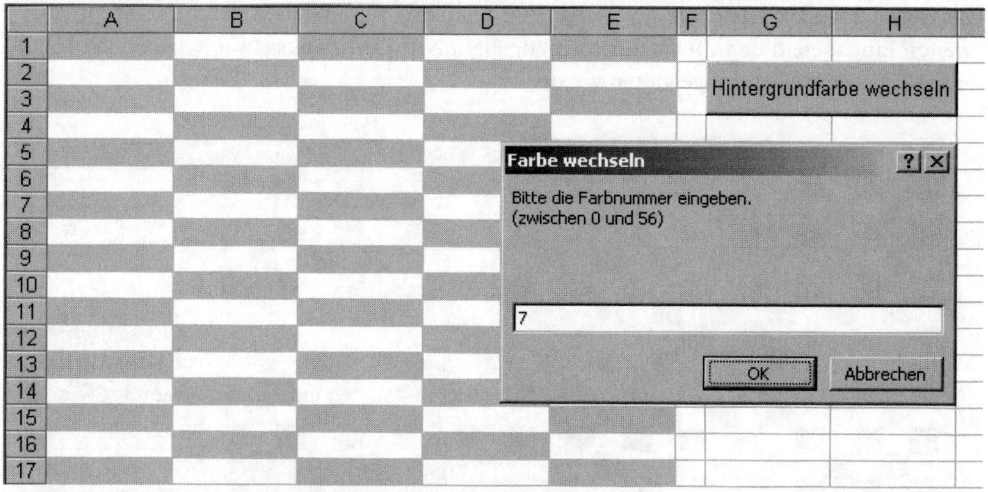

Abbildung 204: Alle Farben wechseln

In unserem Programm arbeiten wir mit einem Eingabefenster, in das Sie die Nummer der neuen Farbe eingeben können. Sämtliche Zellen, die bereits eine Hintergrundfarbe haben, werden durch die neue Farbe ersetzt.

In der `If...Then`-Entscheidung geben wir die Anweisung, dass alle Farben, die größer oder gleich Null sind, also alle Zellen, die bereits eine Farbe enthalten, mit der neuen Hintergrundfarbe belegt werden sollen.

Bei einer falschen Eingabe wie zum Beispiel ein Text oder eine Zahl, die größer als 56 ist oder kleiner als 0, wird über eine *Dialogbox* eine Fehlermeldung ausgegeben.

```
Sub Farbe_wechseln()
   Dim c As Range
   Dim bytFarbe As Byte
   On Error GoTo Errorhandler
   bytFarbe = Application.InputBox("Bitte die Farbnummer " & _
              "eingeben." & Chr(13) & _
              "(zwischen 0 und 56)", "Farbe wechseln", 0)
   If bytFarbe = False Then Exit Sub

      For Each c In ActiveSheet.UsedRange
         If c.Interior.ColorIndex >= 0 Then _
            c.Interior.ColorIndex = bytFarbe
      Next c
      Exit Sub
Errorhandler:
   MsgBox "Diese Farbnummer gibt es nicht." & Chr(13) & _
          "Geben Sie eine Zahl zwischen 0 und 56 ein"
End Sub
```

Das Beispiel wollen wir noch ein wenig erweitern. Es soll zusätzlich möglich sein, in einem zweiten Eingabefeld den Ziel-Bereich einzugeben. Nur diesem ausgewählten Bereich soll die neue Hintergrundfarbe zugewiesen werden.

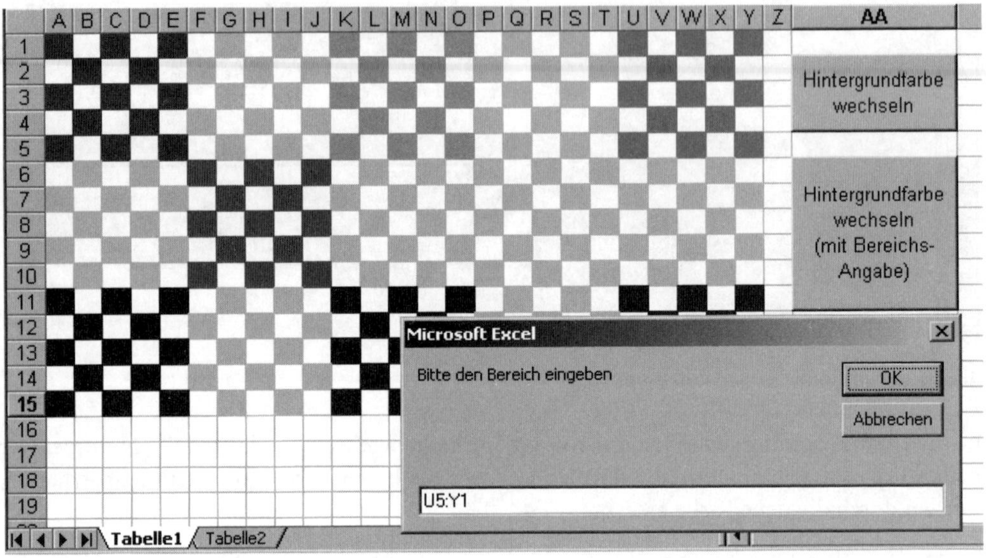

Abbildung 205: Farbe eines bestimmten Bereichs wechseln

```
Sub Farbe_pro_Bereich_wechseln()
   Dim c As Range
   Dim bytFarbe As Byte
   Dim rngBereich As String
   On Error GoTo Errorhandler
   bytFarbe = Application.InputBox("Bitte die Farbnummer " & _
              "eingeben." & Chr(13) & _
              "(zwischen 0 und 56)", "Farbe wechseln", 0)

   ' Erweiterung
   rngBereich = InputBox("Bitte den Bereich eingeben")
      If bytFarbe = False Then Exit Sub
         For Each c In Range(rngBereich)
            If c.Interior.ColorIndex >= 0 Then _
               c.Interior.ColorIndex = bytFarbe
         Next c
   Exit Sub
Errorhandler:
   MsgBox "Diese Farbnummer gibt es nicht." & Chr(13) & _
          "Geben Sie eine Zahl zwischen 0 und 56 ein"
End Sub
```

191 Hintergrund-Muster Skala

Auch hier wollen wir zuerst eine Skala erstellen, damit wir später mit den Hintergrund-Nummern weiterarbeiten können.

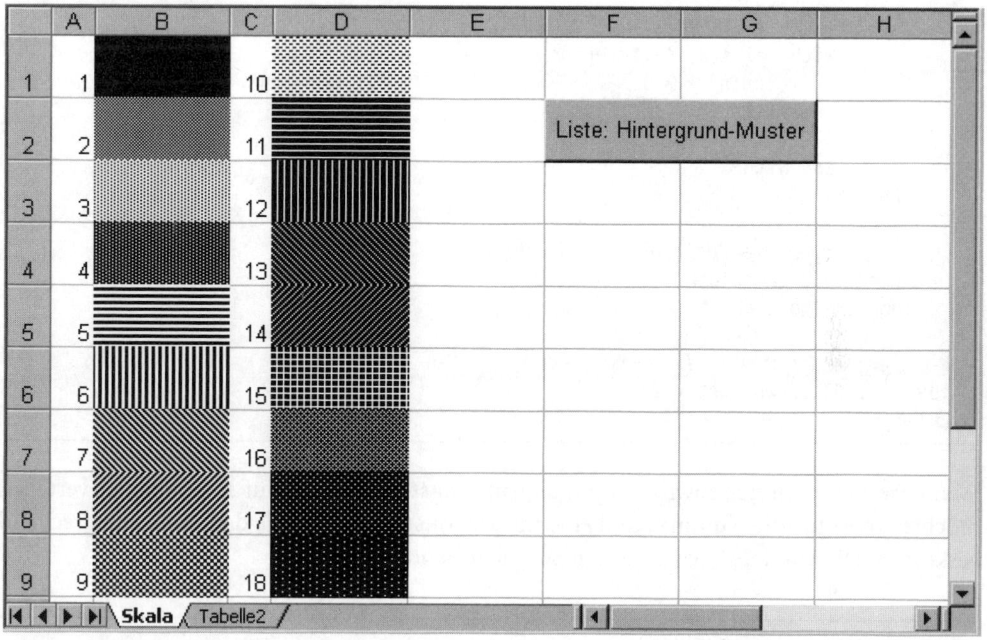

Abbildung 206: Hintergrund-Muster

Das Prinzip ist dasselbe, wie wir es bereits bei der Farbskala behandelt haben. Wir verzichten daher auf eine nähere Beschreibung.

An Stelle der Hintergrundfarbe wird hier lediglich das Hintergrund-Muster mittels der Variablen `i` verändert. Da beim Hintergrund-Muster mit 2 Farben gearbeitet wird, werden in unserer Prozedur entsprechend auch 2 Farben vergeben (`ColorIndex = 1` und `PatternColorIndex = 2`).

```
Sub Gestreifte_Zellen_Liste1()
   Dim i As Byte
   Dim x As Byte

      ' Spalten 1 und 2
      For i = 1 To 9
         Cells(i, 1).Value = i
            With Cells(i, 2).Interior
               .ColorIndex = 1
               .Pattern = i
               .PatternColorIndex = 2
            End With
```

```
      Next i

      ' Spalten 3 und 4
      x = 0
      For i = 10 To 18
         x = x + 1
         Cells(x, 3).Value = i
            With Cells(x, 4).Interior
               .ColorIndex = 1
               .Pattern = i
               .PatternColorIndex = 2
            End With
      Next i

   ' Hier werden die Spalten mit den Zahlen verkleinert
   Columns(1).ColumnWidth = 3
   Columns(3).ColumnWidth = 3

   ' Hier werden die Zeilen vergrößert
   Rows("1:9").RowHeight = 28
End Sub
```

Wenn Sie die Nummer sowie das Hintergrundmuster lediglich auf zwei Spalten verteilen möchten, eine für die Nummer und eine für das Muster, können Sie den Code entsprechend verkürzen. Die Variable x wird somit nicht mehr benötigt.

```
Sub Gestreifte_Zellen_Liste2()
  Dim i As Byte
     For i = 1 To 18
        Cells(i, 1).Value = i
           With Cells(i, 2).Interior
              .ColorIndex = 1
              .Pattern = i
              .PatternColorIndex = 2
           End With
     Next i
  Columns(1).ColumnWidth = 3
  Rows("1:18").RowHeight = 28
End Sub
```

192 Hintergrund-Muster einem Bereich zuweisen

Die Nummern für die Hintergrund-Muster haben wir ja oben in der Hintergrund-Skala ermittelt. Mit diesen Nummern wollen wir nun weiterarbeiten. Im folgenden Beispiel werden wir per Eingabefenster die Nummer des Hintergrund-Musters abfragen. Dieses Muster wird dann dem markierten Bereich zugewiesen.

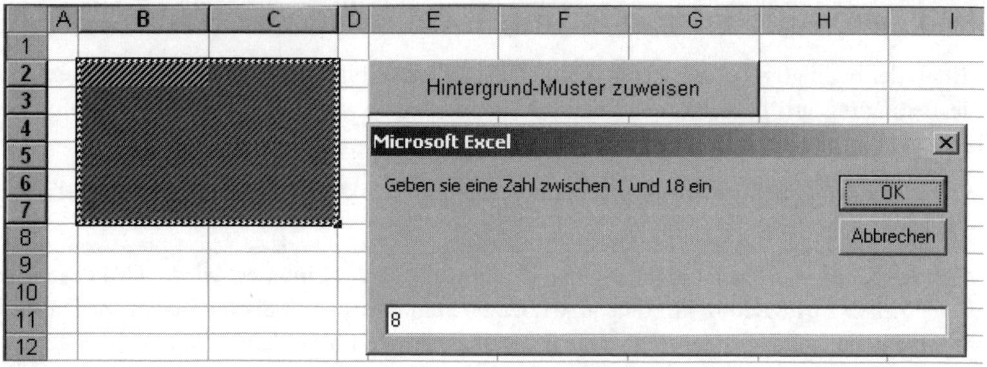

Abbildung 207: Hintergrund-Muster markiertem Bereich zuweisen

Ihnen stehen 18 verschiedene Hintergrund-Muster zur Verfügung. Die Zahl zwischen 1 und 18 wird in ein Eingabefeld eingegeben. Der Wert im Eingabefeld, also die Zahl, die Sie eingeben, wird der Variablen `bytStreifen` übergeben.

In der `For...Each`-Schleife wird dieses Muster jeder markierten Zelle zugewiesen. Damit auch wirklich ein Muster entsteht, müssen wir mit zwei verschiedenen Farben arbeiten. Die eine Farbe ist für den Hintergrund (`Interior.ColorIndex`). Hier in diesem Beispiel ist das Schwarz. Dann verwenden wir noch die zweite Farbe, damit das Muster entsteht (`Interior.PatternColorIndex`), hier im Beispiel die Farbe Gelb. Allfällige Fehleingaben werden über eine Fehlerbehandlung abgefangen.

```
Sub Gestreifte_Zellen_zuweisen()
   Dim bytStreifen As Byte
   Dim c As Range
   On Error GoTo Errorhandler
   bytStreifen = InputBox("Geben Sie eine Zahl " & _
                "zwischen 1 und 18 ein", , 1)
      For Each c In Selection
         With c.Interior
            .ColorIndex = 1
            .Pattern = bytStreifen
            .PatternColorIndex = 6
         End With
      Next c
   Exit Sub
Errorhandler:
   MsgBox ("Falsche Eingabe")
End Sub
```

Eine etwas elegantere Lösung finden Sie in der Kategorie »UserForm«.

193 Bedingte Formatierung – Zellfarbe verändern

Mittels der bedingten Formatierung können Sie Zellen farblich hervorheben, je nachdem, ob die Bedingung erfüllt wird oder nicht. Anhand unseres ersten Beispiels wollen wir eine bedingte Formatierung ohne VBA erstellen.

Wir verwenden eine Liste mit Monatsnamen. Der jeweils aktuelle Monat soll hervorgehoben werden.

Wichtig ist, dass der Monat nicht als Text, sondern als Datum hinterlegt wird. Dazu geben Sie in der Zelle `A1` 01.01.2002, in Zelle `A2` 01.02.2002 ein. Markieren Sie die beiden Zellen und ziehen Sie diese nach unten, so dass Sie die Monatsnamen für ein Jahr erhalten. Formatieren Sie anschließend die Zahlen mit dem »benutzerdefinierten Zahlenformat« `MMMM`, um die Monate in Textform anzeigen zu lassen.

Abbildung 208: Aktuellen Monat hervorheben

Markieren Sie nun den Bereich B2:B13 und wählen Sie den Menüpunkt FORMAT | BEDINGTE FORMATIERUNG aus.

Geben Sie die Formel gemäß Abbildung 209 ein. Klicken Sie dann auf die Schaltfläche FORMAT und wählen Sie dann aus der Registerkarte MUSTER die gewünschte Hintergrundfarbe aus.

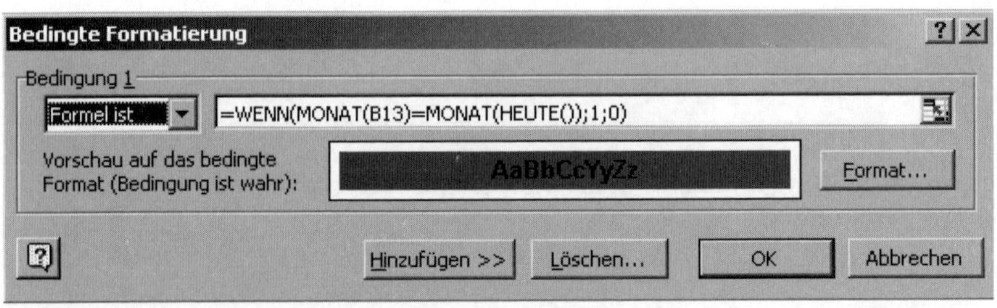

Abbildung 209: Formel für die bedingte Formatierung

Hinweis

In der Bedingten Formatierung können Sie *maximal drei Bedingungen* eingeben, indem Sie jeweils auf die Schaltfläche HINZUFÜGEN klicken. Ein Beispiel mit VBA, wie Sie diese Einschränkung umgehen können, finden Sie anschließend.

Über den Menüpunkt FORMAT | BEDINGTE FORMATIERUNG können Sie bis zu drei Bedingungen eingeben. Das ist oftmals zu wenig. Im nächsten Beispiel wollen wir mit Hilfe von VBA diese Einschränkung aufheben.

Da die Zellen direkt nach der Eingabe verändert werden sollen, sobald sich eine Zahl ändert, müssen Sie die Prozedur direkt an das gewünschte Tabellenblatt binden. Wir erstellen also eine Prozedur mit dem Ereignis `Worksheet_Change`, das besagt, dass das Tabellenblatt unmittelbar auf eine Veränderung reagieren soll. `Target` (Ziel) bewirkt, dass die Zelle direkt angesprochen wird.

Die Werte in dieser Prozedur werden in zehner-Schritten bis zu 90 festgelegt. Wenn Sie also eine Zahl zwischen 1 und 90 in eine Zelle eingeben, ändert sich entsprechend die Hintergrundfarbe der Zelle (`Interior.ColorIndex`).

```
Private Sub Worksheet_Change(ByVal Target As Excel.Range)
   Dim c As Range
   On Error Resume Next
      If Target.Value > 90 Then Exit Sub
      If Target.Value < 1 Then Exit Sub
         For Each c In Target
            Select Case c.Value
               Case 1 To 10
                  c.Interior.ColorIndex = 1   ' Schwarz
               Case 11 To 20
                  c.Interior.ColorIndex = 2   ' Weiß
               Case 21 To 30
                  c.Interior.ColorIndex = 3   ' Rot
               Case 31 To 40
                  c.Interior.ColorIndex = 4   ' Grün
               Case 41 To 50
                  c.Interior.ColorIndex = 5   ' Blau
               Case 51 To 60
                  c.Interior.ColorIndex = 6   ' Gelb
               Case 61 To 70
                  c.Interior.ColorIndex = 7   ' Rosa
               Case 71 To 80
                  c.Interior.ColorIndex = 8   ' Cyan
               Case 81 To 90
                  c.Interior.ColorIndex = 9   ' Braun
            End Select
         Next c
End Sub
```

194 Bedingte Formatierung – Schriftfarbe verändern

Um das vorherige Beispiel zu ergänzen, fügen wir noch ein bisschen was für die Schriftformatierung hinzu. Das lässt sich natürlich problemlos erweitern.

```
Private Sub Worksheet_Change(ByVal Target As Excel.Range)
Dim rngNumber As Range
   On Error Resume Next
   If Target.Value > 50 Then Exit Sub
   If Target.Value < 1 Then Exit Sub
   For Each rngNumber In Target
      Select Case rngNumber.Value
         Case 1 To 10
            rngNumber.Interior.ColorIndex = 1    'Black
            rngNumber.Font.Name = "Courier"
            rngNumber.Font.FontStyle = "Fett"
            rngNumber.Font.Size = 12
            rngNumber.Font.ColorIndex = 2
         Case 11 To 20
            rngNumber.Interior.ColorIndex = 2    'White
            rngNumber.Font.Name = "Courier"
            rngNumber.Font.FontStyle = "Fett"
            rngNumber.Font.Size = 12
            rngNumber.Font.ColorIndex = 1
         Case 21 To 30
            rngNumber.Interior.ColorIndex = 3    'Red
            rngNumber.Font.Name = "Courier"
            rngNumber.Font.FontStyle = "Fett"
            rngNumber.Font.Size = 12
            rngNumber.Font.ColorIndex = 8
         Case 31 To 40
            rngNumber.Interior.ColorIndex = 4    'Green
            rngNumber.Font.Name = "Courier"
            rngNumber.Font.FontStyle = "Fett"
            rngNumber.Font.Size = 12
            rngNumber.Font.ColorIndex = 7
         Case 41 To 50
            rngNumber.Interior.ColorIndex = 5    'Blue
            rngNumber.Font.Name = "Courier"
            rngNumber.Font.FontStyle = "Fett"
            rngNumber.Font.Size = 12
            rngNumber.Font.ColorIndex = 6
      End Select
   Next rngNumber
End Sub
```

195 Rote Zellen schützen

Mit dem nachfolgenden Programm werden in allen Tabellenblättern sämtliche Zellen, die eine rote Hintergrundfarbe haben, vor dem Überschreiben geschützt.

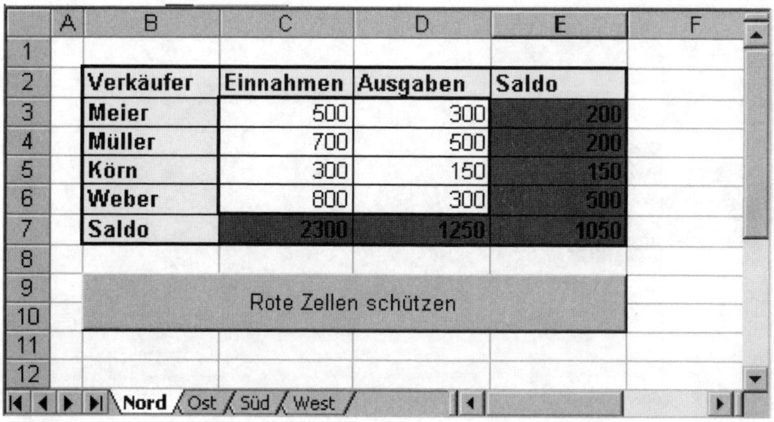

Abbildung 210: Alle roten Zellen werden geschützt

In der ersten `For...Each`-Schleife wird mittels `Unprotect` der Blattschutz von dem jeweiligen Tabellenblatt aufgehoben.

Da ja in Excel grundsätzlich alle Zellen geschützt sind (was erst bei der Aktivierung des Blattschutzes zum Zuge kommt), müssen wir bei allen Zellen den Schutz entfernen (`Cells.Locked = False`).

In der inneren `For...Each`-Schleife wird allen Zellen, die eine rote Hintergrundfarbe haben, der Zellschutz wieder zugewiesen. Anschließend wird der Blattschutz (`Protect`) wieder aktiviert. Die Zellen mit roter Hintergrundfarbe können nun nicht mehr verändert werden.

```
Sub Rote_Zellen_schuetzen()
   Dim WS As Worksheet
   Dim c As Range
      For Each WS In Worksheets
         WS.Unprotect
         WS.Cells.Locked = False
            For Each c In WS.UsedRange
               If c.Interior.ColorIndex = 3 Then c.Locked = True
            Next c
         WS.Protect
      Next WS
End Sub
```

Grundlagen
Fehler
Intern
Funktionen
Farben
Datum/Zeit
Auswertungen
Diagramme
Objekte
UserForm
Controls
Internet
Extern
Extra

196 Farbige Zellen zählen

Im folgenden Beispiel erfahren Sie, wie man farbige Zellen zählen kann. Es sollen alle farbigen und nicht farbigen Zellen im benutzten Bereich gezählt und die Summe in einer Dialogbox ausgegeben werden.

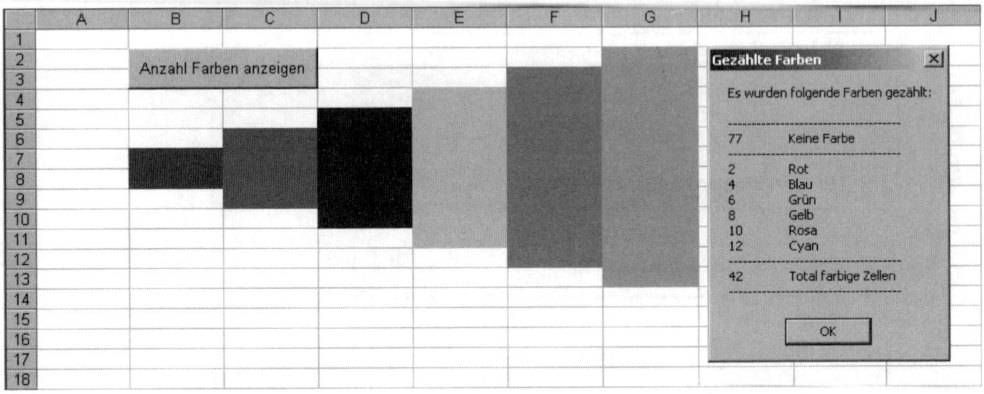

Abbildung 211: Farbige Zellen zählen

Die jeweiligen Farben werden in einer `For...Each`-Schleife gezählt und der entsprechenden Variablen übergeben.

```
Sub Farben_zaehlen()
   Dim c As Range
   Dim lngxlNone As Long
   Dim lngRot As Long
   Dim lngGruen As Long
   Dim lngBlau As Long
   Dim lngGelb As Long
   Dim lngRosa As Long
   Dim lngCyan As Long
   Dim lngTotal As Long
      For Each c In ActiveSheet.UsedRange
         If c.Interior.ColorIndex = xlNone Then lngxlNone = _
            lngxlNone + 1
         If c.Interior.ColorIndex = 3 Then lngRot = lngRot + 1
         If c.Interior.ColorIndex = 4 Then lngBlau = lngBlau + 1
         If c.Interior.ColorIndex = 5 Then lngGruen = lngGruen + 1
         If c.Interior.ColorIndex = 6 Then lngGelb = lngGelb + 1
         If c.Interior.ColorIndex = 7 Then lngRosa = lngRosa + 1
         If c.Interior.ColorIndex = 8 Then lngCyan = lngCyan + 1
         If c.Interior.ColorIndex > 0 Then lngTotal = lngTotal + 1
      Next c
   MsgBox "Es wurden folgende Farben gezählt: " & Chr(13) _
          & Chr(13) & "-----------------------------------" _
          & Chr(13) & lngxlNone & Chr(9) & " Keine Farbe " _
          & Chr(13) & "-----------------------------------" _
```

```
          & Chr(13) & lngRot & Chr(9) & " Rot" _
          & Chr(13) & lngBlau & Chr(9) & " Blau" _
          & Chr(13) & lngGruen & Chr(9) & " Grün" _
          & Chr(13) & lngGelb & Chr(9) & " Gelb" _
          & Chr(13) & lngRosa & Chr(9) & " Rosa" _
          & Chr(13) & lngCyan & Chr(9) & " Cyan" _
          & Chr(13) & "-----------------------------------" _
          & Chr(13) & lngTotal & Chr(9) & " Total farbige Zellen" _
          & Chr(13) & "-----------------------------------", _
          , "Gezählte Farben"
End Sub
```

197 Jede zweite Zeile grau darstellen

Oft sieht eine Tabelle, wenn viele Zeilen untereinander ausgefüllt werden, etwas unübersichtlich aus. Das folgende Programm färbt jede zweite Zeile im benutzten Bereich mit der Hintergrundfarbe Grau ein.

	A	B	C	D	E	F	G
1		Herr	Anton	Müller	Dorfstrasse 10	Hägendorf	Schweiz
2		Frau	Maria	Meier	Hauptstrasse 5	München	Deutschland
3		Frau	Karin	Althaus	Brunnenweg 25	Rottweil	Deutschland
4		Herr	Markus	Sommer	Gartenstrasse	Wien	Österreich
5		Herr	Martin	Keller	In der Heid 15	Salzburg	Österreich
6		Frau	Helen	Peters	Moosacker 23	Zürich	Schweiz
7		Herr	Karl	Brunner	Sonnenweg 5	Berlin	Deutschland
8		Herr	Reto	Dörfliger	Seebachweg 8	Bern	Schweiz
9		Herr	Josef	Haller	Salzweg 37	Hannover	Deutschland
10		Frau	Monika	Schöller	Brückenrain 33	Genf	Schweiz
11		Herr	Ulrich	Berger	Maisfeldweg 1	Köln	Deutschland
12		Frau	Susanne	Altweg	In der Mühle 5	Paris	Frankreich
13		Herr	Herbert	Fischer	Herzogstrasse	Solothurn	Schweiz
14		Frau	Catarina	Weber	Ringstrasse 18	Bremen	Deutschland
15							
16							
17							
18							

Abbildung 212: Jede zweite Zeile grau darstellen

Zuerst werden die Zeilen (`Rows`) im benutzten Bereich gezählt. In der `For...Next`-Schleife wird im zweier-Schritt jeder 2. Zeile die graue Hintergrundfarbe zugewiesen.

```
Sub Zeilen_Grau()
   Dim x As Integer
   Dim i As Integer
   ' Zurücksetzen der alten Farben
   Cells.Interior.ColorIndex = xlNone
```

Grundlagen
Fehler
Intern
Funktionen
Farben
Datum/Zeit
Auswertungen
Diagramme
Objekte
UserForm
Controls
Internet
Extern
Extra

```
   x = ActiveSheet.UsedRange.Rows.Count
      For i = 1 To x Step 2
         Rows(i).Interior.ColorIndex = 15
      Next i
End Sub
```

Alternativ können Sie auch mit der *Bedingten Formatierung* arbeiten.

Sie müssen alle Zellen markieren. Dies geht am besten mit dem Button oberhalb der Zeilenbeschriftung »1« bzw. links neben der Spaltenbeschriftung »A« (oder mit der Tastenkombination [Strg]+[A]). A1 sollte die aktive Zelle sein. Bei der bedingten Formatierung geben Sie folgende Formel ein:

=REST(ZEILE(A1);2)=0

Der größte Vorteil bei der bedingten Formatierung ist folgender: Sie können jederzeit Ihre Daten sortieren und haben immer die gleich bleibende Zellformatierung.

198 Jede vierte Zelle in einer anderen Farbe

Im nächsten Beispiel erfahren Sie, wie Sie jede dritte Zelle einer Zeile automatisch in drei verschiedenen Farben darstellen können.

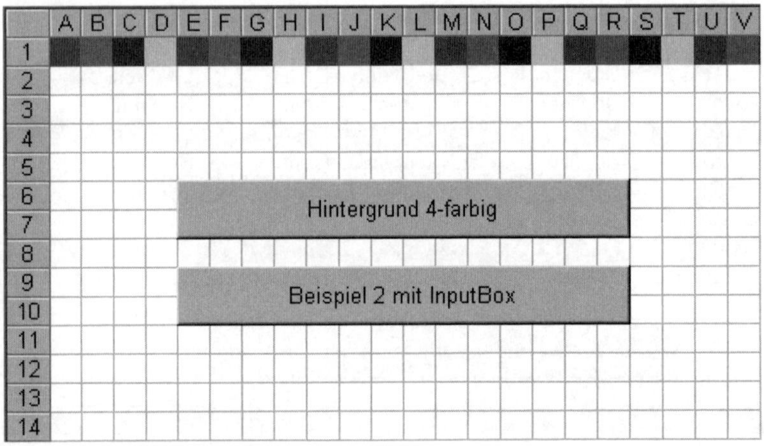

Abbildung 213: Farben-Wechsel

Wir arbeiten mit zwei Variablen. Das `i` ist für den Zähler in der Schleife. Diesen Zähler können wir auf 64 beschränken. Jedes Tabellenblatt umfasst ja bekanntlich 256 Spalten. Da wir 4 Farben verwenden, müssen wir nur die Spaltenzahl durch die Farbzahl teilen. In unserem Fall ergibt das 64.

Die zweite Variable (`x`) verwenden wir, um den Spalten-Index anzusprechen. Nach jeder Farbzuweisung wird der Zähler um eins erhöht. So können wir nach und nach den Zellen die verschiedenen Farben zuweisen, bis das Ende erreicht ist.

Direkt nach der Variablendeklaration wird die Zelle A1 selektiert. So können wir sichergehen, dass die Prozedur auch wirklich bei der ersten Zelle beginnt.

```
Sub Hintergrund_4farbig()
   Dim i As Byte
   Dim x As Integer
   [A1].Select
   x = 0
      For i = 1 To 64
         ActiveCell.Offset(0, x).Interior.ColorIndex = 3
         x = x + 1
         ActiveCell.Offset(0, x).Interior.ColorIndex = 4
         x = x + 1
         ActiveCell.Offset(0, x).Interior.ColorIndex = 5
         x = x + 1
         ActiveCell.Offset(0, x).Interior.ColorIndex = 6
         x = x + 1
      Next i
   Exit Sub
End Sub
```

Das Beispiel ist sicherlich ausbaufähig. Anstatt A1 zu selektieren, könnte man hier beispielsweise ebenfalls eine Variable (y) verwenden. Über ein Eingabe-Fenster könnte man die gewünschte Zeile abfragen, auf die die Farben angewendet werden sollen.

Beachten Sie, dass nun beim `Offset` mit zwei Variablen gearbeitet wird:

```
Sub Hintergrund_4farbig_Beispiel2()
   Dim i As Byte
   Dim x As Integer
   Dim y As Integer
   [A1].Select
   x = 0
   y = InputBox("Bitte geben Sie die gewünschte Zeilenzahl ein.")
      For i = 1 To 64
         ActiveCell.Offset(y, x).Interior.ColorIndex = 3
         x = x + 1
         ActiveCell.Offset(y, x).Interior.ColorIndex = 4
         x = x + 1
         ActiveCell.Offset(y, x).Interior.ColorIndex = 5
         x = x + 1
         ActiveCell.Offset(y, x).Interior.ColorIndex = 6
         x = x + 1
      Next i
   Exit Sub
End Sub
```

Grundlagen
Fehler
Intern
Funktionen
Farben
Datum/Zeit
Auswertungen
Diagramme
Objekte
UserForm
Controls
Internet
Extern
Extra

199 Farb-Formatierung übernehmen

Sie können die Hintergrund- oder Schrift-Farbe einer gewünschten Zelle auf weitere Zellen übernehmen.

In der folgenden Prozedur wird über ein Eingabefeld abgefragt, von welcher Zelle her die Farbe übernommen werden soll. Die Hintergrund- oder Schriftfarbe der Zelle wird dann auf den markierten Bereich übernommen.

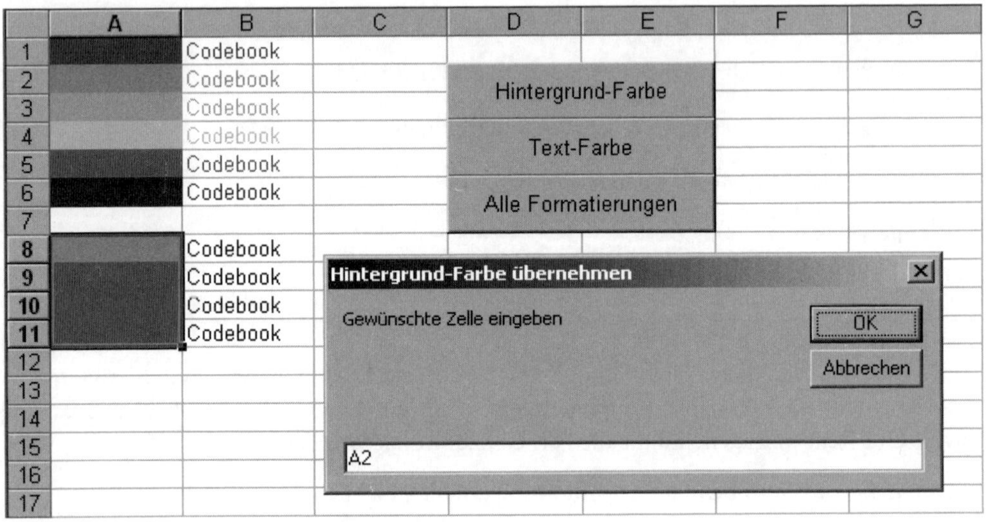

Abbildung 214: Farben-Formatierungen übernehmen

Das Prinzip ist recht einfach. Wir arbeiten mit einer Variablen, die dazu verwendet werden soll, die Zellen anzusprechen. Zuerst wird der Zielbereich markiert, dann die Prozedur aufgerufen. Im Eingabefenster kann die Zelle eingegeben werden, von der wir die Farbe übernehmen wollen (siehe Abbildung 214). Diese Eingabe wird an die Variable `strQuelle` übergeben.

In einer `If...Then`-Entscheidung wird geprüft, ob der Zelle überhaupt eine Farbe zugeordnet ist. Wenn ja, wird die Farbe auf den markierten Bereich übertragen.

Hintergrundfarbe:

```
Sub Hintergrund_Formatierung()
   Dim strQuelle As String
   On Error GoTo Errorhandler
   strQuelle = InputBox("Gewünschte Zelle eingeben", _
               "Hintergrund-Farbe übernehmen")
      If Range(strQuelle).Interior.ColorIndex <> xlNone Then
         Selection.Interior.ColorIndex = _
            Range(strQuelle).Interior.ColorIndex
      End If
```

```
   Exit Sub
Errorhandler:
   MsgBox ("Falsche, oder keine Eingabe")
End Sub
```

Dasselbe Vorgehen für die Schriftfarbe:

```
Sub Schrift_Formatierung()
   Dim strQuelle As String
   On Error GoTo Errorhandler
   strQuelle = InputBox("Gewünschte Zelle eingeben", _
            "Schrift-Farbe übernehmen")
      If Range(strQuelle).Font.ColorIndex <> xlNone Then
         Selection.Font.ColorIndex = _
            Range(strQuelle).Font.ColorIndex
      End If
   Exit Sub
Errorhandler:
   MsgBox ("Falsche, oder keine Eingabe")
End Sub
```

Im nächsten Beispiel werden sämtliche Zellformatierungen übernommen, als ob man den »Pinsel« aus der Standard-Symbolleiste verwenden würde.

```
Sub Alle_Formatierungen()
   Dim strQuelle As String
   On Error GoTo Errorhandler
   strQuelle = InputBox("Gewünschte Zelle eingeben", _
            "Alle Formatierungen übernehmen")
   Range(strQuelle).Copy
   Selection.PasteSpecial Paste:=xlFormats
   Application.CutCopyMode = False
   Exit Sub
Errorhandler:
   MsgBox ("Falsche, oder keine Eingabe")
End Sub
```

200 Schriftfarbe wechseln

In diesem Beispiel soll die Schriftfarbe der ersten vier Zellen rot sein, die fünfte Zelle jedoch blau. Dann soll sich das Muster wiederholen, bis die ganze Zeile in diesem Muster formatiert ist.

Abbildung 215: Schriftfarbe wechseln

Ein ähnliches Beispiel haben wir bereits weiter oben behandelt (jede vierte Zelle in einer anderen Farbe). Diesmal wird jedoch nicht der Zellhintergrund in der Farbe verändert, sondern der Text. Da wir nun in fünfer-Schritten arbeiten, müssen wir noch eine Fehlerbehandlung einbauen, denn wenn wir die 256 Spalten durch 5 teilen, erhalten wir eine Zahl mit Nachkommastellen. Diese könnten wir in der Schleife nicht ansprechen. Deshalb haben wir die Zahl aufgerundet auf 52. Wenn man 52 mit 5 multipliziert, ist das Ergebnis 260. So viele Spalten hat die Tabelle aber nicht, und darum die Fehlerbehandlung, denn es würde unweigerlich zu einem Fehler führen, sobald der Zähler >256 ist.

Der Trick bei der ganzen Sache ist, das `ActiveCell.Offset` richtig einzusetzen. Sehen Sie sich bitte die folgende Prozedur an. Direkt nach dem Schleifenbeginn verwenden wir das `ActiveCell.Offset` in einem `Range`. Damit können wir einen Bereich ansprechen, und zwar immer gleich 4 Zellen auf einmal (0–3). Diesem wird die Farbe Rot zugewiesen. Danach sprechen wir die 5. Zelle an (Index = 4) und weisen dieser Zelle die blaue Farbe zu. Dann wird die 6. Zelle selektiert und das Spiel beginnt von vorne, bis das Ende der Spalten erreicht ist.

```
Sub Schriftfarbe_wechseln()
   Dim i As Byte
   [A1].Select
   On Error GoTo Errorhandler
      For i = 1 To 52
         Range(ActiveCell, ActiveCell.Offset(0, 3)). _
               Font.ColorIndex = 3
         ActiveCell.Offset(0, 4).Font.ColorIndex = 5
         ActiveCell.Offset(0, 5).Select
      Next i
   Exit Sub
Errorhandler:
   [A1].Select
End Sub
```

201 Zeichen in Farben

Die folgenden Beispiele drehen sich um die Formatierung von Zeichen in Zellen.

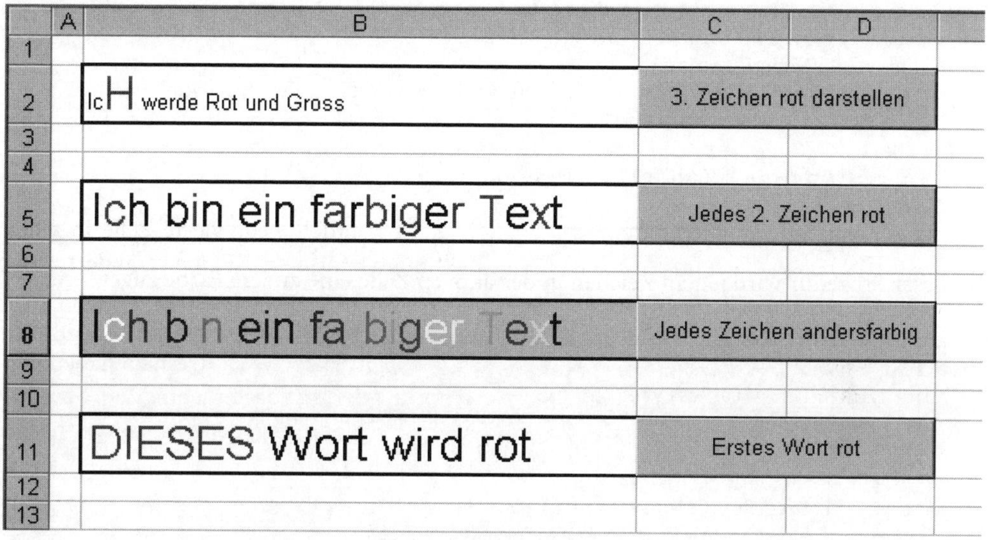

Abbildung 216: Zeichen in verschiedenen Farben

Das dritte Zeichen in der aktiven Zelle soll rot und mit der Schriftgröße 20 dargestellt werden.

Mittels der Eigenschaft `Characters` und dem entsprechenden Index, in unserem ersten Beispiel also die 3, kann ein einzelnes Zeichen angesprochen und verändert werden.

Die 2. Zahl in der Klammer sagt aus, wie viele Zeichen verändert werden sollen. Wenn nun in Klammern (3, 6) stehen würde, dann würden ab dem 3. Zeichen 6 Zeichen verändert.

Die Methode `AutoFit` bewirkt, dass die Spalte automatisch dem längsten Eintrag der Spalte angepasst wird.

```
Sub Text_Farbe1()
   With ActiveCell
      ActiveCell = "IcH werde Rot und Groß"
      ActiveCell.Characters(3, 1).Font.Color = vbRed
      ActiveCell.Characters(3, 1).Font.Size = 20
   End With
   Columns(ActiveCell.Column).EntireColumn.AutoFit
End Sub
```

In der folgenden Prozedur wird jedem zweiten Zeichen die rote Schriftfarbe zugewiesen. Zuerst wird der Variablen `bytSchrittweite` der Wert 2 zugewiesen, damit dieser in der `For...Next`-Schleife als Zähler und `Step` verwendet werden kann.

```
Sub Text_Farbe2()
   Dim bytSchrittweite As Byte
   Dim i As Long
   bytSchrittweite = 2
   ActiveCell = "Ich bin ein farbiger Text"
      For i = bytSchrittweite To Len(ActiveCell) Step _
            bytSchrittweite
         ActiveCell.Characters(i, 1).Font.Color = vbRed
         ActiveCell.Font.Size = 20
      Next i
   Columns(ActiveCell.Column).EntireColumn.AutoFit
End Sub
```

In dieser Prozedur wird jedem Zeichen in der aktiven Zelle eine andere Farbe zugewiesen.

```
Sub Text_Farbe3()
   Dim bytSchrittweite As Byte
   Dim i As Integer
   bytSchrittweite = 1
   ActiveCell = "Ich bin ein farbiger Text"
   ActiveCell.Interior.ColorIndex = 15
      For i = bytSchrittweite To Len(ActiveCell) Step _
            bytSchrittweite
         ActiveCell.Characters(i, 1).Font.ColorIndex = i
         ActiveCell.Font.Size = 20
      Next i
   Columns(ActiveCell.Column).EntireColumn.AutoFit
End Sub
```

In dieser Prozedur wird das erste Wort (bis zum Leerschlag) in roter Textfarbe geschrieben:

```
Sub Text_Farbe4()
   Dim strText As String
   Dim strSuche As String
   Dim bytNr As Byte
   strText = ActiveCell.Value
   strSuche = " "
   bytNr = InStr(1, strText, strSuche, 1)
   ActiveCell.Characters(, bytNr).Font.ColorIndex = 3
   ActiveCell.Font.Size = 20
   Columns(ActiveCell.Column).EntireColumn.AutoFit
End Sub
```

202 Formeln hervorheben

In unserer nächsten Prozedur wollen wir ermitteln, an welcher Position sich die Formeln befinden, und diese einfärben.

Der Code ist so aufgebaut, dass zuerst der Bereich markiert werden muss. Anschließend können Sie die Prozedur ausführen.

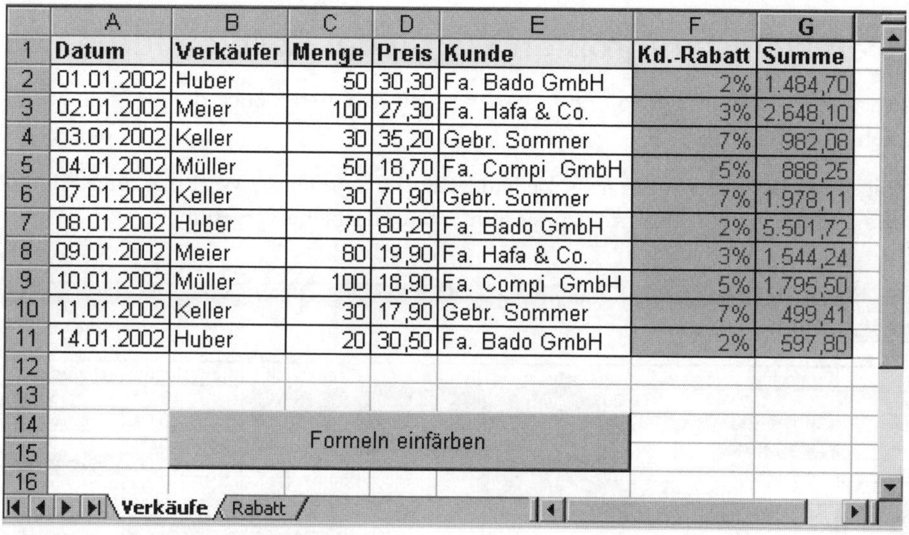

	A	B	C	D	E	F	G
1	Datum	Verkäufer	Menge	Preis	Kunde	Kd.-Rabatt	Summe
2	01.01.2002	Huber	50	30,30	Fa. Bado GmbH	2%	1.484,70
3	02.01.2002	Meier	100	27,30	Fa. Hafa & Co.	3%	2.648,10
4	03.01.2002	Keller	30	35,20	Gebr. Sommer	7%	982,08
5	04.01.2002	Müller	50	18,70	Fa. Compi GmbH	5%	888,25
6	07.01.2002	Keller	30	70,90	Gebr. Sommer	7%	1.978,11
7	08.01.2002	Huber	70	80,20	Fa. Bado GmbH	2%	5.501,72
8	09.01.2002	Meier	80	19,90	Fa. Hafa & Co.	3%	1.544,24
9	10.01.2002	Müller	100	18,90	Fa. Compi GmbH	5%	1.795,50
10	11.01.2002	Keller	30	17,90	Gebr. Sommer	7%	499,41
11	14.01.2002	Huber	20	30,50	Fa. Bado GmbH	2%	597,80

Abbildung 217: Formeln hervorheben

Der Befehl `HasFormula` prüft, ob in der Zelle eine Formel enthalten ist. Wenn der Rückgabewert `False` ist, wird keine Farbe zugewiesen. Wenn der Wert `True` ist, wird der Zelle die Schriftfarbe Rot und die Hintergrundfarbe Gelb zugewiesen.

```
Sub Formeln_hervorheben()
   Dim c As Variant
      For Each c In Selection
         If c.HasFormula = False Then
            c.Font.ColorIndex = xlAutomatic
            c.Interior.ColorIndex = xlNone
         Else
            c.Font.ColorIndex = 3
            c.Interior.ColorIndex = 6
         End If
      Next c
End Sub
```

Falls Sie alle Formeln des Tabellenblattes formatieren wollen, können Sie dies im Nu mit folgendem Vierzeiler bewerkstelligen, ohne dass Sie eine Schleife brauchen.

```
Sub Alle_Formeln_markieren()
   Cells.SpecialCells(xlCellTypeFormulas).Interior.ColorIndex = 6
   Cells.SpecialCells(xlCellTypeFormulas).Font.ColorIndex = 3
End Sub
```

Der Schlüssel zu dieser Kürze ist `SpecialCells(xlCellTypeFormulas)`, das alle mit Formeln belegten Zellen auf einmal anspricht.

203 Den kleinsten/größten Wert jeder Zeile einfärben

Für Auswertungen kann es sinnvoll sein, dass man auf den ersten Blick die größte bzw. die kleinste Zahl erkennen kann.

In dem folgenden Beispiel wird in jeder Zeile der Tabelle der kleinste Wert mit roter Hintergrundfarbe und der größte Wert mit grüner Hintergrundfarbe hervorgehoben.

Umsatzzahlen

	Deutschland	Schweiz	Öesterreich	Italien	Frankreich	Niederlande	Schweden
Meier	30.000	50.000	20.000	70.000	20.000	30.000	50.000
Müller	90.000	25.000	70.000	60.000	30.000	50.000	80.000
Eller	95.000	70.000	60.000	30.000	75.000	85.000	50.000
Körn	70.000	75.000	80.000	25.000	20.000	35.000	10.000
Weber	80.000	85.000	10.000	70.000	75.000	25.000	15.000
Tschan	50.000	25.000	70.000	80.000	35.000	90.000	85.000
Sommer	70.000	30.000	80.000	45.000	25.000	95.000	35.000
Winter	80.000	70.000	50.000	25.000	40.000	50.000	65.000
Fromm	90.000	80.000	70.000	15.000	30.000	40.000	55.000
Klein	10.000	75.000	25.000	20.000	70.000	40.000	50.000
Gross	95.000	35.000	45.000	70.000	80.000	20.000	60.000
Keller	55.000	25.000	55.000	30.000	90.000	70.000	15.000

Min/Max aktualisieren

Abbildung 218: Minimum / Maximum pro Zeile anzeigen

Zuerst wird die Farbe aller Zellen in dem Tabellenblatt zurückgesetzt. Somit kann die Prozedur mehrmals ausgeführt werden und die Zellen werden jeweils neu mit Farbe hinterlegt. Über die `If`-Anweisungen wird dem kleinsten Wert pro Zeile (`Min`) die Hintergrundfarbe Rot vergeben. Leere Zellen (Nullwerte) werden nicht mit ausgewertet. Der größte Wert (`Max`) erhält die Hintergrundfarbe Grün.

```
Sub Min_Max_pro_Zeile()
   Dim c As Object
      For Each c In ActiveSheet.UsedRange
         c.Interior.ColorIndex = xlAutomatic
         If c.Value = WorksheetFunction.Min(Rows(c.Row)) _
            And Not (IsEmpty(c)) Then
            c.Interior.ColorIndex = 3
```

```
        End If
        If c.Value = WorksheetFunction.Max(Rows(c.Row)) _
           And Not (IsEmpty(c)) Then
           c.Interior.ColorIndex = 4
        End If
     Next c
End Sub
```

Ohne VBA könnte man einen solchen Effekt mit der »Bedingten Formatierung« erreichen, was in vielen Fällen sicherlich sinnvoller sein mag.

Eine solche Lösung wollen wir Ihnen natürlich nicht vorenthalten. Markieren Sie dazu den Bereich, der die Zahlen enthält. Gemäß Abbildung 218 wäre das der Bereich B4:H15. Klicken Sie auf den Menüpunkt FORMAT | BEDINGTE FORMATIERUNG und nehmen Sie die erforderlichen Einstellungen vor (siehe Abbildung 219). Achten Sie aber dabei bitte darauf, dass die Zelle B4 die aktive Zelle ist, sonst müssen Sie die Formel anpassen. Die Eingabe der Dollarzeichen ist in diesem Falle sehr wichtig.

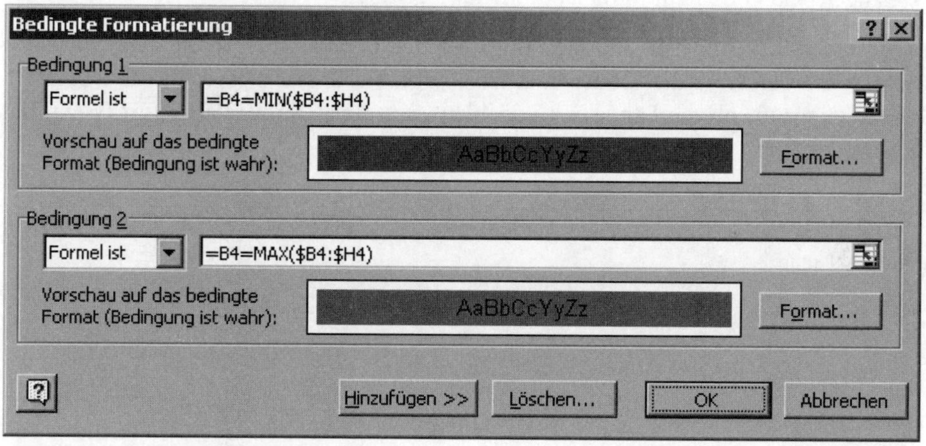

Abbildung 219: Bedingte Formatierung

204 Aktiven Bereich einfärben

Eine kleine Spielerei. Wenn Sie immer wissen möchten, welcher Bereich im Moment aktiv bzw. markiert ist, kann man diesen farbig hervorheben.

Die Variable muss in diesem Beispiel als `Static` deklariert werden, damit der Wert behalten wird, solange der Code ausgeführt wird.

Der Code wird als Ereignis-Prozedur in »DieseArbeitsmappe« geschrieben, damit er für alle Tabellenblätter Gültigkeit hat.

Dem Zielbereich, also `Target`, wird die Hintergrundfarbe Grün vergeben.

```
Private Sub Workbook_SheetSelectionChange _
      (ByVal Sh As Object, ByVal Target As Excel.Range)
   Static rngFarbe As Range
      If Not rngFarbe Is Nothing Then
         rngFarbe.Interior.ColorIndex = xlColorIndexNone
      End If
   Target.Interior.ColorIndex = 35
   Set rngFarbe = Target
End Sub
```

205 Text bei mehr als 30 Zeichen pro Zelle kürzen

Dieses Beispiel wollen wir Schritt für Schritt aufbauen. Die Idee ist, dass alle Zellen eine maximale Anzahl von 30 Zeichen enthalten dürfen. Das heißt, wenn in einer Zelle ein Text steht, der länger als 30 Zeichen ist, wird er gekürzt. In der folgenden Prozedur werden sämtliche benutzten Zellen des Tabellenblattes (`UsedRange`) auf ihre Länge (`Len`) überprüft.

In unserem ersten Beispiel geschieht das ohne Rückfrage. Das heißt, sämtliche Zellen, die einen zu langen Text enthalten, werden automatisch gekürzt.

In der `For...Each`-Schleife wird jede Zelle im benutzten Bereich abgearbeitet. Der Variablen `varSpeicher` wird der Wert der aktuellen Zelle übergeben. Danach wird mittels `If...Then`-Entscheidung geprüft, ob die Länge der Variablen `varSpeicher` größer als 30 ist. Wenn das zutrifft, wird gekürzt.

```
Sub Zeichen_kuerzen()
   Dim c As Range
     For Each c In ActiveSheet.UsedRange
        If Len(c.Value) > 30 Then
           c.value = Left(c.Value, 30)
        End If
      Next c
End Sub
```

Wir wollen diese Prozedur um eine Dialogbox erweitern. Es soll vor dem Kürzen bei jeder Zelle, die mehr als 30 Zeichen enthält, rückgefragt werden, ob wirklich gekürzt werden soll.

Die Dialogbox enthält drei Schaltflächen. Eine, um das Kürzen zu bestätigen, also JA, eine, um das Kürzen abzulehnen, NEIN, und eine, um die Prozedur abzubrechen, ABBRECHEN.

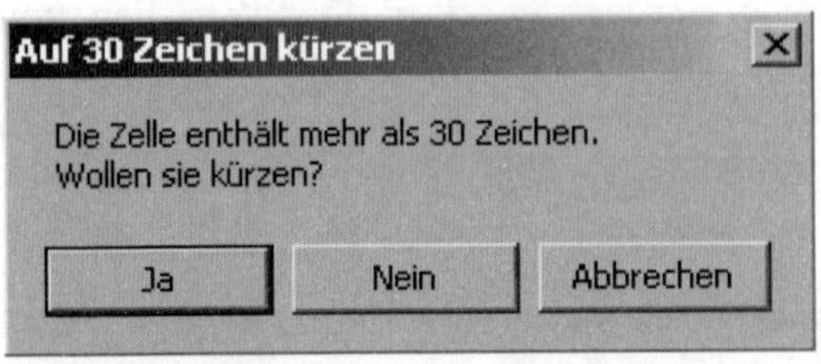

Abbildung 220: Rückfrage über Dialogbox

```
Sub Zeichen_kuerzen_mit_Rueckfrage()
   Dim c As Range
   Dim strMeldung As String
      For Each c In ActiveSheet.UsedRange
         If Len(c.Value) > 30 Then
            strMeldung = MsgBox("Die Zelle enthält mehr als 30" _
            & " Zeichen." & Chr(13) & "Wollen Sie kürzen?", _
            vbYesNoCancel, "Auf 30 Zeichen kürzen")
               If strMeldung = vbYes Then
                  c.Value = Left(c.Value, 30)
               ElseIf strMeldung = vbNo Then
                  c.Value = c.Value
               ElseIf strMeldung = vbCancel Then
                  Exit Sub
               End If
         End If
      Next c
End Sub
```

Das Beispiel ist immer noch nicht perfekt, da man nicht erkennen kann, welche Zelle gerade gekürzt wird. Wir erweitern die Prozedur noch, indem wir der aktuellen Zelle eine gelbe Hintergrundfarbe zuweisen, die laufend nach Bestätigung wieder entfernt wird. Außerdem soll in der Dialogbox der zu verändernde Zellinhalt angezeigt werden.

```
Sub Zeichen_kuerzen_mit_Farbe()
   Dim c As Range
   Dim strMeldung As String
      For Each c In ActiveSheet.UsedRange
         If Len(c.Value) > 30 Then
            ' Hier wird selektiert, damit der markierte Text
            ' immer auf dem Bildschirm sichtbar ist
            c.Select
            c.Interior.ColorIndex = 6
            strMeldung = MsgBox("Die Zelle enthält mehr als " & _
            "30 Zeichen." & Chr(13) & "Wollen Sie kürzen?", _
            vbYesNoCancel, "Auf 30 Zeichen kürzen")
            If strMeldung = vbYes Then
               c.Value = Left(c.Value, 30)
            ElseIf strMeldung = vbNo Then
               c.Value = c.Value
            ElseIf strMeldung = vbCancel Then
               c.Interior.ColorIndex = xlNone
               Exit Sub
            End If
         c.Interior.ColorIndex = xlNone
      End If
   Next c
End Sub
```

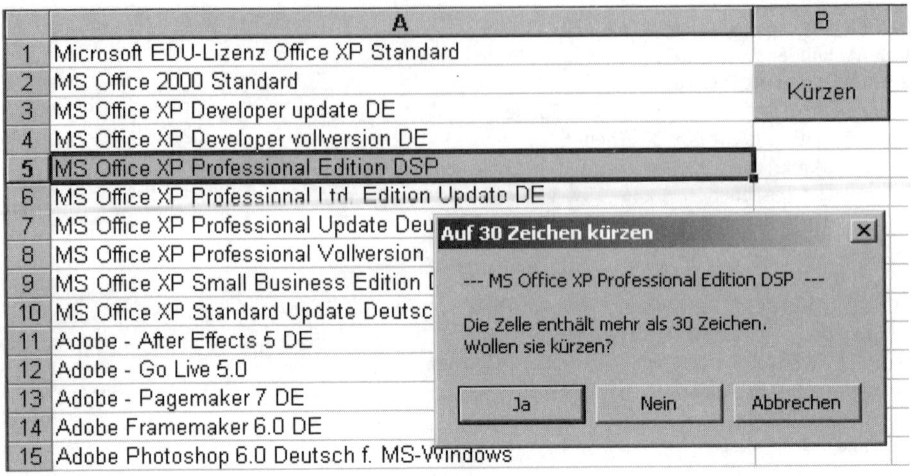

Abbildung 221: Text kürzen

206 Minuszahlen rot blinken lassen

Wenn Sie bestimmte Zahlen speziell hervorheben möchten, dann können Sie diese auf Knopfdruck blinken lassen.

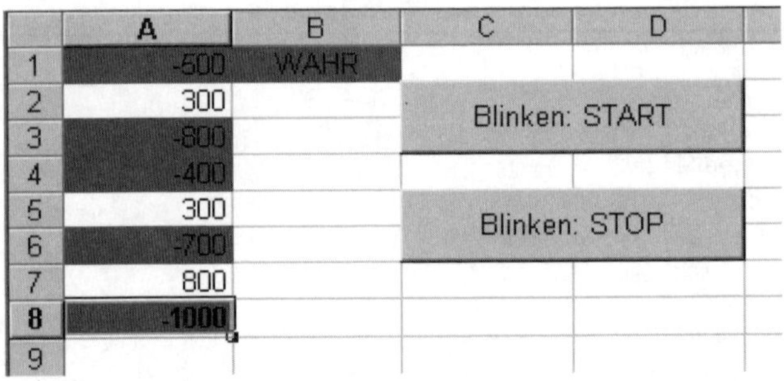

Abbildung 222: Minuszahlen blinken rot

Die folgende Prozedur lässt alle Minuszahlen im aktiven Bereich (`UsedRange`) der Tabelle1 mit roter Hintergrundfarbe blinken. Es wird ein Timer eingebaut, der eine Blinkgeschwindigkeit von einer Sekunde hat.

Die Variable `blnStarten` wird als `Static`-Variable des Typs `Boolean` deklariert. `Static`, damit der Wert erhalten bleibt. Der Typ `Boolean` wird den Wert »Wahr« oder »Falsch« annehmen. Diesen Wert geben wir in der Zelle B1 aus, damit man den Wechsel von `True` und `False` beobachten kann. Diese Zeile kann natürlich auch entfernt werden.

Damit das Ganze blinkt, wird die Variable `blnStarten` in der `IF...Then...Else`-Entscheidung auf `True` und wieder auf `False` gesetzt.

```
Sub Blinken_starten()
   Static blnStarten As Boolean
   Dim c As Range
   [B1] = blnStarten
      If blnStarten = True Then
         For Each c In Worksheets(1).UsedRange
            If c.Value < 0 Then c.Interior.ColorIndex = 3
         Next c
         blnStarten = False
      ElseIf blnStarten = False Then
         Worksheets(1).UsedRange.Interior.ColorIndex = 0
         blnStarten = True
      End If
   Application.OnTime Now + TimeValue("00:00:01"), "Blinken_starten"
End Sub
```

Da die Prozedur endlos durchläuft, muss eine Prozedur erstellt werden, die das Ganze stoppen kann.

```
Sub Blinken_stoppen()
   On Error Resume Next
   Application.OnTime Now + TimeValue("00:00:01"), _
   "Blinken_starten", , False
End Sub
```

207 Verknüpfungen hervorheben

Wenn Sie Verknüpfungen zu anderen Arbeitsmappen erstellt haben und nun herausfinden möchten, welche Zellen in Ihrer Mappe eine solche Verknüpfung enthalten, dann können Sie diese mit einer Farbe hervorheben.

Da eine Verknüpfung immer mit der Zeichenfolge »='*« beginnt, kann nach dieser Zeichenfolge gesucht werden. Dies funktioniert allerdings nur, wenn die Mappen, zu denen die Verknüpfungen verweisen, geschlossen sind. Alternativ können Sie für geöffnete Arbeitsmappen die Suchzeichenfolge »=[[]*« verwenden. Mit Hilfe der Anweisung `.Formula Like` wird nach den Formeln mit dem entsprechenden Suchkriterium gesucht. In unserem Beispiel fragen wir gleich beide Möglichkeiten ab.

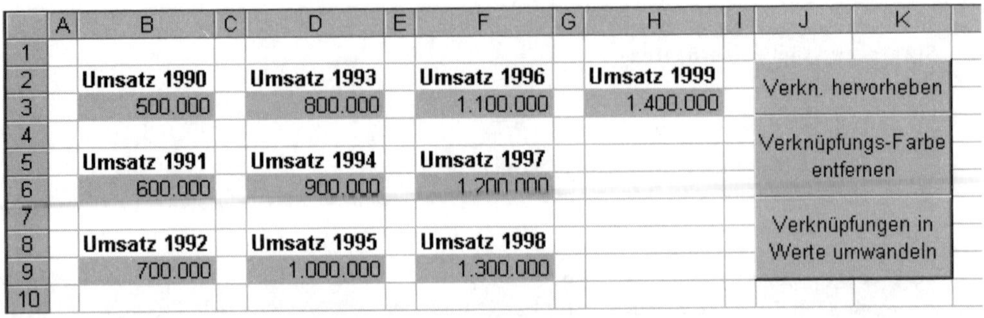

Abbildung 223: Verknüpfungen farblich hervorheben

Mit der folgenden Prozedur werden sämtliche Verknüpfungen in der Mappe mit der Hintergrundfarbe Grau eingefärbt.

```
Sub Verknuepfungen_hervorheben()
   Dim c As Range
   Dim i As Integer
      For i = 1 To Worksheets.Count
         For Each c In Sheets(i).UsedRange
            If c.Formula Like "='*" Or c.Formula Like "=[[]*" Then _
               c.Interior.ColorIndex = 15
         Next c
      Next i
End Sub
```

Um die Verknüpfungsfarbe wieder zu entfernen, verwenden Sie `xlNone`:

```
Sub Farbe_entfernen()
   Dim c As Range
   Dim i As Integer
      For i = 1 To Worksheets.Count
         For Each c In Sheets(i).UsedRange
            If c.Formula Like "='*" Or c.Formula Like "=[[]*" Then _
               c.Interior.ColorIndex = xlNone
         Next c
      Next i
End Sub
```

Sie können die Verknüpfungen auch lösen bzw. die Formeln in Werte umwandeln. Dazu verwenden Sie `Copy`, um die Zellen in die Zwischenablage zu kopieren, und `PasteSpezial:=xlValue`, um die Formeln aus der Zwischenablage als Werte wieder einzufügen.

```
Sub Verknuepfungen_entfernen()
   Dim c As Range
   Dim i As Integer
```

```
      For i = 1 To Worksheets.Count
         For Each c In Sheets(i).UsedRange
            If c.Formula Like "='*" Or c.Formula Like "=[[]*" Then
               c.Copy
               c.PasteSpecial Paste:=xlValues
            End If
         Next c
      Next i
End Sub
```

208 Farben entfernen

Die folgenden Prozeduren sind Lösungsansätze, wie Farben entfernt werden können.

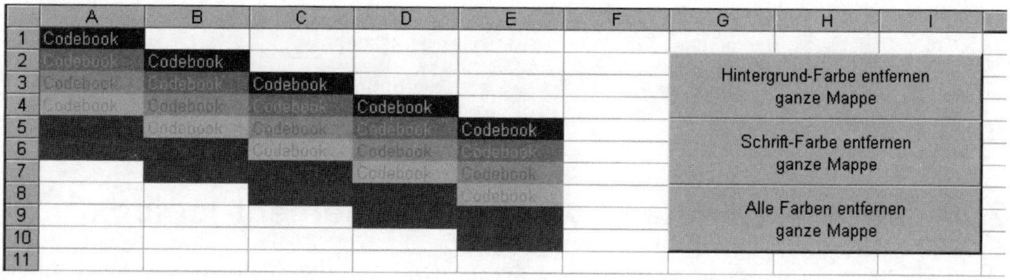

Abbildung 224: Farben entfernen

Alle Hintergrundfarben des aktuellen Tabellenblattes werden entfernt:

```
Sub HG_Farben_entfernen()
   ActiveSheet.Cells.Interior.ColorIndex = xlNone
End Sub
```

Alle Hintergrundfarben der Mappe werden entfernt:

```
Sub HG_Farben_entfernen_Mappe()
   Dim i As Integer
      For i = 1 To Worksheets.Count
         Sheets(i).Cells.Interior.ColorIndex = xlNone
      Next i
End Sub
```

Alle Schrift-Farben des aktuellen Tabellenblattes werden entfernt:

```
Sub Schrift_Farben_entfernen()
   ActiveSheet.Cells.Font.ColorIndex = xlAutomatic
End Sub
```

Alle Schrift-Farben im benutzten Bereich der Mappe werden entfernt:

```
Sub Schrift_Farben_entfernen_Mappe()
   Dim i As Integer
      For i = 1 To Worksheets.Count
         Sheets(i).Cells.Font.ColorIndex = xlAutomatic
      Next i
End Sub
```

Alle Hintergrund- und Schriftfarben im benutzten Bereich der Mappe werden entfernt:

```
Sub Schrift_und_Hintergrund_entfernen_Mappe()
   Dim i As Integer
      For i = 1 To Worksheets.Count
         Sheets(i).UsedRange.Interior.ColorIndex = xlNone
         Sheets(i).UsedRange.Font.ColorIndex = xlAutomatic
      Next i
End Sub
```

209 Steuerelemente aus der Steuerelement-Toolbox

Die nachfolgenden Beispiele drehen sich unter anderem um die Elemente aus der Symbolleiste »Steuerelement-Toolbox«. Sie sind optisch identisch zu den Steuerelementen der Symbolleiste »Formular«, haben aber wesentlich umfangreichere Einstellungs- und Rückgabemöglichkeiten.

Wenn Sie ein solches Element auf Ihr Tabellenblatt ziehen, können Sie es doppelt anklicken und gelangen so direkt in die VBA-Umgebung. Bei jedem Einfügen wechseln Sie automatisch in den Entwurfsmodus, in dem Sie nur diese Elemente bearbeiten können. Da diese Steuerelemente identisch mit jenen in den UserForms sind, verzichten wir hier auf umfangreiche Erklärungen. In der Kategorie »UserForm« finden Sie rund um diese Steuerelemente noch viele Beispiele und Erläuterungen zu deren Eigenschaften.

Es handelt sich bei allen Prozeduren um Ereignis-Prozeduren, die somit direkt an das entsprechende Tabellenblatt gebunden werden. Das heißt, dass die Prozedur jeweils in das entsprechende Tabellenblatt und nicht in ein allgemeines Modul geschrieben wird. Um die Prozeduren ausführen zu können, müssen Sie den Entwurfsmodus beenden.

Ein kleiner, aber schmerzhafter Hinweis für Excel 97-Benutzer:

In der vorgestellten Form funktionieren die Prozeduren mit den Steuerelementen nicht mit der Farbformatierung der Zellen. Die Farbformatierungen müssen in eine Prozedur in einem normalen Modul ausgelagert werden.

210 Kontrollkästchen (CheckBox)

Mittels Kontrollkästchen wollen wir die Möglichkeit haben, Farben zu mischen. In unserem Beispiel arbeiten wir mit vier Kontrollkästchen.

Wenn nur ein Kontrollkästchen aktiviert ist, wird die entsprechende Farbe zugewiesen. Wenn mehrere aktiviert sind, dann werden diese Farben gemischt.

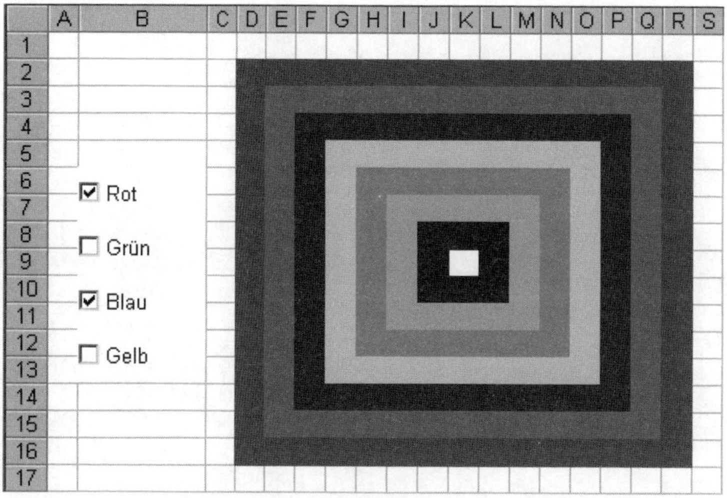

Abbildung 225: Farben mittels Kontrollkästchen mischen

Die benötigten Variablen werden außerhalb der Prozeduren deklariert, damit sie für alle Prozeduren Gültigkeit haben. Über `If...Then...Else`-Entscheidungen wird abgefragt, ob das angeklickte Kontrollkästchen aktiv (`True`) ist. Wenn dies zutrifft, wird der entsprechenden Variablen die Farbnummer zugewiesen, wenn nicht, wird die Variable auf Null (0) gesetzt. Am Ende der Prozedur werden die vier Variablen addiert.

Da der Code für alle vier Kontrollkästchen derselbe ist, finden Sie nachfolgend nur zwei Beispiel-Prozeduren.

```
Option Explicit

   Dim Rot As Byte
   Dim Gruen As Byte
   Dim Blau As Byte
   Dim Gelb As Byte

Private Sub CheckBox1_Click()
   If CheckBox1 = True Then
      Rot = 3
   Else: Rot = 0
   End If
```

```
    If CheckBox2 = True Then
       Gruen = 4
    Else:  Gruen = 0
    End If

    If CheckBox3 = True Then
       Blau = 5
    Else:  Blau = 0
    End If

    If CheckBox4 = True Then
       Gelb = 6
    Else:  Gelb = 0
    End If
    Selection.Interior.ColorIndex = Rot + Gruen + Blau + Gelb
End Sub

Private Sub CheckBox2_Click()
    If CheckBox1 = True Then
       Rot = 3
    Else: Rot = 0
    End If

    If CheckBox2 = True Then
       Gruen = 4
    Else:  Gruen = 0
    End If

    If CheckBox3 = True Then
       Blau = 5
    Else:  Blau = 0
    End If

    If CheckBox4 = True Then
       Gelb = 6
    Else:  Gelb = 0
    End If
    Selection.Interior.ColorIndex = Rot + Gruen + Blau + Gelb
End Sub
```

Eine weitere Variante mit Checkboxen, die öffentliche Variablen benötigt, dafür mit weniger Codezeilen auskommt, finden Sie in der Beispieldatei.

211 Textfeld (TextBox)

Im Textfeld wird eine Zahl eingegeben. Diese Zahl dient als Farbnummer. Dem in der Prozedur definierten Zellbereich wird die Hintergrundfarbe mit der entsprechenden Nummer zugewiesen.

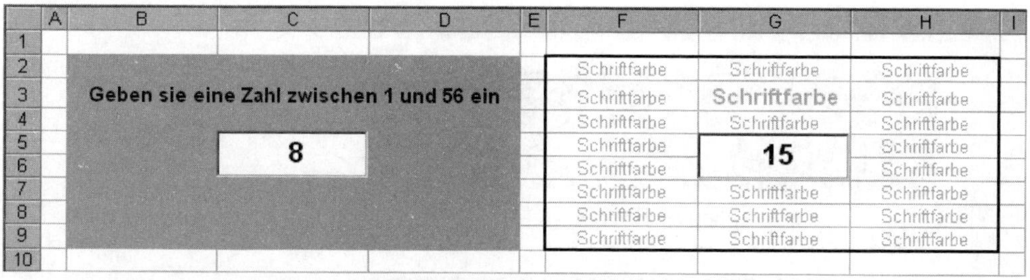

Abbildung 226: Textfeld mit Nummern-Eingabe

Hintergrundfarbe:

```
Private Sub TextBox1_Change()
   Dim i As Byte
      For i = 1 To 56
         If TextBox1.Value = i Then
            [B2:D9].Interior.ColorIndex = i
         End If
      Next i
End Sub
```

Schriftfarbe:

```
Private Sub TextBox2_Change()
   Dim i As Byte
   i = 0
      For i = 1 To 56
         If TextBox2.Value = i Then
            [F2:H9].Font.ColorIndex = i
         End If
      Next i
End Sub
```

212 Befehlsschaltfläche (CommandButton)

Im nächsten Beispiel haben wir fünf Befehlsschaltflächen erstellt. Diesen Befehlsschaltflächen wurde jeweils eine Prozedur hinterlegt, die dem markierten Bereich die entsprechende Hintergrundfarbe zuweist.

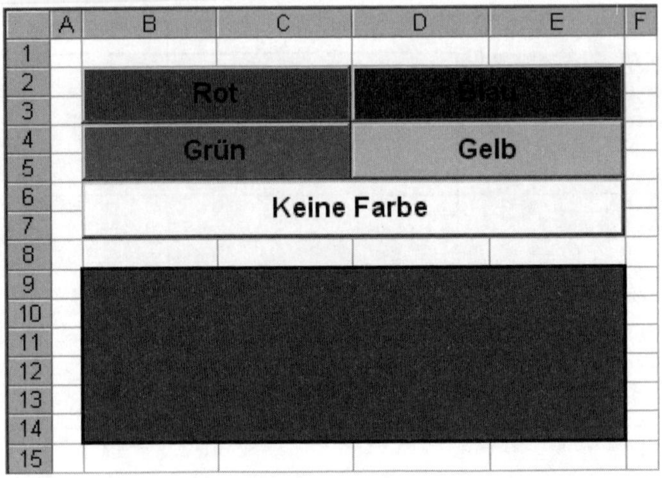

Abbildung 227: Befehlsschaltflächen

Rote Hintergrundfarbe:

```
Private Sub CommandButton1_Click()
   Selection.Interior.ColorIndex = 3
End Sub
```

Grüne Hintergrundfarbe:

```
Private Sub CommandButton2_Click()
   Selection.Interior.ColorIndex = 4
End Sub
```

Blaue Hintergrundfarbe:

```
Private Sub CommandButton3_Click()
   Selection.Interior.ColorIndex = 5
End Sub
```

Gelbe Hintergrundfarbe:

```
Private Sub CommandButton4_Click()
   Selection.Interior.ColorIndex = 6
End Sub
```

Keine Hintergrundfarbe:

```
Private Sub CommandButton5_Click()
   Selection.Interior.ColorIndex = xlNone
End Sub
```

Die CommandButtons können Sie einfärben, indem Sie in der VBA-Umgebung im Eigenschaften-Fenster die gewünschten Einstellungen vornehmen.

Sollte das Eigenschaften-Fenster nicht sichtbar sein, können Sie es einblenden über den Menüpunkt ANSICHT | EIGENSCHAFTEN-FENSTER (F4).

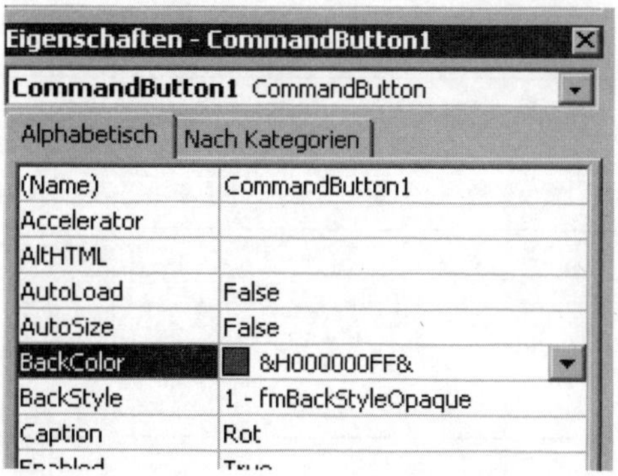

Abbildung 228: Eigenschaften-Fenster

213 Optionsfelder (OptionButton)

Bei den Optionsfeldern ist es jeweils so, dass nur jeweils eines aktiviert werden kann. Sobald das eine aktiviert ist, sind die anderen inaktiv. Sie können in unserem Beispiel also die gewünschte Farbe auswählen.

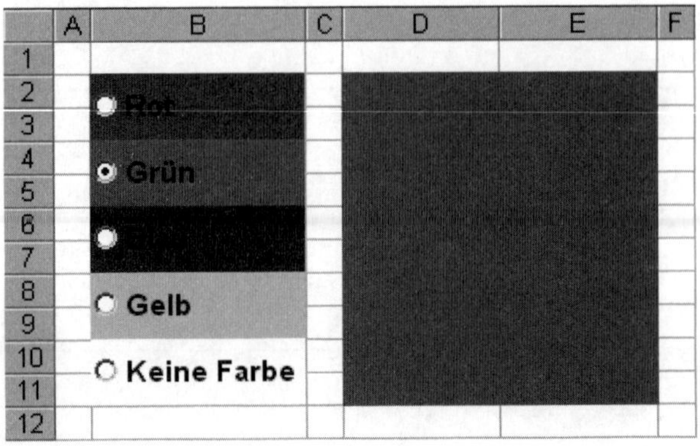

Abbildung 229: Optionsfelder

Rote Hintergrundfarbe:

```
Private Sub OptionButton1_Click()
   If OptionButton1.Value = True Then
      [D2:E11].Interior.ColorIndex = 3
   End If
End Sub
```

Grüne Hintergrundfarbe:

```
Private Sub OptionButton2_Click()
   If OptionButton2.Value = True Then
      [D2:E11].Interior.ColorIndex = 4
   End If
End Sub
```

Blaue Hintergrundfarbe:

```
Private Sub OptionButton3_Click()
   If OptionButton3.Value = True Then
      [D2:E11].Interior.ColorIndex = 5
   End If
End Sub
```

Gelbe Hintergrundfarbe:

```
Private Sub OptionButton4_Click()
   If OptionButton4.Value = True Then
      [D2:E11].Interior.ColorIndex = 6
   End If
End Sub
```

Keine Hintergrundfarbe:

```
Private Sub OptionButton5_Click()
   If OptionButton5.Value = True Then
      [D2:E11].Interior.ColorIndex = xlNone
   End If
End Sub
```

214 Listenfeld (ListBox)

In diesem Beispiel geht es darum, eine ListBox mit Werten zu füllen und diesen Werten die entsprechenden Farben zuzuweisen.

Wenn auf einen der Listeinträge geklickt wird, soll der markierte Bereich mit der entsprechenden Hintergrundfarbe gefüllt werden.

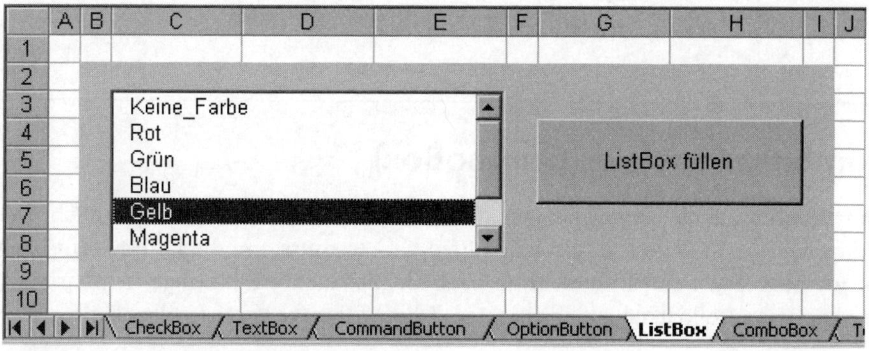

Abbildung 230: ListBox mit Farbauswahl

Um die ListBox mit Werten zu füllen (`AddItem`), schreiben Sie nachfolgende Prozedur in ein Modul.

Diese Prozedur weisen wir einer Schaltfläche aus der Formular-Symbolleiste zu. Zu Beginn der Prozedur entfernen wir allfällige Einträge in der Box, damit nicht bei einem zweiten Klick die Box nochmals mit denselben Werten gefüllt wird.

```
Sub ListBox_fuellen()
   Sheets(5).ListBox1.Clear     ' Zu Beginn den Inhalt leeren
   Sheets(5).ListBox1.AddItem "Keine Farbe"
   Sheets(5).ListBox1.AddItem "Rot"
   Sheets(5).ListBox1.AddItem "Grün"
   Sheets(5).ListBox1.AddItem "Blau"
   Sheets(5).ListBox1.AddItem "Gelb"
   Sheets(5).ListBox1.AddItem "Magenta"
   Sheets(5).ListBox1.AddItem "Cyan"
   Sheets(5).ListBox1.AddItem "Grau"
End Sub
```

Der Code zum Listenfeld selbst gehört hinter das entsprechende Tabellenblatt:

```
Private Sub ListBox1_Click()
   If ListBox1.Value = "Keine_Farbe" Then
      Selection.Interior.ColorIndex = xlNone
   ElseIf ListBox1.Value = "Rot" Then
      Selection.Interior.ColorIndex = 3
   ElseIf ListBox1.Value = "Grün" Then
      Selection.Interior.ColorIndex = 4
   ElseIf ListBox1.Value = "Blau" Then
      Selection.Interior.ColorIndex = 5
   ElseIf ListBox1.Value = "Gelb" Then
      Selection.Interior.ColorIndex = 6
   ElseIf ListBox1.Value = "Magenta" Then
      Selection.Interior.ColorIndex = 7
   ElseIf ListBox1.Value = "Cyan" Then
      Selection.Interior.ColorIndex = 8
   ElseIf ListBox1.Value = "Grau" Then
      Selection.Interior.ColorIndex = 15
   End If
End Sub
```

215 Kombinationsfeld (ComboBox)

Das Kombinationsfeld, auch *DropDown* genannt, ist dem Listenfeld ein wenig ähnlich. Der Unterschied besteht darin, dass man auf einen Pfeil klicken muss, um die Einträge einsehen zu können, wo hingegen beim Listenfeld, je nach Größe, mehrere Einträge sichtbar sind, wobei man über einen Rollbalken allfällig nicht sichtbare Einträge heranscrollen kann.

In unserem Beispiel kann man einen der Einträge aus dem Kombinationsfeld auswählen. Der zuvor markierte Bereich wird entsprechend eingefärbt.

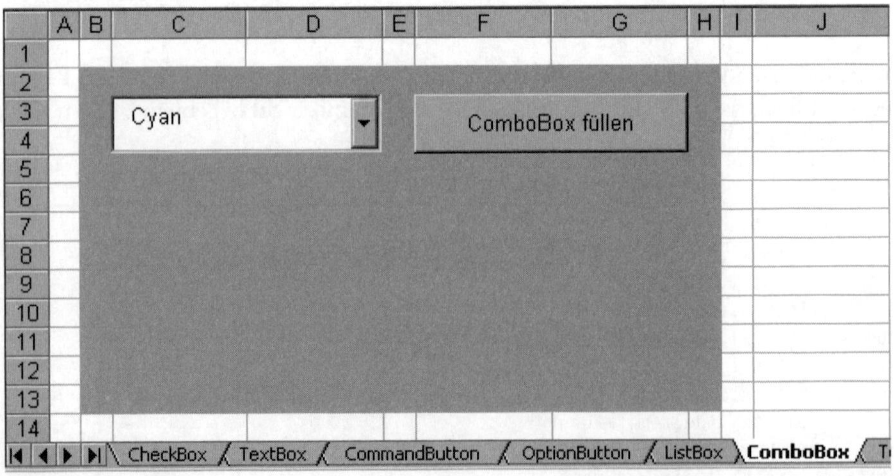

Abbildung 231: ComboBox mit Farbwerten

Um die `ComboBox` mit Werten zu füllen (`AddItem`), schreiben Sie nachfolgende Prozedur in ein Modul.

Diese Prozedur weisen wir einer Schaltfläche aus der Formular-Symbolleiste zu. Zu Beginn der Prozedur entfernen wir allfällige Einträge in der Box, damit nicht bei einem zweiten Klick die Box nochmals mit denselben Werten gefüllt wird.

```
Sub Combo_fuellen()
   Sheets(6).ComboBox1.Clear    ' Zu Beginn den Inhalt leeren
   Sheets(6).ComboBox1.AddItem "Keine_Farbe"
   Sheets(6).ComboBox1.AddItem "Rot"
   Sheets(6).ComboBox1.AddItem "Grün"
   Sheets(6).ComboBox1.AddItem "Blau"
   Sheets(6).ComboBox1.AddItem "Gelb"
   Sheets(6).ComboBox1.AddItem "Magenta"
   Sheets(6).ComboBox1.AddItem "Cyan"
   Sheets(6).ComboBox1.AddItem "Grau"
End Sub
```

Der Code zum Kombinationsfeld selbst gehört als Ereignis-Prozedur hinter das entsprechende Tabellenblatt:

```
Private Sub ComboBox1_Change()
   If ComboBox1.Value = "Keine_Farbe" Then
      Selection.Interior.ColorIndex = xlNone
   ElseIf ComboBox1.Value = "Rot" Then
      Selection.Interior.ColorIndex = 3
   ElseIf ComboBox1.Value = "Grün" Then
      Selection.Interior.ColorIndex = 4
   ElseIf ComboBox1.Value = "Blau" Then
      Selection.Interior.ColorIndex = 5
   ElseIf ComboBox1.Value = "Gelb" Then
      Selection.Interior.ColorIndex = 6
   ElseIf ComboBox1.Value = "Magenta" Then
      Selection.Interior.ColorIndex = 7
   ElseIf ComboBox1.Value = "Cyan" Then
      Selection.Interior.ColorIndex = 8
   ElseIf ComboBox1.Value = "Grau" Then
      Selection.Interior.ColorIndex = 15
   End If
End Sub
```

216 Umschaltfläche (ToggleButton)

Die Umschaltfläche ist der Befehlsschaltfläche sehr ähnlich. Wenn jedoch die Umschaltfläche angeklickt wird, wird sie vertieft angezeigt, bei erneutem Drücken erhöht. Man kann sich das vorstellen wie einen Lichtschalter.

Unsere Prozedur verleiht dem definierten Bereich eine rote Hintergrundfarbe, wenn der Knopf gedrückt, also eingeschaltet wird. Wenn der Knopf erneut gedrückt wird, wird die Hintergrundfarbe entfernt und die Umschaltfläche ist wieder erhöht dargestellt.

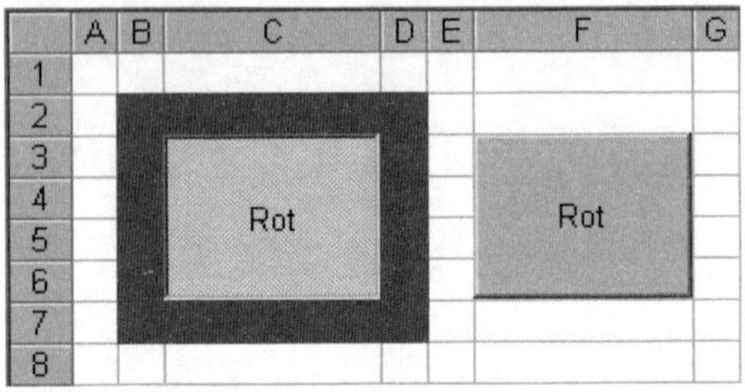

Abbildung 232: Umschaltfläche

Über eine `If...Then...Else`-Entscheidung wird geprüft, ob die Umschaltfläche bereits gedrückt ist. Das gegenteilige Ereignis wird ausgelöst.

```
Private Sub ToggleButton1_Click()
   If ToggleButton1.Value = False Then
      [B2:D7].Interior.ColorIndex = xlNone
   Else
      [B2:D7].Interior.ColorIndex = 3
   End If
End Sub
```

217 Drehfeld (SpinButton)

Ein Drehfeld kann man prima verwenden, um einen Farbwechsel zu veranlassen. In unserem Beispiel in einem leeren Tabellenblatt fügen wir ein Drehfeld ein. Dazu zeichnen wir einen Kreis, also ein `Shape`. Die Reihenfolge ist für die Lauffähigkeit der Prozedur erforderlich. Wenn der obere Pfeil des SpinButtons angeklickt wird, soll der Farbwert um eins erhöht werden. Wenn der untere Pfeil angeklickt wird, wird der Wert um eins reduziert.

Bis jetzt haben wir in allen Beispielen mit dem Ereignis `Change` gearbeitet. In diesem hier wollen wir mal etwas anderes verwenden, nämlich `SpinUp` und `SpinDown`. Das heißt, jedem der Pfeile wird eine eigene Prozedur zugeteilt.

In den Prozeduren arbeiten wir jeweils mit einer Variablen, die wir als Zähler verwenden. Damit kann der Farb-Wert erhöht oder reduziert werden.

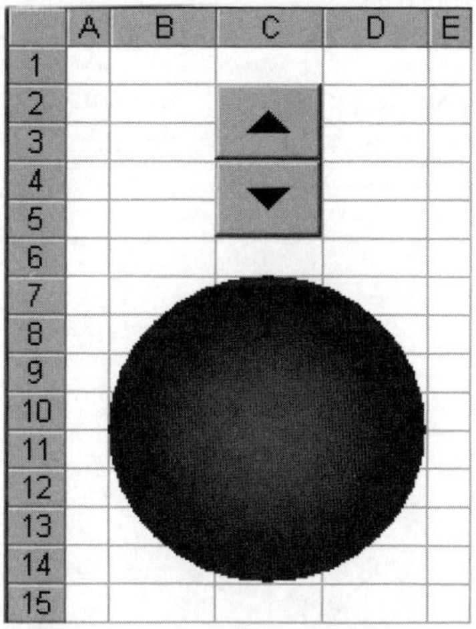

Abbildung 233: SpinButton für den Farbwechsel

In der Klammer von Shape eine 2, da VBA das Drehfeld selbst auch als Shape anspricht. Also haben wir zwei Shapes und der Kreis ist das Zweite.

Pfeil nach unten:

```
Private Sub SpinButton1_SpinUp()
   Dim i As Integer
   Dim FC As Object
   On Error GoTo Errorhandler
   ActiveSheet.Shapes(2).Select
   Set FC = Selection.ShapeRange
   i = FC.Fill.ForeColor.SchemeColor
   FC.Fill.ForeColor.SchemeColor = i + 1
   Exit Sub
Errorhandler:
   MsgBox "Maximum erreicht"
End Sub
```

Pfeil nach oben mit einer kleinen Variation der oberen Prozedur:

```
Private Sub SpinButton1_SpinDown()
   Dim FC As Object
   On Error GoTo Errorhandler
   ActiveSheet.Shapes(2).Select
   Set FC = Selection.ShapeRange
   FC.Fill.ForeColor.SchemeColor = FC.Fill.ForeColor.SchemeColor - 1
   Exit Sub
Errorhandler:
   MsgBox "Minimum erreicht"
End Sub
```

218 Bildlaufleiste (ScrollBar)

Da die Bildlaufleiste ebenfalls mit zwei Pfeilen arbeitet, ist sie in gewissem Sinne mit dem Drehfeld verwandt. Der große Vorteil liegt aber darin, dass man den Schieberegler kontinuierlich verschieben kann.

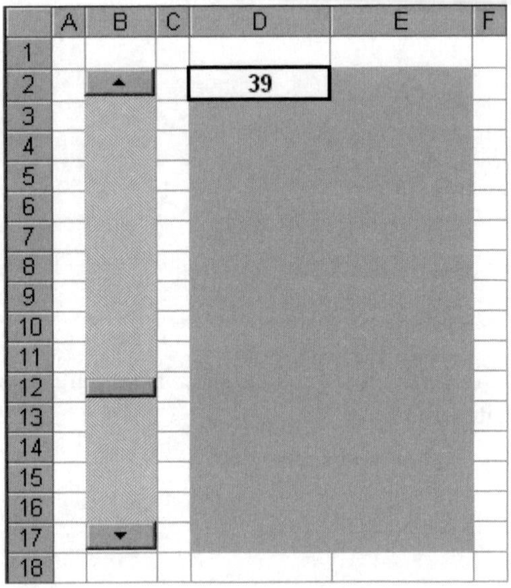

Abbildung 234: ScrollBar mit Farbschieber

Mit den Eigenschaften `Min` und `Max` legen wir einen fixen Mindest- und Höchstwert fest. Diese Werte können Sie auch gleich im Eigenschaftsfenster einstellen und sich 2 Codezeilen sparen. Welchen Weg Sie einschlagen, bleibt Ihnen überlassen. Der Variablen »Farbe« weisen wir den aktuellen Wert der ScrollBar zu. Im Bereich D2:E17 wird die Hintergrundfarbe angezeigt, also der aktuelle Farb-Wert der ScrollBar.

In die Zelle D2 soll der aktuelle Wert der ScrollBar geschrieben werden. Damit die Zahl immer lesbar und nicht durch die Hintergrundfarbe verdeckt ist, weisen wir dieser einzelnen Zelle den Wert `xlNone` nachträglich zu, also keine Farbe.

```
Private Sub ScrollBar1_Change()
   Dim Farbe As Integer
   Dim SB As Object
   Set SB = ActiveSheet.ScrollBar1
   ScrollBar1.Min = 0
   ScrollBar1.Max = 56
   Farbe = SB.Value

   [D2:E17].Interior.ColorIndex = Farbe

   ' Farbzahl in der aktiven Zelle anzeigen
```

```
    [D2].Value = SB.Value
    [D2].Interior.ColorIndex = xlNone
End Sub
```

219 Wenn die bedingte Formatierung nicht reicht

Bei diesem Problem gibt es noch 2 Alternativen. Über die Schriftfarbe beim Zahlenformat kann man 3 weitere Farbunterscheidungen realisieren. Ein denkbares Zahlenformat wäre folgendes:

```
[Grün][>1000]0;[Blau][>100]0;Standard
```

Hier werden dann die Zahlen größer 999 in Grün und Zahlen zwischen 101 und 1000 in Blau dargestellt. Dies muss man jetzt nur noch kombinieren mit der bedingten Formatierung.

Alternativ gibt es natürlich auch noch viele Makrolösungen, die hier nur symbolisch angerissen werden können.

Eine Variante, die sich an Texten orientiert, ist im Beispiel 05_Regenbogen.xls vorhanden. Die automatische Variante nutzt den Event `Worksheet_Calculate` mit einer Formel aus, die den Auswertebereich umschließt. In diesem Beispiel eben `=Anzahl2()`. Denkbar wäre allerdings fast jede andere Formel. Die Schleife wertet über

```
.SpecialCells(xlCellTypeConstants, xlTextValues)
```

nur solche Zellen weiter aus, die Texte beinhalten, nicht einmal Formeln werden beachtet. Falls andere Zellinhalte ausgewertet werden sollen, müssen Sie die Parameter von `SpecialCells` dementsprechend anpassen. Trotz Tempooptimierung ist diese Variante für größere Zellbereiche weniger geeignet. Dafür ist in der Mappe ein manuell zu startendes Beispiel mit enthalten. Beide Prozeduren bewirken Folgendes: Der Zellwert der Zelle wird mit den Vorgaben in den Zellen A2:A11 verglichen und bei Gleichheit wird die identische Farbformatierung verwendet. Damit es bei der Dateneingabe keine Fehleingaben gibt, wurde die Eingabe per Gültigkeit beschränkt.

```
Private Sub Worksheet_Calculate()
  Dim Bereich As String
  Dim c As Range
  Dim i As Byte
  Bereich = "B2:G44"          ' möglichst klein halten
  ' Alle Farben vorher säubern
  Range(Bereich).Interior.ColorIndex = xlNone
  ' Es werden nur Zellen mit Textinhalt in der Schleife beachtet
  For Each c In Range(Bereich).SpecialCells _
        (xlCellTypeConstants, xlTextValues)
    For i = 2 To 11           ' Datensätze in SpalteA
      If c.Value = Cells(i, 1).Value Then
        c.Interior.ColorIndex = Cells(i, 1).Interior.ColorIndex
        GoTo weiter           ' Rest überspringen
      End If
```

```
weiter:
    Next i
  Next c
End Sub
```

Abbildung 235: Schade, dass das Buch keinen Farbdruck hat

220 Farbige Zellen sortieren

Es ist möglich, auch nach farbigen Zellen zu sortieren. Dabei ist es nur ein minimaler Unterschied, ob man nun nach der Hintergrundfarbe oder nach der Schriftfarbe sortieren will. Deshalb finden Sie das Beispiel für die Sortierung der Schriftfarbe nur in der Beispieldatei. In dieser ist auch jeweils eine Prozedur zur Erzeugung der Farbwerte per Zufallszahl vorhanden. Um die Farben sortieren zu können, müssen wir mit einer Hilfsspalte arbeiten, in der die Farbnummern eingetragen werden. Nach dieser wird dann sortiert. Die Hilfsspalte wird nach dem Sortiervorgang sofort gelöscht.

```
Sub Nach_Zellfarbe_sortieren()
  ' Hilfsspalte einfügen
  Columns(1).Insert Shift:=xlToRight
  For x = 1 To 50
     ' Farbwert in Hilfsspalte eintragen
     Cells(x, 1) = Cells(x, 2).Interior.ColorIndex
  Next x
  ' Sortieren
  [A:B].Sort Key1:=Range("A1"), Order1:=xlAscending, Header:=xlNo, _
        OrderCustom:=1, MatchCase:=False, Orientation:=xlTopToBottom
  ' Hilfsspalte löschen
  Columns(1).Delete Shift:=xlToLeft
End Sub
```

221 Farbige Zellen filtern

Das Filtern von farbigen Zellinhalten ist sehr ähnlich der Sortierung von gefärbten Zellen. Doch muss während des gesamten Filtervorgangs die Hilfsspalte vorhanden sein.

```
Sub Nach_Zellfarbe_filtern()
  ' Hilfsspalte einfügen
  Columns(1).Insert Shift:=xlToRight
  For x = 2 To 50
    ' Farbwert in Hilfsspalte eintragen
    Cells(x, 1) = Cells(x, 2).Interior.ColorIndex
  Next x
  ' filtern
  Rows("1:1").Select
  Selection.AutoFilter
  Farbe = InputBox("Welche Farbnummer möchten Sie auswählen?" _
    & Chr(13) & "(Zahlen 1 bis 8)")
  Selection.AutoFilter Field:=1, Criteria1:=Farbe
End Sub
```

Zum Entfernen des Filters benutzen wir gleich eine Prozedur, um auch die Hilfsspalte zu löschen.

```
Sub Filter_entfernen()
  Selection.AutoFilter
  ' Hilfsspalte löschen
  Columns(1).Delete Shift:=xlToLeft
End Sub
```

Datum und Zeit

Dieser Bereich ist in Excel allgemein für viele ein Buch mit sieben Siegeln. Hier haben zahlreiche Benutzer bereits bei den Tabellenblattfunktionen rund um dieses Thema ihre Probleme.

Es ist aber nicht so schwer, wenn man erst einmal das Grundprinzip der Zeitberechnung verstanden hat.

Hinweis Die meisten in dieser Kategorie verwendeten benutzerdefinierten Funktionen werden in der Kategorie »Funktionen« genauer erklärt. Hier sind diese Funktionen nur als Hilfestellung mit integriert.

222 Wie rechnet Excel mit Datum und Zeit

In Excel beginnt die Zeitrechnung am Tage Null. Dieser wurde von den Entwicklern auf den 0. Januar 1900, Null Uhr festgelegt. Alle Berechnungen gehen hiervon aus. Eine Sonderform stellen die 1904-Datumswerte dar, die aus Kompatibilitätsgründen zum Macintosh integriert sind. Excel für Macintosh hat als Tag 0 den 1. Januar 1904. Hierzu lesen Sie etwas weiter unten mehr.

Das Datum beginnt eigentlich erst mit dem 1. Januar 1900. Dies ist der Tag 1 der in Excel verwendeten Zeitberechnung. Hier eine kleine Tabelle zur Veranschaulichung:

Datum	Excel-internes Datum
0. Januar 1900	0
1. Januar 1900	1
2. Januar 1900	2
31. Dezember 2001	37256
1. Januar 2002	37257

Tabelle 37: Wie man sieht, geht es jeden Tag eine Ganzzahl weiter.

Die Zeit ist nichts anderes für Excel als ein Bruchteil eines Tages. 12 Uhr mittags ist dementsprechend für Excel ein halber Tag oder eben 0,5.

Stunden	Format: [hh]:mm	Format: hh:mm	Excel-interne Zeit	
0 Stunden	00:00	00:00	0	0
1 Stunde	01:00	01:00	0,041666667	1/24 Tag
8 Stunden	08:00	08:00	0,333333333	1/3 Tag
24 Stunden	24:00	00:00	1	1 Tag
250 Stunden	250:00	10:00	10,41666667	10 Tage und 10/24 Tag

Tabelle 38: Berechnungsgrundlagen

223 Datum- und Zeitformatierungen

Wie bereits in der vorhergehenden Tabelle zu sehen ist, ist die Datums- und Zeitanzeige bloß eine Frage des Formats. Excel stellt nur die Fließkommazahlen in einem besonderen Format dar. Hierbei gibt es ein Problem: Zeiten über die nächste Einheit hinaus werden offensichtlich nicht angezeigt. Dies ist von den Entwicklern von MS-Excel aber so vorgesehen gewesen. Annahme: Der Zellwert der Zelle ist *24.12.2001 20:15*, dann ergeben sich folgende Ergebnisse bei den verschiedenen Formaten:

Darstellung des Zellinhalts	Formatierung	Bemerkungen
35787,84375	Standard	Excel-interne Verarbeitung
24.12.2001	TT.MM.JJJJ	
Mo, 24.12.2001	TTT, TT.MM.JJJJ	Wochentag kurz
Montag, der 24.12.2001	TTTT,« der »TT.MM.JJJJ	Wochentag lang
Ortsangabe, den 24.12.2001	»Ortsangabe, den »TT.MM.JJJJ	Ortsangabe
24. Dez. 2001	TT. .MMM. JJJJ	Monat kurz
24. Dezember 2001	TT. MMMM JJJJ	Monat lang
858908	[h]	Stunden seit 1.1.1900 0:00
51534495	[m]	Minuten seit 1.1.1900 0:00
3092069700	[s]	Sekunden seit 1.1.1900 0:00

Tabelle 39: Formate

224 Zeit und Datum eingeben

Das Datum wird im deutschen Sprachraum wie folgt eingegeben:
Tag –Punkt – Monat –Punkt – Jahr (2- oder 4-stellig)

Die Zeit mit Stunde – Doppelpunkt – Minute (2-stellig) – Doppelpunkt – Sekunde (2-stellig)

Zur Erleichterung gibt es zwei Tastenkombinationen (Shortcut), um die aktuelle Zeit [Strg] + [⇧] + [.] und das aktuelle Datum [Strg] + [.] schnell in eine Zelle einzugeben:

Es ergibt sich das Problem, dass auf dem Zahlenblock weder der Punkt für das Datum noch der Doppelpunkt für die Zeit vorhanden sind. Hierfür gibt es folgende Alternativen:

Beim Datum können die Zeichen / oder ÷ anstatt des Punktes verwendet werden.

Für die Zeiteingabe wird es schon ein bisschen komplizierter. Die einfachste Lösung führt über die Autokorrektur. Im Menü EXTRAS | AUTOKORREKTUR... lassen wir uns zum Beispiel zwei Kommas durch den Doppelpunkt ersetzen. Für unsere Schweizer Freunde wären es hier eben zwei Punkte.

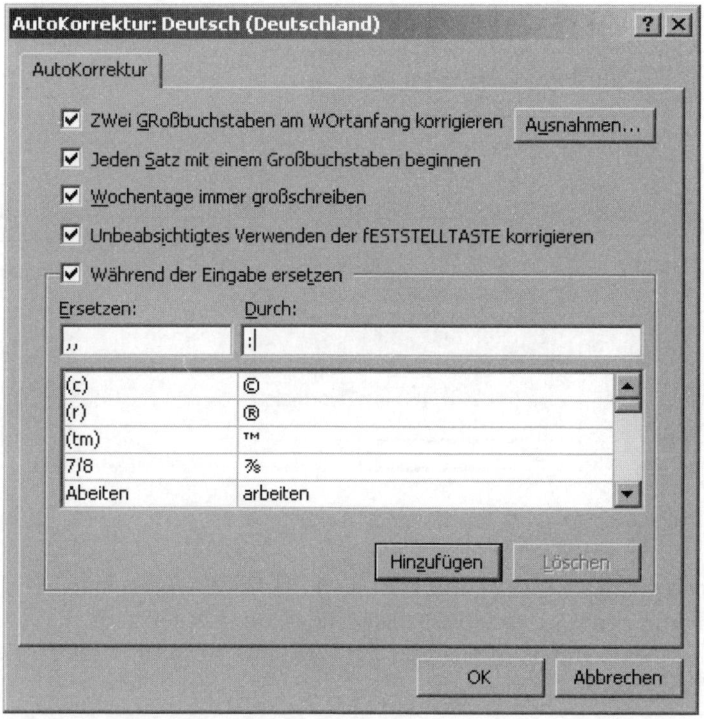

Abbildung 236: Autokorrektur Zeiteingabe

225 Die 1904-Datumswerte

Diese sind bei Excel für Windows als Option einstellbar. Sie stellt die Kompatibilität zu Excel für Macintosh sicher. Betriebssystembedingt ist hier der Tag 0 der 1. Januar 1904. Excel selbst öffnet bestehende Dateien im richtigen Modus. Es kann mit beiden Modi ganz normal gerechnet werden, es ergeben sich offensichtlich keine Einschränkungen, solange man nicht mit Verknüpfungen untereinander arbeitet. Leider ergibt sich eine Datumsdifferenz von 4 Jahren. Diese muss zwingend in der Formel kompensiert werden. Oder wollen Sie etwa erst 4 Jahre später Ihre Rente bekommen?

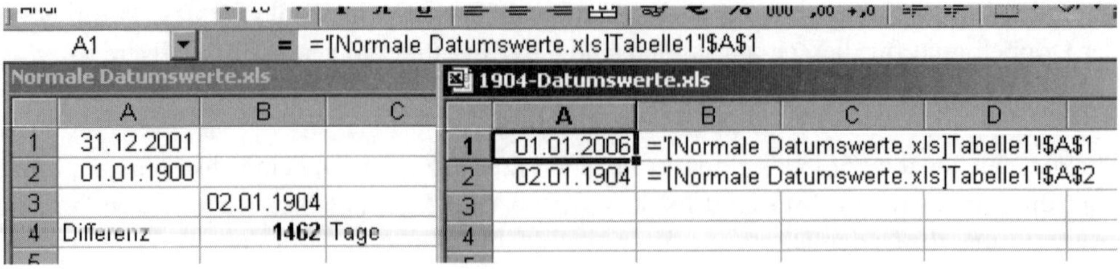

Abbildung 237: Falsche Werte bei Verknüpfungen

Zum Glück spielt das bei der Makro-Auswertung keine Rolle, wie ein kleines Beispiel beweist: Die Prozedur ist in einem Modul der 1904-Arbeitsmappe.

```
Sub Datumswertetest()
  MsgBox Workbooks("Normale Datumswerte.xls").Worksheets(1).[A1]
End Sub
```

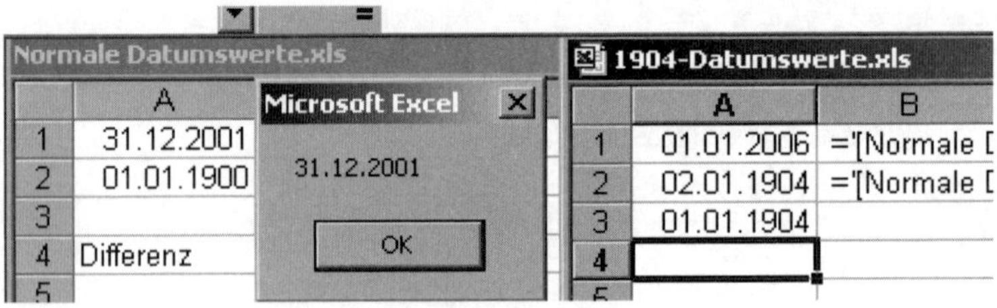

Abbildung 238: Richtige Auswertung bei Makros

Im Menü EXTRAS | OPTIONEN | BERECHNUNG kann man die 1904-Datumswerte aktivieren. Diese Einstellung wirkt sich immer auf die gesamte Arbeitsmappe aus. Alle Einträge, die von Excel als Datum erkannt wurden, werden automatisch um 4 Jahre zeitversetzt. Deshalb ist davon abzuraten, diese nachträglich zu aktivieren.

226 Negative Uhrzeiten

Excel kann nicht automatisch negative Uhrzeiten anzeigen. Wenn Sie 2 Stunden minus 4 Stunden rechnen, erhalten Sie als Zellausgabewert »#######«. Dies hängt mit der internen Definition von Excel zusammen.

Es gibt aber eine ganz einfache Möglichkeit, diese negativen Zeiten anzuzeigen. Man muss lediglich im Menü EXTRAS | OPTIONEN | BERECHNUNG die `1904-Datumswerte` aktivieren. Eine direkte Eingabe von negativen Zeiten ist allerdings nur über einen kleinen Umweg möglich: In die Zelle muss der Eintrag so erfolgen: `=-"11:11"`.

227 Uhrzeit ist nicht gleich Uhrzeit

Bei dem Vergleich zweier Uhrzeiten kommt es immer wieder vor, dass Excel falsch vergleicht. Dies hängt mit dem Datentyp zusammen. 8 Stunden entsprechen zwar für uns Menschen dem Wert 1/3 Tag. Excel kann aber die unendliche Periode nicht mehr auflösen.

Folgendes Beispielmakro soll dies verdeutlichen:

```
Sub Zeiten_vergleichen()
  Dim ZeitA, ZeitB
  ZeitA = 0.3333333333
  ZeitB = TimeSerial(8, 0, 0)

  If ZeitA = ZeitB Then
    MsgBox "Die 2 Zeiten sind gleich"
  ElseIf Abs(ZeitA - ZeitB) < 0.00000001 Then
    MsgBox "Die 2 Zeiten sind annäherend gleich"
  Else
    MsgBox "Die 2 Zeiten sind nicht gleich"
  End If
  Debug.Print CDec(Abs(ZeitA - ZeitB))
End Sub
```

Mit dem mittleren Makroteil (nach `ElseIf`) werden die 2 Uhrzeiten voneinander abgezogen und mit `Abs` (Absolutwert) das Vorzeichen neutralisiert. Die Zeitdifferenz ist zwar vernachlässigbar gering (0,0000000000333333360913457), aber Excel rechnet nun mal genauer als wir Menschen. Darum kommt es zu vermeintlichen Rechenfehlern.

228 Datumsdifferenzen

Hier wollen wir eine bis Excel 2000 undokumentierte Tabellenblattfunktion `=DATEDIF` und die Parameter dazu erläutern. Bis einschließlich Excel 97 wurde diese Funktion nicht in der Onlinehilfe erwähnt, und in Excel 2000 sind die Parameter falsch beschrieben. Diese Funktion ist aus Kompatibilitätsgründen zu Lotus schon lange in Excel enthalten.

Die Funktion eignet sich hervorragend, um Datumsdifferenzen auszurechnen. Hierbei wird intern mit 360 Tagen im Jahr und 30 Tagen im Monat gerechnet.

Analog hierzu gibt es die Makrofunktion DATEDIFF; man beachte bitte das zweite »f« und auch die unterschiedliche Syntax.

Für das Beispiel schreiben Sie am besten Ihr Geburtsdatum in Zelle A1 (hier 1.1.2000) und in Zelle B1 =HEUTE() (hier 11.9.2001). Es ergeben sich daraus folgende Ergebnisse bei den verschiedenen Parametern:

Parameter	Formel	Makro-Funktion	Ergebnis	Bemerkungen
»Y«	=DATEDIF(A1;B1;»Y«)	DateDiff (»Y«, [a1], [b1])	1	Die Anzahl der vollständigen Jahre
»M«	=DATEDIF(A1;B1;»M«)	DateDiff (»M«, [a1], [b1])	20	Die Anzahl der vollständigen Monate
»D«	=DATEDIF(A1;B1;»D«)	DateDiff (»D«, [a1], [b1])	619	Die Anzahl der Tage
»MD«	=DATEDIF(A1;B1;»MD«)		10	Die Differenz zwischen den Tagen in Anfangsdatum und Enddatum. Die Monate und Jahre der Datumsangaben werden ignoriert.
»YM«	=DATEDIF(A1;B1;»YM«)		8	Die Differenz zwischen den Monaten in Anfangsdatum und Enddatum. Die Tage und Jahre der Datumsangaben werden ignoriert.
»YD«	=DATEDIF(A1;B1;»YD«)		254	Die Differenz zwischen den Tagen in Anfangsdatum und Enddatum. Die Jahre der Datumsangaben werden ignoriert.

Tabelle 40: DATEDIF-Funktion in Tabelle und DateDiff-Funktion in Modulen

229 Kalenderwoche nach DIN

Die Kalenderwoche ist in vielen Normen, ob DIN, ISO, EN, DIN EN, folgendermaßen festgelegt: Der Wochenbeginn ist seit 1976 auf den Montag festgelegt. Die erste Kalenderwoche des Jahres muss mindestens 4 der ersten 7 Januartage enthalten (dementsprechend: Die Woche, in die der 4. Januar fällt, ist die erste Kalenderwoche).

Leider rechnet die in dem Analyse-Add-In enthaltene Funktion Kalenderwoche seit vielen Versionen für die meisten Länder falsch. Dies ist auch noch in Excel XP der Fall.

Einer richtige Berechnung per Formel kann so geschehen:

=KÜRZEN((A1-WOCHENTAG(A1;2)-DATUM(JAHR(A1+4-WOCHENTAG(A1;2));1;-10))/7)

D3 = =KÜRZEN((A3-WOCHENTAG(A3;2)-DATUM(JAHR(A3+4-WOCHENTAG(A3;2));1;-10))/7)

	A	B	C	D	E	F	G
1		=KALENDERWOCHE(A1)					
2			=Dinkw(A1)	Formellösung	Kontrolle 4. Januar:		
3	Do, 01.01.1998	1	1	1	So, 04.01.1998		
4	Fr, 01.01.1999	1	53	53	Mo, 04.01.1999		
5	Sa, 01.01.2000	1	52	52	Di, 04.01.2000		
6	Mo, 01.01.2001	1	1	1	Do, 04.01.2001		
7	Di, 01.01.2002	1	1	1	Fr, 04.01.2002		
8	Mi, 01.01.2003	1	1	1	Sa, 04.01.2003		
9	Do, 01.01.2004	1	1	1	So, 04.01.2004		
10	Sa, 01.01.2005	1	53	53	Di, 04.01.2005		
11	So, 01.01.2006	1	52	52	Mi, 04.01.2006		
12	Mo, 01.01.2007	1	1	1	Do, 04.01.2007		

Abbildung 239: Kalenderwoche in Excel

Eine benutzerdefinierte Funktion, um dieses Manko auszugleichen:

```
Function DINKw(Tag As Date) As Byte
  DINKw = DatePart("ww", Tag, vbMonday, vbFirstFourDays)
End Function
```

230 Makro-Funktionen rund um die Zeit

Die 3 wohl wichtigsten Makro-Aufrufe sind garantiert

`Now` – aktuelles Datum mit Uhrzeit

`Time` – die aktuelle Uhrzeit

`Date` – das aktuelle Datum

Mit dem folgenden Makro wird dies deutlich:

```
Sub NowDateTime()
  MsgBox "Now" & Chr(9) & Now & Chr(13) & _
         "Date" & Chr(9) & Date & Chr(13) & _
         "Time" & Chr(9) & Time, , "Datum und Zeit"
End Sub
```

Abbildung 240: Now Date Time

Grund-lagen
Fehler
Intern
Funk-tionen
Farben
Datum/Zeit
Auswer-tungen
Dia-gramme
Objekte
User-Form
Controls
Internet
Extern
Extra

231 Arbeitszeiterfassung

Die Arbeitszeiterfassung dürfte eine der wichtigsten Aufgaben bei Arbeitsbeginn und -ende für die meisten darstellen. Excel bietet hier keine Hilfen ab Werk an. Es gibt viele »selbstgestrickte« Varianten, die den einzelnen betrieblichen Erfordernissen gerecht werden. Das Problem sind die sehr unterschiedlichen Arbeitszeitregelungen der Betriebe.

Es ist ohne weiteres möglich, eine Arbeitszeiterfassung nur mit Tabellenblattfunktionalitäten zu erstellen. Je komplexer die Anwesenheits- und Pausenregeln sind, um so unübersichtlicher werden natürlich auch die Formeln.

232 Arbeitszeiten über Mitternacht hinaus

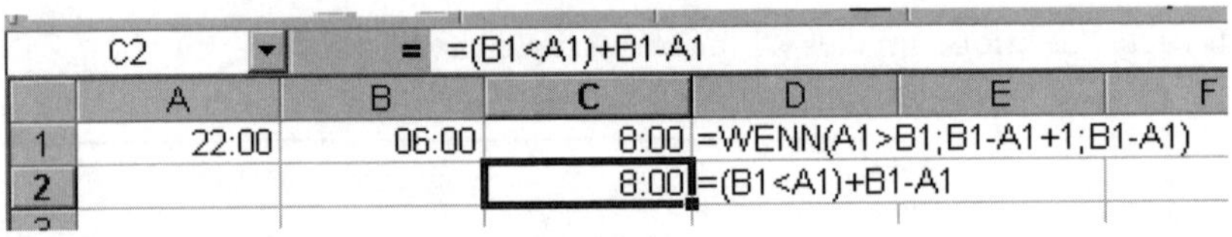

Abbildung 241: Zeitberechnung über Mitternacht hinaus

233 Mit Zeiten und anderen Einheiten rechnen

Manchmal wird von den Excel-Anwendern ein ganz trivialer Fehler begangen: Für uns sieht in Excel eine Stunde nach einer abgeschlossenen Einheit aus, was aber nicht gilt. Uns wird durch die besondere Formatierung etwas anderes angezeigt.

Bei datums- oder zeitformatierten Quellzellen muss man eben den Nachkommaanteil, den man zur Berechnung heranzieht, um den Faktor erhöhen. Die folgende Tabelle soll dies verdeutlichen:

Zeit	Benötigte Einheit	Faktor	Ergebnis
08:00	Stunde	24	8
01:15	Minuten	24*60 oder 1440	75
00:01:30	Sekunden	24*60*60 oder 86400	90

Tabelle 41: Zeit-Einheiten berechnen

Die andere Variante ist folgende:

Mit =STUNDE(A1), =MINUTE(A1), =SEKUNDE(A1) in den Tabellenblattformeln bzw. bei den Prozeduren mit HOUR([A1]), MINUTE([A1]) und SECOND([A1]) die Einzelgröße ermitteln. Mit diesen kann man dann normal weiterrechnen.

234 Lohn pro Stunde

Man muss nur wissen, dass der Zellinhalt nicht dem Anzeigewert entspricht.

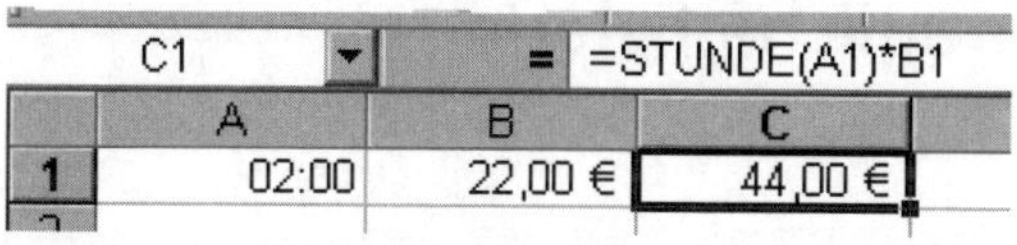

Abbildung 242: Lohnberechnung

Als Makrolösung eine direkte Zellberechnung:

```
Sub Lohn()
  MsgBox [a1] * [b1] * 24
End Sub
```

235 Kilometer pro Stunde

Die Berechnung von km/h ist eigentlich ganz einfach:

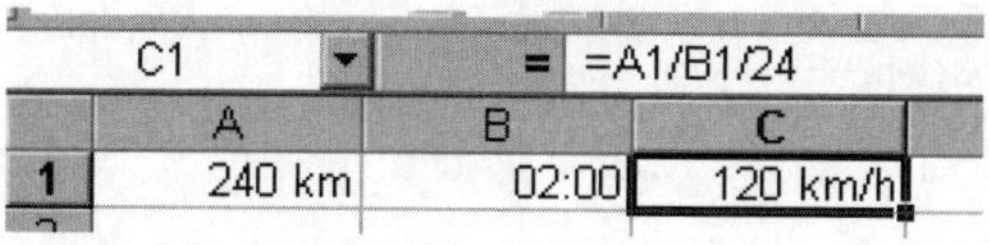

Abbildung 243: Kilometer pro Stunde

Als Makrolösung ein anderer Lösungsansatz mit der Ermittlung der Stunde.

```
Sub km_proStunde()
  MsgBox [a1] / Hour([b1])
End Sub
```

236 Feiertagberechnungen

Es gibt im deutschsprachigen Raum 3 verschiedene Arten von Feiertagen.

1. Feste Feiertage, die auf ein bestimmtes Datum fixiert sind.
   Bei der Feiertagsberechnung sind diese kein Problem.
2. Bewegliche Feiertage, die von Ostern abhängig sind. Die Basis für fast alle beweglichen kirchlichen Feiertage ist Ostern. Ostern wurde beim Konzil von Nicäa (325 n. Chr.) wie folgt definiert: Der Ostersonntag ist der erste Sonntag nach dem ersten Vollmond nach Frühlingsanfang. Damit es kompliziert wird, gibt es aber noch 2 Ausnahmen. Die Berechnung des Osterdatums kann nach dem Gausschen Algorithmus erfolgen. Dieser rechnet bis zum Jahre 2078 richtig.

3. Bewegliche Feiertage, die immer auf einen bestimmten Wochentag fallen, aber nicht mit Ostern zusammenhängen. Das sind zum Glück nur sehr wenige, zum Beispiel der Buß- und Bettag.

237 Ostern als Basis für bewegliche Feiertage

Ostern kann man mit folgender Formel leicht berechnen:

=DM((TAG(MINUTE(A1/38)/2+55)&".4."& A1)/7;)*7-6

wobei in Zelle A1 die Jahreszahl steht. Diese Formel nennt man nach dem Entwickler auch »Hetterich-Formel«.

Die Berechnung der Feiertage könnte dann so aussehen:

Ostern = =DM((TAG(MINUTE(j/38)/2+55)&".4."&j)/7;)*7-6

	A	B	C	D	E	F
1	bewegliche Feiertage		Formeln:			
2		**2002**	=JAHR(JETZT())			
3	Fasnachtsmontag / Rosenmontag	11.02.2002	=Ostern-48			
4	Karfreitag	29.03.2002	=Ostern-2			
5	Ostern:	31.03.2002	=DM((TAG(MINUTE(j/38)/2+55)&".4."&j)/7;)*7-6			
6	Ostermontag	01.04.2002	=Ostern+1			
7	Christi Himmelfahrt	09.05.2002	=Ostern+39			
8	Pfingstsonntag	19.05.2002	=Ostern+49			
9	Pfingstmontag	20.05.2002	=Ostern+50			
10	Fronleichnam	30.05.2002	=Ostern+60			
11						
12	Buß- und Bettag	20.11.2002	=DATUM(j;11;22)-REST(DATUM(j;11;18);7)			
13						
14						
15	Alle anderen Feiertage sind auf ein fixes Datum gebunden					
16						
17	Bemerkung:					
18	Die Zellen B2 und B5 sind als benannete Zellen eingetragen					
19	j = das Jahr aus Zelle **B2**					
20	**Ostern** = das Osterdatum aus Zelle **B5**					

Abbildung 244: Feiertage mit Formeln ermitteln

238 Feiertagsfunktion 1

Bei dieser Funktion haben Sie als Rückgabewert den Feiertagsnamen. Bei nicht bundeseinheitlichen Feiertagen ist am Ende ein Stern. Dieser ist zum Beispiel in der bedingten Formatierung mit =RECHTS(A1;1) auswertbar. Diese Funktion rechnet bis zum Jahre 2078 richtig.

```
Function Feiertag(Datum As Date) As String
  Dim J%, D%
  Dim O As Date
  J = Year(Datum)
  ' Osterberechnung
```

```
  D = (((255 - 11 * (J Mod 19)) - 21) Mod 30) + 21
  O = DateSerial(J, 3, 1) + D + (D > 48) + 6 - _
  ((J + J \ 4 + D + (D > 48) + 1) Mod 7)
  ' Feiertage berechnen
  Select Case Datum
    Case Is = DateSerial(J, 1, 1)
      Feiertag = "Neujahr"
    Case Is = DateSerial(J, 1, 6)
      Feiertag = "Dreikönig*"
    Case Is = DateAdd("D", -2, O)
      Feiertag = "Karfreitag"
    Case Is = O
      Feiertag = "Ostersonntag"
    Case Is = DateAdd("D", 1, O)
      Feiertag = "Ostermontag"
    Case Is = DateSerial(J, 5, 1)
      Feiertag = "Erster Mai"
    Case Is = DateAdd("D", 39, O)
      Feiertag = "Christi Himmelfahrt"
    Case Is = DateAdd("D", 49, O)
      Feiertag = "Pfingstsonntag"
    Case Is = DateAdd("D", 50, O)
      Feiertag = "Pfingstmontag"
    Case Is = DateAdd("D", 60, O)
      Feiertag = "Fronleichnam*"
    Case Is = DateSerial(J, 8, 15)
      Feiertag = "Maria Himmelfahrt*"
    Case Is = DateSerial(J, 10, 3)
      Feiertag = "Deutsche Einheit"
    Case Is = DateSerial(J, 11, 22) - (DateSerial(J, 11, 18) Mod 7)
      Feiertag = "Buß- und Bettag*"
    Case Is = DateSerial(J, 10, 31)
      Feiertag = "Reformationstag*"
    Case Is = DateSerial(J, 11, 1)
      Feiertag = "Allerheiligen*"
    Case Is = DateSerial(J, 12, 24)
      Feiertag = "Heilig Abend*"
    Case Is = DateSerial(J, 12, 25)
      Feiertag = "EWeihnacht"
    Case Is = DateSerial(J, 12, 26)
      Feiertag = "ZWeihnacht"
    Case Is = DateSerial(J, 12, 31)
      Feiertag = "Silvester*"
  Case Else
    Feiertag = ""
  End Select
End Function
```

239 Feiertagsfunktion 2

Bei der nächsten Funktion ist der Rückgabewert »nur« Wahr oder Falsch. Dadurch ergeben sich eingeschränkte Möglichkeiten, die aber meist ausreichen. Als Besonderheit werden in dieser die Daten der Feiertage in ein eindimensionales Datenfeld eingetragen und am Ende in einer Schleife ausgewertet.

```
Function Feiertag2(Datum As Date) As Boolean
  Dim Feiert(19) As Date
  Dim J%, D%, i As Byte
  Dim O As Date
  J = Year(Datum)
  ' Osterberechnung
  D = (((255 - 11 * (J Mod 19)) - 21) Mod 30) + 21
  O = DateSerial(J, 3, 1) + D + (D > 48) + 6 - _
    ((J + J \ 4 + D + (D > 48) + 1) Mod 7)

    Feiert(1) = O          ' Ostern
    Feiert(2) = O + 1      ' Ostermontag
    Feiert(3) = O - 2      ' Karfreitag
    Feiert(4) = O + 39     ' Christi Himmelfahrt
    Feiert(5) = O + 49     ' Pfingsten
    Feiert(6) = O + 50     ' Pfingstmontag
    Feiert(7) = O + 60     ' Fronleichnam
    ' feste Feiertage:
    Feiert(8) = DateSerial(J, 1, 1)
    Feiert(9) = DateSerial(J, 1, 6)
    Feiert(10) = DateSerial(J, 5, 1)
    Feiert(11) = DateSerial(J, 8, 15)
    Feiert(12) = DateSerial(J, 10, 3)
    Feiert(13) = DateSerial(J, 10, 31)
    Feiert(14) = DateSerial(J, 11, 1)
    Feiert(15) = DateSerial(J, 12, 24)
    Feiert(16) = DateSerial(J, 12, 25)
    Feiert(17) = DateSerial(J, 12, 26)
    Feiert(18) = DateSerial(J, 12, 31)
    Feiert(19) = DateSerial(J, 11, 22) _
      - (DateSerial(J, 11, 18) Mod 7)

    For i = 1 To 19
      If Feiert(i) = Datum Then
        Feiertag2 = True
        Exit Function
      Else
        Feiertag2 = False
      End If
    Next i
End Function
```

240 Kalender nur mit Tabellenblattfunktionen

Bei den Beispieldateien ist ein Kalender nur mit Funktionen enthalten. Der reine Kalenderaufbau erfolgt ausschließlich mit Tabellenblattfunktionalitäten und wandert mit dem aktuellen Kalenderjahr mit. Auf eine genaue Beschreibung wird hier allerdings verzichtet. Erwähnenswert ist nur der 29. Februar wegen der Schaltjahre:

Die Entscheidung, ob dieser existiert, wird auf folgende Weise realisiert:

=WENN(MONAT(D32+1)>MONAT(D32);"";D32+1)

In der Beispieldatei interessant sind die Möglichkeiten der bedingten Formatierung im Zusammenhang mit den 2 oben vorgestellten Feiertagsfunktionen. Hier eröffnen sich neue Horizonte.

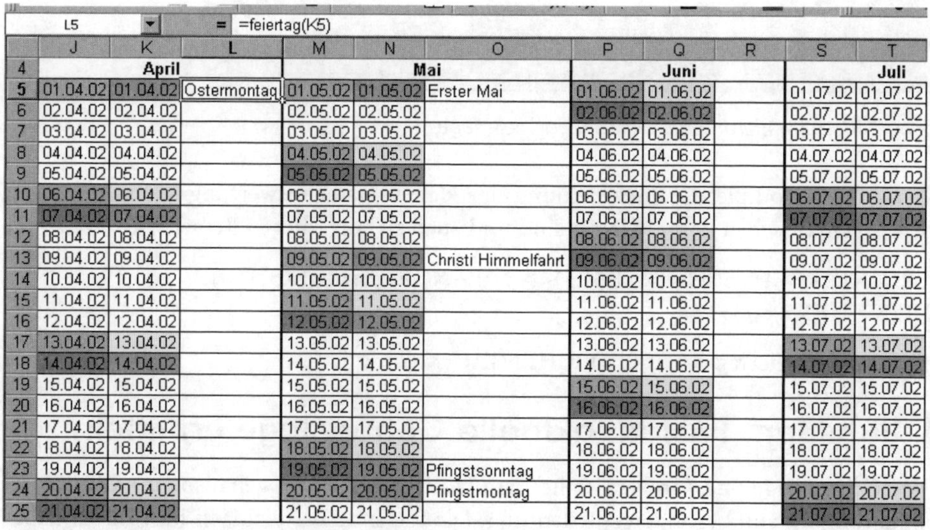

L5 = =feiertag(K5)

	J	K	L	M	N	O	P	Q	R	S	T
4		April			Mai			Juni			Juli
5	01.04.02	01.04.02	Ostermontag	01.05.02	01.05.02	Erster Mai	01.06.02	01.06.02		01.07.02	01.07.02
6	02.04.02	02.04.02		02.05.02	02.05.02		02.06.02	02.06.02		02.07.02	02.07.02
7	03.04.02	03.04.02		03.05.02	03.05.02		03.06.02	03.06.02		03.07.02	03.07.02
8	04.04.02	04.04.02		04.05.02	04.05.02		04.06.02	04.06.02		04.07.02	04.07.02
9	05.04.02	05.04.02		05.05.02	05.05.02		05.06.02	05.06.02		05.07.02	05.07.02
10	06.04.02	06.04.02		06.05.02	06.05.02		06.06.02	06.06.02		06.07.02	06.07.02
11	07.04.02	07.04.02		07.05.02	07.05.02		07.06.02	07.06.02		07.07.02	07.07.02
12	08.04.02	08.04.02		08.05.02	08.05.02		08.06.02	08.06.02		08.07.02	08.07.02
13	09.04.02	09.04.02		09.05.02	09.05.02	Christi Himmelfahrt	09.06.02	09.06.02		09.07.02	09.07.02
14	10.04.02	10.04.02		10.05.02	10.05.02		10.06.02	10.06.02		10.07.02	10.07.02
15	11.04.02	11.04.02		11.05.02	11.05.02		11.06.02	11.06.02		11.07.02	11.07.02
16	12.04.02	12.04.02		12.05.02	12.05.02		12.06.02	12.06.02		12.07.02	12.07.02
17	13.04.02	13.04.02		13.05.02	13.05.02		13.06.02	13.06.02		13.07.02	13.07.02
18	14.04.02	14.04.02		14.05.02	14.05.02		14.06.02	14.06.02		14.07.02	14.07.02
19	15.04.02	15.04.02		15.05.02	15.05.02		15.06.02	15.06.02		15.07.02	15.07.02
20	16.04.02	16.04.02		16.05.02	16.05.02		16.06.02	16.06.02		16.07.02	16.07.02
21	17.04.02	17.04.02		17.05.02	17.05.02		17.06.02	17.06.02		17.07.02	17.07.02
22	18.04.02	18.04.02		18.05.02	18.05.02		18.06.02	18.06.02		18.07.02	18.07.02
23	19.04.02	19.04.02		19.05.02	19.05.02	Pfingstsonntag	19.06.02	19.06.02		19.07.02	19.07.02
24	20.04.02	20.04.02		20.05.02	20.05.02	Pfingstmontag	20.06.02	20.06.02		20.07.02	20.07.02
25	21.04.02	21.04.02		21.05.02	21.05.02		21.06.02	21.06.02		21.07.02	21.07.02

Abbildung 245: Bedingte Formatierung im Kalender

Für die Zelle J5 sieht die bedingte Formatierung mit der Funktion FEIERTAGE2 so aus:

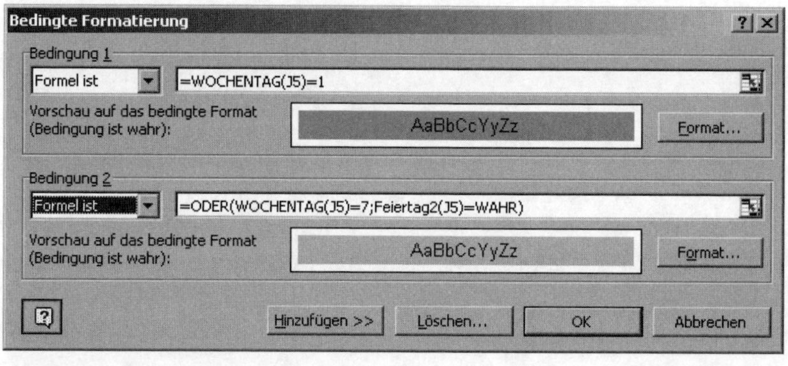

Abbildung 246: Formatierung mit der Funktion Feiertage2

Hier gibt es leider die Einschränkung, dass alle Feiertage gleich formatiert werden. Dies fällt negativ am Pfingstmontag auf. Wegen der Sonntagsabfrage in der ersten Bedingung werden Sonntage, obwohl Feiertage, dunkler dargestellt.

In der Zelle K5 dagegen wird die wesentlich umfangreichere Funktion Feiertage angewandt.

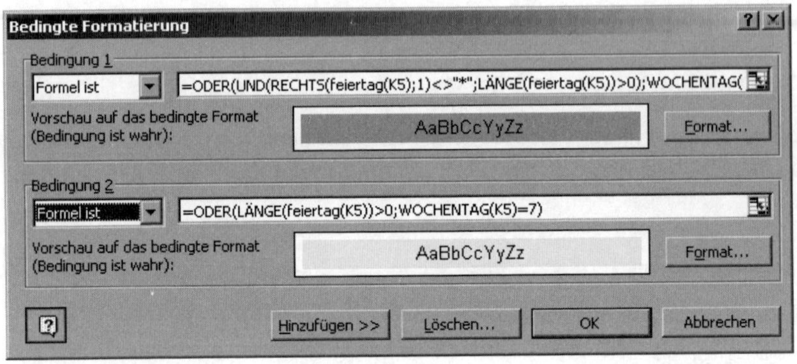

Abbildung 247: Formatierung mit der Funktion Feiertage

Hier ist durch die komplexere Rückmeldung eine kleine »Datenauswertung« erforderlich. Da die Formeln ein bisschen komplizierter sind und auch zu lang, hier in Reinschrift:

=ODER(UND(RECHTS(feiertag(K5);1)<>"*";LÄNGE(feiertag(K5))>0);
WOCHENTAG(K5)=1)

=ODER(LÄNGE(feiertag(K5))>0;WOCHENTAG(K5)=7)

241 Jubiläen, Fristen, aktuelle Geburtstage ermitteln

Wichtige Geburtstage und Jubiläen sollte man ja nicht vergessen, genauso ist natürlich die Fristeinhaltung oft von besonderer Bedeutung. Die folgende Beispieldatei hilft Ihnen dabei, diese Termine nicht zu vergessen. Speichern Sie diese Datei in den Excel-Startordner, damit sie bei jedem Start aufgerufen wird. Die Rechenoperationen sehen schlimmer aus, als sie sind. Aber die brauchen Sie normalerweise nicht mehr anzupassen, da sie über einstellbare Parameter verfügen.

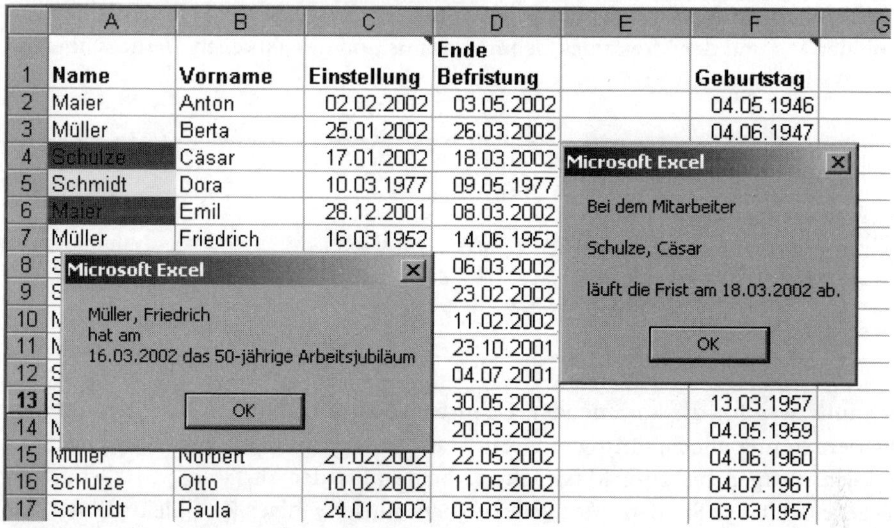

Abbildung 248: der verschiedenen Meldungen

```
Private Sub workbook_open()
  Dim Fr&, lZeile%, i%, Jub1%, Jub2%, Jub3%, Jub4%, Geb%
  Dim V_N_Name$
  Dim Geb_Datum As Date, Jub_Datum As Date
  Worksheets("Mitarbeiter").Select
  ' Voreinstellungen:
  Fr = Date + 14   ' befristete Mitarbeiter Frist
  Jub1 = 15        ' Jubiläum 1
  Jub2 = 25        ' Jubiläum 2
  Jub3 = 40        ' Jubiläum 3
  Jub4 = 50        ' Jubiläum 4
  Geb = 14         ' Meldungsbereich Geburtstag
  ' alte Einfärbungen löschen
  Columns(1).Interior.ColorIndex = xlNone
  lZeile = Cells(Rows.Count, 1).End(xlUp).Row

  For i = 2 To lZeile
    V_N_Name = Cells(i, 1) & ", " & Cells(i, 2)
```

Das Prüfen des Befristungsdatums aus der Spalte D in Bezug auf das aktuelle Datum ist einfach zu realisieren. Hier wird lediglich abgefragt, ob der Wert im Zeitfenster des Fristdatums und dessen minus der oben eingestellten Variable »Fr«.

```
    If Cells(i, 4) <= Fr And Cells(i, 4) >= Date Then
      Cells(i, 1).Interior.ColorIndex = 3
      MsgBox "Bei dem Mitarbeiter" & Chr(13) & Chr(13) _
        & Name & Chr(13) & Chr(13) _
        & "läuft die Frist am " & Cells(i, 4) & " ab."
    End If
```

Grundlagen
Fehler
Intern
Funktionen
Farben
Datum/Zeit
Auswertungen
Diagramme
Objekte
UserForm
Controls
Internet
Extern
Extra

Die einfachste Überprüfung stellt der aktuelle Geburtstag dar. Es ist nur erforderlich zu vergleichen, ob der Tag und der Monat des Geburtsdatums und des aktuellen Datums übereinstimmen.

```
If Month(Cells(i, 6)) = Month(Date) And _
      Day(Cells(i, 6)) = Day(Now) Then
  MsgBox V_N_Name & Chr(13) & _
  "hat heute Geburtstag" & Chr(13) & "und wird " & _
  DateDiff("yyyy", Cells(i, 6), Date) & " Jahre alt"
  Cells(i, 1).Interior.ColorIndex = 4
End If
```

Der Berechnungsweg für die kommenden Geburtstage ist da schon ein bisschen umfangreicher. Es werden hier alle zukünftigen Geburtstagskinder mit Meldungsdialog angezeigt, die im Bereich Morgen bis zum Maximalwert heute plus der Variablen `Geb` Geburtstag haben werden. Je kleiner Sie den Wert `Geb` auslegen, umso weniger Zeit bleibt Ihnen, um das Geburtstagsständchen zu üben.

```
If DateDiff("d", DateSerial(Year(Now + Geb), Month(Cells(i,6)) _
  , Day(Cells(i, 6))), Date) > Geb * -1 And DateDiff("d", _
  DateSerial(Year(Now + Geb), Month(Cells(i, 6) + Geb), _
  Day(Cells(i, 6) + Geb)), Date) < Geb * -1 Then
    MsgBox V_N_Name & Chr(13) & "hat am" _
      & Chr(13) & DateSerial(Year(Now), Month(Cells(i, 6)), _
      Day(Cells(i, 6))) & " Geburtstag"
  Cells(i, 1).Interior.ColorIndex = 35
End If
```

Prüfen, ob das Jubiläum1 ansteht:

```
If DateDiff("d", DateSerial(Year(Cells(i, 3)) + Jub1, _
  Month(Cells(i, 3)), Day(Cells(i, 3))), Date) > -14 And _
  DateDiff("d", DateSerial(Year(Cells(i, 3)) + Jub1, _
  Month(Cells(i, 3)), Day(Cells(i, 3))), Date) <= 0 Then
    MsgBox V_N_Name & Chr(13) & "hat am" _
      & Chr(13) & DateSerial(Year(Cells(i, 3)) + Jub1, _
      Month(Cells(i, 3)), Day(Cells(i, 3))) & " das " & Jub1 _
      & "-jährige Arbeitsjubiläum"
  Cells(i, 1).Interior.ColorIndex = 34
End If
```

Das Jubiläum2 überprüfen:

```
If DateDiff("d", DateSerial(Year(Cells(i, 3)) + Jub2, _
  Month(Cells(i, 3)), Day(Cells(i, 3))), Date) > -14 And _
  DateDiff("d", DateSerial(Year(Cells(i, 3)) + Jub2, _
```

```
      Month(Cells(i, 3)), Day(Cells(i, 3))), Date) <= 0 Then
        MsgBox V_N_Name & Chr(13) & "hat am" _
          & Chr(13) & DateSerial(Year(Cells(i, 3)) + Jub2, _
          Month(Cells(i, 3)), Day(Cells(i, 3))) & " das " & Jub2 _
          & "-jährige Arbeitsjubiläum"
      Cells(i, 1).Interior.ColorIndex = 34
    End If

    If DateDiff("d", DateSerial(Year(Cells(i, 3)) + Jub3, _
      Month(Cells(i, 3)), Day(Cells(i, 3))), Date) > -14 And _
      DateDiff("d", DateSerial(Year(Cells(i, 3)) + Jub3, _
      Month(Cells(i, 3)), Day(Cells(i, 3))), Date) <= 0 Then
        MsgBox V_N_Name & Chr(13) & "hat am" _
          & Chr(13) & DateSerial(Year(Cells(i, 3)) + Jub3, _
          Month(Cells(i, 3)), Day(Cells(i, 3))) & " das " & Jub3 _
          & "-jährige Arbeitsjubiläum"
      Cells(i, 1).Interior.ColorIndex = 34
    End If
```

Ist das Jubiläum Nummer 3 bald erreicht? Da der Rechenweg bei den Jubiläen immer der Gleiche ist, hier noch den Rechenweg zur Berechnung des Jubiläums:

Wenn die Differenz des Einstellungsdatums plus die Jubiläumsjahre in der Zeitspanne 14 Tage vorher oder am heutigen Datum liegen, erfolgt die Ausgabe im Meldungsdialog.

```
    If DateDiff("d", DateSerial(Year(Cells(i, 3)) + Jub4, _
      Month(Cells(i, 3)), Day(Cells(i, 3))), Date) > -14 And _
      DateDiff("d", DateSerial(Year(Cells(i, 3)) + Jub4, _
      Month(Cells(i, 3)), Day(Cells(i, 3))), Date) <= 0 Then
        MsgBox V_N_Name & Chr(13) & "hat am" _
          & Chr(13) & DateSerial(Year(Cells(i, 3)) + Jub4, _
          Month(Cells(i, 3)), Day(Cells(i, 3))) & " das " & Jub4 & _
            "-jährige Arbeitsjubiläum"
      Cells(i, 1).Interior.ColorIndex = 34
    End If
  Next i
End Sub
```

Natürlich kann man dieses Makro auch für die Mitgliederverwaltung eines Vereins gut benutzen. Dann fällt eben der Teil mit der Befristung weg.

242 Kalender1 mit Makros erstellen

Einen Kalender zu erstellen, ist nicht allzu schwer. Das Arrangieren von Zahlen, Farbformaten und Rahmen zueinander erfolgt immer in mehreren ineinander verschachtelten Schleifen. Es werden mit FOR...NEXT...-Schleifen die Zeilen- und Spaltenposition des Eintrags berechnet und mit der CELLS()-Anweisung die Zellen entsprechend angesprochen.

Sie werden in diesem Buch 3 Kalendervarianten finden, die völlig unterschiedlich sind. Die Feiertage werden aber immer mit der gleichen benutzerdefinierten Funktion ermittelt.

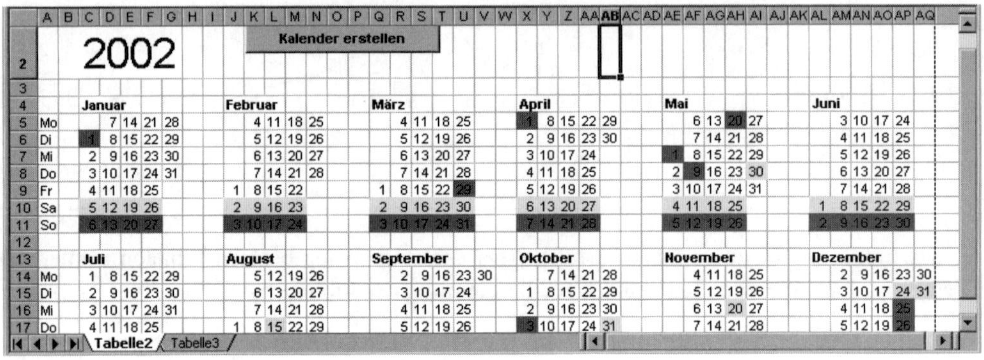

Abbildung 249: Kalender1

Der Code ist so ausgelegt, dass das aktive Tabellenblatt ausgefüllt und formatiert wird. Ob dies nun das Tabellenblatt mit der Startschaltfläche ist oder ein komplett neues Tabellenblatt, bleibt Ihnen überlassen. Die Variante mit dem neuen Tabellenblatt ist nur auskommentiert.

```
Sub Kalender1()
  Dim i As Byte, x As Byte, y As Byte
  Dim dat As Long, Jahr As Integer
  ' alle alten Angaben komplett löschen
  Cells.Clear
  ' Alternativ: Neue Mappe
  ' Workbooks.Add
```

Über einen Eingabedialog wird die Jahreszahl abgefragt, in die verbundenen Zellen B2:G2 eingetragen und formatiert. Die Variablen x und y steuern den Abstand von oben (x) bzw. links (y).

```
  Jahr = InputBox("Bitte geben Sie eine 4-stellige Jahreszahl ein" _
        , , IIf(Month(Date) > 9, Year(Date) + 1, Year(Date)))
  x = 4
  y = 3
  ' Jahreszahl eintragen und formatieren
  With [B2:G2]
```

```
    .MergeCells = True
    .Value = Jahr
    .Font.Size = 32
  End With
```

Der nächste Codeteil formatiert das Tabellenblatt und trägt für das erste Halbjahr die Wochentage in einer Schleife ein. Der Lösungsweg zur Ermittlung der Wochentagsnamen ist allerdings nicht für Arbeitsmappen mit 1904-Datumswerten geeignet. Es wird einfach der Umstand ausgenutzt, dass der 1.1.1900 ein Sonntag war.

```
  ' Spaltenbreite anpassen
  [A:AQ].ColumnWidth = 2.3
  ' Monatsnamen formatieren erstes Halbjahr
  Cells(x, 3) = "Januar"
  Rows(x).Font.Bold = True
  ' Wochentage eintragen erstes Halbjahr
  For i = x + 1 To x + 7
    Cells(i, 1) = Format(i - x + 1, "DDD")
  Next i
```

Jetzt tragen wir die Kalendertage (Variable `dat`) mit einer Schleife ein, die als kleinste Zahl den 1. Januar des Jahres enthält und als größten Wert den 31. Dezember des entsprechenden Jahres. Diese Daten werden mit `DateSerial(Jahr, Monat, Tag)` ermittelt. An jedem Montag erfolgt eine Weiterschaltung um eine Spalte. Pro Monat werden 7 Spalten benötigt, da es Monate gibt, die über 6 Kalenderwochen verteilt sind. Wenn der Monat des Datums größer ist, als der des vorhergehenden Datums, wird zur nächsten Monatsspalte gesprungen und dort weiter eingetragen. Der Rest dieses Codeabschnittes befasst sich mit der Steuerung des 2. Halbjahres.

```
  For dat = DateSerial(Jahr, 1, 1) To DateSerial(Jahr, 12, 31)
    ' Am Montag eine Spalte weiter
    If Weekday(dat, vbMonday) = 1 And _
          dat <> DateSerial(Jahr, 1, 1) Then y = y + 1
    ' Ab Juli in Zeile x + 9
    If dat = DateSerial(Jahr, 7, 1) Then
      x = x + 9
      y = 3
    End If
    If Month(dat) > Month(dat - 1) And _
          dat <> DateSerial(Jahr, 7, 1) Then
      If Month(dat) < 7 Then
        y = Month(dat) * 7 - 4
      Else
        y = (Month(dat) - 6) * 7 - 4
      End If
      Cells(x, y) = Format(dat + 1, "MMMM")
    End If
```

Die senkrechte Position des Eintrages wird mit der Funktion `Weekday(..)` ermittelt.

```
Cells(x + Weekday(dat, vbMonday), y) = Format(dat, "D")
```

Die benutzerdefinierte Funktion `Feiertag()`, die Sie bereits kennen gelernt haben, ermittelt, ob das betreffende Datum ein Feiertag ist. Analog zum Abschnitt »Kalender nur mit Tabellenblattfunktionen« werden hier die Feiertage unterschieden.

```
    ' Feiertage hervorheben
    If Right(Feiertag(CDate(dat)), 1) = "*" _
        Or Weekday(dat, vbMonday) = 6 Then
      Cells(x + Weekday(dat, vbMonday), y).Interior.ColorIndex = 35
    End If
    If (Right(Feiertag(CDate(dat)), 1) <> "*" _
      And Feiertag(CDate(dat)) <> "") _
      Or Weekday(dat, vbMonday) = 7 Then
        Cells(x + Weekday(dat, vbMonday), y).Interior.ColorIndex = 4
    End If
  Next dat
```

Hier werden noch ein paar Einträge für das 2. Kalenderhalbjahr getätigt, die weiter vorne bereits beschrieben wurden.

```
  Cells(x, 3) = "Juli"
  Rows(x).Font.Bold = True
  For i = x + 1 To x + 7
    Cells(i, 1) = Format(i - x + 1, "DDD")
  Next i
End Sub
```

243 Kalender2 mit Makros erstellen

Bei diesem Makro werden 12 Tabellenblätter in einer neuen Arbeitsmappe erzeugt. Beim Erzeugen wird nach dem zu erstellenden Jahr gefragt, aber automatisch bis Oktober das aktuelle Jahr und danach das nächste angeboten. Bei der Erstellung der neuen Arbeitsmappe wird die Anzahl der Tabellenblätter in einer neuen Arbeitsmappe ausgelesen, manipuliert und wieder zurückgestellt. Diese Prozedur benötigt zwingend die Funktion `Feiertage` aus der Kategorie »Funktionen«. In der Musterdatei ist auch eine Variante für unsere Schweizer Freunde enthalten.

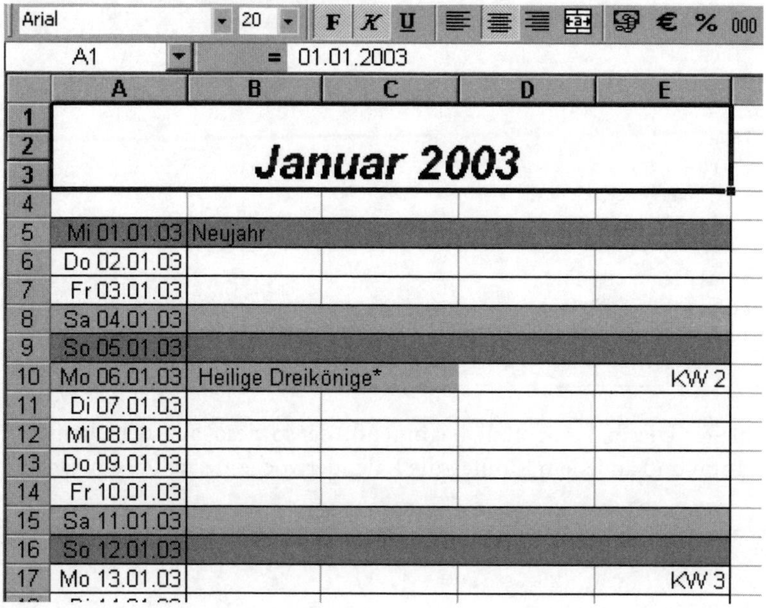

Abbildung 250: Kalender2

```
Sub Kalender2()
  Dim i As Integer, x As Integer, alt As Integer
  Dim WS As Worksheet
  Dim Jahr As Integer
  Jahr = InputBox _
     ("Bitte Das Jahr 4-stellig eingeben", "Jahresabfrage", _
     IIf(Month(Date) > 9, Year(Date) + 1, Year(Date)))
```

Hier wird zu einem kleinen Trick gegriffen und die unter EXTRAS | OPTIONEN | ALLGEMEIN eingestellte Anzahl an Tabellenblättern in die Variable `Alt` ausgelesen und auf 12 Tabellenblätter eingestellt. Nach Erstellung der neuen Arbeitsmappe wird der Inhalt der Variablen wieder zurückgeschrieben.

```
  alt = Application.SheetsInNewWorkbook ' alt auslesen
  Application.SheetsInNewWorkbook = 12  ' verändern
  Workbooks.Add
  Application.SheetsInNewWorkbook = alt ' zurücksetzen
```

Die 12 Tabellenblätter werden in einer Schleife einzeln angesprochen, formatiert und ausgefüllt.

```
  For i = 1 To 12
    Set WS = Worksheets(i)
    With WS.[a1:E3]
```

```
    .HorizontalAlignment = xlCenter
    .MergeCells = True
    .Font.Name = "Arial"
    .Font.Size = 20
    .Font.Bold = True
    .Font.Italic = True
    .NumberFormat = "mmmm yyyy"
  End With

  WS.[a1] = DateSerial(Jahr, i, 1)
  WS.Name = Format(WS.[a1], "MMMM")
  WS.[A5:A36].NumberFormat = "DDD DD.MM.YY"
  WS.Columns(5).HorizontalAlignment = xlRight
```

Die etwas andere Schleife: Diesmal mit Null beginnend, da sowieso alle Schleifenwerte erhöht werden. Das Datum und an jedem Montag die Kalenderwoche zusätzlich eintragen.

```
  For x = 0 To 30
    If Month(WS.[a1] + x) = Month(WS.Cells(x + 4, 1)) _
        Or x = 0 Then
      WS.Cells(x + 5, 1) = WS.[a1] + x
      If Weekday(WS.Cells(x + 5, 1)) = 1 Then _
        Range(WS.Cells(x + 5, 1), WS.Cells(x + 5, 5)) _
        .Interior.ColorIndex = 48
      If Weekday(WS.Cells(x + 5, 1)) = 7 Then _
       Range(WS.Cells(x + 5, 1), WS.Cells(x + 5, 5)) _
         .Interior.ColorIndex = 15
      If Weekday(WS.Cells(x + 5, 1))= 2 Then WS.Cells(x + 5, 5)= _
          "KW " & DatePart("ww", WS.Cells(x + 5, 1), _
          vbMonday, vbFirstFourDays)
      WS.Cells(x + 5, 1).Borders.Weight = xlThin
```

Die vier nebeneinander liegenden Zellen gemeinsam umrahmen.

```
      With Range(WS.Cells(x + 5, 2), WS.Cells(x + 5, 5))
        .Borders(xlEdgeLeft).Weight = xlThin
        .Borders(xlEdgeTop).Weight = xlThin
        .Borders(xlEdgeBottom).Weight = xlThin
        .Borders(xlEdgeRight).Weight = xlThin
      End With
```

Das Eintragen der Feiertage wurde bereits in den vorhergehenden Beispielen ausgiebig erläutert.

```
      WS.Cells(x + 5, 2) = Feiertag(WS.Cells(x + 5, 1))
      If WS.Cells(x + 5, 2) <> "" Then
        If Right(WS.Cells(x + 5, 2), 1) = "*" And _
```

```
          WS.Cells(x + 5, 2).Interior.ColorIndex = xlNone Then
          Range(WS.Cells(x + 5, 1), WS.Cells(x + 5, 3)) _
          .Interior.ColorIndex = 15
        Else
          Range(WS.Cells(x + 5, 1), WS.Cells(x + 5, 5)) _
            .Interior.ColorIndex = 48
        End If
      End If
    End If
  Next x
 Next i
End Sub
```

244 Kalender für einen Schichtplan erstellen

Dieser Kalender wird im nächsten Makro um einen Schichtrhythmus erweitert. Dieses Beispiel ist dementsprechend gleich in der Musterdatei enthalten. Auch hier wird die benutzerdefinierte Funktion Feiertage benötigt.

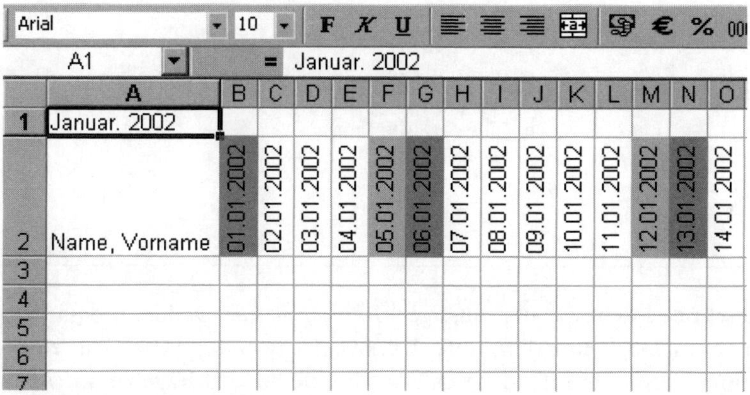

Abbildung 251: Der fertige Kalender

```
Sub Kalender_anlegen()
  Dim Jahr As Integer
  Dim Monat As Date, Mon As Byte
  Dim i As Byte
  Dim x As Integer

  Workbooks.Add
  Jahr = InputBox _
    ("Für welches Jahr wollen Sie einen Schichtplan erstellen?", _
    "Jahresabfrage", _
    IIf(Month(Date) > 9, Year(Date) + 1, Year(Date)))
  Application.ScreenUpdating = False

  ' Monatsblätter anlegen
```

```
For Mon = 1 To 12
  Monat = DateSerial(Jahr, Mon, 1)
  Sheets.Add before:=Worksheets(Mon)
  ActiveSheet.Name = Format(Monat, "mmm.yyyy")
  [A1] = Format(Monat, "mmmm_yyyy")
  [A2] = "Name, Vorname"
  Columns(1).ColumnWidth = 13.86

  ' Datum eintragen
  For i = 1 To 31
    ' Abfrage, ob Monat zu Ende
    If Month(DateSerial(Jahr, Mon, i)) = Mon Then
      Cells(2, i + 1) = DateSerial(Jahr, Mon, i)
      Columns(i + 1).ColumnWidth = 2.43
      Cells(2, i + 1).Orientation = 90
       ' Wochenende markieren
      If WeekDay(Cells(2, i + 1)) = 1 Then _
        Cells(2, i + 1).Interior.ColorIndex = 48
      If WeekDay(Cells(2, i + 1)) = 7 Then _
        Cells(2, i + 1).Interior.ColorIndex = 15
      ' Feiertage
      If Right(Feiertag(Cells(2, i + 1)), 1) <> "*" _
        And Feiertag(Cells(2, i + 1)) <> "" Then _
        Cells(2, i + 1).Interior.ColorIndex = 48
      If Right(Feiertag(Cells(2, i + 1)), 1) = "*" And _
        Cells(2, i + 1).Interior.ColorIndex <> 48 Then _
        Cells(2, i + 1).Interior.ColorIndex = 15
    End If
  Next i
Next Mon
```

Der folgende Makroabschnitt löscht die überflüssigen Tabellenblätter. Dadurch, dass jeder eine andere Anzahl an neuen Tabellenblättern unter EXTRAS | OPTIONEN | ALLGEMEIN eingestellt haben kann, in einer rückwärtslaufenden Schleife. Um die Löschabfrage zu unterdrücken, ist jede Sicherheitsabfrage ausgeschaltet.

```
  Application.DisplayAlerts = False
  For x = Worksheets.Count To 13 Step -1
    Worksheets(x).Delete
  Next x
  Application.DisplayAlerts = True
  Application.ScreenUpdating = True
End Sub
```

245 Schichtplan erstellen

Schichtpläne zu erstellen, ist eine extrem umfangreiche Angelegenheit. Jeder Betrieb hat hier seine Eigenheiten und Regeln. Diese Beispieldateien spiegeln nur wenige von tausenden Varianten wieder. Das wichtigste für die Erstellung eines Makros ist, eine Regel zu finden, nach der gerechnet werden kann.

Ein paar von vielen Lösungsansätzen sind hier integriert.

Die Basis dieses Schichtkalenders ist eine Firma mit gleich bleibender Besetzung während des ganzen Tages mit 5 Schichtgruppen. Die Schichten wechseln immer nach 2 bzw. 3 Tagen. Ein kompletter Durchlauf dauert 35 Tage.

Diese Makros sind sogar noch unter Excel 5 und Excel 95 lauffähig.

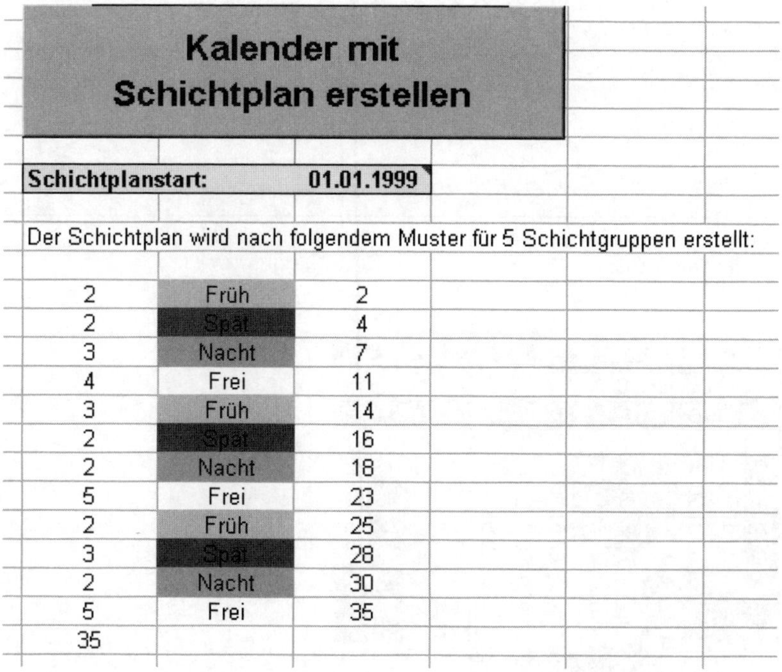

Kalender mit Schichtplan erstellen

Schichtplanstart: 01.01.1999

Der Schichtplan wird nach folgendem Muster für 5 Schichtgruppen erstellt:

2	Früh	2
2	Spät	4
3	Nacht	7
4	Frei	11
3	Früh	14
2	Spät	16
2	Nacht	18
5	Frei	23
2	Früh	25
3	Spät	28
2	Nacht	30
5	Frei	35
35		

Abbildung 252: Regel des Schichtrhythmus

```
Sub Schicht_markieren()
  Dim WS As Worksheet
  Dim Anz As Integer, Korrektur As Date
  Dim c As Integer, s As Byte, x As Integer, y As Integer

  Call Kalender_anlegen
  Anz = InputBox("Wieviele Personen sind in einer Schicht?", , 3)
  Korrektur = ThisWorkbook.Worksheets(1).[e12] + 4
  For s = 1 To 12
    Set WS = Worksheets(s)
```

```
    For y = 1 To Anz * 5
      For x = 2 To 32
        ' wenn Monat vorher zuende
        If IsDate(WS.Cells(2, x)) = False Then GoTo Weiter
        c = (WS.Cells(2, x) - Korrektur + ((Application. _
           WorksheetFunction.RoundUp(y / Anz, 0)) * 7) - 6) Mod 35

        WS.Cells(y + 2, x) = c
        Select Case c
          Case Is = 1, 2, 12, 13, 14, 24, 25
            WS.Cells(y + 2, x).Interior.ColorIndex = 6
          Case Is = 3, 4, 15, 16, 26, 27, 28
            WS.Cells(y + 2, x).Interior.ColorIndex = 3
          Case Is = 5, 6, 7, 17, 18, 29, 30
            WS.Cells(y + 2, x).Interior.ColorIndex = 8
          Case Is = 0, 8 To 11, 19 To 23, 31 To 35
            WS.Cells(y + 2, x).Interior.ColorIndex = xlNone
        End Select
Weiter:
      Next x
    Next y
  Next s
End Sub
```

Das Endergebnis sieht dann so aus:

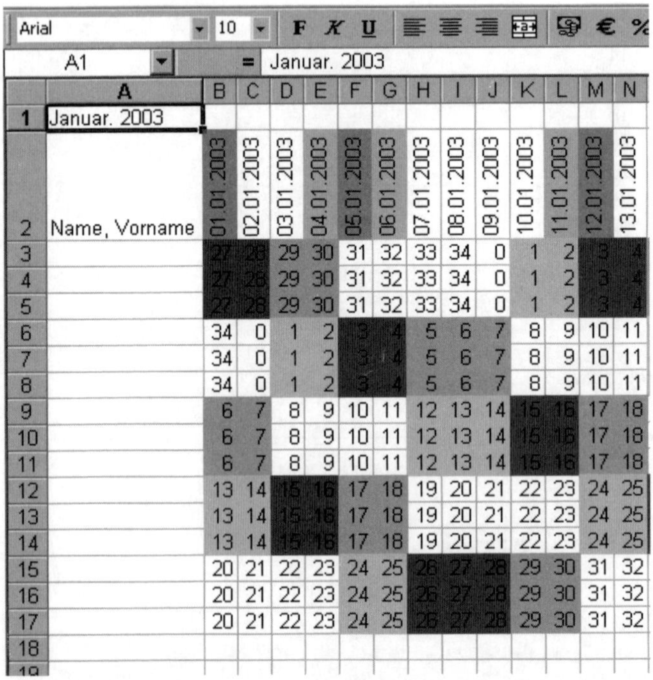

	A	B	C	D	E	F	G	H	I	J	K	L	M	N
1	Januar. 2003													
2	Name, Vorname	01.01.2003	02.01.2003	03.01.2003	04.01.2003	05.01.2003	06.01.2003	07.01.2003	08.01.2003	09.01.2003	10.01.2003	11.01.2003	12.01.2003	13.01.2003
3		27	28	29	30	31	32	33	34	0	1	2	3	4
4		27	28	29	30	31	32	33	34	0	1	2	3	4
5		27	28	29	30	31	32	33	34	0	1	2	3	4
6		34	0	1	2	3	4	5	6	7	8	9	10	11
7		34	0	1	2	3	4	5	6	7	8	9	10	11
8		34	0	1	2	3	4	5	6	7	8	9	10	11
9		6	7	8	9	10	11	12	13	14	15	16	17	18
10		6	7	8	9	10	11	12	13	14	15	16	17	18
11		6	7	8	9	10	11	12	13	14	15	16	17	18
12		13	14	15	16	17	18	19	20	21	22	23	24	25
13		13	14	15	16	17	18	19	20	21	22	23	24	25
14		13	14	15	16	17	18	19	20	21	22	23	24	25
15		20	21	22	23	24	25	26	27	28	29	30	31	32
16		20	21	22	23	24	25	26	27	28	29	30	31	32
17		20	21	22	23	24	25	26	27	28	29	30	31	32
18														

Abbildung 253: Der fertige Schichtplan 1

246 Schichtplan mit Formel

Als kleine Abwechslung gibt es eine einfache Formellösung zum gleichen Schichtsystem. Die Lösung ist in der Datei ersichtlich. Hier noch die Erläuterungen dazu:

Der Schichtrhythmus wird in der Spalte G fortlaufend angegeben. In diesem Beispiel sind es eben 35 Tage in der Schichtfolge. In der Zelle `D6` befindet sich der Startzeitpunkt des Schichtsystems bzw. der letzte Durchlaufbeginn. Theoretisch können Sie mit jeder beliebigen Zahl experimentieren. In der Spalte A ab der Zeile 6 steht der jeweilige Kalendertag. Ab `A7` wird jeweils ein Tag dazugezählt. In der Zelle `B6` steht folgende Formel:

=INDIREKT("G" & REST(A6-$D$6;35)+1)

Mit dem Formelteil =INDIREKT wird der Zellinhalt einer berechneten Zelladresse angezeigt. Der Formelteil REST(....;35) gibt den Restwert der Teilung durch 35 aus. Diese 35 müssen Sie bei einer anderen Schichtrhythmusdauer anpassen. Der Innenteil der Rest-Formel bezieht sich auf das Datum in Spalte A und die absolut adressierte Zelle D6. Der Zellwert aus D6 ist zum Einstieg in den Schichtrhythmus erforderlich. Da die Tabellenblattfunktion REST ja bekanntlich auch den Wert Null zurückgibt, wird das Ergebnis um 1 erhöht.

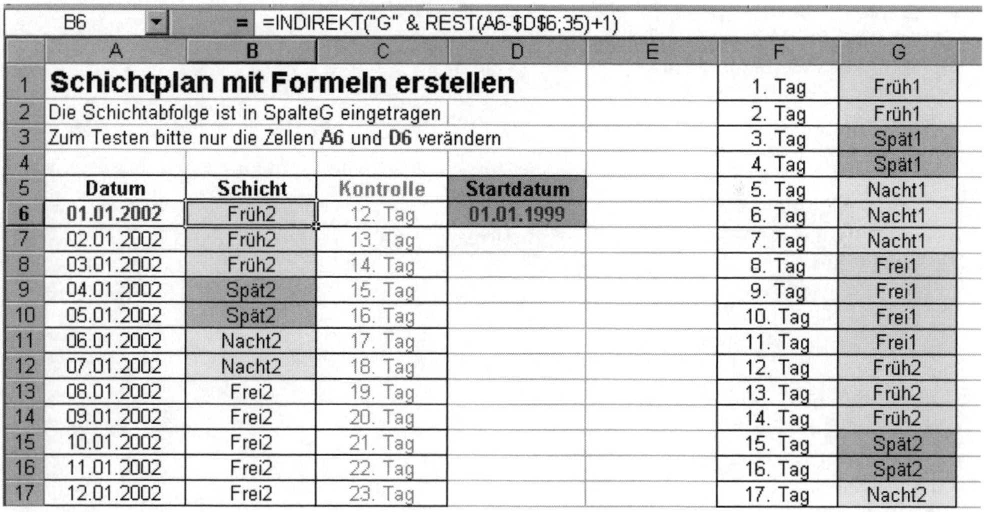

B6 = =INDIREKT("G" & REST(A6-$D$6;35)+1)

	A	B	C	D	E	F	G
1	**Schichtplan mit Formeln erstellen**					1. Tag	Früh1
2	Die Schichtabfolge ist in SpalteG eingetragen					2. Tag	Früh1
3	Zum Testen bitte nur die Zellen **A6** und **D6** verändern					3. Tag	Spät1
4						4. Tag	Spät1
5	**Datum**	**Schicht**	**Kontrolle**	**Startdatum**		5. Tag	Nacht1
6	**01.01.2002**	Früh2	12. Tag	**01.01.1999**		6. Tag	Nacht1
7	02.01.2002	Früh2	13. Tag			7. Tag	Nacht1
8	03.01.2002	Früh2	14. Tag			8. Tag	Frei1
9	04.01.2002	Spät2	15. Tag			9. Tag	Frei1
10	05.01.2002	Spät2	16. Tag			10. Tag	Frei1
11	06.01.2002	Nacht2	17. Tag			11. Tag	Frei1
12	07.01.2002	Nacht2	18. Tag			12. Tag	Früh2
13	08.01.2002	Frei2	19. Tag			13. Tag	Früh2
14	09.01.2002	Frei2	20. Tag			14. Tag	Früh2
15	10.01.2002	Frei2	21. Tag			15. Tag	Spät2
16	11.01.2002	Frei2	22. Tag			16. Tag	Spät2
17	12.01.2002	Frei2	23. Tag			17. Tag	Nacht2

Abbildung 254: Schichtplan mit Formel

Nach diesem System können Sie jederzeit einen Schichtplaner erstellen. Die Makrolösungen, die wir Ihnen hier anbieten, arbeiten nach einem ähnlichen Prinzip.

Grundlagen
Fehler
Intern
Funktionen
Farben
Datum/Zeit
Auswertungen
Diagramme
Objekte
UserForm
Controls
Internet
Extern
Extra

247 Schichtplan 2

Eine sehr universelle Variante stellt dieser Schichtplan bereit. Hier wird mit einer Vorlage gearbeitet, die bereits eine Grundformatierung besitzt. Sie wird in eine neue Arbeitsmappe kopiert. Dies hat den Vorteil, dass man mit weniger Codezeilen auskommen kann. Diese Prozedur übernimmt einfach die Schichtangaben aus dem Starttabellenblatt. Dabei werden die Hintergrundfarbe, Schriftfarbe und die Fettformatierung übertragen.

```
Sub Kalender()
  Dim Jahr!, tage!
  Dim st%, t%, mt%
  Dim m As Byte, zHj As Byte, sHj As Byte
  Dim dat As Date, Korr As Date
  Dim WS1 As Worksheet
  Set WS1 = ThisWorkbook.Worksheets(1)
  Korr = [G5]
  st = Cells(Rows.Count, 1).SpecialCells(xlLastCell).Row ' 105
  ' Kalenderjahr abfragen
  Jahr = InputBox("Bitte geben Sie die Jahreszahl 4-stellig ein", _
    "Schichtkalender erstellen", _
    IIf(Month(Date) < 10, Year(Date), Year(Date) + 1))
  ' Vorlage in neue Arbeitsmappe kopieren
  Worksheets("Vorlage").Copy
  [B1] = Jahr
  [B35] = Jahr
  ActiveSheet.Name = Jahr

  ' Schaltjahr abfedern:
  If Month(DateSerial(Jahr, 2, 29)) = 2 Then
    tage = 366
  Else
    tage = 365
  End If

  ' Schleife für alle Tage des Jahres
  For t = 1 To tage
  dat = DateSerial(Jahr, 1, t)
  m = Month(dat)
  mt = Day(dat)
  If m > 6 Then
    zHj = 34
    sHj = 6 * 3
  End If

  With Cells(mt + 2 + zHj, m * 3 - 1 - sHj)
    .Value = Format(dat, "DDD")
    If Right(Feiertag(dat), 1) <> "*" And Feiertag(dat) <> "" Then _
       .Interior.ColorIndex = 48
    If Weekday(dat) = 1 Then .Interior.ColorIndex = 48
    If Weekday(dat) = 7 Then .Interior.ColorIndex = 15
  End With
```

```
    With Cells(mt + 2 + zHj, m * 3 - sHj)
      .Value = Format(dat, "D")
      If Feiertag(dat) <> "" Then
        .Interior.ColorIndex = 48
    ' Bei Feiertagen einen Kommentar einfügen mit Feiertagsnamen.
    ' Grund: Kein Platz, wenn an Feiertagen gearbeitet wird.
        .AddComment
        .Comment.Text Text:=Feiertag(dat)
      End If
      ' Feiertage (nicht überall) farblich hervorheben
      If Right(Feiertag(dat), 1) = "*" And Feiertag(dat) <> _
        "" Then .Interior.ColorIndex = 15
      ' Wochenende hervorheben
      If Weekday(dat) = 1 Then .Interior.ColorIndex = 48
      If Weekday(dat) = 7 Then .Interior.ColorIndex = 15
    End With

    With Cells(mt + 2 + zHj, m * 3 + 1 - sHj)
      ' gesetzliche Feiertage namentlich eintragen
      If Right(Feiertag(dat), 1) <> "*" And Feiertag(dat) <> "" Then
        .Value = Feiertag(dat)
      Else
        ' es darf gearbeitet werden
        .Value = WS1.Cells((dat - Korr) Mod st + 1, 2)
        ' Hintergrund übernehmen
        .Interior.ColorIndex = _
          WS1.Cells((dat - Korr) Mod st + 1, 2).Interior.ColorIndex
        ' Schriftfarbe übernehmen
        .Font.ColorIndex = _
          WS1.Cells((dat - Korr) Mod st + 1, 2).Font.ColorIndex
        ' Fettformatierung übernehmen
        If WS1.Cells((dat - Korr) Mod st + 1,2).Font.Bold= True Then _
          .Font.Bold = True
      End If
    End With
    Next t
End Sub
```

Das fertige Ergebnis sieht wie in Abbildung 255 aus.

Wenn Sie die Vorlage ausblenden, ist sie vor falschen Zugriffen geschützt und Ihre Arbeit sieht professioneller aus.

2002

Januar			Februar			März			April			Mai		
Di	1	Neujahr	Fr	1	Früh	Fr	1	frei	Mo	1	Ostermontag	Mi	1	Erster Mai
Mi	2	Nacht	Sa	2	frei	Sa	2	frei	Di	2	Früh	Do	2	frei
Do	3	Nacht	So	3		So	3		Mi	3	Früh	Fr	3	Spät
Fr	4	Nacht	Mo	4	frei	Mo	4	Nacht	Do	4	Früh	Sa	4	Spät
Sa	5	Nacht	Di	5	frei	Di	5	Nacht	Fr	5	frei	So	5	
So	6		Mi	6	Spät	Mi	6	Nacht	Sa	6	frei	Mo	6	Nacht
Mo	7	Früh	Do	7	Spät	Do	7	Nacht	So	7		Di	7	Nacht
Di	8	Früh	Fr	8	Spät	Fr	8	Nacht	Mo	8	Spät	Mi	8	Nacht
Mi	9	frei	Sa	9	Spät	Sa	9	frei	Di	9	Spät	Do	9	Christi Himmelf
Do	10	Früh	So	10		So	10		Mi	10	Spät	Fr	10	frei
Fr	11	Früh	Mo	11	Nacht	Mo	11	frei	Do	11	Spät	Sa	11	frei
Sa	12	Früh	Di	12	Nacht	Di	12	frei	Fr	12	Spät	So	12	
So	13		Mi	13	frei	Mi	13	Früh	Sa	13	frei	Mo	13	Früh
Mo	14	Spät	Do	14	Nacht	Do	14	Früh	So	14		Di	14	Früh

Abbildung 255: Schichtplan 2

248 Zeitsteuerung

Es gibt innerhalb der VBA-Sprache 2 Möglichkeiten, die Makroausführung zeitgesteuert fortzusetzen bzw. anzustoßen. Beide Methoden haben ihre Vorteile.

1. Wait

Hier ein kleines Musterbeispiel:

```
Sub Wait_Beispiel1()
  MsgBox "Haben sie ein bisschen Zeit?"
  Application.Wait Now + TimeSerial(0, 0, 5)
  MsgBox "Sie haben jetzt 5 Sekunden gewartet"
End Sub
```

Während dieses Beispiels haben Sie keine Möglichkeit, in Excel weiterzuarbeiten.

2. Ontime

Dagegen ist es bei `Application.OnTime` möglich, in Excel zu arbeiten. Dies ist wegen des Makro-Aufrufs zu einem späteren Zeitpunkt möglich.

```
Sub Mittag()
  Application.OnTime EarliestTime:=TimeValue("12:00:00"), _
      Procedure:="Mahlzeit", LatestTime:=TimeValue("13:00:00"), _
        Schedule:=True
End Sub

Sub Mahlzeit()
  MsgBox "Es ist jetzt " & Time & " Uhr." & Chr(13) & "Mahlzeit"
End Sub
```

249 Aktuelle Zeit in

Die Ausgabe der aktuellen Uhrzeit kann fortlaufend auf verschiedene Arten erfolgen. Alle Varianten haben aber eine Gemeinsamkeit: Das eigentliche Anzeigemakro ruft sich mit `Application.OnTime` immer wieder selbst auf.

1. Zeit in Zelle

Abbildung 256: Aktuelle Zeit

```
Dim ZelleZeit

Sub Uhr_in_Zelle()
  If ZelleZeit = "" Then ZelleZeit = Now
  ThisWorkbook.Worksheets(1).[a1] = Format(Time, "hh:mm:ss")
  ZelleZeit = Now + TimeValue("00:00:01")
  Application.OnTime ZelleZeit, "Uhr_in_Zelle"
End Sub

Sub Uhr_in_Zelle_stoppen()
  On Error Resume Next
  Application.OnTime ZelleZeit, "Uhr_in_Zelle", , False
  ThisWorkbook.Worksheets(1).[a1] = ClearContents
End Sub
```

2. Zeit in Statusbar

Die wohl am meisten benutzte Stelle in Excel, um dem Benutzer bei der Makrolaufzeit Informationen zukommen zu lassen, ist sicherlich die Statuszeile. Sie darf natürlich hier auch nicht fehlen.

Abbildung 257: Aktuelle Zeit in der Statuszeile

```
Dim Statuszeit

Sub StatusAktuell()
  If Statuszeit = "" Then Statuszeit = Now
  Application.StatusBar = _
```

```
    "aktuelle System-Zeit: " & Format(Time, "hh:mm:ss")
  Statuszeit = Now + TimeValue("00:00:01")
  Application.OnTime Statuszeit, "StatusAktuell"
End Sub

Sub StatusStop()
  On Error Resume Next
  Application.OnTime Statuszeit, "StatusAktuell", , False
  Application.StatusBar = False
End Sub
```

3. Uhr in Applikationsleiste

Der wohl sinnvollste Platz ist in der Applikationsleiste. Hier kann man bedenkenlos den Standardwert »Microsoft Excel« durch das Datum und die Uhrzeit ersetzen.

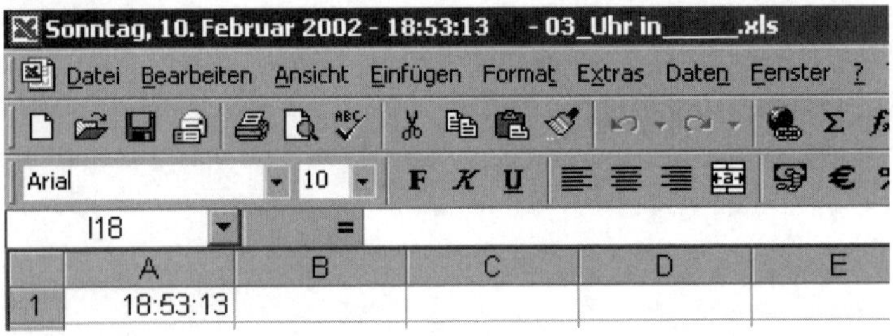

Abbildung 258: Uhr in Applikationsleiste

```
Public Excelzeit

Sub ExcelAktuell()
  If Excelzeit = "" Then Excelzeit = Now
  Application.Caption = _
    Format(Now, "DDDD, DD. MMMM YYYY - hh:mm:ss      ")
  Excelzeit = Now + TimeValue("00:00:01")
  Application.OnTime Excelzeit, "ExcelAktuell"
End Sub

Sub ExcelStop()
  On Error Resume Next
  Application.OnTime Excelzeit, "ExcelAktuell", , False
  Application.Caption = Empty
End Sub
```

4. Zeit in einer Userform

Diese Variante hat mehrere Vorteile und auch ein paar Erweiterungen gegenüber den anderen. Hier ist gleich per Klick auf die Labels von Zeit bzw. Datum der Eintrag in die aktive Zelle möglich. Damit trotz angezeigter Userform in Excel gearbeitet werden kann, muss die

Eigenschaft `ShowModal` auf `False` gesetzt werden. Damit die Prozedur zur erneuten Zeitanzeige auch aufgehoben wird, ist das Schließen mit dem Kreuz deaktiviert. Beim Schließen über den Schließen-Button erfolgt der »geordnete« Rückzug.

Abbildung 259: Uhrzeit

Dieser Code gehört in ein normales Modul. Er dient zum Aufruf der Userform und zur Aktualisierung der Uhrzeit.

```
Public UFzeit

Sub Tick_zeigen()
  UF_Uhr.Show
End Sub

Sub Tick()
  UF_Uhr.lbl_Uhr = Format(Now, "hh:nn:ss")
  UF_Uhr.lbl_Datum = Format(Date, "DD.MM.YYYY")
  UFzeit = Now + TimeSerial(0, 0, 1)
  Application.OnTime UFzeit, "Tick"
End Sub
```

Der weitere Code ist in die Userform zu schreiben.

```
Private Sub UserForm_Initialize()
  UFzeit = Now    ' Startzeit
  lbl_Uhr = Format(Now, "hh:nn:ss")
  lbl_Datum = Format(Date, "DD.MM.YYYY")
  UFzeit = Now + TimeSerial(0, 0, 1)
  Application.OnTime UFzeit, "Tick"
End Sub

Private Sub cmd_schließen_Click()
  On Error Resume Next
  Application.OnTime UFzeit, "Tick", , False
  Unload Me
End Sub

' Datum in Zelle schreiben
Private Sub lbl_Datum_Click()
```

```
  ActiveCell = Date
End Sub

Private Sub lbl_Uhr_Click()
  ActiveCell = Format(Now, "hh:nn:ss")
End Sub

Private Sub UserForm_QueryClose(Cancel As Integer, _
  CloseMode As Integer)
  If CloseMode = 0 Then
    Cancel = 1
  End If
End Sub
```

Leider haben bei diesem Beispiel die Leser mit Excel 97 das Nachsehen, da die Userform-Eigenschaft `ShowModal` noch nicht unterstützt wird.

250 Countdown

Für den Countdown gibt es viele Anwendungsmöglichkeiten. Hier sind einige Beispiele aufgelistet. Wie Sie auf dem Screenshot sehen können, ist die Userform aus dem vorhergehenden Beispiel nicht an die Arbeitsmappe oder das Tabellenblatt gebunden und kann immer benutzt werden.

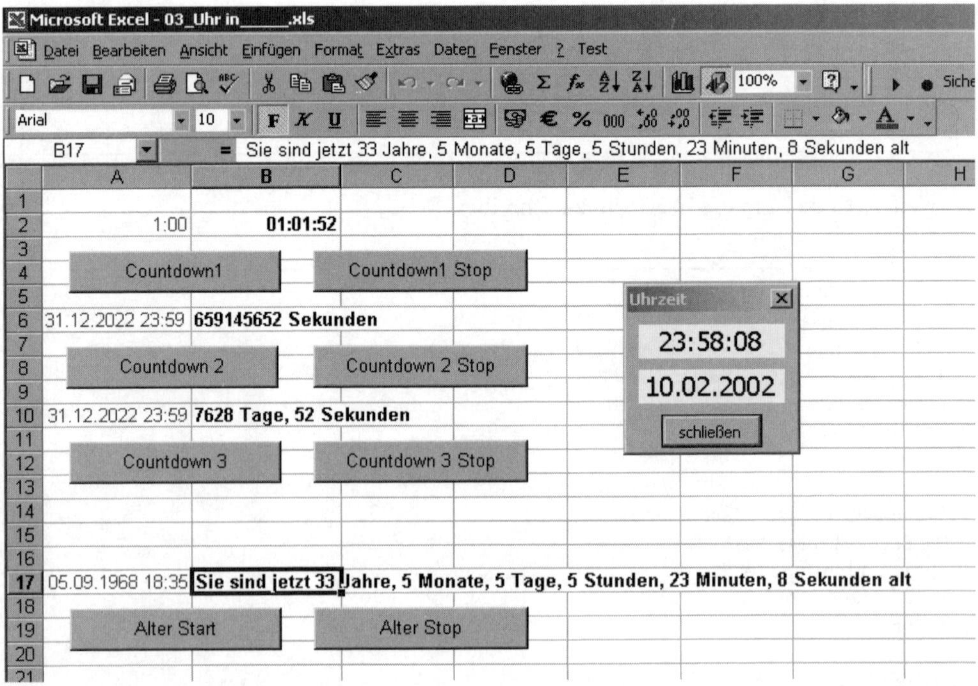

Abbildung 260: Countdown

Für alle Varianten des Countdowns gibt es viele Gemeinsamkeiten, die hier für alle erläutert werden. Die Variable, die die Startzeit des weiteren Makro-Aufrufs beinhaltet, wird generell außerhalb der eigentlichen Prozedur definiert. Dadurch hat man diese Zeit auch für den Beenden-Code gleich zur Verfügung.

Die Varianten sind 3-stufig ausgelegt: Startprozedur mit Eingabemöglichkeit, Steuerungsprozedur, die sich immer wieder selbst aufruft, und noch eine Beenden-Prozedur.

1. Countdown1

Es wird einfach die Zeitspanne in Sekundenschritten abwärts gezählt.

```
Dim Count1

Sub Countdown1_Start()
  ThisWorkbook.Worksheets(2).[A2] = _
    InputBox("Bitte geben sie eine Uhrzeit ein" & Chr(13) _
    & "zum Beispiel 11:11", , TimeSerial(Hour(Now) + 2, 0, 0))
  Call Countdown1
End Sub

Sub Countdown1()
  ThisWorkbook.Worksheets(2).[B2] = _
    Format(ThisWorkbook.Worksheets(2).[A2] - Time, "hh:nn:ss")
  Count1 = Now + TimeValue("00:00:01")
  Application.OnTime Count1, "Countdown1"
End Sub

Sub Countdown1_Stop()
  Application.OnTime Count1, "Countdown1", , False
  ThisWorkbook.Worksheets(2).[A2] = Clear
  ThisWorkbook.Worksheets(2).[B2] = Clear
End Sub
```

2. Countdown2

Es wird die verbleibende Zeit bis zu einem bestimmten Datum mit Uhrzeit in Sekunden abwärts gezählt.

```
Dim Count2

Sub Countdown2_Start()
  ThisWorkbook.Worksheets(2).[A6] = _
    InputBox("Bitte ein Datum und eine Uhrzeit eingeben" & Chr(13) _
    & "zum Beispiel 31.12.2022 23:59", , "31.12.2022 23:59")
  Call Countdown2
End Sub

Sub Countdown2()
  ThisWorkbook.Worksheets(2).[B6] = DateDiff("s", Now, _
```

```
    ThisWorkbook.Worksheets(2).[A6]) & " Sekunden"
  Count2 = Now + TimeValue("00:00:01")
  Application.OnTime Count2, "Countdown2"
End Sub

Sub Countdown2_Stop()
  Application.OnTime Count2, "Countdown2", , False
  ThisWorkbook.Worksheets(2).[A6] = Clear
  ThisWorkbook.Worksheets(2).[B6] = Clear
End Sub
```

3. Countdown3

Die verbleibende Zeit bis zu einem bestimmten Datum wird in Tagen, Stunden, Minuten und Sekunden abwärts gezählt. Dabei erscheinen die Zeiteinheiten nur bei Bedarf.

```
Dim Count3

Sub Countdown3_Start()
  ThisWorkbook.Worksheets(2).[A10] = CDate( _
    InputBox("Bitte geben Sie ein Datum und eine Uhrzeit ein" _
    & Chr(13) & "z.B.: 31.12.2022 23:59", , "31.12.2022 23:59"))
  Call Countdown3
End Sub

Sub Countdown3()
  Dim C, S, M, Sek, anzS, anzM
  C = ""
  If DateDiff("d", Now, [A10]) - 1 = 1 Then C = "1 Tag, "
  If DateDiff("d", Now, [A10]) - 1 > 1 Then C = _
    DateDiff("d", Now, [A10]) - 1 & " Tage, "
  S = Format([A10] - Now, "h")
  M = Format([A10] - Now, "n")
  Sek = Format([A10] - Now, "s")

  If S = 1 Then
    anzS = " 1 Stunde, "
  ElseIf S > 1 Then
    anzS = S & " Stunden, "
  End If

  If M = 1 Then
    anzM = " 1 Minute, "
  ElseIf M > 1 Then
    anzM = M & " Minuten, "
  End If

  [B10] = C & anzS & anzM & Sek & " Sekunden"
  Count3 = Now + TimeValue("00:00:01")
  Application.OnTime Count3, "Countdown3"
End Sub
```

```
Sub Countdown3_Stop()
  On Error Resume Next
  Application.OnTime Count3, "Countdown3", , False
  ThisWorkbook.Worksheets(2).[A10] = Clear
  ThisWorkbook.Worksheets(2).[B10] = Clear
End Sub
```

4. Lebensalter

Diese Prozedur zeigt, dass es auch in die positive Richtung einen »Counter« geben kann. Die Damen unter den Lesern werden hoffentlich nicht böse sein, dass Excel nicht schummelt.

```
Dim AlterZeit

Sub Lebensalter_Start()
  [A17] = CDate(InputBox("Bitte geben sie ihr Geburtsdatum ein, " _
    & Chr(13) & "gefolgt von Leertaste und der Uhrzeit", _
    , "05.09.1968 18:35"))
  Call Lebensalter
End Sub
```

Wegen des Fehlens der von der Tabellenblattfunktion DATEDIF bekannten Parameter Tage des Monats (MD) und Monate des Jahres muss die Anzahl der Restmonate über den Umweg Rest aus Anzahl Gesamtmonate/12 errechnet werden. Bei der Ermittlung der Tage werden einfach zum Ausgangsdatum die Jahre und Monate dazugezählt und die Differenz zum aktuellen Datum genommen.

```
Sub Lebensalter()
  Dim C, J, Mon, T, S, M, Sek, anzJ, anzMon, anzT, anzS, anzM

  J = DateDiff("YYYY", [A17], Now) - 1
  Mon = DateDiff("M", [A17], Now) Mod 12
  T = DateDiff("D", [A17] + DateSerial(J, Mon + 1, 0), Now) - 1
  S = Format([A17] - Now, "h")
  M = Format([A17] - Now, "n")
  Sek = Format([A17] - Now, "s")
```

Damit bei der Ausgabe die Zeiteinheiten in Mehrzahl bzw. Einzahl ausgegeben werden, ist für jeden Wert zu prüfen, ob der Wert 1 vorliegt, dann erscheint der Text in Einzahl. Bei Werten größer 1 wird die Mehrzahl ausgegeben. Das Fehlen der Abfrage = Null ist beabsichtigt. Diese werden einfach überhaupt nicht ausgegeben.

```
  If J = 1 Then
    anzJ = " 1 Jahr, "
  ElseIf J > 1 Then
    anzJ = J & " Jahre, "
```

```
  End If

  If Mon = 1 Then
    anzMon = " 1 Monat, "
  ElseIf Mon > 1 Then
    anzMon = Mon & " Monate, "
  End If

  If T = 1 Then
    anzT = " 1 Tag, "
  ElseIf T > 1 Then
    anzT = T & " Tage, "
  End If

  If S = 1 Then
    anzS = " 1 Stunde, "
  ElseIf S > 1 Then
    anzS = S & " Stunden, "
  End If

  If M = 1 Then
    anzM = " 1 Minute, "
  ElseIf M > 1 Then
    anzM = M & " Minuten, "
  End If

  Worksheets(2).[B17] = "sie sind jetzt " _
    & anzJ & anzMon & anzT & anzS & anzM & Sek & " Sekunden alt"
  AlterZeit = Now + TimeValue("00:00:01")
  Application.OnTime AlterZeit, "Lebensalter"
End Sub

Sub Lebensalter_Stop()
  On Error Resume Next
  Application.OnTime AlterZeit, "Lebensalter", , False
  ThisWorkbook.Worksheets(2).[A17].ClearContents
  ThisWorkbook.Worksheets(2).[B17].ClearContents
End Sub
```

251 Analoguhr

Dieses Makrobeispiel stammt von Chip Pearson (*www.cpearson.com*). Es wurde uns freundlicherweise für dieses Buch zur Verfügung gestellt. Die Uhr ist frei konfigurierbar. In Abhängigkeit des Durchmessers des Ziffernblattes werden die sonstigen Objekte beim Erstellen dieser größenmäßig angepasst. Um die Spannung etwas zu erhöhen, gibt es kein Bild in diesem Buch. Wir können nur sagen, die Prozedur ist Spitze. Dieses Makro wurde von uns nur wenig an den deutschen Sprachraum angepasst und mit deutschen Kommentaren versehen. Das Makro können Sie in der Kategorie OBJEKTE bewundern. Der Vollständigkeit halber ist sie in der Beispieldatei mit aufgenommen.

252 Änderungsdatum in Nebenzelle

Das Ändern von Zellinhalten zu protokollieren, ist nicht erst zu Zeiten von ISO 9000ff aufgekommen. Schon immer bestand der Wunsch, Änderungen verfolgen zu können.

Im Beispiel wird dies mit einfachen Mitteln realisiert. Der Zellinhalt wird bei der Selektion der Zelle in die Variable `AltInh` eingelesen und die Zelladresse in die Variable `AltAdr`. Vorher wird aber der Altzustand der vorhergehenden Zelle auf Änderungen überprüft und gegebenenfalls das Datum in Spalte B gesetzt. Erst danach werden die Variablen `AltAdr` und `AltInh` mit den »neuen« Daten gefüllt. Das Tabellenblatt ist geschützt und wegen der Parameter USERINTERFACEONLY für Änderungen durch Makros zugänglich. So nebenbei wird der Office-Benutzer als Bearbeiter in Spalte C eingetragen. Diese Prozeduren müssen hinter das jeweilige Tabellenblatt geschrieben werden.

```
Dim AltInh   ' Inhalt alt
Dim AltAdr   ' Zelladresse alt
Dim NeuAdr   ' Zelladresse neu

Private Sub Worksheet_Activate()
  ActiveSheet.Protect UserInterfaceOnly:=True
  AltAdr = ActiveCell.Address
  AltInh = ActiveCell
End Sub

Private Sub Worksheet_SelectionChange(ByVal Target As Range)
  ' Mehrfachselektion unterbinden
  If Target.Cells.Count <> 1 Then
    ActiveCell.Select
    Exit Sub
  End If
  ' Damit der Blattschutz nicht entfernt werden muss
  ActiveSheet.Protect UserInterfaceOnly:=True
  NeuAdr = Target.Address
  If AltAdr = "" Then AltAdr = "iv65536"
  If Range(AltAdr).Column = 1 Then  ' Spalteneinschränkung
    If Range(AltAdr).Value <> AltInh Then
      Range(AltAdr).Offset(0, 1) = Date
      Range(AltAdr).Offset(0, 2) = Application.UserName
    End If
  End If
  AltAdr = NeuAdr
  AltInh = Range(NeuAdr).Value
End Sub
```

253 Msgbox, die sich von selbst wieder schließt

Dies kann man nicht mit reinen VBA-Funktionalitäten erreichen. In diesem Beispiel wird auf *Microsoft Scripting Runtime* zurückgegriffen. Hier wird das aktuelle Systemdatum und die Zeit für 2 Sekunden angezeigt.

```
Sub MsgBoxNach2SekSchliessen()
  ' Verweis auf Micsosoft Scripting Runtime setzen
  Dim WshShell
  Dim intText As Integer
  Set WshShell = CreateObject("WScript.Shell")
  intText = WshShell.Popup(WeekdayName(Weekday(Date, vbMonday)) & _
    ", der " & Day(Date) & ". " & MonthName(Month(Date)) & _
    " " & Year(Date) & Chr(13) & Chr(9) & Time, 2, _
    "Systemzeit", vbSystemModal)
End Sub
```

Mit einer Userform und einem Commandbutton kann man diesen Effekt zwar auch erreichen, aber der Aufwand hierzu ist meist viel zu umfangreich und vor allen Dingen wäre diese Lösung nicht so flexibel einsetzbar.

254 Laufzeit einer Prozedur messen

Für viele Programmierer ist es interessant zu wissen, wie lange die Prozedur braucht, um einen bestimmten Abschnitt des Codes abzuarbeiten. Die, die extrem lange bei der Abarbeitung brauchen, enthalten dann meist auch das größte Potenzial für die Codeoptimierung. Den Bereich der Codeoptimierung werden wir in der Kategorie »Extra« ein bisschen näher beleuchten und hier auf die Einzelheiten nicht weiter eingehen.

Die Aufgabe dieses Makros ist simpel:

- Das erste Tabellenblatt mit ungeraden Zahlen von 1 bis 119999 in SpalteA füllen
- Das zweite Tabellenblatt erhält die geraden Zahlen von 2 bis 120000
- Das dritte Tabellenblatt erhält eine Formel, um die gleichen Zellen aus den anderen beiden Tabellenblättern miteinander zu multiplizieren

Das hört sich nach einer sehr langen Laufzeit des Makros an, aber lassen Sie sich überraschen, wie schnell optimierter Code sein kann.

Zum Messen der benötigten Zeit verwenden wir einen API-Aufruf, der uns als Rückgabewert die seit dem Windows-Start vergangenen Tausendstelsekunden zurückgibt. Beachten Sie hierbei bitte, die Variable als »Long« zu deklarieren. Bei der Deklaration als »Integer« müsste Ihr Makro bereits nach 30 Sekunden Rechnerlaufzeit fertig sein. Das werden Sie also nie schaffen.

Nach der Deklaration wird die Startzeit in die Variable `Anfangszeit` eingelesen. Nach jedem Tabellenblatt wird in die Variable `Z1` bis `Z3` zwischengestoppt.

```
Private Declare Function GetTickCount Lib "kernel32" () As Long

Sub Zeit_stoppen()
   ' Altangaben löschen vor dem Stoppen
   Call Loeschen
   Dim AnfangsZeit&, Z1&, Z2&, Z3 As Long
   Dim WS1 As Worksheet, WS2 As Worksheet, WS3 As Worksheet
   Set WS1 = Worksheets(1)
   Set WS2 = Worksheets(2)
   Set WS3 = Worksheets(3)

   AnfangsZeit = GetTickCount
   WS1.[A1] = 1
   WS1.[A1].DataSeries Rowcol:=xlColumns, Type:=xlLinear, _
     Step:=2, Stop:=119999
   Z1 = GetTickCount
   WS2.[A1] = 2
   WS2.[A1].DataSeries Rowcol:=xlColumns, Type:=xlLinear, _
     Step:=2, Stop:=120000
   Z2 = GetTickCount
   WS3.[A1].FormulaR1C1 = "=Tabelle1!RC*Tabelle2!RC"
   WS3.[A1].AutoFill Destination:=WS3.Range("A1:A60000"), _
     Type:=xlFillDefault
   Z3 = GetTickCount
   ' Ausgabe des Zeitbedarfs in Zellen
   WS1.[G2] = Z1 - AnfangsZeit
   WS1.[G3] = Z2 - Z1
   WS1.[G4] = Z3 - Z2
   WS1.[G6] = (GetTickCount - AnfangsZeit) / 1000
End Sub
```

Um bei jedem Makrolauf den gleichen Ausgangszustand zu haben, werden im folgenden Makro alle Zellen zurückgesetzt. Dieses Makro wird vor dem eigentlichen Stoppen aufgerufen. Mit `Bereich.Clear` werden alle Inhalte und Formatierungen entfernt.

```
Private Sub Loeschen()
   Worksheets(1).[A:A].Clear
   Worksheets(2).[A:A].Clear
   Worksheets(3).[A:A].Clear
End Sub
```

Haben Sie bereits die Musterdatei ausprobiert? Dies sollten Sie als Vorgeschmack auf die Kategorie »Extra« nicht versäumen. Sie werden staunen, wie schnell diese komplexe Rechenaufgabe zu lösen ist.

Zeitwerte werde ich hier keine preisgeben, da diese extrem rechnerabhängig sind, aber bezogen auf den einzelnen Rechner mehr als ausreichende Aussagen treffen.

255 Wochenarbeitszeit

Die nächste Prozedur ist nicht ganz ernst gemeint und richtet sich an Arbeitnehmer, die eine feste Arbeitszeit haben. Die Wochenarbeitszeiten Beginn, Ende und Pause werden in jeweils ein Array geschrieben. Dadurch, dass für jeden Wochentag ein Eintrag getätigt wird, ist diese Datei fast frei konfigurierbar. Als Rückgabe erfolgt ein Eintrag in die Applikationsleiste von Excel, wie viele Stunden, Minuten und Sekunden in dieser Woche noch zu arbeiten sind. Außerhalb den definierten Arbeitszeiten tickt die Uhr zwar weiter, aber es erfolgt keine Weiterberechnung bis zum nächsten Arbeitsbeginn.

Die Uhrzeiten werden dem Array als Text übergeben und zu den benötigten Rechenoperationen jeweils mit `CDate` in das Zeitformat umgeformt. Diese Prozedur benutzt die Arrays mit der `Option Base Null`, da nichts anderes definiert wurde. Dieses Makro müssen Sie in ein allgemeines Modul schreiben, damit die öffentliche Variable lauffähig ist.

```
Public Timer As Date

Sub Wochenende()
  Dim AZ As Date
  Dim x As Byte, WT As Byte
  Dim strbeg, strende, strPause
  'Arrays sind auf Option Base 0 ausgelegt
  strbeg = Array("7:30", "7:30", "7:30", "7:30", "7:30", 0, 0)
  strende = Array("16:00", "16:00", "16:00", "16:00", "14:30", 0, 0)
  strPause = Array("0:30", "0:30", "0:30", "0:30", "0:30", 0, 0)
  WT = Weekday(Date, vbMonday)
  x = WT
  AZ = 0
  Do While x < 7
    If CDate(strende(x)) - CDate(strbeg(x)) - _
                        CDate(strPause(x)) > 0 Then
      AZ = AZ + CDate(strende(x)) - CDate(strbeg(x)) - _
                        CDate(strPause(x))
    End If
    x = x + 1
  Loop
  If Time > CDate(strbeg(WT - 1)) And Time < _
    CDate(strende(WT - 1)) Then _
    AZ = AZ + CDate(strende(WT - 1)) - Time
  Application.Caption = _
    "Diese Woche sind noch " & Hour(AZ) & " Stunden, " _
    & Minute(AZ) & " Minuten und " & Second(AZ) & _
    " Sekunden zu arbeiten"
  Timer = Now + CDate("00:00:01")
  Application.OnTime Timer, "Wochenende"
End Sub
```

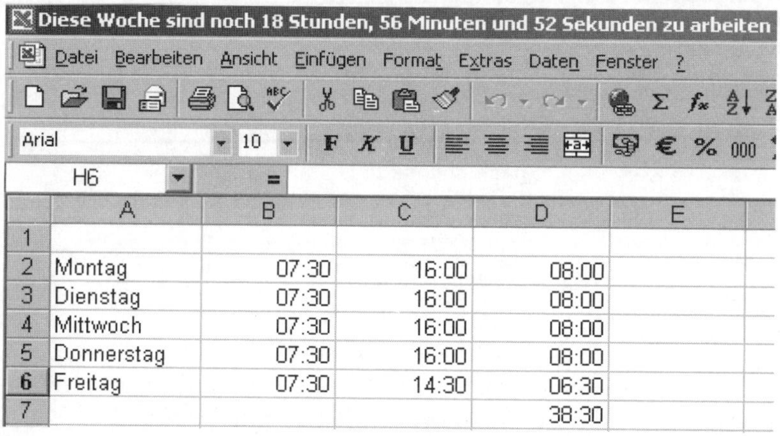

Abbildung 261: Die Anzeige der verbleibenden Wochenarbeitszeit

Um die obere Prozedur beim Öffnen der Datei automatisch zu starten und beim Schließen zu Beenden, benutzen wir die nächsten zwei kleinen Prozeduren, die hinter `DieseArbeitsmappe` geschrieben werden.

```
Private Sub Workbook_Open()
  Call Wochenende
End Sub

Private Sub Workbook_BeforeClose(Cancel As Boolean)
  On Error Resume Next
  Application.OnTime Timer, "Wochenende", schedule:=False
  Application.Caption = ""
End Sub
```

Sie können sich sicherlich vorstellen, dass diese Datei bei den Chefs nicht für Freude sorgen wird, also gehen Sie vorsichtig damit um.

In diesem Fall gilt: »Benutzung auf eigene Gefahr«

Grundlagen
Fehler
Intern
Funktionen
Farben
Datum/Zeit
Auswertungen
Diagramme
Objekte
UserForm
Controls
Internet
Extern
Extra

Auswertungen

Diese Kategorie ist eine gemischte Kategorie. Das heißt, dass Sie nicht nur VBA-Code hier finden werden, sondern auch einige gute Beispiele zu Excel an sich. Sehr oft kann ein Ziel auch erreicht werden, ohne dass VBA zum Einsatz kommen muss.

Viele der Beispiele in dieser Kategorie beziehen sich auf häufig gestellte Fragen aus dem Alltag. Um dieses Buch abzurunden, sollen eben diese Beispiele nicht fehlen.

256 Autofilter mit Eingabefeld

In diesem Beispiel wollen wir einen Autofilter programmieren, der über eine Schaltfläche aufgerufen werden kann. Es soll ein Eingabefenster geöffnet werden, in das wir das Filterkriterium eingeben können. Um die Eingabe zu vereinfachen, werden wir die Kriterien nummerieren.

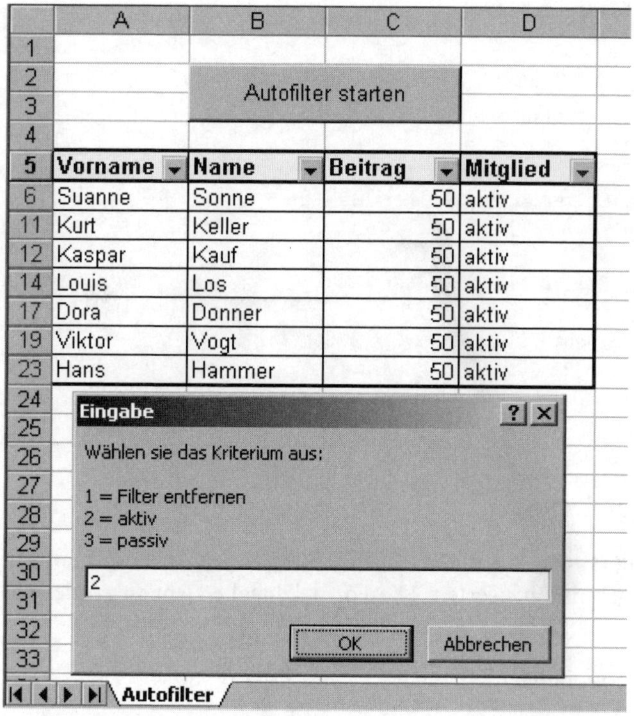

Abbildung 262: Autofilter mit Eingabefenster

Wie das Eingabefeld aussehen wird, können Sie der Abbildung 262 entnehmen. Um mit Zahlen arbeiten zu können, müssen wir `Applicaiton.InputBox` verwenden.

Wie bereits in der Kategorie »Grundlagen« erwähnt, kann eine gewöhnliche InputBox nur einen Wert vom Typ String annehmen. Bei einer Application.InputBox hingegen kann mittels Type festgelegt werden, welchen Datentyp die Variable annehmen soll. In diesem Fall den Typ 1 für Zahl.

In der If...Then...ElseIf-Entscheidung werden die Eingaben, also die Nummern geprüft. Der Variablen strKriterium wird dann das entsprechende Argument für den Filter übergeben. Wenn eine falsche Zahl eingegeben wurde, wird eine Dialogbox angezeigt. Wenn ein Buchstaben eingegeben wurde, wird eine Meldung vom System ausgegeben, denn der Application.InputBox wurde ja der Typ 1 zugewiesen, der nur eine Zahl annehmen kann.

Die Anweisung AutoFilterMode = False deaktiviert den Autofilter.

```
Sub Autofilter1()
   Dim strKriterium As String
   strKriterium = Application.InputBox _
                  ("Wählen Sie das Kriterium aus:" _
                  & Chr(13) & Chr(13) & _
                  "1 = Filter entfernen" & Chr(13) & _
                  "2 = aktiv" & Chr(13) & _
                  "3 = passiv", Type:=1)
   If strKriterium = False Then
      Exit Sub
   ElseIf strKriterium = 1 Then
      ActiveSheet.AutoFilterMode = False
   ElseIf strKriterium = 2 Then
      strKriterium = "aktiv"
      [A5].AutoFilter Field:=4, Criteria1:=strKriterium
   ElseIf strKriterium = 3 Then
      strKriterium = "passiv"
      [A5].AutoFilter Field:=4, Criteria1:=strKriterium
   Else
      MsgBox ("Falsche Eingabe - geben Sie ""aktiv""" & Chr(13) & _
              "oder ""passiv"" ein")
   End If
End Sub
```

257 Autofilter Teilergebnis

Eine einfache Art der Auswertung ist der Autofilter. Diese gefilterten Daten kann man mit der Tabellenblattfunktion »Teilergebnis« auswerten. Die Formeleingabe sieht folgendermaßen aus:

=TEILERGEBNIS(normale Funktion; Bereich)

Diese »normalen Funktionen« werden über die Zahlen 1 bis 11 definiert. Im Einzelnen sind dies:

Funktionsnummer	Tabellenblatt-funktion	Bemerkungen
1	MITTELWERT	
2	ANZAHL	Anzahl aller Zahlen
3	ANZAHL2	Anzahl der mit Werten gefüllten Zellen
4	MAX	Die größte Zahl
5	MIN	Die kleinste Zahl
6	PRODUKT	Alle gefilterten Zahlen miteinander multipliziert
7	STABW	Schätzt die Standardabweichung ausgehend von einer Stichprobe
8	STABWN	Berechnet die Standardabweichung ausgehend von der Grundgesamtheit
9	SUMME	Summe aller per Filter ausgegebener Werte
10	VARIANZ	Schätzt die Varianz, ausgehend von einer Stichprobe
11	VARIANZEN	Berechnet die Varianz, ausgehend von der Grundgesamtheit

Tabelle 42: Funktionsnummern zur Funktion Teilergebnis

Einen allgemeinen Tipp für den Tabellenaufbau, der gefiltert werden soll:

Es ist bei umfangreichen Tabellen meist sinnvoll, die Auswertungen, also die Funktion Teilergebnis, oberhalb der eigentlichen Daten in die Tabelle einzutragen (siehe Abbildung 263). Dies hat folgenden Grund: Die Tabelle ist nach unten offen und Sie können dementsprechend großzügig Ihre Formelbereiche auslegen. Wenn Sie wie im Beispiel die Tabelle fixieren, haben Sie immer das Endergebnis vor Augen.

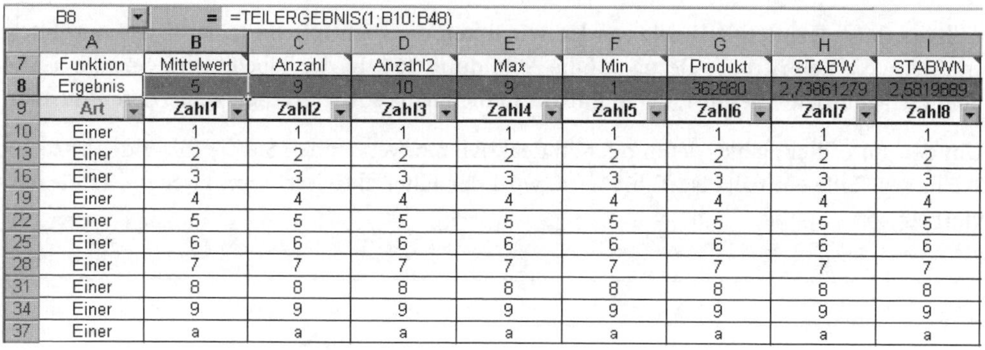
B8 = =TEILERGEBNIS(1;B10:B48)

	A	B	C	D	E	F	G	H	I
7	Funktion	Mittelwert	Anzahl	Anzahl2	Max	Min	Produkt	STABW	STABWN
8	Ergebnis	5	9	10	9	1	362880	2,73861279	2,5819889
9	Art	Zahl1	Zahl2	Zahl3	Zahl4	Zahl5	Zahl6	Zahl7	Zahl8
10	Einer	1	1	1	1	1	1	1	1
13	Einer	2	2	2	2	2	2	2	2
16	Einer	3	3	3	3	3	3	3	3
19	Einer	4	4	4	4	4	4	4	4
22	Einer	5	5	5	5	5	5	5	5
25	Einer	6	6	6	6	6	6	6	6
28	Einer	7	7	7	7	7	7	7	7
31	Einer	8	8	8	8	8	8	8	8
34	Einer	9	9	9	9	9	9	9	9
37	Einer	a	a	a	a	a	a	a	a

Abbildung 263: Gefilterte Daten mit Teilergebnissen

258 Autofilter und Blattschutz

Viele Excel-Benutzer behaupten, dass es nicht möglich ist, den Autofilter zu verwenden, wenn der Blattschutz aktiviert ist. Die nachfolgende Prozedur wird Ihnen jedoch beweisen, dass es möglich ist.

Bevor Sie das Tabellenblatt mit dem Blattschutz sichern, aktivieren Sie den Autofilter. Nach dem Setzen des Blattschutzes arbeitet der Autofilter zunächst nicht. Sie müssen jetzt nur noch per Makro die Eigenschaften `userinterfaceonly` und `EnableAutoFilter` des Tabellenblattes jeweils auf `True` setzen.

```
Sub Autofilter_bei Blattschutz()
   ActiveSheet.Protect userinterfaceonly:=True
   ActiveSheet.EnableAutoFilter = True
End Sub
```

Da diese beiden Eigenschaften flüchtig sind, müssen sie bei jedem Öffnen der Arbeitsmappe neu gesetzt werden. Dies realisieren Sie am besten mit einer Ereignis-Prozedur, die beim Öffnen der Arbeitsmappe immer ausgeführt wird (`Workbook_Open`).

```
Private Sub Workbook_Open()
   ' Bei jedem Öffnen der Arbeitsmappe müssen leider
   ' diese Parameter frisch gesetzt werden
   ' Makro in <<DieseArbeitsmappe>> hinterlegen
   ActiveSheet.Protect userinterfaceonly:=True
   ActiveSheet.EnableAutoFilter = True
End Sub
```

259 Autofilter: Verschiedenes

Anhand der folgenden Beispiele werden wir Ihnen die wichtigsten Elemente des Autofilters erläutern. Sie nehmen alle Bezug auf die Abbildung 264. In der Tabelle wird eine Übersicht über die Mitarbeiter geführt; deren Eintritt in die Firma sowie gegebenenfalls deren Austritt.

Um den Autofilter zu aktivieren oder zu deaktivieren, verwenden Sie die folgende Prozedur. Wenn der Code einmal ausgeführt wird, wird der Filter aktiviert, beim zweiten Mal deaktiviert etc.

```
Sub Autofilter2()
   [B2].Autofilter
End Sub
```

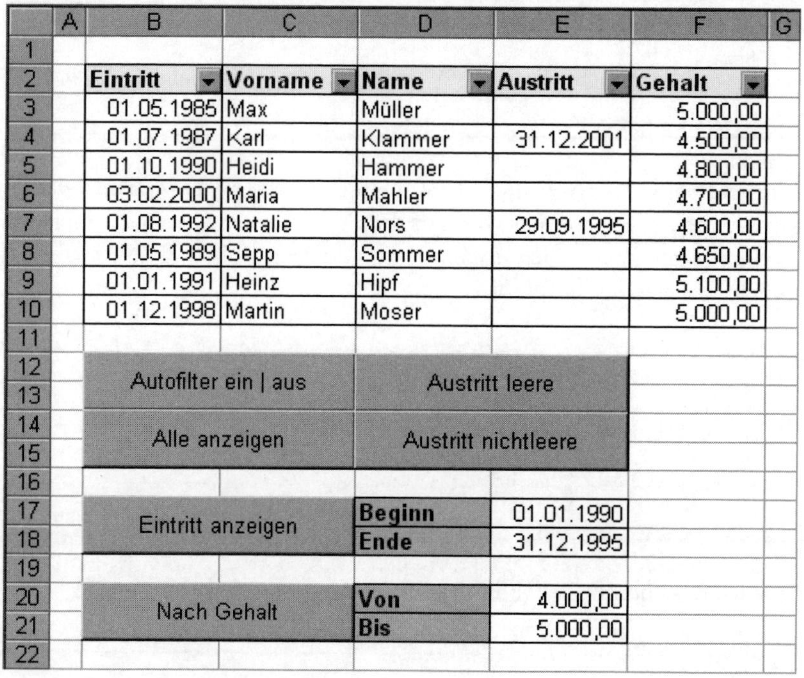

Abbildung 264: Autofilter-Tabelle

In unserem nächsten Code sollen nur die Mitarbeiter im Filter angezeigt werden, die noch in der Firma arbeiten. In der Spalte E (`Field:=4`) filtern wir somit nur die leeren Einträge raus. Hinter `Critical` steht der Operator, den wir im Filter verwenden.

```
Sub Austritt_Leere()
   [B2].Autofilter Field:=4, Criterial:="="
End Sub
```

Im folgenden Code geschieht das Gegenteil. Es sollen alle Personen angezeigt werden, die nicht mehr in der Firma arbeiten. Bis auf den Operator hinter `Critical` bleibt alles wie in der vorherigen Prozedur.

```
Sub Austritt_Nichtleere()
   [B2].Autofilter Field:=4, Criterial:="<>"
End Sub
```

Die nächste Prozedur blendet alle gefilterten Datensätze wieder ein. Da dieselbe Prozedur nicht zweimal ausgeführt werden kann, ohne dass ein Fehler auftritt, bauen wir eine Fehlerbehandlung ein.

Grundlagen
Fehler
Intern
Funktionen
Farben
Datum/Zeit
Auswertungen
Diagramme
Objekte
UserForm
Controls
Internet
Extern
Extra

```
Sub Alle_anzeigen()
   On Error Resume Next
   ActiveSheet.ShowAllData
End Sub
```

Die nächste Prozedur widmet sich dem Datum. Damit ein Datum per VBA gefiltert werden kann, können wir uns nicht einfach auf den Wert aus der Zelle beziehen. Wir müssen in der Prozedur über `Value2` festlegen, dass es sich um ein Datum handelt. Ohne diese Angabe ließen sich die Daten nicht wie gewünscht filtern.

```
Sub Eintritt()
   [B2].Autofilter Field:=1, _
                   Criteria1:=">=" & [E17].Value2, _
                   Operator:=xlAnd, _
                   Criteria2:="<=" & [E18].Value2
End Sub
```

Wenn Sie sich auf Zahlen beziehen wollen, können Sie das `Value2` weglassen.

```
Sub Gehalt_anzeigen()
   [B2].Autofilter Field:=5, _
                   Criteria1:=">" & [E20], _
                   Operator:=xlAnd, _
                   Criteria2:="<" & [E21]
End Sub
```

260 Spezialfilter: Doppelte Einträge entfernen

Damit Sie einen Spezialfilter programmieren können, müssen Sie dessen Funktionalitäten zuerst genau kennen. Wir wollen daher erst einmal zwei Beispiele ohne VBA erläutern.

Wenn Sie Duplikate aus einer Tabelle entfernen wollen, lässt sich das mit dem Spezialfilter sehr einfach lösen.

Unsere Ausgangslage ist eine Tabelle mit einigen doppelten Einträgen (siehe Abbildung 265).

Damit Sie den Erfolg Ihres Filter-Vorgangs sehen können, geben Sie am besten die gefilterten Daten, hier also die Daten ohne Duplikate, in einem separaten Bereich der Tabelle aus. Das ist nicht unbedingt erforderlich, aber für unser Beispiel anschaulicher.

Die Abbildung 265 zeigt den Bereich mit den doppelten Einträgen (A:C) und den Bereich, wo die gefilterten Daten ausgegeben werden sollen (E:G).

Die Tabelle ist nun soweit vorbereit, dass wir den Filter-Vorgang ausführen können.

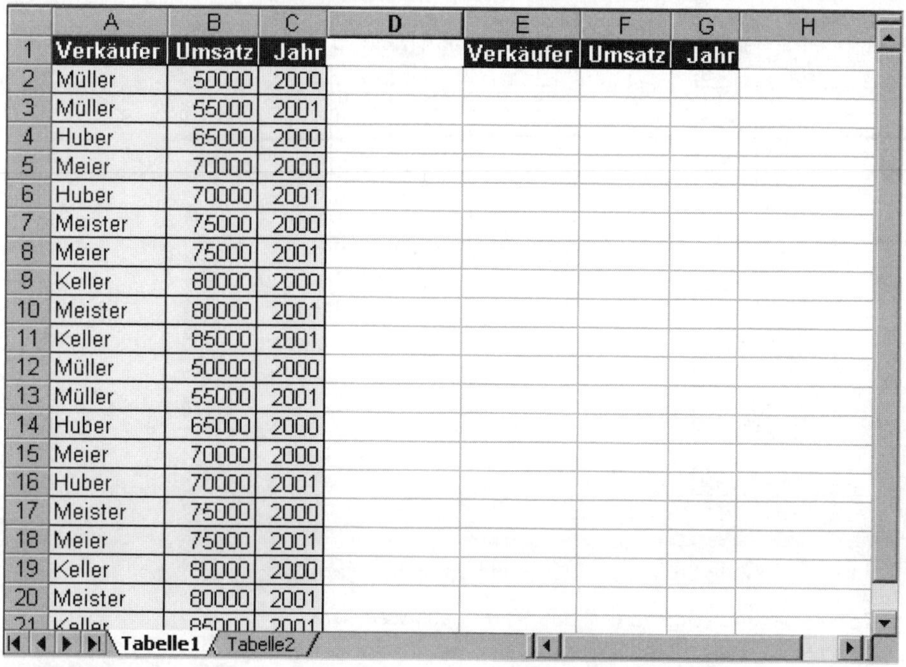

	A	B	C	D	E	F	G	H
1	Verkäufer	Umsatz	Jahr		Verkäufer	Umsatz	Jahr	
2	Müller	50000	2000					
3	Müller	55000	2001					
4	Huber	65000	2000					
5	Meier	70000	2000					
6	Huber	70000	2001					
7	Meister	75000	2000					
8	Meier	75000	2001					
9	Keller	80000	2000					
10	Meister	80000	2001					
11	Keller	85000	2001					
12	Müller	50000	2000					
13	Müller	55000	2001					
14	Huber	65000	2000					
15	Meier	70000	2000					
16	Huber	70000	2001					
17	Meister	75000	2000					
18	Meier	75000	2001					
19	Keller	80000	2000					
20	Meister	80000	2001					
21	Keller	85000	2001					

Abbildung 265: Vorbereitete Tabelle für die Ausgabe der gefilterten Daten

Starten Sie den Menüpunkt DATEN | FILTER | SPEZIALFILTER. Nehmen Sie in der Dialogbox die folgenden Einstellungen vor und aktivieren Sie das Kontrollkästchen KEINE DUPLIKATE:

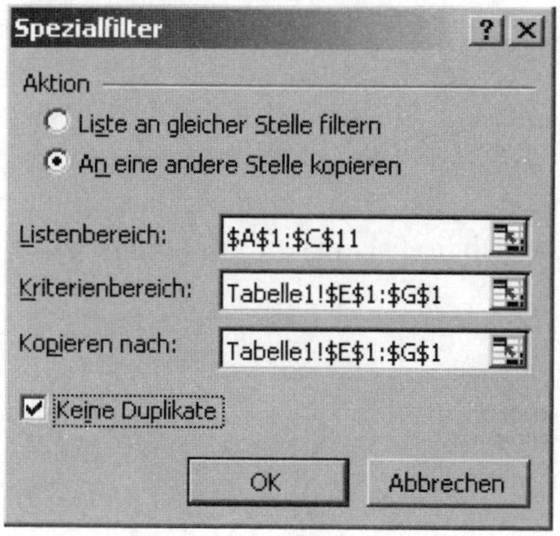

Abbildung 266: Spezialfilter <<ohne Duplikate>>

Als Ausgabe erhalten Sie eine sauber gefilterte Tabelle. Die Spalten A bis D können nun entfernt werden.

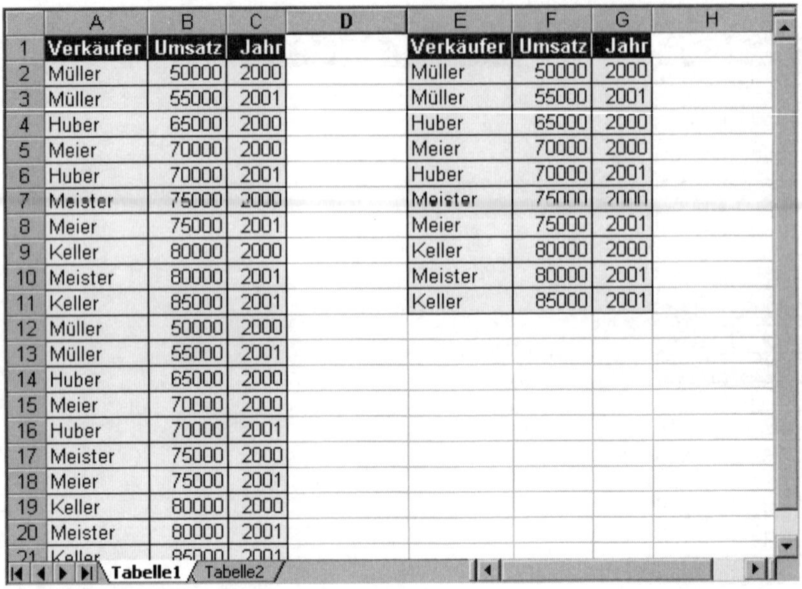

	A	B	C	D	E	F	G	H
1	Verkäufer	Umsatz	Jahr		Verkäufer	Umsatz	Jahr	
2	Müller	50000	2000		Müller	50000	2000	
3	Müller	55000	2001		Müller	55000	2001	
4	Huber	65000	2000		Huber	65000	2000	
5	Meier	70000	2000		Meier	70000	2000	
6	Huber	70000	2001		Huber	70000	2001	
7	Meister	75000	2000		Meister	75000	2000	
8	Meier	75000	2001		Meier	75000	2001	
9	Keller	80000	2000		Keller	80000	2000	
10	Meister	80000	2001		Meister	80000	2001	
11	Keller	85000	2001		Keller	85000	2001	
12	Müller	50000	2000					
13	Müller	55000	2001					
14	Huber	65000	2000					
15	Meier	70000	2000					
16	Huber	70000	2001					
17	Meister	75000	2000					
18	Meier	75000	2001					
19	Keller	80000	2000					
20	Meister	80000	2001					
21	Keller	85000	2001					

Abbildung 267: In den Spalten E bis G finden Sie die gefilterten Daten

Hinweis

Wenn die gefilterten Daten auf einem anderen Blatt ausgegeben werden sollen, müssen Sie den Filter von dem Blatt aus starten, wo die gefilterten Daten hingeschrieben werden sollen, sonst klappt es nicht.

261 Spezialfilter: Zahlen eingrenzen

Mittels Spezialfilter können Sie auch Daten eingrenzen. Wenn Sie beispielsweise alle Umsätze zwischen 60'000 und 80'000 ausgeben möchten (siehe Abbildung 268), starten Sie den Menüpunkt DATEN | FILTER | SPEZIALFILTER und nehmen in der Dialogbox die Einstellungen vor, wie sie in der Abbildung 269 gezeigt werden. Eine nähere Erläuterung zu dieser Dialogbox finden Sie weiter unten.

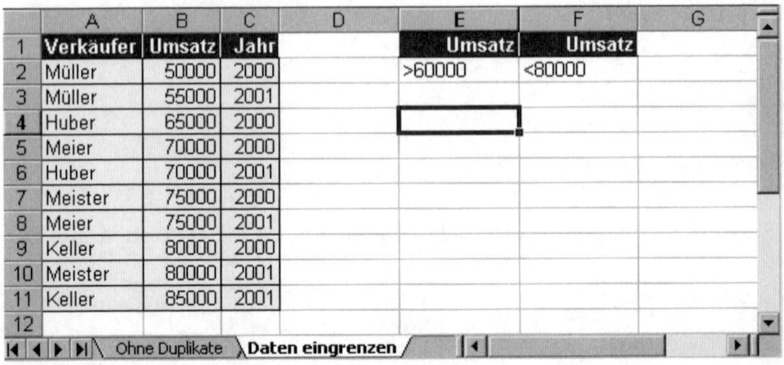

	A	B	C	D	E	F	G
1	Verkäufer	Umsatz	Jahr		Umsatz	Umsatz	
2	Müller	50000	2000		>60000	<80000	
3	Müller	55000	2001				
4	Huber	65000	2000				
5	Meier	70000	2000				
6	Huber	70000	2001				
7	Meister	75000	2000				
8	Meier	75000	2001				
9	Keller	80000	2000				
10	Meister	80000	2001				
11	Keller	85000	2001				
12							

Abbildung 268: Eingrenzen von Daten

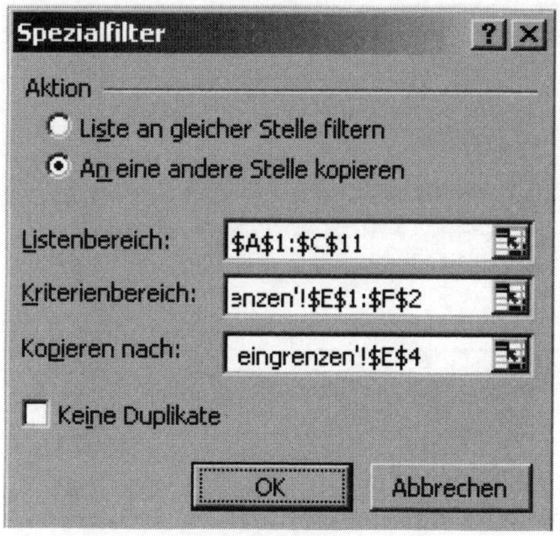

Abbildung 269: Spezialfilter

Der LISTENBEREICH ist der Bereich in der Tabelle, der gefiltert werden soll, also A1:C11. Der KRITERIENBEREICH ist der Bereich, wo die Suchkriterien eingegeben wurden, also E1:F2. Bei KOPIEREN NACH wird der Ausgabebereich ausgewählt, wo die gefilterten Daten hingeschrieben werden sollen (siehe Abbildung 269).

Das Ergebnis können Sie der Abbildung 270 entnehmen.

E	F	G
Umsatz	Umsatz	
>60000	<80000	
Verkäufer	Umsatz	Jahr
Huber	65000	2000
Meier	70000	2000
Huber	70000	2001
Meister	75000	2000
Meier	75000	2001

Abbildung 270: Gefilterte Daten

262 Spezialfilter mit VBA

Da Sie nun wissen, wie ein Spezialfilter aufgebaut ist, wollen wir uns ein Beispiel mit einer VBA-Prozedur ansehen. Das Beispiel geht über zwei Tabellenblätter und schließt doppelte Datensätze aus, also Keine Duplikate.

Im ersten Tabellenblatt »Spezialfilter« wird der Spezialfilter definiert. Im selben Tabellenblatt soll das Filter-Ergebnis »Ausgabe« angezeigt werden (siehe Abbildung 271).

	A	B	C	D	E	F
1	**Spezialfilter:**					
2						
3	Nr	Vorname	Name	Ort	Umsatz	Umsatz
4			M		>15000	<60000
5						
6						
7	**Ausgabe:**					
8						
9	Nr	Vorname	Name	Ort	Umsatz	
10	1	Maria	Meier	Schweiz	40.000	
11	1	Maria	Meier	Schweiz	20.000	
12	1	Maria	Müller	Schweiz	50.000	
13	1	Maria	Moser	Schweiz	30.000	
14						

Spezialfilter / Datenbank

Abbildung 271: Tabellenblatt mit dem Filter

Im zweiten Tabellenblatt wird die Datenbank gepflegt (siehe Abbildung 272).

	A	B	C	D	E
1	Nr	Vorname	Name	Ort	Umsatz
2	1	Magdalena	Meier	Schweiz	10.000
3	2	Herbert	Huber	Deutschland	20.000
4	3	Karin	Klemp	Deutschland	30.000
5	4	Werner	Weber	Öesterreich	40.000
6	5	Luigi	Logo	Italien	50.000
7	1	Maria	Meier	Schweiz	40.000
8	2	Herbert	Huber	Deutschland	70.000
9	3	Karin	Klemp	Deutschland	50.000
10	4	Werner	Weber	Öesterreich	60.000
11	5	Luigi	Logo	Italien	30.000
12	1	Maria	Meier	Schweiz	20.000
13	2	Herbert	Huber	Deutschland	50.000
14	3	Karin	Klemp	Deutschland	40.000

Spezialfilter / Datenbank

Abbildung 272: Tabellenblatt mit der Datenbank

Da die gefilterten Daten sofort ausgegeben werden sollen, nachdem das Filterkriterium eingetippt wurde, müssen wir eine Ereignis-Prozedur erstellen.

Die Ereignis-Prozedur wird direkt hinter die Tabelle »Spezialfilter« geschrieben. Wir müssen von diesem Tabellenblatt ausgehen, da ein Filter über mehrere Tabellenblätter ja immer von der Tabelle gestartet werden muss, wo die Daten letztlich auch ausgegeben werden.

Damit die ganze Sache übersichtlicher ist, wollen wir die Bereiche, mit denen wir arbeiten, referenzieren (`Set`).

Um den Code für den Spezialfilter zu erhalten, ist es am einfachsten, wenn Sie diesen per Makro-Recorder zuerst aufzeichnen und ihn anschließend anpassen.

Dann benötigen wir noch eine `If...Then`-Entscheidung, die prüft, ob ein Filterkriterium eingegeben wurde.

```
Private Sub Worksheet_Change(ByVal Target As Excel.Range)
   Dim rngDatenbank As Range
   Dim rngFilter As Range
   Dim rngAusgabe As Range

   Set rngDatenbank = Sheets("Datenbank").[A1:E100]
   Set rngFilter = Sheets("Spezialfilter").[A3:F4]
   Set rngAusgabe = Sheets("Spezialfilter").[A9:E9]

   If Not (Application.Intersect(rngFilter, Target) Is Nothing) Then
      rngDatenbank.AdvancedFilter Action:=xlFilterCopy, _
                                  CriteriaRange:=rngFilter, _
                                  CopyToRange:=rngAusgabe, _
                                  Unique:= True
      ActiveCell.Select
   End If
End Sub
```

263 Gültigkeit innerhalb einer Tabelle (Zellen-DropDown)

In unseren ersten Beispielen wollen wir auf VBA verzichten. Dafür verraten wir Ihnen einige wertvolle Tricks zum Thema Gültigkeit.

Sie können ein DropDown auf eine oder mehrere Zellen erstellen, so dass rechts neben der Zelle auf den Pfeil geklickt werden kann, um die Auswahl zu erhalten (siehe Abbildung 273). Dadurch kann die Eingabe falscher Werte unterdrückt werden, denn Sie können nur Werte aus dieser Liste auswählen. Eine andere Eingabe in diese Zelle ist nicht möglich.

Sie können die Gültigkeit so erstellen, dass sie auf eine Liste Bezug nimmt. In unserem Beispiel wird der Ferienort aus dem Bereich E4:E12 ermittelt.

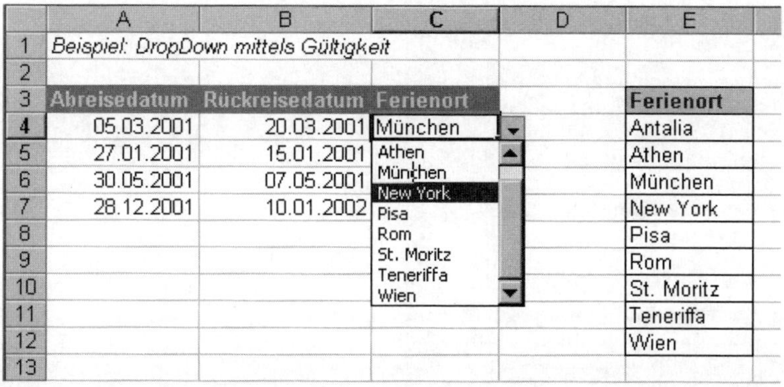

Abbildung 273: DropDown mit Gültigkeit auf den Bereich E4:E12

Grundlagen
Fehler
Intern
Funktionen
Farben
Datum/Zeit
Auswertungen
Diagramme
Objekte
UserForm
Controls
Internet
Extern
Extra

Um das DropDown zu erstellen, markieren Sie alle Zellen, in denen das DropDown erscheinen soll (C4:C7). Die Gültigkeit wird über den Menüpunkt DATEN | GÜLTIGKEIT erstellt. Wählen Sie dort den Eintrag LISTE aus und geben Sie unter QUELLE den Bereich ein (siehe Abbildung 274).

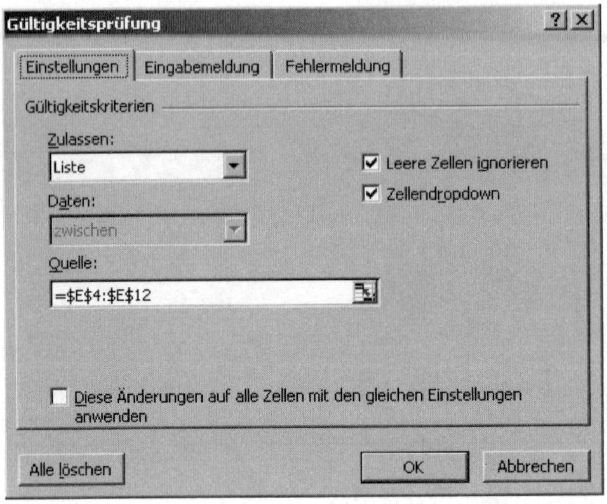

Abbildung 274: Gültigkeit auf einen Tabellenbereich

Jede der markierten Zellen hat nun am rechten Rand einen Pfeil erhalten, über den Sie das DropDown öffnen können.

Wenn Sie keine separate Liste in Ihrer Tabelle führen möchten, dann können Sie die Werte, die im DropDown erscheinen sollen, auch direkt ins Gültigkeitsfenster eingeben (siehe Abbildung 275). Wichtig dabei ist, dass die Daten jeweils durch ein Semikolon getrennt werden.

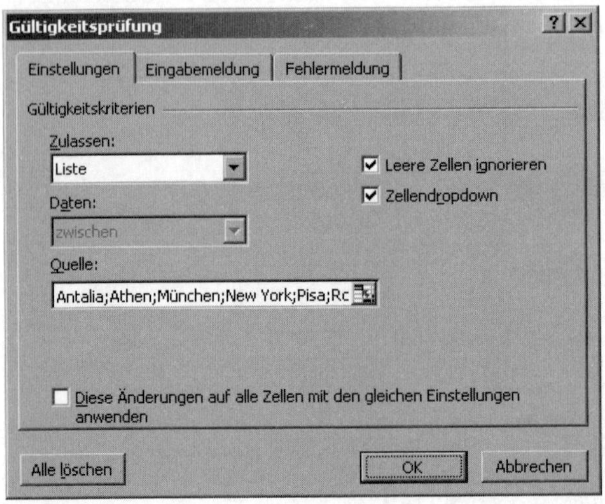

Abbildung 275: Gültigkeit direkt eingeben

264 Gültigkeit auf ein anderes Tabellenblatt

Eine Gültigkeit kann – entgegen vieler Meinungen – auch auf ein anderes Tabellenblatt erstellt werden. Der Trick dabei ist, dass man den Bereich auf der zweiten Tabelle zuerst benennt.

Die Ausgangslage für dieses Beispiel ist, dass der *Ferienort* auf einem zweiten Tabellenblatt »Liste« geführt wird (siehe Abbildung 276).

	A	B	C
1	*Beispiel: DropDown mittels Gültigkeit*		
2			
3	**Abreisedatum**	**Rückreisedatum**	**Ferienort**
4	05.03.2001	20.03.2001	Athen
5	27.01.2001	15.01.2001	München
6	30.05.2001	07.05.2001	Rom
7	28.12.2001	10.01.2002	St. Moritz
8			
9			
10			
11			

Mastetabelle / Liste

	A	B
1	**Ferienort**	
2	Antalia	
3	Athen	
4	München	
5	New York	
6	Pisa	
7	Rom	
8	St. Moritz	
9	Teneriffa	
10	Wien	
11		

Mastetabelle / **Liste**

Abbildung 276: Gültigkeit über zwei Tabellenblätter

Dieser Bereich wird nun benannt. Markieren Sie die Zellen, die in die Liste aufgenommen werden sollen, A2:A10 (also ohne den Titel). Geben Sie dem Bereich einen Namen, indem Sie den Menüpunkt EINFÜGEN | NAME | DEFINIEREN anklicken.

Grundlagen
Fehler
Intern
Funktionen
Farben
Datum/Zeit
Auswertungen
Diagramme
Objekte
UserForm
Controls
Internet
Extern
Extra

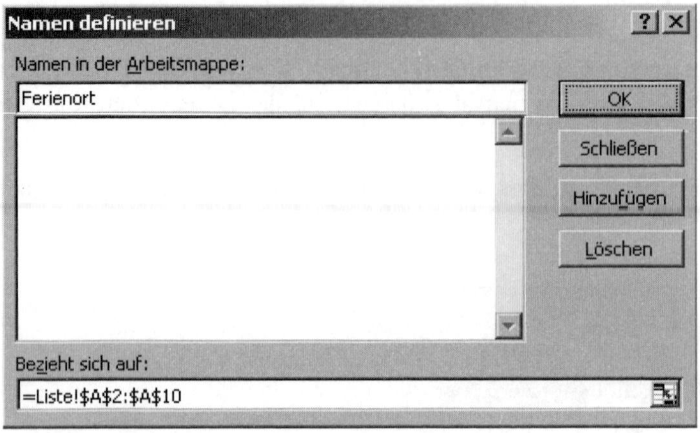

Abbildung 277: Bereich benennen

Die Gültigkeit kann nun auf diesen Namen vorgenommen werden. Markieren Sie auf dem ersten Tabellenblatt den Bereich, dem Sie das DropDown hinzufügen möchten. Klicken Sie auf DATEN | GÜLTIGKEIT und geben Sie dort den Namen ein, den Sie dem Bereich auf der zweiten Tabelle gegeben haben (siehe Abbildung 278).

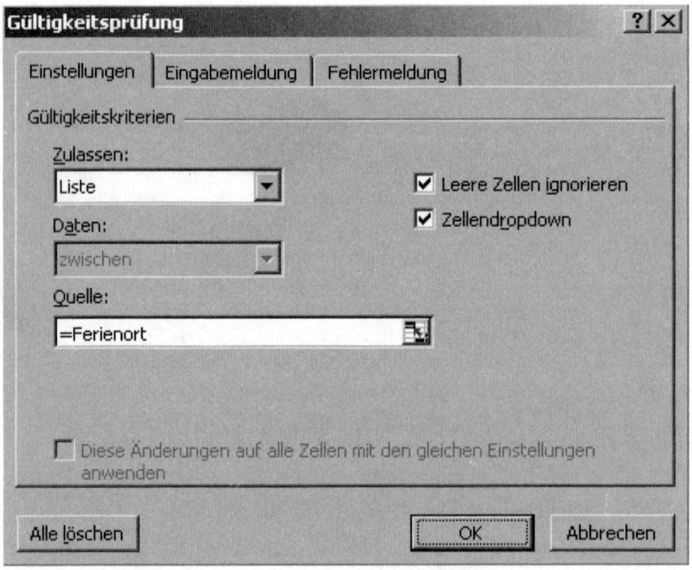

Abbildung 278: Gültigkeit auf den benannten Bereich

265 Gültigkeit auf eine andere Mappe

Die Gültigkeit kann auch über eine andere Mappe erfolgen, indem Sie z.B. eine Mappe erstellen, in der Sie das DropDown einfügen, und eine zweite, in der Sie nur die Liste führen. Damit das auch funktioniert, müssen beide Mappen geöffnet sein.

Auch hier muss wieder der Bereich der Liste, also in der zweiten Mappe, benannt werden. Sie können dies gleich von der ersten Mappe aus tun. Wählen Sie wiederum den Menüpunkt EINFÜGEN | NAME | DEFINIEREN:

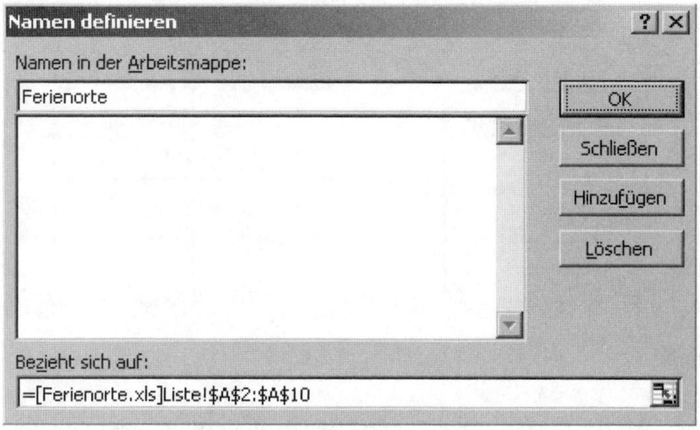

Abbildung 279: Liste der zweiten Tabelle benennen

Die Gültigkeit wird wieder über den Namen definiert: DATEN | GÜLTIGKEIT (siehe Abbildung 280).

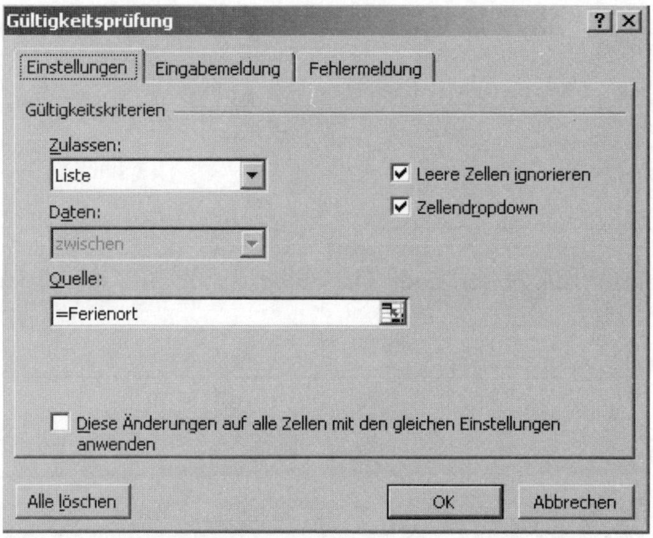

Abbildung 280: Gültigkeit über die zweite Mappe

266 Gültigkeit über eine Liste

Wir wollen nun eine Gültigkeit mit einer Liste programmieren, die in jedem markierten Bereich der Mappe ausgeführt werden kann.

Unsere Beispielmappe umfasst zwei Tabellenblätter. Auf dem einen Tabellenblatt soll die Gültigkeit gesetzt werden und auf dem anderen Tabellenblatt befindet sich die Liste der Werte, die im DropDown angezeigt werden sollen (siehe Abbildung 281).

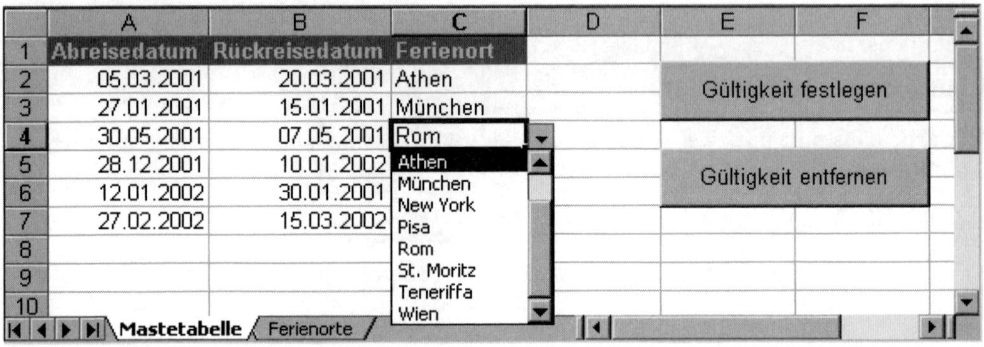

Abbildung 281: Gültigkeit mit einer Liste

Wie bereits gesagt, muss der Bereich für die Gültigkeit zuerst benannt werden, wenn Sie über mehrere Tabellenblätter hinweg arbeiten wollen. In unserem Beispiel trägt er den Namen »Ferienort«.

Bevor Sie den Code ausführen, markieren Sie zuerst den gewünschten Zielbereich.

```
Sub Gueltigkeit()
   With Selection.Validation
      .Delete
      .Add Type:=xlValidateList, Formula1:="=Ferienort"
      .IgnoreBlank = True
      .InCellDropdown = True
   End With
End Sub
```

Nun erstellen wir noch das Pendant zum obigen Code. Die Gültigkeit soll auf Knopfdruck wieder entfernt werden.

```
Sub Gueltigkeit_loeschen()
   Dim c As Range
      For Each c In Selection
         With c.Validation
            .Delete
            .Add Type:=xlValidateInputOnly, _
```

```
                AlertStyle:=xlValidAlertStop, _
                Operator:=xlBetween
        End With
    Next c
End Sub
```

267 Gültigkeit mit Ganzzahlen

Unser nächstes Beispiel soll Ganzzahlen in ihrer Gültigkeit einschränken. In ein Eingabefeld wird die Minimum-Zahl eingegeben und über ein zweites Eingabefeld die Maximum-Zahl. Die Gültigkeit ist somit auf den Bereich zwischen diesen beiden Zahlen eingeschränkt und es können nur Ganzzahlen eingegeben werden.

Wir arbeiten somit mit zwei Variablen (`dblMin` und `dblMax`). In der `With`-Anweisung werden die nötigen Werte festgelegt.

Für den Fall, dass bereits eine Gültigkeit auf den gewünschten Bereich festgelegt wurde, wird dieser zuerst entfernt (`Delete`). Dann werden die Einstellungen, die für die Gültigkeit erforderlich sind, hinzugefügt (`Add`), inkl. unserer Variablen.

Leerzellen sollen ignoriert werden (`IgnoreBlank`). Das DropDown soll sichtbar sein (`InCellDropDown`).

Außerdem möchten wir, dass in dem Bereich, auf den die Gültigkeit festgelegt wurde, eine Sprechblase (`InputMessage`) erscheint, die anzeigt, in welchem Bereich sich die einzugebende Zahl bewegen darf (siehe Abbildung 282).

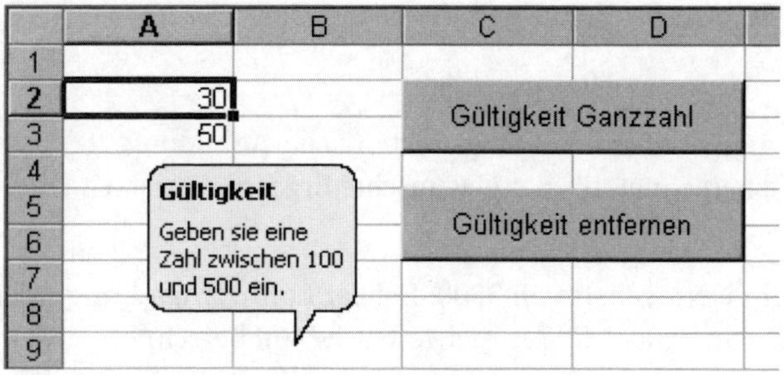

Abbildung 282: Gültigkeit auf Ganzzahl

Ebenso soll eine Fehlermeldung ausgegeben werden, wenn eine Eingabe erfolgt, die nicht im Gültigkeitsbereich liegt (`ErrorMessage`).

Bevor Sie den Code ausführen, markieren Sie zuerst die Zellen, denen die Gültigkeit zugewiesen werden soll.

```
Sub Gueltigkeit_auf_Ganzzahl()
 Dim dblMin As Double
 Dim dblMax As Double
```

```
  On Error GoTo Errorhandler
  dblMin = InputBox("Geben Sie die Minimum-Zahl ein")
  dblMax = InputBox("Geben Sie die Maximum-Zahl ein")
    With Selection.Validation
        .Delete
        .Add Type:=xlValidateWholeNumber, _
            AlertStyle:=xlValidAlertStop, _
            Operator:=xlBetween, _
            Formula1:=dblMin, _
            Formula2:=dblMax
        .IgnoreBlank = True
        .InCellDropdown = True

        ' Sprechblase
        .InputTitle = "Gültigkeit"
        .InputMessage = "Geben Sie eine Zahl zwischen " & _
                        dblMin & " und " & dblMax & " ein."

        .ShowInput = True

        ' Fehlermeldung bei falscher Eingabe
        .ErrorTitle = "Falsche Eingabe"
        .ErrorMessage = "Die Zahl muss zwischen " & _
                        dblMin & " und " & dblMax & " sein."
        .ShowError = True
     End With
 Errorhandler:
  Exit Sub
 End Sub
```

268 Zielwertsuche

Mit der Zielwertsuche werden die angegebenen Ausgangswerte (siehe Abbildung 283 und Abbildung 284) durch Excel so lange berechnet, bis das gewünschte Ergebnis erzielt ist (Zielwert).

Ausgangslage: Der Mitarbeiter hat ein Nettogehalt von 3500. Bei der Lohnverhandlung stellt er die Forderung auf ein Nettogehalt von 3800. Mit der Zielwertsuche soll berechnet werden, wie hoch das Bruttogehalt ausfallen würde.

	A	B	C	D
1				
2		Brutto-Gehalt	5000	
3		Abzüge	30%	
4		**Netto-Gehalt**	**3500**	=C2-(C2*C3)
5				

Abbildung 283: Tabelle für die Zielwertsuche

Die Zielwertsuche finden Sie unter dem Menüpunkt EXTRAS | ZIELWERTSUCHE.

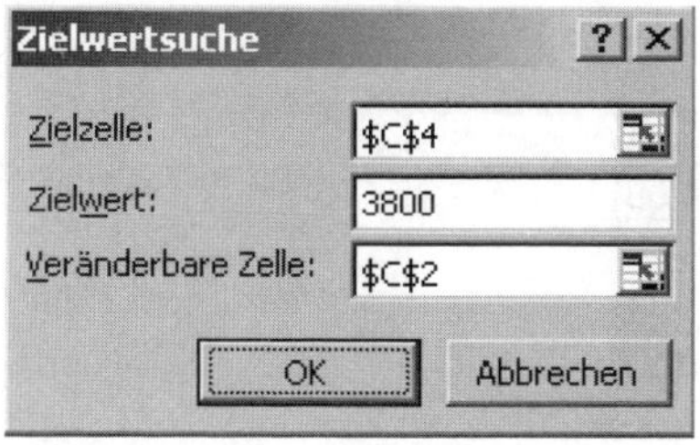

Abbildung 284: Zielwertsuche

> **Hinweis**
> Damit die Zielwertsuche wie gewünscht funktioniert, muss in der Zielzelle immer eine Formel enthalten sein, denn aufgrund dieser Formel wird der Wert neu berechnet.

269 Solver

Der Solver ist sozusagen der große Bruder der Zielwertsuche. Bei der Zielwertsuche kann nur *ein* veränderbarer Wert angegeben werden. Beim Solver hingegen können mehrere Werte und zudem noch Nebenbedingungen zur Berechnung eingetragen werden.

> **Wichtig**
> Damit Sie den Solver aufrufen können, müssen Sie das Add-In »Solver« installiert haben. Sie finden dieses unter dem Menüpunkt EXTRAS | ADD-INS-MANAGER. Aktivieren Sie in diesem Fenster »Solver« und bestätigen Sie mit OK, damit der Solver installiert wird.
>
> Sie finden ihn anschließend unter dem Menüpunkt EXTRAS | SOLVER.

Die Ausgangslage in unserem Beispiel ist ein Blumenhandel, der eine Aktion starten möchte. Der Rabatt wurde vorerst auf 10 % festgelegt. Der Blumenhandel möchte jedoch einen Gesamterlös von 6.000,00 erzielen, was bedeutet, dass der Rabatt gesenkt werden muss. Mit dem Solver kann diese Berechnung auf relativ einfache Weise durchgeführt werden.

Starten Sie den Solver über den Menüpunkt EXTRAS | SOLVER.

Die ZIELZELLE hier entspricht der Zielzelle in der ZIELWERTSUCHE. Das heißt, dass diese Zelle immer eine Formel enthalten muss, damit die Berechnungen durchgeführt werden können.

Unter ZIELWERT geben Sie den Wert ein, den Sie bei der Berechnung erhalten möchten. In unserem Beispiel ist das der Wert 6000.

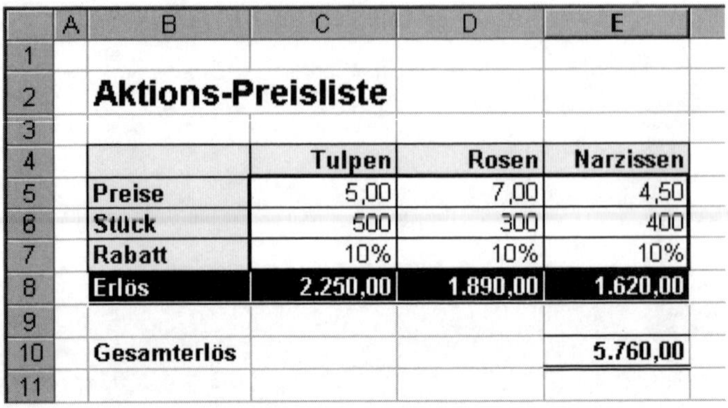

	A	B	C	D	E
1					
2		**Aktions-Preisliste**			
3					
4			**Tulpen**	**Rosen**	**Narzissen**
5		**Preise**	5,00	7,00	4,50
6		**Stück**	500	300	400
7		**Rabatt**	10%	10%	10%
8		**Erlös**	**2.250,00**	**1.890,00**	**1.620,00**
9					
10		**Gesamterlös**			**5.760,00**
11					

Abbildung 285: Tabelle für den Solver

Die Zellen, die wir verändern möchten, also die VERÄNDERBAREN ZELLEN, sind die Prozentzahlen, die sich im Bereich C7:E7 befinden.

Abbildung 286: Solver

Um die NEBENBEDINGUNGEN einzufügen, klicken Sie auf die Schaltfläche HINZUFÜGEN.

Die folgende Dialogbox wird geöffnet (siehe Abbildung 287). Hier können Sie die Nebenbedingungen eingeben. Über die Schaltfläche HINZUFÜGEN wird jeweils eine neue Nebenbedingung erzeugt. Wenn Sie alle Nebenbedingungen eingefügt haben, schließen Sie das Fenster, indem Sie die Schaltfläche OK anklicken.

Wenn Sie alle Werte im Solver korrekt ausgefüllt haben, klicken Sie auf die Schaltfläche LÖSEN. Wenn Sie mit dem Ergebnis einverstanden sind, klicken Sie auf OK, um die Berechnung durchzuführen.

Abbildung 287: Nebenbedingungen

Tipp Bevor Sie die Berechnung mit dem Solver durchführen, empfiehlt es sich, eine Kopie des Tabellenblattes zu erstellen, da sich die Berechnung nicht rückgängig machen lässt.

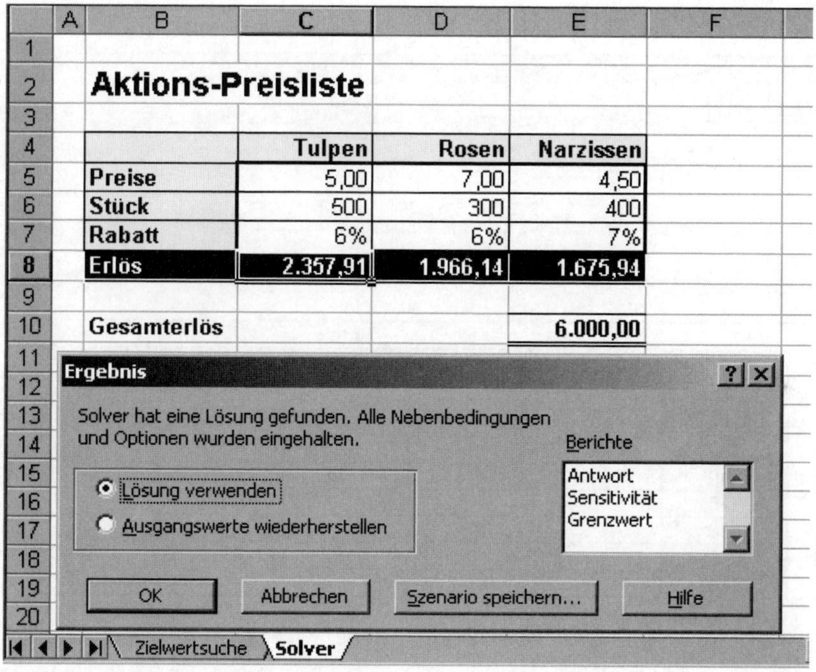

Abbildung 288: Neu berechnete Tabelle

Der Solver wurde übrigens nicht von der Firma Microsoft, sondern von der Firma Frontline Systems, Inc. entwickelt.

270 Mehrfachoperation

Mit der Mehrfachoperation können Sie auf einfache Weise komplexe Tabellen berechnen bzw. ausfüllen lassen.

In unserem Beispiel (siehe Abbildung 289) geht es um die Berechnung von Bücherpreisen. Wir wollen den Erlös der Bücher vergleichen, den wir je nach verkaufter Stückzahl bzw. je nach Preis erreichen würden.

Zuerst wird die Berechnung an einem Beispiel vorgenommen (C3 bis C7). Das Resultat, das wir in der Zelle C7 erhalten, soll die Basis für die weiteren Berechnungen in der Tabelle bilden. In der oberen Ecke der Tabelle, die berechnet werden soll (C10), muss immer eine Formel stehen. In unserem Beispiel nehmen wir Bezug auf die Zelle C7. Das heißt, in die Zelle C10 schreiben wir die Formel =C7.

	A	B	C	D	E	F	G	H
1	**Bücherverkauf**							
2								
3	Stück		500					
4	Preis		80					
5	**Total**		**40000**					
6	./. Skonto		2%					
7	**Subtotal**		***39200***					
8								
9						**Stück**		
10			***39200***	**100**	**200**	**300**	**400**	**500**
11			**80**					
12			**90**					
13			**100**					
14			**110**					
15		**Preis**	**120**					
16			**130**					
17			**140**					
18			**150**					
19								

Abbildung 289: Beispiel zur Mehrfachoperation

Markieren Sie nun die Tabelle, sprich den Bereich C10:H18. Klicken Sie auf den Menüpunkt DATEN | TABELLE.

Hinweis

Wenn Sie noch mit der Excel-Version 97 arbeiten, heißt der Menüpunkt DATEN | MEHRFACHOPERATION. Ansonsten ist die Funktion gleich geblieben.

In der Dialogbox (siehe Abbildung 290) geben Sie die Werte zur Berechnung des Preises und der Stückzahl ein.

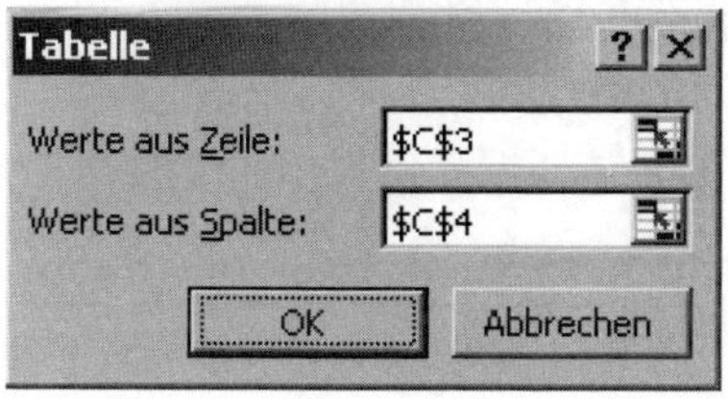

Abbildung 290: Dialogbox für Mehrfachoperation

Sobald Sie die Eingabe mit OK bestätigen, wird im gesamten markierten Tabellenbereich das entsprechende Resultat ausgegeben.

271 Pivot-Tabelle auf aktuellem Blatt erstellen

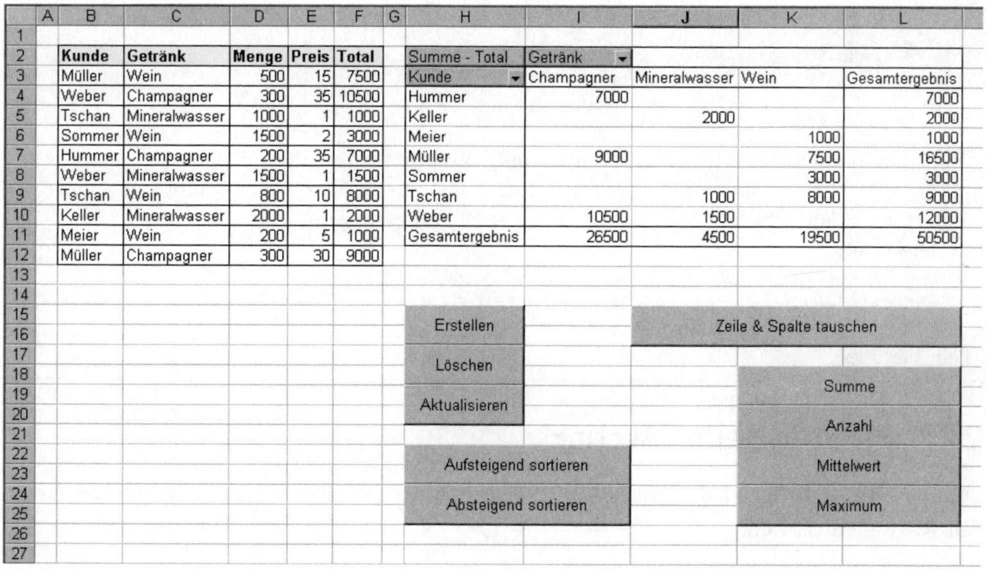

Kunde	Getränk	Menge	Preis	Total
Müller	Wein	500	15	7500
Weber	Champagner	300	35	10500
Tschan	Mineralwasser	1000	1	1000
Sommer	Wein	1500	2	3000
Hummer	Champagner	200	35	7000
Weber	Mineralwasser	1500	1	1500
Tschan	Wein	800	10	8000
Keller	Mineralwasser	2000	1	2000
Meier	Wein	200	5	1000
Müller	Champagner	300	30	9000

Summe - Total	Getränk			
Kunde	Champagner	Mineralwasser	Wein	Gesamtergebnis
Hummer	7000			7000
Keller		2000		2000
Meier			1000	1000
Müller	9000		7500	16500
Sommer			3000	3000
Tschan		1000	8000	9000
Weber	10500	1500		12000
Gesamtergebnis	26500	4500	19500	50500

Abbildung 291: Pivot-Tabelle

Der Pivot-Tabellenbereich (H2:L11) wurde automatisch mit der unten stehenden Prozedur erzeugt. Unsere folgenden Beispiele basieren auf derselben Tabelle (siehe Abbildung 291).

Direkt nach der Variablendeklaration wird referenziert (`Set`), damit können wir später die Objekte verkürzt ansprechen, das Programm wird somit übersichtlicher.

An dieser Stelle möchten wir Folgendes erwähnen: Wenn referenziert wird, sollte das `Set` am Ende der Prozedur wieder zurückgesetzt werden, um den Speicherplatz freizugeben. In unserem Beispiel lautet die Anweisung `Set PT = Nothing`. Um den Code nicht bei jedem unserer Beispiele unnötig zu verkomplizieren, werden wir in vielen Beispielen darauf verzichten.

Die Fehlerbehandlung benötigen wir für den Fall, dass die Pivot-Tabelle bereits erstellt wurde. Ein zweites Mal könnte sie nicht erstellt werden.

Nach der Fehlerbehandlung wird die Pivot-Tabelle im Tabellenblatt hinzugefügt (Add). An dieser Stelle werden auch gleich die nötigen Zielbereiche mitgeliefert.

Danach werden die Zeilen, Spalten und Daten eingefügt.

```
Sub Pivot_erstellen()
   Dim PT As PivotTables
   Set PT = ActiveSheet.PivotTables
   On Error GoTo Errorhandler
   ActiveWorkbook.PivotCaches.Add(SourceType:=xlDatabase, _
                  SourceData:="B2:F12"). _
                  CreatePivotTable TableDestination:=Range("H2"), _
                  TableName:="Pivot"

   ' Zeile "Kunden" wird zugeordnet
   PT(1).PivotFields("Kunde").Orientation = xlRowField

   ' Spalte "Getränk" wird zugeordnet
   PT(1).PivotFields("Getränk").Orientation = xlColumnField

   ' Daten "Total" werden zugeordnet
   PT(1).PivotFields("Total").Orientation = xlDataField

   Set PT = Nothing
   Exit Sub
Errorhandler:
   MsgBox ("Pivot-Tabelle konnte nicht erstellt werden" & Chr(13) _
        & "oder besteht bereits")
End Sub
```

272 Pivot-Tabelle löschen

Um die Pivot-Tabelle aus der Abbildung 291 komplett zu löschen (Delete), könnte die Prozedur wie folgt aussehen:

```
Sub Pivot_loeschen()
   ActiveSheet.PivotTables(1).DataBodyRange.CurrentRegion.Delete
End Sub
```

273 Pivot-Tabelle aktualisieren

Wenn sich auf Ihrem Tabellenblatt nur eine Pivot-Tabelle befindet, können Sie diese wie folgt aktualisieren (RefreshTable):

```
Sub Pivot_aktualisieren()
   ActiveSheet.PivotTables(1).RefreshTable
End Sub
```

Wenn sich mehrere Pivot-Tabellen auf dem Tabellenblatt befinden, können Sie alle gleichzeitig aktualisieren, indem Sie in einer For-Schleife zuerst die Pivot-Tabellen zählen. Die Anzahl wird der Variablen i übergeben. In der For-Schleife werden die einzelnen Pivot-Tabellen eine nach der anderen über den Index angesprochen und aktualisiert.

```
Sub Alle_Pivot_aktualisieren()
   Dim PT As PivotTables
   Set PT = ActiveSheet.PivotTables
   Dim i As Integer
      For i = 1 To PT.Count
         PT(i).RefreshTable
      Next i
End Sub
```

Um sämtliche Pivot-Tabellen der Mappe zu aktualisieren, verwenden Sie die folgende Prozedur. Wir arbeiten diesmal mit zwei Variablen (x und i) und zwei For-Schleifen. In der ersten Schleife wird die Anzahl der Tabellenblätter in der Mappe ermittelt und der Variablen x übergeben. In der zweiten Schleife wird die Anzahl der Pivot-Tabellen in den einzelnen Blättern gezählt (Sheets(x)). Die Anzahl wird der Variablen i übergeben.

In der zweiten For-Schleife kann nun die Aktualisierung vorgenommen werden. Anstelle eines festen Indexes werden die Variablen eingesetzt.

```
Sub Alle_Pivot_Aktualisieren_Mappe()
   Dim x As Integer
   Dim i As Integer
      For x = 1 To Worksheets.Count
         For i = 1 To Sheets(x).PivotTables.Count
            Sheets(x).PivotTables(i).RefreshTable
         Next i
      Next x
End Sub
```

274 Pivot-Tabelle sortieren

Die Spalte »Kunde« aus unserem Beispiel soll sortiert werden.

Nachfolgende Prozedur steht für die aufsteigende Sortierung xlAscending. Die Konstante xlButton bewirkt, dass eine Schaltfläche in der Pivot-Tabelle markiert wird.

```
Sub Pivot_Spalte_sortieren_aufsteigend()
   Dim PT As PivotTables
   Set PT = ActiveSheet.PivotTables
   PT(1).PivotFields("Kunde").DataRange.Sort _
         Order1:=xlAscending, _
         Type:=xlSortLabels, _
```

```
        OrderCustom:=1, _
        Orientation:=xlTopToBottom
End Sub
```

Für die absteigende Sortierung `xlDescending` könnte der Code so aussehen:

```
Sub Pivot_Spalte_Sortieren_Absteigend()
   Dim PT As PivotTables
   Set PT = ActiveSheet.PivotTables
   PT(1).PivotFields("Kunde").DataRange.Sort _
         Order1:=xlDescending, _
         Type:=xlSortLabels, _
         OrderCustom:=1, _
         Orientation:=xlTopToBottom
End Sub
```

275 Spalten und Zeilen tauschen

Über die folgende Prozedur können die Spalten und Zeilen auf Schaltflächen-Klick vertauscht werden. Das heißt, »Kunde« und »Getränk« werden gegeneinander vertauscht.

```
Sub Tauschen()
   Dim PTF As PivotFields
   Set PTF = ActiveSheet.PivotTables(1).PivotFields
      If PTF("Kunde").Orientation = xlRowField Then
         PTF("Kunde").Orientation = xlColumnField
      Else
         PTF("Kunde").Orientation = xlRowField
      End If

      If PTF("Getränk").Orientation = xlRowField Then
         PTF("Getränk").Orientation = xlColumnField
      Else
         PTF("Getränk").Orientation = xlRowField
      End If
End Sub
```

276 Pivot-Tabelle berechnen

In der Pivot-Tabelle können verschiedene Berechnungen angezeigt werden. Zum Beispiel die Summe oder die Anzahl etc.

Die Berechnungen können per Schalflächen-Klick umgestellt werden. Nachfolgend einige Beispiele. Die entsprechende Funktion erkennen Sie am Prozedurnamen:

```
Sub Summe()
   Worksheets(1).Range("H2").PivotField.Function = xlSum
End Sub

Sub Anzahl()
   Worksheets(1).Range("H2").PivotField.Function = xlCount
End Sub

Sub Mittelwert()
   Worksheets(1).Range("H2").PivotField.Function = xlAverage
End Sub

Sub Maximum()
   Worksheets(1).Range("H2").PivotField.Function = xlMax
End Sub

Sub Minimum()
   Worksheets(1).Range("H2").PivotField.Function = xlMin
End Sub
```

Berechnung	Konstante
Summe	xlSum
Anzahl	xlCount
Mittelwert	xlAverage
Maximum	xlMax
Minimum	xlMin
Produkt	xlProduct
Anzahl Zahlen	xlCountNums
Standardabweichung (Stichprobe)	xlStDev
Standardabweichung (Grundgesamtheit)	xlStDevP
Varianz (Stichprobe)	xlVar
Varianz (Grundgesamtheit)	xlVarP

Tabelle 43: Übersicht über die Berechnungs-Konstanten der Pivot-Tabelle

277 Pivot-Tabelle formatieren

Die verschiedenen Elemente der Pivot-Tabelle können per VBA formatiert werden.

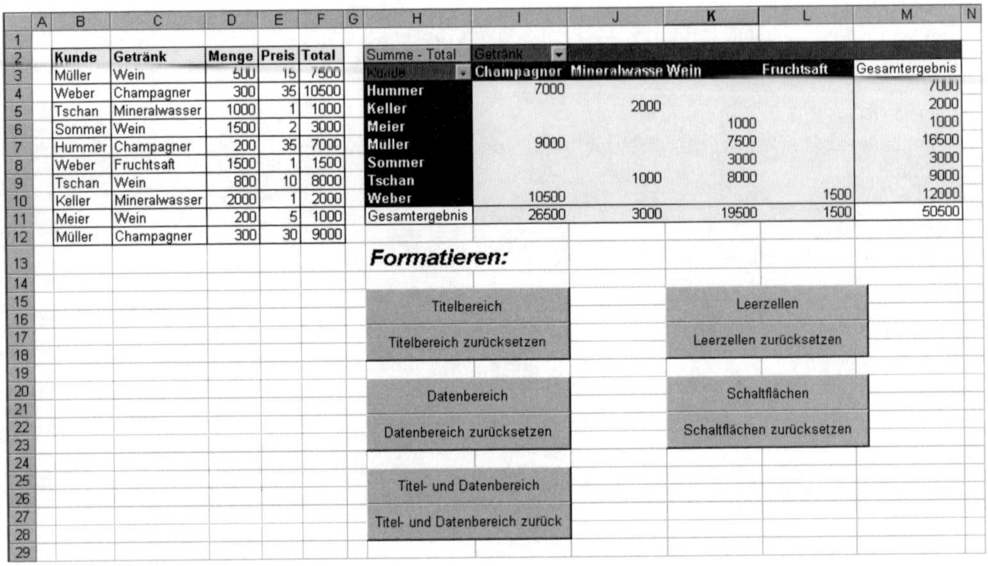

Abbildung 292: Pivot-Tabelle (Ausgangslage für unsere nächsten Beispiele)

Den Titelbereich formatieren:

Der Titelbereich der Pivot-Tabelle kann wie folgt formatiert werden. Das Schlüsselwort, das den Zeilen- und Spaltenbereich anspricht, lautet `DataRange`.

```
Sub Zeilen_Spalten_Beschriftung()
   Dim PT As PivotTables
   Set PT = ActiveSheet.PivotTables
      With PT(1).PivotFields("Kunde").DataRange
         .Interior.ColorIndex = 11
         .Font.ColorIndex = 2
         .Font.Bold = True
      End With
      With PT(1).PivotFields("Getränk").DataRange
         .Interior.ColorIndex = 11
         .Font.ColorIndex = 2
         .Font.Bold = True
      End With
End Sub
```

Den Titelbereich zurücksetzen (DataRange):

```
Sub Zeilen_Spalten_Beschriftung_zuruecksetzen()
   Dim PT As PivotTables
   Set PT = ActiveSheet.PivotTables
      With PT(1).PivotFields("Kunde").DataRange
         .Interior.ColorIndex = xlNone
         .Font.ColorIndex = xlAutomatic
         .Font.Bold = False
      End With
      With PT(1).PivotFields("Getränk").DataRange
         .Interior.ColorIndex = xlNone
         .Font.ColorIndex = xlAutomatic
         .Font.Bold = False
      End With
End Sub
```

Die Schaltflächen formatieren (LabelRange):

```
Sub Schaltflaechen()
   Dim PT As PivotTables
   Set PT = ActiveSheet.PivotTables
   PT(1).PivotFields("Kunde").LabelRange.Interior.ColorIndex = 4
   PT(1).PivotFields("Getränk").LabelRange.Interior.ColorIndex = 4
End Sub
```

Die Schaltflächen zurücksetzen:

```
Sub Schaltflaechen_zuruecksetzen()
   Dim PT As PivotTables
   Set PT = ActiveSheet.PivotTables
   PT(1).PivotFields("Kunde").LabelRange.Interior.ColorIndex = 15
   PT(1).PivotFields("Getränk").LabelRange.Interior.ColorIndex = 15
End Sub
```

Den Titelbereich formatieren (DataLabelRange):

```
Sub Titel()
   Dim PT As PivotTables
   Set PT = ActiveSheet.PivotTables
   PT(1).DataLabelRange.Interior.ColorIndex = 5
End Sub
```

Den Titelbereich zurücksetzen:

```
Sub Titel_zuruecksetzen()
   Dim PT As PivotTables
   Set PT = ActiveSheet.PivotTables
   PT(1).DataLabelRange.Interior.ColorIndex = xlNone
End Sub
```

Den Datenbereich formatieren (DataBodyRange):

```
Sub Datenbereich()
   Dim PT As PivotTables
   Set PT = ActiveSheet.PivotTables
   PT(1).DataBodyRange.Interior.ColorIndex = 15
End Sub
```

Den Datenbereich zurücksetzen:

```
Sub Datenbereich_zuruecksetzen()
   Dim PT As PivotTables
   Set PT = ActiveSheet.PivotTables
   PT(1).DataBodyRange.Interior.ColorIndex = xlNone
End Sub
```

Im Überblick:

Eigenschaft	Auswirkung auf
DataRange	Zeilen- und Spaltenüberschriften
LabelRange	Schaltflächen
DataLabelRange	Titelbereich
DataBodyRange	Datenbereich

Tabelle 44: Eigenschaften der Pivot-Tabelle

278 Pivot-Tabelle auf neuem Blatt erstellen

Um die Pivot-Tabelle auf einem separaten Blatt auszugeben, verwenden Sie unten stehenden Code. Zu beachten ist hierbei die Anweisung `PivotCaches.Add ... CreatePivotTable Tabledestination:=""`, die angibt, dass ein neues Blatt erzeugt werden soll. Der Befehl `TableDestination` wird in der Prozedur noch ein zweites Mal verwendet, nämlich um anzugeben, in welchem Bereich der neuen Tabelle die Pivot-Tabelle erstellt werden soll. Danach werden die gewünschten Felder den Zeilen, Spalten und dem Datenbereich zugeordnet.

```
Sub Pivot_auf_neuem_Blatt()
  On Error Resume Next
   ActiveWorkbook.PivotCaches.Add _
      (SourceType:=xlDatabase, _
       SourceData:="B2:F12").CreatePivotTable _
       TableDestination:="", _
       TableName:="PivotTable"

   ActiveSheet.PivotTableWizard _
      TableDestination:=ActiveSheet.Cells(3, 1)

   With ActiveSheet.PivotTables("Pivottable")
      .PivotFields("Kunde").Orientation = xlRowField
      .PivotFields("Getränk").Orientation = xlColumnField
      .PivotFields("Total").Orientation = xlDataField
   End With
End Sub
```

279 Pivot-Bericht

Wenn Sie die Pivot-Tabelle nicht selbst gestalten möchten, stellt Ihnen Excel verschiedene Berichte zur Verfügung.

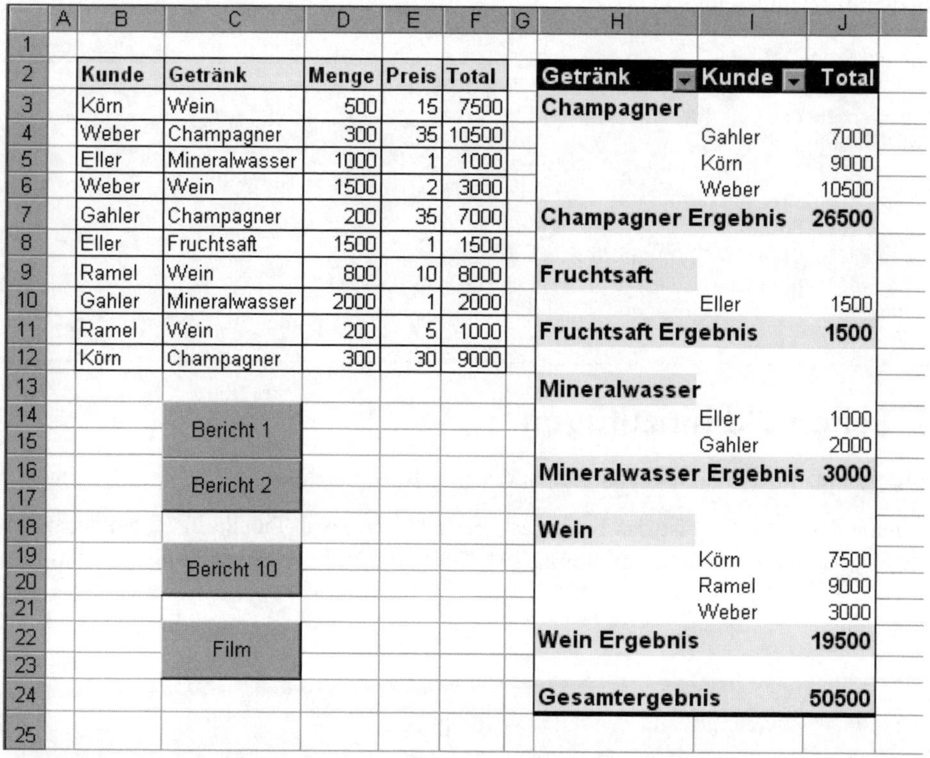

Abbildung 293: Pivot-Bericht

Die Berichte sind nummeriert (xlReport1, xlReport2 etc.) und können so recht einfach angesprochen werden, was die unten stehenden Prozeduren beweisen.

Wenn Sie der Pivot-Tabelle manuell einen Bericht zufügen möchten, klicken Sie mit der rechten Maustaste auf die Pivot-Tabelle und wählen aus dem Kontextmenü den Eintrag BERICHT FORMATIEREN.

```
Sub Bericht_1()
   ActiveSheet.PivotTables(1).Format xlReport1
End Sub

Sub Bericht_2()
   ActiveSheet.PivotTables(1).Format xlReport2
End Sub

Sub Bericht_10()
   ActiveSheet.PivotTables(1).Format xlReport10
End Sub
```

Eine kleine Spielerei mit den Berichten: Wenn Sie sich die Berichte nacheinander anzeigen lassen möchten, verwenden Sie dazu eine For-Schleife. Mit der Anweisung Application.Wait können Sie den Sekunden-Takt festlegen. In der Zelle B25 wird zudem die jeweils aktuelle Bericht-Nummer angezeigt.

```
Sub Alle_Berichte()
   Dim i As Integer
   Dim PT As PivotTables
   Set PT = ActiveSheet.PivotTables
      For i = 1 To 20
         PT(1).Format i
         [B25].Value = "Bericht-Nr. " & i
         Application.Wait (Now + TimeValue("00:00:01"))
      Next i
End Sub
```

280 Seitenfeld hinzufügen

Ausgangslage für unser nächstes Beispiel ist die Tabelle in Abbildung 294.

Das Seitenfeld xlPageField ist das Feld, das oberhalb der Pivot-Tabelle in einem separaten Bereich ausgegeben wird (siehe Abbildung 294, Zelle H1:I1). In der Abbildung ist es das Feld »Produkt«.

Verkäufer	Gebiet	Produkt	Monat	Umsatz
Körn	Deutschland	CD	März	45.000
Tschan	Schweiz	DVD	Januar	20.000
Meier	Österreich	CD	Februar	40.000
Müller	Deutschland	CD	März	50.000
Müller	Deutschland	DVD	April	60.000
Weber	Schweiz	CD	März	25.000
Körn	Deutschland	DVD	August	35.000
Meier	Österreich	CD	März	80.000
Körn	Deutschland	CD	Januar	10.000
Weber	Schweiz	DVD	März	15.000
Körn	Deutschland	DVD	August	55.000
Müller	Deutschland	DVD	März	20.000
Keller	Österreich	CD	Februar	15.000

Produkt	CD			
Summe - Umsatz	Gebiet			
Verkäufer	Deutschland	Österreich	Schweiz	Gesamtergebnis
Körn	55000			55000
Meier		120000		120000
Müller	50000			50000
Weber			25000	25000
Keller		15000		15000
Gesamtergebnis	105000	135000	25000	265000

Abbildung 294: Pivot-Tabelle mit Seitenfeld

Mit der folgenden Prozedur können Sie so ein Seitenfeld erzeugen:

```
Sub Seitenfeld_erstellen()
   Dim PT As PivotTables
   Set PT = ActiveSheet.PivotTables
   PT(1).PivotFields("Produkt").Orientation = xlPageField
End Sub
```

Wenn Sie dem Seitenfeld gleich die gewünschte Auswahl mitliefern wollen, erweitern Sie den obigen Code wie folgt:

```
Sub Seitenfeld_erstellen_mit_Auswahl()
   Dim PT As PivotTables
   Set PT = ActiveSheet.PivotTables
   PT(1).PivotFields("Produkt").Orientation = xlPageField
   PT(1).PivotFields("Produkt").CurrentPage = "CD"
End Sub
```

Seitenfeld per Eingabefeld bestimmen:

```
Sub Seitenfeld_Inputbox()
   Dim strFeld As String
   Dim PT As PivotTables
   Set PT = ActiveSheet.PivotTables
   strFeld = InputBox("Bitte das gewünschte Seitenfeld eingeben", _
                  "Seitenfeld", "Monat")
   PT(1).PivotFields(strFeld).Orientation = xlPageField
End Sub
```

Seitenfeld löschen:

```
Sub Seitenfeld_entfernen()
   Dim strFeld As String
   Dim PT As PivotTables
   Set PT = ActiveSheet.PivotTables
   PT(1).PivotFields("Monat").Orientation = xlHidden
End Sub
```

281 Abgleich alte Nummern / neue Nummern

Hin und wieder kommt es vor, dass sich die Kostenstellen ändern bzw. angepasst werden. Das ist für jene, die damit arbeiten und die alten Nummern schon auswendig kennen, recht mühsam, denn es dauert meist ein Weilchen, bis man die neuen Nummern wieder im Kopf hat. Zu diesem Zweck können Sie eine Prozedur verwenden, die als Gedächtnisstütze in Form einer automatischen Übersetzungsliste dient (siehe Abbildung 295). Der Clou dabei ist die Auflistung bereits ermittelter Daten in der `InputBox`.

Dieses Makro verwendet zum Suchen eine »falsche« Funktion (siehe unten stehende Funktion `Function Suche(NrAlt)`). Sie hat den Vorteil, dass der Rückgabewert gleich weiterverarbeitet werden kann. Falsche Funktion nennen wir das eigentlich nur deshalb, weil sie auf eine Übersetzungsliste in einem Tabellenblatt angewiesen ist und nicht wie eine Tabellenfunktion verwendet werden kann.

Diese Variante könnte man mit kleinen Anpassungen auch als Vokabeltrainer benutzen.

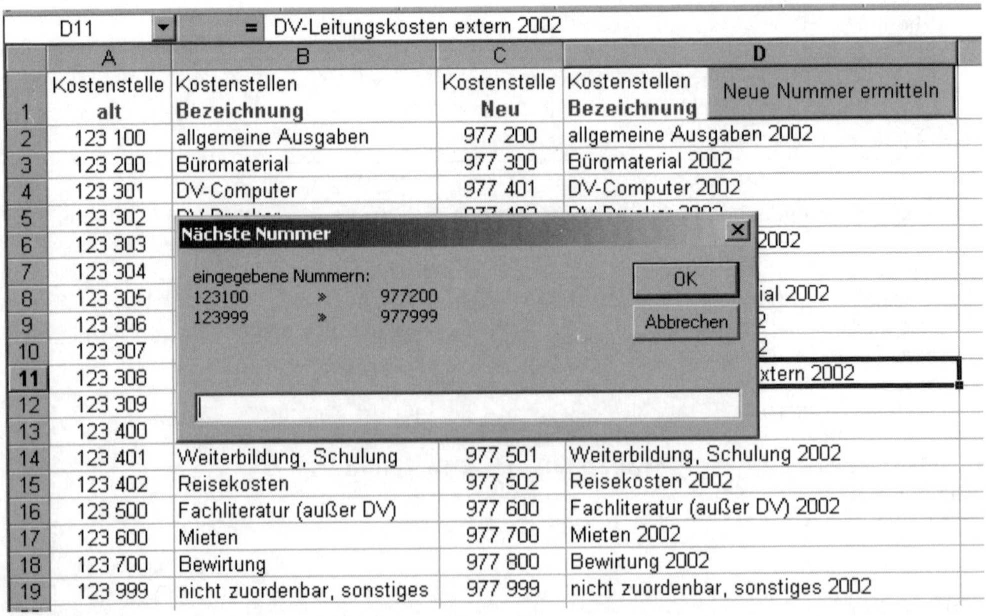

Abbildung 295: Kostenstellennummern übersetzen

```
Sub SucheAltNeu()
  Dim txt As String
  Dim NrAlt As String
  txt = "eingegebene Nummern:"
  Do
    NrAlt = InputBox(txt, "Nächste Nummer")
    If Len(NrAlt) > 0 Then ' Länge der Eingabe > 0
      ' bestehender Text und Rückgabe der Funktion <<Suche>>
      txt = txt & vbCrLf & NrAlt & Chr(9) & Chr(9) _
            & Chr(187) & Chr(9) & Suche(NrAlt)
    End If
  ' Wiederholen bis keine Eingabe, Null oder Abbrechen
  Loop Until Len(NrAlt) = 0
  MsgBox txt, vbOKOnly, "Resultat"
End Sub

' keine allgemeingültige Funktion, da an ein Tabellenblatt gebunden!
Function Suche(NrAlt)
  Dim NrNeu As String
  Dim i As Long
  Dim AnzZeil As Long
  AnzZeil = ThisWorkbook.Worksheets(1).Cells(1, 1) _
        .CurrentRegion.Rows.Count
  For i = 2 To AnzZeil
    If NrAlt * 1 = Cells(i, 1) * 1 Then
      Suche = Cells(i, 3).Value * 1
      Exit Function
    Else
      Suche = "unbekannt"
    End If
  Next i
End Function
```

282 Stadtteil aus Straßenliste ermitteln

In unserem nächsten Beispiel arbeiten wir mit einer Mappe, die zwei Tabellenblätter enthält. Auf dem ersten Tabellenblatt werden die Auswertungen angezeigt und die Suchbegriffe eingegeben (siehe Abbildung 296). Im zweiten Tabellenblatt sind die Daten, wie Straßenliste mit Nummern und zugehöriger Stadtteil, erfasst (siehe Abbildung 297). Welche Straßen auf dem zweiten Tabellenblatt zu finden sind, können Sie ebenfalls der Abbildung 296 entnehmen: A17:A20.

Wir arbeiten hier wahlweise mit einer Prozedur oder mit einer Funktion.

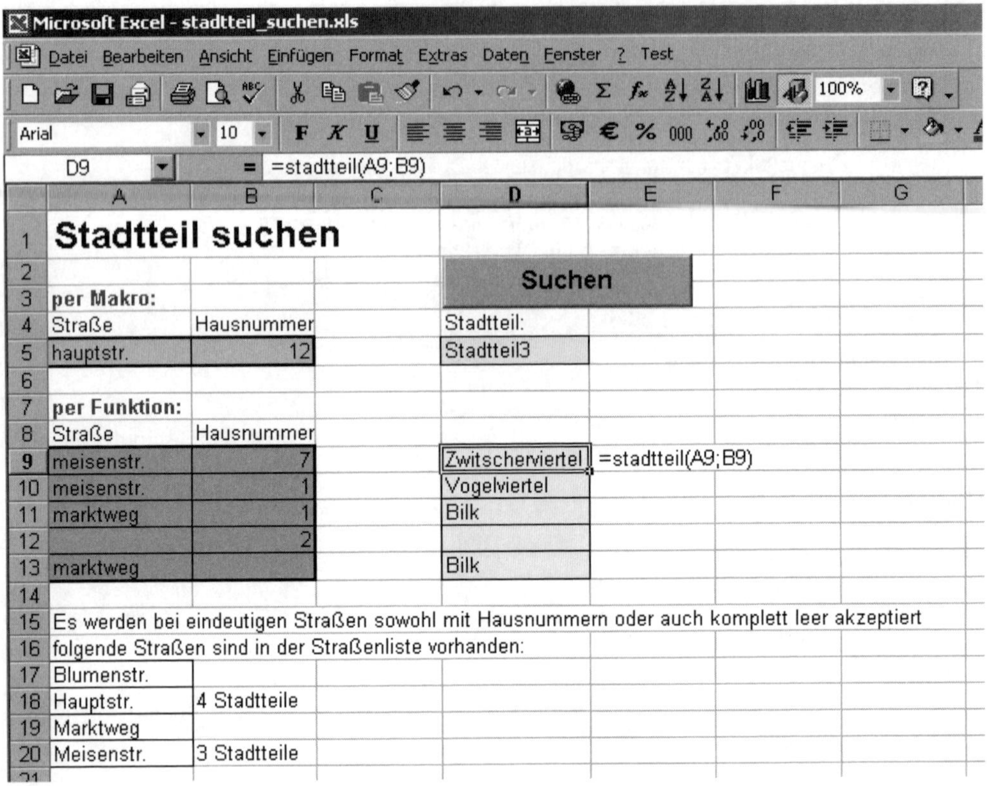

Abbildung 296: Stadtteil per Makro und Funktion ermitteln

	A	B	C	D	E	F
1	**Straße**	**ungerade von**	**ungerade bis**	**gerade von**	**gerade bis**	**Stadtteil**
2	Hauptstr.	1	33			Stadtteil2
3	Hauptstr.			2	28	Stadtteil3
4	Hauptstr.	35	99	30	66	Stadtteil4
5	Hauptstr.			68	100	Stadtteil5
6	Blumenstr.	1	999	2	888	Blumenviertel
7	Meisenstr.	1	3	2	2	Vogelviertel
8	Meisenstr.	5	33	4	36	Zwitscherviertel
9	Meisenstr.	35	999	38	888	Gartenviertel
10	Marktweg					Bilk
11						

Abbildung 297: Tabellenblatt 2 mit den Straßen, Hausnummern und Stadtteilen

Widmen wir uns zuerst der Prozedur. Im oberen Teil des ersten Tabellenblattes, in die Zelle A5, können Sie die Straße eingeben, in die Zelle B5 die zugehörige Hausnummer. Per Klick auf die Schaltfläche SUCHEN wird eine Dialogbox mit dem gesuchten Stadtteil angezeigt. Wenn Sie auf die Schaltfläche OK der Dialogbox klicken, wird der Stadtteil in die Zelle D5 geschrieben. Das Prinzip können Sie mit einem SVERWEIS vergleichen.

In der Prozedur wird direkt nach der Variablen-Deklaration referenziert (Set). Damit wird die Prozedur einerseits übersichtlicher, da weniger Code geschrieben werden muss, und andererseits auch schneller.

Direkt nach der Referenzierung wird die letzte beschriebene Zelle des zweiten Tabellenblattes ermittelt und der Variablen lZeile übergeben. Diese Zahl benötigen wir weiter unten, um im zweiten Tabellenblatt die Anzahl der Zeilen zu ermitteln.

Die Variablen Strs und Hss werden jeweils durch den Inhalt der Zellen A5 und B5 gefüllt, also mit dem Straßennamen und der Hausnummer. Die Zelle D5 wird geleert (""), damit sie für den neuen Eintrag frei ist, sofern es einen gibt. Wenn nicht, wird der Text »nicht gefunden« in die Zelle geschrieben. Falls in der Zelle A5 kein Eintrag vorhanden ist, bleibt die Zelle D5 leer.

In der ersten If-Bedingung wird geprüft, ob die Variable Strs leer ist, d.h. ob in der Zelle A5 etwas drin steht. Wenn nicht, wird die Prozedur verlassen (Exit Sub).

In der For-Schleife werden im zweiten Tabellenblatt ab der zweiten Zeile, also ohne die Überschrift, die Zeilen bis zur Variable lZeile, also der letzten belegten Zeile, abgearbeitet.

In großen Städten gehen manche Straßen durch mehrere Stadtteile. Dabei kann auch die Straßenachse die Grenze zwischen zwei Stadtteilen sein. Die Suche wird bei kurzen Straßen abgekürzt, wenn keine Hausnummer eingegeben wird. Diese Umstände werden in der For-Schleife darin mit verschiedenen If-Entscheidungen sowie weiteren For-Schleifen abgefragt, wobei jeweils die Zellen im zweiten Tabellenblatt abgefragt werden.

```
' Damit ist die Groß-/Kleinschreibung egal:
Option Compare Text

Sub Stadtteil_Makro()
  Dim WS1 As Worksheet
  Dim WS2 As Worksheet
  Dim s&, g&, u&, Strs$, Hss$, lZeile&
  Set WS1 = Worksheets(1)
  Set WS2 = Worksheets("Straßenliste")
  lZeile = WS2.Cells(Rows.Count, 1).End(xlUp).Row
  Strs = WS1.[A5]
  Hss = WS1.[B5]
  WS1.[D5] = ""
  If Strs = "" Then
    Exit Sub
  End If
  ' Str. suchen
  For s = 2 To lZeile
    If WS2.Cells(s, 1) = Strs Then
      ' keine Hausnummern in Straßenliste eingetragen
      If WS2.Cells(s, 2) = "" And WS2.Cells(s, 4) = "" Then
        MsgBox WS2.Cells(s, 6)
        WS1.[D5] = WS2.Cells(s, 6)
        Exit Sub
      End If
```

```
      ' ungerade Hausnummern
      If WS2.Cells(s, 2) <> "" Then
        For u = WS2.Cells(s, 2) To WS2.Cells(s, 3) Step 2
          If Hss = u Then
            MsgBox WS2.Cells(s, 6)
            WS1.[D5] = WS2.Cells(s, 6)
            Exit Sub
          End If
        Next u
      End If
      ' gerade Hausnummern
      If WS2.Cells(s, 4) <> "" Then
        For g = WS2.Cells(s, 4) To WS2.Cells(s, 5) Step 2
          If Hss = g Then
            MsgBox WS2.Cells(s, 6)
            WS1.[D5] = WS2.Cells(s, 6)
            Exit Sub
          End If
        Next g
      End If
    End If
  Next s
  MsgBox "Stadtteil nicht gefunden"
  WS1.[D5] = "nicht gefunden"
End Sub
```

Als Adaption auf das vorhergehende Makro ist hier auch eine benutzerdefinierte Funktion enthalten. Häufig kann man aus Makros Funktionen programmieren. Hier bietet es sich beispielsweise zur Demonstration an. Das Grundprinzip des Codes ist gleich.

Um die Funktion zu testen, geben Sie im Bereich A9:B13 die gewünschte Straße und die Hausnummer ein. Im Bereich D9:D13 wird der zugehörige Stadtteil angezeigt.

```
Option Compare Text
' Die Funktion ist auf das Tabellenblatt "Straßenliste" angepaßt
' und nicht frei verwendbar ohne Anpassungen
Public Function Stadtteil(Strs, Hss)
  Dim WS2 As Worksheet
  Dim s%, g%, u%, lZeile&
  Set WS2 = ThisWorkbook.Worksheets("Straßenliste")
  lZeile = WS2.Cells(Rows.Count, 1).End(xlUp).Row
  ' Falls die Str. fehlt, Funktion beenden
  If Strs = "" Then
    Stadtteil = ""
    Exit Function
  End If
  ' Str. suchen
  For s = 2 To lZeile
    If WS2.Cells(s, 1) = Strs Then
      ' keine Hausnummern in Straßenliste eingetragen
      If WS2.Cells(s, 2) = "" And WS2.Cells(s, 4) = "" Then
```

```
        Stadtteil = WS2.Cells(s, 6)
        Exit Function
      End If
      ' ungerade Hausnummern
      If WS2.Cells(s, 2) <> "" Then
        For u = WS2.Cells(s, 2) To WS2.Cells(s, 3) Step 2
          If Hss = u Then
            Stadtteil = WS2.Cells(s, 6)
            Exit Function
          End If
        Next u
      End If
      ' gerade Hausnummern
      If WS2.Cells(s, 4) <> "" Then
        For g = WS2.Cells(s, 4) To WS2.Cells(s, 5) Step 2
          If Hss = g Then
            Stadtteil = WS2.Cells(s, 6)
            Exit Function
          End If
        Next g
      End If
    End If
  Next s
  Stadtteil = "nicht gefunden"
End Function
```


283 Alphabetisch waagrecht aufteilen und sortieren

In der ersten Prozedur in unserem nächsten Beispiel haben wir eine sehr umfangreiche Liste mit Namen (Auszug der Liste siehe Abbildung 298), die ausgehend vom ersten Buchstaben her in die Spalten verteilt werden sollen. Das Ergebnis können Sie der Abbildung 299 entnehmen.

Diese Funktion ist immer wieder gefragt und eigentlich mit kleinem Aufwand zu realisieren. Die Vornamen stammen von der Website *http://www.namenfinder.de* und wurden mit der Webabfrage aus der Kategorie »Internet« automatisch abgefragt. Für dieses Beispiel wurden sie extra mit einer Zufallszahl gut gemischt, damit die Sortierung entsprechend deutlich wird.

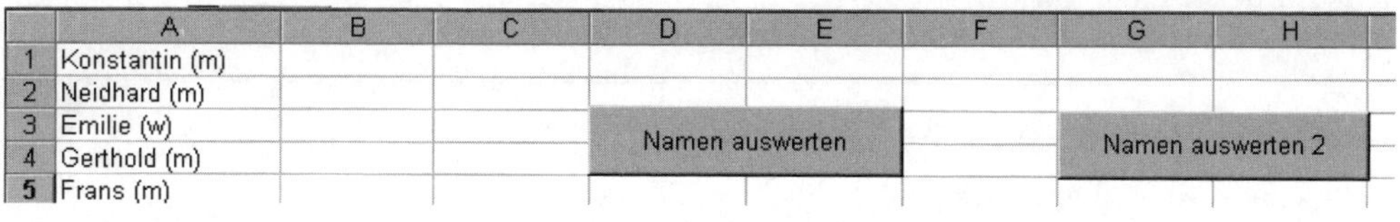

Abbildung 298: Die unsortierten Namen

```
Sub Namen_waagrecht_sortieren()
  Dim WS1 As Worksheet
  Dim WS2 As Worksheet
  Dim lZeile1&, lZeile2&
  Dim N As Byte
  Dim x&, y&
  Set WS1 = ActiveSheet
```

Die folgenden Codezeilen sind zur Prüfung, ob in der Arbeitsmappe bereits das Tabellenblatt »Auswertung Namen« existiert. Es ist eine Art der Prüfung, die ohne Fehlerbehandlung auskommt. Falls dieses Tabellenblatt bereits vorhanden ist, wird nur der Zellinhalt gelöscht, das Anlegen eines neuen Tabellenblattes mit `GoTo` übersprungen.

```
  For x = 1 To Worksheets.Count
  ' wenn das Auswerteblatt bereits vorhanden ist
    If Worksheets(x).Name = "Auswertung Namen" Then
      Worksheets(x).Select
      Worksheets(x).Cells.Delete
      ' Das Anlegen eines neue Auswerteblattes überspringen
      GoTo Weiter
    End If
  Next x
  Worksheets.Add.Move before:=Worksheets(1)
```

Hier wurde absichtlich auf die Umwandlung in Groß- oder Kleinbuchstaben verzichtet, um spätere Erweiterungen für unsere Leser zu erleichtern. Wäre im Makrocode die Umwandlung zum Beispiel mit `LCase` erfolgt, müssten Sie diese entfernen und die Fälle im `Select`-Bereich ergänzen. Denkbar wäre auch eine separate Sortierung nach Groß- und Kleinbuchstaben sowie weitere Sonderzeichen.

Der eigentliche Trick bei diesem Makro ist die Ermittlung der Zeichenfolgenummer des Anfangsbuchstabens im ASCII-Zeichensatz. Unsere Kleinbuchstaben haben zum Beispiel die Zahlen 97 bis 122. Diese Zahl kann man mit der Funktion `ASC(„Zeichen“)` ermitteln. Damit die Zahlen in den Spalten 1 bis 26 eingetragen werden, wird von der Zahl einfach 96 abgezogen. Die deutschen Umlaute (ä, Ä, ö, Ö, ü, Ü), die auch am Wortanfang stehen können, sind leider im ASCII-Zeichensatz verstreut zu finden. Deshalb sind mehrere zusätzliche Codezeilen erforderlich.

```
Weiter:
  Set WS2 = ActiveSheet
  WS2.Name = "Auswertung Namen"
  lZeile1 = WS1.Cells(Rows.Count, 1).End(xlUp).Row
  For x = 1 To lZeile1
    N = Asc(WS1.Cells(x, 1))
    ' Großbuchstaben 65 bis 90
    If N <= 90 And N >= 65 Then
      y = N - 64
```

```
      ' Kleinbuchstaben 97 bis 122
    ElseIf N <= 122 And N >= 97 Then
      y = N - 96
    ElseIf N = 196 Or N = 228 Then      ' ä oder Ä
      y = 1
    ElseIf N = 214 Or N = 246 Then      ' ö oder Ö
      y = 15
    ElseIf N = 220 Or N = 252 Then      ' ü oder Ü
      y = 21
    Else   ' alle anderen Anfangsbuchstaben
      y = 27
    End If
    lZeile2 = WS2.Cells(Rows.Count, y).End(xlUp).Row
    WS2.Cells(lZeile2 + 1, y) = WS1.Cells(x, 1)
  Next x
```

Das Sortieren der nach dem Anfangsbuchstaben eingetragenen Namen erfolgt in der folgenden Schleife, wo auch gleich die Spaltenbreite angepasst wird.

```
  For x = 1 To 27
    Columns(x).Select
    Columns(x).AutoFit
    Selection.Sort Key1:=Cells(1, x), Order1:=xlAscending, _
    Header:=xlNo, OrderCustom:=1, Orientation:=xlTopToBottom
  Next x
End Sub
```

Das Endergebnis sieht dann so aus:

Z1 = Zacharias (m)

	A	B	C	D	E	F	G
1	Aaltje (w)	Babetta (w)	Cäcilia (w)	Dafne (w)	Earl (m)	Fabia (w)	Gabi (w)
2	Aaron (m)	Babette (w)	Cäcilie (w)	Dag (m)	Ebba (w)	Fabian (m)	Gabor (m)
3	Abbe (m)	Babro (w)	Cäcilius (m)	Daggi (w)	Ebbo (m)	Fabiane (w)	Gabriel (m)
4	Abbo (m)	Bahne (m)	Caeser (m)	Daggie (w)	Eberfried (m)	Fabien (m)	Gabriela (w)
5	Abby (w)	Balbina (w)	Caj (m)	Dagino (m)	Ebergard (w)	Fabienne (w)	Gabriele (w)
6	Abel (m)	Balbine (w)	Cajetan (m)	Dagmar (w)	Ebergunde (w)	Fabio (m)	Gabriella (w)
7	Abelina (w)	Balda (w)	Calla (w)	Dagny (w)	Eberhard (m)	Fabiola (w)	Gabrielle (w)
8	Abeline (w)	Baldebert (m)	Camilla (w)	Dagobert (m)	Eberharda (w)	Fabius (m)	Gaby (w)
9	Abelke (w)	Baldegunde (w)	Camillo (m)	Dagomar (m)	Eberharde (w)	Fabrice (w)	Galdina (w)

Abbildung 299: Schön der Reihe nach sortiert

Eine kleine Erweiterung ist im Makro `Sub Namen_waagrecht_sortieren2()` enthalten. Hier werden die Namen in zwei Spalten aufgeteilt (siehe Abbildung 300). Besser gesagt, das Geschlecht wird in die Nebenspalte geschrieben. Hier nur ein Codeausschnitt mit hervorgehobenen Ergänzungen bzw. Änderungen. Das komplette Beispiel finden Sie auf der beiliegenden CD.

```
........
End If
lZeile2 = WS2.Cells(Rows.Count, y * 2 - 1).End(xlUp).Row
WS2.Cells(lZeile2 + 1, y * 2 - 1) = _
    Left(WS1.Cells(x, 1), Len(WS1.Cells(x, 1)) - 4)
WS2.Cells(lZeile2 + 1, y * 2) = _
    Mid(WS1.Cells(x, 1), Len(WS1.Cells(x, 1)) - 1, 1)
```

Der Rest der Änderungen betrifft nur das Extrahieren der einzelnen Bestandteile der Quelldaten.

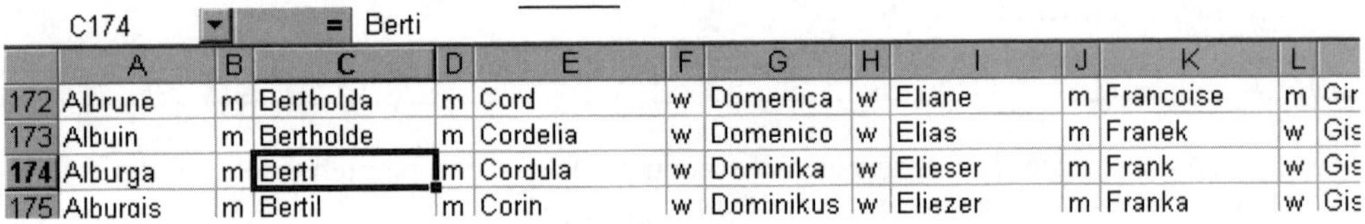

C174 = Berti

	A	B	C	D	E	F	G	H	I	J	K	L	
172	Albrune	m	Bertholda	m	Cord	w	Domenica	w	Eliane	m	Francoise	m	Gir
173	Albuin	m	Bertholde	m	Cordelia	w	Domenico	w	Elias	m	Franek	w	Gis
174	Alburga	m	Berti	m	Cordula	w	Dominika	w	Elieser	m	Frank	w	Gis
175	Alburgis	m	Bertil	m	Corin	w	Dominikus	w	Eliezer	m	Franka	w	Gis

Abbildung 300: Zweispaltig sortiert

Diagramme

Diagramme sind die einfachste und übersichtlichste Art, Zahlen in Relation zueinander darzustellen. Je nach Ziel und Zweck mit mehr oder minder vielen Datenpunkten, Farben und Angaben. Das Motto »Je mehr desto besser« erhöht auf jeden Fall nicht die Übersichtlichkeit in Diagrammen.

Die Wahl des Diagrammtyps und die Gestaltung kann selbst schlechte Ergebnisse in einem besseren Licht erscheinen lassen. Schauen Sie sich bitte einmal die Abbildung 301 an und schauen Sie dabei nur auf das Diagramm und nicht auf die Zahlen. Wer hat den größten Anteil des Kuchens?

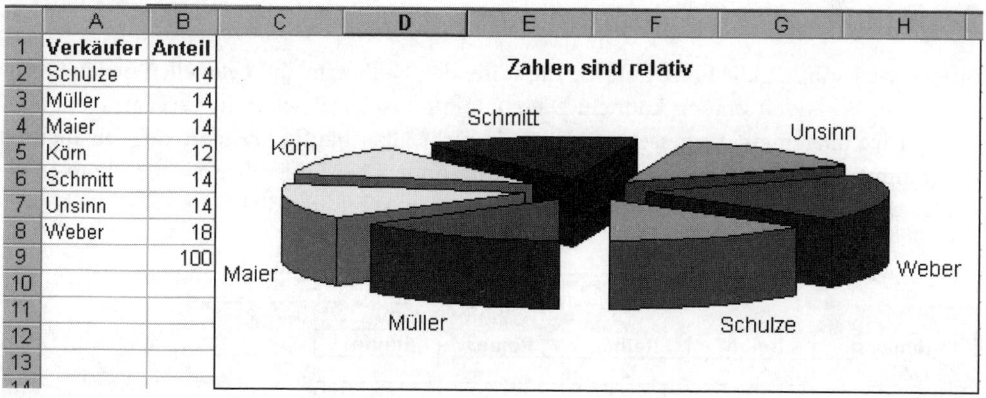

Abbildung 301: Frage: Wer hat die meisten Anteile?

Wie man bei nur 3 Datenpunkten mit 2 Werten bereits ein total nutzloses Diagramm anfertigen kann, zeigt die Abbildung 302. Ringdiagramme sind im Regelfall nur für eine Datenreihe geeignet. Da hilft selbst die Einblendung der Zahlenwerte nicht mehr weiter.

Sie haben so viele Möglichkeiten, ein Diagramm zu gestalten. Nehmen Sie sich ein bisschen Zeit, um nicht solche Negativbeispiele bei Ihrem Chef abzugeben.

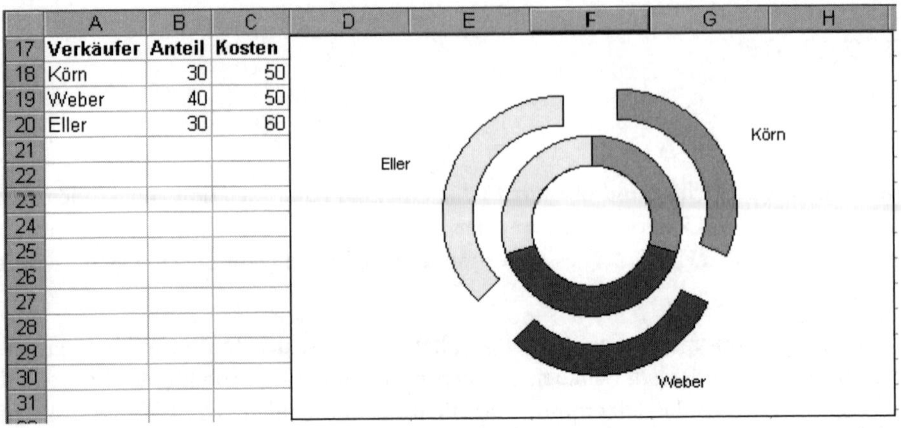

	A	B	C
17	Verkäufer	Anteil	Kosten
18	Körn	30	50
19	Weber	40	50
20	Eller	30	60

Abbildung 302: Nutzloses Diagramm

284 Nullwerte in Diagrammen

Immer wieder taucht die Frage auf, wie die störenden Nullwerte und Leerzellen in den Quelldaten usw. behandelt werden können. Diese Funktion ist sogar schon in Excel ab Werk integriert, wird aber meist vergessen, da man sie nicht allzu häufig braucht. Bei den meisten Diagrammtypen spielen sie auch keine Rolle. Besonders bei Liniendiagrammen können sie sich aber sehr störend bemerkbar machen, wie man in Abbildung 303 sieht.

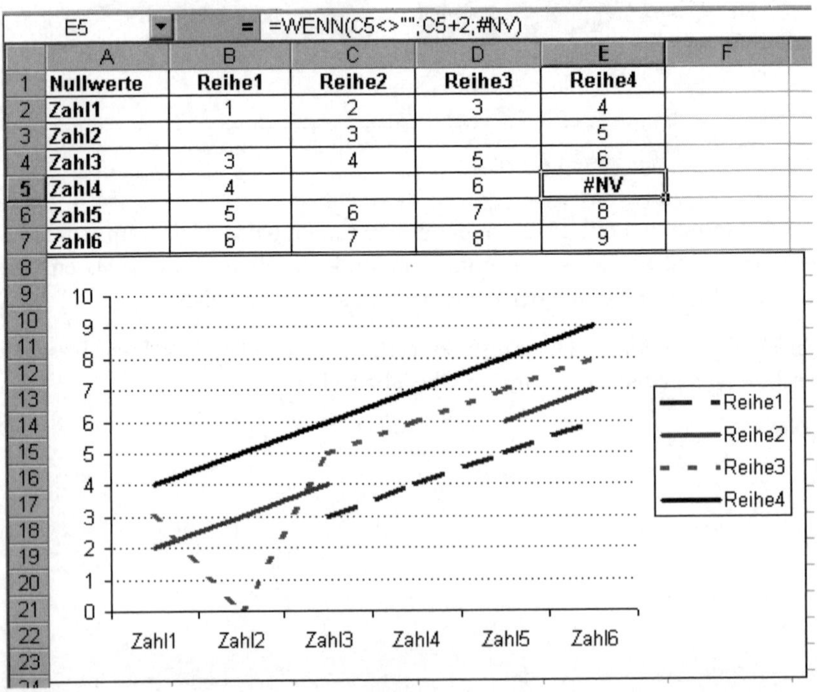

E5 = =WENN(C5<>"";C5+2;#NV)

	A	B	C	D	E
1	Nullwerte	Reihe1	Reihe2	Reihe3	Reihe4
2	Zahl1	1	2	3	4
3	Zahl2		3		5
4	Zahl3	3	4	5	6
5	Zahl4	4		6	#NV
6	Zahl5	5	6	7	8
7	Zahl6	6	7	8	9

Abbildung 303: Nullwerte in Diagrammen

In EXTRAS | OPTIONEN | DIAGRAMM kann man auswählen, wie mit leeren Zellen umgegangen werden soll. Dabei sind folgende Einstellungen für leere Zellen möglich:

1. Werden nicht gezeichnet (übersprungen). Dies ist die Standardeinstellung, die man auch im Beispiel bei den unteren 2 Reihen sieht.
2. Werden als Null gezeichnet
3. Werden interpoliert

In den Reihen 3 und 4 sind dagegen Formeln eingetragen. Diese Diagrammreihen reagieren gegenüber den ersten 2 Reihen völlig anders. Das hängt damit zusammen, dass die Zelle in Reihe3 nur optisch leer ist, aber eine Formel enthält. Die Formel der D3 lautet:

```
=WENN(B3<>"";B3+2;"")
```

Wie Sie sehen, wird in der Reihe3 diese Formel wie der Wert Null behandelt. Dies zu umgehen zeigt die Reihe4, wo in der Zelle E5 folgende Formel eingetragen ist:

```
=WENN(C5<>"";C5+2;#NV)
```

Der Fehlerwert #NV sorgt dafür, dass diese leere Zelle nicht als ein Nullwert erkannt wird. Entgegen der Optionen-Einstellung wird dieser Wert sogar interpoliert. Generell sollte man den Fehlerwert für Formelergebnisse mit möglichen Leerwerten verwenden. Damit er optisch nicht stört, kann man ihn mit der bedingten Formatierung folgendermaßen unsichtbar machen:

Als Formel folgende Bedingung: `=ISTFEHLER(E5)` und die Schriftfarbe auf die Hintergrundfarbe anpassen.

285 Diagrammtyp umstellen

Im folgenden Beispiel erfahren Sie, wie Sie einen Diagrammtypen auf Knopfdruck umstellen können. Wenn z.B. der Diagrammtyp »Säulen« ausgewählt ist, soll er durch einen Klick auf einen anderen Typen umgestellt werden können.

Die Abbildung 304 dient als Grundlage für unser Beispiel.

Fügen Sie vier Schaltflächen aus der »Formular«-Symbolleiste in Ihre Tabelle ein. Diesen vier Schaltflächen wollen wir die folgenden Prozeduren zuweisen, damit sie per Knopfdruck gestartet werden können.

Sie können einen Diagrammtypen natürlich auch ohne VBA-Prozedur umstellen. Klicken Sie mit der rechten Maustaste auf das Diagramm, und klicken Sie im Kontextmenü auf den Eintrag DIAGRAMMTYP. Dort können Sie einen beliebigen Typen auswählen und Ihr Diagramm wird entsprechend umgestellt.

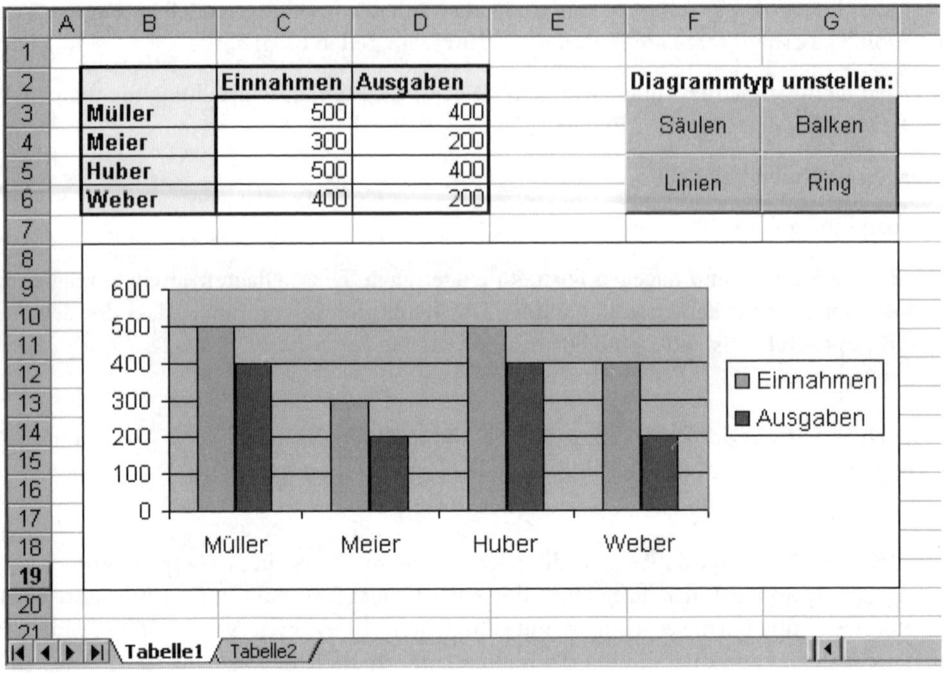

Abbildung 304: Diagrammtyp umstellen

In der ersten der vier Prozeduren wollen wir den Typ »Säulen« (`xlColumnClustered`) einstellen.

```
Sub Saeulen()
   ActiveSheet.ChartObjects(1).Chart.ChartType = xlColumnClustered
End Sub
```

Umstellen auf den Diagrammtyp »Balken« (`xlBarClustered`):

```
Sub Balken()
   ActiveSheet.ChartObjects(1).Chart.ChartType = xlBarClustered
End Sub
```

Umstellen auf den Diagrammtyp »Linien« (`xlLineMarkers`):

```
Sub Linien()
   ActiveSheet.ChartObjects(1).Chart.ChartType = xlLineMarkers
End Sub
```

Umstellen auf den Diagrammtyp »Ring« (`xlDoughnut`):

```
Sub Ring()
   ActiveSheet.ChartObjects(1).Chart.ChartType = xlDoughnut
End Sub
```

In der folgenden Tabelle finden Sie eine Übersicht über die wichtigsten Diagrammtypen. In der Excel-Hilfe unter dem Suchbegriff »ChartType-Eigenschaft« finden Sie sämtliche Diagrammtypen.

Diagrammtyp	Beschreibung	Konstante
Säulendiagramm	Säulen (gruppiert)	xlColumnClustered
	3-D-Säulen (gruppiert)	xl3DColumnClustered
	gestapelte Säulen	xlColumnStacked
Balkendiagramm	Balken (gruppiert)	xlBarClustered
	3-D-Balken (gruppiert)	xl3DBarClustered
	Balken (gestapelt)	xlBarStacked
Liniendiagramm	Linie	xlLine
	Linie mit Datenpunkten	xlLineMarkers
Kreisdiagramm	Kreis	xlPie
	3-D-Kreis	xl3DPie
Punkt (XY)-Diagramm	Punkte	xlXYScatter
Blasendiagramm	Blasen	xlBubble
Flächendiagramm	Flächen	xlArea
Ringdiagramm	Ring	xlDoughnut
Netzdiagramm	Netz	xlRadar
Oberflächendiagramm	3-D-Oberfläche	xlSurface
Kursdiagramm	Höchst-Tiefst-Geschlossen	xlStockHLC
Zylinderdiagramm	Zylindersäulen (gruppiert)	xlCylinderColClustered
Kegeldiagramm	Kegelsäulen (gruppiert)	xlConeColClustered
Pyramidendiagramm	Pyramidensäulen (gruppiert)	xlPyramidColClustered

Tabelle 45: Diagrammtypen

286 Diagramm-Säulenfarbe

Die Farbe der Säulen soll per Drehfeld verändert werden können. Legen wir also für jede Säule ein Drehfeld an. Dieses beziehen wir aus der »Steuerelement-Toolbox«. Ein weiteres Drehfeld dient dazu, bei beiden Säulen gleichzeitig die Farben zu verstellen.

Wenn Sie die Farben der Säulen manuell verändern möchten, klicken Sie mit der rechten Maustaste auf eine der Säulen und wählen aus dem Kontextmenü DATENREIHE FORMATIEREN.

Wenden wir uns nun der Programmierung dieser Farben zu. Da wir die Drehfelder aus der »Steuerelement-Toolbox« bezogen haben, werden wir Ereignis-Prozeduren erstellen. Diese werden ja immer direkt hinter das Tabellenblatt gelegt. In unserem Beispiel befindet sich der Code in »Tabelle1«.

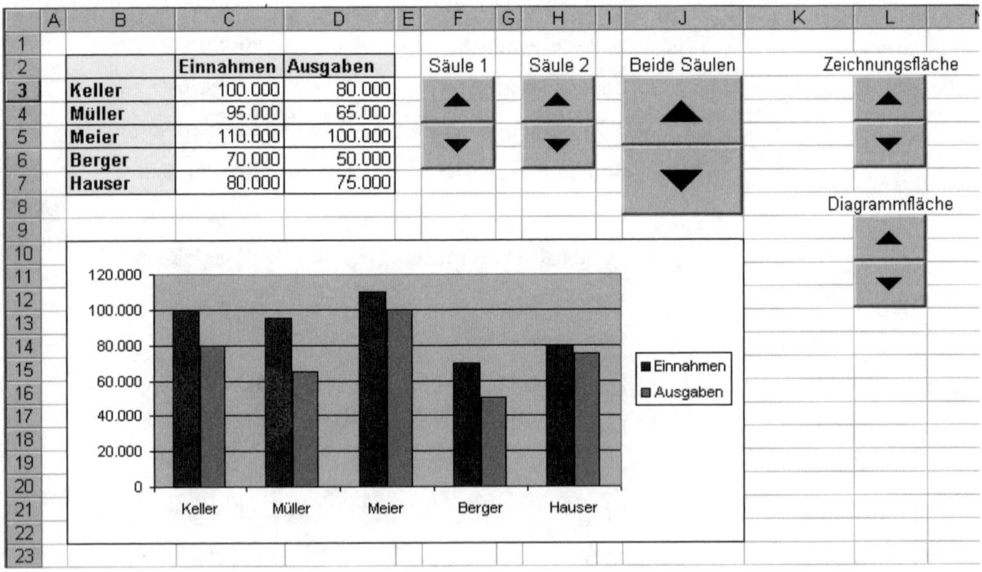

Abbildung 305: Säulenfarbe per Drehfeld ändern

Die erste Prozedur gilt dem Drehfeld für die erste Säule. Diese Prozedur wird dem Ereignis `SpinUp` zugeordnet und erhöht die Farbzahl um 1. Die zweite Prozedur, die dem Ereignis `SpinDown` zugeordnet wird, reduziert die Farbzahl um 1.

Das Prinzip ist recht einfach. Die aktuelle Farbzahl wird der Variablen `bytColor` übergeben. Diese Variable wird bei jedem Klick um 1 erhöht. So verändert sich jeweils die Farbe der Säule um einen Farbton.

Direkt nach der Variablen-Deklaration wird referenziert. Für diese und alle weiteren Prozeduren werden wir wie folgt vorgehen: Wenn ein Objekt mehrmals angesprochen werden muss, werden wir es referenzieren (`Set`). Das dient der besseren Übersicht und die Programmdauer wird verkürzt, da auf eine Selektierung oder Aktivierung verzichtet werden kann. In Prozeduren, in denen ein Objekt nur einmal angesprochen wird, werden wir auf die Referenzierung verzichten und das Objekt direkt ansprechen.

Der Variablen `lngColor` wird der aktuelle Wert der Hintergrundfarbe (`Interior.ColorIndex`) der ersten Säule (`SeriesCollection(1)`) übergeben.

Für den Fall, dass der Säule keine Farbe (`xlNone`) zugewiesen ist, bauen wir eine `If...Then...Else`-Entscheidung ein, die prüft, ob die Variable die Konstante `xlNone` oder <1 enthält, denn beides würde zu einem Fehler führen, wenn man ihn nicht abfangen würde.

Das <1 müssen wir abfangen, da wir in Excel grundsätzlich nur 56 Farben zur Verfügung haben, somit darf der Inhalt der Variablen nicht ins Minus geraten. Ansonsten würde unsere Prozedur nicht mehr funktionieren.

Die Konstante `xlNone` müssen wir abfangen, da sonst der Zähler nicht mehr erhöht oder reduziert werden könnte, weil `xlNone` ein String ist, also eine Zeichenkette. Ein Zähler braucht nun mal eine Zahl und kann nicht mit einer Zeichenkette addiert oder subtrahiert werden.

```
Private Sub SpinButton1_SpinUp()
   ' 1. Säule plus ein Farbton
   Dim lngColor As Long
   Dim C As Chart
   Dim S As Series
   Set C = ActiveSheet.ChartObjects(1).Chart
   Set S = C.SeriesCollection(1)
   lngColor = S.Interior.ColorIndex
      If lngColor = xlNone Or lngColor < 1 Then
         lngColor = 0
         S.Interior.ColorIndex = lngColor + 1
      Else
         S.Interior.ColorIndex = lngColor + 1
      End If
End Sub
```

Hier finden Sie das Pendant zur obigen Prozedur. Der einzige Unterschied besteht darin, dass der Zähler reduziert und nicht erhöht wird.

```
Private Sub SpinButton1_SpinDown()
   ' 1. Säule minus ein Farbton
   Dim lngColor As Long
   Dim C As Chart
   Dim S As Series
   Set C = ActiveSheet.ChartObjects( 1).Chart
   Set S = C.SeriesCollection(1)
   lngColor = S.Interior.ColorIndex
      If lngColor = xlNone Or lngColor < 1 Then
         lngColor = 0
         S.Interior.ColorIndex = lngColor - 1
```

```
      Else
         S.Interior.ColorIndex = lngColor - 1
      End If
End Sub
```

Erstellen wir nun das zweite Drehfeld. Es ist für die zweite Säule bestimmt. Die Prozeduren sind dieselben wie oben, mit dem Unterschied, dass hier die Säule 2 angesprochen wird (`SeriesCollection(2)`).

```
Private Sub SpinButton2_SpinUp()
   ' 2. Säule plus ein Farbton
   Dim lngColor As Long
   Dim C As Chart
   Dim S As Series
   Set C = ActiveSheet.ChartObjects(1).Chart
   Set S = C.SeriesCollection(2)
   lngColor = S.Interior.ColorIndex
      If lngColor = xlNone Or lngColor < 1 Then
         lngColor = 0
         S.Interior.ColorIndex = lngColor + 1
      Else
         S.Interior.ColorIndex = lngColor + 1
      End If
End Sub

Private Sub SpinButton2_SpinDown()
   ' 2. Säule minus ein Farbton
   Dim lngColor As Long
   Dim C As Chart
   Dim S As Series
   Set C = ActiveSheet.ChartObjects(1).Chart
   Set S = C.SeriesCollection(2)
   lngColor = S.Interior.ColorIndex
      If lngColor = xlNone Or lngColor < 1 Then
         lngColor = 0
         S.Interior.ColorIndex = lngColor + 1
      Else
         S.Interior.ColorIndex = lngColor + 1
      End If
End Sub
```

Damit die Säulen gleichzeitig synchron in der Farbe verändert werden können, erstellen wir ein weiteres Drehfeld. Die nächsten beiden Prozeduren kombinieren die beiden Säulen so, dass per Klick auf das Drehfeld gleich die Farbe beider Säulen verändert wird. Wir benötigen wiederum zwei Prozeduren. Die eine wird dem Ereignis `SpinUp` zugeordnet und die andere dem Ereignis `SpinDown`. `SpinUp`, um die Farbzahl um eins zu erhöhen, `SpinDown`, um die Farbzahl um eins zu reduzieren.

Mit der Ausnahme, dass beide Säulen gleichzeitig angesprochen werden, und wir somit mit zwei Variablen arbeiten müssen, für jede Säulen-Farbe eine, ändert sich nichts am Prinzip der Prozeduren. Das heißt, wir können nun lediglich die vorangegangenen Beispiele kombinieren.

```
Private Sub SpinButton3_SpinUp()
   ' Farben beider Säulen erhöhen
   Dim lngColorS1 As Long
   Dim lngColorS2 As Long
   Dim C As Chart
   Dim S1 As Series
   Dim S2 As Series

   Set C = ActiveSheet.ChartObjects(1).Chart
   Set S1 = C.SeriesCollection(1)
   Set S2 = C.SeriesCollection(2)

   lngColorS1 = S1.Interior.ColorIndex
      If lngColorS1 = xlNone Or lngColorS1 < 1 Then
         lngColorS1 = 0
         S1.Interior.ColorIndex = lngColorS1 + 1
      Else
         S1.Interior.ColorIndex = lngColorS1 + 1
      End If
   lngColorS2 = S2.Interior.ColorIndex
      If lngColorS2 = xlNone Or lngColorS2 < 1 Then
         lngColorS2 = 0
         S2.Interior.ColorIndex = lngColorS2 + 1
      Else
         S2.Interior.ColorIndex = lngColorS2 + 1
      End If
End Sub
```

Wie bereits erwähnt, ist zweite Prozedur dazu da, die Farbzahl zu reduzieren bzw. um das Drehfeld mit Pfeil nach unten (`SpinDown`) zu programmieren.

```
Private Sub SpinButton3_SpinDown()
   ' Farben beider Säulen reduzieren
   Dim lngColorS1 As Long
   Dim lngColorS2 As Long
   Dim C As Chart
   Dim S1 As Series
   Dim S2 As Series

   Set C = ActiveSheet.ChartObjects(1).Chart
   Set S1 = C.SeriesCollection(1)
   Set S2 = C.SeriesCollection(2)

   lngColorS1 = S1.Interior.ColorIndex
```

```
      If lngColorS1 = xlNone Or lngColorS1 < 1 Then
         lngColorS1 = 0
         S1.Interior.ColorIndex = lngColorS1 - 1
      Else
         S1.Interior.ColorIndex = lngColorS1 - 1
      End If
   lngColorS2 = S2.Interior.ColorIndex
      If lngColorS2 = xlNone Or lngColorS2 < 1 Then
         lngColorS2 = 0
         S2.Interior.ColorIndex = lngColorS2 - 1
      Else
         S2.Interior.ColorIndex = lngColorS2 - 1
      End If
End Sub
```

287 Diagramm-Zeichnungsfläche

Für die folgende Prozedur fügen wir ein weiteres Drehfeld aus der »Steuerelement-Toolbox« in unsere Tabelle ein. Mit diesem Drehfeld wollen wir die Farbe der Zeichnungsfläche (`PlotArea`) des Diagramms ansprechen. Auch hier ähnelt das Prinzip den obigen Prozeduren. Auch hier soll die Farbe per Klick auf den entsprechenden Pfeil verändert werden.

```
Private Sub SpinButton4_SpinUp()
   ' Zeichnungsfläche plus ein Farbton
   Dim lngColorZF As Long
   Dim C As Chart
   Dim P As PlotArea
   Set C = ActiveSheet.ChartObjects(1).Chart
   Set P = C.PlotArea
   lngColorZF = P.Interior.ColorIndex
      If lngColorZF = xlNone Or lngColorZF < 1 Then
         lngColorZF = 0
         P.Interior.ColorIndex = lngColorZF + 1
      Else
         P.Interior.ColorIndex = lngColorZF + 1
      End If
End Sub

Private Sub SpinButton4_SpinDown()
   ' Zeichnungsfläche minus ein Farbton
   Dim lngColorZF As Long
   Dim C As Chart
   Dim P As PlotArea
   Set C = ActiveSheet.ChartObjects(1).Chart
   Set P = C.PlotArea
   lngColorZF = P.Interior.ColorIndex
      If lngColorZF = xlNone Or lngColorZF < 1 Then
         lngColorZF = 0
         P.Interior.ColorIndex = lngColorZF - 1
```

```
      Else
         P.Interior.ColorIndex = lngColorZF - 1
      End If
End Sub
```

288 Diagrammfläche

Zu guter Letzt und um das Beispiel zu vervollständigen, fügen wir noch ein Drehfeld aus der »Steuerelement-Toolbox« in unsere Tabelle ein. Mit diesem Drehfeld soll die Farbe der Diagrammfläche (ChartArea) per Klick auf das Drehfeld verändert werden. Auch hier verlieren wir nicht zu viele Worte, denn in den vorangegangen Beispielen wurde das Prinzip dieser Prozeduren bereits ausreichend beschrieben.

```
Private Sub SpinButton5_SpinUp()
   ' Diagrammfläche plus ein Farbton
   Dim lngColorDF As Long
   Dim C As Chart
   Dim CA As ChartArea
   Set C = ActiveSheet.ChartObjects(1).Chart
   Set CA = C.ChartArea
   lngColorDF = CA.Interior.ColorIndex
      If lngColorDF = xlNone Or lngColorDF < 1 Then
         lngColorDF = 0
         CA.Interior.ColorIndex = lngColorDF + 1
      Else
         CA.Interior.ColorIndex = lngColorDF + 1
      End If
End Sub

Private Sub SpinButton5_SpinDown()
   ' Diagrammfläche minus ein Farbton
   Dim lngColorDF As Long
   Dim C As Chart
   Dim CA As ChartArea
   Set C = ActiveSheet.ChartObjects(1).Chart
   Set CA = C.ChartArea
   lngColorDF = CA.Interior.ColorIndex
      If lngColorDF = xlNone Or lngColorDF < 1 Then
         lngColorDF = 0
         CA.Interior.ColorIndex = lngColorDF - 1
      Else
         CA.Interior.ColorIndex = lngColorDF - 1
      End If
End Sub
```

289 Drehung und Höhe eines 3-D-Säulendiagramms

Um ein Diagramm im gewünschten Blickfeld anzuzeigen, muss man die richtige Einstellung finden. Das könnte recht aufwändig werden. Man müsste Stufe für Stufe ausprobieren.

Wenn Sie dies manuell einstellen müssten, dann würden Sie mit der rechten Maustaste auf die Diagrammfläche klicken und aus dem Kontextmenü den Eintrag 3D-ANSICHT auswählen. Es ist zwar eine Vorschau vorhanden, aber am echten Diagramm sieht der Effekt oft anders aus, als man sich das vorgestellt hat.

Deshalb wollen wir hier ein Drehfeld programmieren, über das die Drehung vor und zurück stufenlos per Mausklick erfolgen kann. Sie können sogar mit gedrückter Maustaste auf dem Drehfeld bleiben und zusehen, wie sich das Diagramm dreht.

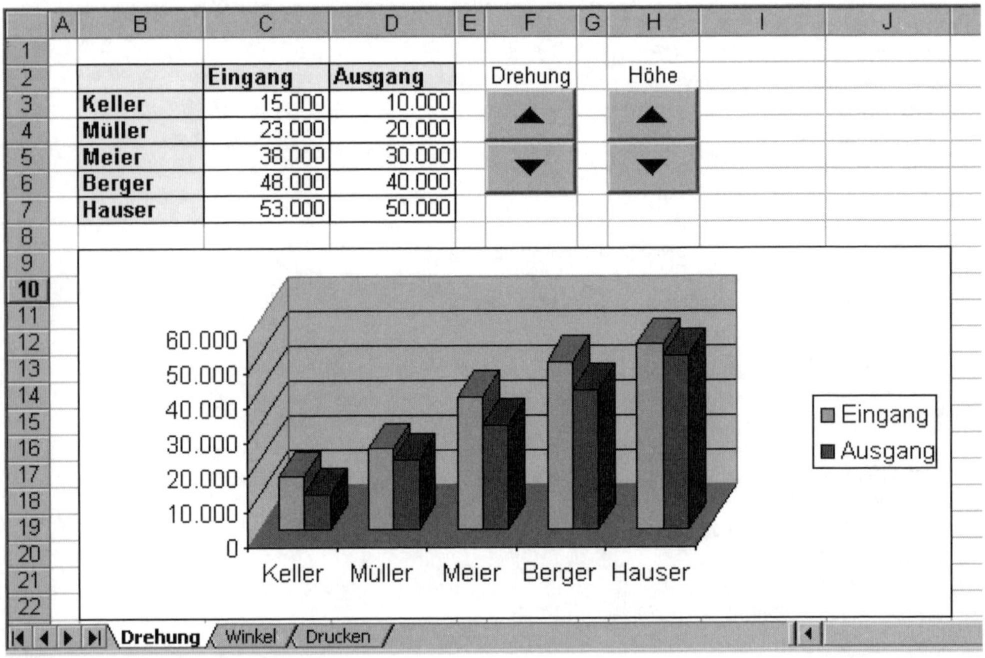

Abbildung 306: Drehung und Höhe per Drehfeld verändern

Da die Drehfelder direkt ans Tabellenblatt gebunden sind, werden die Ereignis-Prozeduren direkt in die »Tabelle1« geschrieben.

Die beiden folgenden Prozeduren sind für das erste Drehfeld »Drehung« bestimmt. Eins für das Ereignis `SpinUp`, also Pfeil nach oben, und eins für `SpinDown`, Pfeil nach unten.

Fügen Sie ein Drehfeld aus der »Steuerelement-Toolbox« in Ihre Tabelle ein. Klicken Sie doppelt auf das Drehfeld, um in den VBA-Editor zu gelangen.

Direkt nach der Referenzierung wird der Variablen `intRotation` der aktuelle Wert der Drehung übergeben. Dies müssen wir tun, damit wir weiter unten in der Prozedur diesen Wert um 1 erhöhen können.

Da das Diagramm maximal um 360 Grad gedreht werden kann, müssen wir den niedrigsten und höchsten Wert (0 und 360) in einer `If...Then...Else`-Entscheidung abfangen, da sonst der Debugger gestartet würde.

In der ersten Prozedur, in der der Wert der Drehung erhöht wird, wird in einer `If...Then...Else`-Entscheidung der Wert 360 abgefangen. Das heißt, wenn dieser Wert erreicht ist, soll ein Dialogfenster angezeigt werden, das darüber informiert, dass das Maximum erreicht wurde.

Wenn der Wert 360 noch nicht erreicht ist, soll der Wert der Variablen um 1 erhöht werden. Die Drehung erfolgt somit in 1-er Schritten. Selbstverständlich kann man diesen Wert auch erhöhen. Das Diagramm würde sich dann in gröberen Schritten drehen lassen.

Da sich nur ein 3-D-Diagramm drehen lässt, bauen wir noch eine Fehlerbehandlung ein, für den Fall, dass ein falscher Diagrammtyp gewählt wurde. Die Fehlermeldung wird in Form einer Dialogbox ausgegeben.

```
Private Sub SpinButton1_SpinUp()
   Dim intRotation As Long
   Dim C As Chart
   Set C = ActiveSheet.ChartObjects(1).Chart
   On Error GoTo Errorhandler
   intRotation = C.Rotation
      If intRotation = 360 Then
         MsgBox "Das Maximum (360) wurde erreicht"
      Else
         C.Rotation = intRotation + 1
      End If
   Exit Sub
Errorhandler:
   MsgBox "Falscher Diagrammtyp. Wählen Sie ein 3D-Diagramm."
End Sub
```

In der zweiten Prozedur, in der sich der Wert der Drehung reduziert, wird in der `If...Then...Else`-Entscheidung der Wert 0 abgefangen. Das heißt, wenn dieser Wert erreicht ist, soll ein Dialogfenster angezeigt werden, das darüber informiert, dass das Minimum erreicht wurde.

Wenn der Wert 0 noch nicht erreicht ist, soll der Wert der Variablen um 1 reduziert werden. Auch hier erfolgt die Drehung in 1-er Schritten, die natürlich auch größer abgestuft werden können.

```
Private Sub SpinButton1_SpinDown()
   Dim intRotation As Long
   Dim C As Chart
   Set C = ActiveSheet.ChartObjects(1).Chart
   On Error GoTo Errorhandler
   intRotation = C.Rotation
      If intRotation = 0 Then
         MsgBox "Das Minimum (0) wurde erreicht"
      Else
         C.Rotation = intRotation - 1
      End If
   Exit Sub
Errorhandler:
   MsgBox "Falscher Diagrammtyp. Wählen Sie ein 3D-Diagramm."
End Sub
```

290 Betrachtungshöhe eines 3-D-Diagramms

Die beiden folgenden Prozeduren sind dem zweiten Drehfeld »Höhe« gewidmet.

Wenn Sie die Höhe des Diagramms manuell verstellen möchten, klicken Sie mit der rechten Maustaste auf das Diagramm und wählen Sie aus dem Kontextmenü den Eintrag 3D-ANSICHT. Hier können Sie die BETRACHTUNGSHÖHE verstellen.

Diesen Vorgang wollen wir nun programmieren. Fügen Sie ein zweites Drehfeld in Ihr Tabellenblatt ein und klicken Sie doppelt darauf, um an die gewünschte Stelle im VBA-Editor zu gelangen. Schreiben Sie dort den Code rein.

Zu dieser Prozedur muss man eigentlich nicht viel sagen, denn sie ist sehr ähnlich wie die »Diagramm-Drehung« aufgebaut. Einzig, dass wir hier nicht `Rotation`, sondern `Elevation` verwenden, um die Höhe zu verstellen. Hinzu kommt, dass der Winkel ein anderer ist, das Maximum liegt bei 90 und das Minimum bei –90 Grad. So müssen wir das natürlich auch in unserer `If...Then...Else`-Entscheidung verwenden. Für die Höhenverstellung haben wir diesmal 2-er Schritte gewählt. Auch dies kann auf eigenen Wunsch angepasst werden.

```
Private Sub SpinButton2_SpinUp()
   Dim intHoehe As Long
   Dim C As Chart
   On Error GoTo Errorhandler
   Set C = ActiveSheet.ChartObjects(1).Chart
   intHoehe = C.Elevation
      If intHoehe = 90 Then
         MsgBox "Das Maximum (90) wurde erreicht"
      Else
         C.Elevation = intHoehe + 2
      End If
   Exit Sub
Errorhandler:
   MsgBox "Falscher Diagrammtyp. Wählen Sie ein 3D-Diagramm."
End Sub
```

```
Private Sub SpinButton2_SpinDown()
   Dim intHoehe As Long
   Dim C As Chart
   On Error GoTo Errorhandler
   Set C = ActiveSheet.ChartObjects(1).Chart
   intHoehe = C.Elevation
      If intHoehe = 90 Then
         MsgBox "Das Minimum (-90) wurde erreicht"
      Else
         C.Elevation = intHoehe - 2
      End If
   Exit Sub
Errorhandler:
   MsgBox "Falscher Diagrammtyp. Wählen Sie ein 3D-Diagramm."
End Sub
```

291 Winkel eines 3-D-Kreisdiagramms

Um ein 3-D-Kreisdiagramm wirkungsvoll darzustellen, ist es oft erforderlich, das Diagramm in eine bestimmte Position zu bringen.

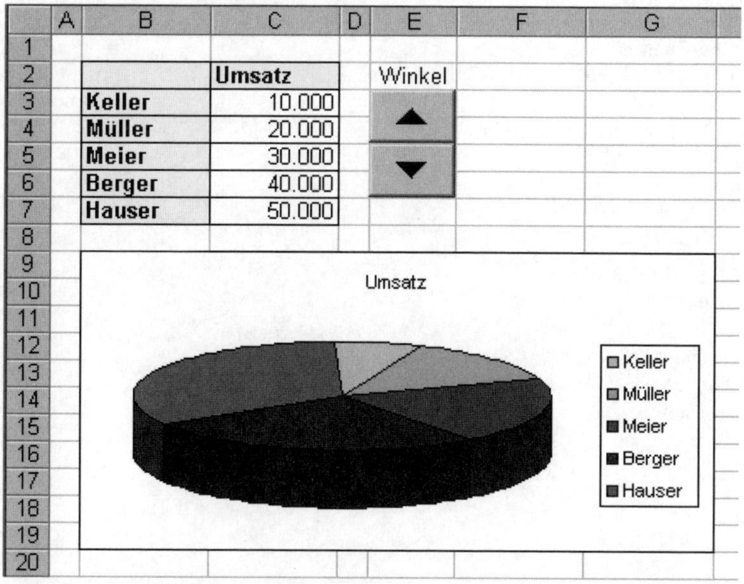

Abbildung 307: Winkel des 3-D-Kreisdiagramms per Drehfeld ändern

In unserem Beispiel arbeiten wir wiederum mit einem Drehfeld, denn damit lässt sich das Hin- und Herdrehen des Kreisdiagramms am besten bewerkstelligen. Fügen Sie ein Drehfeld aus der »Steuerelement-Toolbox« in Ihr Tabellenblatt ein und klicken Sie doppelt auf das Drehfeld, um in die VBA-Umgebung zu gelangen.

Das Diagramm lässt sich natürlich auch ohne VBA-Prozedur drehen. Klicken Sie mit der rechten Maustaste auf das Diagramm und wählen Sie aus dem Kontextmenü den Eintrag 3D-ANSICHT. In diesem Dialogfeld kann nun der gewünschte Winkel eingestellt werden.

Wenden wir uns nun der Programmierung zu. Wie bereits in den vorangegangenen Beispielen, verwenden wir zwei Prozeduren. Die erste wird dem Pfeil nach oben zugeordnet (SpinUp), die zweite dem Pfeil nach unten (SpinDown).

Direkt nach der Referenzierung wird der aktuelle Wert des Winkels der Variablen intWinkel übergeben. Um den Winkel des Kreisdiagramms anzusprechen, verwenden wir die Eigenschaft FirstSliceAngle.

Die If...Then...Else-Entscheidung dient dazu, den höchsten bzw. niedrigsten Wert abzufangen. Denn wenn wir das nicht tun würden, würde der Debugger gestartet, denn sobald der Variablen ein zu hoher oder zu niedriger Wert annimmt kann dieser nicht mehr zugeordnet werden.

```
Private Sub SpinButton1_SpinUp()
   Dim intWinkel As Integer
   Dim C As Chart
   Set C = ActiveSheet.ChartObjects(1).Chart
   intWinkel = C.ChartGroups(1).FirstSliceAngle
      If intWinkel = 360 Then
         MsgBox "Der höchste Winkel (360) wurde erreicht"
      Else
         C.ChartGroups(1).FirstSliceAngle = _
            intWinkel + 5
      End If
End Sub

Private Sub SpinButton1_SpinDown()
   Dim intWinkel As Integer
   Dim C As Chart
   Set C = ActiveSheet.ChartObjects(1).Chart
   intWinkel = C.ChartGroups(1).FirstSliceAngle
      If intWinkel = 0 Then
         MsgBox "Der tiefste Wert (0) wurde erreicht"
      Else
         C.ChartGroups(1).FirstSliceAngle = _
            intWinkel - 5
      End If
End Sub
```

292 Skalierung eines Säulendiagramms

Das folgende Beispiel widmet sich der Skalierung eines Säulendiagramms. Über ein Drehfeld soll die Skalierung nach oben oder nach unten verschoben werden können.

Der »Reset«-Button soll die Möglichkeit bieten, die Einstellungen zurückzusetzen.

Ein weiterer Button ruft zwei Eingabefelder auf, in denen Sie den Maximum- und den Minimum-Wert der Skalierung eingeben können.

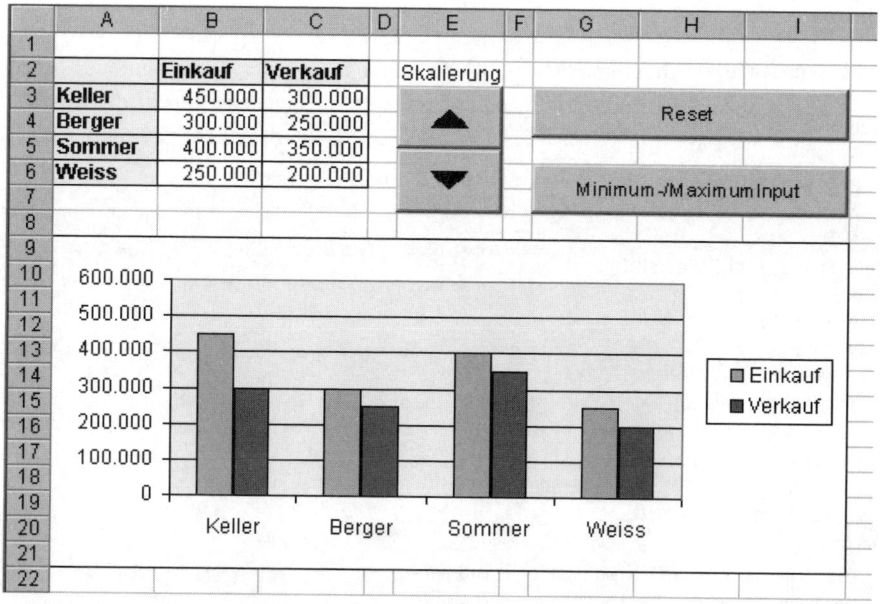

Abbildung 308: Skalierung verändern

Das Drehfeld beziehen wir aus der Symbolleiste »Steuerelement-Toolbox«. Dementsprechend wird die Ereignis-Prozedur direkt an die »Tabelle1« angebunden.

Wenn Sie diese Einstellung manuell vornehmen möchten, klicken Sie mit der rechten Maustaste auf die Gitternetzlinien und wählen aus dem Kontextmenü den Eintrag GITTERNETZLINIEN FORMATIEREN.

Wenden wir uns nun der Programmierung zu. Die Skalierung soll in unserem Beispiel jeweils um 5000 erhöht bzw. reduziert werden, so dass die Säulen im Diagramm um diesen Wert höher oder tiefer dargestellt werden.

Direkt nach der Referenzierung (`Set`) übergeben wir den beiden Variablen `lngMin` und `lngMax` jeweils den Wert 5000. Das ist der Wert, um den die Achse höher oder tiefergestellt werden soll. In der `With`-Anweisung wird nun genau dies getan. Beide Werte, Minimum und Maximum, werden jeweils gleichzeitig erhöht, so dass eine Verschiebung stattfindet.

```
Private Sub SpinButton1_SpinDown()
   Dim lngMin As Long
   Dim lngMax As Long
   Dim C As Chart
   Dim O As Object
   On Error GoTo Errorhandler
   Set C = ActiveSheet.ChartObjects(1).Chart
   Set O = C.Axes(xlValue)
      lngMin = 5000
      lngMax = 5000
      With O
         .MinimumScale = O.MinimumScale + lngMin
         .MaximumScale = O.MaximumScale + lngMax
      End With
   Exit Sub
Errorhandler:
   MsgBox "Falscher Diagrammtyp. Wählen Sie ein Säulendiagramm."
End Sub

Private Sub SpinButton1_SpinUp()
   Dim lngMin As Long
   Dim lngMax As Long
   Dim C As Chart
   Dim O As Object
   On Error GoTo Errorhandler
   Set C = ActiveSheet.ChartObjects(1).Chart
   Set O = C.Axes(xlValue)
      lngMin = 5000
      lngMax = 5000
      With O
         .MinimumScale = O.MinimumScale - lngMin
         .MaximumScale = O.MaximumScale - lngMax
      End With
   Exit Sub
Errorhandler:
   MsgBox "Falscher Diagrammtyp. Wählen Sie ein Säulendiagramm."
End Sub
```

Die beiden Schaltflächen erzeugen wir ebenfalls aus der »Steuerelement-Toolbox«. Die erste Schaltfläche steht für »Reset«. Er soll die Ursprungswerte der Skalierung wiederherstellen. Wir übergeben zu diesem Zweck die beiden Startwerte unseres Diagramms den Eigenschaften `MinimumScale` und `MaximumScale`.

```
Private Sub CommandButton1_Click()
   With ActiveSheet.ChartObjects(1).Chart.Axes(xlValue)
      .MinimumScale = 0
      .MaximumScale = 600000
   End With
End Sub
```

Damit die Skalierung flexibler gestaltet werden kann, arbeiten wir in der nächsten Prozedur mit zwei Eingabefeldern. Im ersten Eingabefeld kann der Minimum-Wert und im zweiten Eingabefeld der Maximal-Wert der Skalierung eingegeben werden.

In dieser Prozedur bauen wir noch eine Fehlerbehandlung ein, für den Fall, dass versehentlich ein Buchstabe eingegeben wurde, oder für den Fall, dass die »Abbrechen«-Schaltfläche betätigt wurde. Das könnte man selbstverständlich ausprogrammieren, aber wir verzichten hier darauf, damit der Code für unser Beispiel nicht unübersichtlich wird.

```
Private Sub CommandButton2_Click()
   Dim lngMax As Long
   Dim lngMin As Long
   On Error GoTo Errorhandler
   lngMin = InputBox("Bitte den Minimum-Wert eingeben")
   lngMax = InputBox("Bitte den Maximum-Wert eingeben")
      With ActiveSheet.ChartObjects(1).Chart.Axes(xlValue)
         .MinimumScale = lngMin
         .MaximumScale = lngMax
      End With
   Exit Sub
Errorhandler:
   MsgBox "Falsche Eingabe oder Abbruch"
End Sub
```

293 Achsen ausrichten und Textfarbe ändern

In diesem Beispiel soll der Text der Rubriken(x)- und Größen-Achse(y) auf Knopfdruck ausgerichtet werden. Zudem werden den beiden Achsenbeschriftungen je nach Position verschiedene Farben zugewiesen.

Die Schaltflächen wurden über die »Formular«-Symbolleiste eingefügt. Die Prozeduren müssen dementsprechend in ein Modul geschrieben werden.

Folgende Prozedur richtet die Rubriken-Achse(x) um 90 Grad aus (`Orientation`) und färbt die Schrift blau ein (`ColorIndex`).

```
Sub Rubrikenachse_90()
   With ActiveSheet.ChartObjects(1). _
      Chart.Axes(xlCategory).TickLabels
         .Orientation = 90
         .Font.ColorIndex = 5
   End With
End Sub
```

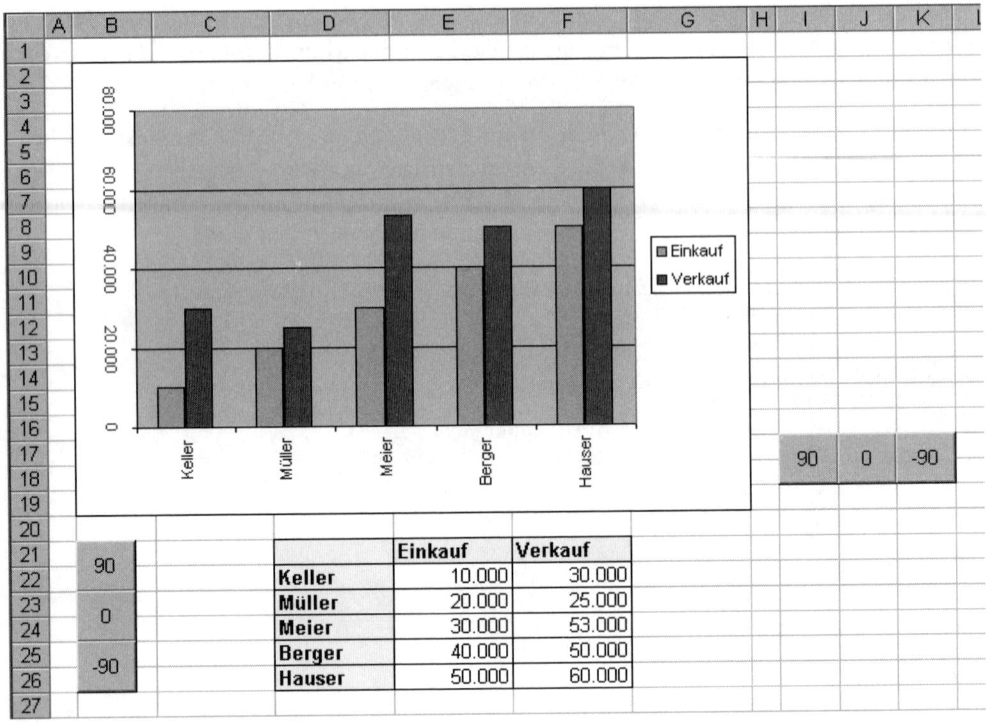

Abbildung 309: Achsen ausrichten

Folgende Prozedur richtet die Rubriken-Achse(x) um -90 Grad aus und färbt die Schrift rot ein:

```
Sub Rubrikenachse_Min_90()
   With ActiveSheet.ChartObjects(1). _
      Chart.Axes(xlCategory).TickLabels
         .Orientation = -90
         .Font.ColorIndex = 3
   End With
End Sub
```

Folgende Prozedur stellt die Rubriken-Achse(x) zurück. Das heißt, der Achse wird der Wert 0 zugewiesen und die Farbe `xlAutomatic`.

```
Sub Rubrikenachse_0()
   With ActiveSheet.ChartObjects(1). _
      Chart.Axes(xlCategory).TickLabels
         .Orientation = 0
         .Font.ColorIndex = xlAutomatic
   End With
End Sub
```

Die nächste Prozedur richtet die Größen-Achse(y) auf 90 Grad aus und färbt die Schrift blau ein:

```
Sub Groessenachse_90()
   With ActiveSheet.ChartObjects(1). _
      Chart.Axes(xlCategory).TickLabels
         .Orientation = 90
         .Font.ColorIndex = 5
   End With
End Sub
```

Diese weitere Prozedur richtet die Größen-Achse(y) auf –90 Grad aus und färbt die Schrift rot ein:

```
Sub Groessenachse_Min_90()
   With ActiveSheet.ChartObjects(1). _
      Chart.Axes(xlCategory).TickLabels
         .Orientation = -90
         .Font.ColorIndex = 3
   End With
End Sub
```

Folgende Prozedur stellt die Größen-Achse(x) zurück:

```
Sub Groessenachse_0()
   With ActiveSheet.ChartObjects(1). _
      Chart.Axes(xlCategory).TickLabels
         .Orientation = 0
         .Font.ColorIndex = xlAutomatic
   End With
End Sub
```

294 Diagramm ein- oder ausblenden

Damit das Diagramm bequem per Knopfdruck ein- oder ausgeblendet werden kann, fügen wir in unsere Tabelle eine Schaltfläche aus der »Steuerelement-Toolbox« ein. Durch einen Doppelklick auf die Schaltfläche gelangen Sie direkt in die VBA-Umgebung und können dort den gewünschten Code eingeben.

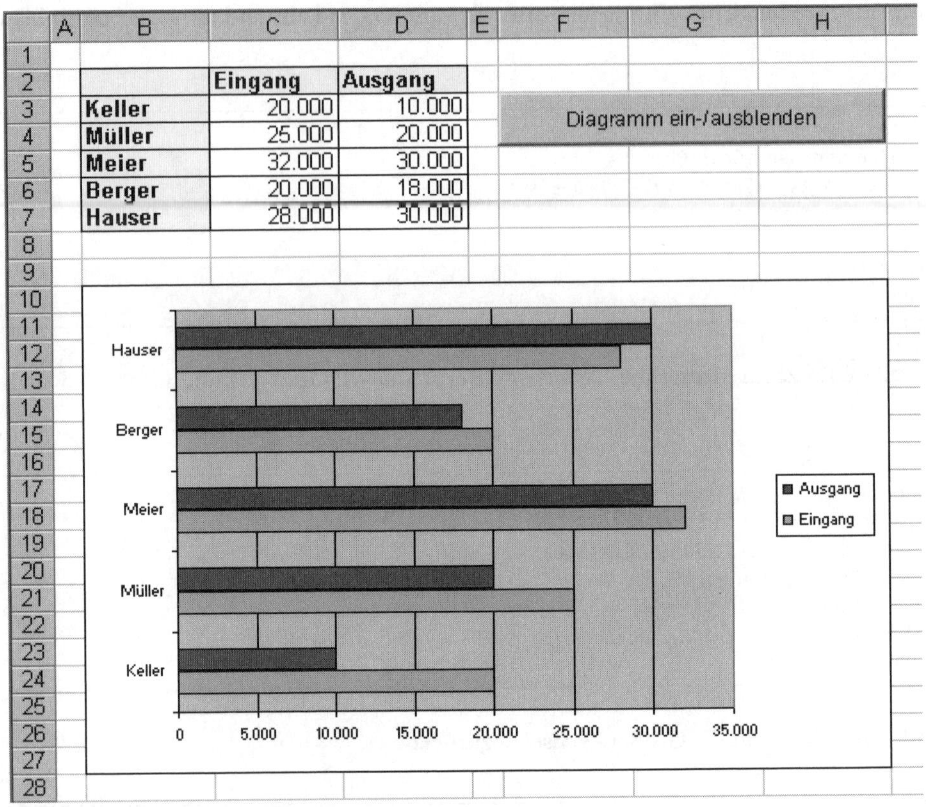

Abbildung 310: Diagramm ein- oder ausblenden

Über eine `If...Then...Else`-Entscheidung wird abgefragt, ob das Diagramm ein- oder ausgeblendet ist. Das gegenteilige Ereignis soll ausgelöst werden.

```
Private Sub CommandButton1_Click()
   If ChartObjects(1).Visible = False Then
      ChartObjects(1).Visible = True
   Else: ChartObjects(1).Visible = False
   End If
End Sub
```

295 Diagrammelemente ein- / ausblenden

Viele der Diagrammelemente können angezeigt oder ausgeblendet werden. Nachfolgend finden Sie einige Beispiele dazu.

Alle drei Schaltflächen wurden aus der »Steuerelement-Toolbox« erstellt.

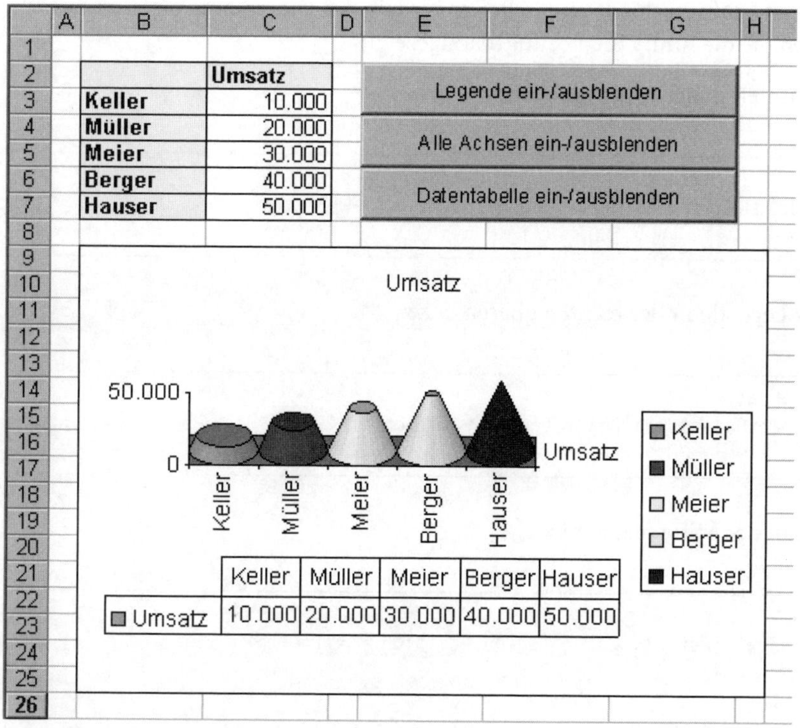

Abbildung 311: Elemente ein- oder ausblenden

296 Legende ein- / ausblenden

Alle der drei nachfolgenden Beispiele sind auf dieselbe Weise aufgebaut. Beim Klick auf die entsprechende Schaltfläche wird das gewünschte Element ein- bzw. ausgeblendet.

Über eine `If...Then...Else`-Entscheidung wird abgefragt, ob das Element zurzeit eingeblendet ist. Das gegenteilige Ereignis wird ausgelöst.

```
Private Sub CommandButton1_Click()
   ' Legende ein-/ausblenden
   If ActiveChart.HasLegend = True Then
      ActiveChart.HasLegend = False
   Else: ActiveChart.HasLegend = True
   End If
End Sub
```

297 Legende platzieren

Wenn Sie die Legende manuell und ohne VBA platzieren möchten, dann klicken Sie mit der rechten Maustaste auf das Diagramm und wählen aus dem Kontextmenü den Eintrag DIAGRAMMOPTIONEN und darin die Registerkarte LEGENDE. Dort können Sie die gewünschten Einstellungen vornehmen.

Die Legende kann an fünf verschiedenen Stellen innerhalb des Diagramms platziert werden. Nachfolgend finden Sie die fünf VBA-Lösungen aufgezeigt:

Die Legende wird unten in der Mitte platziert:

```
Sub Unten_Mitte()
   ActiveSheet.ChartObjects(1).Chart.Legend.Position = xlBottom
End Sub
```

Das Platzieren der Legende in der rechten oberen Ecke:

```
Sub Ecke_rechts_oben()
   ActiveSheet.ChartObjects(1).Chart.Legend.Position = xlCorner
End Sub
```

Die Legende oben in der Mitte platzieren:

```
Sub Oben_Mitte()
   ActiveSheet.ChartObjects(1).Chart.Legend.Position = xlTop
End Sub
```

Die Legende wird am rechten Rand horizontal zentriert platziert:

```
Sub Rechts_horizontal_zentriert()
   ActiveSheet.ChartObjects(1).Chart.Legend.Position = xlRight
End Sub
```

Das Platzieren der Legende am linken Rand horizontal zentriert:

```
Sub Links_horizontal_zentriert()
   ActiveSheet.ChartObjects(1).Chart.Legend.Position = xlLeft
End Sub
```

298 Alle Achsen ein- / ausblenden

Wenn Sie die Achsen ohne VBA ein- oder ausblenden möchten, dann klicken Sie mit der rechten Maustaste auf das Diagramm und wählen aus dem Kontextmenü den Eintrag DIAGRAMMOPTIONEN und darin die Registerkarte ACHSEN. Dort können Sie die gewünschten Einstellungen vornehmen.

Per VBA könnte das so aussehen:

```
Private Sub CommandButton2_Click()
   Dim C As Chart
   Set C = ActiveSheet.ChartObjects(1).Chart

   ' y-Achse
   If C.HasAxis(xlCategory) = False Then
      C.HasAxis(xlCategory) = True
   Else: C.HasAxis(xlCategory) = False
   End If

   ' x-Achse
   If C.HasAxis(xlValue) = False Then
      C.HasAxis(xlValue) = True
   Else: C.HasAxis(xlValue) = False
   End If
End Sub
```

299 Datentabelle ein- / ausblenden

Um die Datentabelle manuell ein- oder auszublenden, klicken Sie mit der rechten Maustaste auf das Diagramm und wählen aus dem Kontextmenü den Eintrag DIAGRAMMOPTIONEN. Klicken Sie dann auf die Registerkarte DATENTABELLE.

Wenn Sie diesen Vorgang per VBA steuern möchten, dann könnte der Code so aussehen:

```
Private Sub CommandButton3_Click()
   ' Daten-Tabelle ein-/ausblenden
   Dim C As Chart
   Set C = ActiveSheet.ChartObjects(1).Chart
   If C.HasDataTable = True Then
      C.HasDataTable = False
   Else: C.HasDataTable = True
   End If
End Sub
```

300 Diagramm drucken

Wenn ein Diagramm aktiviert ist, wird es als Vollbild ausgedruckt. Wenn das Diagramm nicht aktiviert ist, wird das ganze Tabellenblatt ausgedruckt. Diese beiden Möglichkeiten wollen wir in eine VBA-Prozedur packen. Erstellen Sie dazu zwei Schaltflächen aus der »Formular«-Symbolleiste. Die Prozeduren werden somit in ein Modul geschrieben.

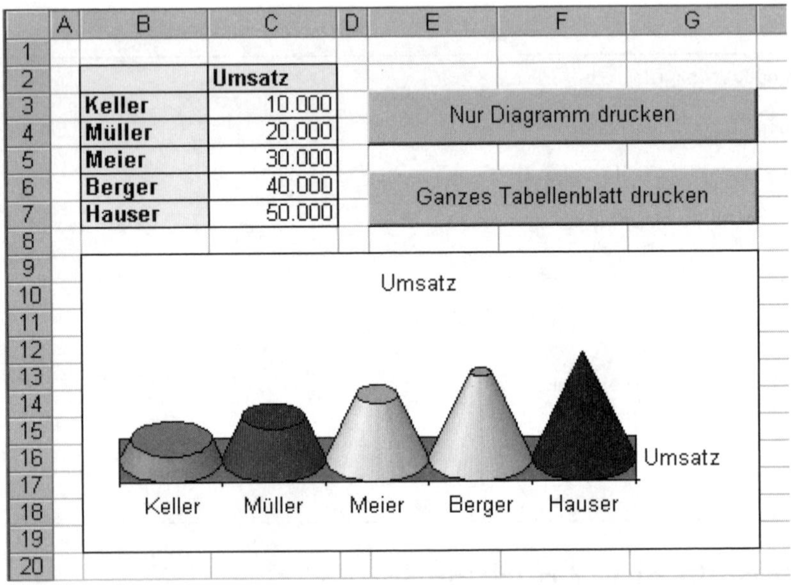

Abbildung 312: Diagramm drucken

In der folgenden Prozedur wird zuerst das Diagramm aktiviert und dann der Druck ausgelöst, somit ist gewährleistet, dass auch wirklich nur das Diagramm gedruckt wird.

```
Sub Nur_Diagramm_drucken()
   ActiveSheet.ChartObjects(1).Activate
   ActiveWindow.SelectedSheets.PrintOut Copies:=1, Collate:=True
End Sub
```

In der Prozedur, mit der das gesamte Tabellenblatt gedruckt wird, aktivieren wir vor dem Druck zuerst die Zelle A1 der Tabelle. Damit können wir sicherstellen, dass das Diagramm nicht mehr aktiviert ist.

```
Sub Ganzes_Tabellenblatt_drucken()
   [A1].Select
   ActiveWindow.SelectedSheets.PrintOut Copies:=1
End Sub
```

In unser nächstes Beispiel bauen wir eine `InputBox` ein. In die `InputBox` können Sie die Anzahl zu druckender Seiten eingeben. Diese Zahl wird der Variablen `strAnzahl` übergeben. Diese wiederum verwenden wir bei der Anweisung `Copies`.

```
Sub Nur_Diagramm_drucken_Anzahl()
   Dim strAnzahl As String
   strAnzahl = InputBox("Anzahl zu druckender Blätter eingeben")
   ActiveSheet.ChartObjects(1).Activate
   ActiveWindow.SelectedSheets.PrintOut Copies:=strAnzahl, _
      Collate:=True
End Sub
```

Dasselbe Vorgehen für das ganze Tabellenblatt:

```
Sub Ganzes_Tabellenblatt_drucken_Anzahl()
   Dim strAnzahl As String
   strAnzahl = InputBox("Anzahl zu druckender Blätter eingeben")
   [A1].Select
   ActiveWindow.SelectedSheets.PrintOut Copies:=strAnzahl
End Sub
```

301 Schwebebalken ein- / ausblenden

Das folgende Diagramm stellt eine Präsenz-Zeit-Tabelle grafisch dar. Aus den Datenreihen »Beginn« und »Präsenz-Zeit« wurde ein gestapeltes Balkendiagramm erstellt.

Der Balken für die »Beginn«-Zeit wurde ausgeblendet.

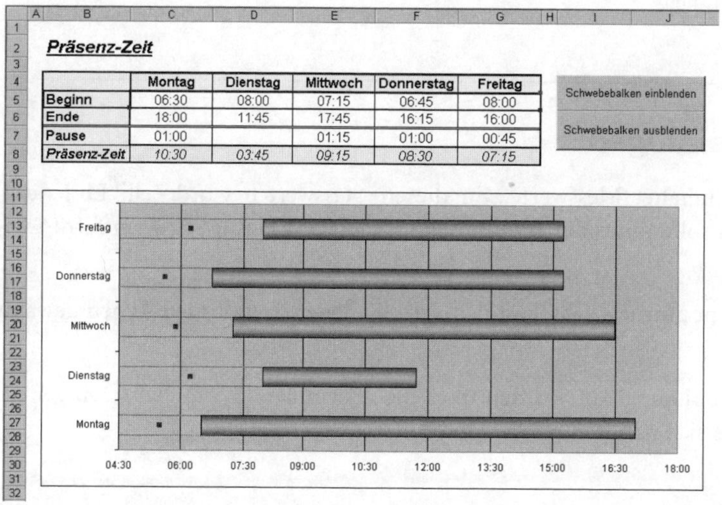

Abbildung 313: Ausgeblendeter Schwebebalken

Grundlagen
Fehler
Intern
Funktionen
Farben
Datum/ Zeit
Auswertungen
Diagramme
Objekte
User-Form
Controls
Internet
Extern
Extra

Die Schaltflächen wurden aus der »Formular«-Symbolleiste erstellt. Die Prozeduren werden in ein Modul geschrieben.

Die folgende Prozedur legt das Einblenden des Balkens fest. Es wird eine graue Hintergrund-Farbe (Interior.ColorIndex) und eine Linie (LineStyle) zugewiesen.

```
Sub Schwebebalken_einblenden()
   Dim C As Chart
   Dim S As Series
   Set C = ActiveSheet.ChartObjects(1).Chart
   Set S = C.SeriesCollection(1)
   S.Interior.ColorIndex = 48
      With S.Border
         .Weight = 1
         .LineStyle = 3
      End With
End Sub
```

In dieser Prozedur wird die Hintergrund-Farbe und die Linie *deaktiviert*, so dass ein schwebender Balken entsteht.

```
Sub Schwebebalken_ausblenden()
   Dim C As Chart
   Dim S As Series
   Set C = ActiveSheet.ChartObjects(1).Chart
   Set S = C.SeriesCollection(1)
   S.Interior.ColorIndex = xlNone
      With S.Border
         .Weight = xlThin
         .LineStyle = xlNone
      End With
End Sub
```

302 Trendlinie einfügen

Die folgende Tabelle beinhaltet Messwerte. Zu diesen Messwerten wurde ein Liniendiagramm erstellt. Per VBA sollen nun die Trendlinien (Trendlines) einfügt bzw. entfernt werden.

Im Weiteren kann per Knopfdruck zwischen den verschiedenen Trendlinien-Typen gewählt werden.

Alle Schaltflächen der Abbildung 314 wurden über die »Formular«-Symbolleiste eingefügt. Die Prozeduren befinden sich daher in einem Modul.

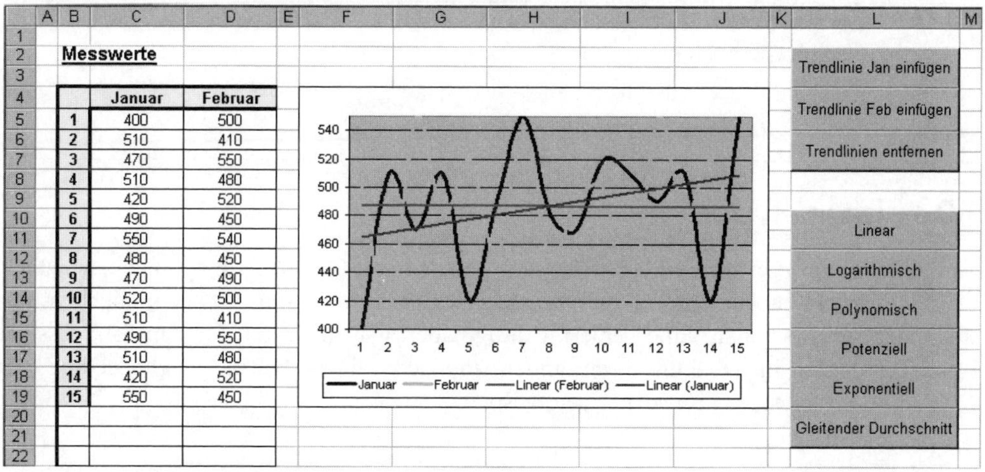

Abbildung 314: Trendlinie darstellen

Die Trendlinie für den Januar:

```
Sub Trendlinie_Jan_einfuegen()
   ActiveSheet.ChartObjects(1).Chart.SeriesCollection(1). _
      Trendlines.Add.Border.ColorIndex = 3    ' Rote Linie
End Sub
```

Die Trendlinie für den Februar:

```
Sub Trendlinie_Feb_einfuegen()
   ActiveSheet.ChartObjects(1).Chart.SeriesCollection(2). _
      Trendlines.Add.Border.ColorIndex = 4    ' Grüne Linie
End Sub
```

Trendlinien entfernen:

Damit sämtliche Trendlinien aus dem Diagramm entfernt werden können, müssen wir mit zwei `For...Next`-Schleifen arbeiten. In der ersten werden die Säulen gezählt, in der zweiten die Trendlinien. Beide Werte werden verschiedenen Variablen übergeben und so werden die Trendlinien nacheinander gelöscht.

```
Sub Trendlinien_entfernen()
   Dim i As Integer
   Dim x As Integer
   Dim C As Chart
   Dim S As SeriesCollection
   Set C = ActiveSheet.ChartObjects(1).Chart
   Set S = C.SeriesCollection
      For i = 1 To S.Count
```

```
        For x = 1 To S(i).Trendlines.Count
           S(i).Trendlines(x).Delete
        Next x
     Next i
End Sub
```

303 Trend-Typen

Trendlinien-Typ logarithmisch zuweisen. Wir haben hier in der `With`-Anweisung bewusst alle Optionen stehen lassen, damit Sie selbst entscheiden können, damit Sie alle möglichen Einstellungen sehen können. Eine Fehlermeldung haben wir eingebaut, für den Fall, dass gar keine Trendlinien im Diagramm vorhanden sind. Auch hier arbeiten wir wieder mit zwei `For...Next`-Schleifen, wie im vorherigen Beispiel.

```
Sub Logarithmisch()
   Dim i As Integer
   Dim x As Integer
   Dim C As Chart
   Dim S As SeriesCollection
   Set C = ActiveSheet.ChartObjects(1).Chart
   Set S = C.SeriesCollection
      For i = 1 To S.Count
         For x = 1 To S(i).Trendlines.Count
            With S(i).Trendlines(x)
               .Type = xlLogarithmic
               .Forward = 0
               .Backward = 0
               .InterceptIsAuto = True
               .DisplayEquation = False
               .DisplayRSquared = False
               .NameIsAuto = True
            End With
         Next x
      Next i
   Exit Sub
End Sub
```

Der nachfolgenden Tabelle können Sie die verschiedenen Trendlinien-Typen entnehmen:

Trendlinien-Typen	
Linear	xlLinear
Logarithmisch	xlLogarithmic
Polynomisch	xlPolynomial
Potenziell	xlPower

Tabelle 46: Trendlinien-Typen

Trendlinien-Typen	
Exponentiell	xlExponential
Gleitender Durchschnitt	xlMovingAvg

Tabelle 46: Trendlinien-Typen (Forts.)

304 Gleichung ein- / ausblenden

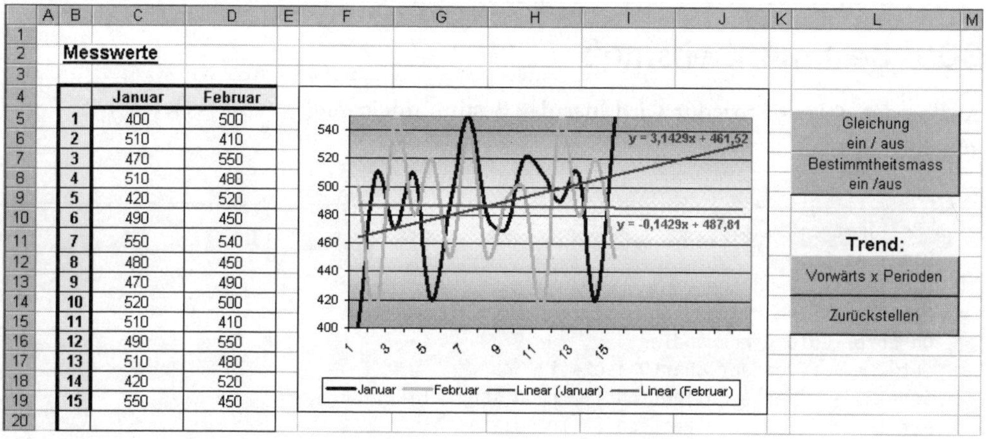

Abbildung 315: Gleichung eingeblendet und Trend nach vorne gerückt

Alle oben abgebildeten Schalflächen stammen aus der »Formular«-Symbolleiste. Die Prozeduren stehen somit in einem Modul.

Die nachfolgende Prozedur prüft, ob bei den beiden Trendlinien die Gleichung (`DisplayEquation`) ein- oder ausgeschaltet ist, und führt das Gegenteil aus. Auf diese Weise kann über eine einzelne Schaltfläche die Gleichung abwechselnd ein- oder ausgeblendet werden.

```
Sub Gleichung()
   Dim C As Chart
   Dim TR1 As Trendline
   Dim TR2 As Trendline
   On Error GoTo Errorhandler
   Set C = ActiveSheet.ChartObjects(1).Chart
   Set TR1 = C.SeriesCollection(1).Trendlines(1)
   Set TR2 = C.SeriesCollection(2).Trendlines(1)

      ' 1. Trendlinie Gleichung
      If TR1.DisplayEquation = True Then
         TR1.DisplayEquation = False
      Else: TR1.DisplayEquation = True
      End If
```

```
    ' 2. Trendlinie Gleichung
    If TR2.DisplayEquation = True Then
       TR2.DisplayEquation = False
    Else: TR2.DisplayEquation = True
    End If
  Exit Sub
Errorhandler:
  MsgBox "Es sind keine oder nicht beide Trendlinien vorhanden"
End Sub
```

305 Bestimmtheitsmaß

Analog der obigen Prozedur wird hier das Bestimmtheitsmaß (DisplayRSquared) ein- oder ausgeblendet:

```
Sub Bestimmtheitsmass()
  Dim C As Chart
  Dim TR1 As Trendline
  Dim TR2 As Trendline
  On Error GoTo Errorhandler
  Set C = ActiveSheet.ChartObjects(1).Chart
  Set TR1 = C.SeriesCollection(1).Trendlines(1)
  Set TR2 = C.SeriesCollection(2).Trendlines(1)

    ' 1. Trendlinie Bestimmtheitsmass
    If TR1.DisplayRSquared = True Then
     TR1.DisplayRSquared = False
    Else: TR1.DisplayRSquared = True
    End If

    ' 2. Trendlinie Bestimmtheitsmass
    If TR2.DisplayRSquared = True Then
       TR2.DisplayRSquared = False
    Else: TR2.DisplayRSquared = True
    End If
  Exit Sub
Errorhandler:
  MsgBox "Es sind keine oder nicht beide Trendlinien vorhanden"
End Sub
```

306 Trend-Periode vorwärts

Über die nachfolgende Prozedur kann die Trend-Periode vorwärts bewegt werden. Der aktuelle Wert des Vorwärts-Trends wird einer Variablen übergeben. Diese Variable wird dann laufend auf Knopfdruck um eins erhöht, so dass sich der Trend immer weiter vorwärts bewegt.

```
Sub Trend_vorwaerts()
  Dim x1 As Double
```

```
    Dim x2 As Double
    Dim C As Chart
    Dim TR1 As Trendline
    Dim TR2 As Trendline
    On Error GoTo Errorhandler

    Set C = ActiveSheet.ChartObjects(1).Chart
    Set TR1 = C.SeriesCollection(1).Trendlines(1)
    Set TR2 = C.SeriesCollection(2).Trendlines(1)

    x1 = TR1.Forward
    x2 = TR2.Forward

    TR1.Forward = x1 + 1
    TR2.Forward = x2 + 1
    Exit Sub
Errorhandler:
    MsgBox "Es sind keine oder nicht beide Trendlinien vorhanden"
End Sub
```

Trendlinien in Ausgangsposition zurückstellen:

Sämtliche Werte werden auf 0 gestellt.

```
Sub Trend_zuruecksstellen()
    Dim C As Chart
    Dim TR1 As Trendline
    Dim TR2 As Trendline
    On Error GoTo Errorhandler

    Set C = ActiveSheet.ChartObjects(1).Chart
    Set TR1 = C.SeriesCollection(1).Trendlines(1)
    Set TR2 = C.SeriesCollection(2).Trendlines(1)

    TR1.Forward = 0
    TR2.Forward = 0

    TR1.Backward = 0
    TR2.Backward = 0
    Exit Sub
Errorhandler:
    MsgBox "Es sind keine oder nicht beide Trendlinien vorhanden"
End Sub
```

307 Verbund-Diagramm

Ein Verbund-Diagramm ist ein Diagramm, das sich aus zwei Diagramm-Typen zusammensetzt. In der Abbildung 316 sehen Sie ein Verbund-Diagramm, das sich aus einem Säulen- und Linien-Diagramm zusammensetzt.

Die Schaltflächen wurden aus der »Formular«-Symbolleiste erstellt. Die Prozeduren stehen in einem Modul.

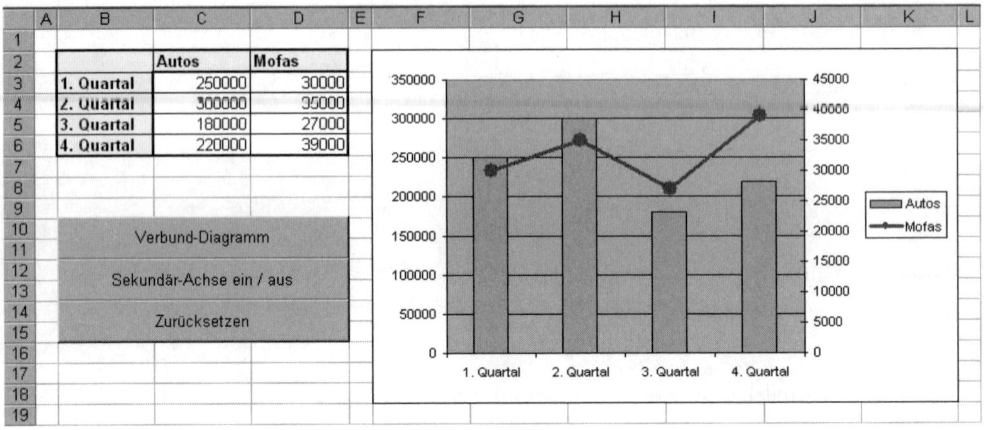

Abbildung 316: Verbund-Diagramm mit Sekundärachse

Zuerst wird aus der Tabelle ein gewöhnliches Balken-Diagramm erstellt. Dieses soll nun auf Knopfdruck in ein Verbund-Diagramm umgewandelt werden.

Wenn Sie das Diagramm aus unserem Beispiel ohne VBA in ein Verbund-Diagramm umwandeln möchten, klicken Sie mit der rechten Maustaste auf die zweite Säulenreihe und wählen aus dem Kontextmenü den Eintrag DIAGRAMMTYP. In diesem Dialogfenster können Sie nun das Linien-Diagramm auswählen.

Diesen Vorgang möchten wir nun mit einer VBA-Prozedur automatisieren. Die erste Datenreihe soll eine Säule bleiben und die zweite in eine Linie umgewandelt werden. Dies erreichen wir, indem wir der zweiten Säulenreihe den Diagrammtyp Linie zuweisen (`SC.ChartType = xlLineMarkers`). Diesen Vorgang führen wir direkt nach der Referenzierung aus.

Um die Verbund-Linie etwas hervorzuheben, weisen wir der Linie mittels einer `With`-Anweisung eine rote Farbe (`ColorIndex`) zu und verstärken die Linie (`xlThick`).

In der zweiten `With`-Anweisung werden die Datenpunkte ebenfalls rot eingefärbt als Kreis definiert (`xlCircle`), und die Punkte werden etwas vergrößert (`MarkerSize`).

```
Sub Verbund()
   Dim C As Chart
   Dim O As Object
   Set C = ActiveSheet.ChartObjects(1).Chart
   Set O = C.SeriesCollection(2)
   O.ChartType = xlLineMarkers        ' Diagrammtyp umstellen
      With O.Border                   ' Rote Farbe zuweisen
         .ColorIndex = 3
         .Weight = xlThick
```

```
            .LineStyle = xlContinuous
        End With
        With O                          ' Datenpunkte formatieren
            .MarkerBackgroundColorIndex = 3
            .MarkerForegroundColorIndex = 3
            .MarkerStyle = xlCircle
            .Smooth = False
            .MarkerSize = 9
            .Shadow = False
        End With
End Sub
```

Ebenfalls auf Knopfdruck wollen wir die Sekundärachse ein- und ausblenden können. Die Sekundärachse wird als zweite Achse am rechten Rand des Diagramms angezeigt.

Um die Achse ein- oder auszublenden, brauchen wir lediglich die Zahl der Achsen von 1 auf 2 umzustellen, wobei die 1 für die Primärachse steht und die 2 für die Sekundärachse.

```
Sub Sekundaer_Achse()
    Dim C As Chart
    Dim O As Object
    Set C = ActiveSheet.ChartObjects(1).Chart
    Set O = C.SeriesCollection(2)
        If O.AxisGroup = 2 Then
            O.AxisGroup = 1
        Else
            O.AxisGroup = 2
        End If
End Sub
```

Zu guter Letzt programmieren wir die Schaltfläche »Zurücksetzen«, die hier in unserem Beispiel aus der »Formular«-Symolleiste erzeugt wurde. Dementsprechend wird die folgende Prozedur in ein Modul geschrieben. Ein Klick auf diese Schaltfläche soll bewirken, dass das Diagramm wieder in ein gewöhnliches Säulen-Diagramm mit Primärachse zurückverwandelt wird.

Um das zu erreichen, setzen wir die Achsenzahl auf 1, so dass nur noch die Primärachse angezeigt wird (`AxisGroup = 1`), und wandeln den zweiten Datenpunkt, der im Moment vom Typ Linie ist, in eine Säule um (`xlColumnClustered`).

```
Sub Diagramm_zuruecksetzen()
    Dim C As Chart
    Dim O As Object
    Set C = ActiveSheet.ChartObjects(1).Chart
    Set O = C.SeriesCollection(2)
    O.AxisGroup = 1
    O.ChartType = xlColumnClustered
End Sub
```

308 Bedingte Formatierung in Diagrammen

Excel selbst bietet leider keine Möglichkeit an, eine »Bedingte Formatierung« in Diagrammen anzuwenden. Wir wollen Excel deshalb mit einem entsprechenden Programm-Code auf die Sprünge helfen.

Das nachfolgende Beispiel basiert auf einem Balkendiagramm. Neben jedem Balken wird der Wert aus der Tabelle angezeigt. Dieser Wert soll je nach Bedingung in Rot oder Grün angezeigt werden.

Um den Wert in dem Diagramm anzeigen zu lassen, klicken wir mit der rechten Maustaste auf das Diagramm. Wählen Sie aus dem Kontextmenü den Eintrag DIAGRAMMOPTIONEN und klicken Sie in dem Dialogfenster auf die Registerkarte DATENBESCHRIFTUNGEN. Aktivieren Sie darin die Option WERTE ANZEIGEN.

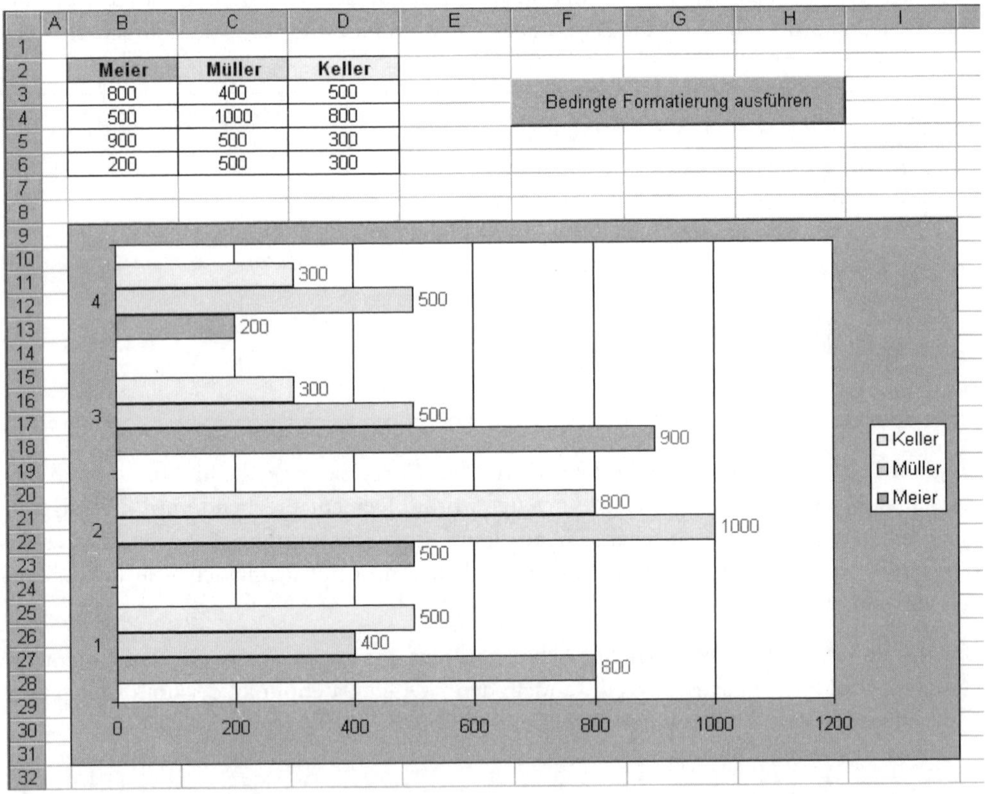

Abbildung 317: Balkendiagramm mit bedingter Formatierung

Alle Werte, die kleiner oder gleich 500 sind, sollen rot angezeigt werden. Alle Werte, die größer 500 sind, sollen grün angezeigt werden.

Direkt nach der Referenzierung haben wir eine Fehlerbehandlung eingebaut, für den Fall, dass im Diagramm die Werte gar nicht eingeblendet sind. In der ersten `For...Next`-Schleife werden die Balken gezählt. Die Balken werden gezählt, damit wir sie später einen nach dem anderen ansprechen können.

In der zweiten `For...Next`-Schleife werden die Punkte der Datenreihe gezählt, damit diese ebenfalls nach und nach abgearbeitet werden können.

In der zweiten Schleife wird zudem die »Bedingte Formatierung« angewendet, indem wir über eine `If...Then...Else`-Entscheidung abfragen, ob der Wert >500 ist. Wenn dies zutrifft, wird die Zahl grün (`ColorIndex = 4`) angezeigt. Wenn dies nicht zutrifft, also wenn die Zahl <=500 ist, wird die Zahl rot (`ColorIndex = 3`) angezeigt.

Da die Einträge in den Labels Strings sind, müssen wir diese zuerst in ein Zahlenformat bringen. Wir wählen hier den Typ `CDbl` (Double).

Mittels `Start` und `Length` werden die Zeichenpositionen, die eingefärbt werden sollen, festgelegt. Die 1 bei `Start` bedeutet, dass die Farbe ab dem ersten Zeichen vergeben werden soll. Die 10 bei `Length` bedeutet, dass 10 Zeichen eingefärbt werden sollten, das heißt, dass die Zahl 10 Stellen haben kann. Ab der 11. Stelle würde die Zahl die Farbe beibehalten.

```
Sub Diagramm_Label()
   Dim i As Integer
   Dim x As Integer
   Dim C As Chart
   Dim S As SeriesCollection
   Set C = ActiveSheet.ChartObjects(1).Chart
   Set S = C.SeriesCollection
   On Error GoTo Errorhandler
      For x = 1 To S.Count
         For i = 1 To S(x).Points.Count
            If CDbl(S(x).Points(i).DataLabel.Text) > "500" Then
               S(x).Points(i).DataLabel.Characters(Start:=1, _
                  Length:=10).Font.ColorIndex = 4
            Else
               S(x).Points(i).DataLabel.Characters(Start:=1, _
                  Length:=10).Font.ColorIndex = 3
            End If
         Next I
      Next x
   Exit Sub
Errorhandler:
   MsgBox "Im Diagramm keine Werte eingeblendet."
End Sub
```

Im nächsten Beispiel arbeiten wir mit einem Säulen-Diagramm. Hier sollen nun nicht mehr die Werte, sondern die Säulen selbst in der Farbe angepasst werden, je nach Bedingung, die erfüllt werden soll.

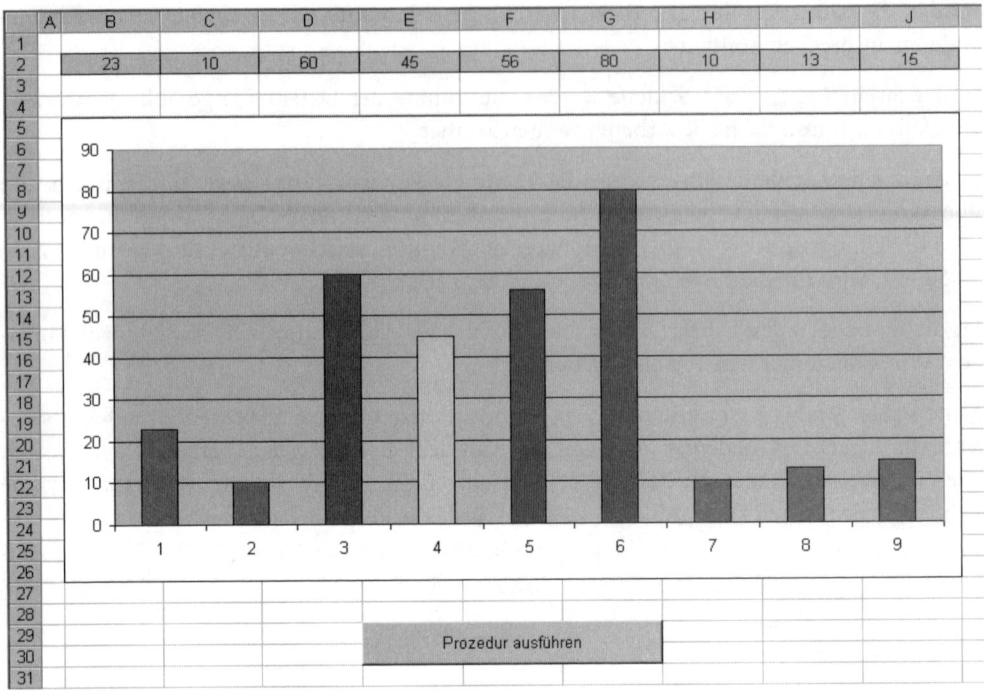

Abbildung 318: Säulendiagramm mit bedingter Formatierung

Gemäß der Abbildung 318 werden alle Säulen, deren Werte unter 30 liegen, grün angezeigt, alle Säulen, deren Werte kleiner als 50 sind, werden gelb angezeigt, und alle Säulen, deren Werte darüber liegen, werden rot angezeigt.

Das Prinzip dieser Prozedur ist der vorhergehenden sehr ähnlich.

Wie Sie der Abbildung 318 entnehmen können, werden in diesem Beispiel die Werte nicht angezeigt. Da die bedingte Formatierung jedoch nur über die Werte angesprochen werden kann, blenden wir diese zu Beginn der Prozedur ein und am Ende wieder aus.

Die bedingte Formatierung bleibt dieselbe, außer dass nun drei Bedingungen erfüllt werden sollen. Diese werden in der `If...Then...Else`-Entscheidung abgefragt. Dort werden auch die entsprechenden Farben zugewiesen.

```
Sub Diagramm_Saeulen()
  Dim i As Integer
  Dim x As Integer
  Dim C As Chart
  Dim S As SeriesCollection
  Set C = ActiveSheet.ChartObjects(1).Chart
  Set S = C.SeriesCollection
  On Error GoTo Errorhandler
    For x = 1 To S.Count
      ' Labels einblenden
```

```
      S(x).ApplyDataLabels Type:=xlDataLabelsShowValue
        For i = 1 To S(x).Points.Count
          ' Bedingte Formatierung
          If CDbl(S(x).Points(i).DataLabel.Text) < "30" Then
            S(x).Points(i).Interior.ColorIndex = 4
          ElseIf CDbl(S(x).Points(i).DataLabel.Text) > "50" Then
            S(x).Points(i).Interior.ColorIndex = 3
          ElseIf CDbl(S(x).Points(i).DataLabel.Text) > "30" Then
            S(x).Points(i).Interior.ColorIndex = 6
          End If
        Next I
        ' Labels ausblenden
      S(x).ApplyDataLabels Type:=xlDataLabelsShowNone
    Next x
  Exit Sub
Errorhandler:
  MsgBox "Die Prozedur ist fehlgeschlagen"
End Sub
```


309 Eigene Diagrammvorlage

Heutzutage gibt es ein Schlagwort, das den Gestaltungsspielraum kräftig einschränkt: *Corporate Identity*. In vielen Firmen wird dieses inzwischen großgeschrieben. Das heißt für die Diagrammerstellung extreme Einschränkungen in der Farbwahl, Schriftwahl usw. Sie haben die Möglichkeit, sich in Excel eigene Diagrammvorlagen abzuspeichern. Mit diesen haben Sie dann schnell immer das gleiche Outfit parat.

Als Beispiel erstellen wir ein Diagramm mit Balken nebeneinander vor blauer Struktur. Die Farben: Rot, Grün, Grau, Gelb und Weiß.

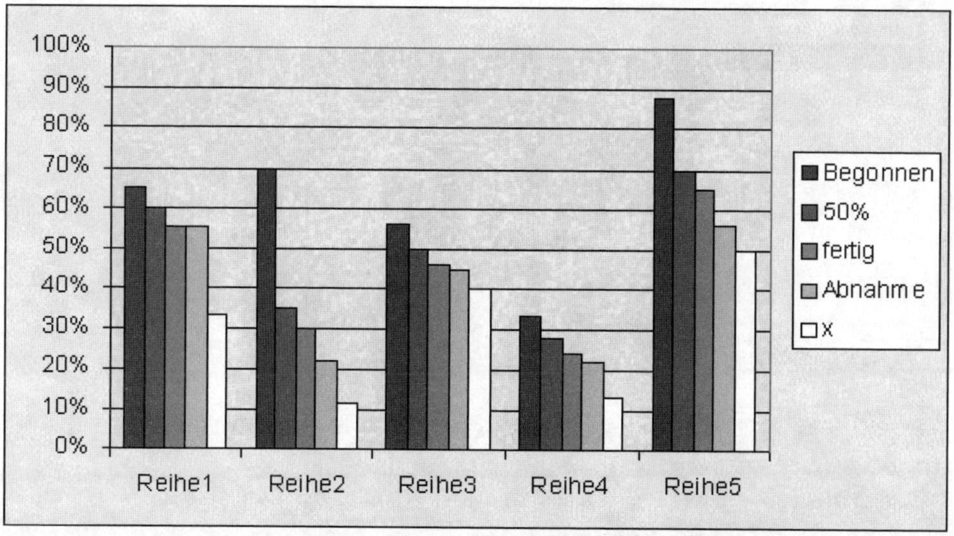

Abbildung 319: Das fertige Diagramm

Jetzt klicken Sie die Diagrammfläche mit der rechten Maustaste an und wählen DIAGRAMMTYP aus. Im Editor wählen Sie dann den Reiter BENUTZERDEFINIERT. Hier wählen Sie jetzt HINZUFÜGEN... aus.

In der Abbildung 319 sehen Sie das neue Fenster. Hier sollten Sie nicht sparsam mit Worten umgehen. Spätestens, wenn Sie mehrere ähnliche Vorlagen abgespeichert haben, werden Sie sonst die Unterschiede in der Voransicht nicht mehr gezielt erkennen können. Dazu ist sie einfach zu klein.

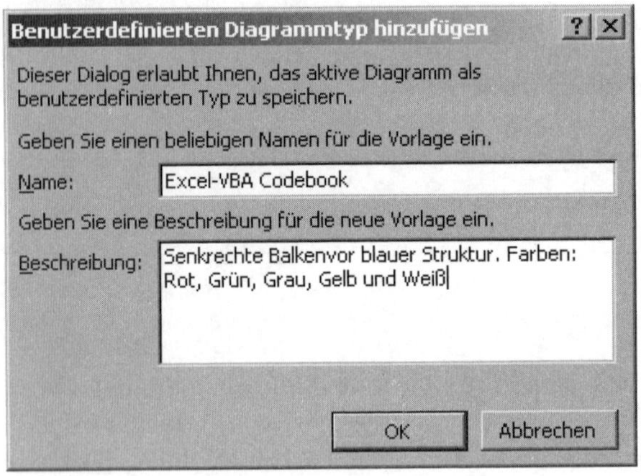

Abbildung 320: Die Einträge

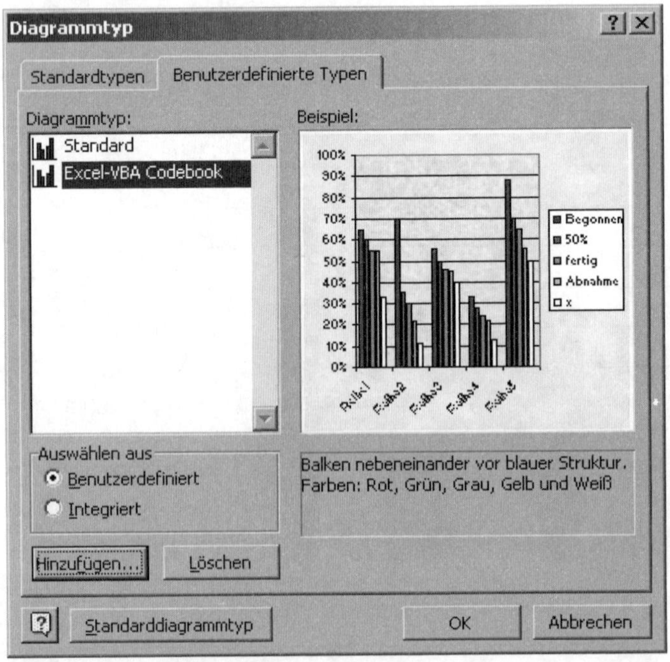

Abbildung 321: Die neue Vorlage

Grund-lagen
Fehler
Intern
Funk-tionen
Farben
Datum/Zeit
Auswer-tungen
Dia-gramme
Objekte
User-Form
Controls
Internet
Extern
Extra

Sie können auch Ihre Vorlage als Standardvorlage definieren, dann haben Sie sofort Ihre Farb- und Darstellungswerte im ersten Schritt der Diagrammerstellung parat. Falls Sie diese nicht mehr benötigen, können Sie den Standarddiagrammtyp mit einer neuen Vorlage überschreiben. Das Löschen auf die in Excel integrierten Werte erreichen Sie durch das Löschen der Vorlage Standard. Diese wird zwar nicht gelöscht, aber durch die Defaultwerte von Excel ersetzt.

310 Diagrammvorlage per Makro definieren

Für das automatische Importieren ist natürlich auch eine Makrolösung möglich. Diese hat den Vorteil, dass nichts selbst selektiert werden muss, dafür wird immer das erste Diagramm importiert, aber das können Sie ja sicherlich anpassen.

```
Sub DiagrammAlsVorlageImportieren()
  Dim Fr1 As String, Fr2 As String
  Fr1 = InputBox("Wie soll die zu importierende Diagrammvorlage" _
    & " heißen?", "Diagrammimport", "Excel-VBA Codebook2")
  Fr2 = InputBox("Bitte geben Sie eine Beschreibung für das " _
    & "Diagramm ein", "Beschreibung für das Diagramm", _
    "Gruppierte 3D-Balken. Farbfolge: Rot, Orange, Gelb, Grün")
  ActiveSheet.ChartObjects(1).Activate
  ActiveChart.PlotArea.Select
  Application.AddChartAutoFormat Chart:=ActiveChart, Name:=Fr1, _
  Description:=Fr2
End Sub
```

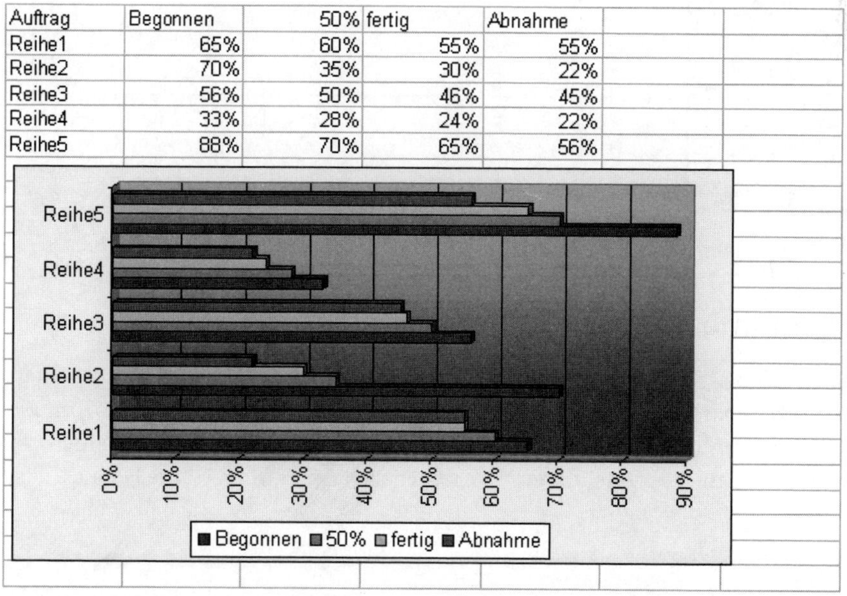

Auftrag	Begonnen	50%	fertig	Abnahme
Reihe1	65%	60%	55%	55%
Reihe2	70%	35%	30%	22%
Reihe3	56%	50%	46%	45%
Reihe4	33%	28%	24%	22%
Reihe5	88%	70%	65%	56%

Abbildung 322: Mustervorlage2

311 Sitzverteilung

Jeder kennt die Schaubilder über die Sitzverteilung in den Parlamenten. Diese Darstellungsform ist in Excel nicht direkt integriert. Es gibt aber einen Trick, diese Darstellungsform zu realisieren. Dazu nimmt man am besten eine Hilfsspalte und fügt einen Datensatz ohne Beschriftung ein. Der Zahlenwert kann die Summe der Sitze sein. Dies ergibt dann einen Halbkreis. In diesem Beispiel wurde der Wert auf die Summe multipliziert mit 0,6 festgelegt. Das ergibt dann den gewohnten Zweidrittelkreis. Es ist Geschmackssache, ob man ein massives Tortendiagramm benutzt oder ein explodierendes. Das wichtigste ist jetzt das Ausblenden des zusätzlichen Datensatzes. Hierzu klickt man das Segment mit der rechten Maustaste an und wählt DATENREIHEN FORMATIEREN aus. Im Karteireiter MUSTER werden die Fläche und der Rahmen auf keine gesetzt. Anschließend noch das Diagramm so drehen, wie es einem gefällt.

	A	B
1	**Partei**	**Sitze insgesamt**
2	SPD	294
3	CDU	198
4	CSU	47
5	B90/GRÜNE	47
6	F.D.P.	43
7	PDS	37
8	Insgesamt	666
9	**Hilfstabelle:**	
10	**Partei**	**Sitze insgesamt**
11	SPD	294
12	CDU	198
13	CSU	47
14	B90/GRÜNE	47
15	F.D.P.	43
16	PDS	37
17		399,6

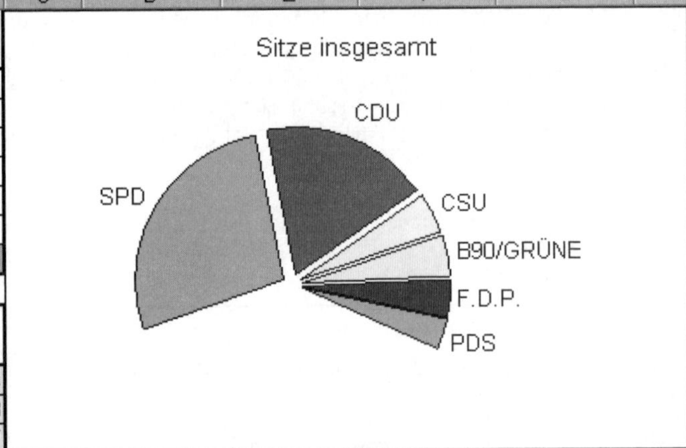

Abbildung 323: Sitzverteilung in einem Parlament

312 Diagramme mit Makro erstellen und anordnen

Bleiben wir noch ein bisschen beim Deutschen Bundestag. Hier im Beispiel wird die Altersstruktur mit dem Lebensalter und dem Geschlecht verglichen. Da ergeben sich ganz interessante Darstellungsweisen der Altersstrukturen. Es kann Ihnen nur empfohlen werden, mit diesen Daten ein wenig zu experimentieren. Es ergeben sich dabei interessante Perspektiven.

Männer	SPD	CDU / CSU	B90 / GRÜNE	FDP	PDS	ges.	BT insges.
1926-1930	1	3			1	5	5
1931-1935	4	9	1		2	16	18
1936-1940	33	37	1	7	1	79	103
1941-1945	63	56		13	2	134	172
1946-1950	40	39	6	8	4	97	150
1951-1955	25	27	6	3	3	64	103
1956-1960	11	17	2	1	1	32	55
1961-1965	9	10	1	2		22	35
1966-1970	5	2			1	8	19
1970-1975	1		3			4	8
1976-1980	1					1	1
	193	200	20	34	15	462	669

Frauen	SPD	CDU / CSU	B90 / GRÜNE	FDP	PDS	ges.
1926-1930						
1931-1935	1	1				2
1936-1940	17	6			1	24
1941-1945	25	8	2	1	2	38
1946-1950	27	13	6	3	4	53
1951-1955	17	7	8	3	4	39
1956-1960	9	3	5	1	5	23
1961-1965	4	3	2	1	3	13
1966-1970	5	3	3			11
1970-1975		1	1		2	4
1976-1980						
	105	45	27	9	21	207

Abbildung 324: Die Alterstabelle

Diese Daten sollen in vielen Einzeldiagrammen pro Partei und Geschlecht dargestellt werden. Wie Sie wissen, ist normalerweise sehr viel Handarbeit notwendig. In diesem Beispiel wird auf die Formatierung verzichtet, da es hier um das Erstellen von vielen Einzeldiagrammen auf dem gleichen Tabellenblatt gehen soll. Das eigentliche Erstellen ist auch nicht die Schwierigkeit, sondern das Skalieren und Verschieben von diesen Diagrammen.

```
Sub viele_Diagramme()
  Dim Dia As Chart
  Dim Zelle As String, Bereich As String
  Dim x As Byte
  Application.ScreenUpdating = False

  'Männer
  For x = 2 To 7
    'Berechnung der 2. Spalte des Diagramms
    Bereich = Chr(x + 64) & "2:" & Chr(x + 64) & "13"
    Set Dia = Charts.Add
    With Dia
      .ChartType = xlBarClustered
```

```
    .SetSourceData Source:=Sheets("Alter") _
        .Range("A2:A13," & Bereich), PlotBy:=xlColumns
    .Location Where:=xlLocationAsObject, Name:="Alter"
  End With

  'Berechnung der Zielzelle
  If x = 2 Then
    Zelle = "i" & (x - 1) * 17 - 16
  Else
    Zelle = "i" & (x - 1) * 17 - 17
  End If

  'Diagramm auf Zielzelle verschieben
  With ActiveSheet.Shapes(x + 1)
    .ScaleWidth 0.69, msoFalse, msoScaleFromTopLeft
    .Top = Range(Zelle).Top
    .Left = Range("i1").Left
  End With

  'Diagramm anpassen
  With ActiveChart
    .HasTitle = True
    .ChartTitle.Characters.Text = _
      ActiveSheet.Cells(2, x).Value & " - Männer"
    .Axes(xlCategory).TickLabels.Font.Size = 9
  End With
Next x

'Frauen
For x = 2 To 7
Bereich = Chr(x + 64) & "16:" & Chr(x + 64) & "27"
Set Dia = Charts.Add
  With Dia
    .ChartType = xlBarClustered
    .SetSourceData Source:=Sheets("Alter") _
          .Range("A16:A27," & Bereich), PlotBy:=xlColumns
    .Location Where:=xlLocationAsObject, Name:="Alter"
  End With

  If x = 2 Then
    Zelle = "n" & (x - 1) * 17 - 16
  Else
    Zelle = "n" & (x - 1) * 17 - 17
  End If

  With ActiveSheet.Shapes(x + 7)
    .ScaleWidth 0.69, msoFalse, msoScaleFromTopLeft
    .Top = Range(Zelle).Top
    .Left = Range("n1").Left
  End With

  With ActiveChart
    .HasTitle = True
```

```
      .ChartTitle.Characters.Text = _
            ActiveSheet.Cells(16, x).Value & " - Frauen"
      .Axes(xlCategory).TickLabels.Font.Size = 9
    End With
  Next x
  'Damit das letzte Diagramm nicht mehr aktiv ist
  ActiveSheet.[a1].Select
  Application.ScreenUpdating = True
End Sub
```

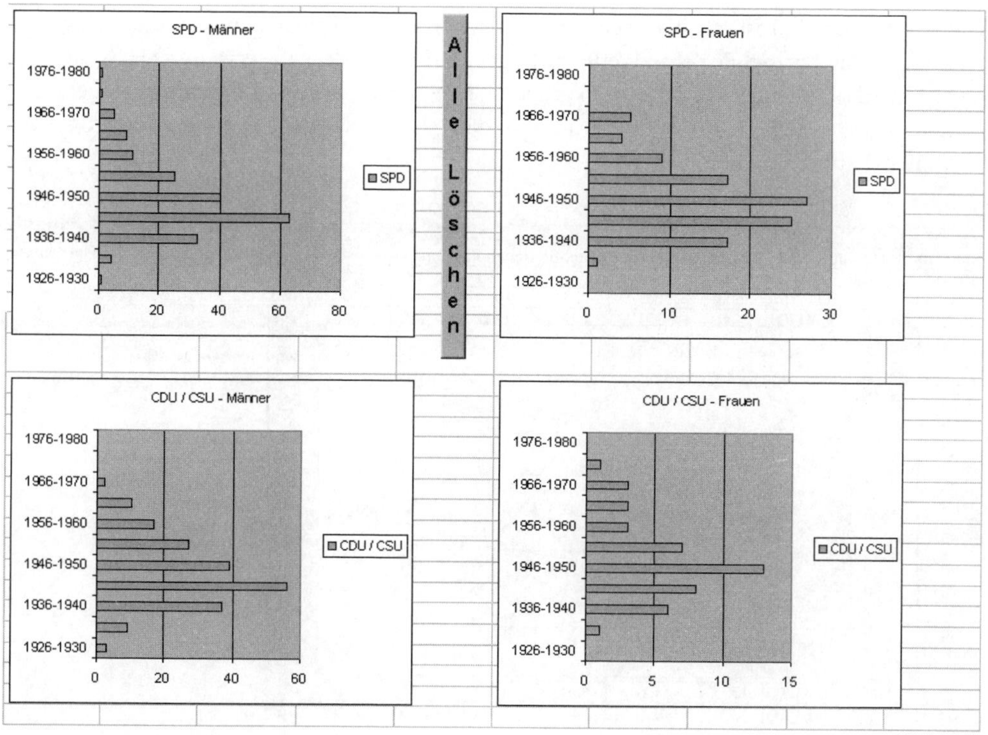

Abbildung 325: Die fertige Diagrammsammlung

Da während des Programmierens öfters das vorherige Ergebnis zu löschen ist, hier auch gleich eine Lösung hierfür. Es werden alle Shapes außer den Buttons gelöscht. Dies erreicht man am besten durch die Auswertung des Objektnamens. Hier werden alle Shapes gelöscht, die am Namensanfang kein »Button« haben.

```
Sub Diagramme_loeschen()
  Dim sh As Shape
  For Each sh In ActiveSheet.Shapes
    If Left(sh.Name, 6) <> "Button" Then sh.Delete
  Next sh
End Sub
```

313 Dynamisches Diagramm

Mit einfachen Tabellenblattfunktionen kann man schon eine gewisse Dynamik bei den Diagrammen erzielen. Um in einer riesigen Tabelle nur eine Einzelspalte darzustellen, reichen Tabellenblattfunktionen bereits aus. Das Geheimnis ist eine Hilfsspalte, in der die Werte mit einer recht simplen Formel übertragen werden. Sie baut auf der Tabellenblattfunktion *INDIREKT* auf.

Die Formel für die Zelle N1 lautet `=INDIREKT($P$1&ZEILE(N1))`. Analog dazu die Formeln bis N29. Bitte beachten Sie die absolute Zelladressierung von $P$1.

Die Formel für N30 ist ein bisschen umfangreicher, da der Februar meist nur 28 Tage hat. Hier wurde die Formel um eine Wenn-Abfrage, ob die Zelle leer ist, erweitert. Falls die Zelle leer ist, wird der Fehlerwert `#NV` zurückgegeben. Dieser Wert wird in Diagrammen nicht dargestellt. `=WENN(INDIREKT($P$1&ZEILE(N30))<>0;INDIREKT($P$1&ZEILE(N30));#NV)` analog dazu die Zeilen 31 und 32.

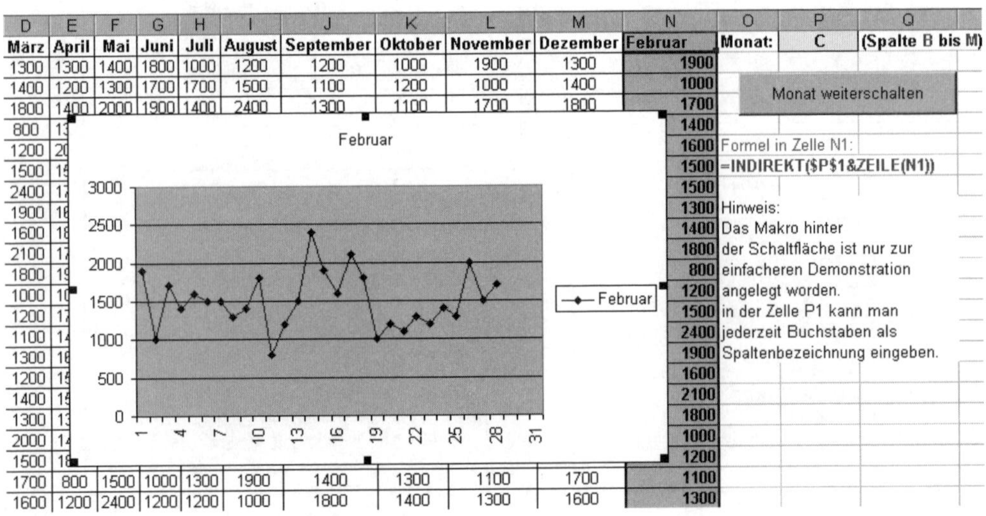

Abbildung 326: Dynamik nur mit Tabellenblattfunktionalitäten

Der Makrocode, der den Monat verschiebt, ist nicht zwingend notwendig, da die Auswahl über die Zelleingabe in P1 erfolgen kann. Um Fehleingaben zu vermeiden, wurde diese Zelle mit einer Gültigkeit belegt. Für Tabellenblattfunktionen ist die Schreibweise mit Groß- oder Kleinbuchstaben als Spaltenbezeichnung nebensächlich.

Damit Sie eine ähnliche Lösung gestalten können, hier noch die Prozedur, die die Monatsauswahl weiterschaltet:

```
Sub MonatWeiter()
  Dim Zahl As Byte
  Zahl = Asc(UCase(Worksheets(1).[p1]))
  Zahl = IIf(Zahl < 77, Zahl + 1, 66)
  Worksheets(1).[p1] = Chr(Zahl)
End Sub
```

314 Diagramm als Bild exportieren

Sie haben insgesamt drei manuelle Möglichkeiten, ein Diagramm als Bild zu exportieren. Hierzu verwenden wir eine andere Altersdarstellung des Deutschen Parlamentes.

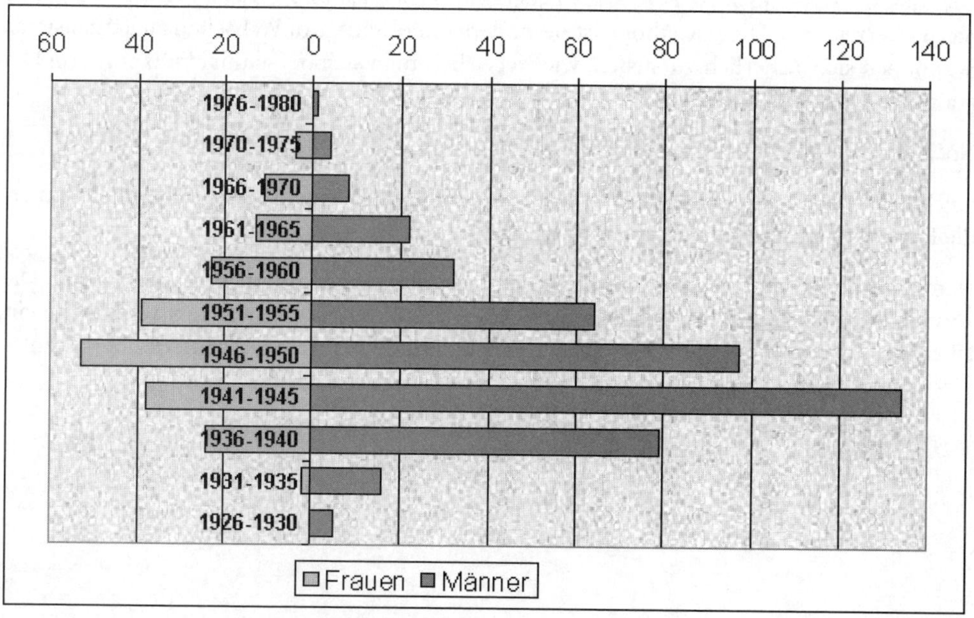

Abbildung 327: Lebensaltersbaum zum Grafikexport

1. Abspeichern der ganzen Mappe im HTML-Format. Diese Lösung ist besonders bei umfangreicheren Exporten interessant. Sie brauchen nur noch die Gif-Dateien aus dem Verzeichnis zu holen, in dem die Tabelle oder Mappe abgespeichert wurde.
2. Klicken Sie in die Diagrammfläche und kopieren Sie mit Strg + V den Diagramminhalt in die Zwischenablage. Diese Grafik können Sie mit jedem Bildbearbeitungsprogramm und den Office-Anwendungen weiterverwenden, indem Sie sie einfach einfügen.
3. Wenn Sie die Umschalttaste drücken und in das Menü BEARBEITEN gehen, haben Sie zusätzlich den Menüpunkt BILD KOPIEREN. Wenn Sie diesen bei einem selektierten Diagramm aufrufen, wird nur das Diagramm in die Zwischenablage kopiert.
   Falls Sie einen Zellbereich, in dem sich das Diagramm befindet, selektiert haben, erhalten Sie diesen mitsamt dem Diagramm.

Grundlagen
Fehler
Intern
Funktionen
Farben
Datum/Zeit
Auswertungen
Diagramme
Objekte
UserForm
Controls
Internet
Extern
Extra

Natürlich gibt es auch noch eine Makrolösung zu diesem Thema:

```
Sub Diagramm_als_Bild_exportieren()
  Dim Dateiname As String
  Dim Verzeichnis As String
  Dateiname = "Altersbaum des Bundestages.gif"
  Verzeichnis = "C:\Codebook\Temp\"

  Worksheets("Alter2").ChartObjects(1).Chart.Export _
    Filename:=Verzeichnis & Dateiname, FilterName:="GIF"
End Sub
```

Die Makrovariante exportiert uns das Diagramm gleich als Bild im Gif-Format in ein definiertes Verzeichnis. Diese Methode ist besonders interessant, um Webseiten zu aktualisieren. Sie können sich sicherlich vorstellen, wie viel Arbeit man sich bei häufigem Export von Diagrammen ersparen kann.

Noch ein paar Worte zur Erstellung dieses Diagramms:

Solch einen Altersbaum kann man erstellen, indem man bei einem Geschlecht, in diesem Fall die Frauen, einfach negative Zahlen verwendet.

Damit das Vorzeichen nicht stört, wird die Achse benutzerdefiniert formatiert: »`0;0`«. Dies können Sie auch mit den Quelldaten tun. Bei DATENREIHEN FORMATIEREN wählen Sie eine Überlappung von 100% aus. Der Rest der Formatierung ist Ihrem Geschmack überlassen.

Objekte

315 WordArt-Text aus Zelle beziehen

Den Text für das WordArt-Objekt können Sie direkt aus einer Zelle beziehen. Der Vorteil dabei ist, dass der Text des WordArt-Objekts automatisch angepasst wird, wenn sich der Text in der entsprechenden Zelle verändert.

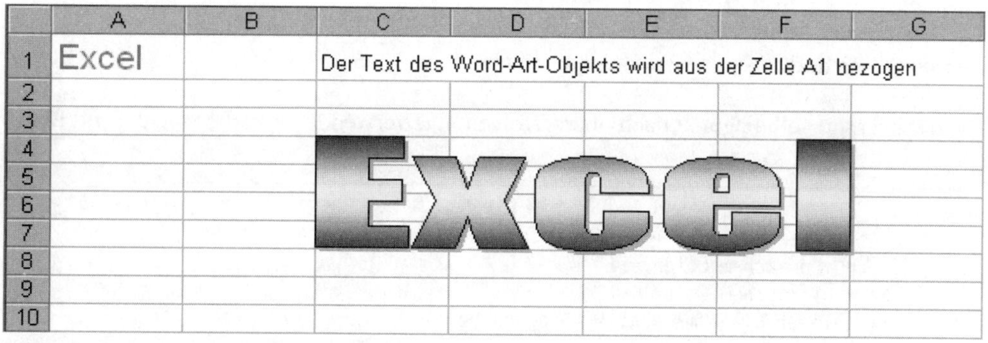

Abbildung 328: WordArt-Text aus Zelle A1 beziehen

Erstellen Sie zuerst das gewünschte WordArt-Objekt mit all seinen Formatierungen.

Da es sich um eine Ereignis-Prozedur handelt, die direkt Bezug nimmt auf die Zelle A1 in der Tabelle1, wird der Code in der VBA-Umgebung in die »Tabelle1« geschrieben.

```
Private Sub Worksheet_Change(ByVal Target As Range)
   If Target.Address <> "$A$1" Then Exit Sub
   ActiveSheet.Shapes(1).TextEffect.Text = [A1].Value
   [A1].Select
End Sub
```

316 WordArt-Farbverlauf auf Mausklick ändern

Es soll möglich sein, dass sich der Farbverlauf des WordArt-Objekts per Mausklick verändern lässt. Dazu verwenden wir gewöhnliche Rechtecke aus der Symbolleiste »Zeichnen«, denen wir die entsprechende Prozedur zuweisen. Wenn Sie die Prozeduren erstellt haben, können Sie die Rechtecke mit der rechten Maustaste anklicken und aus dem Kontextmenü die Auswahl MAKRO ZUWEISEN verwenden, um die Prozedur zu hinterlegen.

Nachfolgend finden Sie drei Beispiele.

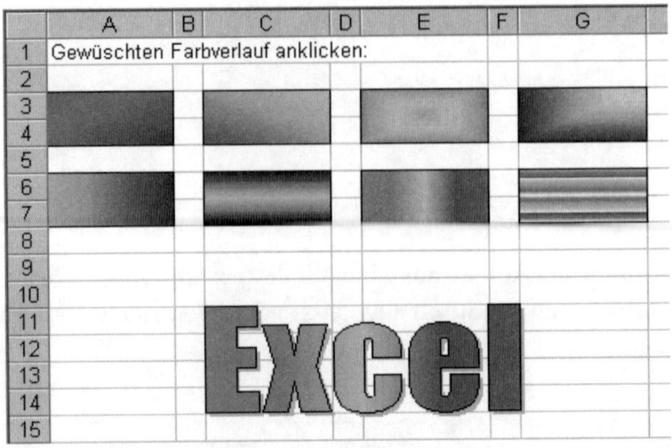

Abbildung 329: Farbverlauf per Mausklick zuweisen

Der Farbverlauf soll diagonal nach oben erfolgen. Die verwendeten Farben: Grün und Blau.

```
Sub Gruen_Blau_diagonal_oben()
   With ActiveSheet.Shapes(1).Fill
      .ForeColor.SchemeColor = 11
      .BackColor.SchemeColor = 12
      .TwoColorGradient msoGradientDiagonalUp, 1
   End With
End Sub
```

Der Farbverlauf soll von der Mitte nach außen erfolgen. Die verwendeten Farben: Rosa und Cyan.

```
Sub Rosa_Cyan_mitte()
   With ActiveSheet.Shapes(1).Fill
      .ForeColor.SchemeColor = 14
      .BackColor.SchemeColor = 15
      .TwoColorGradient msoGradientFromCenter, 2
   End With
End Sub
```

Hier verwenden wir einen von WordArt vorgegebenen Farbverlauf. Der Name ist »Regenbogen«.

```
Sub Regenbogen()
   ActiveSheet.Shapes(1).Fill.PresetGradient _
         msoGradientVertical, 1, _
         msoGradientRainbowII
End Sub
```

Die restlichen Prozeduren dieses Beispiels sind den obigen so ähnlich, dass wir auf den Eintrag im Buch lieber verzichtet haben. In der Beispieldatei sind sie natürlich enthalten.

317 AutoFormen

In unserem nächsten Beispiel wird ein Preis-Schlager-Schild erzeugt. In ein Eingabefeld wird der Preis eingegeben (siehe Abbildung 330). Dieser Wert wird der Variablen `dblPreis` übergeben. Der Inhalt der Variablen, also der Preis, wird in einem AutoForm-Stern ausgegeben. Den größten Teil der Beschreibung haben wir der Einfachheit halber diesmal direkt im Code untergebracht.

Zu Beginn der Prozedur verwenden wir eine `For`-Schleife. Mittels dieser Schleife werden die im Tabellenblatt enthaltenen `Shapes` entfernt, bis auf das erste, denn das ist die Schaltfläche. Wenn wir dies nicht tun, dann kommt es zu einem Konflikt, wenn wir die Prozedur zweimal ausführen.

Der Preis wird in ein Eingabefeld eingegeben. In der `If`-Entscheidung wird die »Abbrechen«-Schaltfläche der `InputBox` programmiert. Wenn sie gedrückt wird, soll die Prozedur verlassen werden, ohne das Preisschild zu erstellen.

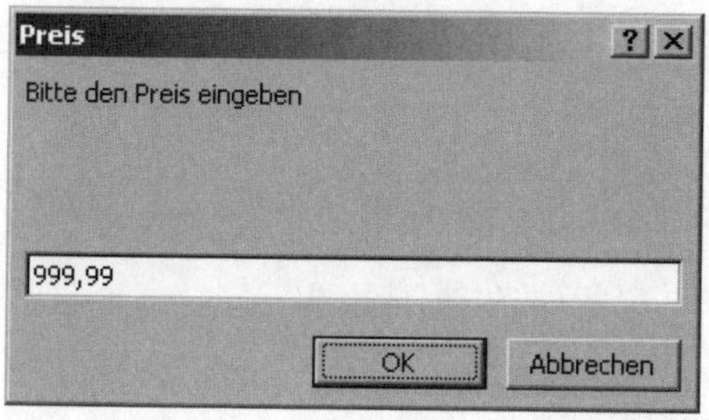

Abbildung 330: InputBox für den Preis

Danach wird der Stern erzeugt (`AddShape`). Die Zahlen hinter `msoShapeExplosion2` sind für die *Ausrichtung* und *Größe* des AutoForm zuständig. Die erste Zahl bezieht sich auf die Distanz zum linken Rand der Mappe. Die zweite Zahl bezieht sich auf die Distanz zum oberen Rand der Mappe. Die dritte Zahl bezieht sich auf die Breite des AutoForm und die vierte Zahl auf die Höhe.

Abbildung 331: AutoForm: Stern

Der Stern ist ein AUTOFORM und der darin enthaltene Text eine TEXTBOX. Die Prozedur wird in ein *Modul* geschrieben.

```
Sub Preisschlager()
 Dim i As Integer
 Dim x As Integer
 Dim dblPreis As Double
 Dim S As Shapes
 Set S = ActiveSheet.Shapes
 On Error GoTo Errorhandler
 x = S.Count
   For i = x To 2 Step -1
      S(i).Delete
   Next i
 dblPreis = Application.InputBox _
           ("Bitte den Preis eingeben", "Preis")
 If dblPreis = False Then Exit Sub

 ' Stern erzeugen
 ' Werte: Links, Oben, Breite, Höhe
 S.AddShape msoShapeExplosion2, 10, 10, 300, 200

 ' Stern formatieren
 With S(2)
   .Fill.ForeColor.SchemeColor = 10      ' Rote Hintergrund-Füllfarbe
   .Fill.Visible = msoTrue               ' Sichtbar machen
   .Fill.Solid                           ' Einfarbige Füllung
   .ThreeD.SetThreeDFormat msoThreeD11   ' Schatten
   .TextFrame.Characters.Text = "" & _
      Chr(10) & "" & Chr(10) & "EUR " & dblPreis   ' Text einfügen
   .TextFrame.HorizontalAlignment = xlCenter       ' Ausrichtung
   .TextFrame.Characters(Start:=3, Length:=10). _
      Font.Name = "Arial"                          ' Schriftart
   .TextFrame.Characters(Start:=3, Length:=10). _
      Font.FontStyle = "Fett"                      ' Schriftschnitt
   .TextFrame.Characters(Start:=3, Length:=10). _
      Font.Size = 20                               ' Schriftgrösse
   .TextFrame.Characters(Start:=3, Length:=10). _
      Font.ColorIndex = 6                          ' Schriftfarbe
 End With
 Exit Sub
 Errorhandler:
   MsgBox "Keine gültige Eingabe", vbCritical, "Fehler:"
 End Sub
```

318 AutoFormen mit zwei Objekten (Ferien-Smilie)

In unserem nächsten Beispiel wird ein Smilie mit Sprechblase erzeugt.

Den in der Sprechblase enthaltenen Text hinterlegen wir direkt in der Prozedur, und zwar in der ersten `With`-Anweisung. Dort wird auch gleich der Text zentriert ausgerichtet (`xlCenter`).

In der zweiten `With`-Anweisung dreht sich alles um die Textformatierung in der Sprechblase.

Am einfachsten ist es, wenn Sie das Ganze zuerst aufzeichnen und dann anpassen.

Abbildung 332: Zwei AutoFormen kombinieren

Auch hier erlauben wir uns, die Beschreibung direkt im Code unterzubringen. Die Prozedur könnte so aussehen:

```
Sub Ferien()
   Dim i As Integer
   Dim x as Integer
   Dim S As Shapes
   Set S = ActiveSheet.Shapes
   x = S.Count
      For i = x To 2 Step -1
         S(i).Delete
      Next i

  ' 1. Objekt (Smilie)
  S.AddShape msoShapeSmileyFace, 115, 155, 190, 180
  S(2).Fill.ForeColor.RGB = RGB(255, 255, 0)
```

```
    ' 2. Objekt (Sprechblase) hinzufügen
    S.AddShape msoShapeOvalCallout, 250, 100, 270, 150

    ' Text einfügen und zentrieren
    With S(3).TextFrame
       .Characters.Text = "" & Chr(10) & Chr(10) & _
          "Ich bin in den Ferien bis am:" & Chr(10) & _
          "" & Chr(10) & "25. August 2002"
       .HorizontalAlignment = xlCenter
    End With

    ' Text in Sprechblase formatieren
    With S(3).TextFrame.Characters(Start:=2, Length:=47).Font
       .Name = "Arial"             ' Schriftart
       .FontStyle = "Fett"         ' Schriftschnitt
       .Size = 12                  ' Schriftgrösse
    End With
End Sub
```

319 WordArt zeitversetzt erstellen

Als Nächstes wollen wir eine Prozedur erstellen, die das Wort »VBA« erzeugt. Jeder Buchstabe soll per VBA ins Tabellenblatt eingefügt werden. Für jeden der Buchstaben erzeugen wir ein eigenes WordArt-Objekt, das somit auch eigenständig verändert werden kann. Auf diese Weise haben wir mehr Gestaltungsmöglichkeiten.

Abbildung 333: Zeitversetztes Einfügen

Jeder Buchstabe soll erst nach einer Sekunde eingeblendet werden. Dies erreichen wir über die Anweisung `Application.Wait`, die wir für jeden Buchstaben, also dreimal, verwenden.

In den `With`-Anweisungen ist jeweils pro Buchstabe die Formatierung hinterlegt. Die beiden Farben für den Farbverlauf und der gewünschte Farbverlauf (z.B. `msoGradientHorizontal`) werden festgelegt.

```
Sub WordArt_Zeit()
  Dim i As Integer
  Dim x As Integer
  Dim S As Shapes
  Set S = ActiveSheet.Shapes
  x = S.Count
     For i = x To 2 Step -1
        S(i).Delete
     Next I

   ' Der Buchstabe "V" wird erzeugt
   Application.Wait (Now + TimeValue("00:00:01"))
   S.AddTextEffect(msoTextEffect3, "V", _
     "Arial Black", 50, msoFalse, msoFalse, 50, 100). _
     ThreeD.SetThreeDFormat msoThreeD11
   With S(2).Fill
     .Visible = msoTrue
     .ForeColor.SchemeColor = 3
     .BackColor.SchemeColor = 4
     .TwoColorGradient msoGradientHorizontal, 1
   End With

   ' Der Buchstabe "B" wird erzeugt
   Application.Wait (Now + TimeValue("00:00:01"))
   S.AddTextEffect(msoTextEffect3, "B", _
     "Arial Black", 50, msoFalse, msoFalse, 110, 100). _
     ThreeD.SetThreeDFormat msoThreeD11
   With S(3).Fill
     .Visible = msoTrue
     .ForeColor.SchemeColor = 4
     .BackColor.SchemeColor = 3
     .TwoColorGradient msoGradientHorizontal, 3
   End With

   ' Der Buchstabe "A" wird erzeugt
   Application.Wait (Now + TimeValue("00:00:01"))
   S.AddTextEffect(msoTextEffect3, "A", _
     "Arial Black", 50, msoFalse, msoFalse, 170, 100). _
     ThreeD.SetThreeDFormat msoThreeD11
   With S(4).Fill
     .Visible = msoTrue
     .ForeColor.SchemeColor = 3
     .BackColor.SchemeColor = 4
     .TwoColorGradient msoGradientHorizontal, 2
   End With
End Sub
```

320 WordArt gespiegelt

Das nächste Beispiel ist auf drei Zeichen beschränkt, kann aber durchaus ausgebaut werden. Über ein Eingabefeld können Sie die drei Zeichen eingeben. Als Ausgabe erhalten Sie einen gespiegelten Schriftzug (siehe Abbildung 335).

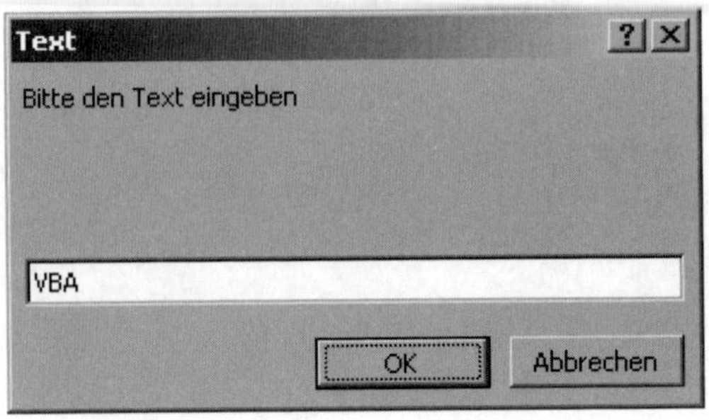

Abbildung 334: Drei Zeichen eingeben

Für jedes der insgesamt sechs Zeichen (dreimal normal und dreimal gespiegelt) muss ein eigenes Objekt erzeugt werden, um diese Effekte zu erzielen.

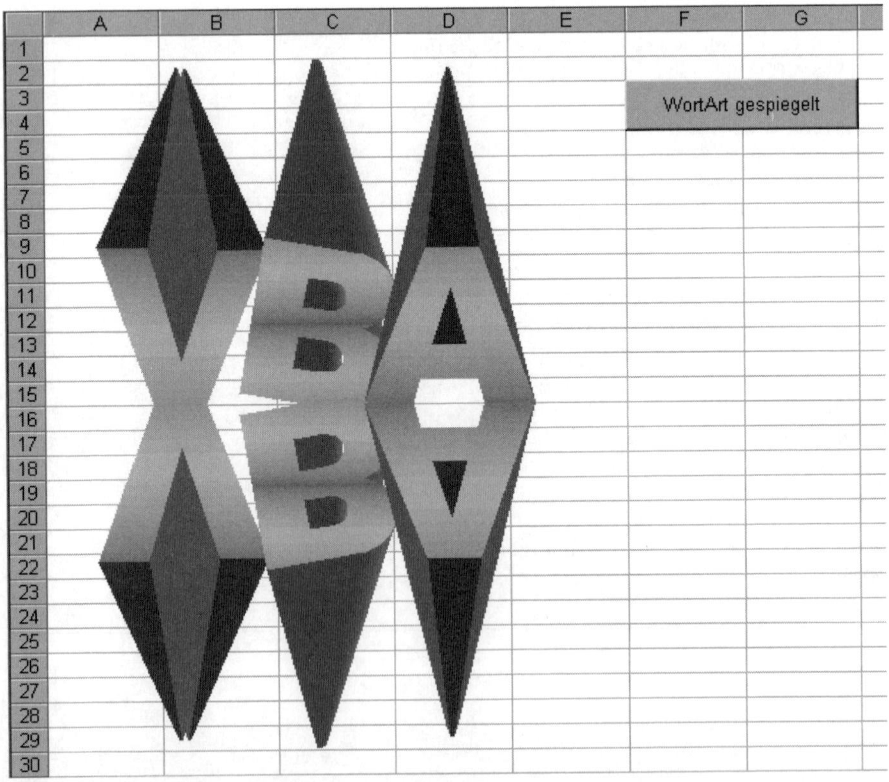

Abbildung 335: Text gespiegelt

Dieses Beispiel ist dem vorherigen sehr ähnlich. Wir verzichten daher auf eine detaillierte Beschreibung. Der Buchstabe wird gespiegelt durch die Anweisung `S(5).Flip msoFlipVertical`.

```
Sub Gespiegelt()
  Dim i As Integer
  Dim x As Integer
  Dim str As String
  Dim S As Shapes
  Set S = ActiveSheet.Shapes
  x = S.Count
      For i = x To 2 Step -1
         S(i).Delete
      Next i
  str = Application.InputBox("Bitte den Text eingeben", _
                              "Text", "VBA")
  Application.DisplayAlerts = False
    ' Der Buchstabe "V" wird erzeugt
    S.AddTextEffect(msoTextEffect3, Left(str, 1), _
      "Arial Black", 50, msoFalse, msoFalse, 50, 170). _
      ThreeD.SetThreeDFormat msoThreeD20
    With S(2).Fill
      .ForeColor.SchemeColor = 14
      .BackColor.SchemeColor = 15
      .TwoColorGradient msoGradientHorizontal, 1
    End With

    ' Der Buchstabe "B" wird erzeugt
    S.AddTextEffect(msoTextEffect3, _
      Mid(str, 2, 1), "Arial Black", 50, msoFalse, _
      msoFalse, 120, 170).ThreeD.SetThreeDFormat msoThreeD20
    With S(3).Fill
      .ForeColor.SchemeColor = 15
      .BackColor.SchemeColor = 14
      .TwoColorGradient msoGradientHorizontal, 3
    End With
    ' Der Buchstabe "A" wird erzeugt
    S.AddTextEffect(msoTextEffect3, Right(str, 1), _
      "Arial Black", 50, msoFalse, msoFalse, 190, 170). _
      ThreeD.SetThreeDFormat msoThreeD20
    With S(4).Fill
      .ForeColor.SchemeColor = 14
      .BackColor.SchemeColor = 15
      .TwoColorGradient msoGradientHorizontal, 2
    End With

    ' Der Buchstabe "V" wird gespiegelt erzeugt
    S.AddTextEffect(msoTextEffect3, Left(str, 1), _
      "Arial Black", 50, msoFalse, msoFalse, 50, 140). _
      ThreeD.SetThreeDFormat msoThreeD15
    With S(5).Fill
```

```
      .ForeColor.SchemeColor = 14
      .BackColor.SchemeColor = 15
      .TwoColorGradient msoGradientHorizontal, 2
    End With
    S(5).Flip msoFlipVertical

    ' Der Buchstabe "B" wird gespiegelt erzeugt
    S.AddTextEffect(msoTextEffect3, _
      Mid(str, 2, 1), "Arial Black", 50, msoFalse, _
      msoFalse, 120, 140).ThreeD.SetThreeDFormat msoThreeD15
    With S(6).Fill
      .ForeColor.SchemeColor = 15
      .BackColor.SchemeColor = 14
      .TwoColorGradient msoGradientHorizontal, 3
    End With
    S(6).Flip msoFlipVertical

    ' Der Buchstabe "A" wird gespiegelt erzeugt
    S.AddTextEffect(msoTextEffect3, Right(str, 1), _
      "Arial Black", 50, msoFalse, msoFalse, 190, 140). _
      ThreeD.SetThreeDFormat msoThreeD15
    With S(7).Fill
      .ForeColor.SchemeColor = 14
      .BackColor.SchemeColor = 15
      .TwoColorGradient msoGradientHorizontal, 1
    End With
    S(7).Flip msoFlipVertical
  Application.DisplayAlerts = True
End Sub
```

321 Eine Blume per VBA erstellen

Das nächste Beispiel ist spielerischer Natur. Etwas Auffrischung im trockenen VBA-Alltag kann nicht schaden.

Auch hier muss jedes einzelne Objekt per VBA erstellt und positioniert werden. Am besten zeichnen Sie das Ganze, oder Teile davon, zuerst auf. Die Kunst dabei ist, dass man den aufgezeichneten Code so gut wie möglich bereinigen kann. Nach der Bereinigung des Codes sollten keine `Selects` oder `Activates` mehr vorhanden sein. Dieses Beispiel ist eine ausgezeichnete Übung für so etwas.

Sicherlich gibt es dazu verschiedene Lösungsansätze. Einen davon wollen wir Ihnen nun vorstellen.

Damit die Prozedur mehrmals ausgeführt werden kann, ohne dass alle Elemente durcheinander geraten, bauen wir zu Beginn eine `For...Next`-Schleife ein, die alle vorhandenen `Shapes` entfernt, bis auf die Schaltfläche.

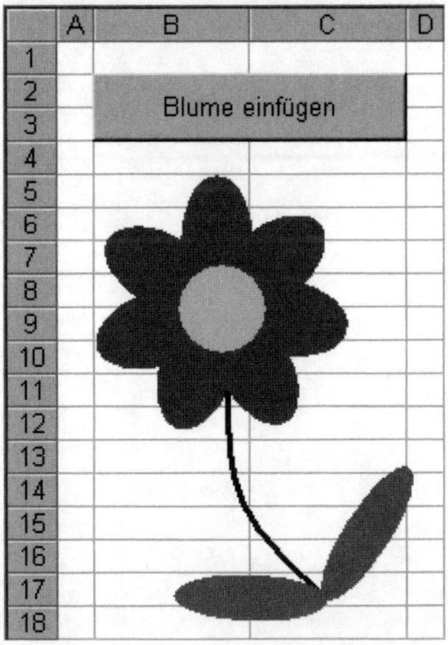

Abbildung 336: Eine Blume per VBA erzeugen

Die Blütenblätter werden jeweils dupliziert (`Duplicate`). In den `With`-Anweisungen wird für jedes Element der Blume der Abstand zum oberen und linken Rand angegeben (`IncrementLeft` und `IncrementTop`). Ab dem zweiten Blütenblatt wird der Drehwinkel von 50 festgelegt (`IncrementRotation`).

```
Sub Blume()
    Dim i As Integer
    Dim x As Integer
    Dim S As Shapes
    Set S = ActiveSheet.Shapes

    ' Vorhandene Elemente entfernen
    x = S.Count
        For i = x To 2 Step -1
            S(i).Delete
        Next i

    ' Blütenblätter (Kreis oval)
    ' erzeugen, positionieren und formatieren
    S.AddShape msoShapeOval, 202.5, 90.75, 29.25, 50.25
    With S(2)
        .Fill.ForeColor.SchemeColor = 10
        .Fill.Visible = msoTrue
        .Fill.Solid
        .Line.Visible = msoFalse
    End With

    S(2).Duplicate
    With S(3)
```

```
        .IncrementRotation 50
        .IncrementLeft 8
        .IncrementTop -3
    End With

    S(3).Duplicate
    With S(4)
        .IncrementRotation 50
        .IncrementLeft -7
        .IncrementTop 8
    End With

    S(4).Duplicate
    With S(5)
        .IncrementRotation 50
        .IncrementLeft -24
        .IncrementTop 6
    End With

    S(5).Duplicate
    With S(6)
        .IncrementRotation 50
        .IncrementLeft -34
        .IncrementTop -11
    End With

    S(6).Duplicate
    With S(7)
        .IncrementRotation 50
        .IncrementLeft -27
        .IncrementTop -27
    End With

    S(7).Duplicate
    With S(8)
        .IncrementRotation 50
        .IncrementLeft -10
        .IncrementTop -33
    End With

    ' Blütenmitte (Kreis) erzeugen,
    ' positionieren und formatieren
    S.AddShape msoShapeOval, 202, 125, 34, 34
    With S(9)
        .Fill.ForeColor.SchemeColor = 13
        .Fill.Visible = msoTrue
        .Fill.Solid
        .Line.Visible = msoFalse
    End With

    ' Blumenstiel (AutoForm: Kurve) erzeugen
    ' positionieren und formatieren
    With S.BuildFreeform(msoEditingAuto, 220.5, 174)
```

```
        .AddNodes msoSegmentCurve, msoEditingAuto, 226.5, 216.75
        .AddNodes msoSegmentCurve, msoEditingAuto, 258.75, 252.75
        .ConvertToShape
    End With

    With S(10).Line
        .Weight = 2.25
        .Visible = msoTrue
        .ForeColor.SchemeColor = 16
    End With

   ' Blumenblatt rechts (Kreis) e
    S.AddShape msoShapeOval, 269.25, 198, 18, 60
    With S(11)
        .Fill.ForeColor.SchemeColor = 11
        .Fill.Visible = msoTrue
        .Fill.Solid
        .Line.Visible = msoFalse
        .IncrementRotation 32
        .IncrementLeft -4
    End With

    ' Blumenblatt links (Kreis)
    S(11).Duplicate
    With S(12)
        .IncrementRotation 240
        .IncrementLeft -57
        .IncrementTop 13
    End With

    ' Die Elemente werden hier zu einer Einheit gruppiert
    S.Range(Array(2, 3, 4, 5, 6, 7, 8, 9, 10, 11, 12)).Group
End Sub
```

322 Schattenspiele

In Excel stehen Ihnen 40 Schatten zur Verfügung. Zwanzig davon sind gewöhnliche Schatten und zwanzig sind 3D-Schatten. In unserem nächsten Beispiel sollen alle Möglichkeiten wie in einem Film abgespielt werden.

Wir verwenden hier, wie in einem der oberen Beispiele, ebenfalls die Anweisung `Application.Wait`, um die verschiedenen Schatten im Sekundentakt anzuzeigen.

Die normalen Schatten `msoShadow1` sowie die 3D-Schatten `msoTreeD1` sind von 1 bis 20 durchnummeriert. Um dieses Beispiel auszuführen, müssen Sie zuerst ein WordArt-Objekt in Ihre Tabelle einfügen.

Abbildung 337: Alle Schatten abspielen lassen

In zwei `For...Next`-Schleifen werden jeweils die zwanzig verschiedenen Schatten durchlaufen.

```
Sub Schattenspiele_1()
   Dim i As Byte
   On Error GoTo Errorhandler
      ' Schatten
      For i = 1 To 20
         Application.Wait (Now + TimeValue("00:00:01"))
         ActiveSheet.Shapes(1).Shadow.Type = i
      Next i

      ' 3-D-Schatten
      For i = 1 To 20
         Application.Wait (Now + TimeValue("00:00:01"))
         ActiveSheet.Shapes(1).ThreeD.SetThreeDFormat i
      Next i
   Exit Sub
Errorhandler:
   MsgBox "Es muss zuerst ein WordArt-Objekt eingefügt werden."
End Sub
```

Das nächste Beispiel basiert auf dem vorherigen. Ergänzt wurde, dass zuerst mittels `For`-Schleife alle `Shapes, mit Ausnahme der Schaltfläche,` aus dem aktiven Tabellenblatt entfernt werden. Danach wird ein neues WordArt-Objekt eingefügt.

In der Zelle `A1` wird zudem ausgegeben, welcher Schatten momentan angezeigt wird. In der Zelle `A2` wird angezeigt, wie viele Schatten noch übrig sind.

Grundlagen
Fehler
Intern
Funktionen
Farben
Datum/Zeit
Auswertungen
Diagramme
Objekte
UserForm
Controls
Internet
Extern
Extra

Abbildung 338: Schattenspiele Beispiel 2

Der Rest entspricht, wie gesagt, dem vorherigen Beispiel.

```
Sub Schattenspiele_2()
   Dim i As Integer
   Dim S As Shapes
   Dim sh As Shape
   Set S = ActiveSheet.Shapes

      For Each sh In ActiveSheet.Shapes
         If Left(sh.Name, 6) <> "Button" Then sh.Delete
      Next sh

   ' WordArt hinzufügen
   S.AddTextEffect msoTextEffect13, _
       "Codebook", "Impact", 100, msoFalse, msoFalse, 150, 200

      ' Schatten
      For i = 1 To 20
         Application.Wait (Now + TimeValue("00:00:01"))
         S(3).Shadow.Type = i
         [A1].Value = "Schatten-Nr. " & i
         [A2].Value = "Verbleibende Schatten: " & 40 - i
      Next i

      ' 3-D-Schatten
      For i = 1 To 20
         Application.Wait (Now + TimeValue("00:00:01"))
         S(3).ThreeD.SetThreeDFormat i
         [A1].Value = "3D-Schatten-Nr. " & i
         [A2].Value = "Verbleibende Schatten: " & 20 - i
      Next i
End Sub
```

323 Ein Bild einfügen

In der folgenden Prozedur werden zwei Konstanten (`Pfad` und `Dateityp`) definiert, die festlegen, wo das Bild hergeholt werden soll (`Pfad`) und welchen Dateityp es hat (`.jpg`).

Über eine `InputBox` kann der Name des einzufügenden Bildes eingegeben werden. Wenn eine Datei mit dem entsprechenden Namen gefunden wird, wird das Bild eingefügt (`Insert`).

Wenn kein Dateiname gefunden wird, der der Eingabe im Eingabefeld entspricht, wird eine Fehlermeldung angezeigt.

Die Schaltfläche wurde aus der »Formular«-Symbolleiste erstellt. Die Prozedur wird in ein *Modul* geschrieben und anschließend der Schaltfläche zugewiesen.

Abbildung 339: Bild einfügen

```
Sub Bild_einfuegen()
  Dim strBild As String
  Const Pfad = "C:\Codebook\"
  Const Dateityp = ".jpg"
  strBild = InputBox("Bildnamen eingeben" & Chr(13) & Chr(13) & _
           "Gesucht wird in: " & Pfad & "*" & Dateityp, _
           "Bild einfügen")
  On Error GoTo Errorhandler:
    ActiveSheet.Pictures.Insert (Pfad & strBild & Dateityp)
  Exit Sub
Errorhandler:
  MsgBox "Kein Bild mit diesem Namen gefunden"
End Sub
```

324 Feste Bild-Größe bestimmen

Die folgende Prozedur ist ähnlich aufgebaut wie die vorherige, aber diesmal wird dem Bild eine feste Größe `Height` und `Width` zugewiesen. Somit können Sie sicherstellen, dass jedes Bild, das auf diesem Wege eingefügt wird, dieselbe Größe hat.

Abbildung 340: Feste Bildgröße

```
Sub Bild_Groesse()
  Dim strBild As String
  Const Pfad = "C:\Codebook\"
  Const Dateityp = ".jpg"
  strBild = InputBox("Bildnamen eingeben" & Chr(13) & Chr(13) & _
           "Gesucht wird in: " & Pfad & "*" & Dateityp, _
           "Bild einfügen")
  On Error GoTo Errorhandler:
  With ActiveSheet.Pictures.Insert(Pfad & strBild & _
    Dateityp).ShapeRange
    .Height = 100
    .Width = 100
  End With
  Exit Sub
Errorhandler:
  MsgBox "Kein Bild mit diesem Namen gefunden"
End Sub
```

325 Ein Bild als Wasserzeichen einfügen

Auch die nächste Prozedur ähnelt in der Vorgehensweise den vorangegangenen Prozeduren, die Besonderheit daran ist jedoch, dass das Bild direkt als Wasserzeichen in die Tabelle eingefügt wird.

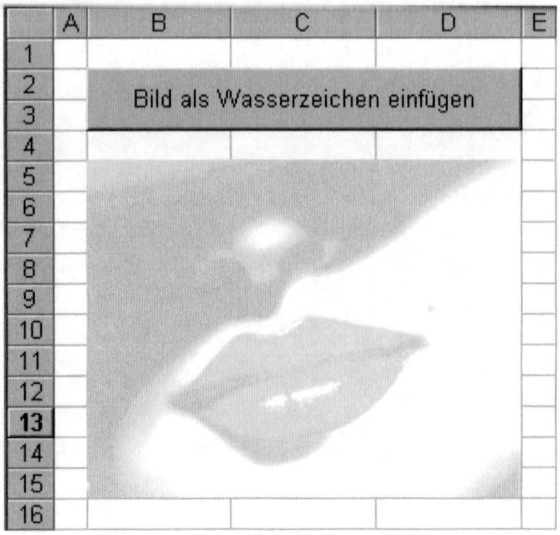

Abbildung 341: Wasserzeichen

Die Eigenschaften für das Wasserzeichen lauten: `Brightness` und `Contrast`. Diese beiden Werte können selbstverständlich verändert werden.

```
Sub Bild_als_Wasserzeichen()
  Dim strBild As String
  Const Pfad = "C:\Codebook\"
  Const Dateityp = ".jpg"
  strBild = InputBox("Bildnamen eingeben" & Chr(13) & Chr(13) & _
            "Gesucht wird in: " & Pfad & "*" & Dateityp, _
            "Bild einfügen")
  On Error GoTo Errorhandler:
  With ActiveSheet.Pictures.Insert(Pfad & strBild & Dateityp). _
     ShapeRange.PictureFormat
    .Brightness = 0.85
    .Contrast = 0.15
  End With
  Exit Sub
Errorhandler:
  MsgBox "Kein Bild mit diesem Namen gefunden"
End Sub
```

326 Graustufen skalieren

Ein bestehendes Bild soll per Drehfeld in den Graustufen verändert werden können.

Fügen Sie das Drehfeld aus der »Steuerelement-Toolbox« ein und klicken Sie doppelt darauf, um in die VBA-Umgebung zu gelangen.

Abbildung 342: Graustufen skalieren

Der folgende Code wandelt ein Farbbild in ein Graustufenbild (`msoPictureGrayscale`) um. Durch Klicken auf die entsprechende Schaltfläche im Drehfeld wird die Helligkeit erhöht oder reduziert. Die beiden aktuellen Werte (`Brightness` und `Contrast`) werden an zwei Variablen übergeben. Diese wiederum werden jeweils um 0.01 erhöht oder reduziert. Die Werte können Sie selbstverständlich erhöhen, um eine größere Abstufung zu erreichen.

Wenn das Minimum oder das Maximum der Helligkeit bzw. des Kontrasts erreicht wurde, wird eine entsprechende Meldung in Form einer Dialogbox angezeigt.

Pfeil nach oben:

```
Private Sub SpinButton1_SpinUp()
  Dim Helligkeit As Single
  Dim Kontrast As Single
  Dim Bild As PictureFormat
  On Error GoTo Errorhandler
  Set Bild = ActiveSheet.Pictures(1).ShapeRange.PictureFormat
  Helligkeit = Bild.Brightness
  Kontrast = Bild.Contrast
```

```
  Bild.ColorType = msoPictureGrayscale
    With Bild
      .Brightness = Helligkeit + 0.01
      .Contrast = Kontrast + 0.01
    End With
  Exit Sub
Errorhandler:
  MsgBox "Das Maximum wurde erreicht"
End Sub
```

Pfeil nach unten:

```
Private Sub SpinButton1_SpinDown()
  Dim Helligkeit As Single
  Dim Kontrast As Single
  Dim Bild As PictureFormat
  On Error GoTo Errorhandler
  Set Bild = ActiveSheet.Pictures(1).ShapeRange.PictureFormat
  Helligkeit = Bild.Brightness
  Kontrast = Bild.Contrast
  Bild.ColorType = msoPictureGrayscale
    With Bild
      .Brightness = Helligkeit - 0.01
      .Contrast = Kontrast - 0.01
    End With
  Exit Sub
Errorhandler:
  MsgBox "Das Minimum wurde erreicht"
End Sub
```

Damit das Bild wieder in den Originalzustand zurückgesetzt werden kann, erstellen wir eine Prozedur, die in ein Modul geschrieben wird. Diese weisen wir einer Schaltfläche aus der Formular-Symbolleiste zu.

```
Sub Zuruecksetzen()
  ActiveSheet.Pictures(1).ShapeRange.PictureFormat _
    .ColorType = msoPictureAutomatic
End Sub
```

327 Ein Bild als Schwarz-Weiß einfügen

Das Bild soll direkt schwarz-weiß eingefügt werden. In der Abbildung 343 sind zum Vergleichen die Bilder farbig und schwarz-weiß dargestellt. Der Code fügt das Bild aber nur in Schwarz-weiß ein.

Die Anweisung dafür lautet: `.ColorType = msoPictureBlackAndWhite`.

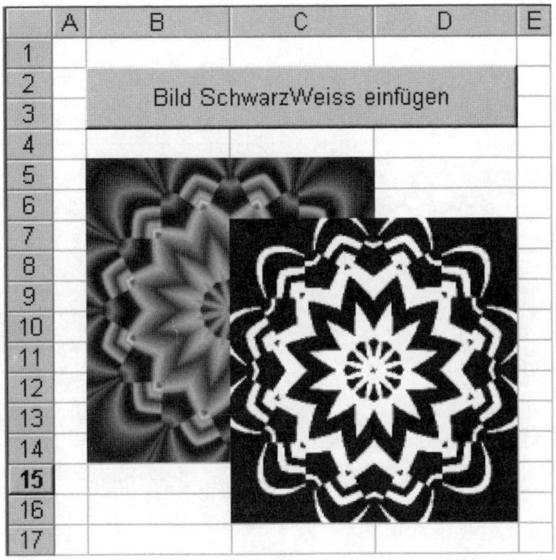

Abbildung 343: Bild schwarz-weiß

Die Prozedur könnte so aussehen:

```
Sub Bild_Schwarz_Weiss()
  Dim strBild As String
  Const Pfad = "C:\Codebook\"
  Const Dateityp = ".jpg"
  strBild = InputBox("Bildnamen eingeben" & Chr(13) & Chr(13) & _
            "Gesucht wird in: " & Pfad & "*" & Dateityp, _
            "Bild einfügen")
  On Error GoTo Errorhandler:
    ActiveSheet.Pictures.Insert(Pfad & strBild & Dateityp). _
       ShapeRange.PictureFormat _
       .ColorType = msoPictureBlackAndWhite
  Exit Sub
Errorhandler:
  MsgBox "Kein Bild mit diesem Namen gefunden"
End Sub
```

328 Bild duplizieren

Das Bild soll per Klick auf die Schaltfläche kopiert werden (`Duplicate`).

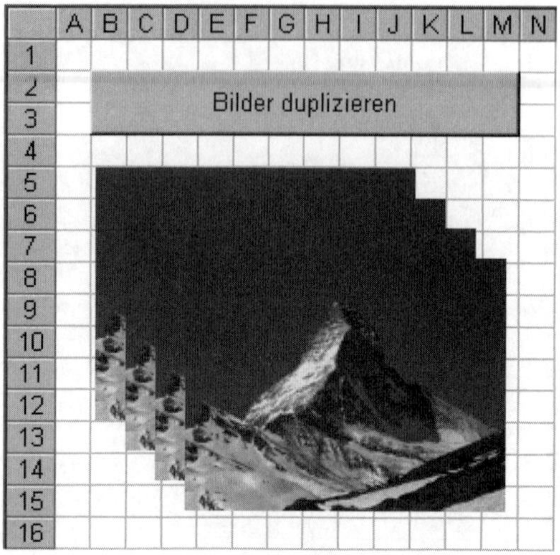

Abbildung 344: Alle Bilder duplizieren

Die Prozedur könnte so aussehen:

```
Sub Bild_duplizieren()
  Dim i As Integer
  Dim x As Integer
  Dim y As Integer
  x = 2.25
  y = 0.75
  i = ActiveSheet.Pictures.Count
    With ActiveSheet.Pictures(i).ShapeRange
      .Duplicate
      .IncrementLeft x
      .IncrementTop y
    End With
End Sub
```

329 Bild in den Hintergrund / Vordergrund bringen

Nachfolgend erfahren Sie, wie Sie per VBA Bilder anordnen können.

Abbildung 345: Bilder in den Hinter- oder Vordergrund bringen

Das selektierte Bild soll in den Vordergrund gebracht werden. Dazu ist erforderlich, das gewünschte Bild vorher anzuklicken. Für den Fall, dass kein Bild selektiert wurde, haben wir eine Fehlerbehandlung eingebaut, die eine entsprechende Dialogbox anzeigt.

```
Sub Vordergrund()
  On Error GoTo Errorhandler
    Selection.ShapeRange.ZOrder msoBringToFront
  Exit Sub
Errorhandler:
  MsgBox "Bitte das gewünschte Bild anklicken"
End Sub
```

Bild in den Hintergrund setzen:

```
Sub Hintergrund()
 On Error GoTo Errorhandler
    Selection.ShapeRange.ZOrder msoSendToBack
  Exit Sub
```

```
Errorhandler:
  MsgBox "Bitte das gewünschte Bild anklicken"
End Sub
```

Bild bei Klick eine Ebene nach vorne bringen:

```
Sub EbeneVorne()
  On Error GoTo Errorhandler
    Selection.ShapeRange.ZOrder msoBringForward
  Exit Sub
Errorhandler:
  MsgBox "Bitte das gewünschte Bild anklicken"
End Sub
```

Bild bei Klick eine Ebene weiter nach hinten setzen:

```
Sub EbeneHinten()
  On Error GoTo Errorhandler
    Selection.ShapeRange.ZOrder msoSendBackward
  Exit Sub
Errorhandler:
  MsgBox "Bitte das gewünschte Bild anklicken"
End Sub
```

330 Bilder gruppieren

Das folgende Beispiel widmet sich der Gruppierung von Bildern.

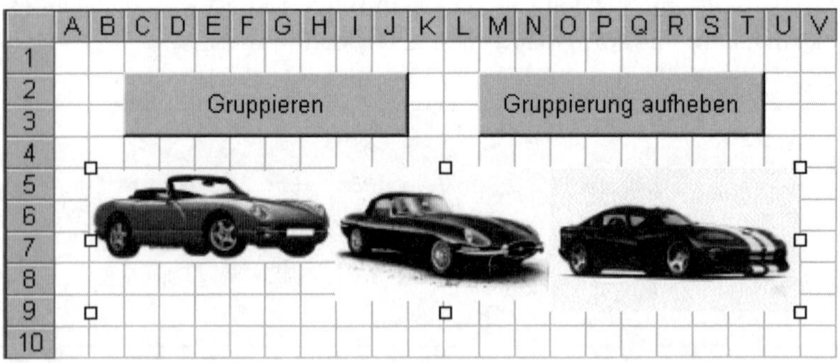

Abbildung 346: Bilder gruppieren

Zuerst müssen die Bilder ausgewählt werden. Eine Mehrfachselektion erreichen Sie, wenn Sie ⇧ oder Strg gedrückt halten. Die ausgewählten Bilder werden dann gruppiert (`Group`):

```
Sub Gruppieren()
```

Grundlagen
Fehler
Intern
Funktionen
Farben
Datum/Zeit
Auswertungen
Diagramme
Objekte
User-Form
Controls
Internet
Extern
Extra

```
  On Error GoTo Errorhandler
    Selection.ShapeRange.Group.Select
  Exit Sub
Errorhandler:
  MsgBox "Es wurden keine Bilder ausgewählt" & Chr(13) & _
         "oder die Bilder wurden bereits gruppiert", , "Gruppieren"
End Sub
```

Die Gruppierung soll aufgehoben werden:

```
Sub Gruppierung_aufheben()
  On Error GoTo Errorhandler
    Selection.ShapeRange.Ungroup.Select
  Exit Sub
Errorhandler:
  MsgBox "Es wurden keine Bilder markiert ausgewählt", , _
         "Gruppierung aufheben"
End Sub
```

331 Bild zuschneiden

In Excel kann ein Bild zugeschnitten werden, das heißt, ein Teil des Bildes wird abgeschnitten.

In unserem nächsten Beispiel wollen wir ein Drehfeld programmieren. Durch das Klicken auf das rechte Drehfeld wird das Bild zugeschnitten. Durch Klicken auf das linke Drehfeld wird der abgeschnittene Bereich wieder sichtbar gemacht.

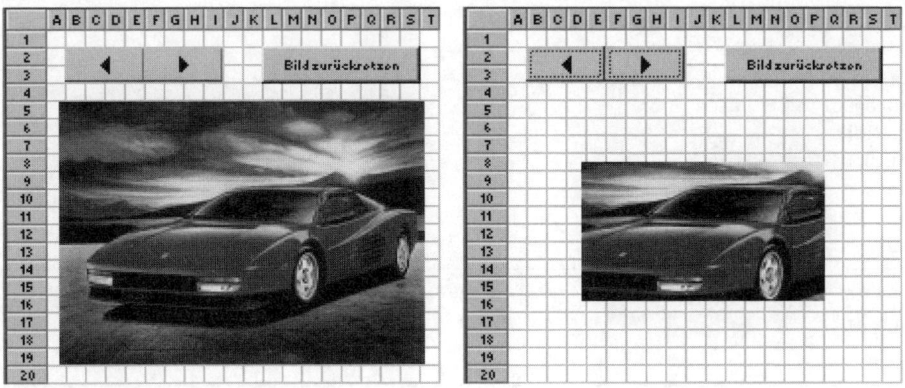

Abbildung 347: Bilder zuschneiden

Erstellen Sie ein Drehfeld aus der Steuerelement-Toolbox. Klicken Sie doppelt darauf, um in die VBA-Umgebung zu gelangen.

In unserem Code arbeiten wir mit vier Variablen, je eine für das Zuschneiden von Rechts, Links, Oben und Unten. Diesen Variablen werden die aktuellen Werte übergeben. In der

With-Anweisung werden all diese Variablen um 5 erhöht. Jeden dieser Werte können Sie auf Wunsch erhöhen oder reduzieren.

Bei jedem Klick auf das entsprechende Drehfeld wird somit das Bild zugeschnitten oder das Zuschneiden rückgängig gemacht.

In der If-Entscheidung wird das Zuschneiden des Bildes beschränkt, damit kein Fehler erzeugt wird. In unserer ersten Prozedur wird das Zuschneiden auf maximal 120 beschränkt, denn mehr kann nicht zugeschnitten werden. Das kann je nach Bild variieren.

In der zweiten Prozedur wird das Minimum (0), also Vollbild, in der If-Entscheidung abgefangen, denn sonst entsteht um das Bild herum ein leerer Rand.

Pfeil nach rechts:

```
Private Sub SpinButton1_SpinUp()
 ' Bild verkleinern
 Dim Rechts As Single
 Dim Links As Single
 Dim Oben As Single
 Dim Unten As Single
 Dim Bild As PictureFormat
 On Error GoTo Errorhandler
 Set Bild = Pictures(1).ShapeRange.PictureFormat
 Rechts = Bild.CropRight
 Links = Bild.CropLeft
 Oben = Bild.CropTop
 Unten = Bild.CropBottom

 If Rechts And Links And Oben And Unten > 120 Then GoTo Errorhandler
   With Bild
     .CropRight = Rechts + 5
     .CropLeft = Links + 5
     .CropTop = Oben + 5
     .CropBottom = Unten + 5
   End With
   Exit Sub
Errorhandler:
 MsgBox "Minimum erreicht", , "Zuschneiden"
End Sub
```

Pfeil nach links:

```
Private Sub SpinButton1_SpinDown()
   ' Bild vergrößern
   Dim Rechts As Single
   Dim Links As Single
   Dim Oben As Single
   Dim Unten As Single
   Dim Bild As PictureFormat
```

```
  On Error GoTo Errorhandler
  Set Bild = Pictures(1).ShapeRange.PictureFormat
  Rechts = Bild.CropRight
  Links = Bild.CropLeft
  Oben = Bild.CropTop
  Unten = Bild.CropBottom

  If Rechts And Links And Oben And Unten <= 0 Then GoTo Errorhandler
    With Bild
      .CropRight = Rechts - 5
      .CropLeft = Links - 5
      .CropTop = Oben - 5
      .CropBottom = Unten - 5
    End With
  Exit Sub
Errorhandler:
  MsgBox "Maximum erreicht", , "Zuschneiden"
End Sub
```

Um das Bild auf einen Klick wieder in die Originalgröße zurückzusetzen, erstellen wir eine Formular-Schaltfläche. Die Prozedur wird in ein Modul geschrieben und anschließend der Schaltfläche zugewiesen.

```
Sub Groesse_zuruecksetzen()
  Dim Bild As PictureFormat
  Set Bild = ActiveSheet.Pictures(1).ShapeRange.PictureFormat
    With Bild
      .CropRight = 0
      .CropLeft = 0
      .CropTop = 0
      .CropBottom = 0
    End With
End Sub
```

332 Bildgröße skalieren

Unser nächstes Beispiel widmet sich der Bildgröße. Das Bild soll über ein Drehfeld vergrößert bzw. verkleinert werden können.

Erstellen Sie ein Drehfeld aus der »Steuerelement-Toolbox« und klicken Sie doppelt darauf, um in die VBA-Umgebung zu gelangen.

Wir arbeiten hier mit `Picture(2)`, also zwei, um nicht das Drehfeld zu skalieren, denn das Drehfeld aus der »Steuerelement-Toolbox« ist ebenfalls ein `Picture`. Der Index in Klammern kann variieren. Die Reihenfolge der eingefügten Elemente ist maßgebend.

Abbildung 348: Bildgröße skalieren

Über die beiden folgenden Prozeduren wird das Bild von links oben und rechts unten her skaliert (`msoScaleFromTopLeft` und `msoScaleFromBottomRight`).

```
Private Sub SpinButton1_SpinUp()
   Dim Bild As Shapes
   Set Bild = ActiveSheet.Shapes
   Bild(2).ScaleWidth 1.01, msoFalse, msoScaleFromTopLeft
   Bild(2).ScaleHeight 1.01, msoFalse, msoScaleFromBottomRight
End Sub

Private Sub SpinButton1_SpinDown()
   Dim Bild As Shapes
   Set Bild = ActiveSheet.Shapes
   Bild(2).ScaleWidth 0.99, msoFalse, msoScaleFromTopLeft
   Bild(2).ScaleHeight 0.99, msoFalse, msoScaleFromBottomRight
End Sub
```

Ausgangspunkt	Konstante
Von links oben	msoScaleFromTopLeft
Von der Mitte	msoScaleFromMiddle
Von rechts unten	msoScaleFromBottomRight

Tabelle 47: Mögliche Ausgangspunkte

333 Bildgröße strecken

Um das Bild in der Breite (`ScaleWidht`) zu dehnen oder zusammenzuziehen, verwenden Sie folgenden Code. Der Wert wird bei jedem Klick entsprechend erhöht oder reduziert.

Pfeil nach oben:

```
Private Sub SpinButton2_SpinUp()
   Dim Bild As Shapes
   Set Bild = ActiveSheet.Shapes
   Bild(2).ScaleWidth 1.01, msoFalse, msoScaleFromTopLeft
End Sub
```

Pfeil nach unten:

```
Private Sub SpinButton2_SpinDown()
   Dim Bild As Shapes
   Set Bild = ActiveSheet.Shapes
   Bild(2).ScaleWidth 0.99, msoFalse, msoScaleFromTopLeft
End Sub
```

Um das Bild in der Höhe (`ScaleHight`) zu dehnen oder zusammenzuziehen, verwenden Sie folgenden Code.

Pfeil nach oben:

```
Private Sub SpinButton2_SpinUp()
  Dim Bild As ShapeRange
  Set Bild = Pictures(2).ShapeRange
    Bild.ScaleHeight 1.01, msoFalse, msoScaleFromBottomLeft
End Sub
```

Pfeil nach unten:

```
Private Sub SpinButton2_SpinDown()
  Dim Bild As ShapeRange
  Set Bild = Pictures(2).ShapeRange
    Bild.ScaleHeight 0.99, msoFalse, msoScaleFromBottomLeft
End Sub
```

334 Alle Bilder löschen

Alle Bilder im Tabellenblatt sollen auf einmal gelöscht werden.

Abbildung 349: Alle Bilder löschen

Wir verwenden dazu eine For-Schleife, die alle Bilder im aktiven Tabellenblatt anspricht.

```
Sub Bilder_loeschen()
 Dim pic As Object
    For Each pic In ActiveSheet.Pictures
       pic.Delete
    Next pic
End Sub
```

Alle Bilder der gesamten Mappe löschen:

```
Sub Bilder_loeschen_Mappe()
 Dim i As Integer
 Dim pic As Object
    For i = 1 To Worksheets.Count
       For Each pic In Worksheets(i).Pictures
          pic.Delete
       Next pic
    Next i
End Sub
```

335 Ein Objekt rotieren lassen

Die folgende Prozedur soll Ihnen eine Idee geben, wie man in Excel ein Objekt, sprich ein WordArt oder eine Auto-Form etc., rotieren lassen kann.

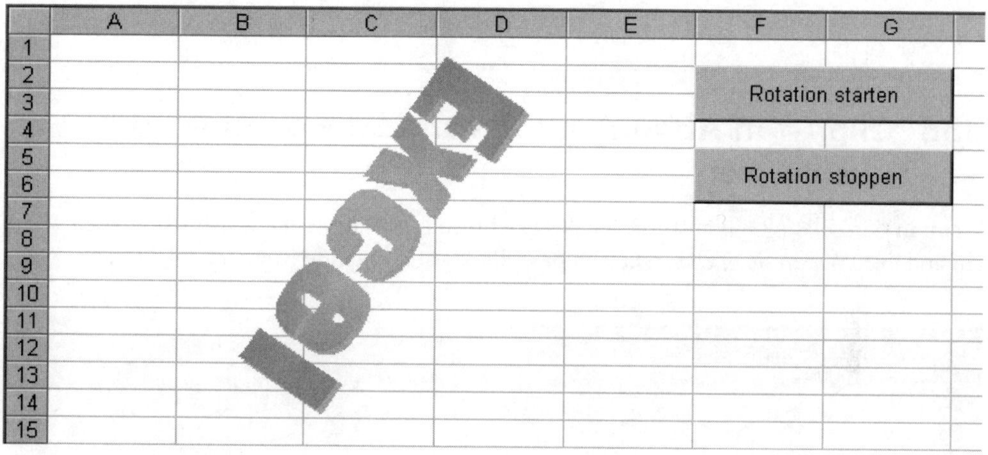

Abbildung 350: Objekt rotieren lassen

Die Variable `dblStart` wird in beiden Prozeduren verwendet, zum *Starten* der Rotation und zum *Beenden*. Die Variable muss daher außerhalb der Prozeduren deklariert werden, damit sie in beiden verfügbar ist.

Bei `IncrementRotation` handelt es sich um die Gradzahl. Sie können auch eine höhere oder tiefere Zahl eingeben. Die Rotation würde dann in größeren oder kleineren Schritten erfolgen.

Zudem wurde ein `Timer` eingebaut, der angibt, in welcher Geschwindigkeit die Drehung erfolgen soll.

```
Option Explicit

  Dim dblStart As Double

Sub Rotation_Starten()
  Dim shpShape As Shape
  Set shpShape = ActiveSheet.Shapes(1)
  shpShape.IncrementRotation 10
  dblStart = Now + TimeValue("00:00:01")
  Application.OnTime Earliesttime:=dblStart, _
    Procedure:="Rotation_Starten"
End Sub
```

Um die Rotation zu stoppen, verwenden Sie die folgende Prozedur:

```
Sub Rotation_Beenden()
  On Error Resume Next
  Application.OnTime dblStart, _
     Procedure:="Rotation_Starten", Schedule:=False
End Sub
```

336 ClipArt in Abhängigkeit vom Zellwert ein- oder ausblenden

Wenn in der Zelle A1 ein bestimmter Wert steht, soll das ClipArt eingeblendet werden, wenn ein anderer Wert in der Zelle steht, soll das ClipArt ausgeblendet werden.

Abbildung 351: Wenn der Wert größer als 10000 ist, wird das ClipArt eingeblendet

Damit das Ein- oder Ausblenden laufend erfolgt, muss eine Ereignis-Prozedur geschrieben werden, die an das Tabellenblatt gebunden ist. In unserem Beispiel schreiben wir die Prozedur in »Tabelle1«.

```
Private Sub Worksheet_Change(ByVal Target As Range)
  If [A1].Value >= 10000 Then
    ActiveSheet.Shapes(1).Visible = True
  Else
    ActiveSheet.Shapes(1).Visible = False
  End If
End Sub
```

337 Ein ClipArt schrumpfen lassen – 10 Sekunden lang

Das nächste Beispiel ist eine kleine Spielerei, die eine Grafik 10 Sekunden lang schrumpfen lässt.

Die Variablen, die für alle Prozeduren Gültigkeit haben müssen, werden außerhalb der Prozeduren deklariert.

Die Variablen `Althoch` und `Altbreit` werden ebenfalls zu Beginn deklariert. In unserer ersten Prozedur in der `If...Then`-Entscheidung werden diesen beiden Variablen die Werte der aktuellen Höhe und Breite des Bildes übergeben (`Height` und `Width`). Damit können wir in der letzten Prozedur das Bild wieder auf die Original-Größe zurücksetzen.

Zuerst sehen wir uns die Prozedur an, die das Zeitlimit von 10 Sekunden beinhaltet.

Beide Variablen, `dblStart` und `Time`, werden außerhalb der Prozedur deklariert, damit sie die Werte beibehalten, auch wenn die Prozedur fertig durchlaufen ist.

In einer `If...Then...Else`-Entscheidung wird geprüft, welcher Wert der Variablen `Time` momentan zugewiesen ist. Wenn der Wert größer als 11 ist, wird er auf 0 gesetzt. Ansonsten wird die Variable um 1 erhöht, und die Prozedur `ClipArt_schrumpfen` wird aufgerufen und ihre Befehle werden ausgeführt.

Der Variablen `dblStart` wird die aktuelle Uhrzeit übergeben, zugleich wird sie um eine Sekunde erhöht. Dann wird die Prozedur `Zeitlimit` erneut aufgerufen.

```
Option Explicit

   Public dblStart As Variant
   Dim Time As Integer
   Dim Althoch As Double
   Dim Altbreit As Double

Sub Zeitlimit()
  If Time = 0 Then
    Althoch = ActiveSheet.Pictures(1).ShapeRange.Height
    Altbreit = ActiveSheet.Pictures(1).ShapeRange.Width
  End If

  If Time < 11 Then
    Time = Time + 1
    ClipArt_schrumpfen      ' Prozedur starten
    dblStart = Now + TimeValue("00:00:01")
    Application.OnTime dblStart, "Zeitlimit"
  Else
    Time = 0
  End If
End Sub
```

Diese Prozedur wird von der obigen gestartet und veranlasst das Schrumpfen der Grafik:

```
Private Sub ClipArt_schrumpfen()
  Dim Hoehe As Double
  Dim Breite As Double
  Dim Bild As ShapeRange
  Set Bild = ActiveSheet.Pictures(1).ShapeRange
  Hoehe = Bild.Height
  Breite = Bild.Width
    Bild.Height = Hoehe - 5
    Bild.Width = Breite - 5
End Sub
```

Abbildung 352: ClipArt schrumpfen lassen

Um den Vorgang jederzeit abbrechen zu können, verwenden Sie die folgende Prozedur:

```
Sub Stop_Anzeige()
  On Error Resume Next
  Application.OnTime EarliestTime:=dblStart, _
     Procedure:="Zeitlimit", Schedule:=False
End Sub
```

Um das Bild wieder auf die ursprüngliche Größe zurückzusetzen, verwenden Sie den unten stehenden Code. Der Inhalt der Variablen `Althoch` und `Altbreit` wurde bereits in der ersten Prozedur übergeben. Da sie außerhalb der Prozeduren deklariert wurden, haben sie ihren Wert beibehalten.

```
Sub Zuruecksetzen()
  With ActiveSheet.Pictures(1).ShapeRange
     .Height = Althoch
     .Width = Altbreit
  End With
End Sub
```

338 Animation: Herzklopfen

In diesem Beispiel werden die Shapes auf zwei andere Arten angesprochen als in den bisherigen Beispielen. Die Shapes werden während der Laufzeit benannt. Zum einen werden sie als Rangeobjekt [Herz] bzw. als Shapes("Herz") angesprochen. Auch wird die Indexansprache über die Variable Zahl dynamisiert. Dies geschieht dadurch, dass das neu erstellte Herz automatisch die höchste Indexnummer hat (ActiveSheet.Shapes.Count). Diese wird der öffentlichen Variablen Zahl übergeben. Bei der Gestaltung des Tabellenblattes gibt es also keine Einschränkungen. Zu Beginn der Prozedurlaufzeit werden nur die eventuell vorhandenen alten Herzbestandteile gelöscht.

Anschließend wird der Vorname des Lesers über einen Eingabedialog abgefragt und in der öffentlichen Variablen Vorname gespeichert. Das Herz wird erstellt, benannt und die Prozedur »Herzklopfen« gestartet.

```
Dim Zahl As Single
Dim Vorname As String
Dim Herzzeit As Date
Sub Start_Herz()
  On Error Resume Next
  [Herz].Delete
  [Oh_No].Delete
  Vorname = InputBox("Bitte geben Sie Ihren Namen ein" _
    & Chr(13), , "Monika")
  If Vorname = "" Then
    MsgBox "Schade, Sie verpassen was"
    Exit Sub
  End If
  [A1] = 0
  ActiveSheet.Shapes.AddShape(msoShapeHeart, 100, 100, 55, 50). _
    Fill.ForeColor.SchemeColor = 10
  Zahl = ActiveSheet.Shapes.Count
  ActiveSheet.Shapes.Item(Zahl).Name = "Herz"
  Call Herzklopfen
End Sub
```

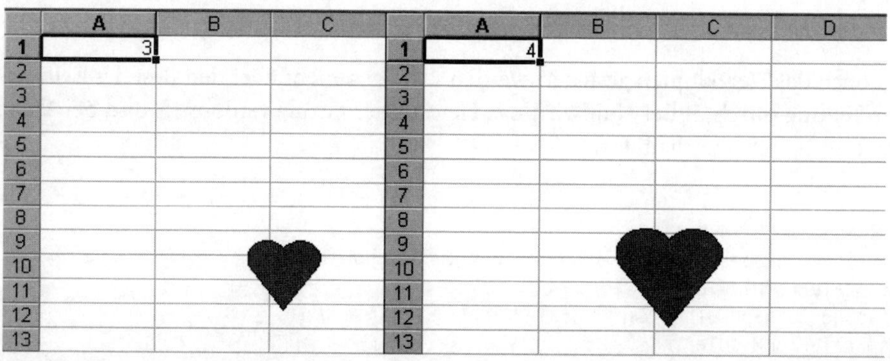

Abbildung 353: Herzklopfen

In der Prozedur »Herzklopfen« wurde der Fragetext mit der Chr()-Schreibweise verschleiert. Wie Sie bequem diese Texte erstellen können, erfahren Sie in der Kategorie »Funktionen«. Dort ist eine benutzerdefinierte Funktion zu diesem Thema enthalten. Die »lebenswichtige Frage« wird erst nach 22 Sekunden aufgerufen. Den Zähler schreiben wir diesmal nicht in eine Variable, sondern in die Zelle A1, um zu zeigen, dass es auch ohne öffentliche Variablen möglich ist, Daten über die Prozedurlaufzeit hinaus zwischenzuspeichern.

```
Private Sub Herzklopfen()
  Dim txt As String
  Dim Frage
  ' Damit das Makro ein Ende findet
  If [A1] > 99 Then Exit Sub
  ' Zähler in Zelle A1
  [A1] = [A1] + 1
  ' Frage nach 22 Sekunden
  If [A1] = 22 Then

    txt = Chr(109) & Chr(97) & Chr(103) & Chr(115) & Chr(116) _
      & Chr(32) & Chr(68) & Chr(117) & Chr(32) _
      & Chr(109) & Chr(105) & Chr(99) & Chr(104) & Chr(63)
    Frage= MsgBox("Hallo " & Vorname & "," & Chr(13) & txt, vbYesNo)
```

Je nachdem, wie auf die Frage reagiert wurde, wird bei JA das Herz verändert oder bei NEIN ein weiteres Shape erstellt. Das Ergebnis sehen Sie sich am besten in der Musterdatei an.

```
    If Frage = vbYes Then
      ActiveSheet.Shapes("Herz").ScaleWidth 3, msoFalse, _
        msoScaleFromMiddle
      ActiveSheet.Shapes("Herz").ScaleHeight 3, msoFalse, _
        msoScaleFromMiddle
    Else
      ActiveSheet.Shapes.AddShape(msoShapeNoSymbol, _
        75, 75, 100, 100).Fill.ForeColor.SchemeColor = 13
      ActiveSheet.Shapes.Item(Zahl + 1).Name = "Oh_No"
    End If
  End If
```

Jetzt muss noch das Herzklopfen gesteuert werden. Dies geschieht über den Rest des Zellwertes bei der Teilung durch 2. Bei Null wird das Herz in der Größe verdoppelt und bei 1 mit ScaleWidth und ScaleHeight halbiert.

```
  If [A1] Mod 2 = 0 Then
    ActiveSheet.Shapes.Item(Zahl).ScaleWidth 1.44, msoFalse, _
      msoScaleFromMiddle
    ActiveSheet.Shapes.Item(Zahl).ScaleHeight 1.44, msoFalse, _
      msoScaleFromMiddle
  Else
```

```
    ActiveSheet.Shapes("Herz").ScaleWidth 0.71, msoFalse, _
      msoScaleFromMiddle
    ActiveSheet.Shapes("Herz").ScaleHeight 0.71, msoFalse, _
    msoScaleFromMiddle
  End If

  Herzzeit = Now + TimeValue("00:00:01")
  Application.OnTime Herzzeit, "Herzklopfen"
End Sub
```

Damit Sie das Herzklopfen auch vorher beenden können, erhalten Sie noch die nachfolgende Prozedur.

```
Sub Herzstillstand()
  Application.OnTime Herzzeit, "Herzklopfen", , False
End Sub
```

Wie Sie den Adressaten dieser Datei zu einem Feedback überreden, bleibt Ihrer Fantasie überlassen. Hier können wir Ihnen nicht weiterhelfen.

339 Analoguhr

Dieses Makrobeispiel stammt von Chip Pearson (*www.cpearson.com*). Das Motto lautet »Nichts ist unmöglich in Excel-VBA«. Es wurde uns freundlicherweise für dieses Buch zur Verfügung gestellt. Die Uhr ist frei konfigurierbar. In Abhängigkeit des Zentrums des Ziffernblattes werden die sonstigen Objekte beim Erstellen dieser größenmäßig angepasst. Um die Spannung etwas zu erhöhen, gibt es kein Bild in diesem Buch. Wir können nur sagen, die Prozedur ist Spitze. Dieses Makro wurde von uns nur wenig an den deutschen Sprachraum angepasst und mit deutschen Kommentaren versehen. Durch einen Klick auf das Ziffernblatt kommen Sie direkt auf seine Homepage.

```
''' Konstante Werte definieren
Const cCenterX As Single = 180   ' Zentrum einstellen
''' Konstanten in Abhängigkeit zum Zentrum
Const cCenterY As Single = cCenterX
Const cLenSecond As Single = cCenterX * 0.6
Const cLenMinute As Single = cLenSecond * 0.85
Const cLenHour As Single = cLenSecond * 0.6
Const cFaceRadius As Single = cLenMinute * 1.25
'''
Const PI As Single = 3.14159265358979
Const TwoPI As Single = 2 * PI
Dim RunWhen As Double

Dim LS As Shape
Dim LM As Shape
Dim LH As Shape
```

```
Dim LLS As LineFormat
Dim LLM As LineFormat
Dim LLH As LineFormat
Dim Face As Shape
Dim FaceNumbers(1 To 12) As Shape
Dim ChipLabel As Shape
Dim Mittelstueck As Shape
```

Das erstmalige Starten der Uhr erfolgt immer mit einem Neuaufbau der Uhr. Zuerst werden, falls vorhanden, alle alten Uhrenbestandteile gelöscht. Die Variable `Theta` enthält den Winkel im Uhrzeigersinn bezogen auf die darzustellende Zeit und der Senkrechten.

```
Private Sub Init()
  On Error Resume Next
  Dim ws As Worksheet
  Dim Ndx As Integer
  Dim L As Single
  Dim T As Single
  Dim H As Single
  Dim W As Single
  Dim Theta As Single ' Winkel bezogen auf die Zeit
  Dim NewX As Single
  Dim NewY As Single

  Set ws = ActiveSheet
  ' Bestehende Objekte löschen
  With ws.Shapes
    .Item("Sekundenzeiger").Delete
    .Item("Minutenzeiger").Delete
    .Item("Stundenzeiger").Delete
    .Item("Zifferblatt").Delete
    .Item("Mittelstueck").Delete
    For Ndx = 1 To 12
      .Item("Number" & Ndx).Delete
    Next Ndx
    .Item("ChipLabel").Delete
  End With

  On Error GoTo 0
```

Das Erstellen der Zahlen ist eine mathematische Meisterleistung. Bezogen auf den definierten Mittelpunkt der Uhr werden die Zahlen positioniert. Die Größe der Zahlen kann mit den Variablen `W` und `H` sowie mit `.Font.Size` angepasst werden.

```
  For Ndx = 1 To 12
    Theta = (Ndx / 12) * TwoPI
    W = 20
    H = 20
    L = cCenterX + (cFaceRadius * Sin(Theta)) - (W / 2)
```

```
    T = cCenterY - (cFaceRadius * Cos(Theta)) - (H / 2)
    Set FaceNumbers(Ndx) = ws.Shapes.AddLabel _
      (msoTextOrientationHorizontal, L, T, W, H)
    With FaceNumbers(Ndx)
      .Name = "Number" & Ndx
      .TextFrame.Characters(1, 1).Caption = Format(Ndx)
      .TextFrame.Characters(1, 2).Font.Bold = True
      .TextFrame.Characters(1, 2).Font.Size = 14
    End With
  Next Ndx
```

Das Ziffernblatt wird in der Größe und Position in Bezug auf die Ziffern erstellt. Dazu werden die Positionswerte der Zahlen-Objekte verwendet. Das Mittelstück hat zwar keine Funktion, lässt die Uhr aber realistischer aussehen.

```
  Set Face = ws.Shapes.AddShape(Type:=msoShapeOval, _
    Left:=FaceNumbers(9).Left, Top:=FaceNumbers(12).Top, _
    Width:=FaceNumbers(3).Left + FaceNumbers(3).Width - _
                                FaceNumbers(9).Left, _
    Height:=FaceNumbers(6).Top - FaceNumbers(12).Top + _
                                FaceNumbers(6).Height)
  With Face
    .Fill.BackColor.RGB = RGB(255, 255, 255)
    .Name = "Zifferblatt"
    .ZOrder msoSendToBack
  End With
  Set ChipLabel = ws.Shapes.AddLabel(msoTextOrientationHorizontal, _
    cCenterX, (cCenterY + cFaceRadius / 2), Width:=100, Height:=20)
  With ChipLabel
    With .TextFrame
      .Characters(1, 100).Caption = _
        "von Chip Pearson, www.cpearson.com"
      .Characters(1, 100).Font.Bold = True
      .Characters(1, 100).Font.Color = RGB(255, 0, 0)
    End With
    .IncrementLeft ChipLabel.Width * -0.5
    .Name = "ChipLabel"
  End With
  Set Mittelstueck = ws.Shapes.AddShape(msoShapeOval, _
    Left:=cCenterX - 10, Top:=cCenterY - 10, Width:=20, Height:=20)
  With Mittelstueck
    .Fill.ForeColor.RGB = RGB(190, 0, 255)
    .Name = "Mittelstueck"
  End With
```

Das Erstellen der Uhrzeiger ist nicht allzu schwierig. Für die Striche mit Pfeilspitzen wird als Startpunkt das Zentrum genommen. Als Ende wird als X-Wert das Zentrum genommen und als Y-Wert das Zentrum minus die Zeigerlänge. Die Länge der Zeiger wurde bereits bei den Deklarationen definiert.

```
  ' Sekundenzeiger erstellen
  Set LS = ws.Shapes.AddLine(beginx:=cCenterX, beginy:=cCenterY, _
    endx:=cCenterX, endy:=cCenterY - cLenSecond)
  Set LLS = LS.Line
  LS.Name = "Sekundenzeiger"
  LLS.EndArrowheadStyle = msoArrowheadOpen
  LLS.ForeColor.RGB = RGB(255, 0, 0)
  LLS.Weight = 1

  ' Minutenzeiger erstellen
  Set LM = ws.Shapes.AddLine(beginx:=cCenterX, beginy:=cCenterY, _
    endx:=cCenterX, endy:=cCenterY - cLenMinute)
  Set LLM = LM.Line
  LM.Name = "Minutenzeiger"
  LLM.EndArrowheadStyle = msoArrowheadTriangle
  LLM.ForeColor.RGB = RGB(0, 0, 255)
  LLM.Weight = 1.5

  ' Stundenzeiger erstellen
  Set LH = ws.Shapes.AddLine(beginx:=cCenterX, beginy:=cCenterY, _
    endx:=cCenterX, endy:=cCenterY - cLenHour)
  Set LLH = LH.Line
  LH.Name = "Stundenzeiger"
  LLH.EndArrowheadStyle = msoArrowheadTriangle
  LLH.ForeColor.RGB = RGB(33, 100, 66)
  LLH.Weight = 1.75

  ' Mittelstück nach vorne bringen
  Mittelstueck.ZOrder msoBringToFront

  ' Hyperlink zu Chip Pearson erstellen
  ActiveSheet.Hyperlinks.Add Anchor:=Face, Address:= _
       "http://www.cpearson.com/"
End Sub
```

Das Bewegen der Zeiger der Uhr wird in den nächsten drei Prozeduren realisiert. Eigentlich wandern sie gar nicht weiter, sondern werden mit dem neuberechneten Winkel neu positioniert. Dies ist notwendig, da bei hoher Rechnerbelastung eine sekundengenaue Weiterschaltung nicht gewährleistet werden kann. Diese Uhr läuft also absolut synchron zu ihrer Systemzeit. Die Prozeduren erhalten den Zeitwert aus dem Makro `Uhr_ticken` per Übergabeparameter.

```
Private Sub Zeit_Sekunde(Seconds As Single)
  Dim Theta As Single
  Dim NewX As Single
  Dim NewY As Single
 ' auf die Sekunde bezogener Winkel zur Senkrechten
  Theta = (Seconds / 60) * TwoPI
  NewX = cCenterX + (cLenSecond * Sin(Theta))
  NewY = cCenterY - (cLenSecond * Cos(Theta))
```

```
    LS.Nodes.SetPosition 2, NewX, NewY
End Sub

Private Sub Zeit_Minute(Minutes As Single)
    Dim Theta As Single
    Dim NewX As Single
    Dim NewY As Single
    ' auf die Minute bezogener Winkel zur Senkrechten
    Theta = (Minutes / 60) * TwoPI
    NewX = cCenterX + (cLenMinute * Sin(Theta))
    NewY = cCenterY - (cLenMinute * Cos(Theta))
    LM.Nodes.SetPosition 2, NewX, NewY
End Sub

Private Sub Zeit_Stunde(Hour As Single)
    Dim Theta As Single
    Dim NewX As Single
    Dim NewY As Single
    ' auf die Stunde bezogener Winkel zur Senkrechten
    Theta = (Hour / CSng(12)) * TwoPI
    NewX = cCenterX + (cLenHour * Sin(Theta))
    NewY = cCenterY - (cLenHour * Cos(Theta))
    LH.Nodes.SetPosition 2, NewX, NewY
End Sub
```

Die eigentliche Uhr ist in der nachfolgenden Prozedur enthalten. Hier erfolgt der immer wiederkehrende Aufruf durch sich selbst. Falls die Uhr angehalten wurde, wird sie mit der Prozedur `Init` komplett erneuert. Die Steuerung hierzu erfolgt über die öffentliche Variable `RunWhen`, die in der Prozedur `Uhr_loeschen` auf Null gesetzt wird.

```
Public Sub Uhr_ticken()
    ' Wenn die Uhr angehalten wurde, dann diese neu erstellen
    If RunWhen = 0 Then Init
    Zeit_Sekunde Second(Now)
    Zeit_Minute Minute(Now)
    Zeit_Stunde Hour(Now) + (Minute(Now) / 60)
    RunWhen = Now + TimeSerial(0, 0, 1)
    Application.OnTime RunWhen, "Uhr_ticken", , True
End Sub
```

Die nächsten zwei Prozeduren sind für das Anhalten und Löschen der Uhr verantwortlich. Sie enthalten keine weiteren Besonderheiten, die einer Erklärung bedürfen.

```
Public Sub Uhr_stoppen()
    On Error Resume Next
    Application.OnTime RunWhen, "Uhr_ticken", , False
    RunWhen = 0
End Sub
```

```
Public Sub Uhr_loeschen()
  Call Uhr_stoppen  ' sicher ist sicher
  Dim WS As Worksheet
  Set WS = ActiveSheet
  On Error Resume Next
  ' bestehende Objekte löschen
  With WS.Shapes
    .Item("Sekundenzeiger").Delete
    .Item("Minutenzeiger").Delete
    .Item("Stundenzeiger").Delete
    .Item("Zifferblatt").Delete
    .Item("Mittelstueck").Delete
    For Ndx = 1 To 12
      .Item("Number" & Ndx).Delete
    Next Ndx
    .Item("ChipLabel").Delete
  End With
End Sub
```

Nachsatz:

Wir hoffen, durch unsere in dieser Kategorie bereitgestellten Beispiele Ihren Alltag mit Excel ein bisschen aufgelockert zu haben. Nicht in jeder Kategorie ist es möglich, solch interessante oder lustige Beispiele zu erstellen.

UserForm

340 Ein UserForm erstellen

Um ein UserForm zu erstellen, klicken Sie in der VBA-Umgebung zuerst auf das gewünschte PROJEKT der VBA-Umgebung und anschließend auf den Menüpunkt EINFÜGEN | USERFORM. Das UserForm ist bereits erstellt und kann nun mit beliebigen Steuerelementen, die Sie in der Werkzeugsammlung finden, gefüllt werden.

Um ein UserForm zu vergrößern oder zu verkleinern, packen Sie es an einem der Eckpunkte und ziehen es in die gewünschte Größe.

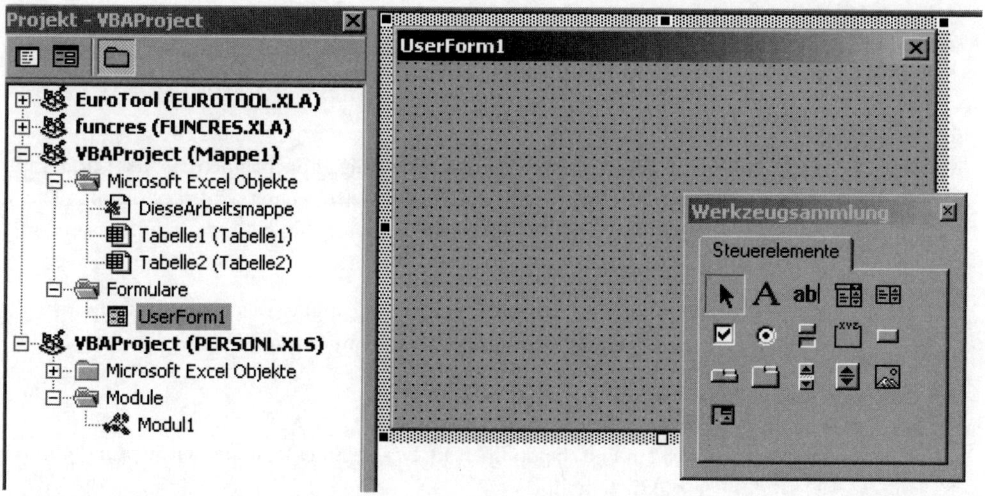

Abbildung 354: Leeres UserForm – mit Werkzeugsammlung

Sie können den Raster des UserForms ein- oder ausschalten. Diese Einstellung finden Sie unter dem Menüpunkt EXTRAS | OPTIONEN, Registerkarte ALLGEMEIN. Bis auf wenige Sonderfälle ist es aber ratsam, mit aktiviertem Raster zu arbeiten.

Symbol-Erläuterungen

Symbol	Bezeichnung
	Objekte auswählen Damit können einzelne oder mehrere Objekte ausgewählt werden
	Bezeichnungsfeld (Label) Wird oft verwechselt mit dem Textfeld. Das Bezeichnungsfeld kann jedoch nur Text anzeigen. Es dient meistens zur Beschriftung der anderen Elemente
	Textfeld (TextBox) Über das Textfeld kann Text eingegeben werden
	Kombinationsfeld (ComboBox) Mit dem Kombinationsfeld können so genannte DropDowns erzeugt werden. Auch hier könnte Text eingegeben werden. Es wird jedoch meistens mit festen Werten gefüllt, die dann im DropDown ausgewählt werden können
	Listenfeld (ListBox) Es ist dem Kombinationsfeld ein wenig ähnlich, bloß dass hier kein DropDown erzeugt wird. Meistens sind gleich mehrere Einträge sichtbar. Die unsichtbaren Einträge können über eine Bildlaufleiste angezeigt werden
	Kontrollkästchen (CheckBox) Wenn mehrere Kontrollkästchen eingefügt werden, kann man ein oder mehrere Punkte auswählen. Man kennt es vom Menüpunkt EXTRAS | OPTIONEN
	Optionsfeld (OptionButton) Es ist ein Entscheidungs-Feld. Das heißt, es kann immer nur ein Optionsfeld aktiv sein
	Umschaltfeld (Toggle-Button) Das Umschaltfeld ist ähnlich wie die Befehlsschaltfläche. Dieses hier kann jedoch wie ein Lichtschalter als gedrückt oder nicht gedrückt angezeigt werden
	Rahmen (Frame) Den Rahmen können Sie verwenden, um einzelne Felder in Gruppen zusammenzufassen. Kann zur optischen Aufbesserung verwendet werden, oder um z.B. Optionfelder in Gruppen zusammenzufassen und anzuordnen
	Befehlsschaltfläche (CommandButton) In der Regel wird die Befehlsschaltfläche verwendet, um Prozeduren daran zu binden, die dann auf Knopfdruck ausgeführt werden

Tabelle 48: Symbole aus der Werkzeugsammlung

Symbol	Bezeichnung
	Register (TabStrip) Dient dazu, im UserForm mehrere Register anzulegen
	Multiseiten (MultiPage) Wird verwendet, um mehrseitige UserForms anzulegen. Auf jeder Seite können eigene Elemente angeordnet werden
	Bildlaufleisten (ScrollBar) Mit diesem Element kann im UserForm gescrollt werden. Sie kennen es vom Excel-Fenster her
	Drehfeld (SpinButton) Das Drehfeld wird benutzt, um Werte zu erhöhen oder zu reduzieren
	Anzeige (Image) Kann verwendet werden, um Grafiken anzuzeigen

Tabelle 48: Symbole aus der Werkzeugsammlung (Forts.)

Des Weiteren wird eine kaum überschaubare Menge an Steuerelementen von Drittprogrammen angeboten. Die Auswahl ist je nach den installierten Programmen und deren Programmversionen auf Ihrem Rechner abhängig. Per Rechtsklick können Sie diese Steuerelemente in die Werkzeugsammlung aufnehmen. Als Beispiel seien nur das Kalendersteuerelement aus Access und der Mediaplayer von Microsoft erwähnt. Diese werden jeweils in einem Beispiel später vorgestellt.

341 Text in einem Label anzeigen

Wenn Sie ein Textfeld erstellen, wird immer der Text »Label« plus eine Nummer angezeigt. Diesen Text können Sie im Eigenschaften-Fenster unter `Caption` abändern.

Die Hintergrund-Farbe des Textfeldes kann ebenfalls verändert werden: `BackColor`.

Die Ausrichtung des Textes finden Sie unter: `TextAlign`.

Abbildung 355: Eigenschaften-Fenster: Caption

Die Einstellungen müssen nicht zwingend im Eigenschaften-Fenster vorgenommen werden. Sie können sie auch direkt in eine Prozedur integrieren. Gewisse Informationen können Sie auch aus der Anwendung beziehen. Zum Beispiel den Benutzernamen. Es kann auch ein Zellinhalt im Textfeld angezeigt werden. Einige dieser Möglichkeiten finden Sie im nächsten Beispiel (siehe Abbildung 356).

In unserem UserForm wurden drei `Labels` erstellt. Dem Ereignis `Initialize` wird die Prozedur zugeordnet, so dass der Text gleich beim Starten des UserForms angezeigt wird.

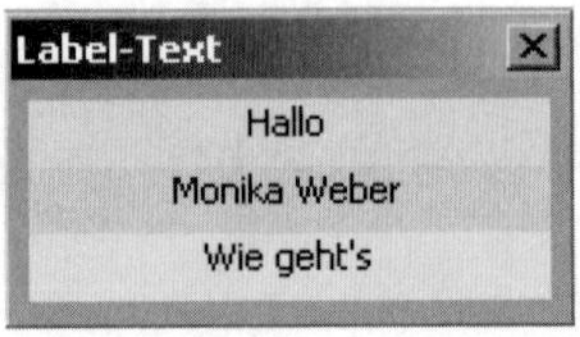

Abbildung 356: Ausgabe im UserForm

```
Private Sub UserForm_Initialize()
   Label1 = "Hallo"
   Label2 = Application.UserName
   Label3 = Worksheets(1).[A1].Value
End Sub
```

342 Zahlen laufend vergleichen

Per UserForm lassen sich bequem Zahlen von verschiedenen Tabellenblättern laufend miteinander vergleichen (siehe Abbildung 357).

In unserem Beispiel haben wir zwei Tabellenblätter. Von diesen beiden Tabellenblättern wollen wir jeweils die Zahlen aus den Zellen A1 beider Tabellenblätter miteinander vergleichen.

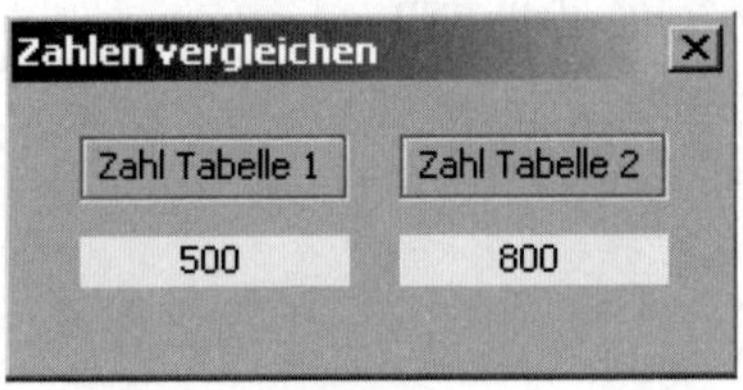

Abbildung 357: UserForm zum Vergleichen von Zahlen

Zuerst wird das `UserForm` erstellt. Damit das Formular immer im Vordergrund sichtbar ist, muss die Eigenschaft `ShowModal` auf `False` gesetzt werden (siehe Abbildung 358). Dies ist leider erst ab Excel 2000 möglich. Es gibt aber eine Umgehungslösung, die im Abschnitt »Excel 97: ShowModal« genau erläutert wird. Um im UserForm in der Titelzeile »`Zahlen vergleichen`» anzeigen zu lassen, geben Sie im Eigenschaften-Fenster unter `Caption` den gewünschten Text ein.

Abbildung 358: Eigenschaften-Fenster

In der folgenden Prozedur verwenden wir die Variablen `lblZahl1` bzw. `lblZahl2`. Die Namen wurden im Eigenschaften-Fenster den beiden Textfeldern zugewiesen. In der folgenden Prozedur wird diesen beiden Variablen der Inhalt der Zellen zugewiesen.

```
Private Sub UserForm_Activate()
  lblZahl1 = Worksheets(1).Range("A1").Value
  lblZahl2 = Worksheets(2).Range("A1").Value
End Sub
```

Damit die Zahlen auch tatsächlich laufend aktualisiert werden, müssen Sie hinter die einzelnen Tabellenblätter die entsprechenden Anweisungen schreiben.

Hinter der TABELLE1 steht der Code:

```
Private Sub Worksheet_Change(ByVal Target As Excel.Range)
   If Target.Address = "$A$1" Then UserForm2.lblZahl1.Caption = [A1]
End Sub
```

Hinter der TABELLE2 steht folgender Code:

```
Private Sub Worksheet_Change(ByVal Target As Excel.Range)
   If Target.Address = "$A$1" Then UserForm1.lblZahl2.Caption = [A1]
End Sub
```

Damit wir die Möglichkeit haben, das UserForm zu starten, fügen wir in unser Tabellenblatt eine Formular-Schaltfläche ein (siehe Abbildung 359) und weisen ihr die entsprechende Prozedur zu. Das UserForm trägt den Namen »UserForm1« und kann durch die Methode `Show` angezeigt werden.

```
Sub UserFormStarten()
   UserForm1.Show
End Sub
```

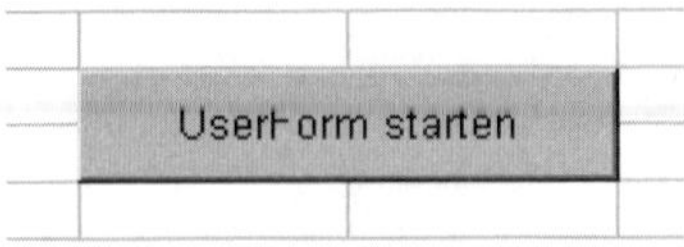

Abbildung 359: Schaltfläche, um die UserForm zu starten

343 RGB-Farben (OptionsButton)

RGB steht ja bekanntlich für Rot, Grün und Blau, womit sämtliche Farben in einer Abstufung zwischen 0 und 255 gemischt werden können.

In unserem nächsten UserForm verwenden wir 8 verschiedene Optionsfelder, um die gewünschte Farbe auswählen zu können, sowie ein Bezeichnungsfeld, um die Farbe anzuzeigen.

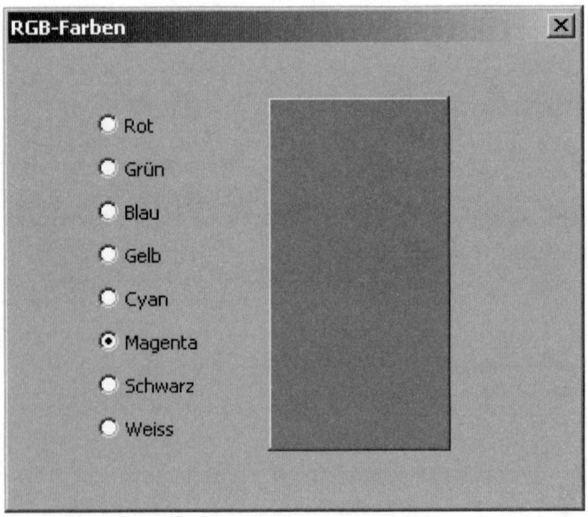

Abbildung 360: OptionsButtons mit Farben

Dem Label wird nun der Wert der RGB-Farbe zugewiesen, je nach Optionsfeld, das aktiviert wird:

```
Private Sub OptionButton1_Click()
   Label1.BackColor = RGB(255, 0, 0)      ' Rot
End Sub
```

```
Private Sub OptionButton2_Click()
    Label1.BackColor = RGB(0, 255, 0)       ' Grün
End Sub

Private Sub OptionButton3_Click()
   Label1.BackColor = RGB(0, 0, 255)        ' Blau
End Sub

Private Sub OptionButton4_Click()
   Label1.BackColor = RGB(255, 255, 0)      ' Gelb
End Sub

Private Sub OptionButton5_Click()
   Label1.BackColor = RGB(0, 255, 255)      ' Cyan
End Sub

Private Sub OptionButton6_Click()
   Label1.BackColor = RGB(255, 0, 255)      ' Magenta
End Sub

Private Sub OptionButton7_Click()
   Label1.BackColor = RGB(0, 0, 0)          ' Schwarz
End Sub

Private Sub OptionButton8_Click()
   Label1.BackColor = RGB(255, 255, 255) ' Weiß
End Sub
```

344 Systeminfos anzeigen (Kontrollkästchen)

Wir wollen nun drei Kontrollkästchen programmieren, über die wahlweise das Datum, die Zeit und der Benutzername ein- und ausgeblendet werden können.

Dazu fügen wir drei Kontrollkästchen und drei Textfelder in die UserForm ein.

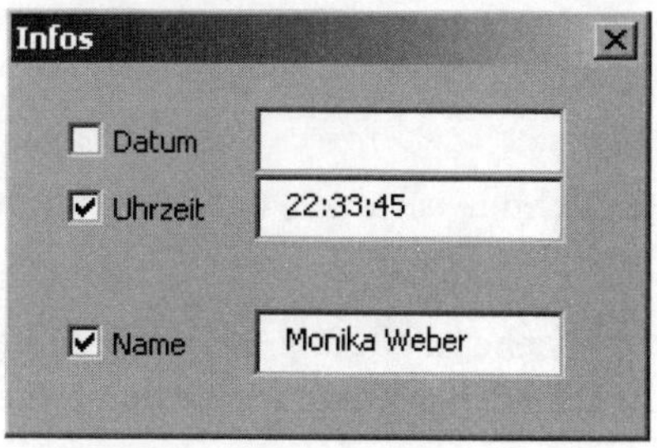

Abbildung 361: System-Infos anzeigen

Den drei Kontrollkästchen hinterlegen wir je eine `Click`-Ereignis-Prozedur. Über eine `If...Then...Else`-Entscheidung prüfen wir, ob der Wert des Kontrollkästchens `True`, also angeklickt ist. Wenn dies zutrifft, weisen wir dem Textfeld den gewünschten Wert zu, wenn nicht, stellen wir das Textfeld auf leer `""`.

```
Private Sub CheckBox1_Click()
   If CheckBox1.Value = True Then
      TextBox1.Value = Date
   Else
      TextBox1.Value = ""
   End If
End Sub

Private Sub CheckBox2_Click()
   If CheckBox2.Value = True Then
      TextBox2.Value = Time
   Else
      TextBox2.Value = ""
   End If
End Sub

Private Sub CheckBox3_Click()
   If CheckBox3.Value = True Then
      TextBox3.Value = Application.UserName
   Else
      TextBox3.Value = ""
   End If
End Sub
```

345 Einfache Datenmaske (Textfeld)

In diesem Beispiel erstellen wir eine einfache Datenmaske. Im Tabellenblatt fügen wir die Formular-Schaltfläche MITARBEITER ERFASSEN ein, über die das UserForm aufgerufen werden kann.

Das Tabellenblatt ist geschützt, so dass nur Daten über die Datenmaske erfasst werden können.

Zuerst wird das UserForm erstellt. Es besteht aus vier Bezeichnungsfeldern, vier Textfeldern für die Dateneingabe sowie einer Schaltfläche.

Die Prozedur hinterlegen wir der Schaltfläche EINTRAGEN (siehe Abbildung 363). Wenn Sie doppelt auf diese Schaltfläche klicken, gelangen Sie in die VBA-Umgebung, wo Sie den Code eingeben können.

Zu Beginn der Prozedur wird der Blattschutz aufgehoben (`Unprotect`), damit die Daten in die Tabelle eingetragen werden können. Am Ende der Prozedur wird das Blatt wieder geschützt (`Protect`).

Abbildung 362: Tabelle Datenmaske

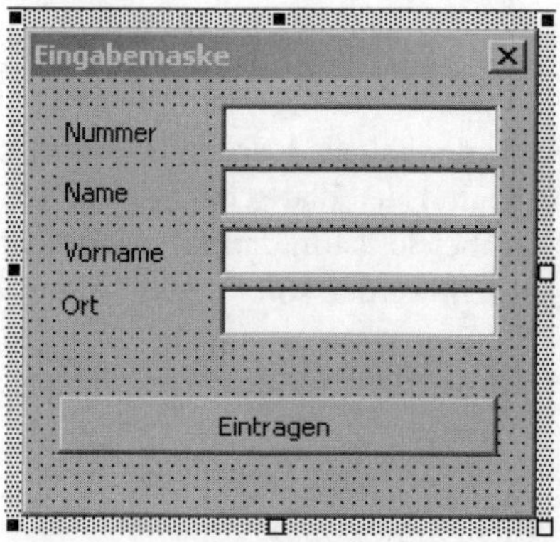

Abbildung 363: Datenmaske

Über die Anweisung `Cells(Rows.Count, 2).End(xlUp).Offset(1, 0).Select` können Sie die letzte belegte Zelle der Spalte B ermitteln und von da ausgehend die Daten aus dem UserForm in die Tabelle übertragen.

Am Ende werden alle Textfelder wieder auf Leer `""` gestellt.

```
Private Sub CommandButton1_Click()
   If ActiveSheet.Protect Then ActiveSheet.Unprotect
   On Error GoTo Errorhandler
```

```
    With ActiveSheet.Cells(Rows.Count, 2).End(xlUp)
       .Offset(1, 0).Value = CDbl(txtNummer)
       .Offset(0, 1).Value = txtName
       .Offset(0, 2).Value = txtVorname
       .Offset(0, 3).Value = txtOrt
    End With

    txtNummer = ""
    txtName = ""
    txtVorname = ""
    txtOrt = ""

    ActiveSheet.Protect
    Exit Sub
 Errorhandler:
    MsgBox "Falsche Eingabe"
 End Sub
```

Über die Schaltfläche MITARBEITER ERFASSEN wird die Datenmaske, d.h. das UserForm aufgerufen. Beide Schaltflächen wurden in diesem Beispiel über die FORMULAR-Symbolleiste erstellt.

```
Sub UserForm_anzeigen()
   UserForm1.Show
End Sub
```

Da die Tabelle geschützt ist, müssen wir, um eine Zeile aus der Tabelle löschen zu können, ebenfalls eine Prozedur hinterlegen. Auch hier wird zu Beginn der Blattschutz deaktiviert und am Ende der Prozedur wieder aktiviert. Über ein Eingabefeld kann dann die Nummer der Zeile eingegeben werden, die mit `EntireRow.Delete` gelöscht werden soll.

```
Sub Zeile_Loeschen()
   Dim i As Integer
   On Error Resume Next
      If ActiveSheet.Protect Then ActiveSheet.Unprotect
     i = InputBox("Bitte die Zeilennummer eingeben", "Zeile löschen")
     Cells(i, 1).EntireRow.Delete
     ActiveSheet.Protect
End Sub
```

Das Beispiel könnte durchaus noch ausgebaut werden und dient lediglich als Grundlage. Zu Gunsten der Übersichtlichkeit sind wir mit den Fehlerbehandlungen recht sparsam umgegangen. Das werden wir auch in den restlichen Beispielen dieser Kategorie so halten. Näheres zur Fehlerbehandlung erfahren Sie in der Kategorie »Errors«.

346 Datenmaske mit Optionsfeldern

In unserem nächsten Beispiel wollen wir eine Eingabemaske mit Optionsfeldern erstellen, über die die Anrede ausgewählt werden kann.

Erstellen Sie also ein UserForm mit zwei Optionsfeldern, eins für »Herr« und eines für »Frau« (siehe Abbildung 364).

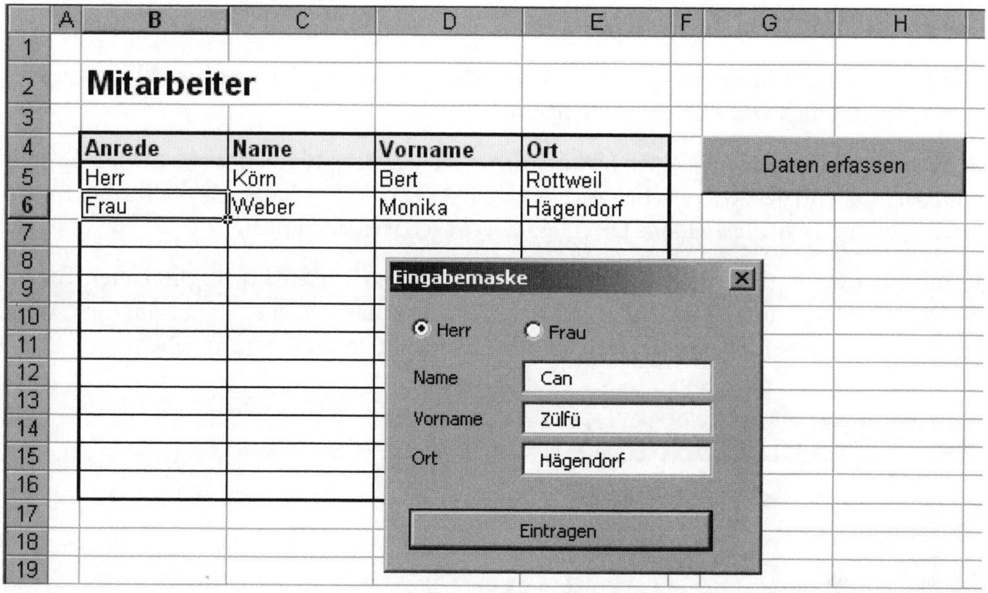

Abbildung 364: Datenmaske mit OptionsButtons

Das Vorgehen ist ähnlich wie beim obigen Beispiel. Um den Code etwas übersichtlicher zu gestalten, übergeben wir die Position der letzten Zelle in Spalte B der Variablen `lZeile`.

Bei den Optionsfeldern checken wir, ob der Wert wahr, also `True` ist. Wenn dies der Fall ist, wird der Wert in die Zelle übertragen. Wenn kein Optionsfeld angeklickt wurde, wird über eine Dialogbox darauf aufmerksam gemacht.

```
Private Sub CommandButton1_Click()
   Dim lZeile As Long
      If OptionButton1.Value = False And OptionButton2.Value = _
        False Then
        MsgBox "Bitte das Geschlecht auswählen"
        Exit Sub
     End If
   lZeile = ActiveSheet.Cells(Rows.Count, 2).End(xlUp).Row
   If OptionButton1.Value = True Then Cells(lZeile + 1, 2) = "Herr"
   If OptionButton2.Value = True Then Cells(lZeile + 1, 2) = "Frau"
   Cells(lZeile + 1, 3).Value = txtName
   Cells(lZeile + 1, 4).Value = txtVorname
```

```
    Cells(lZeile + 1, 5).Value = txtOrt
    OptionButton1.Value = False
    OptionButton2.Value = False
    txtName = ""
    txtVorname = ""
    txtOrt = ""
End Sub
```

347 Einfaches Listenfeld

Wir möchten nun ein einfaches Listenfeld erstellen. Die Werte, die ins Listenfeld aufgenommen werden, geben wir über ein Textfeld ein.

Wir benötigen also ein Textfeld, ein Listenfeld sowie Befehlsschaltflächen (siehe Abbildung 365). Die Prozedur wird der Schaltfläche WERT IN LISTBOX ÜBERTRAGEN hinterlegt, so dass auf Knopfdruck die Daten vom Textfeld ins Listenfeld übertragen werden können.

Damit der Cursor zu Beginn sicher im Textfeld steht, stellen Sie im Eigenschaften-Fenster den Wert `TabIndex` auf 0. Das ist der kleinste Wert, den man vergeben kann. Auf diese Weise kann man die Reihenfolge der anzusteuernden Elemente im UserForm angeben.

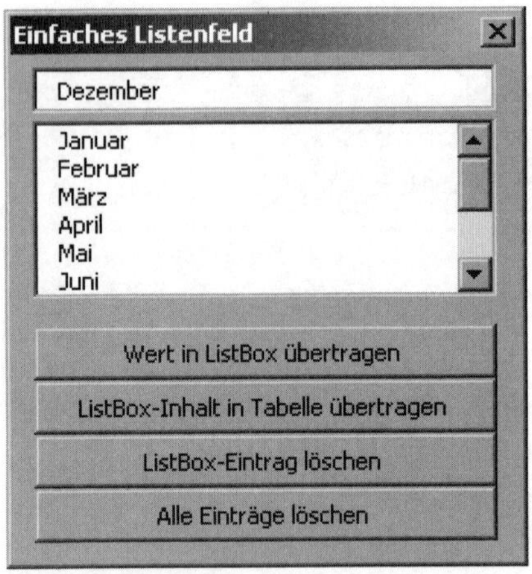

Abbildung 365: Listenfeld

Um den Wert ins Listenfeld zu übertragen, verwenden wir die Methode `AddItem`. Danach stellen wir das Textfeld auf Leer `""` und setzen den Cursor wieder ins Textfeld `SetFocus`, so dass gleich eine neue Eingabe erfolgen kann.

```
Private Sub CommandButton1_Click()
   ListBox1.AddItem TextBox1.Value
      With TextBox1
         .Value = ""
```

```
        .SetFocus
    End With
End Sub
```

Nun möchten wir die Werte aus dem Listenfeld in die Tabelle übertragen. Dazu verwenden wir die Variable `i`, um die Zeilennummer zu erhöhen. Die Werte sollen untereinander in die Spalte A übertragen werden.

Um die Inhalte des Listenfeldes auszulesen, verwenden wir die Eigenschaft `List`, die für die Zeilennummer steht. Wir können hier dieselbe Variable verwenden, um die Zeilen im Listenfeld anzusprechen.

```
Private Sub CommandButton2_Click()
   Dim i As Integer
      For i = 0 To ListBox1.ListCount - 1
         Cells(i + 1, 1) = ListBox1.List(i)
      Next i
End Sub
```

Um einen einzelnen Eintrag aus dem Listenfeld zu entfernen, verwenden wir die Methode `RemoveItem`, gefolgt von dem `ListIndex`.

```
Private Sub CommandButton3_Click()
   On Error GoTo Errorhandler
   ListBox1.RemoveItem (ListBox1.ListIndex)
   Exit Sub
Errorhandler:
   MsgBox "Bitte einen Eintrag auswählen"
End Sub
```

Um alle Einträge aus dem Listenfeld zu entfernen, verwenden Sie die Methode `Clear`.

```
Private Sub CommandButton4_Click()
    ListBox1.Clear
End Sub
```

Damit das Listenfeld bereits beim Aufrufen des UserForm mit Werten gefüllt wird, verwenden Sie die Methode `AddItem` und weisen jeweils den gewünschten Text zu.

```
Private Sub UserForm_Initialize()
   With ListBox1
      .AddItem "Januar"
      .AddItem "Februar"
      .AddItem "März"
      .AddItem "April"
```

```
        .AddItem "Mai"
        .AddItem "Juni"
        .AddItem "Juli"
        .AddItem "August"
        .AddItem "September"
        .AddItem "Oktober"
        .AddItem "November"
        .AddItem "Dezember"
    End With
End Sub
```

348 Listenfeld mit Werten aus Tabelle

Beginnen wir mit einem einfachen Beispiel, das wir nach und nach erweitern. Im ersten Schritt werden die Werte aus der Spalte B ins UserForm übernommen.

Erstellen Sie dazu ein UserForm mit einer `ListBox`.

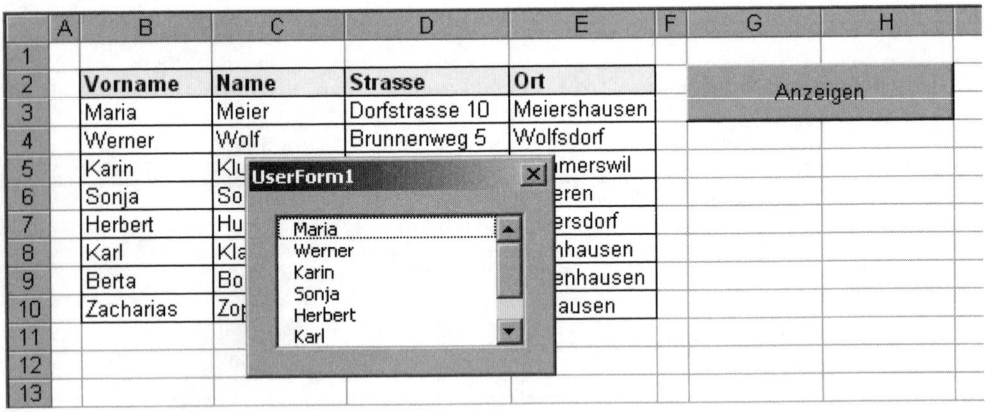

Abbildung 366: Listenfeld mit Werten aus Spalte B

Die Werte aus dem Bereich B3:B10 sollen ins Listenfeld übertragen werden (siehe Abbildung 366). Wir verwenden eine `For Each`-Schleife, die in diesem Bereich jede Zelle über die Variable `c` anspricht und nacheinander deren Wert ins Listenfeld überträgt (`AddItem`).

```
Private Sub UserForm_Initialize()
   Dim c As Range
      For Each c In Sheets(1).Range("B3:B10")
         ListBox1.AddItem c
      Next c
End Sub
```

349 Mehrspaltiges Listenfeld

Das Listenfeld wird nun so erweitert, dass alle Spalten der Tabelle ins Listenfeld übertragen werden.

Die Anzahl der Spalten wird bestimmt durch die Eigenschaft `ColumnCount`.

Die Breite des Listenfeldes kann mittels `ColumnWidths` festgelegt werden.

```
Private Sub UserForm_Initialize()
   Sheets(1).Activate
      With ListBox1
         .ColumnCount = 4
         .RowSource = "B3:E10"
         .ColumnWidths = "2cm;2cm;3cm;3cm"
      End With
End Sub
```

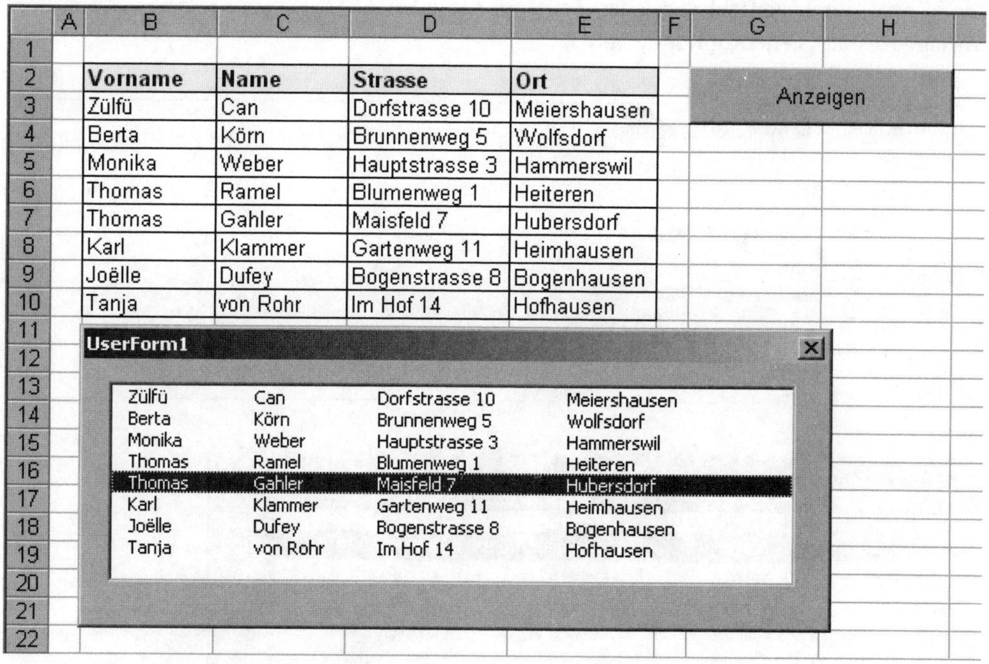

Abbildung 367: Mehrspaltiges Listenfeld

350 Listenfeld mit Titelzeile und Listen-Optionsfeldern

Als Nächstes wollen wir dem Listenfeld eine Titelzeile `ColumnHeads` hinzufügen. Der Eigenschaft `RowSource` weisen wir den Bereich B3:E10 zu. Wie Sie sehen, bleibt der Bereich der `RowSource` derselbe wie vorhin, die Zeile oberhalb dieses Bereiches, die ja als Titelzeile angezeigt werden soll, wird automatisch als solche erkannt.

```
Private Sub UserForm_Initialize()
   Sheets(1).Activate
      With ListBox1
         .ColumnCount = 4
         .ColumnHeads = True
         .RowSource = "B3:E10"
         .ColumnWidths = "2cm;2cm;3cm;3cm"
      End With
End Sub
```

Sie können im Listenfeld vor jeder Zeile ein Optionsfeld `ListStyle = fmListStyleOption` anzeigen lassen (siehe Abbildung 368).

```
Private Sub UserForm_Initialize()
   Sheets(1).Activate
      With ListBox1
         .ColumnCount = 4
         .ColumnHeads = True
         .RowSource = "B3:E10"
         .ColumnWidths = "2cm;2cm;3cm;3cm"
         .ListStyle = fmListStyleOption
      End With
End Sub
```

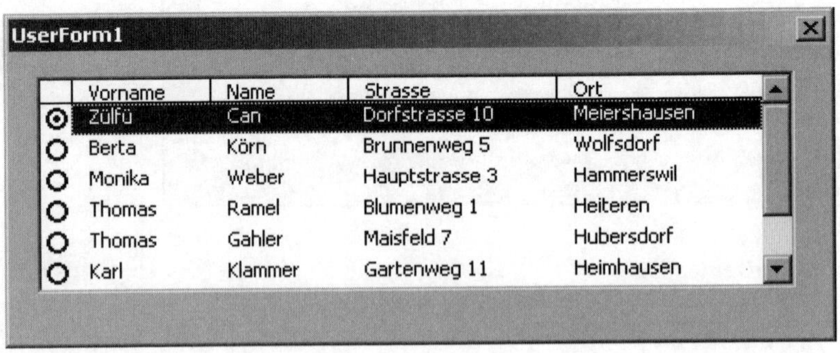

Abbildung 368: Mehrspaltiges Listenfeld mit Titelzeile und Optionsfeldern

351 Werte aus Listenfeld in Tabelle übertragen

Die Werte, die sich in dem Listenfeld befinden, sollen per Doppelklick in die TABELLE2 übertragen werden.

Unsere Prozedur ist so aufgebaut, dass die Werte untereinander ausgegeben werden, man könnte sie beispielsweise als Briefanschrift verwenden.

Die Werte im Listenfeld werden entsprechend den vier Spalten an vier Variablen übergeben. Dabei beziehen wir uns auf den `ListIndex`, um die Position der Spalte im Listenfeld anzugeben. Diese beginnt auch hier mit Null (0). Die gefüllten Variablen werden in der TABELLE2 den gewünschten Zellen übergeben.

```
Private Sub ListBox1_DblClick(ByVal Cancel As _
   MSForms.ReturnBoolean)
  Dim Name As String
  Dim VorN As String
  Dim Str As String
  Dim Ort As String

  Name = ListBox1.List(ListBox1.ListIndex, 0)
  VorN = ListBox1.List(ListBox1.ListIndex, 1)
  Str = ListBox1.List(ListBox1.ListIndex, 2)
  Ort = ListBox1.List(ListBox1.ListIndex, 3)

   With Sheets(2)
      .[A1].Value = Name
      .[A2].Value = VorN
      .[A3].Value = Str
      .[A4].Value = Ort
   End With
End Sub
```

Wenn Sie das Listenfeld immer sichtbar haben möchten, wenn Sie zwischen den Tabellenblättern wechseln, dann stellen Sie im Eigenschaften-Fenster die Eigenschaft `ShowModal` auf `False`.

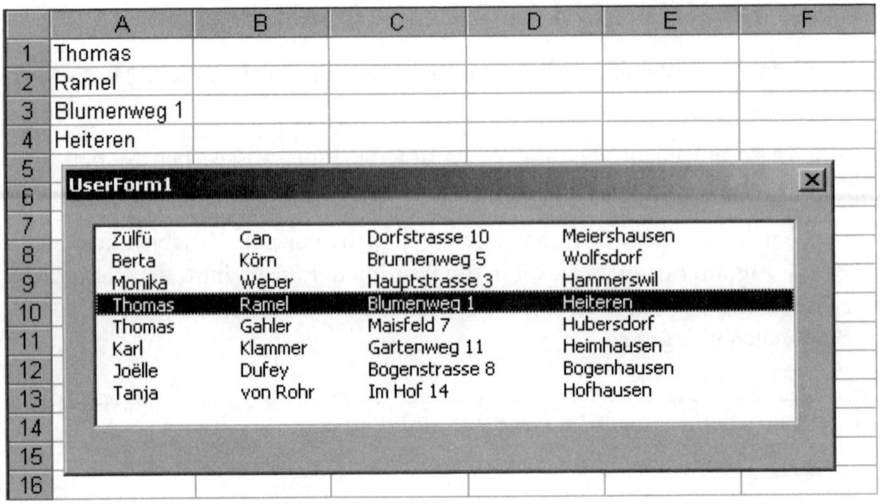

Abbildung 369: Übertrag in Tabelle

352 Listenfeld mit Optionsfeldern

Wenn Sie abwechselnd bestimmte Datensätze im Listenfeld ein- oder ausblenden möchten, können Sie mit Optionsfeldern arbeiten (siehe Abbildung 370).

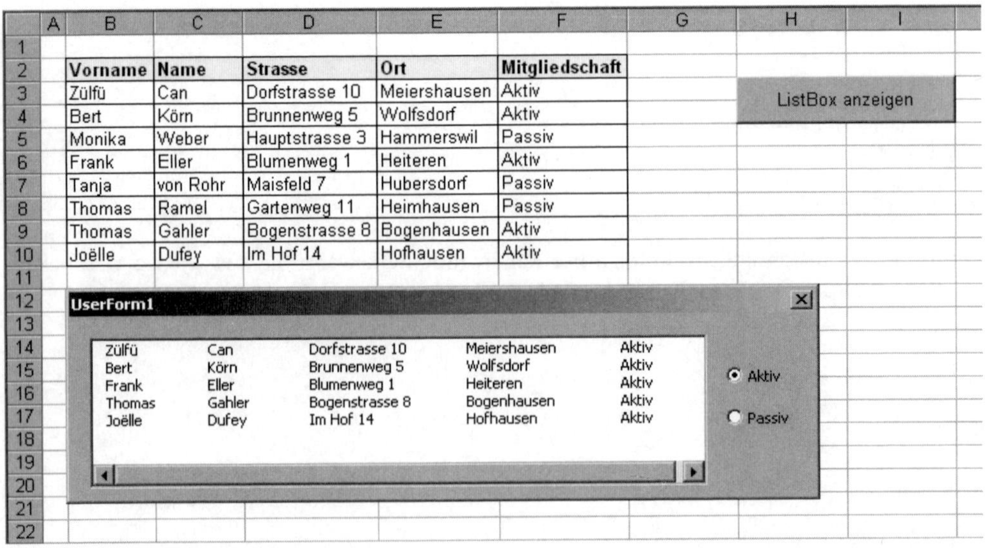

Abbildung 370: Listenfeld mit Optionsfeldern

In unserem Beispiel wollen wir wahlweise nur die »Aktiven« oder die »Passiven« Mitglieder in der Listbox anzeigen.

Dazu programmieren wir zwei Optionsbuttons, die wir dem Ereignis `Click` zuweisen.

Zu Beginn der Prozedur wird das Listenfeld mit `Clear` geleert, damit die Daten nicht bei mehrmaligem Klick immer wieder ins Listenfeld übertragen werden und mehrfach vorhanden sind.

Der Bereich F3:F10 soll nach übereinstimmenden Datensätzen abgesucht werden. Wir schließen diesen Bereich in eine `For...Next`-Schleife ein. Dort wird in einer `If...Then`-Entscheidung geprüft, ob in dem Bereich eine Übereinstimmung gefunden wird. Wenn das zutrifft, werden die Werte dem Listenfeld übergeben.

Die Variable `Zeile` verwenden wir, damit wir die Zeilen in der Listbox ansprechen können. Die Variable wird bei jedem Durchlauf der `If...Then`-Entscheidung um eins erhöht.

```
Private Sub OptionButton1_Click()
   Dim c As Range
   Dim Zeile As Integer
   ListBox1.Clear
      For Each c In Range("F3:F10")
         If c.Value = "Aktiv" Then
            With ListBox1
               .ColumnCount = 5
               .ColumnWidths = "2cm;2cm;3cm;3cm;2cm"
               .AddItem c.Offset(0, -4).Value
               .List(Zeile, 1) = c.Offset(0, -3).Value
               .List(Zeile, 2) = c.Offset(0, -2).Value
               .List(Zeile, 3) = c.Offset(0, -1).Value
               .List(Zeile, 4) = c.Offset(0, 0).Value
               Zeile = Zeile + 1
            End With
         End If
      Next c
End Sub

Private Sub OptionButton2_Click()
   Dim c As Range
   Dim Zeile As Integer
   Sheets(3).Activate
   ListBox1.Clear
      For Each c In Range("F3:F10")
         If c.Value = "Passiv" Then
            With ListBox1
               .ColumnCount = 5
               .ColumnWidths = "2cm;2cm;3cm;3cm;2cm"
               .AddItem c.Offset(0, -4).Value
               .List(Zeile, 1) = c.Offset(0, -3).Value
               .List(Zeile, 2) = c.Offset(0, -2).Value
               .List(Zeile, 3) = c.Offset(0, -1).Value
               .List(Zeile, 4) = c.Offset(0, 0).Value
               Zeile = Zeile + 1
            End With
         End If
      Next c
End Sub
```

353 Ausgabe in ein Listenfeld

In einem Listenfeld können z.B. Berechnungen ausgegeben werden. In unserem UserForm sind zwei Textfelder `txtEingabe1` und `txtEingabe2` enthalten. In jedes der Textfelder wird eine Zahl geschrieben. Durch einen Klick auf die entsprechende Befehlsschaltfläche Addition, Subtraktion, Multiplikation oder Division können die Zahlen berechnet und zugleich in das Listenfeld übertragen werden.

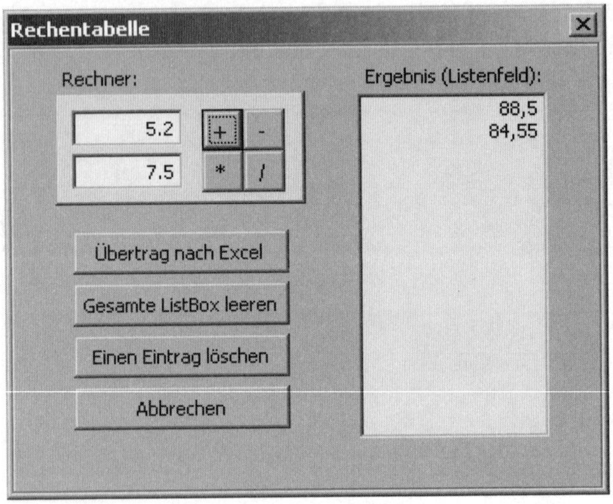

Abbildung 371: Rechentabelle (Listenfeld)

Da ein Textfeld – wie es der Name erahnen lässt – eben Text speichert, muss in der Prozedur festgehalten werden, dass die Eingabe im Textfeld als Zahl behandelt werden soll. Dies geschieht über den Befehl `Val` für Value, also »Wert«.

Beachten Sie bei Nachkommastellen, dass diese getrennt durch einen Punkt eingegeben werden. Die Ausgabe jedoch erfolgt mit einem Komma (siehe Abbildung 371).

Damit es zu keiner fehlerhaften Berechnung kommt, müssen wir sicherstellen, dass auch wirklich beide Textfelder ausgefüllt wurden. Wenn das nicht der Fall ist, wird in einer Dialogbox der Hinweis »Es wurden nicht alle Felder ausgefüllt« angezeigt.

In der Variablen `Ergebnis` wird die Berechnung zwischengespeichert. Der Inhalt der Variablen wird anschließend über die Methode `AddItem` in das Listenfeld übertragen.

Am Ende jeder Prozedur werden die Textfelder `txtEingabe1` und `txtEingabe2` wieder zurückgestellt `""`. Das heißt, die Textfelder werden für eine neue Eingabe geleert.

Schaltfläche für die Addition:

```
Private Sub cmdAddition_Click()
   Dim Ergebnis As Double
      If txtEingabe1 = "" Or txtEingabe2 = "" Then
```

```
        MsgBox ("Es wurden nicht alle Felder ausgefüllt")
        Exit Sub
      ElseIf txtEingabe1 <> "" Then
        Ergebnis = Val(txtEingabe1) + Val(txtEingabe2)
        lstAusgabe.AddItem (Ergebnis)
      End If
    txtEingabe1 = ""
    txtEingabe2 = ""
End Sub
```

Schaltfläche für die Subtraktion:

```
Private Sub cmdSubtraktion_Click()
   Dim Ergebnis As Double
      If txtEingabe1 = "" Or txtEingabe2 = "" Then
           MsgBox ("Es wurden nicht alle Felder ausgefüllt")
      Exit Sub
      ElseIf txtEingabe1 <> "" Then
         Ergebnis = Val(txtEingabe1) - Val(txtEingabe2)
         lstAusgabe.AddItem (Ergebnis)
      End If
   txtEingabe1 = ""
   txtEingabe2 = ""
End Sub
```

Schaltfläche für die Multiplikation:

```
Private Sub cmdMultiplikation_Click()
   Dim Ergebnis As Double
      If txtEingabe1 = "" Or txtEingabe2 = "" Then
         MsgBox ("Es wurden nicht alle Felder ausgefüllt")
         Exit Sub
      ElseIf txtEingabe1 <> "" Then
         Ergebnis = Val(txtEingabe1) * Val(txtEingabe2)
         lstAusgabe.AddItem (Ergebnis)
      End If
   txtEingabe1 = ""
   txtEingabe2 = ""
End Sub
```

Schaltfläche für die Division:

```
Private Sub cmdDivision_Click()
   Dim Ergebnis As Double
      If txtEingabe1 = "" Or txtEingabe2 = "" Then
         MsgBox ("Es wurden nicht alle Felder ausgefüllt")
         Exit Sub
      ElseIf txtEingabe1 <> "" Then
```

```
        Ergebnis = Val(txtEingabe1) / Val(txtEingabe2)
        lstAusgabe.AddItem (Ergebnis)
      End If
   txtEingabe1 = ""
   txtEingabe2 = ""
End Sub
```

354 Einträge nach Excel übertragen

Durch einen Klick auf die Befehlsschaltfläche ÜBERTRAG IN EXCEL sollen alle Einträge des Listenfeldes in die Excel-Tabelle in Spalte A übertragen werden.

Zuerst werden allfällige Einträge in der Spalte A entfernt: `ClearContents`.

Danach werden in einer `For...Next`-Schleife die Einträge des Listenfeldes abgearbeitet und in die Excel-Tabelle übertragen.

Damit die Einträge in der Spalte A ein einheitliches Format erhalten, weisen wir der Spalte A ein Zahlenformat (`NumberFormat`) zu.

```
Private Sub cmdUebertrag_Click()
   Dim i As Integer
   Columns("A:A").ClearContents
      For i = 0 To lstAusgabe.ListCount - 1
         Cells(i + 1, 1) = CDbl(lstAusgabe.List(i))
      Next i
   Columns("A:A").NumberFormat = "0.00"
End Sub
```

355 Einen Listenfeld-Eintrag entfernen

Es soll möglich sein, nur einen einzelnen Eintrag aus dem Listenfeld zu entfernen.

Vor dem Löschen des Eintrages wird eine Dialogbox rückgefragt werden, ob der Eintrag wirklich gelöscht werden soll (siehe Abbildung 372).

Für den Fall, dass kein Eintrag im Listenfeld ausgewählt wurde, bauen wir eine Fehlerbehandlung ein, die darauf hinweist.

Wenn der Eintrag tatsächlich gelöscht werden soll, wird dies durch die Methode `RemoveItem` ausgeführt.

```
Private Sub cmdEintragLoeschen_Click()
   Dim Frage As String
   Frage = MsgBox("Wollen Sie wirklich löschen?", _
                  vbYesNo, "Löschen")
      If Frage = vbNo Then
         Exit Sub
      Else
```

```
         On Error GoTo Errorhandler
         lstAusgabe.RemoveItem (lstAusgabe.ListIndex)
         Exit Sub
Errorhandler:
         MsgBox "Sie müssen in der Liste" & Chr(13) & _
         "einen Eintrag markieren"
      End If
End Sub
```

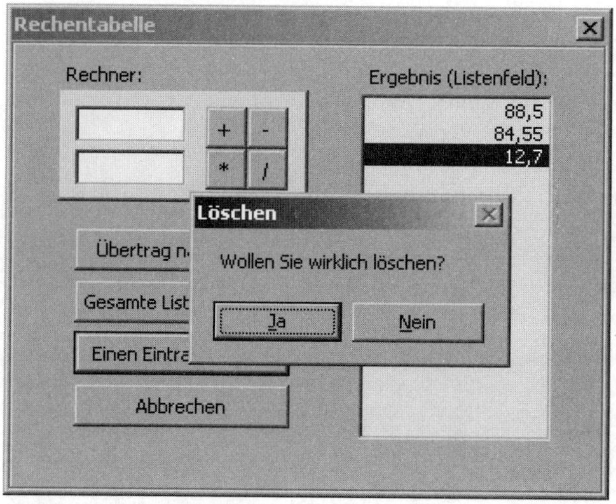

Abbildung 372: Rückfrage vor dem endgültigen Löschen

356 Alle Einträge in der Listbox löschen

Durch einen Klick auf die Befehlsschaltfläche GESAMTE LISTBOX LEEREN sollen alle Einträge im Listenfeld gelöscht werden.

Wie es vor einer Löschung der Daten üblich ist, soll auch hier zuerst ein Warntext in Form eines Dialogfeldes ausgegeben werden: »Wollen Sie wirklich alle Einträge löschen?«. Wenn die Frage mit JA beantwortet wird, wird über den Befehl `Clear` der Inhalt des Listenfeldes gelöscht. Andernfalls wird die Prozedur verlassen (`Exit Sub`).

```
Private Sub cmdListBoxLeeren_Click()
   Dim Frage As String
   Frage = MsgBox("Wollen Sie wirklich löschen?", _
                vbYesNo, "Löschen")
      If Frage = vbNo Then
         Exit Sub
      Else
         lstAusgabe.RemoveItem (lstAusgabe.ListIndex)
      End If
End Sub
```

Um das Beispiel abzurunden, darf natürlich die Befehlsschaltfläche ABBRECHEN nicht fehlen. Durch einen Klick auf die Befehlsschaltfläche wird der Befehl `Unload Me` ausgeführt.

```
Private Sub cmdAbbrechen_Click()
   Unload Me
End Sub
```

357 Einfache Rechenmaschine (Schaltflächen)

In diesem Beispiel wollen wir einen sehr einfachen Rechner programmieren. Der Rechner kann natürlich noch beliebig erweitert werden.

Abbildung 373: Rechner

Damit die Variablen modulübergreifend zur Verfügung stehen, müssen diese als `Public` deklariert werden.

Der Variablen `txtInput` werden jeweils die Einträge des Textfeldes übergeben.

In der nachfolgenden Auflistung finden Sie die Programmierung der einzelnen Zahlenschaltflächen:

```
Public Addition As Double
Public Subtraktion As Double
Public Multiplikation As Double
Public Division As Double
```

```
Private Sub cmd0_Click()
   txtInput = txtInput & 0
End Sub

Public Sub cmd1_Click()
   txtInput = txtInput & 1
End Sub

Public Sub cmd2_Click()
   txtInput = txtInput & 2
End Sub

Private Sub cmd3_Click()
   txtInput = txtInput & 3
End Sub

Private Sub cmd4_Click()
   txtInput = txtInput & 4
End Sub

Private Sub cmd5_Click()
   txtInput = txtInput & 5
End Sub

Private Sub cmd6_Click()
   txtInput = txtInput & 6
End Sub

Private Sub cmd7_Click()
   txtInput = txtInput & 7
End Sub

Private Sub cmd8_Click()
   txtInput = txtInput & 8
End Sub

Private Sub cmd9_Click()
   txtInput = txtInput & 9
End Sub
```

Die Schaltfläche C soll alle Variablen zurücksetzen (`Clear`).

```
Private Sub cmdClear_Click()
   txtInput = ""
   Addition = 0
   Subtraktion = 0
   Multiplikation = 0
   Division = 0
End Sub
```

Als Nächstes programmieren wir den Code für die Berechnungen (Addition, Subtraktion, Multiplikation und Division).

Der Inhalt der Variablen `txtInput` wird an die Variable `Addition` übergeben etc. Danach wird `txtInput` wieder zurückgestellt, damit sie für die Aufnahme der nächsten Eingabe wieder »leer« ist.

```
Private Sub cmdAdd_Click()
   Addition = txtInput
   txtInput = ""
End Sub

Private Sub cmdSubt_Click()
   Subtraktion = txtInput
   txtInput = ""
End Sub

Private Sub cmdMult_Click()
   Multiplikation = txtInput
   txtInput = ""
End Sub

Private Sub cmdDiv_Click()
   Division = txtInput
   txtInput = ""
End Sub
```

Nun programmieren wir die Schaltfläche GLEICH. Durch einen Klick auf diese Schaltfläche soll die Berechnung erfolgen.

Über `If...Then...Else` wird abgefragt, welche Berechnungsschaltfläche gedrückt wurde. Diejenige, die keinen leeren Wert, also `<> Empty` hat, wird berechnet.

```
Private Sub cmdGleich_Click()
   Dim Ergebnis As Double
   Temporaer = txtInput
      If Division <> Empty Then
         Ergebnis = CDbl(Division) / CDbl(Temporaer)
         txtInput = Ergebnis
      ElseIf Multiplikation <> Empty Then
         Ergebnis = CDbl(Multiplikation) * CDbl(Temporaer)
         txtInput = Ergebnis
      ElseIf Addition <> Empty Then
         Ergebnis = CDbl(Addition) + CDbl(Temporaer)
         txtInput = Ergebnis
      ElseIf Subtraktion <> Empty Then
         Ergebnis = CDbl(Subtraktion) - CDbl(Temporaer)
         txtInput = Ergebnis
      End If
   Division = 0
```

```
    Multiplikation = 0
    Addition = 0
    Subtraktion = 0
    Temporaer = txtInput
End Sub
```

Wert übertragen nach ...

Das Ergebnis der Berechnung soll in eine beliebige Zelle in der Excel-Tabelle übertragen werden können. Durch einen Klick auf die Schaltfläche ÜBERTRAGEN NACH wird ein Eingabefeld geöffnet, in das die Zielzelle, z. B. `A1`, eingegeben werden kann (siehe Abbildung 374).

```
Private Sub cmdUebertragen_Click()
    Dim str As String
    str = InputBox("Geben Sie die Zielzelle ein")
    On Error Resume Next
    Range(str).Value = CDbl(txtInput)
End Sub
```

Abbildung 374: Eingabefeld für die Zielzelle

Abbrechen

Damit der Cursor beim Start des Rechners immer im Eingabefeld steht, setzen wir dort den Focus (`SetFocus`).

```
Private Sub UserForm_Activate()
    txtInput.SetFocus
End Sub
```

Zum Schluss programmieren wir noch die Schaltfläche ABBRECHEN.

```
Private Sub cmdAbbrechen_Click()
    Unload Me
End Sub
```

358 ASCII-Zeichen ermitteln (Bildlaufleiste)

Mittels ScrollBar (zu deutsch: Bildlaufleiste) wollen wir in diesem Beispiel den ASCII-Code für VBA ermitteln.

Dazu verwenden wir eine ScrollBar und zwei Textfelder.

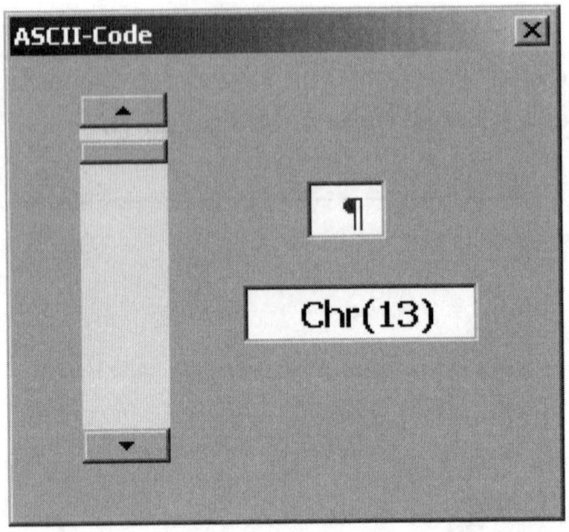

Abbildung 375: ASCII-Zeichen ermitteln

Den VBA-Code weisen wir dem Ereignis `Change` zu. Wir legen einen Minimalwert von 0 und einen Maximalwert von 255 fest. Mehr braucht es nicht, denn nur so viele Zeichen stehen zur Verfügung.

Der TextBox1 weisen wir den Wert der ScrollBar zu und der TextBox2 den Text inkl. der Wert der ScrollBar.

```
Private Sub ScrollBar1_Change()
   On Error Resume Next
      With ScrollBar1
         .Min = 0
         .Max = 255
      End With
   TextBox1.Value = Chr(ScrollBar1.Value)
   TextBox2.Value = "Chr(" & ScrollBar1.Value & ")"
End Sub
```

359 Farbpalette

Wir wollen nun ein UserForm erstellen, das eine Farbpalette darstellt (siehe Abbildung 376). In dem UserForm können Farben zusammengemixt werden, diese Farben können per Knopfdruck einem Bereich in der Tabelle als Hintergrundfarbe zugewiesen werden.

Erstellen wir zuerst ein UserForm, das der Abbildung 376 entspricht. Links neben jeder ScrollBar erstellen wir je ein Anzeigefeld (`Image`), für die Anzeige der Farben Rot, Grün oder

Blau. Durch das Runterziehen des Schiebers in der Bildlaufleiste wird die Farbe heller oder dunkler. Rechts neben der Bildlaufleiste wird ein Anzeigefeld erstellt, worin die gemischten Farben von RGB (Rot, Grün, Blau) angezeigt werden.

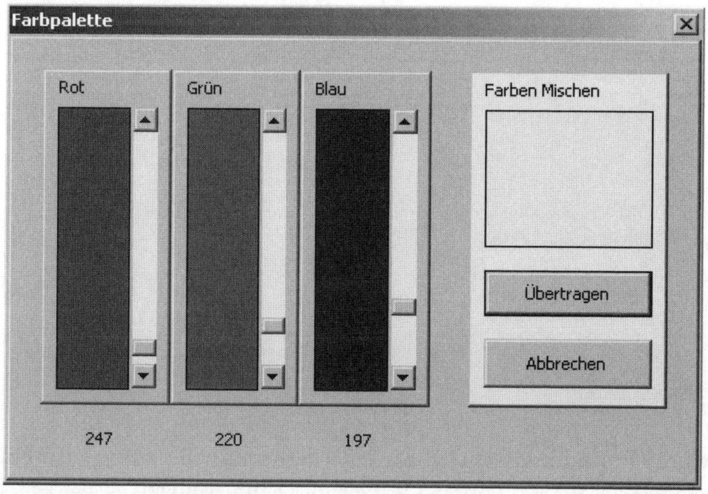

Abbildung 376: Farbpalette

Den Bildlaufleisten vergeben wir die Namen `hsgRot`, `hsgGruen` und `hsgBlau`, wobei `hsg` für Horizontal ScrollBar steht. Durch einen Doppelklick auf die gewünschte Bildlaufleiste gelangen Sie in die VBA-Umgebung, wo nun der nachfolgende Code erfasst werden kann.

Wir vergeben einen Mindestwert von 0 und einen Maximalwert von 255. Den Wert, den wir durch das Rauf- bzw. Runterziehen der Bildlaufleiste erhalten, weisen wir dem jeweiligen Anzeigefeld (`Image`) links der Bildlaufleiste zu, so dass die Farbe angezeigt wird. Den Wert, also die Zahl, die sich durch das Rauf- oder Runterziehen ergibt – also im Bereich zwischen 0 und 255 –, weisen wir dem Bezeichnungsfeld (`Label`) unterhalb des Anzeigefeldes zu.

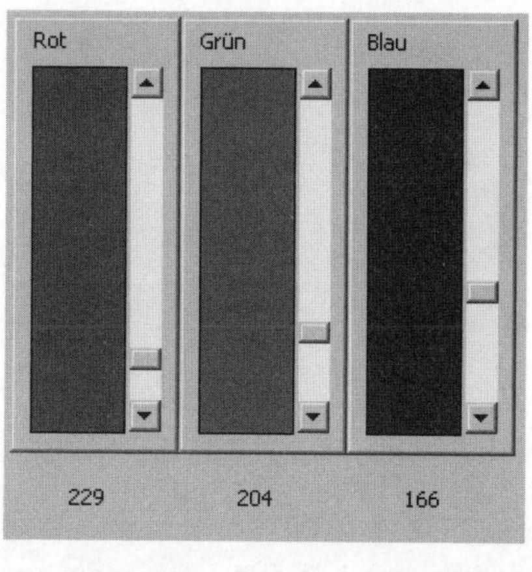

Abbildung 377: ScrollBar für Farbanzeige

Zudem werden die drei ausgewählten Farben laufend gemischt und dem Feld `imgMischen` zugewiesen (siehe Abbildung 378).

Abbildung 378: Ausgabe für Farbmischung

Es werden drei `Change`-Ereignis-Prozeduren erstellt, für jede Farbe eins. Bei allen wird ein Minimal-Wert von 0 und ein Maximal-Wert von 255 festgelegt. Dem jeweiligen `Image` rechts der Bildlaufleiste wird der Wert der Bildlaufleiste zugewiesen. Dem Image-Feld FARBEN MISCHEN werden die drei Hintergrund-Farben der Bildlaufleisten zugewiesen.

```
Private Sub hsbRot_Change()
      With hsbRot
          .Min = 0
          .Max = 255
      End With
   imgRot.BackColor = RGB(hsbRot.Value, 0, 0)
   lblRot = hsbRot.Value
   imgMischen.BackColor = RGB(hsbRot.Value, hsbGruen.Value, _
                              hsbBlau.Value)
End Sub

Private Sub hsbGruen_Change()
      With hsbGruen
          .Min = 0
          .Max = 255
      End With
   imgGruen.BackColor = RGB(0, hsbGruen.Value, 0)
   lblGruen = hsbGruen.Value
   imgMischen.BackColor = RGB(hsbRot.Value, hsbGruen.Value, _
                              hsbBlau.Value)
End Sub

Private Sub hsbBlau_Change()
      With hsbBlau
          .Min = 0
          .Max = 255
```

```
    End With
  imgBlau.BackColor = RGB(0, 0, hsbBlau.Value)
  lblBlau = hsbBlau.Value
  imgMischen.BackColor = RGB(hsbRot.Value, hsbGruen.Value, _
                         hsbBlau.Value)
End Sub
```

Die Farbmischung soll auf einen gewünschten Zellbereich übertragen werden. Dazu verwenden wir die Schaltfläche ÜBERTRAGEN (siehe Abbildung 380). In ein Eingabefeld kann der Bereich eingegeben werden, auf den die Farbe übertragen werden soll (siehe Abbildung 379).

Abbildung 379: Eingabefeld für den Zielbereich

```
Private Sub cmdUebertragen_Click()
   Dim strBereich As String
   On Error GoTo Errorhandler
   strBereich = InputBox("Bitte geben Sie den Bereich ein:" & _
      Chr(13) & "(z.B. A1:A5)")
   Range(strBereich).Interior.Color = imgMischen.BackColor
   Exit Sub
Errorhandler: MsgBox "Falsche Eingabe"
End Sub

Private Sub cmdAbbrechen_Click()
   Unload Me
End Sub
```

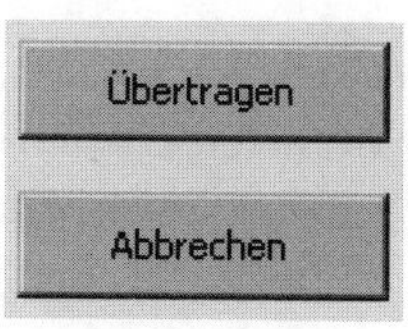

Abbildung 380: Schaltflächen

360 Farbnummern ermitteln

Wie Sie bereits in der Kategorie »Farben« erfahren haben, ist es in der Programmierung mit Farben unerlässlich zu wissen, welche Farbe mit welcher Nummer belegt ist.

In diesem Beispiel wollen wir ein UserForm mit einer Farbtabelle erstellen, woraus man die jeweilige Farbnummern ablesen kann.

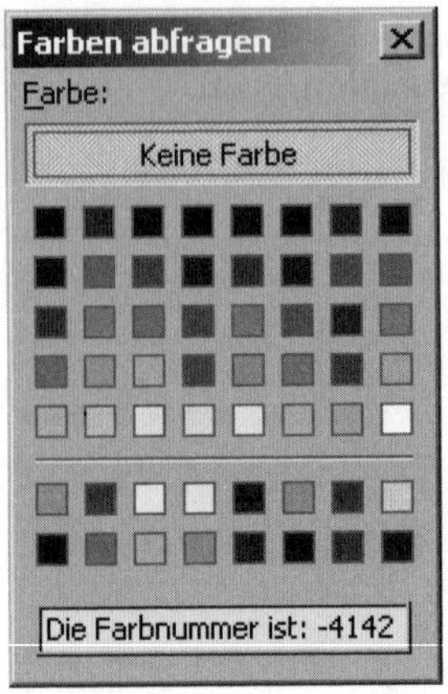

Abbildung 381: Farbnummer ermitteln

Um ein solches UserForm zu kreieren, erstellen wir eine Grafik, indem wir mit einem geeigneten Grafikprogramm ein Foto von der Farbtabelle schießen. Unter dem Menüpunkt FORMAT | ZELLEN, Registerkarte MUSTER können Sie eine Farbtabelle für das Foto finden. Speichern Sie das Foto als *.bmp ab (auf der CD ist ein entsprechendes Bild »Farbnummer.bmp« zu finden).

Nun fügen wir in der VBA-Umgebung ein leeres UserForm ein. Diesem hinterlegen wir die Grafik, indem wir das leere UserForm anklicken und aus dem Eigenschaften-Fenster bei dem Punkt PICTURE das Bitmap holen.

Im Weiteren benötigen wir ein `Label`, wo die Farbnummer angezeigt wird. In unserem Beispiel trägt das Label den Namen `lblAusgabe`.

Der Rest, der nun folgt, ist Fleißarbeit. Über jedes Farbenfeld legen wir ebenfalls ein `Label`. Damit man die Farbe der Grafik hinter dem Label sehen kann, stellen wir im Eigenschaften-Fenster die Eigenschaft `BackStyle` auf `0 - FmBackStyleTransparent`. Außerdem entfernen wir, ebenfalls im Eigenschaften-Fenster, den Text hinter `Caption`.

Wenn Sie mit dem Mauszeiger ein Fragezeichen anzeigen möchten, stellen Sie die Eigenschaft `MousePointer` auf `14 - FmMousePointerHelp`.

> **Tipp**
>
> Um so kleine Labels zu erstellen, sollten Sie den Gitterraster zeitweise ausschalten.
>
> Sie finden die Einstellung in der VBA-Umgebung unter dem Menüpunkt EXTRA | OPTIONEN auf der Registerkarte ALLGEMEIN.

Nun können die einzelnen Labels mit dem entsprechenden Text sowie der Farbnummer programmiert werden.

```
Private Sub lbl_00_Click()
   lblAusgabe = "Die Farbnummer ist: -4142"
End Sub

Private Sub lbl_01_Click()
   lblAusgabe = "Die Farbnummer ist: 1"
End Sub

Private Sub lbl_02_Click()
   lblAusgabe = "Die Farbnummer ist: 53"
End Sub
```

Alle 57 Labels hier aufzuführen, würde zu weit führen. Aber auf diese Weise werden nun alle 56 Farben plus Transparent programmiert. Ein komplettes Beispiel finden Sie auf der CD.

Im nächsten Schritt möchten wir das UserForm so erweitern, dass die ausgewählte Farbe in die Excel-Tabelle übertragen werden kann.

Zuerst muss der Zielbereich der Tabelle markiert werden. Dann wird das gewünschte Optionsfeld und schließlich die Farbe angeklickt.

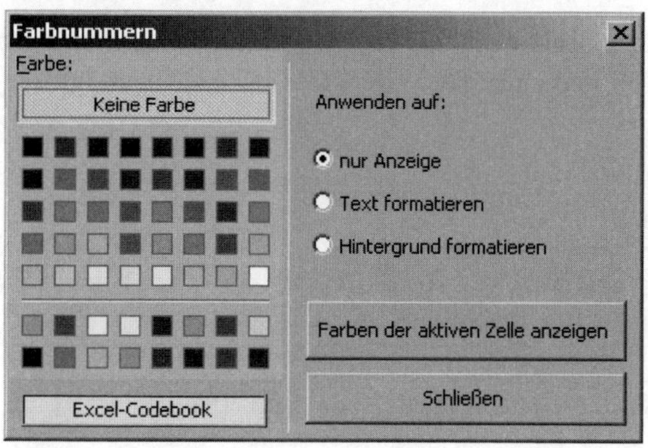

Abbildung 382: Farben ermitteln und übertragen

Die Farben sollen auf den Hintergrund oder auf den Text angewendet werden können. Dazu erstellen wir drei Optionsfelder. Das eine dient auch weiterhin der Anzeige der Farbe im entsprechenden Label. Das Zweite ist für die Textformatierung und das Dritte für den Hintergrund bestimmt.

Über die Schaltfläche FARBEN DER AKTIVEN ZELLE ANZEIGEN können die Schrift- und Hintergrund-Farbe der markierten Zelle abgefragt werden.

Damit das UserForm nicht geschlossen werden muss, um in der Tabelle eine Änderung vorzunehmen, ändern wir die Eigenschaft `ShowModal` auf `False` ab.

Nachfolgend finden Sie wiederum die ersten drei Beispiele.

```
Private Sub lbl_00_Click()
   lblAusgabe = "Die Farbnummer ist: -4142"
      If OptionButton2.Value = True Then _
         Selection.Font.ColorIndex = -4142
      If OptionButton3.Value = True Then _
         Selection.Interior.ColorIndex = -4142
End Sub

Private Sub lbl_01_Click()
   lblAusgabe = "Die Farbnummer ist: 1"
      If OptionButton2.Value = True Then _
         Selection.Font.ColorIndex = 1
      If OptionButton3.Value = True Then _
         Selection.Interior.ColorIndex = 1
End Sub

Private Sub lbl_02_Click()
   lblAusgabe = "Die Farbnummer ist: 53"
      If OptionButton2.Value = True Then _
         Selection.Font.ColorIndex = 53
      If OptionButton3.Value = True Then _
         Selection.Interior.ColorIndex = 53
End Sub
```

Nun programmieren wir noch die beiden Schaltflächen (siehe Abbildung 382). Über die erste Schalftläche kann die Schrift- bzw. Hintergrund-Farbe der aktiven Zelle angezeigt werden.

```
Private Sub cmdFarbenAnzeigen_Click()
   MsgBox "Hintergrund: " & Selection.Interior.ColorIndex & _
      Chr(13) & "Schriftfarbe: " & Selection.Font.ColorIndex
End Sub
```

Zu guter Letzt noch die Schaltfläche, um das UserForm zu schließen.

```
Private Sub cmdSchliessen_Click()
   Unload Me
End Sub
```

361 Hintergrund-Muster (Kombinationsfeld)

In der Kategorie »Farben« wurde dieses Thema bereits in einer vereinfachten Form erläutert. Wie versprochen wollen wir das Beispiel so erweitern, dass wir das Hintergrund-Muster mittels UserForm auswählen können.

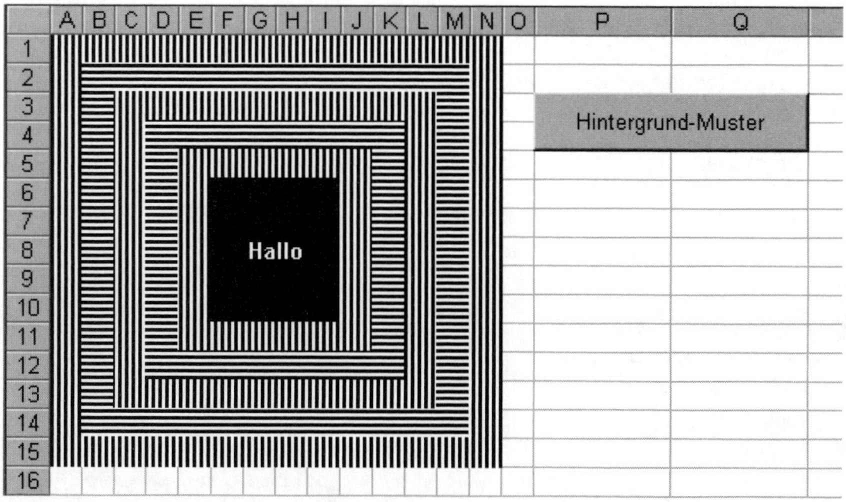

Abbildung 383: Hintergrund-Muster

Erstellen Sie zuerst das UserForm. Das Muster soll über Optionsfelder (`OptionsButtons`) ausgewählt werden können. Für die Hinter- und Vordergrundfarbe wollen wir zwei `ComboBox` zur Verfügung stellen. Die benötigten Elemente können Sie der Abbildung 384 entnehmen.

Abbildung 384: UserForm für Hintergrund-Muster

Diese Prozedur wird der Schaltfläche OK hinterlegt. Zuerst wird den Optionsfeldern das Muster zugewiesen. Dies geschieht in einer `If...Then...Else`-Entscheidung. Danach werden die beiden Kombinationsfelder programmiert, denen die entsprechende Farbe zugewiesen wird.

```
Private Sub cbtOK_Click()
   ' OptionsButtons: Hintergrund-Muster
   If Me.optV Then
      Selection.Interior.Pattern = xlVertical
   ElseIf Me.optH Then
      Selection.Interior.Pattern = xlHorizontal
   ElseIf Me.optU Then
      Selection.Interior.Pattern = xlUp
   ElseIf Me.optD Then
      Selection.Interior.Pattern = xlDown
   End If

   ' ComboBox: Hintergrund-Farbe
   If Me.cmbHG.Value = "Rot" Then
      Selection.Interior.ColorIndex = 3
   ElseIf Me.cmbHG.Value = "Grün" Then
      Selection.Interior.ColorIndex = 4
   ElseIf Me.cmbHG.Value = "Blau" Then
      Selection.Interior.ColorIndex = 5
   ElseIf Me.cmbHG.Value = "Gelb" Then
      Selection.Interior.ColorIndex = 6
   ElseIf Me.cmbHG.Value = "Weiss" Then
      Selection.Interior.ColorIndex = 2
   ElseIf Me.cmbHG.Value = "Schwarz" Then
      Selection.Interior.ColorIndex = 1
   ElseIf Me.cmbHG.Value = "Grau" Then
      Selection.Interior.ColorIndex = 15
   End If

   ' ComboBox: Pattern-Farbe (Vordergrund)
   If Me.cmbPT.Value = "Rot" Then
      Selection.Interior.PatternColorIndex = 3
   ElseIf Me.cmbPT.Value = "Grün" Then
      Selection.Interior.PatternColorIndex = 4
   ElseIf Me.cmbPT.Value = "Blau" Then
      Selection.Interior.PatternColorIndex = 5
   ElseIf Me.cmbPT.Value = "Gelb" Then
      Selection.Interior.PatternColorIndex = 6
   ElseIf Me.cmbPT.Value = "Weiss" Then
      Selection.Interior.PatternColorIndex = 2
   ElseIf Me.cmbPT.Value = "Schwarz" Then
      Selection.Interior.PatternColorIndex = 1
   ElseIf Me.cmbPT.Value = "Grau" Then
      Selection.Interior.PatternColorIndex = 15
   End If
```

```
    Unload Me

End Sub
```

In der folgenden Prozedur werden die Einträge, d.h. die Namen der Farben, die im Kombinationsfeld sichtbar sein sollen, zugewiesen.

```
Private Sub UserForm_Initialize()
    ' Werte in ComboBox1: Hintergrund-Farbe
    With cmbHG
        .AddItem "Rot"
        .AddItem "Grün"
        .AddItem "Blau"
        .AddItem "Gelb"
        .AddItem "Weiss"
        .AddItem "Schwarz"
        .AddItem "Grau"
    End With

    ' Werte in ComboBox2: Vordergrund-Farbe
    With cmbPT
        .AddItem "Rot"
        .AddItem "Grün"
        .AddItem "Blau"
        .AddItem "Gelb"
        .AddItem "Weiss"
        .AddItem "Schwarz"
        .AddItem "Grau"
    End With
End Sub
```

Zu guter Letzt wird die ABBRECHEN-Schaltfläche programmiert.

```
Private Sub cmdAbbrechen_Click()
    Unload Me
End Sub
```

362 Ein einfaches Drehfeld programmieren

Wir möchten Ihnen nun ein sehr einfaches Beispiel für ein Drehfeld vorstellen. Das Drehfeld wird dem Ereignis `Change` zugewiesen.

Für die Anzeige der Zahl verwenden wir ein Textfeld. Das Drehfeld wird verwendet, um die Zahl zu erhöhen oder zu reduzieren (siehe Abbildung 385).

Um den Wert einzugrenzen, setzen wir einen Minimal-Wert von –500 und einen Maximal-Wert von 500.

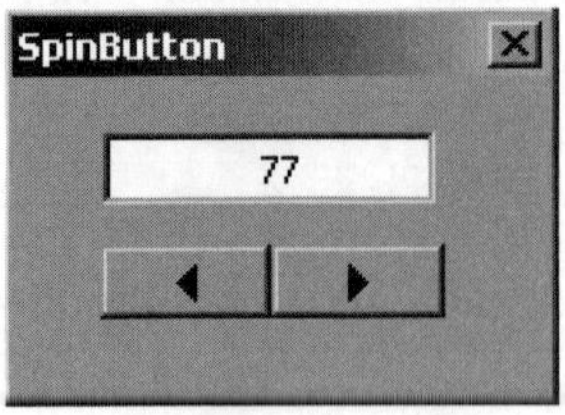

Abbildung 385: Ein Drehfeld

TextBox wird der Wert des SpinButtons zugewiesen.

```
Private Sub SpinButton1_Change()
   With SpinButton1
      .Min = -500
      .Max = 500
   End With
   TextBox1.Value = SpinButton1.Value
End Sub
```

363 Multiplikations-Tabelle

In unserem UserForm kann über ein Textfeld eine Zahl sowie ein Multiplikations-Faktor eingegeben werden. Über den SpinButton kann der Multiplikations-Faktor um eins erhöht oder vertieft werden. In einem Bezeichnungsfeld wird jeweils das Ergebnis angezeigt (siehe Abbildung 386).

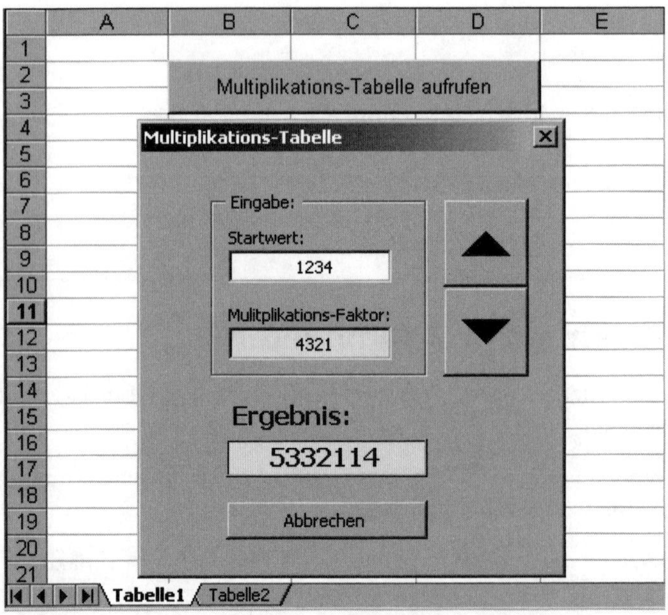

Abbildung 386: Multiplikations-Tabelle mit SpinButton

Zuerst wird dem Feld MULTIPLIKATIONS-FAKTOR eine Berechnung hinterlegt, so dass nach dem Verlassen des Feldes die erste Berechnung ausgeführt wird. Falls eine ungültige Zahl, das heißt z. B. ein Buchstabe, eingegeben wird, wird eine Dialogbox angezeigt.

```
Private Sub txtMultFaktor_AfterUpdate()
   On Error GoTo Errorhandler
   lblAusgabe = txtMultFaktor * txtEingabe
   Exit Sub
Errorhandler:
   MsgBox ("Die Zahl ist ungültig")
End Sub
```

Der nächste Schritt gilt dem `SpinButton`, dem Pfeil nach oben. Wenn dieser angeklickt wird, soll der Multiplikations-Faktor um eins erhöht werden. Zudem soll, wenn die Zahl in roter Textfarbe angezeigt werden, wenn sie in den Minusbereich gerät, dies wird in der `If...Then...Else`-Entscheidung abgefragt.

Auch hier müssen wir eine Fehlerbehandlung einbauen, falls vergessen wurde, eine Zahl einzugeben. Ansonsten würde der Debugger gestartet. Die Fehlermeldung wird in Form einer Dialogbox angezeigt.

```
Private Sub SpinButton1_SpinUp()
   On Error GoTo Errorhandler
   txtMultFaktor = txtMultFaktor + 1
   lblAusgabe = txtMultFaktor * txtEingabe
      If txtMultFaktor < 0 Then
         txtMultFaktor.ForeColor = &HFF&    ' Rot
         lblAusgabe.ForeColor = &HFF&       ' Rot
      ElseIf txtMultFaktor >= 0 Then
         txtMultFaktor.ForeColor = &H0&     ' Schwarz
         lblAusgabe.ForeColor = &H4080&     ' Braun
      End If
   Exit Sub
Errorhandler:
   MsgBox ("Keine oder falsche Eingabe")
End Sub
```

Und nun bleibt noch der Pfeil nach unten zu programmieren. Wenn der Pfeil nach unten angeklickt wird, soll der Multiplikations-Faktor um eins reduziert werden.

```
Private Sub SpinButton1_SpinDown()
   On Error GoTo Errorhandler
   txtMultFaktor = txtMultFaktor - 1
   lblAusgabe = txtMultFaktor * txtEingabe
      If txtMultFaktor < 0 Then
         txtMultFaktor.ForeColor = &HFF&    ' Rot
         lblAusgabe.ForeColor = &HFF&       ' Rot
```

```
        ElseIf txtMultFaktor >= 0 Then
            txtMultFaktor.ForeColor = &H0&        ' Schwarz
            lblAusgabe.ForeColor = &H4080&        ' Braun
        End If
    Exit Sub
Errorhandler:
    MsgBox ("Keine oder falsche Eingabe")
End Sub
```

Die ABBRECHEN-Schaltfläche:

```
Private Sub cmdAbbrechen_Click()
    Unload Me
End Sub
```

364 Artikel erfassen / Formate zuweisen (MultiPage)

In unserem nächsten Beispiel wollen wir eine MultiPage mit drei Seiten erstellen. Auf der ersten Registerkarte kann der Artikel erfasst werden (siehe Abbildung 387).

Die Eingabe kann dann mittels der Schaltfläche ÜBERTRAGEN in die Excel-Tabelle geschrieben werden, so dass eine Artikel-Liste entsteht.

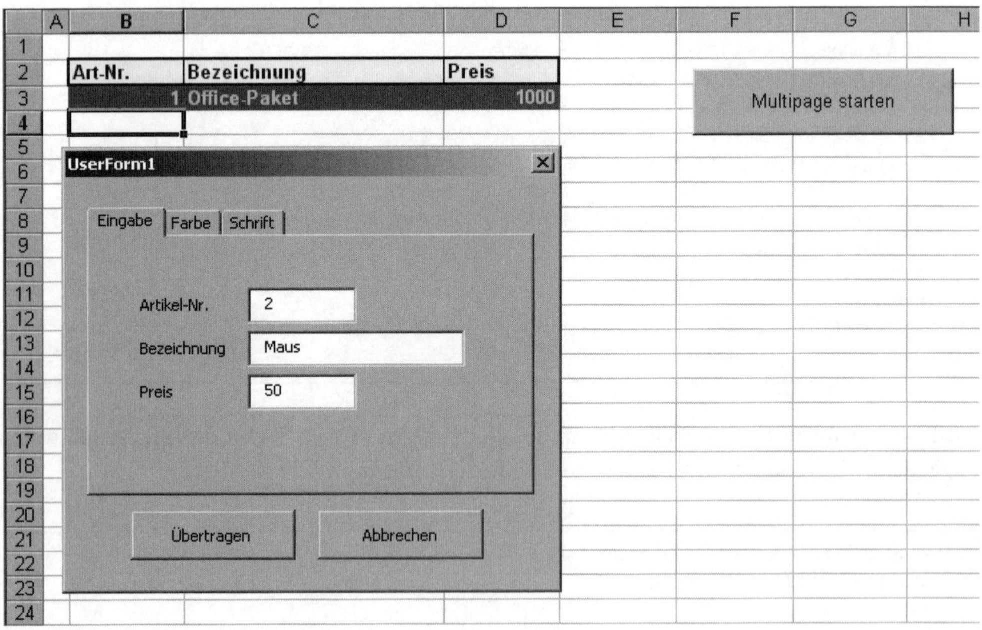

Abbildung 387: MultiPage Seite 1 (Eingabe)

Auf der zweiten Registerkarte kann die Hintergrund- und Schriftfarbe ausgewählt werden.

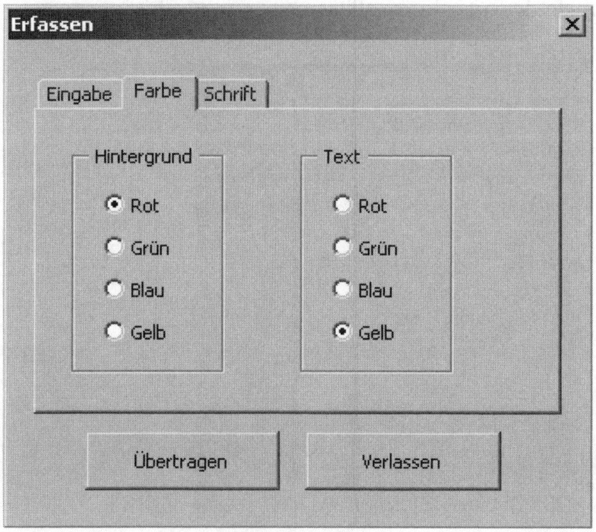

Abbildung 388: MultiPage Seite 2 (Farbe)

Auf der dritten Registerkarte können die Schriftart und der Schriftschnitt ausgewählt werden.

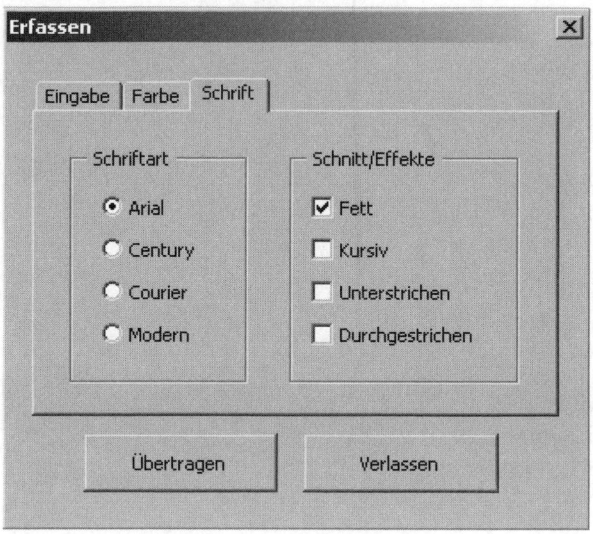

Abbildung 389: MultiPage Seite 3 (Schrift)

Zu Beginn unserer Prozedur werden im Bereich der Spalten B bis D die letzten Einträge gesucht, damit unser Datensatz direkt anschließend in die Tabelle geschrieben werden kann.

Dann wird dieser Bereich markiert. Das ist nötig, damit die ausgewählten Formatierungen der Markierung übergeben werden können. In verschiedenen `If...Then...Else`-Entscheidungen wird abgefragt, welche Optionsfelder oder Kontrollkästchen ausgewählt wurden.

```
Sub cmdUebertragen_Click()
   ' Werte aus MultiPage Seite 1 in die Zellen übertragen
   Cells(Cells(Rows.Count, 2).End(xlUp).Row + 1, 2) = Val(txtArtNr)
   Cells(Cells(Rows.Count, 3).End(xlUp).Row + 1, 3) = txtBezeichnung
   Cells(Cells(Rows.Count, 4).End(xlUp).Row + 1, 4) = Val(txtPreis)

   ' Letzten Eintrag der Spalte B ermitteln und markieren
   Range(Range("B65536").End(xlUp).Offset(0, 0), _
      Range("B65536").End(xlUp).Offset(0, 2)).Select

      ' Formatierungen zuweisen:
      ' MultiPage: Seite 2
      If optHGRot = True Then
         Selection.Interior.ColorIndex = 3
      ElseIf optHGGruen = True Then
         Selection.Interior.ColorIndex = 4
      ElseIf optHGBlau = True Then
         Selection.Interior.ColorIndex = 5
      ElseIf optHGGelb = True Then
         Selection.Interior.ColorIndex = 6
      End If

      If optRot = True Then
         Selection.Font.ColorIndex = 3
      ElseIf optGruen = True Then
         Selection.Font.ColorIndex = 4
      ElseIf optBlau = True Then
         Selection.Font.ColorIndex = 5
      ElseIf optGelb = True Then
         Selection.Font.ColorIndex = 6
      End If

   ' MultiPage: Seite 3
      If optArial = True Then
         Selection.Font.Name = "Arial"
      ElseIf optCourier = True Then
         Selection.Font.Name = "Courier"
      ElseIf optCentury = True Then
         Selection.Font.Name = "Century"
      ElseIf optModern = True Then
         Selection.Font.Name = "Modern"
      End If

      If ctlFett = True Then
         Selection.Font.Bold = True
      Else
         Selection.Font.Bold = False
```

```
      End If

      If ctlKursiv = True Then
         Selection.Font.Italic = True
      Else
         Selection.Font.Italic = False
      End If

      If ctlUnterstrichen = True Then
         Selection.Font.Underline = xlUnderlineStyleSingle
      Else
         Selection.Font.Underline = xlUnderlineStyleNone
      End If

      If ctlDurchgestrichen = True Then
         Selection.Font.Strikethrough = True
      Else
         Selection.Font.Strikethrough = False
      End If

   ' Felder zurückstellen
   txtArtNr = ""
   txtBezeichnung = ""
   txtPreis = ""
End Sub
```

Die Schaltfläche VERLASSEN ist dazu da, das UserForm zu schließen.

```
Private Sub cmdVerlassen_Click()
   Unload Me
End Sub
```

365 Navigation in einer Multipage

In einer Multipage können Sie fast genauso wie in einer normalen UserForm mit dem Code hantieren. Als Erstes wird bei der Initialisierung das dritte Blatt unsichtbar geschaltet. Das wichtigste, was Sie wissen müssen, ist der Umstand, dass die Blattzählung bei Null beginnt. Dementsprechend wird mit `Pages(2)` das dritte Blatt angesprochen.

```
Private Sub UserForm_Initialize()
  MultiPage1.Pages(2).Visible = False
End Sub
```

Die Navigation von einem Blatt zum nächsten geschieht über die MultiPage-Eigenschaft »Value«. Hierbei beginnt die Zählung wieder bei Null.

```
Private Sub CommandButton1_Click()
  MultiPage1.Value = 1
End Sub
```

Das Einblenden sowie das Wechseln:

```
Private Sub CommandButton2_Click()
  MultiPage1.Pages(2).Visible = True
  MultiPage1.Value = 2
End Sub
```

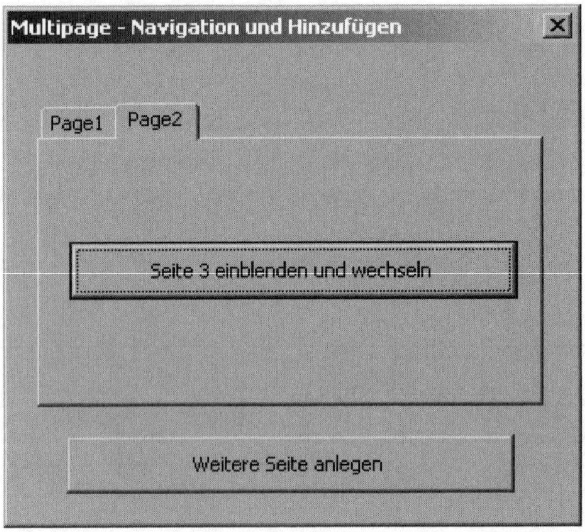

Abbildung 390: Multipage erweitern

Jetzt werden noch über den Button auf dem Blatt3 (Page3) und dem unteren CommandButton weitere leere Blätter erzeugt.

```
Private Sub CommandButton3_Click()
  MultiPage1.Pages.Add ("Page" & MultiPage1.Pages.Count + 1)
End Sub

Private Sub CommandButton4_Click()
  MultiPage1.Pages.Add ("Page" & MultiPage1.Pages.Count + 1)
End Sub
```

366 Ein Kontextmenü mittels UserForm erstellen

Unser Kontextmenü (siehe Abbildung 391) soll durch einen Rechtsklick auf eine Zelle aufgerufen werden können. Wie Sie ein echtes Excel-Kontextmenü erzeugen, erfahren Sie in der Kategorie »Controls«.

Am besten gestalten Sie zuerst das UserForm.

Das Menü, das Sie in der Abbildung sehen, besteht hauptsächlich aus `Frames` und `Labels`. Einzig die ABBRECHEN-Schaltfläche ist ein `Command`-Button. Die `Frames` dienen dazu, die einzelnen Texteinträge optisch voneinander zu trennen und zusammenzuhalten. In den Eigenschaften der `Frames` wurde lediglich die Beschriftung (`Caption`) gelöscht, da sonst zu viel Text dastehen würde – was natürlich Ansichtssache ist. Außerdem wurde Ihnen im Eigenschaften-Fenster der `SpecialEffect 1` zugewiesen, um sie erhöht darzustellen.

Um das Ganze optisch ansprechender zu gestalten, stellen wir bei den Farben jeweils ein `Label` mit der entsprechenden Füllfarbe voran.

Selbstverständlich könnte man auch noch Bilder einfügen, aber um das Ganze nicht unnötig zu komplizieren, haben wir in diesem Beispiel darauf verzichtet.

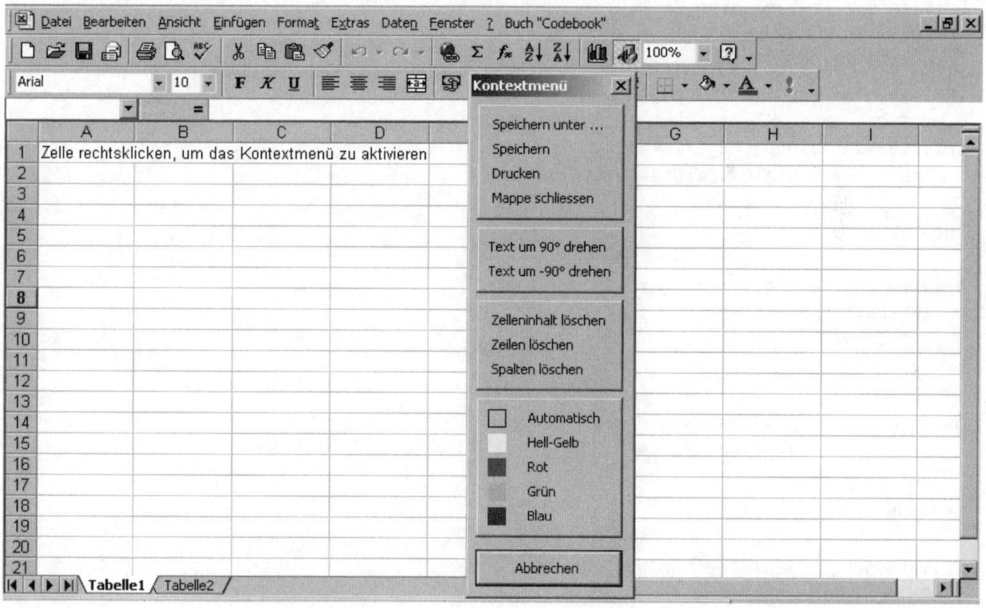

Abbildung 391: Selbst erstelltes Kontexmenü

In der VBA-Umgebung schreiben wir nun die folgende Ereignis-Prozedur hinter die TABELLE1. Das Ereignis `BeforerightClick` bewirkt, dass beim Rechtsklick auf eine Zelle das UserForm geladen wird.

```
Private Sub Worksheet_BeforerightClick(ByVal Target As Range, _
      Cancel As Boolean)
   UserForm1.Show
End Sub
```

Nun wollen wir die einzelnen Auswahl-Möglichkeiten programmieren.

Zuerst müssen wir das Excel-Zellen-Kontextmenü deaktivieren, denn wenn wir dies nicht tun würden, würde es auch noch angezeigt werden.

```
Private Sub UserForm_Initialize()
   ' Das Kontextmenü für Zellen deaktivieren
   Application.CommandBars("Cell").Enabled = False
End Sub

Private Sub lblSpeichernUnter_Click()
    Application.Dialogs(xlDialogSaveAs).Show
    Unload Me
End Sub

Private Sub lblSpeichern_Click()
   ActiveWorkbook.Save
   Unload Me
End Sub

Private Sub lblDrucken_Click()
   Application.Dialogs(xlDialogPrint).Show
   Unload Me
End Sub

Private Sub lblSchliessen_Click()
   ActiveWorkbook.Close
   Unload Me
End Sub

Private Sub lblTextDrehen90_Click()
   Selection.Orientation = 90
   Unload Me
End Sub

Private Sub lblTextDehen90Minus_Click()
   Selection.Orientation = -90
   Unload Me
End Sub

Private Sub lblSpalteLoeschen_Click()
   Selection.Columns.Delete
   Unload Me
End Sub

Private Sub lblZeileLoeschen_Click()
```

```
    Selection.Rows.Delete
    Unload Me
End Sub

Private Sub lblZelleLoeschen_Click()
    Selection.ClearContents
    Unload Me
End Sub

Private Sub lblAutomatisch_Click()
    Selection.Interior.ColorIndex = xlNone
    Unload Me
End Sub

Private Sub lblHellGelb_Click()
    Selection.Interior.ColorIndex = 19
    Unload Me
End Sub

Private Sub lblRot_Click()
    Selection.Interior.ColorIndex = 3
    Unload Me
End Sub

Private Sub lblGruen_Click()
    Selection.Interior.ColorIndex = 4
    Unload Me
End Sub

Private Sub lblBlau_Click()
    Selection.Interior.ColorIndex = 5
    Unload Me
End Sub

Private Sub cmdAbbrechen_Click()
    Unload Me
End Sub
```

Hinter DIESEARBEITSMAPPE schreiben wir zum Schluss noch die Ereignis-Prozedur `BeforeClose`, die das Excel-eigene Kontextmenü beim Schließen der Mappe wieder aktiviert.

```
Private Sub Workbook_BeforeClose(Cancel As Boolean)
    Application.CommandBars("Cell").Enabled = True
End Sub
```

367 Datenbank / Datenmaske

Das nächste Beispiel soll Ihnen eine Idee geben, wie man eine Datenbank aufbauen könnte. Wir arbeiten mit einem selbst gebauten »Menü«. Das Menü wurde als UserForm mit vier Schaltflächen erstellt, über die die entsprechenden Masken / Befehle aufgerufen werden können.

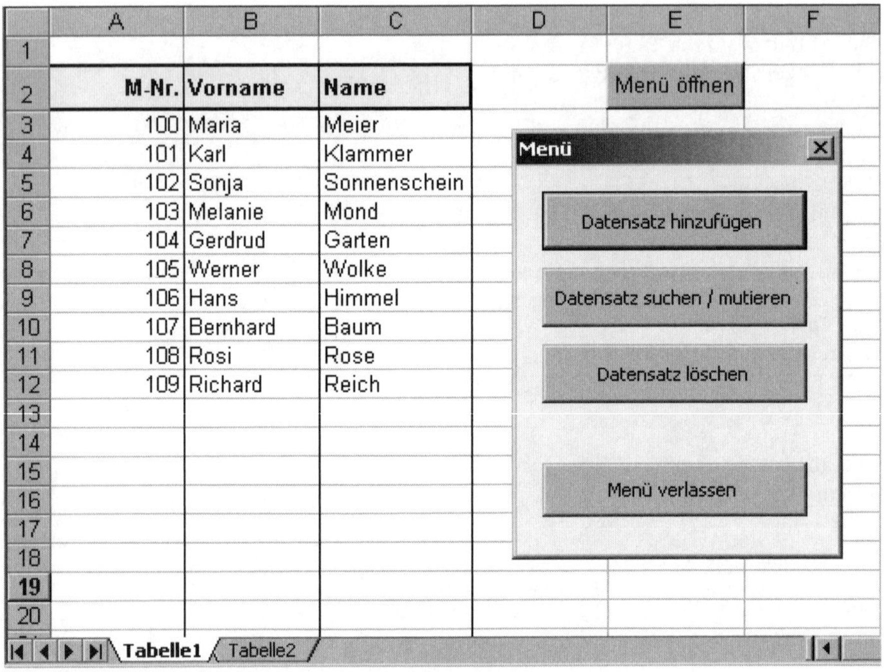

Abbildung 392: Datenbank mit Menü (UserForm1)

Wir wollen zuerst die vier Schaltflächen des Menüs anschauen.

Auf Knopfdruck wird das UserForm für das Hinzufügen neuer Daten geöffnet:

```
Private Sub cmdDSHinzufügen_Click()
   UserForm1.Show
End Sub
```

Das UserForm für die Datensatzsuche wird geöffnet:

```
Private Sub cmdDSSuchen_Click()
   UserForm3.Show
End Sub
```

Für das *Löschen* eines Datensatzes wird kein separates UserForm benötigt. Wir hinterlegen die Prozedur direkt der Schaltfläche DATENSATZ LÖSCHEN. Über ein Eingabefeld kann die Nummer des zu löschenden Mitarbeiters eingegeben werden. Nach dieser Nummer wird dann gesucht. Vor der Löschung wird eine entsprechende Dialogbox ausgegeben, die rückfragt, ob der Datensatz wirklich gelöscht werden soll (siehe Abbildung 393).

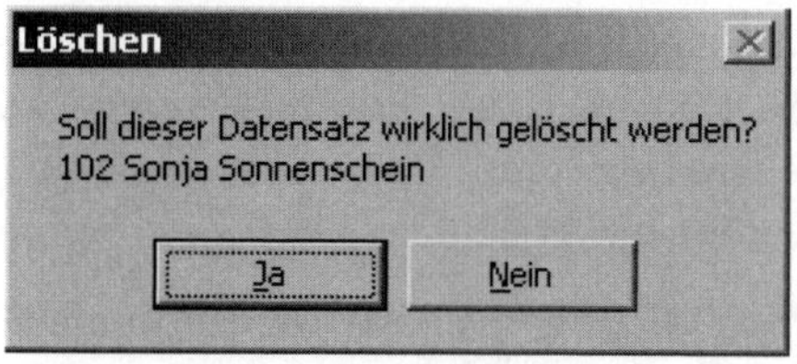

Abbildung 393: Rückfrage vor Löschung

Für den Fall, dass eine unbekannte Mitarbeiter-Nummer ins Eingabefeld eingegeben wurde, benötigen wir eine Fehlerbehandlung. Sollte dies der Fall sein, wird eine entsprechende Dialogbox angezeigt.

```
Private Sub cmdDSLoeschen_Click()
   Dim strSuchen As Variant
   Dim strFrage As Double
   strSuchen = Application.InputBox _
            ("Mitarbeiter-Nummer", "Löschen")
      If strSuchen = False Then
         Exit Sub
      Else
         On Error GoTo Errorhandler
         Cells.Find(What:=strSuchen).Activate

         strFrage = MsgBox("Soll dieser Datensatz wirklich " & _
                    "gelöscht werden?" & _
                    Chr(13) & ActiveCell.Value & " " & _
                    ActiveCell.Offset(0, 1).Value & " " & _
                    ActiveCell.Offset(0, 2).Value, _
                    vbYesNo, "Löschen")
         If strFrage = vbNo Then
            Exit Sub
         ElseIf strFrage = vbYes Then
            ActiveCell.EntireRow.Delete
         End If
      Exit Sub
   End If
Errorhandler:
   MsgBox ("Diese Mitarbeiter-Nummer ist nicht vorhanden")
End Sub
```

Und nun noch die Prozedur für die Schaltfläche MENÜ VERLASSEN.

```
Private Sub cmdAbbrechen_Click()
   Unload Me
End Sub
```

Als Grundlage für unser Beispiel dient eine kleine Tabelle (siehe Abbildung 392), in der wir mittels einer Datenmaske (siehe Abbildung 394) die Daten erfassen oder mutieren (siehe Abbildung 395) wollen. Dazu benötigen wir zwei weitere UserForms. Das eine ist die Eingabemaske für neue Datensätze und das Zweite für Mutationen.

Zur ersten Datenmaske: Über diese Maske sollen neue Mitarbeiter erfasst werden können. Wir verwenden hier drei Textfelder und zwei Schaltflächen. Die eine dient zum Übertragen der Daten in die Excel-Tabelle und zum Verlassen des UserForms.

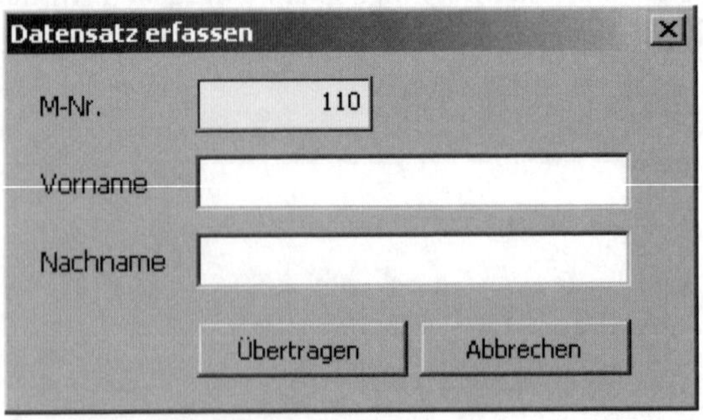

Abbildung 394: Datenmaske zur Erfassung neuer Mitarbeiter (UserForm2)

Der Schaltfläche ÜBERTRAGEN hinterlegen wir den folgenden Programmcode:

An erster Stelle wird die Mitarbeiter-Nummer ermittelt. Diese soll automatisch die nächsthöhere Nummer erhalten, bezogen auf die letzte Nummer in der Spalte A. Die Nummer kann auch manuell eingegeben werden.

```
Private Sub txtMNr_Enter()
   ActiveSheet.Cells(Rows.Count, 1).End(xlUp).Select
   On Error GoTo Errorhandler
   txtMNr = ActiveCell.Value + 1
   txtVorname.SetFocus
   Exit Sub
Errorhandler:
   Exit Sub
End Sub
```

In der nächsten Prozedur werden die Einträge, die in die Textfelder erfolgten, jeweils als neuen Datensatz in der Tabelle übertragen.

Die Routine sucht zuerst den letzten Eintrag der Tabelle, um den Datensatz direkt in die nächste leere Zeile zu schreiben.

Anschließend werden die Textfelder wieder geleert. Das Feld für die Mitarbeiter-Nummer erhält die nächste aufsteigende Nummer, so dass man diese nicht von Hand eingeben muss. Der Focus wird danach direkt in die Textbox für den Vornamen gesetzt, damit sogleich eine neue Eingabe im richtigen Feld erfolgen kann.

```
Private Sub cmdUebertragen_Click()
   ActiveSheet.Cells(Rows.Count, 1).End(xlUp).Offset(1, 0).Select
   ActiveCell.Value = CDbl(txtMNr)
   ActiveCell.Offset(0, 1).Value = txtVorname
   ActiveCell.Offset(0, 2).Value = txtNachname

   ' Felderinhalt für neuen Eintrag vorbereiten
   txtMNr = txtMNr + 1
   txtVorname = ""
   txtNachname = ""
   txtVorname.SetFocus
End Sub
```

Hier wird die ABBRECHEN-Schaltfläche programmiert:

```
Private Sub cmdAbbrechen_Click()
   Unload Me
End Sub
```

Zur zweiten Datenmaske: Über diese Datenmaske sollen die Mitarbeiter *mutiert* werden können (siehe Abbildung 395). Zuerst wird über ein Eingabefeld nach der Mitarbeiter-Nummer gefragt. Dieser Datensatz wird dann gesucht und im UserForm angezeigt.

Über ein Drehfeld kann eine Zeile weiter- oder zurückgeschaltet werden, bis der erste oder der letzte Eintrag erreicht ist. Wenn dies der Fall ist, wird über eine Dialogbox eine entsprechende Meldung angezeigt.

Mittels Schaltfläche ÄNDERN kann der geänderte Datensatz in die Tabelle zurückgeschrieben werden.

Die erste Prozedur wird ausgelöst, sobald das UserForm geladen wird. Wie bereits erwähnt, wird zuerst ein Eingabefeld angezeigt, worin die gewünschte Mitarbeiter-Nummer eingegeben werden kann. Wenn eine falsche Eingabe erfolgt, wird eine entsprechende Meldung ausgegeben. Wenn die Eingabe korrekt ist, wird das UserForm mit dem gewünschten Eintrag angezeigt.

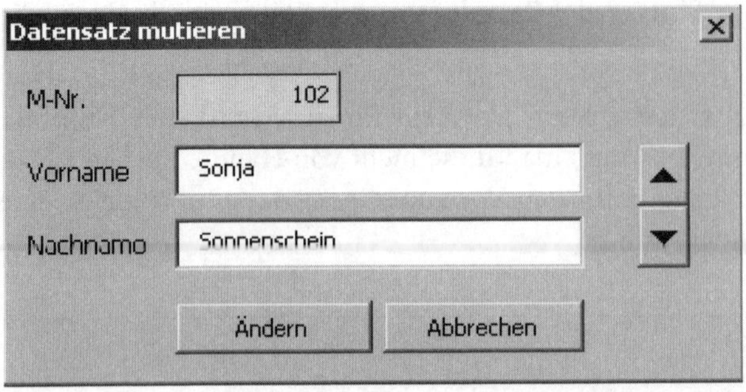

Abbildung 395: Datenmaske zur Mutation (UserForm3)

```
Private Sub UserForm_Initialize()
   Dim strSuchen As Variant
   strSuchen = Application.InputBox _
             ("Mitarbeiter-Nummer", "Suchen", 100)
      If strSuchen = False Then
         Exit Sub
      ElseIf strSuchen = IsNumeric(strSuchen) Then
         On Error GoTo Errorhandler
         Cells.Find(What:=strSuchen).Activate
         txtMNr = ActiveCell.Value
         txtVorname = ActiveCell.Offset(0, 1).Value
         txtNachname = ActiveCell.Offset(0, 2).Value
         Call cmdAendern_Click
         Exit Sub
      Else
         GoTo Errorhandler
         Exit Sub
   End If
Errorhandler:
   MsgBox ("Diese Mitarbeiter-Nummer ist nicht vorhanden")
End Sub
```

Die nächsten beiden Prozeduren sind für das Drehfeld bestimmt. Die eine für den Pfeil nach oben (`SpinUp`) und die andere für den Pfeil nach unten (`SpinDown`). Wenn der erste bzw. der letzte Eintrag erreicht wurde, wird eine entsprechende Meldung ausgegeben.

Drehfeld nach oben:

```
Private Sub SpinButton1_SpinUp()
   Dim c As String
   ActiveCell.Offset(-1, 0).Select
   c = "M-Nr."
      If ActiveCell.Value = c Then
         MsgBox ("Der erste Eintrag wurde erreicht")
      Else
         txtMNr = ActiveCell.Value
         txtVorname = ActiveCell.Offset(0, 1).Value
```

```
        txtNachname = ActiveCell.Offset(0, 2).Value
        Exit Sub
    End If
End Sub
```

Drehfeld nach unten:

```
Private Sub SpinButton1_SpinDown()
   ActiveCell.Offset(1, 0).Select
      If ActiveCell.Value <> "" Then
         txtMNr = ActiveCell.Value
         txtVorname = ActiveCell.Offset(0, 1).Value
         txtNachname = ActiveCell.Offset(0, 2).Value
      Else
         MsgBox ("Der letzte Eintrag wurde erreicht")
         Exit Sub
      End If
End Sub
```

Und nun zur Schaltfläche ÄNDERN: Diese bewirkt, dass der geänderte Datensatz wieder in die Tabelle geschrieben wird.

```
Private Sub cmdAendern_Click()
   On Error Resume Next
   ActiveCell.Value = CDbl(txtMNr)
   ActiveCell.Offset(0, 1).Value = txtVorname
   ActiveCell.Offset(0, 2).Value = txtNachname
End Sub
```

Die Schaltfläche ABBRECHEN darf natürlich auch hier nicht fehlen.

```
Private Sub cmdAbbrechen_Click()
   Unload Me
End Sub
```

368 Passwortkontrolle

Die Passwortkontrolle wurde bereits in der Kategorie »Intern« angesprochen. Hier wollen wir noch ein Beispiel mit UserForm erläutern. Der Vorteil an der UserForm ist, dass man die Passworteingabe verschlüsseln kann, so dass man bei der Eingabe nur Sternchen * sehen kann.

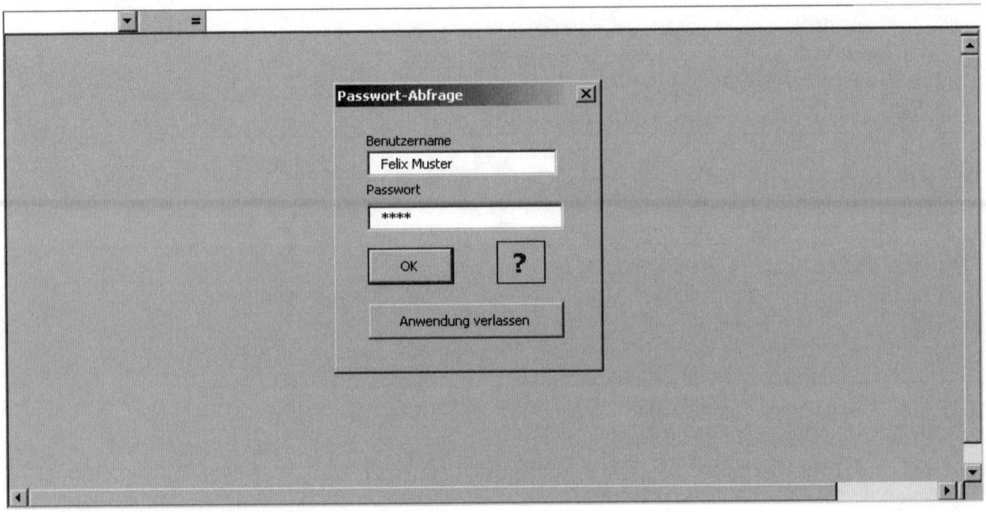

Abbildung 396: Passwort-Fenster

Die erste Prozedur wird hinter DIESEARBEITSMAPPE geschrieben. Sie löst aus, dass das UserForm geladen wird, sobald die Datei geöffnet wird (`Workbook_Open`).

```
Private Sub Workbook_Open()
   UserForm1.Show
End Sub
```

Wir arbeiten in diesem Beispiel mit 2 Tabellenblättern. Damit man zu Beginn nicht gleich die Tabelle hinter dem UserForm sehen kann, wird zuerst ein leeres, graues Tabellenblatt mit dem Namen START geladen (siehe Abbildung 396). Dieses Tabellenblatt wird nach korrekter Passworteingabe wieder ausgeblendet.

Um sicherzugehen, dass das Inhalt des Tabellenblattes DATEN nicht sichtbar ist, wird dieses zu Beginn der Prozedur ausgeblendet (`Visible = False`).

Die Tabellenreiter werden ausgeblendet, damit man nicht sehen kann, welche Tabellen in der Mappe vorhanden sind. Damit es etwas schöner aussieht, werden ebenfalls die Spalten- und Zeilenköpfe ausgeblendet.

Diesem Beispiel haben wir noch ein Fragezeichen (`Image` und `Label` übereinander) in die UserForm eingebaut, damit man dort das Passwort und den Benutzernamen abfragen kann. Das sollten Sie in der Praxis natürlich weglassen. Aber eine weitere Anregung kann ja nicht schaden. Dem Fragezeichen haben wir noch eine Quickinfo (`ControlTipText`) hinterlegt. Das heißt, wenn Sie mit der Maus auf das Fragezeichen zeigen, erscheint die Quickinfo mit der Meldung »Info Passwort«.

```
Private Sub UserForm_Initialize()
   Worksheets("Daten").Visible = False
      With Worksheets("Start")
         .Visible = True
         .Select
      End With
    imgHilfe.ControlTipText = "Info Passwort"    ' Quickinfo
         With ActiveWindow
            .DisplayWorkbookTabs = True ' Tabellenreiter einblenden
            .DisplayGridlines = True    ' Gitternetz einblenden
         End With
   txtPasswort.PasswordChar = "*"
End Sub
```

Wir hinterlegen direkt in der Prozedur ein festes Passwort und den Benutzernamen. In der `If...Then...Else`-Entscheidung wird abgefragt, ob die Eingabe im Textfeld BENUTZERNAME und PASSWORT zusammen richtig eingegeben wurden. Wenn die Eingabe korrekt ist, wird das UserForm geschlossen und das Tabellenblatt DATEN wird eingeblendet und selektiert. Das Tabellenblatt START wird nicht mehr benötigt und darum ausgeblendet.

Die Spalten- und Zeilenköpfe werden wieder aktiviert und auch die Tabellenreiter.

Wenn die Passworteingabe falsch ist, wird eine Meldung auf dem Bildschirm angezeigt.

```
Private Sub cmdOK_Click()
   If txtBenutzername = "Felix Muster" And txtPasswort = 0 Then
      Unload Me
      Worksheets("Daten").Visible = True
      Worksheets("Start").Visible = False
         With ActiveWindow
            .DisplayWorkbookTabs = True ' Tabellenreiter ausblenden
            .DisplayGridlines = True    ' Gitternetz ausblenden
         End With
   Else
      MsgBox ("Falsche Eingabe")
      txtBenutzername.SetFocus
End Sub
```

Wenn Sie auf das Fragezeichen im UserForm klicken, wird eine Dialogbox angezeigt, die den Benutzernamen sowie das Passwort anzeigt, aber wie gesagt, das sollte man natürlich weglassen. Es ist bloß für unser Beispiel gedacht.

```
Private Sub lblHilfe_Click()
   MsgBox ("Benutzername:" & Chr(9) & "Felix Muster" & Chr(13) & _
         "Passwort:" & Chr(9) & "0000")
End Sub
```

Damit der Benutzer im UserForm nicht einfach auf das Kreuz in der rechten oberen Ecke klicken und somit das UserForm schließen kann, ohne ein Passwort einzugeben, müssen wir dieses Kreuz deaktivieren.

Wenn der Benutzer trotzdem darauf klickt, wird eine Meldung angezeigt.

```
Private Sub UserForm_QueryClose(Cancel As Integer, _
   CloseMode As Integer)
   ' Damit mit X nicht geschlossen werden kann
       If CloseMode = 0 Then
           MsgBox "Nicht erlaubt", vbCritical
           Cancel = 1
       End If
End Sub
```

Nun benötigen wir noch eine Schaltfläche, über die der Benutzer die Mappe wieder verlassen kann, sofern er das Passwort nicht kennt oder vergessen hat.

```
Private Sub cmdVerlassen_Click()
   ThisWorkbook.Close
End Sub
```

Das Tabellenblatt START muss beim Schließen der Mappe wieder eingeblendet werden. Würde dies nicht geschehen, würde bei erneutem Öffnen der Datei der Debugger gestartet, denn ein Tabellenblatt kann nicht zweimal ausgeblendet werden.

```
Private Sub Workbook_BeforeClose(Cancel As Boolean)
   Worksheets("Start").Visible = True
End Sub
```

369 Tageszeit bildlich anzeigen

Unser nächstes Beispiel ist spielerischer Natur. Wenn man viel am Computer sitzt, kann man leicht die Zeit vergessen. Unser nächstes Beispiel soll uns nun helfen zu ermitteln, ob Tag oder Nacht ist.

Wenn das UserForm aufgerufen wird, soll in einem Bezeichnungsfeld die Uhrzeit angezeigt werden (mehr zum Thema »Zeit« finden Sie in der entsprechenden Kategorie). Zudem erstellen wir zwei Bilder (`Images`), die je nach Tageszeit die Sonne oder den Mond anzeigen.

Die beiden Images werden im UserForm übereinander gelegt (siehe Abbildung 397).

Abbildung 397: Zwei Bilder übereinander gelegt

Die Ereignis-Prozedur soll beim Aufrufen des UserForm gleich ausgeführt werden (`UserForm_Initialize`).

Dem Bezeichnungsfeld wird die aktuelle Uhrzeit (`Now`) zugewiesen. In der `If...Then`-Entscheidung wird die Uhrzeit geprüft und entsprechend der Tageszeit das richtige Bild angezeigt.

```
Private Sub UserForm_Initialize()
   Label1 = Format(Now, "hh:nn:ss")
      If Time > "06:00" And Time < "21:00" Then
         Image1.Visible = True
         Image2.Visible = False
      Else
         Image2.Visible = True
         Image1.Visible = False
      End If
End Sub
```

Abbildung 398: Ausgabe Sonne oder Mond

Grundlagen
Fehler
Intern
Funktionen
Farben
Datum/Zeit
Auswertungen
Diagramme
Objekte
User-Form
Controls
Internet
Extern
Extra

370 Sternzeichen ermitteln

Im nächsten UserForm wollen wir aus einem Datum das Sternzeichen ermitteln. Näheres zum Thema Datum und Zeit finden Sie in der entsprechenden Kategorie.

Es werden zwei Bezeichnungsfelder, ein Textfeld sowie alle 12 Bilder, eins für jedes Sternzeichen, ins UserForm eingefügt.

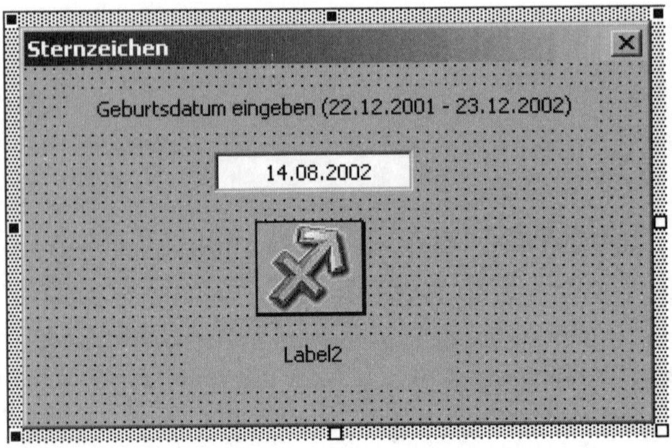

Abbildung 399: Sternzeichen im Entwurf

Im Bezeichnungsfeld steht der Text drin, mit dem Hinweis, wie das Datum eingegeben werden soll. Der Text wurde im Eigenschaften-Fenster unter `Caption` eingegeben.

Im Textfeld geben wir ein Datum vor, so dass man nochmals erkennen kann, in welcher Form das Datum eingegeben werden muss. Sie können dieses Datum im Eigenschaften-Fenster unter `Text` eingeben.

Auch in diesem UserForm werden die Bilder übereinander gelegt. Das heißt, für jedes Sternzeichen wird ein Bild im UserForm eingefügt.

Im zweiten Bezeichnungsfeld soll das Sternzeichen in Form von Text angezeigt werden.

Wie Sie sehen können, kommen wir hier ohne Schaltflächen aus. Um das zu ermöglichen, hinterlegen wir die Ereignis-Prozedur direkt der `TextBox1`.

Damit beim Start weder ein Bild noch das `Label2` angezeigt wird, werden diese Elemente beim Start des UserForm mit `UserForm_Initialize` ausgeblendet (`Visible = False`). Dazu verwenden wir eine `For...Next`-Schleife, die alle im UserForm enthaltenen Elemente zählt (`Controls.Count`). In der `If`-Entscheidung muss bei jedem Element geprüft werden, ob es den Namen`Image` trägt, denn es sollen ja nur die Bilder ausgeblendet werden. Wenn dies zutrifft, wird das Element ausgeblendet (`Visible = False`). Das `Label2` wird separat ausgeblendet.

```
Private Sub UserForm_Initialize()
   Dim i As Byte
      For i = 0 To Controls.Count - 1
         If Left(Controls(i).Name, 5) = "Image" Then _
            Controls(i).Visible = False
      Next i
  Label2.Visible = False
End Sub
```

Die Prozedur, die das Sternzeichen anzeigen soll, wird dem Ereignis `KeyDown` zugewiesen. Sie können also in dem Textfeld die ENTER- oder PFEIL-NACH-UNTEN-TASTE drücken, um das entsprechende Sternzeichen anzuzeigen.

Damit das `Label2` sichtbar wird, stellen wir es zu Beginn der Prozedur auf `Visible = True`.

Je nachdem, welches Datum eingegeben wurde, wird das richtige Bild angezeigt. Dem `Label2` wird der richtige Text zum entsprechenden Sternzeichen zugewiesen. Das Datum wird in einer `If...Then`-Entscheidung abgefragt, wo Sie dieses jeweils eingrenzen. Für jedes der zwölf Sternzeichen muss eine solche `If...Then`-Entscheidung geschrieben werden. Um das Beispiel hier etwas zu verkürzen, werden nur die ersten und letzten beiden Sternzeichen aufgeführt. Ein komplettes Beispiel finden Sie auf der CD.

```
Private Sub TextBox1_KeyDown(ByVal KeyCode As _
      MSForms.ReturnInteger, ByVal Shift As Integer)
   Label2.Visible = True
      If TextBox1.Value > CDate("21.12.2001") And _
         TextBox1.Value < CDate("21.01.2002") Then
         Image1.Visible = True
         Label2 = "Steinbock"
      End If

      If TextBox1.Value > CDate("20.01.2002") And _
         TextBox1.Value < CDate("20.02.2002") Then
         Image2.Visible = True
         Label2 = "Wassermann"
      End If
' [...]
      If TextBox1.Value > CDate("23.10.2002") And _
         TextBox1.Value < CDate("23.11.2002") Then
         Image11.Visible = True
         Label2 = "Skorpion"
      End If

     If TextBox1.Value > CDate("22.11.2002") And _
        TextBox1.Value < CDate("22.12.2002") Then
        Image12.Visible = True
        Label2 = "Schütze"
     End If
End Sub
```

Damit der Code wieder aufbereitet wird, wenn eine neue Eingabe ins Textfeld erfolgt, werden die Einträge beim Ereignis `TextBox1.Change` wieder auf `Visible = False` gestellt.

```
Private Sub TextBox1_Change()
   Dim i As Byte
      For i = 0 To Controls.Count - 1
         If Left(Controls(i).Name, 5) = "Image" Then _
            Controls(i).Visible = False
      Next i
  Label2.Visible = False
End Sub
```

Das Ergebnis können Sie der Abbildung 400 entnehmen.

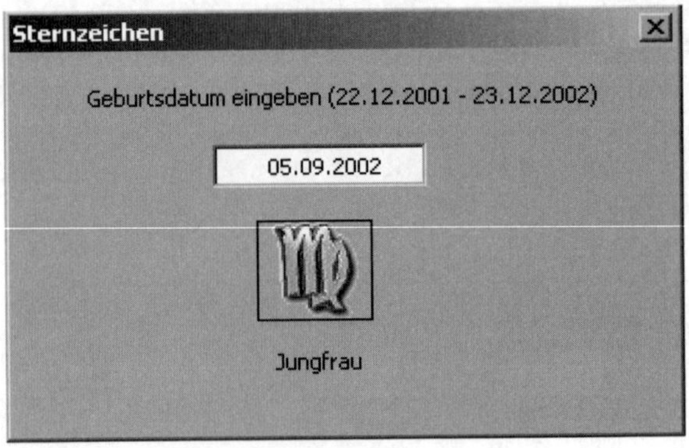

Abbildung 400: Ausgabe Sternzeichen

371 Mail versenden

In unserem nächsten Beispiel wollen wir ein UserForm erstellen, über das wir eine Mail versenden können.

Wir benötigen:

- 3 ListenBox (Kontakte, An und CC)
- 6 Befehlsschaltflächen
- 2 TextBox (Betreff und Text)
- 1 CheckBox
- 6 Label

Beim Initialisieren des UserForm sollen die E-Mail-Adressen in das Listenfeld (`lstKontakte`) für die Kontakte übertragen werden:

```
Private Sub UserForm_Initialize()
   Dim c As Range
      With lstKontakte
         .AddItem "bert@excelabc.de"
         .AddItem "monika@jumper.ch"
         .AddItem "felix@muster.com"
         .AddItem "karl@klammer.com"
         .AddItem "hauri@hau.com"
      End With
End Sub
```

Wenn auf die Schaltfläche `An` (`cmbAn`) geklickt wird, soll der selektierte Eintrag aus dem Listenfeld `lstKonakt` in das Listenfeld `lstAn` übertragen werden:

```
Private Sub cmbAn_Click()
   On Error Resume Next
   lstAn.AddItem lstKontakte.Value
End Sub
```

Wenn auf die Schaltfläche CC (`cmbCC`) geklickt wird, soll der selektierte Eintrag aus dem Listenfeld `lstKonakt` in das Listenfeld `lstCC` übertragen werden:

```
Private Sub cmbCC_Click()
   On Error Resume Next
   lstCC.AddItem lstKontakte.Value
End Sub
```

Es soll möglich sein, das Textfeld (`lstText`) mehrzeilig auszufüllen:

```
Private Sub txtText_Change()
   txtText.MultiLine = True
End Sub
```

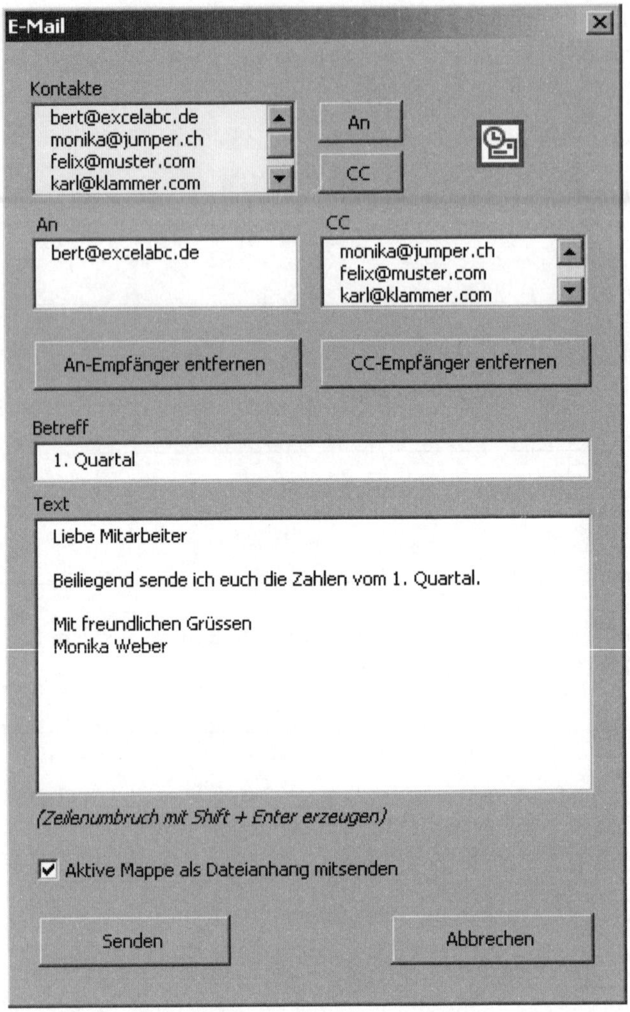

Abbildung 401: UserForm als E-Mail

Damit aus dem Listenfeld AN (`lstAn`) oder CC (`lstCC`) mit `RemoveItem` ein Empfänger entfernt werden kann, verwenden wir die beiden folgenden Prozeduren, die den Schaltflächen AN-EMPFÄNGER ENTFERNEN und CC-EMPFÄNGER ENTFERNEN zugewiesen werden:

```
Private Sub cmbAnEntfernen_Click()
   On Error Resume Next
   lstAn.RemoveItem (lstAn.ListIndex)
End Sub

Private Sub cmbCCEntfernen_Click()
   On Error Resume Next
   lstCC.RemoveItem (lstCC.ListIndex)
End Sub
```

Der Schaltfläche SENDEN weisen wir die folgende Prozedur zu (die nähere Beschreibung zu diesem Code erfahren Sie in der Kategorie »Internet«):

```
Private Sub cmbSenden_Click()
   Dim i As Integer
   Dim An As String
   Dim CC As String
   Dim Dateianhang As String
   Dim OL_App As Object
   Dim objMail As Object
      For i = 0 To lstAn.ListCount - 1
         An = An & lstAn.List(i) & ";"
      Next i
   i = 0
      For i = 0 To lstCC.ListCount - 1
         CC = CC & lstCC.List(i) & ";"
      Next i
   Dateianhang = "D:\---Buch---\neu\10_UserForm\" & _
      ThisWorkbook.Name
   Set OL_App = CreateObject("Outlook.Application")
   Set objMail = OL_App.CreateItem(0)
      With objMail
         .Subject = txtBetreff.Value
         .Body = txtText.Value
         .To = An
         .CC = CC
            If chkAnhang.Value = True Then .Attachments.Add _
            Dateianhang
            .ReadReceiptRequested = True
            .Send
      End With
   Unload Me
End Sub

Private Sub cmbAbbrechen_Click()
   Unload Me
End Sub
```

372 Kalendersteuerelement

Office-Benutzer, die auch Access in ihrem Programmpaket haben, haben ein Superhilfsmittel zur Datumseingabe. Dies ist das Kalendersteuerelement von Access. Die Benutzer des Standard-Pakets erhalten anschließend zu diesem Beitrag eine UserForm, die die wichtigsten Merkmale nachbildet.

Wie bereits am Anfang dieser Kategorie beschrieben, müssen Sie sich das Kalendersteuerelement zuerst in die Werkzeugsammlung holen: Per Rechtsklick auf die Werkzeugsammlung können Sie dieses Steuerelement in die Werkzeugsammlung aufnehmen.

Grundlagen
Fehler
Intern
Funktionen
Farben
Datum/Zeit
Auswertungen
Diagramme
Objekte
User-Form
Controls
Internet
Extern
Extra

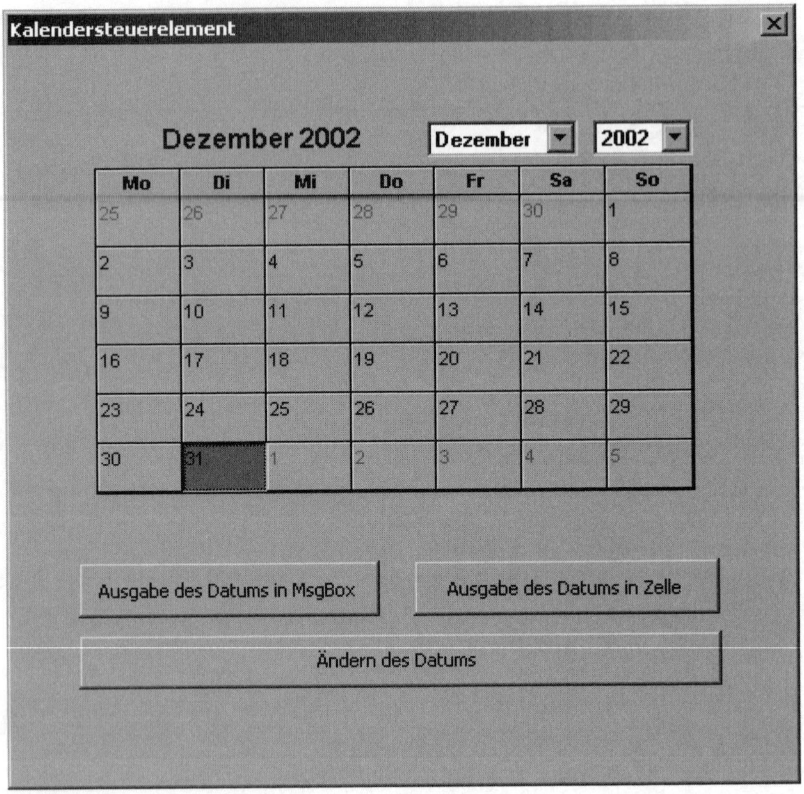

Abbildung 402: Kalendersteuerelement aus Access

Es werden nur sehr wenige Codezeilen zur Datumsausgabe benötigt. Es ist sogar möglich, den Datums-, Monats- und Jahreswert direkt ausgeben zu lassen. Beim Wechsel von Monat oder Jahr muss ein Tagesbutton angeklickt werden, damit der Datumswert richtig ausgegeben wird.

```
' Bei Klick auf einen Tagesbutton
Private Sub Calendar1_Click()
   MsgBox Calendar1.Value
End Sub

' Rückgabewerte des Kalendersteuerelements Variante1
Private Sub CommandButton1_Click()
 MsgBox Calendar1.Day & "." & Calendar1.Month & "." & Calendar1.Year
End Sub

' Rückgabewerte des Kalendersteuerelements Variante2
Private Sub CommandButton2_Click()
   [a1] = Calendar1.Value
End Sub
```

Sie können natürlich auch dem Kalendersteuerelement über eine Prozedur ein Datum zuweisen, das angezeigt werden soll. Die Standardeinstellung ist das aktuelle Datum. Das Label1, das zur Laufzeit eingeblendet wird, enthält nur einen Hinweistext.

```
' Datumsvorgaben während der Laufzeit
Private Sub CommandButton3_Click()
   If Calendar1.Year <> 1968 Then
      ' Änderung der Einzelwerte
      Calendar1.Day = 5
      Calendar1.Month = 9
      Calendar1.Year = 1968
   ElseIf Calendar1.Year <> 1963 Then
      ' Änderung des Datums direkt über die Value-Eigenschaft
      ' bitte beachten Sie die Schreibweise #Monat/Tag/Jahr#
      Calendar1.Value = #8/14/1963#
   End If
   UserForm1.Label1.Visible = True
End Sub
```

373 Ersatz für Kalendersteuerelement

Das nicht jeder Excel-Benutzer automatisch eines der umfangreicheren Office-Pakete mit Access sein eigen nennt, geben wir Ihnen hier noch eine Alternativlösung in Form einer UserForm an die Hand. Sie kann genauso einfach eingebunden werden, nur muss eben jeweils die UserForm in jede Arbeitsmappe hineinkopiert werden.

Die UserForm zu erstellen, ist eigentlich nur eine Fleißarbeit mit

- 43 Commandbuttons als CB_01 bis CB_42 benannt für die Tage, einer als C_Button1 zum schließen der UserForm
- 2 Combobox für Monat und Jahr
- 8 Labels für die 7 Wochentage und eines zur aktuellen Anzeige der Datumsauswahl

Sie können sich vorstellen, dass hier 45 Event-Prozeduren und `UserForm_Initialize` erforderlich sind. Durch Auslagerung des Codes für die Anzeigeerneuerung in die Prozedur `UserForm_Werte` wird der Code kräftig gestrafft, da es ja immer die gleichen Controls auf das neu gewählte Datum anzupassen gilt. Dies ist auch das umfangreichste Makro in dieser UserForm. Auch wurden die Controls so weit als möglich bereits vorformatiert.

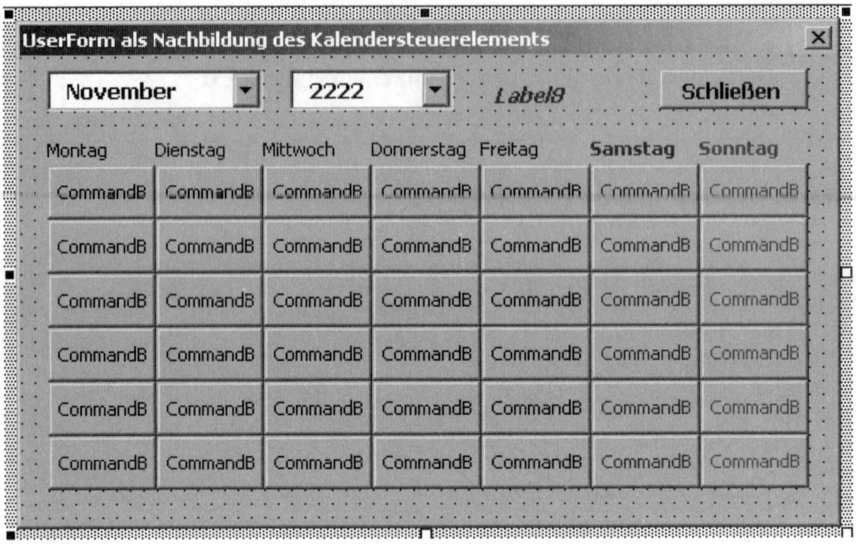

Abbildung 403: Die Nachbildung in der Entwicklungsumgebung

In einem allgemeinen Modul befinden sich die Variablendeklarationen, die in der gesamten Arbeitsmappe später immer wieder auch nach dem Schließen der UserForm immer noch abgefragt werden können. Zusätzlich noch ein Testmakro ohne weitere Besonderheiten, das diese Public-Werte zurückgibt.

```
Public Datum As Date
Public Jahr As Integer
Public Monat As Byte
Public KTag As Byte

Sub Test()
   MsgBox "Datum:" & Chr(9) & Datum & vbCrLf & _
      "Jahr:" & Chr(9) & Jahr & vbCrLf & _
      "Monat:" & Chr(9) & Monat & vbCrLf & _
      "Tag:" & Chr(9) & KTag
End Sub

Sub UserFormkalender_starten()
   UF_Kal.Show
End Sub
```

Sie können sich ja sicher vorstellen, dass die meisten Prozeduren hinter der UserForm zu finden sind. Der Übersichtlichkeit halber werden sie bei dieser umfangreichen Anzahl aufgeteilt kommentiert, damit der Überblick nicht verloren geht.

In dieser Prozedur bekommt die UserForm als Startparameter das aktuelle Datum zugewiesen. Die Auswahlwerte für die Comboboxen werden hier einmalig für die Laufzeit festgelegt. Am Ende der Prozedur sehen Sie, dass sofort das wichtigste Makro ausgeführt wird.

```
Private Sub UserForm_Initialize()
   Dim x As Integer
   ' Aktuelles Datum als Startwerte setzen
   KTag = Day(Date)
   Monat = Month(Date)
   Jahr = Year(Date)
   Datum = Date
   ' Monate in Combobox1 eintragen
   For x = 1 To 12
      Combox1.AddItem Format(DateSerial(Jahr, x, 1), "MMMM")
   Next x
   ' Jahre in Combobox2 eintragen
   For x = 1900 To 2222
     Combox2.AddItem x
   Next x
   Call UserForm_Werte
End Sub
```

Diese Prozedur wird von allen Buttons und Comboboxen benutzt, um die UserForm zu aktualisieren. Durch die Deklarierung als private Prozedur sehen Sie dieses Makro nicht in der Makro-Auswahl, obwohl es keine Event-Prozedur ist. Die einzelnen Controls werden mit der Schleife einfach alle der Reihe nach durchgearbeitet mit `For Each CB In Me.Controls`. Es erfolgt eine Unterscheidung anhand des Namens, welches Control gerade an der Reihe ist. Die Tagesbuttons werden mit ihrer Nummer mit dem Kalendertag des Monatsersten gegengerechnet über `DateSerial(Jahr, Monat, Buttonnummer - Wochentag des Ersten)`. Die überhängenden Buttons werden einfach mit dem Monatswert des Nachbarmonats belegt. Das komplette Datum wird in den `ControlTipText` geschrieben. Durch diesen Trick hat man immer das komplette Datum ohne Rechenaufwand zur späteren Auswertung parat.

```
Private Sub UserForm_Werte()
   Dim CB As Control
   Dim CBnr As Byte, WT As Integer
   Dim Dat As Date
   ' Wochentag des Monatsersten ermitteln minus 1
   WT = Weekday(DateSerial(Jahr, Monat, 1), vbMonday) - 1
   For Each CB In Me.Controls
      ' In Tagesbuttons den Tag eintragen
      If Left(CB.Name, 3) = "CB_" Then
         ' Nummer des Buttons ermitteln
         CBnr = CByte(Right(CB.Name, 2))
         ' Buttondatum ermitteln
         Dat = DateSerial(Jahr, Monat, CBnr - WT)
         CB.Caption = Day(Dat)
         ' zwischenspeichern des kompletten Datums
         CB.ControlTipText = Dat
         ' aktueller Monat fette und größere Schrift
         If Month(Dat) = Monat Then
            CB.Font.Bold = True
            CB.Font.Size = 10
```

```
        ' Sonst zurücksetzen
        Else
           CB.Font.Bold = False
           CB.Font.Size = 8
        End If
        ' Fokus auf den Button mit aktueller Auswahl setzen
        If Dat = Datum Then CB.SetFocus
     End If
     ' Monate in Combobox1 eintragen
     If CB.Name = "Combox1" Then
        CB.Value = Format(DateSerial(Jahr, Monat, 1), "MMMM")
     End If
     ' Jahre in Combobox2 eintragen
     If CB.Name = "Combox2" Then
        CB.Value = Jahr
     End If
  Next CB
End Sub
```

Hier sehen Sie jetzt den Kalender in der UserForm im Endzustand. Sie können jetzt einfach losklicken. Bei Klick auf die Tagesbuttons des Vormonats bzw. des Folgemonats wird automatisch der andere Monat dargestellt. Der Fokus wandert immer auf den aktuellen Tag.

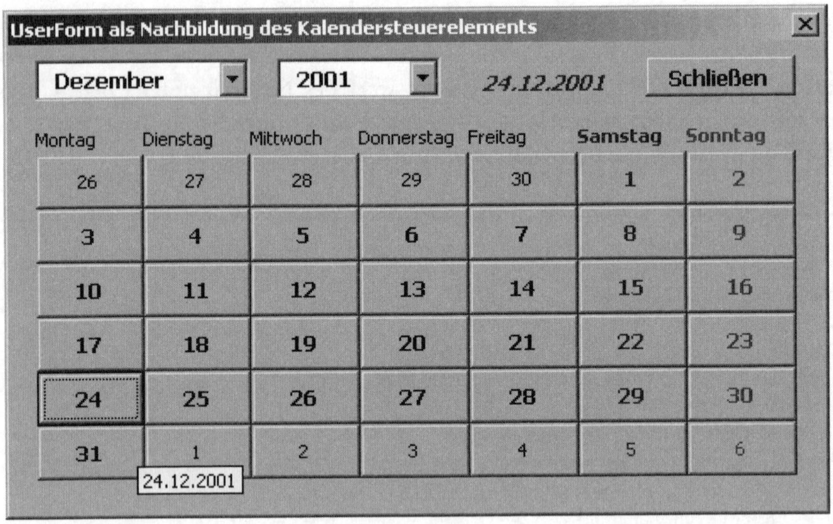

Abbildung 404: Die Kalenderauswahl in Aktion

Die Änderung der Auswahl des Monats bzw. des Jahres erfolgt über 2 Comboboxen. Der Event dieser ändert die Variablen Monat und Jahr. Anschließend wird wieder das Makro `UserForm_Werte` aufgerufen, um allgemeine Änderungen an der UserForm auszuführen.

```
' Monat auswählen
Private Sub Combox1_Change()
  Dim x As Byte
  For x = 1 To 12
    If Combox1.Value = Format(DateSerial(1900, x, 1), "MMMM") _
      Then Monat = x
  Next x
  Datum = DateSerial(Jahr, Monat, KTag)
  Label8 = DateSerial(Jahr, Monat, KTag)
  Call UserForm_Werte
End Sub

' Jahr auswählen
Private Sub Combox2_Change()
  Jahr = Combox2.Value
  Datum = DateSerial(Jahr, Monat, KTag)
  Label8 = DateSerial(Jahr, Monat, KTag)
  Call UserForm_Werte
End Sub

' Schließen-Button
Private Sub C_Button1_Click()
   Unload Me
End Sub
```

Jetzt sind nur noch die Event-Prozeduren der einzelnen Tagesbuttons interessant. Davon gibt es 42 Stück, die sich bis auf eine kleine Nuance in Form eines anderen Namens nicht unterscheiden. Die eigentliche Umwandlung des Buttonklicks erfolgt über den `ControlTipText`.

Sie können sich sicherlich vorstellen, dass es ganz schön aufwändig ist, diese Ereignisprozeduren zu erstellen. Im Anschluss an diesen Abschnitt erfahren Sie, wie man sich dabei die Arbeit sehr erleichtern kann.

```
Private Sub CB_01_Click()
  KTag = Day(CB_01.ControlTipText)
  Monat = Month(CB_01.ControlTipText)
  Jahr = Year(CB_01.ControlTipText)
  Datum = CB_01.ControlTipText
  Label8 = DateSerial(Jahr, Monat, KTag)
  Call UserForm_Werte
End Sub

Private Sub CB_02_Click()
  KTag = Day(CB_02.ControlTipText)
  Monat = Month(CB_02.ControlTipText)
  Jahr = Year(CB_02.ControlTipText)
  Datum = CB_02.ControlTipText
  Label8 = DateSerial(Jahr, Monat, KTag)
  Call UserForm_Werte
End Sub
```

```
[....]

Private Sub CB_42_Click()
  KTag = Day(CB_42.ControlTipText)
  Monat = Month(CB_42.ControlTipText)
  Jahr = Year(CB_42.ControlTipText)
  Datum = CB_42.ControlTipText
  Label8 = DateSerial(Jahr, Monat, KTag)
  Call UserForm_Werte
End Sub
```

374 Viele gleiche Ereignisprozeduren

Wie Sie im oberen Beispiel gesehen haben, kommt es immer wieder vor, dass man viele fast identische Makros schreiben muss. Im oberen Beispiel unterscheiden sich diese ja nur durch den unterschiedliche Namen, der allerdings 4 mal in der Prozedur vorkommt. Die Buttons heißen `CB_01` bis `CB_42`. Zuerst wird in dem Hilfsmakro in der Schleife der Name generiert und in der Variablen `Btn` zugewiesen. Jetzt werden einfach die Makros in der Prozedur erstellt und in die Zwischenablage geschrieben.

```
Sub Viele_Events_schreiben()
  Dim CodeTxt As String
  Dim VieleEvents As Object
  Dim Btn As String
  Dim i As Byte
  For i = 1 To 42
  Btn = "CB_" & Format(i, "00")
  ' den Text der Event-Prozedur schreiben
  CodeTxt = CodeTxt & "Private Sub " & Btn & "_Click()" & vbCrLf & _
     "   KTag = Day(" & Btn & ".ControlTipText)" & vbCrLf & _
     "   Monat = Month(" & Btn & ".ControlTipText)" & vbCrLf & _
     "   Jahr = Year(" & Btn & ".ControlTipText)" & vbCrLf & _
     "   Datum = " & Btn & ".ControlTipText" & vbCrLf & _
     "   Label8 = DateSerial(Jahr, Monat, Tag)" & vbCrLf & _
     "   Call UserForm_Werte" & vbCrLf & _
     "End Sub" & vbCrLf & vbCrLf
  Next i
  Set VieleEvents = New DataObject
  ' häufige Fehlerquelle: Hier gehört kein Gleichheitszeichen hin!
  VieleEvents.SetText CodeTxt
  ' in die Zwischenablage damit
  VieleEvents.PutInClipboard
End Sub
```

Hier ein kleiner Tipp am Rande: Verwenden Sie zur Kontrolle des Ergebnisses zuerst den Editor oder Notepad und nicht gleich das richtige Modul. Sicherlich sind Sie genauso fehlerfrei wie ich. Irgendwo schleicht sich immer wieder ein kleiner Tippfehler ein. Da sich aber andere Prozeduren bereits in dem Modulblatt befinden, muss dort vorsichtig ausgewählt werden. Im Editor auf Fenstergröße skaliert, kann man wunderbar mit dem Modul vergleichen und auch alles am Stück zum Löschen auswählen.

375 Dynamisch eine UserForm aufrufen

Wie Sie eine UserForm aufrufen, wissen Sie bereits. Aber Sie können auch je nach Berechnungsergebnis eine UserForm ausgeben lassen, ohne eine umfangreiche Auswahlselektion, um sie direkt anzusprechen. So würden Sie es zuerst versuchen und nur Fehlermeldungen erhalten:

```
Sub UF_aufrufen_geht_nicht()
  Var = "UserForm1"
  Var.Show
End Sub
```

Mit dieser Alternativlösung können Sie die berechnete UserForm anzeigen lassen:

```
Sub UF_aufrufen_geht()
  Var = "UserForm1"
  VBA.UserForms.Add(Var).Show
End Sub
```

376 Dynamische Combobox

Während der Prozedurlaufzeit dynamische UserForms zu erzeugen, ist nicht weiter schwierig. Es ist auch nicht einmal sehr viel Makrocode dazu erforderlich. Wie Sie im anschließenden Listing ersehen können, werden selbst die Datenfelder der Combobox per Makro gefüllt. Natürlich ist es möglich, auch auf Zellbereiche oder n-dimensionale Variablen zurückzugreifen.

```
Private Sub UserForm_Initialize()
  Dim i As Byte, x As Byte
  ' Höhe anpassen
  Me.Height = 360
  For i = 1 To 10
  ' Comboboxen erstellen
  With Controls.Add("Forms.ComboBox.1", "cbb" & i)
    .Left = 30          ' Abstand von rechts
    .Top = 30 * i       ' Abstand von oben
    .Width = 90         ' Breite
    .ListWidth = 90
    ' Schleife für die Einträge
    For x = 1 To 50
      .AddItem "Combo " & i & " . " & x
    Next x
  End With
  Next i
End Sub

' Auswertung der Comboboxen
```

Grund-lagen
Fehler
Intern
Funk-tionen
Farben
Datum/Zeit
Auswer-tungen
Dia-gramme
Objekte
User-Form
Controls
Internet
Extern
Extra

```
Private Sub CommandButton1_Click()
  Dim tmp As String
  Dim x As Control
  For Each x In Me.Controls
    ' Abfrage, dass nur die dyn. Comboboxen bearbeitet werden
    If Left(x.Name, 3) = "cbb" Then _
       tmp = tmp & Chr(13) & x.Name & ":" & Chr(9) & x.Text
  Next x
  MsgBox tmp, , "Auswertung"
End Sub
```

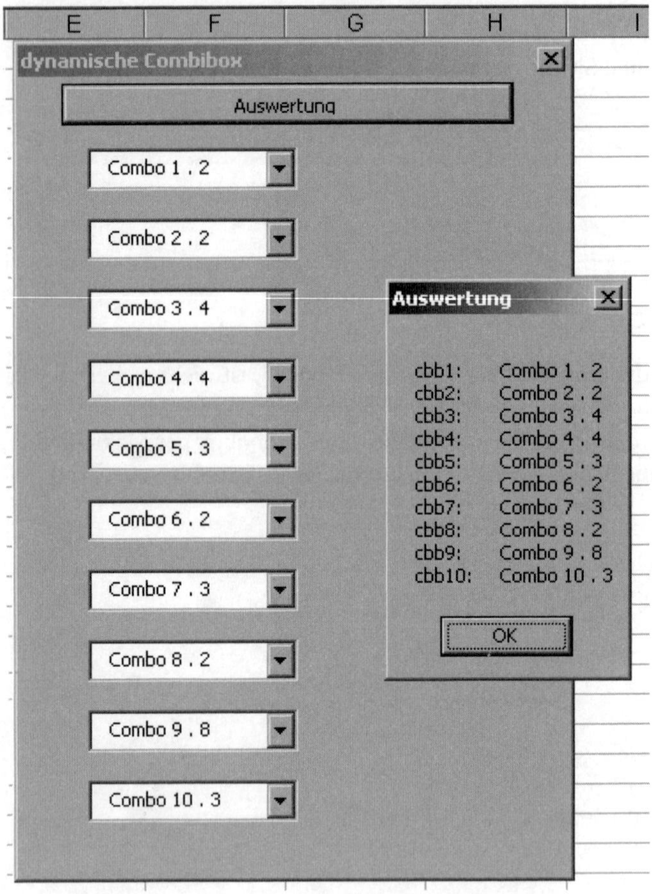

Abbildung 405: Comboboxen komplett per Code erstellt

377 Commandbutton dynamisch erstellen

Entgegen dem vorhergehenden Beispiel ist es bei Commandbuttons erforderlich, den Event `CommandButton1_Click` zu benutzen. Dies ist ohne weiteres leider nicht möglich. Während die im VBA-Editor eingebrachten Controls bereits beim Aufruf der UserForm automatisch angemeldet sind, müssen dynamisch erstellte Controls jeweils einzeln dem System bekannt gegeben werden. Den folgenden Code müssen Sie einfach nur in eine leere UserForm hinterlegen.

```
Private WithEvents Cmd1 As MSForms.CommandButton

Private Sub UserForm_Initialize()
  Set Cmd1 = Controls.Add("Forms.CommandButton.1", "cmd1")
  With Cmd1
    .Left = 10
    .Top = 20
    .Width = Me.Width - 20
    .Height = 20
    .Caption = "Bitte hier mal klicken, Button dynamisch erstellt"
  End With
End Sub

Private Sub Cmd1_Click()
  MsgBox "hier klappt der Klick"
End Sub
```

378 UserForm mit 100 Commandbuttons

Ein umfangreicheres Beispiel ist auch folgendes mit über 100 Commandbuttons, die dynamisch erstellt und positioniert werden. Selbst die Position der Buttons wird in der Schleife ermittelt. Das Beispiel wurde absichtlich mit so vielen Buttons erstellt, da bis auf die Event-Anmeldung alles genauso umfangreich ist, wie bei nur 10 Buttons. Sie können sich wegen des vorhergehenden Abschnitts jetzt ja vorstellen, dass 100 Events angemeldet werden müssen. Diese Codezeilen erspare ich allerdings unseren Codebook-Lesern. Sie wollen ja nicht 2 Seiten lang nur die gleiche Zeile lesen. Genauso sind die Ereignisprozeduren nur stark gestrafft wiedergegeben.

Abbildung 406: Die Ursprungsuserform

Wie wird aus solch einer mickrigen UserForm mit nur einem Commandbutton mit Namen `Cmd999` eine ansehnliche UserForm mit über 100 Commandbuttons?

Grundlagen
Fehler
Intern
Funktionen
Farben
Datum/Zeit
Auswertungen
Diagramme
Objekte
User-Form
Controls
Internet
Extern
Extra

Dazu ist in Relation nicht sehr viel Code notwendig. Das komplette Beispiel ist in der Datei `10_UserForm100Buttons.xls` hinter der UserForm »Cmd100« zu finden.

Beginnen wir einfach mit der Event-Anmeldung. Hierfür sind sehr viele Zeilen notwendig.

```
Private WithEvents Cmd1 As MSForms.CommandButton
Private WithEvents Cmd2 As MSForms.CommandButton
' [...]
Private WithEvents Cmd99 As MSForms.CommandButton
Private WithEvents Cmd100 As MSForms.CommandButton

'werden für das Beispiel mit den langen Buttons benötigt
Private WithEvents Cmd_lang1 As MSForms.CommandButton
Private WithEvents Cmd_lang2 As MSForms.CommandButton
' [...]
Private WithEvents Cmd_lang11 As MSForms.CommandButton
Private WithEvents Cmd_lang12 As MSForms.CommandButton
```

Der Originalcode enthält hierfür allerdings 112 Zeilen Code.

Dieser Teil des Moduls ist der wichtigste in der UserForm. Hier werden die 100 Commandbuttons erstellt und ihre Eigenschaften wie auch ihre Position berechnet. Die Position wird über 2 in sich verschachtelte Schleifen ermittelt. In diesen erfolgt auch die Benennung der Buttons in `Cmd1` bis `Cmd100`. Es werden auch die Buttons mit den Events in der Set-Anweisung verknüpft. Diese wird hier nur gekürzt wiedergegeben.

```
Option Explicit
Dim NeuCmd
Dim Zaehler

Private Sub UserForm_Initialize()
  Dim Cntl As Control
  Dim i As Byte, j As Byte, CmdNr As String
  Dim x As Object
  Zaehler = 0   'wird für die langen Buttons benötigt
  Me.StartUpPosition = 3   ' oben links
  Me.Height = 390
  Me.Width = 354
  For j = 1 To 10
    For i = 1 To 10
      ' Namen festlegen
      CmdNr = "Cmd" & (j - 1) * 10 + i
      ' Eigenschaften und Position festlegen
      With Controls.Add("Forms.CommandButton.1", CmdNr)
         .Left = 30 * i
         .Top = 30 * j
         .Width = 20
         .Height = 20
         .Caption = (j - 1) * 10 + i
         .ControlTipText = (j - 1) * 10 + i
```

```
      End With
    Next i
  Next j
  ' Alle 100 Cmd's anmelden
  Set Cmd1 = Controls("Cmd1")
  Set Cmd2 = Controls("Cmd2")
  ' [...]
  Set Cmd99 = Controls("Cmd99")
  Set Cmd100 = Controls("Cmd100")

  ' bestehenden Commandbutton verändern
  With [Cmd999]  ' mit dem Namen können Controls angesprochen werden
    .Left = 20
    .Top = 333
    .Width = Me.Width - 40
    .Height = 20
    .Caption = "Einfach hier mal drücken"
    .ControlTipText = "Mal sehen, was jetzt passiert"
  End With
End Sub
```

Der untere Teil des Codes spricht über den Namen des Controls das Control an. Bei bekannten Namen ist das die bequemste Art, Controls anzusprechen. Dieser Commandbutton braucht als einziger in der UserForm nicht angemeldet zu werden. Zu ihm kommen wir ein paar Zeilen später noch einmal zurück. Befassen wir uns jetzt zuerst nur mit den 100 Commandbuttons.

Die Event-Prozeduren sind sehr einfach gehalten und springen sofort in das Auslagerungsmakro. Stellen Sie sich einmal vor, es wären in jeder fünf zusätzliche Zeilen enthalten.

```
Private Sub Cmd1_Click()
  Call Auslagerung(1)
End Sub

Private Sub Cmd2_Click()
  Call Auslagerung(2)
End Sub
' [...]
Private Sub Cmd99_Click()
  Call Auslagerung(99)
End Sub

Private Sub Cmd100_Click()
  Call Auslagerung(100)
End Sub
```

Diese Prozeduren rufen mit dem Übergabewert `Nr` alle das gleiche Auslagerungsmakro auf. In diesem wird einfach der Commandbutton, von dem das Klick-Ereignis ausgelöst wurde, mit einem neuen Outfit versehen.

```
' Ausgelagerte Funktionalitäten der Zahlenbuttons
Private Sub Auslagerung(Nr As Byte)
  With Me.Controls("cmd" & Nr)
    .ForeColor = RGB(255, 0, 0)
    .BackColor = RGB(0, 255, 255)
    .Font.Bold = True
    .ControlTipText = "Bereits angeklickt"
  End With
End Sub
```

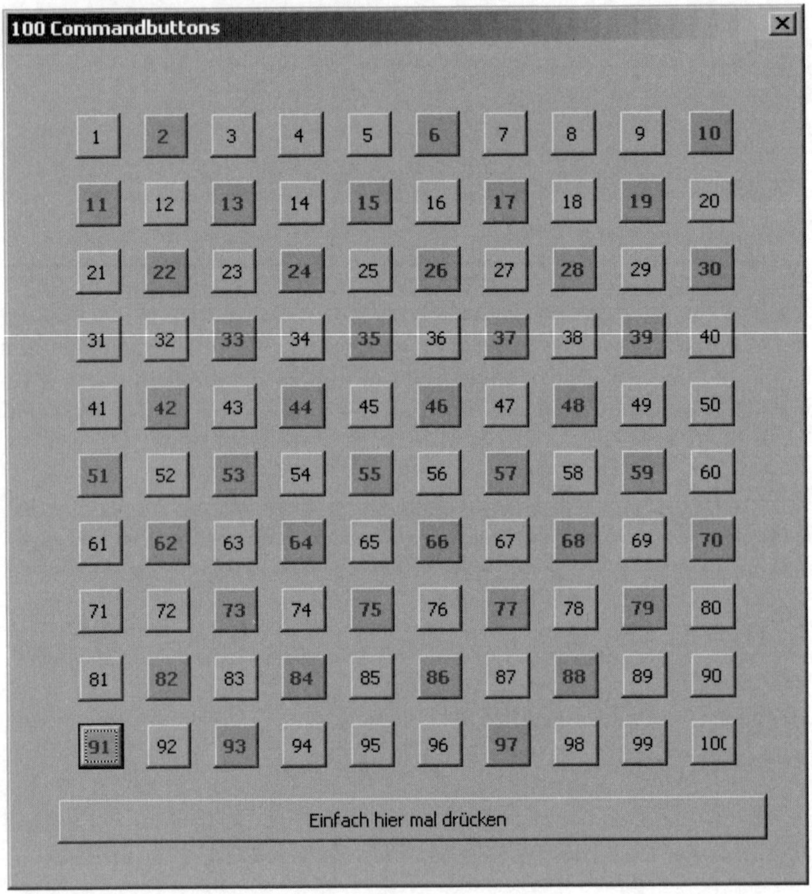

Abbildung 407: Nach einer Klickorgie

Wenden wir uns jetzt noch dem einzigen Originalbutton zu. Er wurde in der Prozedur `UserForm_Initialize()` zu dem langen Button unten. Nach diesen vielen Zeilen zur Erinnerung: Er trägt den Namen `Cmd999`.

Sein Event springt auch gleich in ein anderes Auslagerungsmakro. Dieses ist viel komplexer gestaltet, da auch die UserForm selbst erweitert wird. Zusätzlich erfolgt die Zuweisung der neuen Commandbuttons auch in dieser Prozedur. Über die öffentliche Variable `Zaehler`, die oben deklariert wurde, zählt dieses Makro die bisher getätigten Aktionen mit den langen Commandbuttons. Der Startwert Null wurde bereits bei der Initialisierung gesetzt.

```
' Weitere Buttons unten anlegen
' Der einzige bestehende Commandbutton
Private Sub Cmd999_Click()
  Call Auslagerung2
End Sub

' Für die Erstellung weiterer langer Buttons
Sub Auslagerung2()
  Dim NameCmd
  Zaehler = Zaehler + 1
  Me.Height = Me.Height + 30
  Set NeuCmd = Controls.Add("Forms.CommandButton.1", _
    "Cmd_lang" & Zaehler)
  With NeuCmd
    .Left = 20
    .Top = Me.Height - 60
    .Width = Me.Width - 40
    .Height = 20
    .Caption = "So könnten wir jetzt endlos weitermachen. " & .Name
  End With
  Set Cmd_lang1 = Controls("Cmd_lang1")
  If Zaehler = 2 Then Set Cmd_lang2 = Controls("Cmd_lang2")
  If Zaehler = 3 Then Set Cmd_lang3 = Controls("Cmd_lang3")
  If Zaehler = 4 Then Set Cmd_lang4 = Controls("Cmd_lang4")
  If Zaehler = 5 Then Set Cmd_lang5 = Controls("Cmd_lang5")
  If Zaehler = 6 Then Set Cmd_lang6 = Controls("Cmd_lang6")
  If Zaehler = 7 Then Set Cmd_lang7 = Controls("Cmd_lang7")
  If Zaehler = 8 Then Set Cmd_lang8 = Controls("Cmd_lang8")
  If Zaehler = 9 Then Set Cmd_lang9 = Controls("Cmd_lang9")
  If Zaehler = 10 Then Set Cmd_lang10 = Controls("Cmd_lang10")
  If Zaehler = 11 Then Set Cmd_lang11 = Controls("Cmd_lang11")
  If Zaehler = 12 Then Set Cmd_lang11 = Controls("Cmd_lang12")
End Sub
```

Die Zuweisung der Event-Prozeduren erfolgt immer in einer `If`-Abfrage, da nicht angelegte Commandbuttons automatisch zu einer Fehlermeldung führen würden. Die meisten von uns dürften die maximale Anzahl an Commandbuttons gar nicht mehr sehen können, da einfach die Monitorauflösung dazu nicht mehr ausreicht. Wer weiß, wie es aber bis in ein paar Jahren aussehen wird?

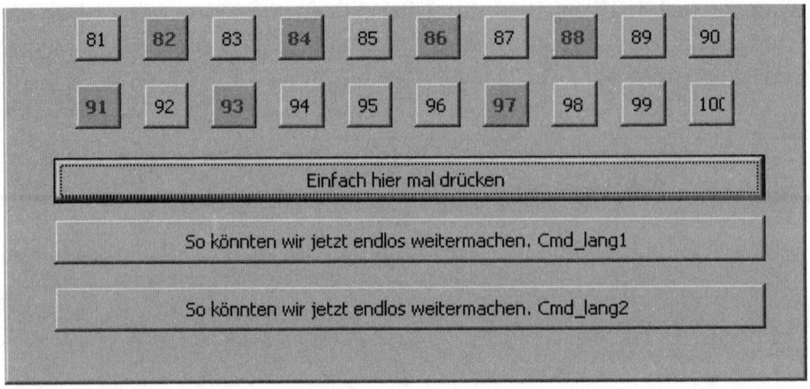

Abbildung 408: Dynamische Erweitung nach unten

Der Vollständigkeit halber wieder in stark gekürzter Form die Event-Prozeduren.

```
Private Sub Cmd_lang1_Click()
  Call Auslagerung2
End Sub

' [...]

Private Sub Cmd_lang11_Click()
  Call Auslagerung2
End Sub

Private Sub Cmd_lang12_Click()
  MsgBox "Jetzt ist aber endgültig Schluss"
End Sub
```

379 Commandbutton verschieben

Dieses nicht ganz so ernst gemeinte Beispiel bringt Ihnen das dynamische Verschieben von Controls sicher ein bisschen näher. Die drei Controls der UserForm liegen im Urzustand irgendwo auf der UserForm vor. Es sind die Commandbutton1, Commandbutton2 und Image1. Die UserForm wird beim Initialisieren auf ihre Sollgröße gesetzt und der Commandbutton in eine mittige Position gebracht. Die anderen Controls werden ausgeblendet, der Button aber schon in Position gebracht.

```
Dim Counter
Dim KCounter

Private Sub UserForm_Initialize()
   ' Größe der UserForm festlegen
   Me.Height = 333
   Me.Width = 333
   ' Bild verstecken
```

```
    Image1.Visible = False
    CommandButton2.Visible = False
    ' Commandbutton mittig positionieren
    With CommandButton1
       .Top = Me.InsideHeight / 2 - CommandButton1.Height / 2
       .Left = Me.InsideWidth / 2 - CommandButton1.Width / 2
    End With
    With CommandButton2
       .Top = Me.InsideHeight - 32
       .Left = Me.InsideWidth - 85
    End With
End Sub
```

Jetzt wäre es an der Zeit, in der Musterdatei 10_ Jux.xls das Beispiel zu testen.

Dies ist der »gemeine« Teil dieses Beispiels. Der Event `CommandButton1_MouseMove` wird für eine Neupositionierung des Commandbutton1 missbraucht. Die neue Position wird durch eine Zufallszahl bestimmt. Hier gibt es aber einen Umstand, der oft übersehen wird. Die Höhe der UserForm ist inklusive der Titelleiste, während die Positionierung erst unterhalb dieser anfängt. Deswegen ist bei der Ermittlung der Top-Position auch von der Höhe der UserForm 20 abgezogen. In der Variablen »Counter« werden die Versuche, den Button anzuklicken, gezählt.

```
Private Sub CommandButton1_MouseMove(ByVal Button As Integer, _
   ByVal Shift As Integer, ByVal X As Single, ByVal Y As Single)
   Counter = Counter + 1
   ' per Zufallszahlen neue Position
   With CommandButton1
      .Top = Int((333 - CommandButton1.Height - 20) * Rnd)
      .Left = Int((333 - CommandButton1.Width) * Rnd)
   End With
End Sub
```

Diese Event-Prozedur hat eigentlich einen falschen Namen. Sie werden es nie erreichen, einen Mausklick zu setzen. Die äußeren Umstände sind gegen Sie.

Diesen Button kann man nur mit der Tastatur anklicken. Sie erinnern sich doch sicherlich an Ihren Windows-Grundlagenkurs: Den Button, der den Fokus hat, kann man mit der Taste [↵] betätigen. Dies löst dann den Event »Klick« aus. Wer jetzt noch die Eigenschaft LOCKED auf `True` setzt, hat sich selbst ausgesperrt, da das Schließen-X in der Titelleiste deaktiviert ist.

Das Bild wird positioniert, sichtbar geschaltet und in der Größe genau der UserFormgröße angepasst. Ein Wort noch zu dem `PictureSizeMode` am Rande: Es gibt außer der Eigenschaft `fmPictureSizeModeClip` (es werden die Ränder abgeschnitten oder es wird die Originalgröße mit Rändern gezeigt) den Modus `fmPictureSizeModeZoom`, der maßstäblich vergrößert bzw. wie hier verkleinert. Und `fmPictureSizeModeZoom`, das verzerrte Darstellungen liefert, dafür aber userformfüllend alles darstellt. Das geht so weit, dass mit einem Strich eine hochkantige UserForm ausgefüllt wird.

```
Private Sub CommandButton1_Click()
   With Image1
      .Top = 0
      .Left = 0
      .Height = Me.InsideHeight
      .Width = Me.InsideWidth
      ' Bild sichtbar machen
      .Visible = True
      ' Bild auf Seitengröße anpassen
      .PictureSizeMode = fmPictureSizeModeZoom
   End With
   CommandButton2.Visible = True
   ' Fokus setzen
   CommandButton2.SetFocus
   ' Falls keine Mausklicks erfolgt sind:
   If KCounter = "" Then KCounter = "keine"
   MsgBox "Sie haben " & KCounter & " Klicks benötigt" & _
      Chr(13) & Counter & " mal war der Button schneller als Sie"
End Sub

' Schließen der UserForm
Private Sub CommandButton2_Click()
   Unload Me
End Sub

' Mausklicks zählen
Private Sub UserForm_MouseDown(ByVal Button As Integer, _
   ByVal Shift As Integer, ByVal X As Single, ByVal Y As Single)
   KCounter = KCounter + 1
End Sub

' das Schließen per X oben rechts verhindern
Private Sub userform_queryclose(Cancel As Integer, _
         CloseMode As Integer)
   If CloseMode <> 1 Then Cancel = 1
End Sub
```

380 UserForm auf Monitorgröße

Es gibt sehr viele programmierte Anwendungsmöglichkeiten, wo es sinnvoll sein kann, die Tabellenblätter komplett hinter einer UserForm zu verstecken. Sei es, um den Datenklau einzuschränken, als auch als Schutzschild gegen den davor sitzenden Anwender. Kopieren Sie einfach diese Zeilen in eine leere UserForm.

```
Public Sub UserForm_Initialize()
   ' Excel maximieren
   Application.WindowState = xlMaximized
   ' UserForm auf Excel-Größe maximieren
```

```
  With Me
    .Height = Application.Height
    .Width = Application.Width
  End With
End Sub
```

381 Unkontrolliertes Schließen der UserForm verhindern

Mit dieser kleinen Ereignisprozedur verhindern Sie das Schließen der UserForm mit dem X in der rechten oberen Ecke.

```
Private Sub UserForm_QueryClose(Cancel As Integer, _
        CloseMode As Integer)
  If CloseMode = 0 Then Cancel = 1
End Sub
```

Genauso gut können Sie hier Ihre eigenen Prozeduren zur Benutzerführung einbauen und dann trotzdem schließen lassen. Sie müssen dazu nur die Codezeilen anstatt der `If...Then`-Anweisung eintragen.

382 Bilderschau

Hier wird es jetzt anspruchsvoll. Dieses Beispiel ist erst ab einer Bildschirmauflösung von 800*600 in einer akzeptablen Qualität ansehbar. Die Auflösung, für die dieses Beispiel entwickelt wurde, ist 1024*768. Hier wird in einer UserForm ein kompletter Bildbetrachter aufgebaut. Sogar das Löschen des aktuellen Bildes auf der Festplatte ist möglich. Für dieses Beispiel verwenden wir Bilder von der »Fasnet« in Rottweil. Diese wurden bereits mit dem Setup-Programm der Buch-CD in das Verzeichnis *C:\Codebook\bilder* kopiert. Die Bilder haben unterschiedliche Größen und Formate, um die Zoomeigenschaft auch testen zu können.

Im Gegensatz zu den vorigen Beispielen wird keine öffentliche Variable verwendet, sondern immer wieder auf bestimmte Zellen im Tabellenblatt lesend und schreibend zurückgegriffen. Der Grund ist einfach nur der, dass auch bei einem Neustart der Arbeitsmappe am letzten Bild weitergearbeitet werden kann.

*Abbildung 409: Bilderschau hier in der Auflösung 800*600*

	A	B	C	D	E	F
1	Bilder	02120014.jpg				
2		02120037.jpg	Verzeichnis:	C:\Codebook\		
3		02120042.jpg	Unterverzeichnis:	Bilder		
4		02120068.jpg				
5		02120078.jpg	Normalerweise kann diese Datei ausschließlich			
6		02120081.jpg	über die Schaltflächen gesteuert werden.			
7		02270013-.jpg				
8		02270046-.jpg				
9		02270049-.jpg	Dateiart:		*.jpg	
10		Federh-Sprung.jpg		Verzeichnis und Bildtyp auswählen		
11		Ffederh+Publikum2.jpg				
12						
13						
14						
15						
16				Dateien einlesen		
17						
18						
19			Anzahl der Bilder:	11		
20						
21				Bilder anzeigen		
22						

Abbildung 410: Das Tabellenblatt

Die folgenden Makros sind in einem allgemeinen Modul untergebracht. Sie rufen die User-Forms auf, machen den Assistenten unsichtbar.

```
Sub Bilder_anzeigen()
  Assistant.Visible = False
  UserForm1.Show
End Sub

Sub Typ_Verz_auswählen()
  Assistant.Visible = False
  UserForm2.Show
End Sub
```

Hier werden die Dateien ausgelesen und in das Tabellenblatt geschrieben. Bei einem falschen Pfad erfolgt eine Verzweigung in eine Fehlerroutine. Dort wird dann ein Warnton über den Systemlautsprecher ausgegeben und auch eine entsprechende Warnmeldung. Für das Wechseln des Verzeichnisses sollte immer zuerst das Laufwerk gewechselt werden. Es kommt immer wieder vor, dass beim Wechsel auf ein Verzeichnis in einem anderen Laufwerk dieser nicht erfolgt. Diese Codezeilen sind deswegen immer notwendig, werden aber oft vergessen, da man zum Testen meist nicht das Laufwerk wechselt.

```
Sub DateienEinlesen()
  Dim TB1 As Worksheet
  Dim Pfad$, Verz$, UVerz$, Datart$, Datname$, i%
  Set TB1 = Worksheets(1)
  Verz = TB1.[D2]
  UVerz = TB1.[D3]
  Datart = TB1.[E9]
  TB1.[B:B].ClearContents
  ' Pfad abfragen
  Datname = Verz & UVerz
  ' Bei Abbruch Sub verlassen
  If Datname = "" Then Exit Sub
  ' Bei Fehler zur Fehlerroutine verzweigen
  On Error GoTo ErrorHandler
  ' Laufwerk festlegen
  ChDrive (Left(Datname, 3))
  ' Unterverzeichnis festlegen
  ChDir (Datname)
  ' Aufheben der Verzweigung zur Fehlerroutine
  On Error GoTo 0
  ' Dateiart festlegen
  Datname = Dir(Datart)
  i = 1
  TB1.Cells(i, 2) = Datname
  ' Solange noch Dateien vorhanden
  Do While Datname <> ""
    ' Dateiname feststellen
    Datname = Dir()
```

```
    ' Dateiname in Tabellenblatt schreiben
    TB1.Cells(i + 1, 2) = Datname
    ' Nächste Datei
    i = i + 1
  Loop
  TB1.Columns(2).AutoFit
  [B:B].Select
  Selection.Sort Key1:=Range("B1"), Order1:=xlAscending, Header:= _
    xlGuess, OrderCustom:=1, MatchCase:=False, Orientation:= _
    xlTopToBottom
  ' Prozedur verlassen vor der Fehlerbehandlung
  Exit Sub
ErrorHandler:
  ' Warnton
  Beep
  ' Fehlermeldung bei falschem Laufwerk
  If Err = 68 Then _
    MsgBox "Laufwerksangabe ist fehlerhaft!", vbCritical
  ' Fehlermeldung bei falschem Pfad
  If Err = 76 Then _
    MsgBox "Angegebener Pfad wurde nicht gefunden!", vbCritical
End Sub
```

Die Prozeduren hinter der UserForm1:

Beim Aufrufen der UserForm1 wird zuallererst Excel auf die Bildschirmgröße maximiert und die UserForm auf die Fenstergröße vergrößert. Das darin befindliche Anzeige-Steuerelement (Image) wird auf die gleiche Breite, aber nur auf die Höhe minus einem 40 Pixel hohen Streifen erweitert. In diesen werden die Commandbuttons nun in der Höhe positioniert.

```
Private Sub UserForm_Initialize()
  Dim contr As Control
  Caption = "Excel-VBA Codebook  -  Bilderschau"
  ' Excel maximieren
  Application.WindowState = xlMaximized
  ' UserForm auf Excel-Größe maximieren
  With Me
    .Height = Application.Height
    .Width = Application.Width
  End With
  With Me.Image1
    .Width = Application.Width
    .Height = Application.Height - 45
  End With
  For Each contr In Me.Controls
    If contr.Name <> "Image1" Then
      contr.Top = Application.Height - 40
    End If
  Next contr
  Call Bild_anzeigen
End Sub
```

```
' Nächstes Bild
Private Sub cmd_Next_Click()
  Call Naechstes_Bild
End Sub

' Vorheriges Bild
Private Sub cmd_Back_Click()
  Call Vorheriges_Bild
End Sub
```

Beim Löschen von Einzeldateien wie in der nächsten Prozedur ist es meist sinnvoll, den kompletten Pfad anzugeben. Wie schnell wurde zwischenzeitlich das Laufwerk gewechselt?

```
' Aktives Bild löschen
Private Sub cmd_Kill_Click()
  Dim Loeschenbild$, Loeschantw, Verz$, UVerz$
  Dim aZelle As Range
  Dim TB1 As Worksheet
  Set TB1 = Worksheets(1)
  Verz = TB1.[D2]
  UVerz = TB1.[D3]
  Set aZelle = ActiveCell
  Loeschenbild = Verz & UVerz & "\" & aZelle
  Loeschantw = MsgBox("Soll die Datei" & Chr(10) & Loeschenbild _
    & Chr(10) & " gelöscht werden?", vbYesNo)
  If Loeschantw = vbYes Then
  On Error GoTo ErrorHandler
    Kill Loeschenbild
    aZelle.Delete
    Call Bild_anzeigen
  Exit Sub
ErrorHandler:
  ' Warnton
  Beep
  ' Fehlermeldung bei Schreibschutz
  If Err = 75 Then MsgBox "Die Datei """ & Loeschenbild & _
    """ ist schreibgeschützt!" & Chr(10) & _
    "und kann leider nicht gelöscht werden.", vbCritical
  End If
End Sub

' Nächstes Bild
Private Sub cmd_Next2_Click()
  Naechstes_Bild
End Sub

' Schließen
Private Sub cmd_Zu_Click()
  Unload Me
End Sub
```

Grund-lagen
Fehler
Intern
Funk-tionen
Farben
Datum/Zeit
Auswer-tungen
Dia-gramme
Objekte
User-Form
Controls
Internet
Extern
Extra

```
' Pfad ändern
Private Sub cmd_Pfad_Click()
  UserForm1.Hide
  UserForm2.Show
End Sub

' Zoom +/-
Private Sub cmd_Zoom_Click()
  If UserForm1.Image1.PictureSizeMode = fmPictureSizeModeClip Then
    UserForm1.Image1.PictureSizeMode = fmPictureSizeModeZoom
    cmd_Zoom.Caption = "Zoom aus"
  Else
    UserForm1.Image1.PictureSizeMode = fmPictureSizeModeClip
    cmd_Zoom.Caption = "Zoom ein"
  End If
End Sub
```

Auf diese Prozedur haben Sie auf den vorhergehenden Seiten wahrscheinlich gewartet. Sie ist das Herz dieses ganzen Beispiels.

```
Private Sub Bild_anzeigen()
   Dim TB1 As Worksheet
   Dim Bild$, Verz$, UVerz$
   Dim aZelle As Range
   Set TB1 = Worksheets(1)
   Verz = TB1.[D2]
   UVerz = TB1.[D3]
zurück:
   Set aZelle = ActiveCell
   If aZelle <> "" Then
      Bild = Verz & UVerz & "\" & aZelle
   Else
      TB1.[b1].Select
      GoTo zurück
   End If
   Me.Image1.Picture = LoadPicture(Bild)
   Me.Caption = Bild
   lbl_Anz = "Bild " & aZelle.Row & " von " & TB1.[D19]
   With UserForm1.Image1
      If .Picture.Height > .Height * 35 Then
         .PictureSizeMode = fmPictureSizeModeZoom
         cmd_Zoom.Caption = "Zoom aus"
      Else
         .PictureSizeMode = fmPictureSizeModeClip
         cmd_Zoom.Caption = "Zoom ein"
      End If
   End With
End Sub
```

In den nächsten 2 Prozeduren werden die Vorwärts- und Rückwärtstasten belebt.

```
Private Sub Naechstes_Bild()
   Dim TB1 As Worksheet
   Set TB1 = Worksheets(1)
Beginn:
   ' Abfrage, ob weitere Bilder vorhanden
   If ActiveCell.Offset(1, 0) <> "" Then
      ' wenn ja, dann eins weiter
      ActiveCell.Offset(1, 0).Activate
      ' Bei einem Fehler wieder nach oben
      On Error GoTo Beginn
      ' Makro starten
      Call Bild_anzeigen
   Else
      ' wenn kein weiters Bild vorhanden, zurück zu Bild 1
      TB1.[b1].Activate
      Call Bild_anzeigen
      MsgBox "Das Ende wurde erreicht"
   End If
End Sub

Private Sub Vorheriges_Bild()
Dim TB1 As Worksheet
Set TB1 = Worksheets(1)
Beginn2:
   ' Abfrage, ob erstes Bild
   If ActiveCell.Row = 1 Then
      MsgBox "Der Anfang wurde erreicht"
      ActiveCell.Offset(TB1.[D19] - 1, 0).Activate
      On Error GoTo Beginn2
      Call Bild_anzeigen
   Else
      ' wenn kein weiteres Bild vorhanden, zurück zu Bild 1
      ActiveCell.Offset(-1, 0).Activate
      On Error GoTo Beginn2
      Call Bild_anzeigen
   End If
End Sub
```

In der UserForm2 ist die Verzeichnisauswahl untergebracht, und das Einlesen der Dateien eines Verzeichnisses wird angestoßen. Von hier aus ist es dann auch gleich möglich, wieder zur Bilderanzeige zurückzukehren.

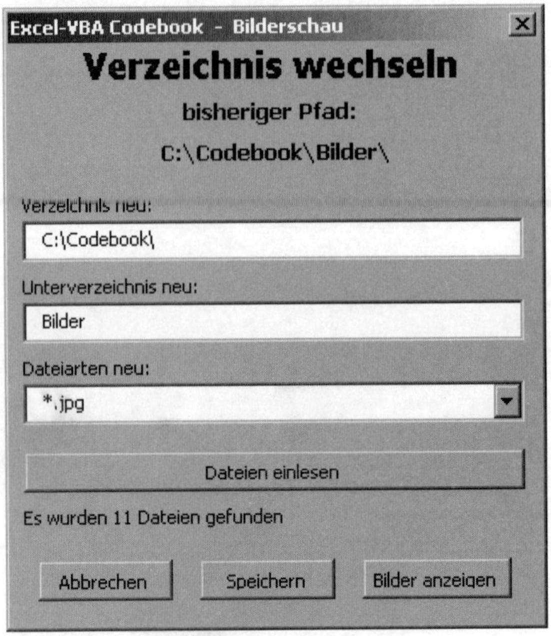

Abbildung 411: Verzeichnisauswahl

```
Private Sub UserForm_Initialize()
   Dim AnzB%, Datart$, Verz$, UVerz$
   Dim TB1 As Worksheet
   Set TB1 = Worksheets(1)
   Verz = TB1.[D2]
   UVerz = TB1.[D3]
   AnzB = TB1.[D19]
   Datart = TB1.[E9]
   Caption = "Excel-VBA Codebook  -  Bilderschau"
   lbl_Pfadalt = Verz & UVerz & "\"
   tbox_Verz.Text = Verz
   tbox_Verz2.Text = UVerz
   lbl_Anzahl = "Es wurden " & AnzB & " Dateien gefunden"
   ' Combobox füllen
   cbox_Art.Value = Datart
   cbox_Art.AddItem "*.bmp"      'ListIndex = 0
   cbox_Art.AddItem "*.tif"      'ListIndex = 1
   cbox_Art.AddItem "*.tiff"     'ListIndex = 2
   cbox_Art.AddItem "*.jpg"      'ListIndex = 3
   cbox_Art.AddItem "*.jpeg"     'ListIndex = 4
   cbox_Art.AddItem "*.gif"      'ListIndex = 5
   cbox_Art.AddItem "*.*"        'ListIndex = 6
End Sub

' Datei-Endung wählen
Private Sub cbox_Art_Click()
   Worksheets(1).[E9] = cbox_Art.Value
```

```
End Sub

' Abbrechen
Private Sub cmd_Abbrechen_Click()
   Unload Me
End Sub

' Speichern
Private Sub cmd_Save_Click()
   ThisWorkbook.Save
End Sub

' Bilder anzeigen
Private Sub cmd_Anz_Click()
   Unload Me
   UserForm1.Show
   Call Bilder_anzeigen
End Sub

' Dateien einlesen
Private Sub cmd_Lesen_Click()
   Dim TB1 As Worksheet
   Set TB1 = Worksheets(1)
   Call DateienEinlesen
   lbl_Anzahl = "Es wurden " & TB1.[D19] & " Dateien gefunden"
End Sub
```


383 Hyperlinks in UserForms

Dies ist eigentlich nicht vorgesehen, aber über einen kleinen Umweg machbar. Man benutzt das Klick-Ereignis des Bildes bzw. des Textfeldes einfach als Auslöser. In der Event-Prozedur weist man den Hyperlink der aktiven Arbeitsmappe zu, ohne ihn in eine Zelle zu schreiben. Diesem Link folgt man dann mit `.FollowHyperlink`. In der Beispieldatei werden 2 verschiedene Varianten angeboten, den Mauszeiger beim Überfahren der Links zu verändern.

1. Möglichst viele Einstellungen werden über das Eigenschaftsfenster vorgegeben.
2. Die meisten Einstellungen werden während der Laufzeit gesetzt. Der Hyperlink-Mauszeiger wird aus dem Codebook-Verzeichnis geholt. Falls Sie das Verzeichnis gelöscht haben, wird die Initialisierung abgebrochen. Diese Variante wurde beim Link Excelabc.de eingesetzt.

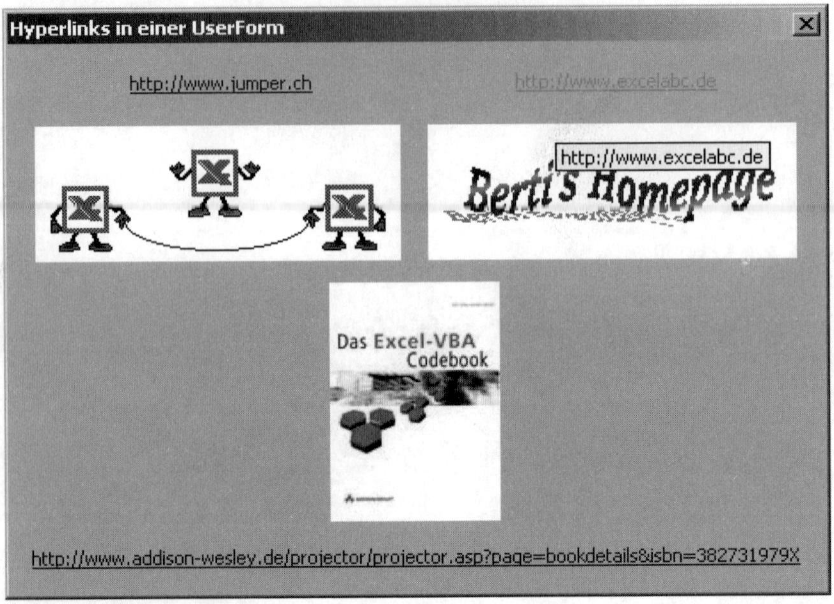

Abbildung 412: Wie man sieht, mit besuchtem Hyperlink

```
Dim Link1$, Link2$, Link3$

Private Sub UserForm_Initialize()
   Link1 = "http://www.jumper.ch"
   Link2 = "http://www.excelabc.de"
   Link3 = "http://www.addison-wesley.de/projector/projector.asp?" _
      & "page=bookdetails&isbn=382731979X"
   With lbl_Excelabc
      .Caption = Link2
      .ControlTipText = Link2
      .Font.Underline = True
      .ForeColor = RGB(0, 0, 255)
      .MouseIcon = LoadPicture("C:\Codebook\Sonstiges\m_lnksel.cur")
      .MousePointer = fmMousePointerCustom
   End With
   With lbl_Addison
      .Caption = Link3
      .ControlTipText = Link3
   End With
   ' Bilder laden
   With Image2
      .Picture = LoadPicture("C:\Codebook\Sonstiges\bertis.gif")
      .ControlTipText = Link2
      .MouseIcon = LoadPicture("C:\Codebook\Sonstiges\m_lnksel.cur")
      .MousePointer = fmMousePointerCustom
   End With
   With Image3
      .Picture = LoadPicture("C:\Codebook\Sonstiges\382731979X.jpg")
```

```
        .ControlTipText = Link3
    End With
End Sub
```

Die Klick-Ereignisse sehen alle fast gleich aus, da der eigentliche Link bereits öffentlich deklariert wurde und hier nur noch die Variablen `Link1` bis `Link3` Verwendung finden. Es wird dabei jeweils ein neues Fenster Ihrer Internetanwendung geöffnet. Bei den Textlinks wird zusätzlich die Farbe gewechselt.

```
Private Sub lbl_Jumper_Click()
    ActiveWorkbook.FollowHyperlink Address:=Link1, NewWindow:=True
    lbl_Jumper.ForeColor = RGB(255, 33, 255)
End Sub

Private Sub lbl_Excelabc_Click()
    ActiveWorkbook.FollowHyperlink Address:=Link2, NewWindow:=True
    lbl_Excelabc.ForeColor = RGB(255, 33, 255)
End Sub

Private Sub lbl_Addison_Click()
    ActiveWorkbook.FollowHyperlink Address:=Link3, NewWindow:=True
    lbl_Addison.ForeColor = RGB(255, 33, 255)
End Sub

Private Sub Image1_Click()
    ActiveWorkbook.FollowHyperlink Address:=Link1, NewWindow:=True
End Sub

Private Sub Image2_Click()
    ActiveWorkbook.FollowHyperlink Address:=Link2, NewWindow:=True
End Sub

Private Sub Image3_Click()
    ActiveWorkbook.FollowHyperlink Address:=Link3, NewWindow:=True End Sub
```

384 Tabellenblatt zoomen

Hier sehen Sie ein Beispiel, wie man fast stufenlos ein Tabellenblatt zoomen kann. Wegen der Umstellung der Eigenschaft `ShowModal` auf `False` können Sie sogar weiterarbeiten und sehen die Veränderungen des Zooms sofort auch in der Commandbar. Es steht die Bandbreite von 10% bis 400% zur Verfügung. Extremere Werte lässt Excel nicht zu.

Der aktuelle Zoomwert wird beim Start der UserForm in einer Variable zwischengespeichert. Dadurch ist ein Rücksprung auf den Urzustand gewährleistet.

Die `Value`-Werte des Label1, Scrollbar1 und der C_Box werden bei jeder Aktion gegeneinander aktualisiert.

Für den Scrollbalken werden 2 Ereignisse benutzt:

- `ScrollBar1_Scroll`, um das dynamische Verschieben sofort anzuzeigen
- `ScrollBar1_Change`, um die Klick-Ereignisse sofort darzustellen:
  - SmallChange bei Klicks auf die Pfeile in Einerschritten
  - LargeChange bei Klicks zwischen den Pfeilen auf den Scrollbalken in Zehnerschritten

Für die Spinbuttons ist eine Größenbeschränkung notwendig, um den Zoombereich nicht zu überschreiten. Dies wurde mit einer Wenn-Abfrage jeweils ausgeschlossen. Diese operieren in 25er-Schritten aufwärts bzw. abwärts.

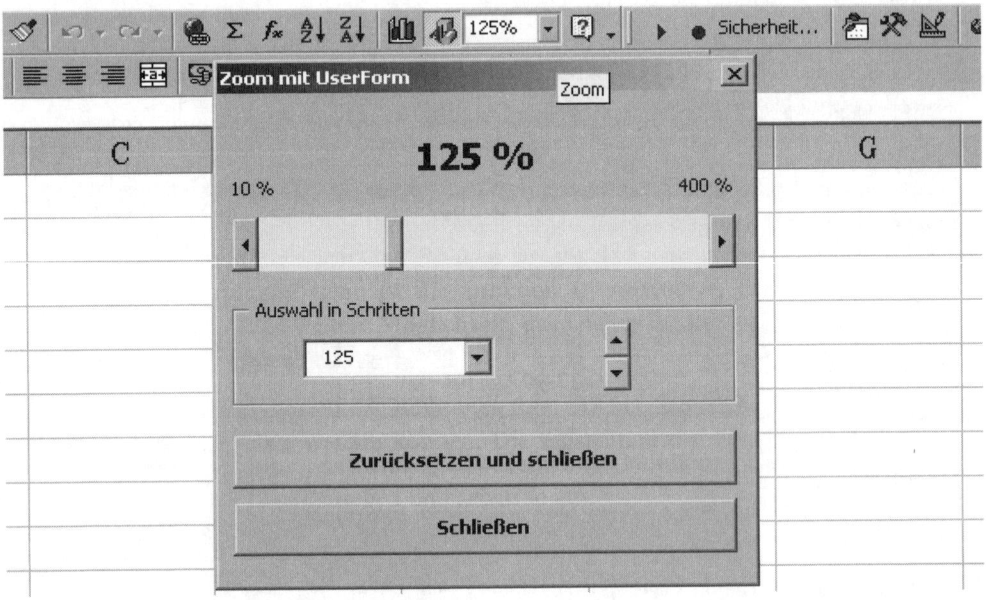

Abbildung 413: Verschiedene Zoomvarianten

```
Dim AltZoom As Integer

Private Sub UserForm_Initialize()
   AltZoom = ActiveWindow.Zoom
   Label1 = ActiveWindow.Zoom & " %"
   ' Scrollbalken Startwerte
   With ScrollBar1
      .Value = ActiveWindow.Zoom
      .Min = 10
      .Max = 400
      .LargeChange = 10
      .ControlTipText = "Bitte schieben"
   End With
   ' ComboBox Startwerte
```

```
    With C_Box
        .AddItem 25
        .AddItem 50
        .AddItem 75
        .AddItem 100
        .AddItem 125
        .AddItem 150
        .AddItem 200
        .AddItem 250
        .AddItem 300
        .AddItem 350
        .AddItem 400
        .ListRows = .ListCount     ' kein Scrollbalken notwendig
        .Value = ActiveWindow.Zoom     ' Aktueller Wert
    End With
End Sub

' ********** Scrollbalken *************
Private Sub ScrollBar1_Scroll()
    ActiveWindow.Zoom = ScrollBar1.Value
    Label1 = ActiveWindow.Zoom & " %"
    C_Box.Value = ActiveWindow.Zoom
End Sub

Private Sub ScrollBar1_Change()
    ActiveWindow.Zoom = ScrollBar1.Value
    Label1 = ActiveWindow.Zoom & " %"
    C_Box.Value = ActiveWindow.Zoom
End Sub

' *********** Combobox ****************
Private Sub C_Box_Change()
    ActiveWindow.Zoom = C_Box.Value
    Label1 = ActiveWindow.Zoom & " %"
    ScrollBar1.Value = ActiveWindow.Zoom
    C_Box.Value = ActiveWindow.Zoom
End Sub

' *********** Drehfeld ****************
Private Sub SpinButton1_SpinDown()
If ActiveWindow.Zoom - 25 > 10 Then
    ActiveWindow.Zoom = ActiveWindow.Zoom - 25
Else
    ActiveWindow.Zoom = 10
End If
    Label1 = ActiveWindow.Zoom & " %"
    ScrollBar1.Value = ActiveWindow.Zoom
    C_Box.Value = ActiveWindow.Zoom
End Sub

Private Sub SpinButton1_SpinUp()
If ActiveWindow.Zoom + 25 < 400 Then
    ActiveWindow.Zoom = ActiveWindow.Zoom + 25
```

```
Else
   ActiveWindow.Zoom = 400
End If
   Label1 = ActiveWindow.Zoom & " %"
   ScrollBar1.Value = ActiveWindow.Zoom
   C_Box.Value = ActiveWindow.Zoom
End Sub

' *********** Buttons ****************
Private Sub Cmd_rueck_Click()
   ActiveWindow.Zoom = AltZoom
   Label1 = ActiveWindow.Zoom & " %"
   Unload Me
End Sub

Private Sub Cmd_aus_Click()
   Unload Me
End Sub
```

385 Videos in einer UserForm

Das nächste kleine Beispiel ist leider abhängig von der Version des MediaPlayers von Microsoft, der auf dem einzelnen Rechner installiert ist.

Bei diesem Beispiel sehen Sie, wie fremde Steuerelemente angesprochen werden können. Nachdem Sie den Mediaplayer auf die UserForm gezogen haben, klicken Sie ihn bitte an, so dass er ausgewählt ist. Im Eigenschaftsfenster sehen Sie dann die einzelnen Eigenschaften, die Sie verändern können. In den Feldern in der rechten Seite erhalten Sie entweder eine Auswahl der Parameter, oder Sie müssen direkt Angaben tätigen. Es ist im Grunde genommen genauso einfach wie bei den normalen Steuerelementen. Der einzige Haken hierbei ist der, dass Sie im Regelfall keine Hilfe-Unterstützung erhalten werden. Es ist also Testen angesagt, wobei die Namen der Ereignisse aussagekräftig sind.

Im Beispiel wollen wir den MediaPlayer mit Commandbuttons zoomen können, wie Sie es auch mit der rechten Maustaste können. Dazu muss die UserForm der Größe des MediaPlayers angepasst werden.

Dabei müssen die Commandbuttons in der Größe entsprechend natürlich mitwandern.

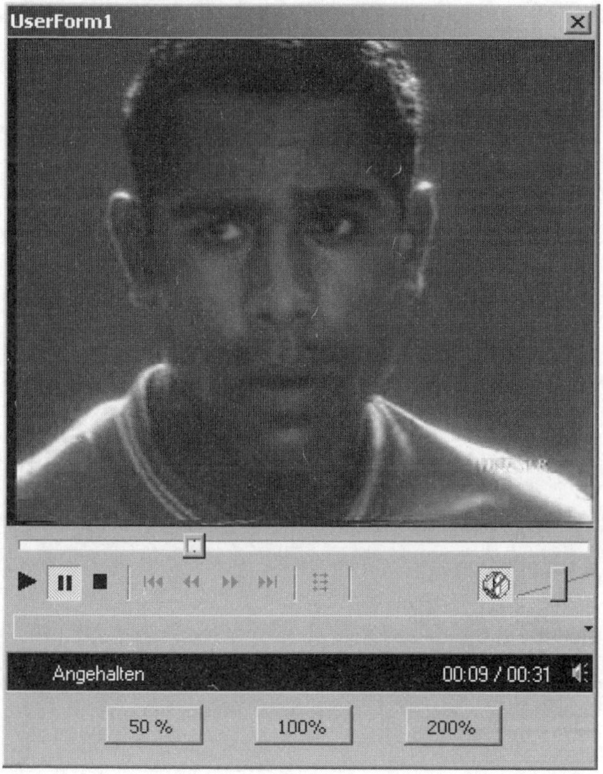

Abbildung 414: MediaPlayer mit UserForm-Zusatz

```
Private Sub UserForm_Initialize()
   ' Positionierung der UserForm oben links
   Me.StartUpPosition = 3
   ' Welches Video soll abgespielt werden?
   MediaPlayer1 .Filename = [b1] & "\" & [b2]
End Sub

' 50% Zoom
Private Sub Cmd_1_Click()
   MediaPlayer1.DisplaySize = mpHalfSize
   Call Schalter
End Sub

' 100% Zoom
Private Sub Cmd_2_Click()
   MediaPlayer1.DisplaySize = mpFitToSize
   Call Schalter
End Sub

' 200% Zoom
Private Sub Cmd_3_Click()
   MediaPlayer1.DisplaySize = mpDoubleSize
```

```
    Call Schalter
End Sub

' Zustandsveränderung des MediaPlayers überwachen
Private Sub MediaPlayer1_PlayStateChange(ByVal OldState As Long, _
      ByVal NewState As Long)
    ' MediaPlayer in UserForm positionieren
    MediaPlayer1.Top = 0
    MediaPlayer1.Left = 0
    Call Schalter
End Sub
```

In dieser Prozedur wird die Größe der UserForm an die Größe des Mediaplayers angepasst und die Commandbuttons angeordnet.

```
Private Sub Schalter()
    UserForm1.Width = MediaPlayer1.Width
    UserForm1.Height = MediaPlayer1.Height + 50
    Cmd_1.Top = MediaPlayer1.Height + 5
    Cmd_1.Left = MediaPlayer1.Width / 4 - Cmd_2.Width / 2
    Cmd_2.Top = MediaPlayer1.Height + 5
    Cmd_2.Left = MediaPlayer1.Width / 2 - Cmd_2.Width / 2
    Cmd_3.Top = MediaPlayer1.Height + 5
    Cmd_3.Left = MediaPlayer1.Width / 4 * 3 - Cmd_2.Width / 2
End Sub
```

386 Controls anordnen

Wie Sie im vorhergehenden Beispiel bereits gesehen haben, können die Commandbuttons während der Laufzeit in der Position verändert werden. Für das nächste Beispiel erstellen Sie eine unbekannte Anzahl an Commandbuttons und Textboxen. Bei der `For-Each`-Schleife werden diese in der Reihenfolge der Erstellung angesprochen. Um Ihnen aufzuzeigen, dass die unterschiedlichen Arten der Controls auch einzeln angesprochen werden können, ist eine unterschiedliche Positionierung in der Höhe eingearbeitet. Die Breite der Controls wird auf 2/3, der Abstand zueinander auf 1/3 festgelegt. Dies bezogen auf die Anzahl an Controls und die Breite der UserForm.

```
Private Sub UserForm_Initialize()
  Dim i As Byte, Anz As Byte
  Dim c As Control
  Anz = Controls.Count
  i = 0
  For Each c In Me.Controls
    ' Breite der Controls festlegen
    c.Width = Me.Width / (Anz + Anz / 2)
    ' Höhe der Controls festlegen
    c.Height = Me.Height / 6
    ' Alle Textboxen höherstellen
```

```
    If Left(c.Name, 7) = "TextBox" Then _
      c.Top = Me.Height / 2 - c.Height - 10
    ' Alle Commandbuttons tieferstellen
    If Left(c.Name, 7) = "Command" Then _
      c.Top = Me.Height / 2 - c.Height + 10
    ' Seitliche Position festlegen
    c.Left = Me.Width / (Anz + 1) * (i + 1) - c.Width / 2
    i = i + 1
  Next c
End Sub
```

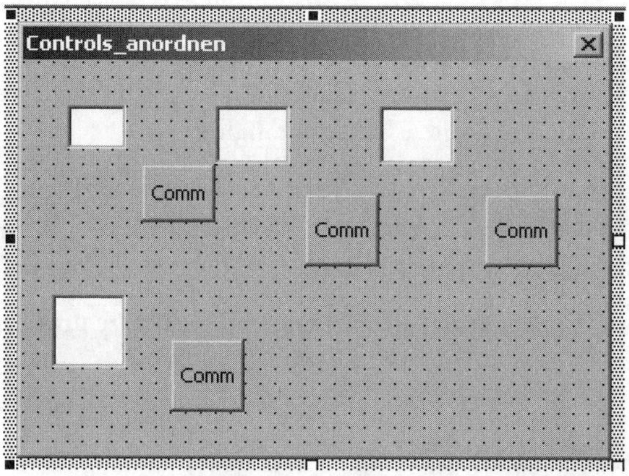

Abbildung 415: Durcheinander

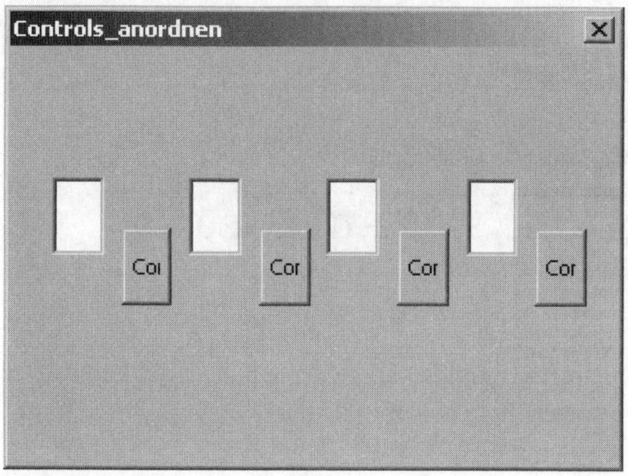

Abbildung 416: Angeordnet

387 Fortschrittsanzeige mit Label

Diese Fortschrittsanzeige kommt gegenüber den meisten Lösungen völlig ohne API-Aufrufe aus. Das Einzige, was für den Ablauf dieser Prozedur zwingend erforderlich ist, ist eine UserForm mit einem ganz normalen Label mit dem Namen lbFortschritt.

Das ganze sonstige Beiwerk wird erst während der Laufzeit der Prozedur erstellt und eingestellt. Dabei kann der Code, der für die Aktualisierung der Fortschrittsanzeige zuständig ist, außerhalb der UserForm untergebracht sein.

Während der Initialisierung der UserForm wird dieses Label unter anderem mit der Eigenschaft `SpecialEffect = fmSpecialEffectRaised` versehen. Dies ist für die spätere Darstellung erforderlich.

Es wird während der Initialisierung ein weiteres Label mit dem Namen Balken erstellt. Dieses wird etwas kleiner deckungsgleich positioniert. Die Breite ist aber anfänglich Null.

Zusätzlich gibt es noch ein weiteres Label mit der Bezeichnung Text. Auch dieses wird dynamisch mittig über das Label Fortschritt positioniert. Wegen der Eigenschaft `Backstyle = fmBachStyleTransparent` ist der Fortschrittsbalken immer sichtbar.

Als Zusatz ist noch eine Anzeige integriert, die die bereits abgearbeiteten Datensätze und die Gesamtanzahl anzeigt.

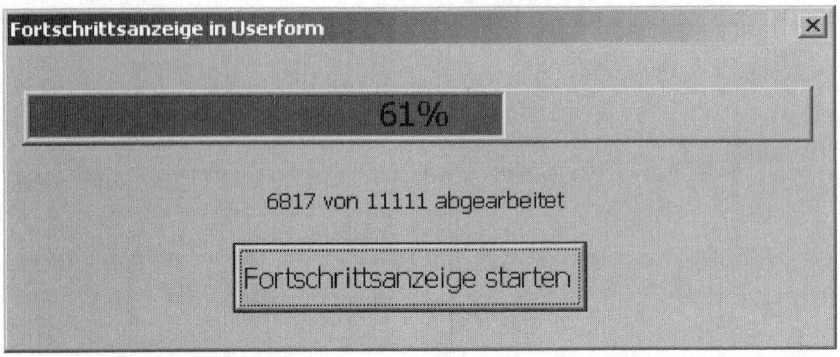

Abbildung 417: Fortschrittsanzeige

```
Dim lbBalken As Control
Dim lbFortschr As Control
Dim lbText As Control
Public Start

Private Sub CommandButton1_Click()
  On Error Resume Next
  ' Bei erneutem Start Controlerstellung umgehen
  If Start <> 0 Then GoTo Weiter
  Start = Start + 1
  ' Roten Balken erstellen
  Set lbBalken = Controls.Add("Forms.Label.1", Fortschritt, Visible)
```

```
    lbBalken.Left = lbFortschr.Left + 2.5
    lbBalken.Top = lbFortschr.Top + 2.5
    lbBalken.Width = 0
    lbBalken.Height = lbFortschr.Height - 5
    lbBalken.Caption = "Test"
    lbBalken.BackColor = &HFF&
    lbBalken.SpecialEffect = 2
    lbBalken.Caption = ""
  ' Prozentanzeige erstellen
  Set lbText = Controls.Add("Forms.Label.1", Text, Visible)
    lbText.Caption = ""
    lbText.Top = lbFortschr.Top + 2.5
    lbText.Width = 60
    lbText.Left = lbFortschr.Left + lbFortschr.Width / 2 - _
            lbText.Width / 2
    lbText.BackStyle = 0
    lbText.TextAlign = 2
    lbText.Font.Size = 14
' Sprungmarke, falls Neustart
Weiter:
  lbBalken.Width = 0
  lbText.Caption = ""
  lbFortschr.BackColor = &H8000000F
  Call test
  lbText.Caption = "Fertig"
  lbBalken.Width = 0
End Sub

Private Sub UserForm_Initialize()
  Set lbFortschr = [lbFortschritt]
  lbFortschr.SpecialEffect = 1
  lbFortschr.Caption = ""
  Start = 0
End Sub
```

Mit der folgenden Prozedur wird die Fortschrittsanzeige aufgerufen und gesteuert. Damit es realistischer wirkt, wird eine vom Benutzer anzugebende Anzahl an Datensätzen in das aktive Tabellenblatt geschrieben.

```
Sub test()
  Dim i As Long, Anz As Long
  ' Anzahl der Datensätze abfragen:
  Anz= InputBox("Wie viele Zeilen sollen ausgefüllt werden?",, 11111)
  ' Anzahl begrenzen
    If Anz > 65536 Then Anz = 65536
  ' was zum Rechnen:
  For i = 1 To Anz
    ' damit Excel andere Ereignisse verarbeiten kann
    DoEvents
    Worksheets(1).Cells(i, 1) = i
    ' Textangabe des Fortschritts
```

```
      lbAnz = i & " von " & Anz & " abgearbeitet"
      ' Ausgabe des Balkens:
      lbBalken.Width = (lbFortschr.Width - 5) * i / Anz
      ' Ausgabe des prozentualen Wertes
      lbText.Caption = Format(i / Anz, "0%")
      ' damit Excel andere Ereignisse verarbeiten kann
      DoEvents
    Next i
  End Sub

  Private Sub UserForm_QueryClose(Cancel As Integer, _
              CloseMode As Integer)
    ' Einträge in Spalte A beim Schließen der UserForm löschen
    Worksheets(1).[A:A].Clear
  End Sub
```

Einen kleinen Nachteil hat diese Lösung, wie alle anderen Fortschrittsanzeigen auch: Sie beeinflussen die Abarbeitungsgeschwindigkeit negativ, da sie zusätzlich berechnet werden müssen.

388 Excel 97: ShowModal

Hier kommt jetzt der Buchabschnitt, auf den die Excel-97-Benutzer schon seit vielen Seiten warten. Die Eigenschaft `ShowModal` ist bei den UserForms erst seit Excel 2000 hinzugekommen. Wenn man dort die Eigenschaft auf `False` stellt, kann man bei einer angezeigten UserForm in den Tabellen trotzdem weiterarbeiten.

Der Kern dieser Prozedur wurde durch Zufall gefunden und dürfte so von den Programmierern nicht geplant gewesen sein. Durch die unsinnige Kombination von Befehlen wird die Eigenschaft erreicht, die es eigentlich in dieser Version noch nicht gibt.

Diese Prozeduren müssen in einem allgemeinen Modul untergebracht werden, sind aber nur für das Anzeigen der UserForm verantwortlich bzw. die Beispielerweiterung.

```
Public UFzeit

Sub UF1_zeigen()
  UserForm1.Show
End Sub

Sub Tick()
  UserForm1.Caption = "UserForm1: " & Format(Now, "hh:nn:ss")
  UFzeit = Now + TimeSerial(0, 0, 1)
  Application.OnTime UFzeit, "Tick"
End Sub
```

Die weiteren Prozeduren gehören hinter die UserForm. In der Prozedur USERFORM_ACTIVATE wird zuerst eine Fehlermeldung übersprungen. Das hat einen besonderen Grund: Die Datei ist auch unter Excel 2000 und XP lauffähig. Dies wurde dadurch erreicht, dass in der höheren Version die Eigenschaft ShowModal auf False gestellt wurde. Normalerweise erfolgt wegen dieser falschen Eigenschaft bei jeder Aktivierung eine Fehlermeldung in Excel 97. Diese wurde somit umgangen. In der dritten Zeile wird die Excel-Version abgefragt. Nur bei Excel 97 wird die SendKey-Anweisung gefolgt von der Dialoganzeige ausgeführt, die das ShowModal = False nachbildet. Es sind fast alle eingebauten Dialoge möglich und die benutzten wurden nur wegen ihrer geringen Größe ausgewählt.

```
Private Sub UserForm_Activate()
  On Error Resume Next
  If Left(Application.Version, 1) = 8 Then
    SendKeys "{Esc}": Application.Dialogs(xlDialogClear).Show
    SendKeys "{Esc}": Application.Dialogs(xlDialogDemote).Show
  End If
End Sub
```

Damit die UserForm einen Sinn hat, ist eine Prozedur zur Zeitanzeige in der Titelleiste der UserForm vorhanden. Eine detaillierte Erklärung finden Sie in der Kategorie »Datum & Uhrzeit«.

```
Private Sub UserForm_Initialize()
  UFzeit = Now   'Startzeit
  UserForm1.Caption = "UserForm1: " & Format(Now, "hh:nn:ss")
  UFzeit = UFzeit + TimeSerial(0, 0, 1)
  Application.OnTime UFzeit, "Tick"
End Sub

Private Sub CommandButton1_Click()
  UserForm2.Show
End Sub

Private Sub CommandButton2_Click()
  On Error Resume Next
  Application.OnTime UFzeit, "Tick", , False
  Unload Me
End Sub

Private Sub TextBox1_Change()
  ActiveCell = TextBox1.Text
End Sub
```

Mit der folgenden Prozedur wird das Schließen der Userform mit dem Schließen-Kreuz verhindert:

```
Private Sub UserForm_QueryClose(Cancel As Integer, _
        CloseMode As Integer)
  If CloseMode = 0 Then
```

```
    Cancel = 1
  End If
End Sub
```

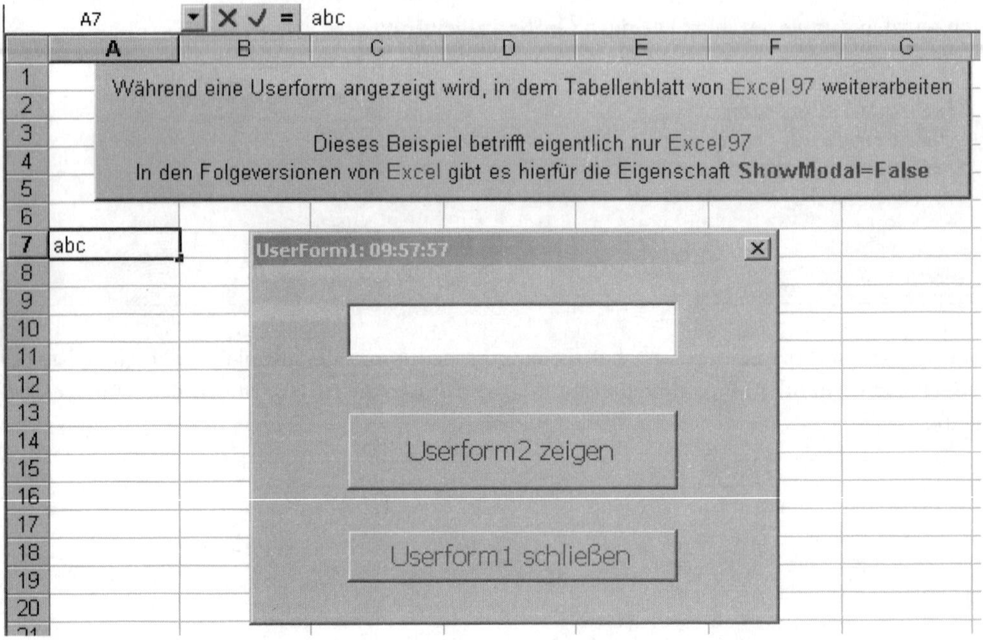

Abbildung 418: ShowModal in Excel 97

Controls

389 Eigene Menüpunkte erzeugen

Um einen eigenen Menüpunkt zu erstellen, wählen Sie ANSICHT | SYMBOLLEISTEN | ANPASSEN. Aktivieren Sie die Registerkarte BEFEHLE. Wählen Sie anschließend die Kategorie NEUES MENÜ aus. Im Listenfeld BEFEHLE sehen Sie nun NEUES MENÜ. Ziehen Sie dieses in die Menüleiste.

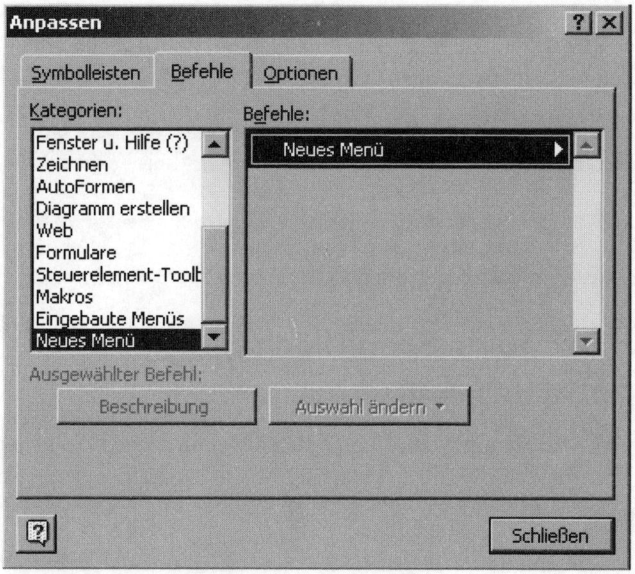

Abbildung 419: Neues Menü erzeugen

Um den Namen des Menüs zu ändern, klicken Sie auf die Schaltfläche AUSWAHL ÄNDERN. Unter NAME: geben Sie z.B. den Namen »Kopf und Fußzeilen« ein. Lassen Sie das Fenster geöffnet, denn Sie können in weiteren Schritten auch gleich Menü-Unterpunkte erstellen. Unter KATEGORIE wählen Sie MAKROS aus. Rechts im Fenster sehen Sie die Auswahl BENUTZERDEFINIERTES MENÜELEMENT. Ziehen Sie dieses auf ihr neu erstelltes Menü »Kopf und Fußzeilen«. Unterhalb wird ein kleines graues Feld geöffnet. Ziehen Sie den neuen Menüpunkt in dieses Feld hinein.

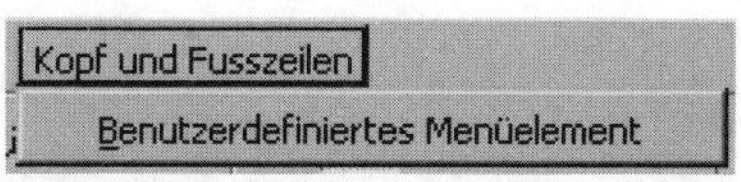

Abbildung 420: Eigenes Menü erstellen

Klicken Sie auf die Schaltfläche AUSWAHL ÄNDERN und geben Sie unter NAME: den Text »Kopf- und Fußzeile« ein. Weisen Sie dem Button Ihr Makro zu. Erstellen Sie auf diese Weise die beiden weiteren Menüpunkte und weisen Sie ihnen die entsprechenden Makros zu.

Die fertigen Menüpunkte sehen nun so aus:

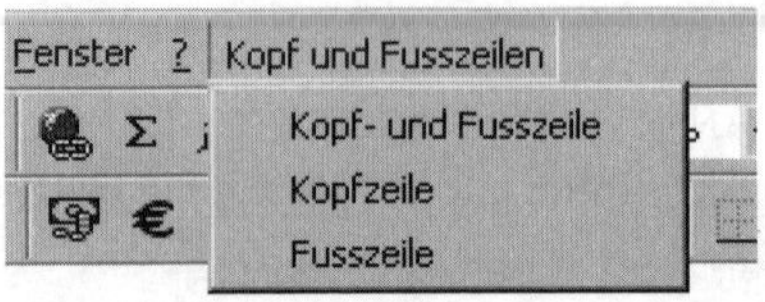

Abbildung 421: Fertig erstellte Menüleiste

Tipp

Wenn Sie bei dem Namen, welchen Sie dem Menüpunkt vergeben, einem Zeichen ein & voranstellen, wird der Buchstabe unterstrichen dargestellt. Das bedeutet, dass Sie den Menüpunkt über die Tastenkombination `Alt` + Buchstabe öffnen können.

Vergewissern Sie sich aber vorher, dass diese Tastenkombination nicht bereits vergeben ist.

Sie können nun jederzeit bequem aus dem Menü die gewünschte Auswahl treffen.

390 Ein Makro einer Formular-Schaltfläche, Grafik oder ClipArt zuweisen

In diesem Beispiel zeigen wir Ihnen, wie Sie ein Makro einer Befehlsschaltfläche oder einer Grafik zuweisen können.

Hinweis

Oft wird die Formularschaltfläche aus der FORMULAR-SYMBOLLEISTE mit der Befehlsschaltfläche aus der STEUERELEMENT-TOOLBOX verwechselt. Die Buttons unterscheiden sich optisch nicht. Die Befehlsschaltfläche lässt sich jedoch farbig darstellen, was bei einer Formularschaltfläche nicht möglich ist.

Einer Formularschaltfläche lässt sich auf einfache Weise – auch ohne VBA-Kenntnisse – ein Makro zuweisen. Einer Befehlsschaltfläche hingegen können Sie eine Prozedur nur in der VBA-Umgebung zuweisen.

391 Ein Makro einer Formular-Schaltfläche zuweisen

Um ein Makro auf eine Formularschaltfläche zu legen, blenden Sie die Symbolleiste *Formular* ein. Sie finden diese unter dem Menüpunkt ANSICHT | SYMBOLLEISTEN | FORMULAR. Die Symbolleiste wird nun eingeblendet.

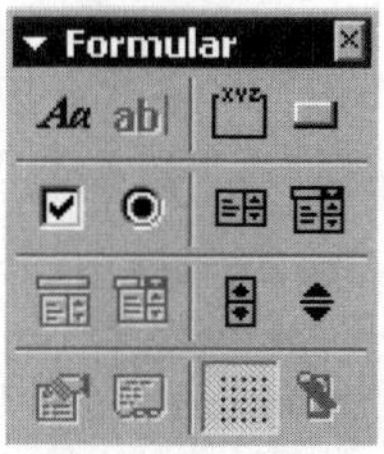

Abbildung 422: Formular-Symbolleiste

Klicken Sie auf das Symbol SCHALTFLÄCHE (rechtes Symbol erste Reihe, siehe Abbildung 422). Ziehen Sie im Excel-Tabellenblatt mit gedrückter linker Maustaste einen Rahmen. Sogleich öffnet sich das Fenster MAKRO ZUWEISEN. Wählen Sie hier das gewünschte Makro aus und bestätigen Sie mit OK. Um den Text SCHALTFLÄCHE 1 zu ändern, klicken Sie mit der rechten Maustaste auf die Schaltfläche. Wählen Sie aus dem Kontextmenü TEXT BEARBEITEN, löschen Sie den bestehenden Text und geben Sie Ihren eigenen ein.

> **Tipp** Wenn Sie eine Schaltfläche genau an den Zellen ausrichten möchten, ziehen Sie den Rahmen mit gedrückter [Alt]-Taste. Mit diesem Trick können Sie das Ganze recht ordentlich gestalten.

392 Eine Schaltfläche kopieren / löschen

Wenn Sie mehrere Schaltflächen erstellen wollen, können Sie diese auch kopieren. Klicken Sie mit der rechten Maustaste auf die Schaltfläche und wählen Sie aus dem Kontextmenü KOPIEREN. Klicken Sie eine beliebige Zelle Ihrer Tabelle an und fügen Sie die Schaltfläche aus der Zwischenablage ein ([STRG] + [V]).

Sie können den kopierten Schaltflächen ein Makro zuweisen, indem Sie mit der rechten Maustaste auf die Schaltfläche klicken und aus dem Kontextmenü den Befehl MAKRO ZUWEISEN wählen.

Eine Schaltfläche löschen

Wenn Sie eine Schaltfläche löschen möchten, klicken Sie mit der rechten Maustaste auf die entsprechende Schaltfläche und wählen Sie aus dem Kontextmenü den Befehl AUSSCHNEIDEN.

393 Ein Makro einer Grafik oder einem ClipArt zuweisen

Fügen Sie eine beliebige Grafik oder ein ClipArt in Ihre Tabelle ein.

Klicken Sie mit der rechten Maustaste auf die Grafik und wählen Sie aus dem Kontextmenü MAKRO ZUWEISEN. Das gewünschte Makro kann nun ausgewählt werden.

Mit einem einfachen Klick auf die Grafik können Sie das Makro starten.

394 Eine Befehlsschaltfläche erstellen

Der Vorteil einer Befehlsschaltfläche ist, dass man sie farbig darstellen kann, im Gegensatz zur Formularschaltfläche, die ja immer nur grau ist. Somit sind Sie in der Gestaltung flexibler. Einer Formularschaltfläche dagegen kann man nur ein Makro, das heißt eine Prozedur zuweisen.

Um eine Befehlsschaltfläche zu erzeugen, aktivieren Sie zuerst die Steuerelement-Toolbox, indem Sie auf den Menüpunkt ANSICHT | SYMBOLLEISTEN | STEUERELEMENT-TOOLBOX klicken. Die Symbolleiste wird nun sichtbar.

Abbildung 423: Symbolleiste der Steuerelement-Toolbox

Klicken Sie auf den sechsten Button von links, auf die *Befehlsschaltfläche*, und ziehen Sie in der Tabelle einen Rahmen.

Wenn Sie auf das zweite Symbol klicken, wird das Eigenschaften-Fenster sichtbar. Im Eigenschaften-Fenster (siehe Abbildung 424) können Sie mittels der Eigenschaft `BackColor` der Schaltfläche eine andere Farbe zuweisen. Klicken Sie rechts auf das Pfeilsymbol. Beachten Sie, dass Ihnen zwei Registerkarten zur Verfügung stehen: PALETTE und SYSTEM. Klicken Sie auf die Registerkarte PALETTE, um die Farben anzuzeigen.

Tipp

In der Farbpalette stehen Ihnen 16 weiße Kästchen zur Verfügung. Diesen können Sie weitere Farben zuweisen. Klicken Sie mit der rechten Maustaste auf eines dieser Kästchen und Sie erhalten die gesamte Farbpalette.

Abbildung 424: Das Eigenschaften-Fenster

In der folgenden Tabelle finden Sie die wichtigsten Formatierungsmöglichkeiten für eine Befehlsschaltfläche:

Eigenschaften zur Gestaltung der Befehlsschaltfläche	
BackColor	Hintergrundfarbe
Caption	Text
Font	Schriftstil
ForeColor	Schriftfarbe
Hight	Höhe der Schaltfläche
PrintObjekt (True / False)	Wenn Sie diese Option auf True stellen, wird die Befehlsschaltfläche bei einem Ausdruck mitgedruckt
Shadow	Schattenrahmen
Top	Abstand zum oberen Seitenrand
Width	Breite der Schaltfläche
WordWrap	Wenn Sie diese Option auf True stellen, wird der Zeilenumbruch im Text des Buttons zugelassen

Tabelle 49: Eigenschaften Befehlsschaltfläche

Um der Befehlsschaltfläche ein Makro zuzuweisen, klicken Sie doppelt darauf. So gelangen Sie in die VBA-Umgebung. Schreiben Sie zwischen `Private Sub` und `End Sub` den Namen Ihres Makros:

Grundlagen
Fehler
Intern
Funktionen
Farben
Datum/Zeit
Auswertungen
Diagramme
Objekte
UserForm
Controls
Internet
Extern
Extra

```
Private Sub CommandButton1_Click()
   Rot     ' Hier den Namen des Makros reinschreiben
End Sub
```

Um die Befehlsschaltfläche zu testen, wechseln Sie wieder in die Tabelle. Bevor Sie das Makro über die Schaltfläche ausführen können, müssen Sie den *Entwurfsmodus* verlassen. Klicken Sie dazu in der STEUERELEMENT-TOOLBOX auf das erste Symbol.

395 Menüleiste ein- / ausblenden

Um die Menüleiste per VBA *einzublenden*, schreiben Sie den folgenden Code in ein Modul und führen Sie ihn aus ([F5]):

```
Sub Menuleiste_ein()
   Application.CommandBars("Worksheet Menu Bar").Enabled = True
End Sub
```

Sie können die Menüleiste auch über die Nummer, d.h. den Index, ansprechen:

```
Sub Menuleiste_ein()
   Application.CommandBars(1).Enabled = True
End Sub
```

Um die Menüleiste *auszublenden*, schreiben Sie den folgenden Code in ein Modul:

```
Sub Menuleiste_aus()
   Application.CommandBars("Worksheet Menu Bar").Enabled = False
End Sub
```

Oder über den Index:

```
Sub Menuleiste_aus()
   Application.CommandBars(1).Enabled = False
End Sub
```

396 Menüpunkt in Menü Extras beim Start der Mappe erzeugen

In den folgenden Beispielen wollen wir Menüpunkte mittels VBA-Prozeduren erstellen.

Beim Start der Mappe soll ein zusätzlicher Menüpunkt im Menü »Extras« erzeugt werden. Es handelt sich daher um eine Ereignis-Prozedur (`Open`), die somit in »DieseArbeitsmappe« geschrieben wird.

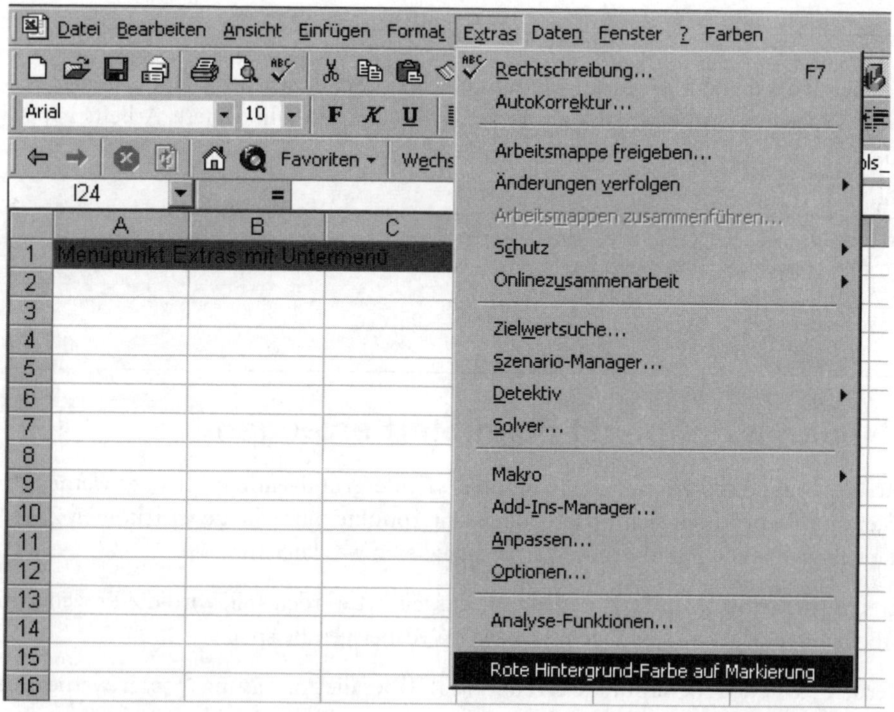

Abbildung 425: Zusätzlicher Menüpunkt unter <<Extras>>

Das Ereignis `Open` veranlasst, dass der Menüpunkt direkt beim Start der Mappe eingefügt wird. Über die Anweisung `OnAction` wird dem Menüpunkt eine Prozedur zugewiesen.

Mittels `Caption` wird dem Menüpunkt der Text zugewiesen. `BeginGroup` fügt vor dem Menüpunkt eine Linie ein.

```
Private Sub Workbook_Open()
   Dim cbbMenupunkt As CommandBarButton
   Set cbbMenupunkt = Application.CommandBars("Tools").Controls. _
      Add (Type:=msoControlButton)
      With cbbMenupunkt
         .BeginGroup = True
         .Caption = "Rote Hintergrund-Farbe auf Markierung"
```

```
        .OnAction = "Hintergrund_Rot"
    End With
End Sub
```

Die zugehörige Prozedur wird in ein Modul geschrieben:

```
Sub Hintergrund_Rot()
  Selection.Interior.ColorIndex = 3
End Sub
```

Mit der folgenden Prozedur wird der Menüpunkt beim Schließen der Mappe wieder entfernt. Diese Prozedur wird ebenfalls als Ereignis (BeforeClose) in »Diese Arbeitsmappe« geschrieben.

```
Private Sub Workbook_BeforeClose(Cancel As Boolean)
  Dim cbbMenupunkt As CommandBarButton
  Application.CommandBars("Tools").Controls _
    ("Rote Hintergrund-Farbe auf Markierung").Delete
End Sub
```

397 Neuen Menüpunkt beim Start erzeugen

Beim Start der Mappe soll ein neuer Menüpunkt »Hintergrund-Farben« erzeugt werden. In diesem Menüpunkt befinden sich verschiedene Unterpunkte, über die den selektieren Zellen jeweils die entsprechende Hintergrund-Farbe zugewiesen werden kann.

Da die Ereignisprozedur beim Start der Mappe ausgeführt werden soll, wird die Prozedur in »DieseArbeitsmappe« geschrieben, genauso wie im vorherigen Beispiel.

Zuerst werden die neuen Menüpunkte erzeugt (Add). Über die Anweisung Caption werden die Menüpunkte beschriftet. Die Eigenschaft OnAction steht jeweils für den Namen der Prozedur, die dem Menüpunkt zugewiesen wird. Das Ganze sollte sauber referenziert werden (Set).

```
Private Sub Workbook_Open()
  Dim cmbMenu As CommandBar
  Dim cbcMenu As CommandBarControl
  Dim cbcRot As CommandBarControl

  Set cmbMenu = Application.CommandBars.ActiveMenuBar
  Set cbcMenu = cmbMenu.Controls.Add(Type:=msoControlPopup)
             cbcMenu.Caption = "Hintergrund-Farben"
  Set cbcRot = cbcMenu.CommandBar.Controls.Add _
             (Type:=msoControlButton)
    With cbcRot
        .Caption = "Rot"
```

```
            .OnAction = "Rot"
        End With
End Sub
```

Die zugehörige Prozedur für die rote Hintergrundfarbe:

```
Sub Rot()
   Selection.Interior.ColorIndex = 3
End Sub
```

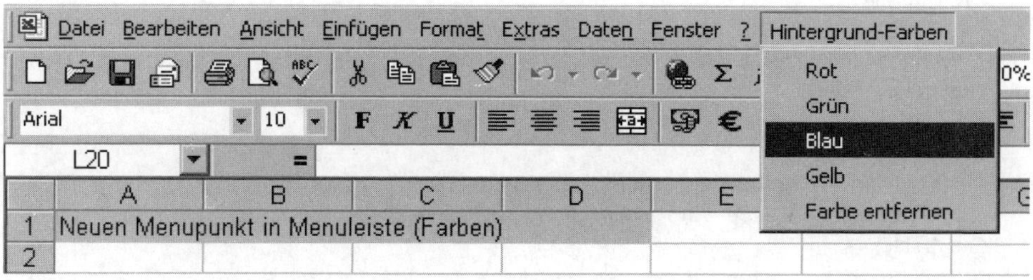

Abbildung 426: Neuen Menüpunkt erzeugen

Nachfolgend finden Sie ein komplettes Beispiel (siehe Abbildung 426):

```
Private Sub Workbook_Open()
   Dim cmbMenu As CommandBar
   Dim cbcMenu As CommandBarControl
   Dim cbcRot As CommandBarControl
   Dim cbcGruen As CommandBarControl
   Dim cbcBlau As CommandBarControl
   Dim cbcGelb As CommandBarControl
   Dim cbcxlNone As CommandBarControl

   Set cmbMenu = Application.CommandBars.ActiveMenuBar
   Set cbcMenu = cmbMenu.Controls.Add(Type:=msoControlPopup)
                 cbcMenu.Caption = "Hintergrund-Farben"
   Set cbcRot = cbcMenu.CommandBar.Controls.Add _
                (Type:=msoControlButton)
   Set cbcGruen = cbcMenu.CommandBar.Controls.Add _
                  (Type:=msoControlButton)
   Set cbcBlau = cbcMenu.CommandBar.Controls.Add _
                 (Type:=msoControlButton)
   Set cbcGelb = cbcMenu.CommandBar.Controls.Add _
                 (Type:=msoControlButton)
   Set cbcxlNone = cbcMenu.CommandBar.Controls.Add _
                   (Type:=msoControlButton)
      With cbcRot
         .Caption = "Rot"
         .OnAction = "Rot"
```

```
        End With

        With cbcGruen
           .Caption = "Grün"
           .OnAction = "Gruen"
        End With

        With cbcBlau
           .Caption = "Blau"
           .OnAction = "Blau"
        End With

        With cbcGelb
           .Caption = "Gelb"
           .OnAction = "Gelb"
        End With

        With cbcxlNone
           .Caption = "Farbe entfernen"
           .OnAction = "Farbe_entfernen"
        End With
End Sub
```

In ein »Modul« werden die zugehörigen Prozeduren geschrieben:

```
Sub Rot()
   Selection.Interior.ColorIndex = 3
End Sub

Sub Gruen()
   Selection.Interior.ColorIndex = 4
End Sub

Sub Blau()
   Selection.Interior.ColorIndex = 5
End Sub

Sub Gelb()
   Selection.Interior.ColorIndex = 6
End Sub

Sub Farbe_entfernen()
   Selection.Interior.ColorIndex = xlNone
End Sub
```

Damit der Menüpunkt beim Schließen der Mappe wieder entfernt wird, müssen Sie ebenfalls eine entsprechende *Ereignis-Prozedur* in »DieseArbeitsmappe« schreiben.

```
Private Sub Workbook_BeforeClose(Cancel As Boolean)
   Application.CommandBars("Worksheet Menu Bar").Controls _
      ("Hintergrund-Farben").Delete
End Sub
```

398 Dem Menüpunkt ein Symbol voranstellen

Das obige Beispiel wird so erweitert, dass vor dem Menüpunkt noch ein Symbol angezeigt wird. Die Eigenschaft `Style = msoButtonIconAndCaption` legt fest, dass eine Schaltfläche sowie ein Icon angezeigt wird. Die Eigenschaft `FaceID`, gefolgt von der entsprechenden Nummer, steht für das Symbol.

```
Private Sub Workbook_Open()
   Dim cmbMenu As CommandBar
   Dim cbcMenu As CommandBarControl
   Dim cbcRot As CommandBarControl

   Set cmbMenu = Application.CommandBars.ActiveMenuBar
   Set cbcMenu = cmbMenu.Controls.Add(Type:=msoControlPopup)
                 cbcMenu.Caption = "Hintergrund-Farben"
   Set cbcRot = cbcMenu.CommandBar.Controls.Add _
               (Type:=msoControlButton)
      With cbcRot
         .Style = msoButtonIconAndCaption
         .FaceId = 481
         .Caption = "Rot"
         .OnAction = "Rot"
      End With
End Sub
```

Die zugehörige Prozedur für die rote Hintergrund-Farbe:

```
Sub Rot()
   Selection.Interior.ColorIndex = 3
End Sub
```

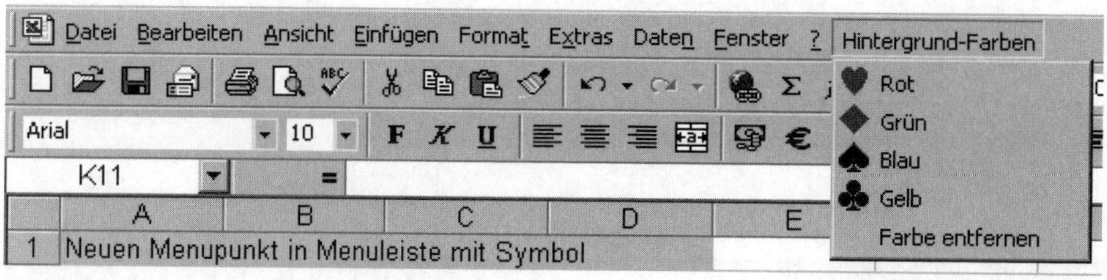

Abbildung 427: Menüpunkt mit Symbolen

Grundlagen
Fehler
Intern
Funktionen
Farben
Datum/Zeit
Auswertungen
Diagramme
Objekte
UserForm
Controls
Internet
Extern
Extra

Nachfolgend finden Sie ein komplettes Beispiel (siehe Abbildung 427):

```
Private Sub Workbook_Open()
   Dim cmbMenu As CommandBar
   Dim cbcMenu As CommandBarControl
   Dim cbcRot As CommandBarControl
   Dim cbcGruen As CommandBarControl
   Dim cbcBlau As CommandBarControl
   Dim cbcGelb As CommandBarControl
   Dim cbcxlNone As CommandBarControl

   Set cmbMenu = Application.CommandBars.ActiveMenuBar
   Set cbcMenu = cmbMenu.Controls.Add(Type:=msoControlPopup)
                 cbcMenu.Caption = "Hintergrund-Farben"
   Set cbcRot = cbcMenu.CommandBar.Controls.Add _
                (Type:=msoControlButton)
   Set cbcGruen = cbcMenu.CommandBar.Controls.Add _
                 (Type:=msoControlButton)
   Set cbcBlau = cbcMenu.CommandBar.Controls.Add _
                 (Type:=msoControlButton)
   Set cbcGelb = cbcMenu.CommandBar.Controls.Add _
                 (Type:=msoControlButton)
   Set cbcxlNone = cbcMenu.CommandBar.Controls.Add _
                   (Type:=msoControlButton)
      With cbcRot
         .Style = msoButtonIconAndCaption
         .FaceId = 481
         .Caption = "Rot"
         .OnAction = "Rot"
      End With

      With cbcGruen
         .Style = msoButtonIconAndCaption
         .FaceId = 482
         .Caption = "Grün"
         .OnAction = "Gruen"
      End With

      With cbcBlau
         .Style = msoButtonIconAndCaption
         .FaceId = 483
         .Caption = "Blau"
         .OnAction = "Blau"
      End With

      With cbcGelb
         .Style = msoButtonIconAndCaption
         .FaceId = 484
         .Caption = "Gelb"
        .OnAction = "Gelb"
      End With
```

```
      With cbcxlNone
         .Caption = "Farbe entfernen"
         .OnAction = "Farbe_entfernen"
      End With
End Sub
```

Die zugehörigen Prozeduren sehen so aus:

```
Sub Rot()
   Selection.Interior.ColorIndex = 3
End Sub

Sub Gruen()
   Selection.Interior.ColorIndex = 4
End Sub

Sub Blau()
   Selection.Interior.ColorIndex = 5
End Sub

Sub Gelb()
   Selection.Interior.ColorIndex = 6
End Sub

Sub Farbe_entfernen()
   Selection.Interior.ColorIndex = xlNone
End Sub
```

399 Menüpunkt aktiv/inaktiv

Sie können Menüpunkte als aktiv (`msoButtonUp`) oder inaktiv (`msoButtonDown`) kennzeichnen.

Abbildung 428: Menüpunkt aktiv / inaktiv

In der folgenden Prozedur wird ein Menüpunkt mit dem Namen »Sperren« erzeugt. Darin befinden sich zwei Auswahlmöglichkeiten (siehe Abbildung 428).

Die Buttons sollen nur angezeigt und als gedrückt dargestellt werden, wenn die Zellen gesperrt bzw. die Formeln ausgeblendet sind. Dies wird mittels entsprechender Prozeduren realisiert.

Beim Erzeugen des Menüpunktes wird `FaceId`, also das Symbol, auf `0` (kein Symbol) gestellt. Der Eigenschaft `State` wird `msoButtonUp`, also »Knopf nicht gedrückt« zugewiesen.

```
Sub Sperren()
   Dim cmbMenu As CommandBar
   Dim cbcMenu As CommandBarControl
   Dim cbcGesperrt As CommandBarControl
   Dim cbcAusblenden As CommandBarControl

   On Error Resume Next
   Application.CommandBars("Sperren").Delete

   Set cmbMenu = Application.CommandBars.ActiveMenuBar
   Set cbcMenu = cmbMenu.Controls.Add(Type:=msoControlPopup)
                 cbcMenu.Caption = "Sperren"
   Set cbcGesperrt = cbcMenu.CommandBar.Controls.Add _
                     (Type:=msoControlButton)
   Set cbcAusblenden = cbcMenu.CommandBar.Controls.Add _
                       (Type:=msoControlButton)

      With cbcGesperrt
         .Style = msoButtonIconAndCaption
         .FaceId = 0
         .State = msoButtonUp
         .Caption = "Zellen sperren"
         .OnAction = "Gesperrt"
      End With

      With cbcAusblenden
         .Style = msoButtonIconAndCaption
         .FaceId = 0
         .State = msoButtonUp
         .Caption = "Formeln ausblenden"
         .OnAction = "Ausblenden"
      End With
End Sub
```

Die beiden folgenden Prozeduren werden den Menüpunkten zugewiesen. Hier wird nun je nachdem, ob der Menüpunkt aktiv oder inaktiv ist, eine *FaceId-Nr.* zugewiesen. Wenn der Menüpunkt aktiv ist, wird außerdem `msoButtonDown` »Knopf gedrückt« dargestellt.

```
Sub Gesperrt()
   Dim cmbMenu As CommandBar
   Dim cbcMenu As CommandBarControl
   Dim cbcGesperrt As CommandBarControl

   Set cmbMenu = Application.CommandBars.ActiveMenuBar
   Set cbcMenu = cmbMenu.Controls("Sperren")
   Set cbcGesperrt = cbcMenu.Controls(1)

   If Cells.Locked = True Then
      Cells.Locked = False
         With cbcGesperrt
             .State = msoButtonUp
```

```
            .Caption = "Zellen ungesperrt"
            .FaceId = 0
        End With
    ElseIf Cells.Locked = False Then
        Cells.Locked = True
          With cbcGesperrt
            .State = msoButtonDown
            .Caption = "Zellen gesperrt"
            .FaceId = 330
          End With
    End If
End Sub
Sub Ausblenden()
    Dim cmbMenu As CommandBar
    Dim cbcMenu As CommandBarControl
    Dim cbcAusblenden As CommandBarControl

    Set cmbMenu = Application.CommandBars.ActiveMenuBar
    Set cbcMenu = cmbMenu.Controls("Sperren")
    Set cbcAusblenden = cbcMenu.Controls(2)

      If Cells.FormulaHidden = True Then
        Cells.FormulaHidden = False
          With cbcAusblenden
            .State = msoButtonUp
            .Caption = "Formeln eingeblendet"
            .FaceId = 0
          End With
      ElseIf Cells.FormulaHidden = False Then
         Cells.FormulaHidden = True
           With cbcAusblenden
             .State = msoButtonDown
             .Caption = "Formeln ausgeblendet"
             .FaceId = 330
           End With
      End If
End Sub
```


400 Menüpunkt mit Untermenü erzeugen

Das Vorgehen, ein Menü mit Untermenü zu erstellen, ist dem vorherigen Beispiel sehr ähnlich, nur dass hier noch weitere Untermenüs vom Typ `msoControlPopup's` erzeugt werden.

```
Private Sub Workbook_Open()
    Dim cmbMenu As CommandBar
    Dim cbcMenu As CommandBarControl
    Dim cbcHintergrund As CommandBarControl
    Dim cbcHFRot As CommandBarControl

    Set cmbMenu = Application.CommandBars.ActiveMenuBar
    Set cbcMenu = cmbMenu.Controls.Add(Type:=msoControlPopup)
```

```
                 cbcMenu.Caption = "Farbauswahl"
   Set cbcHintergrund = cbcMenu.CommandBar.Controls.Add _
                        (Type:=msoControlPopup)
                        cbcHintergrund.Caption = "Hintergrund"

   ' Menü-Unterpunkt für die Hintergrundfarbe
   Set cbcHFRot = cbcHintergrund.CommandBar.Controls.Add _
       (Type:=msoControlButton)
      With cbcHFRot
         .Caption = "Rot"
         .OnAction = "HFRot"
      End With
End Sub
```

Die zugehörige Prozedur für die Schriftfarbe:

```
Sub SFRot()
   Selection.Font.ColorIndex = 3
End Sub
```

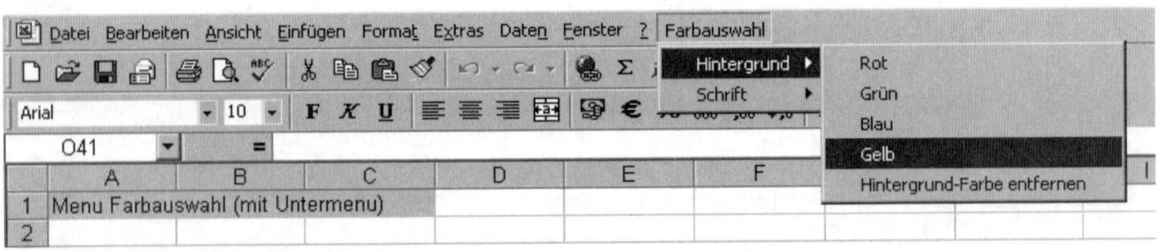

Abbildung 429: Menü mit Untermenüs

Nachfolgend finden Sie ein komplettes Beispiel (siehe Abbildung 429):

```
Private Sub Workbook_Open()
   Dim cmbMenu As CommandBar
   Dim cbcMenu As CommandBarControl
   Dim cbcHintergrund As CommandBarControl
   Dim cbcSchrift As CommandBarControl
   Dim cbcHFRot As CommandBarControl
   Dim cbcHFGruen As CommandBarControl
   Dim cbcHFBlau As CommandBarControl
   Dim cbcHFGelb As CommandBarControl
   Dim cbcHFxlNone As CommandBarControl
   Dim cbcSFRot As CommandBarControl
   Dim cbcSFGruen As CommandBarControl
   Dim cbcSFBlau As CommandBarControl
   Dim cbcSFGelb As CommandBarControl
   Dim cbcSFxlNone As CommandBarControl

   Set cmbMenu = Application.CommandBars.ActiveMenuBar
```

```
Set cbcMenu = cmbMenu.Controls.Add(Type:=msoControlPopup)
             cbcMenu.Caption = "Farbauswahl"
Set cbcHintergrund = cbcMenu.CommandBar.Controls.Add _
                     (Type:=msoControlPopup)
                     cbcHintergrund.Caption = "Hintergrund"
Set cbcSchrift = cbcMenu.CommandBar.Controls.Add _
                 (Type:=msoControlPopup)
                 cbcSchrift.Caption = "Schrift"

' Menü-Unterpunkt für die Hintergrundfarbe
Set cbcHFRot = cbcHintergrund.CommandBar.Controls.Add _
    (Type:=msoControlButton)
Set cbcHFGruen = cbcHintergrund.CommandBar.Controls.Add _
    (Type:=msoControlButton)
Set cbcHFBlau = cbcHintergrund.CommandBar.Controls.Add _
    (Type:=msoControlButton)
Set cbcHFGelb = cbcHintergrund.CommandBar.Controls.Add _
    (Type:=msoControlButton)
Set cbcHFxlNone = cbcHintergrund.CommandBar.Controls.Add _
    (Type:=msoControlButton)

  With cbcHFRot
     .Caption = "Rot"
     .OnAction = "HFRot"
  End With

  With cbcHFGruen
     .Caption = "Grün"
     .OnAction = "HFGruen"
  End With

  With cbcHFBlau
     .Caption = "Blau"
     .OnAction = "HFBlau"
  End With

  With cbcHFGelb
     .Caption = "Gelb"
     .OnAction = "HFGelb"
  End With

  With cbcHFxlNone
     .Caption = "Hintergrund-Farbe entfernen"
     .OnAction = "HFFarbeEntfernen"
  End With

' Menü-Unterpunkt für die Schriftfarbe
Set cbcSFRot = cbcSchrift.CommandBar.Controls.Add _
    (Type:=msoControlButton)
Set cbcSFGruen = cbcSchrift.CommandBar.Controls.Add _
    (Type:=msoControlButton)
Set cbcSFBlau = cbcSchrift.CommandBar.Controls.Add _
    (Type:=msoControlButton)
```

Grund-lagen
Fehler
Intern
Funk-tionen
Farben
Datum/Zeit
Auswer-tungen
Dia-gramme
Objekte
User-Form
Controls
Internet
Extern
Extra

```
    Set cbcSFGelb = cbcSchrift.CommandBar.Controls.Add _
        (Type:=msoControlButton)
    Set cbcSFxlNone = cbcSchrift.CommandBar.Controls.Add _
        (Type:=msoControlButton)

    With cbcSFRot
        .Caption = "Rot"
        .OnAction = "SFRot"
    End With

    With cbcSFGruen
        .Caption = "Grün"
        .OnAction = "SFGruen"
    End With

    With cbcSFBlau
        .Caption = "Blau"
        .OnAction = "SFBlau"
    End With

    With cbcSFGelb
        .Caption = "Gelb"
        .OnAction = "SFGelb"
    End With

    With cbcSFxlNone
        .Caption = "Schrift-Farbe entfernen"
        .OnAction = "SFFarbeEntfernen"
    End With
End Sub
```

In ein Modul werden die zugehörigen Prozeduren geschrieben.

Prozeduren für die Hintergrundfarbe:

```
Sub HFRot()
   Selection.Interior.ColorIndex = 3
End Sub

Sub HFGruen()
   Selection.Interior.ColorIndex = 4
End Sub

Sub HFBlau()
   Selection.Interior.ColorIndex = 5
End Sub

Sub HFGelb()
   Selection.Interior.ColorIndex = 6
End Sub
```

```
Sub HFFarbeEntfernen()
   Selection.Interior.ColorIndex = xlNone
End Sub
```

Prozeduren für die Schriftfarbe:

```
Sub SFRot()
   Selection.Font.ColorIndex = 3
End Sub

Sub SFGruen()
   Selection.Font.ColorIndex = 4
End Sub

Sub SFBlau()
   Selection.Font.ColorIndex = 5
End Sub

Sub SFGelb()
   Selection.Font.ColorIndex = 6
End Sub

Sub SFFarbeEntfernen()
   Selection.Font.ColorIndex = xlNone
End Sub
```

Damit die Prozedur beim Schließen der Mappe wieder deaktiviert wird, erstellen wir auch hier wieder eine entsprechende Ereignis-Prozedur, welche in »DieseArbeitsmappe« geschrieben werden muss.

```
Private Sub Workbook_BeforeClose(Cancel As Boolean)
   On Error Resume Next
   Application.CommandBars("Worksheet Menu Bar"). _
   Controls("Farbauswahl").Delete
End Sub
```

401 Menüpunkt mit Hyperlink

In unserem nächsten Beispiel soll ein Menüpunkt erstellt werden, von dem aus man direkt auf Webseiten zugreifen kann.

Über die Eigenschaft `HyperlinkType` wird der Hyperlink festgelegt.

```
Sub Hyperlink()
   Dim cmbMenu As CommandBar
   Dim cbcMenu As CommandBarControl
   Dim cbcGoogle As CommandBarControl
```

```
    Set cmbMenu = Application.CommandBars.ActiveMenuBar
    Set cbcMenu = cmbMenu.Controls.Add(Type:=msoControlPopup)
                  cbcMenu.Caption = "Hyperlinks"
    Set cbcGoogle = cbcMenu.CommandBar.Controls.Add _
                    (Type:=msoControlButton)
       With cbcGoogle
          .Style = msoButtonIconAndCaption
          .FaceId = 610
          .HyperlinkType = msoCommandBarButtonHyperlinkOpen
          cbcGoogle.TooltipText = "http://www.google.de"
          .Caption = "Suchmaschine: Google"
       End With
End Sub
```

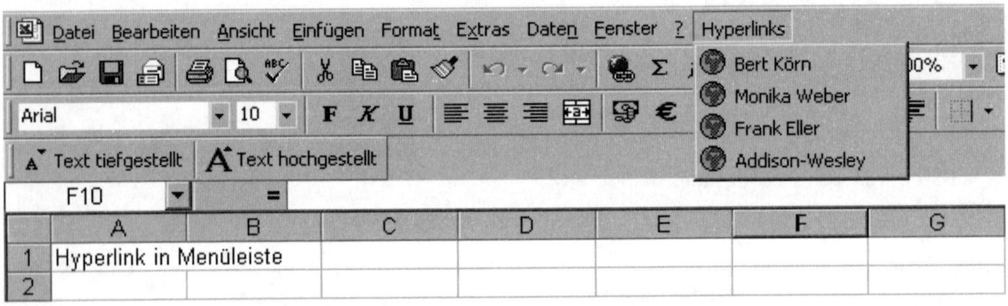

Abbildung 430: Menüpunkt mit Hyperlink

Nachfolgend finden Sie ein komplettes Beispiel (siehe Abbildung 430).

Der Menüpunkt soll beim Öffnen der Mappe erstellt werden. Beim Schließen soll er wieder entfernt werden.

Die Ereignis-Prozedur wird direkt in »DieseArbeitsmappe« geschrieben.

```
Private Sub Workbook_Open()
   Dim cmbMenu As CommandBar
   Dim cbcMenu As CommandBarControl
   Dim cbcBert As CommandBarControl
   Dim cbcMoni As CommandBarControl
   Dim cbcFrank As CommandBarControl
   Dim cbcAW As CommandBarControl

   Set cmbMenu = Application.CommandBars.ActiveMenuBar
   Set cbcMenu = cmbMenu.Controls.Add(Type:=msoControlPopup)
                 cbcMenu.Caption = "Hyperlinks"
   Set cbcBert = cbcMenu.CommandBar.Controls.Add _
                (Type:=msoControlButton)
   Set cbcMoni = cbcMenu.CommandBar.Controls.Add _
                 (Type:=msoControlButton)
   Set cbcFrank = cbcMenu.CommandBar.Controls.Add _
                   (Type:=msoControlButton)
```

```
Set cbcAW = cbcMenu.CommandBar.Controls.Add _
        (Type:=msoControlButton)
   With cbcBert
      .Style = msoButtonIconAndCaption
      .FaceId = 610
      .HyperlinkType = msoCommandBarButtonHyperlinkOpen
      cbcBert.TooltipText = "http://www.excelabc.de"
      .Caption = "Bert Körn"
   End With

   With cbcMoni
      .Style = msoButtonIconAndCaption
      .FaceId = 610
      .HyperlinkType = msoCommandBarButtonHyperlinkOpen
      cbcMoni.TooltipText = "http://www.jumper.ch"
      .Caption = "Monika Weber"
   End With

   With cbcFrank
      .Style = msoButtonIconAndCaption
      .FaceId = 610
      .HyperlinkType = msoCommandBarButtonHyperlinkOpen
      cbcFrank.TooltipText = "http://www.sharpsite.de"
      .Caption = "Frank Eller"
   End With

   With cbcAW
      .Style = msoButtonIconAndCaption
      .FaceId = 610
      .HyperlinkType = msoCommandBarButtonHyperlinkOpen
      cbcAW.TooltipText = "http://www.addison-wesley.de"
      .Caption = "Addison-Wesley"
   End With
End Sub
```

Ebenfalls in »DieseArbeitsmappe« wird der Code für das Löschen des Hyperlinks geschrieben:

```
Private Sub Workbook_BeforeClose(Cancel As Boolean)
   On Error Resume Next
   Application.CommandBars(1).Controls("Hyperlinks").Delete
End Sub
```

402 Eine Schaltfläche in der Symbolleiste erstellen

Klicken Sie mit der rechten Maustaste auf den Bereich der Symbolleiste. Wählen Sie aus dem Kontextmenü den Punkt ANPASSEN. Aktivieren Sie die Registerkarte BEFEHLE. Wählen Sie aus dem Listenfeld KATEGORIEN MAKROS aus. Im rechten Teil des Fensters sehen Sie nun ein Smilie, hinter dem SCHALTFLÄCHE ANPASSEN steht (siehe Abbildung 431).

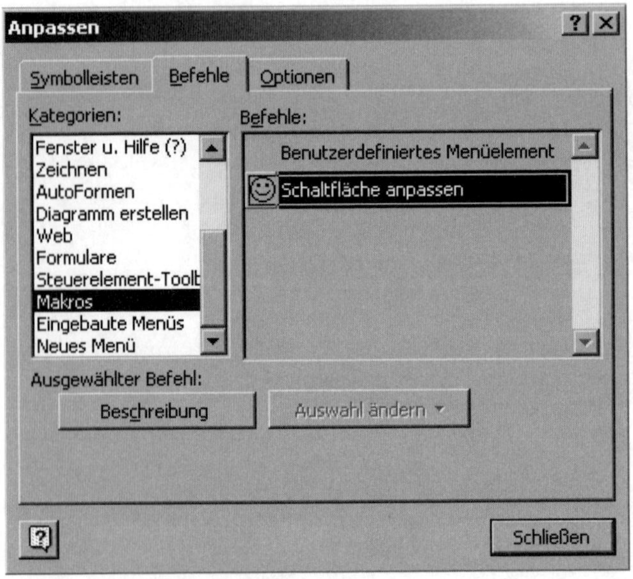

Abbildung 431: Makro-Schaltfläche

Ziehen Sie das Smilie mit gedrückter Maustaste aus dem Fenster und platzieren Sie es auf einer der Symbolleisten an einem beliebigen Ort. Bevor Sie nun das Fenster wieder schließen, müssen Sie das Makro noch der neuen Schaltfläche zuweisen. Klicken Sie mit der rechten Maustaste auf das neue Smilie in der Symbolleiste und wählen Sie anschließend aus dem Kontextmenü MAKRO ZUWEISEN. Wählen Sie hier Ihr Makro aus und testen Sie es.

Wenn Sie ein anderes Symbol als das Smilie angezeigt haben möchten, stehen Ihnen noch weitere Symbole zur Verfügung. Sie können sogar Ihr eigenes Symbol kreieren.

403 Anderes Symbol auswählen

Um ein anderes Symbol auszuwählen, klicken Sie wiederum mit der rechten Maustaste auf die Symbolleiste und wählen aus dem Kontextmenü ANPASSEN. Alternativ können Sie auch den Menüpunkt ANSICHT | SYMBOLLEISTEN | ANPASSEN anklicken. Klicken Sie dann mit der rechten Maustaste auf das Smilie und anschließend auf die Auswahl SCHALTFLÄCHENSYMBOL ÄNDERN. Hier sehen Sie nun die weiteren Symbole, die Ihnen zur Verfügung stehen.

Abbildung 432: Schaltflächen-Symbole

404 Eine eigene Schaltfläche zeichnen

Wenn Sie ein eigenes Symbol zeichnen möchten, wählen Sie die Auswahl SCHALTFLÄCHE BEARBEITEN. Für einen Blattschutz könnten Sie beispielsweise ein Schlösschen zeichnen, woran Sie später leicht wieder erkennen, dass es sich bei dem Symbol um den Blattschutz handelt.

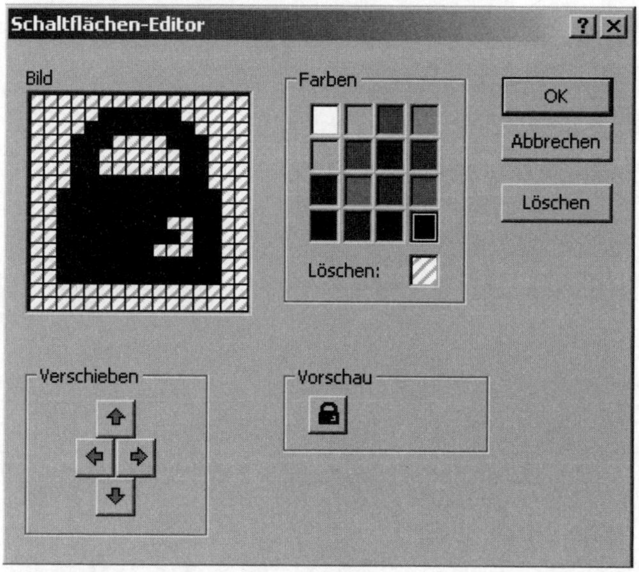

Abbildung 433: Eine Schaltfläche zeichnen

Sie haben auch die Möglichkeit, bestehende Schaltflächen zu kopieren und anschließend anzupassen. Klicken Sie wiederum auf den Menüpunkt ANSICHT | SYMBOLLEISTEN | ANPASSEN. Packen Sie das gewünschte Symbol mit gedrückter linker Maustaste und halten Sie dabei auch die STRG-Taste gedrückt. Ziehen Sie das Symbol an einen beliebigen Ort auf der Symbolleiste. Die Kopie können Sie nun wie oben beschrieben ebenfalls abändern.

405 Eine Schaltfläche löschen

Um eine Schaltfläche zu löschen, wählen Sie den Menüpunkt ANSICHT | SYMBOLLEISTEN | ANPASSEN aus. Klicken Sie mit der rechten Maustaste auf das Symbol, das Sie löschen möchten, und wählen Sie aus dem Kontextmenü LÖSCHEN. Alternativ können Sie die Schaltfläche auch aus der Symbolleiste ziehen und loslassen.

406 Text anstelle von Symbol anzeigen

Anstelle des Symbols haben Sie auch die Möglichkeit, einen Text anzeigen zu lassen. Klicken Sie auf den Menüpunkt ANSICHT | SYMBOLLEISTEN | ANPASSEN. Anschließend klicken Sie mit der rechten Maustaste auf das Symbol. In dem weißen Feld hinter NAME können Sie einen beliebigen Namen eingeben. Wenn Sie nur den Text angezeigt haben möchten, klicken Sie auf die Auswahl NUR TEXT (IMMER). Wenn Sie beides, den Text und das Symbol, angezeigt haben möchten, klicken Sie auf SCHALTFLÄCHENSYMBOL UND TEXT.

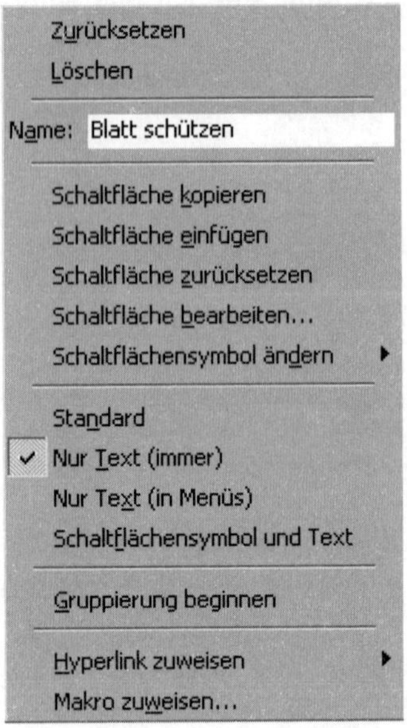

Abbildung 434: Eine Schaltfläche mit Text

407 Eine eigene Symbolleiste erstellen

Falls Sie mehrere Makros erstellt haben und diese zusammen auf einer neuen Symbolleiste darstellen möchten, öffnen Sie das Fenster »Anpassen«, indem Sie den Menüpunkt ANSICHT | SYMBOLLEISTEN | ANPASSEN anklicken.

Wechseln Sie auf die Registerkarte SYMBOLLEISTEN und betätigen Sie die Schaltfläche NEU. In dem Fenster, das sich nun öffnet, geben Sie einen beliebigen Namen ein:

Abbildung 435: Eine neue Symbolleiste erstellen

Eine kleine leere Symbolleiste wird nun erzeugt und angezeigt. Sie können nach Belieben Symbole auf diese Leiste ziehen. Sie können natürlich auch bereits bestehende Befehle von Excel auf dieser Symbolleiste zusammenstellen. Diese finden Sie im Menü ANSICHT | SYMBOLLEISTEN | ANPASSEN auf der Registerkarte BEFEHLE. Klicken Sie auf die gewünschte Kategorie und ziehen Sie einen beliebigen Befehl auf die neue Symbolleiste.

Abbildung 436: Die neue Symbolleiste

408 Verfügbare Symbolleisten

Nachfolgend sind die gängigen Symbolleisten aufgeführt. Schreiben Sie den Code in ein Modul. Um die Symbolleisten auszuschalten, schreiben Sie jeweils anstelle von `True` `False`.

```
Sub Symbolleisten_ein()
    ' Standard
      Application.CommandBars("Standard").Visible = True
    ' Format
      Application.CommandBars("Formatting").Visible = True
    ' Diagramm
      Application.CommandBars("Chart").Visible = True
    ' Externe Daten
      Application.CommandBars("External Data").Visible = True
    ' Formular
      Application.CommandBars("Forms").Visible = True
    ' Grafik
      Application.CommandBars("Picture").Visible = True
    ' Pivot Tabelle
      Application.CommandBars("PivotTable").Visible = True
    ' Steuerelement-Toolbox
      Application.CommandBars("Control Toolbox").Visible = True
    ' Ueberarbeiten
```

```
    Application.CommandBars("Reviewing").Visible = True
  ' Visual Basic
    Application.CommandBars("Visual Basic").Visible = True
  ' Web
    Application.CommandBars("Web").Visible = True
  ' WordArt
    Application.CommandBars("WordArt").Visible = True
  ' Zeichnen
    Application.CommandBars("Drawing").Visible = True
  ' Zwischenablage
    Application.CommandBars("Clipboard").Visible = True
  ' Euro
    Application.CommandBars("Euro").Visible = True
  ' EuroPlaceholder_2000
    Application.CommandBars("EuroPlaceholder_2000").Visible = True
End Sub
```

In der nachfolgenden Tabelle finden Sie übersichtlich dargestellt eine Zusammenfassung der obigen Symbolleisten:

VBA-Symbolleiste (englisch)	Beschreibung (deutsch)
Standard	Standard
Formatting	Format
Chart	Diagramm
External Data	Externe Daten
Forms	Formular
Picture	Grafik
PivotTable	Pivot Tabelle
Control Toolbox	Steuerelement-Toolbox
Reviewing	Überarbeiten
Visual Basic	Visual Basic
Web	Web
WordArt	WordArt
Drawing	Zeichnen
Clipboard	Zwischenablage
Euro	Euro
EuroPlaceholder_2000	EuroPlaceholder_2000

Tabelle 50: Symbolleisten

Um sämtliche verfügbaren Symbolleisten mit deren Namen und Nummern zu ermitteln, verwenden Sie die folgende Prozedur. Wenn Sie diese Prozedur ausführen, dann werden die Angaben in das Tabellenblatt geschrieben (siehe Abbildung 437).

```
Sub Symbolleisten_Namen_ermitteln()
   Dim i As Integer
   Dim strText As String
   [A1].Select
      For i = 1 To CommandBars.Count
         strText = i & "  " & CommandBars(i).Name
         ActiveCell(i, 1).Value = strText
      Next i
End Sub
```

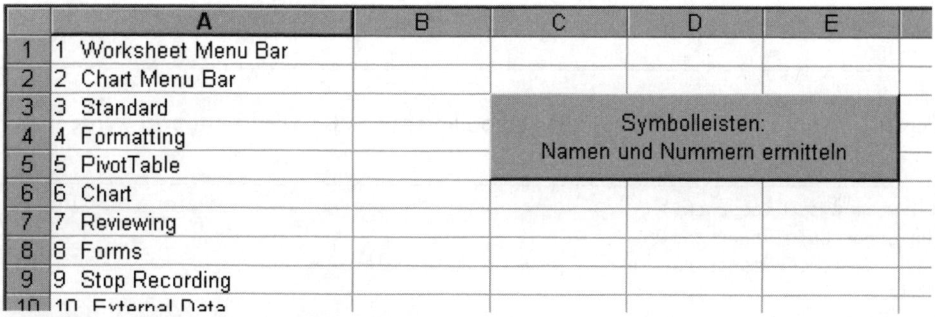

Abbildung 437: Symbolleisten-Namen ermitteln

409 Eine leere Symbolleiste erstellen / löschen

Mit der folgenden Prozedur wird eine neue, leere Symbolleiste erstellt. Die Position dieser Symbolleiste ist am oberen Bildschirmrand (`msoBarTop`). Der Code wird in ein *Modul* geschrieben. Für den Fall, dass bereits eine Symbolleiste mit diesem Namen existiert, wurde eine Fehlerbehandlung eingebaut.

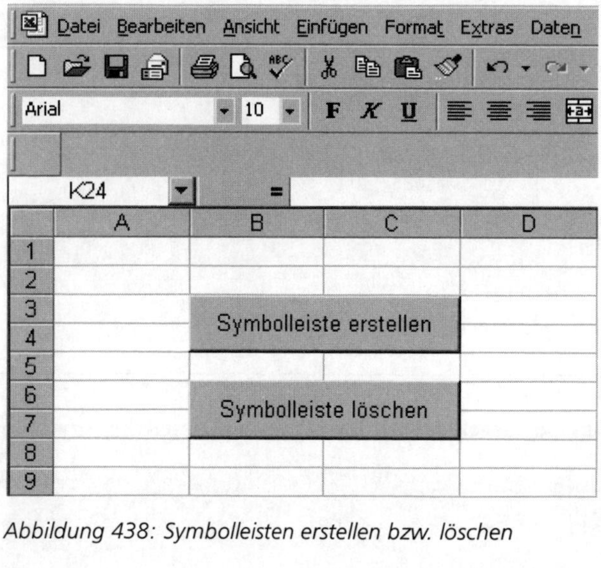

Abbildung 438: Symbolleisten erstellen bzw. löschen

```
Sub Symbolleiste_erstellen()
   Dim cmbSymbolleiste As CommandBar
   On Error GoTo Errorhandler
   Set cmbSymbolleiste = CommandBars.Add _
                         (Name:="Meine Symbolleiste", _
                         Position:=msoBarTop)
   cmbSymbolleiste.Visible = True
   Exit Sub
Errorhandler:
   MsgBox "Eine Symbolleiste mit dem Namen" & Chr(13) & _
          """Meine Symbolleiste"" " & _
          "existiert bereits."
End Sub
```

Als Pendant zur obigen Prozedur soll die Symbolleiste per VBA wieder entfernt werden:

```
Sub Symbolleiste_loeschen()
   On Error GoTo Errorhandler
   Application.CommandBars("Meine Symbolleiste").Delete
   Exit Sub
Errorhandler:
   MsgBox "Eine Symbolleiste mit dem Namen" & Chr(13) & _
          """Meine Symbolleiste"" " & _
          "existiert nicht."
End Sub
```

410 Symbolleiste mit Schaltflächen erzeugen

Mittels folgender Prozedur wird eine Symbolleiste mit einer eigenen Schaltfläche erzeugt.

Das Argument *ID* steht für das Symbol, das angezeigt werden soll.

```
Sub Meine_Symbolleiste()
   Dim cmbSymbolleiste As CommandBar
   On Error Resume Next
   Set cmbSymbolleiste = Application.CommandBars.Add _
      (Name:="Meine Symbolleiste", Position:=msoBarLeft)

   cmbSymbolleiste.Visible = True

   Application.CommandBars("Meine Symbolleiste") _
      .Controls.Add Type:=msoControlButton, ID:=120
End Sub
```

Damit die Prozedur beim Start der Mappe ausgeführt wird, wird sie in »DieseArbeitsmappe« geschrieben.

Abbildung 439: Symbolleiste mit Schaltflächen (links)

Grundlagen
Fehler
Intern
Funktionen
Farben
Datum/Zeit
Auswertungen
Diagramme
Objekte
UserForm
Controls
Internet
Extern
Extra

Nachfolgend finden Sie ein komplettes Beispiel (siehe Abbildung 439). Die ersten vier Schaltflächen werden vom System bezogen. Das heißt, es müssen keine extra Prozeduren dazu erstellt werden.

```
Private Sub Workbook_Open()
   Dim cmbSymbolleiste As CommandBar
   Dim cbb126 As CommandBarButton
   Dim cbb480 As CommandBarButton
   Dim cbb960 As CommandBarButton
   Dim cbbFusszeile As CommandBarButton
   On Error Resume Next

   Set cmbSymbolleiste = Application.CommandBars.Add _
       (Name:="Meine Symbolleiste", Position:=msoBarLeft)
   cmbSymbolleiste.Visible = True
      With Application.CommandBars("Meine Symbolleiste")
         ' Linksbündig
         .Controls.Add Type:=msoControlButton, ID:=120
         ' Rechtsbündig
         .Controls.Add Type:=msoControlButton, ID:=121
         ' Aufsteigend sortieren
         .Controls.Add Type:=msoControlButton, ID:=210
         ' Absteigend sortieren
         .Controls.Add Type:=msoControlButton, ID:=211
      End With

   ' Benutzerdefiniert (Uhr)
   Set cbb126 = cmbSymbolleiste.Controls.Add _
       (Type:=msoControlButton, ID:=126)
      With cbb126
```

```
         .BeginGroup = True    ' Linie einfügen
         .OnAction = "Zeit"
         .Caption = "Aktuelle Uhrzeit"
      End With

   ' Benutzerdefiniert (Kaffee-Tasse)
   Set cbb480 = cmbSymbolleiste.Controls.Add _
       (Type:=msoControlButton, ID:=480)
      With cbb480
         .OnAction = "Pause"
         .Caption = "Kaffee-Pause"
      End With

   ' Benutzerdefiniert (Rechner)
   Set cbb960 = cmbSymbolleiste.Controls.Add _
       (Type:=msoControlButton, ID:=960)
      With cbb960
         .BeginGroup = True
         .OnAction = "Rechner"
         .Caption = "Rechner"
      End With

   ' Fußzeile
   Set cbbFusszeile = cmbSymbolleiste.Controls.Add _
       (Type:=msoControlButton, ID:=2949)
      With cbbFusszeile
           .BeginGroup = True
           .Caption = "Fusszeile"
           .OnAction = "Fusszeile"
           ' msoButtonCaption  Beschriftung auf Button
           ' msoButtonWrapCaption = Drehen
           .Style = msoButtonWrapCaption
      End With
End Sub
```

Die Prozeduren, die den benutzerdefinierten Schaltflächen zugewiesen werden sollen, schreiben Sie in ein Modul:

```
Sub Zeit()
   MsgBox "Die aktuelle Uhrzeit ist: " & Time()
End Sub

Sub Pause()
   MsgBox "Vormittag " & Chr(9) & "09:00 Uhr" & Chr(13) & _
          "Nachmittag" & Chr(9) & "15:00 Uhr", , "Kaffee-Pause"
End Sub

Sub Rechner()
   Dim Exe
   Exe = Shell("c:\winnt\system32\calc.exe", 1)
End Sub
```

```
Sub Fusszeile()
   ActiveSheet.PageSetup.LeftFooter = _
   ActiveWorkbook.Path & "\D:\\---Buch---\\neu\\11_Controls\\D:\\---Buch---
\\neu\\11_Controls\\D:\\---Buch---\\neu\\11_Controls\\D:\\---Buch---
\\neu\\11_Controls\\D:\\---Buch---\\neu\\11_Controls\\D:\\---Buch---
\\neu\\11_Controls\\D:\\---Buch---\\neu\\11_Controls\\D:\\---Buch---
\\neu\\11_Controls\\D:\\---Buch---\\neu\\11_Controls\\D:\\---Buch---
\\neu\\11_Controls\\" & ActiveWorkbook.Name
End Sub
```

Damit die Symbolleiste beim Schließen der Mappe ausgeblendet wird, schreiben Sie die folgende Ereignis-Prozedur in »DieseArbeitsmappe«:

```
Private Sub Workbook_BeforeClose(Cancel As Boolean)
   On Error Resume Next
   Application.CommandBars("Meine Symbolleiste").Delete
End Sub
```

411 Schaltflächen aktiv oder inaktiv anzeigen

Schaltflächen können als aktiv (gedrückt) oder inaktiv (erhoben) dargestellt werden. In unserem folgenden Beispiel werden zwei Schaltflächen erzeugt, welche für das Ein-/Ausblenden von Spalten bzw. Zeilen dienen.

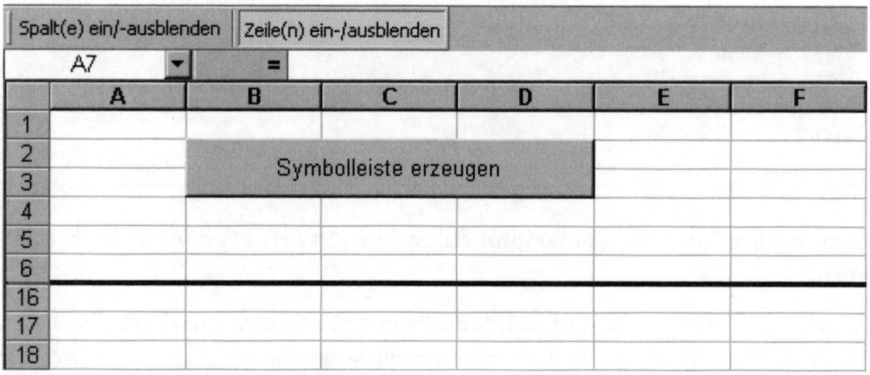

Abbildung 440: Symbolleisten aktiv oder inaktiv anzeigen

Die Prozedur wurde hier in ein Modul geschrieben. Die Symbolleiste wird über den Klick auf eine Formular-Schaltfläche erzeugt. Damit die Symbolleiste nicht mehrmals erzeugt werden kann, wird sie jeweils zu Beginn der Prozedur gelöscht. Danach wird die Symbolleiste mit den beiden Schaltflächen erzeugt.

Die Anweisung `State = msoButtonUp` wird gesetzt, damit die Schaltfläche zu Beginn normal angezeigt wird.

```
Sub Schaltflaechen_aktiv_inaktiv()
   Dim cmbSymbolLeiste As CommandBar
   Dim cbbSpalten As CommandBarButton
   Dim cbbZeilen As CommandBarButton

   On Error Resume Next
   CommandBars("Mein Menu").Delete

   Set cmbSymbolLeiste = CommandBars.Add(Name:="Mein Menu", _
      Position:=msoBarTop)
   cmbSymbolLeiste.Visible = True

   Set cmbSymbolLeiste = CommandBars("Mein Menu")
   Set cbbSpalten = cmbSymbolLeiste.Controls.Add _
       (Type:=msoControlButton)
   Set cbbZeilen = cmbSymbolLeiste.Controls.Add _
       (Type:=msoControlButton)

   ' Erste Schaltfläche wird erzeugt
      With cbbSpalten
         .Caption = "Spalt(e) ein/-ausblenden"
         .Style = msoButtonCaption
         .State = msoButtonUp
         .OnAction = "Spalten"
      End With
   ' Zweite Schaltfläche wird erzeugt
      With cbbZeilen
         .Caption = "Zeile(n) ein-/ausblenden"
         .BeginGroup = True
         .Style = msoButtonCaption
         .State = msoButtonUp
         .OnAction = "Zeilen"
      End With
End Sub
```

Nun werden die beiden Prozeduren programmiert, welche von der obigen Prozedur her aufgerufen werden.

Hier wird in einer `If...Then...Else`-Entscheidung abgefragt, ob die Spalten bzw. Zeilen ein- oder ausgeblendet sind. Wenn die Spalten oder Zeilen ausgeblendet sind, dann wird die Schaltfläche »gedrückt« angezeigt (`State msoButtonDown`).

```
Sub Spalten()
   Dim cbcl As CommandBarControl
   Set cbcl = CommandBars("Mein Menu").Controls(1)
      If Selection.EntireColumn.Hidden = True Then
         Selection.EntireColumn.Hidden = False
         cbcl.State = msoButtonUp
      Else: Selection.EntireColumn.Hidden = True
         cbcl.State = msoButtonDown
      End If
```

```
End Sub

Sub Zeilen()
   Dim cbc2 As CommandBarControl
   Set cbc2 = CommandBars("Mein Menu").Controls(2)
      If Selection.EntireRow.Hidden = True Then
         Selection.EntireRow.Hidden = False
         cbc2.State = msoButtonUp
      Else: Selection.EntireRow.Hidden = True
         cbc2.State = msoButtonDown
      End If
End Sub
```

412 Eine Symbolleiste mit ComboBox

Über eine Formular-Schaltfläche wird eine Symbolleiste mit einer *ComboBox* erzeugt:

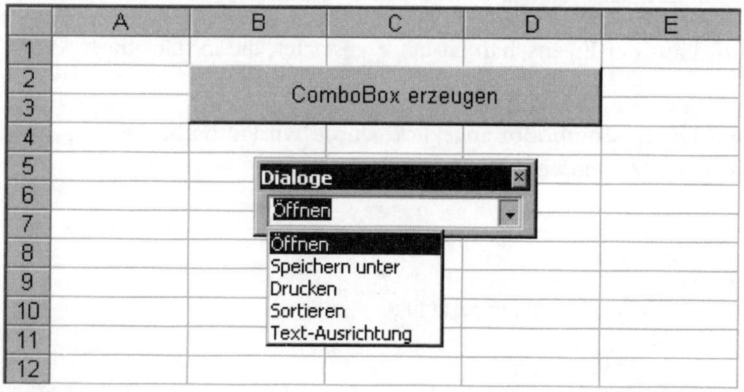

Abbildung 441: Symbolleiste mit ComboBox erzeugen

Damit die Symbolleiste nur einmal existiert und nicht jedes Mal neu erzeugt wird, wird zu Beginn der Prozedur die Symbolleiste gelöscht.

Danach wird die Symbolleiste erstellt. In der `With...End With`-Anweisung werden die Listeneinträge der ComboBox erzeugt (`AddItem`).

Über die Anweisungen `DropDownWidth` und `Width` wird die Breite des Listenfeldes sowie der Box festgelegt.

```
Sub ComboBox()
   Dim cmbSymbolLeiste As CommandBar
   Dim cbbCombo As CommandBarComboBox

   On Error Resume Next
   Application.CommandBars("Dialoge").Delete
```

```
    Set cmbSymbolLeiste = CommandBars.Add(Name:="Dialoge")
        cmbSymbolLeiste.Visible = True
    Set cmbSymbolLeiste = CommandBars("Dialoge")
    Set cbbCombo = cmbSymbolLeiste.Controls.Add _
        (Type:=msoControlComboBox, ID:=1)

       With cbbCombo
          .AddItem "Öffnen", 1
          .AddItem "Speichern unter", 2
          .AddItem "Drucken", 3
          .AddItem "Sortieren", 4
          .AddItem "Text-Ausrichtung", 5
          .OnAction = "Prozeduren"    ' Zugehörige Prozedur
          .DropDownLines = 0
          .DropDownWidth = 100
          .Width = 150
       End With
End Sub
```

Die folgende Prozedur wird aus der Eigenschaft `OnAction` gestartet, die in der obigen Prozedur erstellt wurde.

Je nachdem, welche Auswahl in der ComboBox angeklickt wurde, wird nun über `Select...Case` ermittelt, welche Prozedur gestartet werden soll.

```
Sub Prozeduren()
   Dim intAuswahl As Integer
   intAuswahl = CommandBars("Dialoge").Controls(1).ListIndex
      Select Case intAuswahl
      Case 1: Oeffnen
      Case 2: Speichern_unter
      Case 3: Drucken
      Case 4: Sortieren
      Case 5: Text_Ausrichtung
   End Select
End Sub
```

Nun müssen noch die zugehörigen Prozeduren programmiert werden:

```
Sub Oeffnen()
   Application.Dialogs(xlDialogOpen).Show
End Sub

Sub Speichern_unter()
   Application.Dialogs(xlDialogSaveAs).Show
End Sub

Sub Drucken()
   Application.Dialogs(xlDialogPrint).Show
```

```
End Sub

Sub Sortieren()
   On Error GoTo Errorhandler
   Application.Dialogs(xlDialogSort).Show
   Exit Sub
Errorhandler:
   MsgBox "Es konnte kein Sortierbereich ermittelt werden"
End Sub

Sub Text_Ausrichtung()
   Application.Dialogs(xlDialogAlignment).Show
End Sub
```

413 Eigene Bilder in die Controls einbinden

Natürlich ist es auch möglich, eigene Bilder bei den Controls einzusetzen. Dies geschieht über die Zwischenablage. Im folgenden Beispiel sind 2 tanzende Smilies auf dem Tabellenblatt mit den Namen Bild1 und Bild2 vorhanden. Dieses Beispiel kommt völlig ohne Variablen aus, da mit zwei verschachtelten `With`-Bereichen die zu verändernden Controls immer direkt angesprochen werden. Mit ein bisschen Übung bekommen Sie so eine wesentlich übersichtlichere Codestruktur.

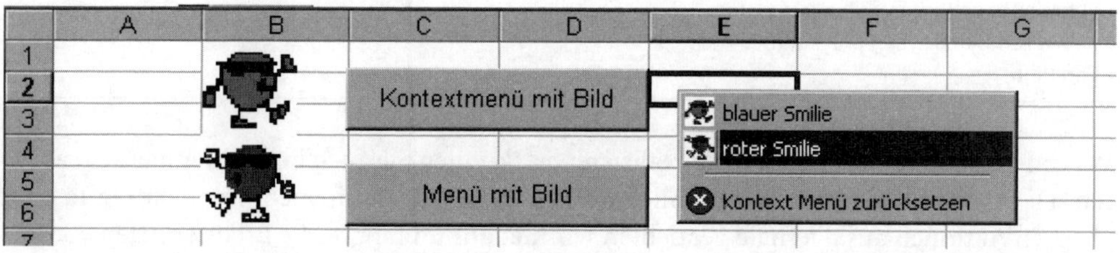

Abbildung 442: Nach einem Rechtsklick können die Smilies sehen

Zuallererst löschen wir alle vorhandenen Einträge des Kontextmenüs mit einer `While-Wend`-Schleife. Es wird dabei immer der Eintrag mit der Nummer 1 gelöscht, so lange, bis kein Eintrag mehr vorhanden ist.

```
Sub Eigenes_KontextMenue_erstellen_mit_Bild()
  With CommandBars("Cell")
    While .Controls.Count > 0
      .Controls(1).Delete
    Wend
```

Das Bild1 kopieren wir in die Zwischenablage und fügen es mit `PasteFace` als Grafik für den Eintrag ein. Als Ereignis für den Klick auf den Kontextmenüeintrag werden sie mit einer Internetseite verbunden.

```
    Worksheets("Tabelle1").Shapes("Bild1").CopyPicture
    With .Controls.Add(msoControlButton)
      .Caption = "blauer Smilie"
      .PasteFace
      .HyperlinkType = msoCommandBarButtonHyperlinkOpen
      .TooltipText = "http://www.excelabc.de"
    End With

    Worksheets("Tabelle1").shapes("Bild2").CopyPicture
    With .Controls.Add(msoControlButton)
      .Caption = "roter Smilie"
      .PasteFace
      .HyperlinkType = msoCommandBarButtonHyperlinkOpen
      .TooltipText = "http://www.jumper.ch"
    End With

    With .Controls.Add
      .BeginGroup = True   'Trennlinie
      .FaceId = 1019
      .Caption = "Kontext Menü zurücksetzen"
      .OnAction = "KontextMenüZurücksetzen"
    End With
  End With
End Sub

Sub KontextMenue_Zuruecksetzen()
  CommandBars("Cell").Reset
End Sub
```

Was im Kontextmenü so einfach zu realisieren ist, können Sie auch in der Menüleiste realisieren. Der Code hierzu sieht sehr ähnlich aus, und ein Klick auf einen Menüeintrag löst die gleichen Aktionen aus. Deshalb verzichten wir hier auf umfangreiche Erläuterungen. Gegenüber dem Kontextmenü, das es nur einmalig geben kann, sollte bei dem Menüleisteneintrag der alte Eintrag gelöscht werden. Sicherlich wollen Sie nicht mehrmals die gleichen Einträge haben. Ein Reset ist im Allgemeinen bei Menüeinträgen nicht sinnvoll, da Sie ja auch Add-Ins mit Menüerweiterungen geladen haben können.

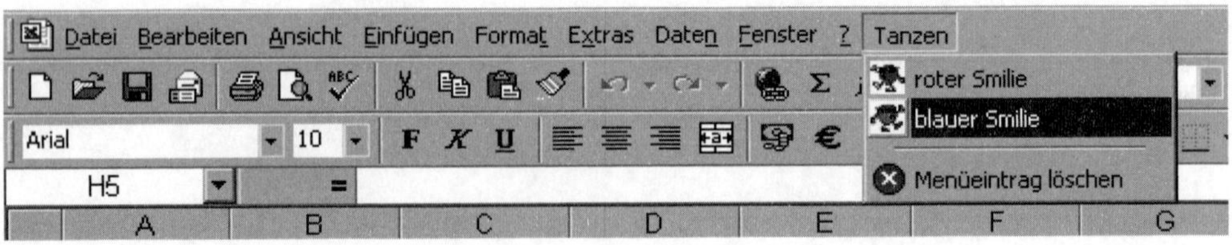

Abbildung 443: Menüeintrag mit eigenen Bildern

```
Sub Menue_mit_eigenem_Bild()
  On Error Resume Next
  Application.CommandBars.ActiveMenuBar.Controls("Tanzen").Delete
  With Application.CommandBars.ActiveMenuBar.Controls.Add _
                (Type:=msoControlPopup)
      .Caption = "Tanzen"

    Worksheets("Tabelle1").shapes("Bild2").CopyPicture
    With .CommandBar.Controls.Add(Type:=msoControlButton)
      .Style = msoButtonIconAndCaption
      .PasteFace
      .HyperlinkType = msoCommandBarButtonHyperlinkOpen
      .TooltipText = "http://www.jumper.ch"
      .Caption = "roter Smilie"
    End With

    Worksheets("Tabelle1").shapes("Bild1").CopyPicture
    With .CommandBar.Controls.Add(Type:=msoControlButton)
      .Style = msoButtonIconAndCaption
      .PasteFace
      .HyperlinkType = msoCommandBarButtonHyperlinkOpen
      .TooltipText = "http://www.excelabc.de"
      .Caption = "blauer Smilie"
    End With

    With .Controls.Add
      .BeginGroup = True  'Trennlinie
      .FaceId = 1019
      .Caption = "Menüeintrag löschen"
      .OnAction = "MenueEintagLoeschen"
    End With
  End With
End Sub

Sub MenueEintag_Loeschen()
  Application.CommandBars.ActiveMenuBar.Controls("Tanzen").Delete
End Sub
```

414 Tabellen im Menü

Theoretisch ist die Anzahl der Arbeitsblätter nicht beschränkt, nur gibt es Grenzen wegen der Systemressourcen. Je mehr Tabellen in einer Arbeitsmappe vorhanden sind, umso unübersichtlicher wird das gezielte Auswählen einer einzelnen Tabelle. Sie haben natürlich die Möglichkeit, mit einem Rechtsklick auf die Registerlaufpfeile zur Auswahl der Tabellenblätter zu kommen.

Abbildung 444: Per Rechtsklick erhält man die Auswahl

Grundlagen
Fehler
Intern
Funktionen
Farben
Datum/Zeit
Auswertungen
Diagramme
Objekte
UserForm
Controls
Internet
Extern
Extra

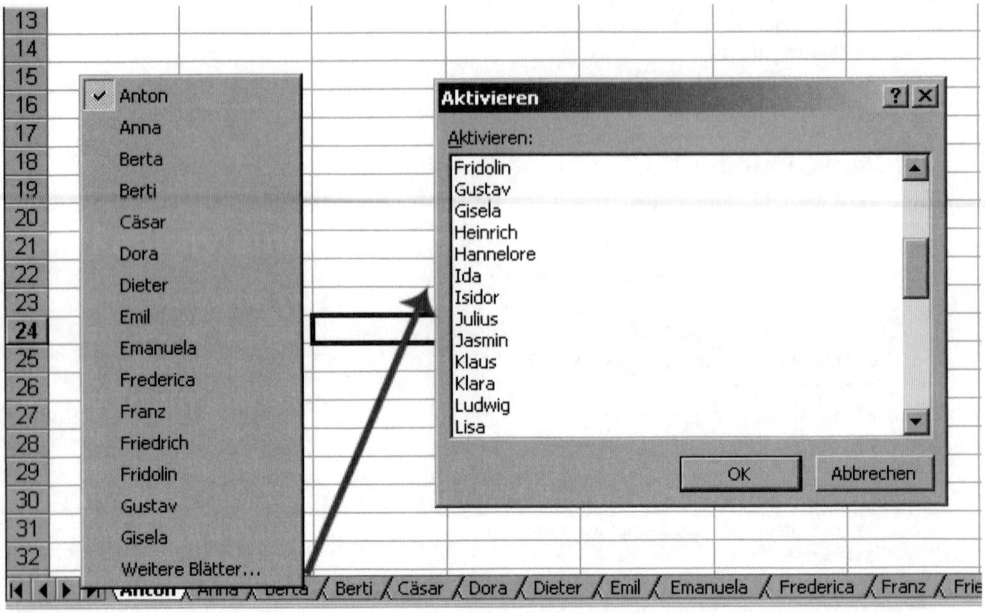

Abbildung 445: Bei »weitere Blätter...« erhält man das Auswahlfenster

Sie erhalten mit dem folgenden Beispiel aber die Möglichkeit, auch über das Menü zu navigieren. Das Makro listet die einzelnen Tabellen in alphabetischen Menüeinträgen auf. Mit einem Klick sind diese auswählbar, egal, an welcher Stelle sie in der Mappe verteilt sind. Dies wird durch folgenden Trick erreicht: Die `OnAction`-Eigenschaften der einzelnen Menüeinträge verweisen immer auf die Reihenfolgennummer des einzelnen Tabellenblattes. Wenn ein neues Tabellenblatt eingefügt wird, verschiebt sich einfach die `OnAction`-Eigenschaft um einen Zähler. Wie Sie sehen, weist die Beispielmappe bereits einige Tabellenblätter auf.

```
Sub Tabellen_im_Menue()
  Dim i As Byte
  Dim t As Object
  Dim Buchst As String
  On Error Resume Next
  Application.CommandBars.ActiveMenuBar _
                    .Controls("Tabelle auswählen").Delete
  With Application.CommandBars.ActiveMenuBar.Controls.Add _
                    (Type:=msoControlPopup)
    .Caption = "Tabelle auswählen"

    'Alle Großbuchstaben im Menü anlegen
    For i = 65 To 90
      With .Controls.Add(Type:=msoControlPopup)
        .Caption = "Buchstabe " & Chr(i)
        'Prüfung aller Tabellen, ob der gleiche Anfangsbuchstabe
        For Each t In ActiveWorkbook.Worksheets
          Buchst = UCase(Left(t.Name, 1))
```

```
          If Buchst = Chr(i) Then
            With .Controls.Add
              .FaceId = i + 15
              .Caption = t.Name
              .OnAction = "Waehlen" & t.Index
            End With
          End If
        Next t
      End With
    Next i

    With .Controls.Add
      .BeginGroup = True   'Trennlinie
      .FaceId = 161
      .Caption = "Menü aktualisieren"
      .OnAction = "TabellenImMenue"
    End With
  End With
End Sub
```

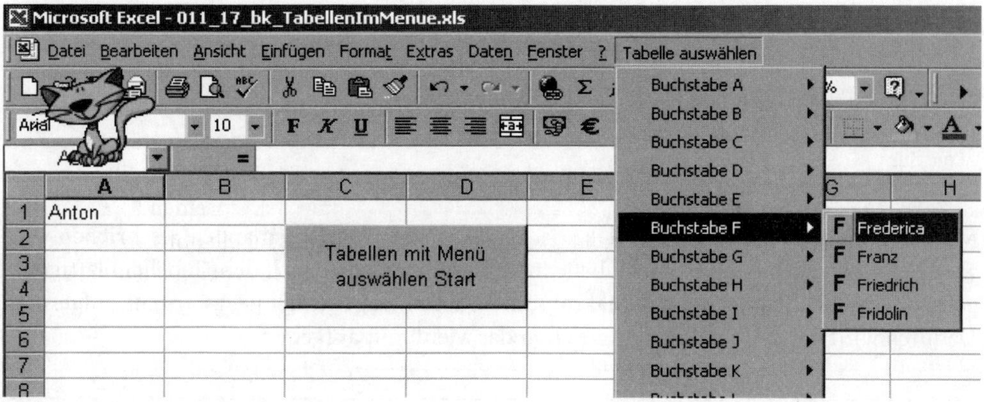

Abbildung 446: Das fertige Menü

Um die vielen Tabellen auszuwählen, müssen jetzt noch genügend Einzelprozeduren für die Menüeinträge erzeugt werden. Dies habe ich in diesem Beispiel mit der folgenden Prozedur erledigt, die die vielen Prozeduren in eine Textdatei einträgt. Aus dieser sind die Einträge schnell per `Copy` & `Paste` in das Modul zu integrieren.

```
' Die vielen Prozeduren werden in die Datei
' C:\Temp\Eventexport.txt geschrieben!
Sub Viele_Prozeduren_schreiben2()
Dim i As Integer
  Open "C:\Temp\D:\\---Buch---\\neu\\11_Controls\\D:\\---Buch---
\\neu\\11_Controls\\D:\\---Buch---\\neu\\11_Controls\\D:\\---Buch---
\\neu\\11_Controls\\Eventexport.txt" _
  For Output As #1          ' Datei zur Ausgabe öffnen.
```

Grund-lagen
Fehler
Intern
Funk-tionen
Farben
Datum/Zeit
Auswer-tungen
Dia-gramme
Objekte
User-Form
Controls
Internet
Extern
Extra

```
  For i = 1 To 100
    Print #1, "Private Sub Waehlen" & i & "()"
    Print #1, "  Worksheets(" & i & ").Activate"
    Print #1, "End Sub"
    Print #1,             ' Leerzeile in Datei schreiben.
  Next i
  Close #1                ' Datei schließen.
End Sub
```

Eine genauere Beschreibung dieser Prozedur zum Anlegen von Textdateien finden Sie in der Kategorie »Extern«. Eine weitere Variante, die sich auch mit vielen Einzelprozeduren befasst, ist in der Beispieldatei mit enthalten und wird in der Kategorie »Userforms« beschrieben.

Die einzelnen Prozeduren zur Auswahl des einzelnen Tabellenblattes sind nur Dreizeiler, die das jeweilige Tabellenblatt anhand der Indexnummer aufrufen.

```
Private Sub Waehlen1()
  Worksheets(1).Activate
End Sub

'[.............]

Private Sub Waehlen100()
  Worksheets(100).Activate
End Sub
```

Mit der Ereignisprozedur `Workbook_NewSheet`, die in »DieseArbeitsmappe« geschrieben wird, wird beim Einfügen einer neuen Tabelle mit einer Eingabebox nach dem Tabellenblattnamen gefragt. Anschließend wird das Makro zum Anlegen des Menüeintrags erneut aufgerufen. Dadurch wird dieses Tabellenblatt gleich in das Menü mit aufgenommen.

```
Private Sub Workbook_NewSheet(ByVal Sh As Object)
  Sh.Name = InputBox("Bitte geben Sie einen Namen " & _
    "für das neue Tabellenblatt ein", , "ELENA")
  Call TabellenImMenue
End Sub
```

Abbildung 447: Abfrage des neuen Tabellenblattnamens

Das Ergebnis kann dann gleich bestaunt werden.

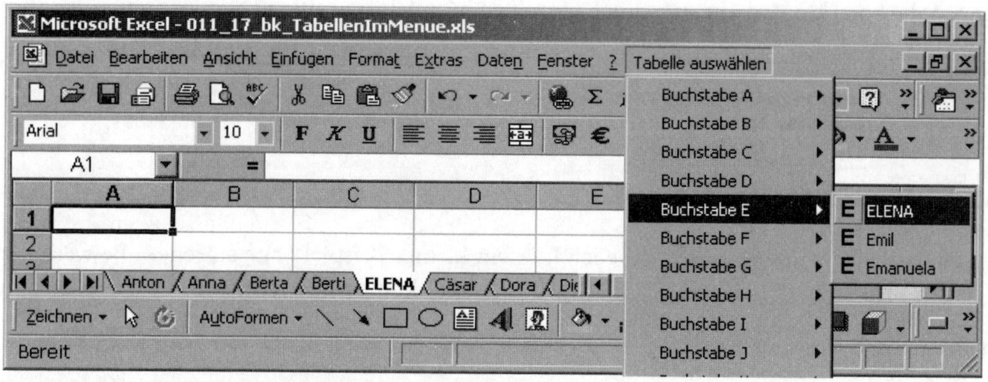

Abbildung 448: Das neu eingefügte Tabellenblatt

415 Menüeinträge ab Excel 5.0

Ganz verheimlichen wollen wir Ihnen die alte Art, Menüeinträge zu erstellen, nicht. Sie baut voll und ganz auf dem vorhergehenden Beispiel auf, bietet weniger Anreize, die Funktionalitäten sind aber die gleichen. Es wird auch auf dieselben Ereignisprozeduren zurückgegriffen, da es hier keine Änderungen gibt.

```
Private Sub Tabellen_im_Menue_alt()
  Dim i As Byte
  Dim t As Object
  Dim Buchst As String
  Dim sortMenu As Object
  Dim sortsubMenu As Object
  On Error Resume Next
  MenuBars(xlWorksheet).Menus("Tabs im Menü Alt").Delete

  Set sortMenu = MenuBars(xlWorksheet).Menus.Add("Tabs im Menü Alt")
  With sortMenu.MenuItems
    For i = 65 To 90
      Set sortsubMenu = sortMenu.MenuItems.AddMenu(Chr(i))
      For Each t In ActiveWorkbook.Worksheets
        Buchst = UCase(Left(t.Name, 1))
        If Buchst = Chr(i) Then
          sortsubMenu.MenuItems.Add (t.Name), "Waehlen" & t.Index
        End If
      Next t
    Next i
    .Add ("-")      'Trennlinie erstellen
    .Add ("Menü aktualisieren"), "TabellenImMenueAlt"
  End With
End Sub
```

Sie können jederzeit mit `MenuBars(xlWorksheet).Menus.Reset` das komplette Menü zurücksetzen, so wie es schon in einzelnen Beispielen davor auch bei den Controls gezeigt wurde. Hier noch die korrekte Variante, um einen einzelnen Menüeintrag alter Art zu löschen.

```
Private Sub MenueEintag_loeschen_alt()
  On Error Resume Next
  MenuBars(xlWorksheet).Menus("Tabs im Menü Alt").Delete
End Sub
```

Zum einfacheren Verständnis habe ich hier ein kleines Beispiel ohne störendes Beiwerk. Sie haben also immer noch die Möglichkeit, abwärts kompatible Menüstrukturen selbst für Excel 5.0 und Excel 95 zu erstellen.

```
Private Sub Menue_alt()
  Dim sortMenu As Object
  Dim sortsubMenu As Object
  Set sortMenu = MenuBars(xlWorksheet).Menus.Add("Menü Alt")
  With sortMenu.MenuItems
    .Add ("Menüeintrag1"), "Makro1"
    .Add ("Menüeintrag2"), "Makro2"
    Set sortsubMenu = sortMenu.MenuItems.AddMenu("Untermenü")
      sortsubMenu.MenuItems.Add ("Untereintrag1"), "UnterMakro1"
      sortsubMenu.MenuItems.Add ("Untereintrag2"), "UnterMakro2"
    .Add ("-")      'Trennlinie erstellen
    .Add ("Menüeintrag3"), "Makro3"
  End With
End Sub
```

Für welche der 2 Varianten von Menüeinträgen Sie sich entscheiden, hängt nur vom Einsatzzweck ab. Ab welcher Version Excel die alte Form der Erstellung nicht mehr unterstützen wird, steht in den Sternen. Excel XP jedenfalls unterstützt sie auf jeden Fall noch.

416 Kontextmenüs aktivieren / deaktivieren

Um alle verfügbaren Kontextmenüs zu deaktivieren (`Enabled = False`), verwenden Sie die folgende Prozedur:

```
Sub Kontextmenu_aus()
   With Application
      .CommandBars("Cell").Enabled = False
      .CommandBars("Row").Enabled = False
      .CommandBars("Column").Enabled = False
      .CommandBars("System").Enabled = False
      .CommandBars("Toolbar List").Enabled = False
      .CommandBars("Ply").Enabled = False
   End With
End Sub
```

Um die Kontextmenüs einzublenden, stellen Sie `Enabled` auf `True`:

```
Sub Kontextmenu_ein()
   With Application
      .CommandBars("Cell").Enabled = True
      .CommandBars("Row").Enabled = True
      .CommandBars("Column").Enabled = True
      .CommandBars("System").Enabled = True
      .CommandBars("Toolbar List").Enabled = True
      .CommandBars("Ply").Enabled = True
   End With
End Sub
```

Verfügbare Kontextmenüs:

Kontextmenü	Verwendet auf
CommandBars (»Cell«)	Zelle
CommandBars (»Row«)	Zeilenkopf
CommandBars (»Column«)	Spaltenkopf
CommandBars (»System«)	System (Fenster oben links)
CommandBars (»Toolbar List«)	Menü- und Symbolleisten
CommandBars (»Ply«)	Tabellenreiter

Tabelle 51: Kontextmenü-Namen

417 Bestehendes Kontextmenü ergänzen

Wenn Sie per Rechtsklick auf ein Element in der Excel-Tabelle klicken, sei dies eine Zelle, ein Spaltenkopf oder die Symbolleiste, wird das zugehörige Kontextmenü geöffnet.

Das Programmieren eines Kontextmenüs ist dem Programmieren der Menü- und Symbolleiste sehr ähnlich. Wir werden daher die Erläuterungen möglichst knapp halten, da diese Themen bereits weiter oben behandelt wurden.

Wenn man an einem Kontextmenü probiert, kann es leicht geschehen, dass unerwünschte Einträge darin auftauchen. Um das Kontextmenü für die Zelle wieder in seine Grundeinstellungen zurückzuversetzen, verwenden Sie den folgenden Code:

```
Sub Zurueckstellen()
   Application.CommandBars("Cell").Reset
End Sub
```

Der folgende Code bezieht sich auf das Ereignis »Rechtsklick«, das wiederum an die Tabelle gebunden ist. Das bedeutet, dass der Code in »Tabelle1« geschrieben werden muss:

Abbildung 449: Erweitertes Kontextmenü

```
Private Sub Worksheet_BeforeRightClick(ByVal Target As Range, _
        Cancel As Boolean)
   Dim cbcDurchstreichen As CommandBarControl
   Dim cbcAufheben As CommandBarControl
   Application.CommandBars("Cell").Reset
   Set cbcDurchstreichen = Application.CommandBars("Cell"). _
       Controls.Add(Type:=msoControlButton)
   Set cbcAufheben = Application.CommandBars("Cell"). _
       Controls.Add(Type:=msoControlButton)

      With cbcDurchstreichen
         .BeginGroup = True
         .FaceId = 290
         .Caption = "Durchstreichen"
         .OnAction = "Durchstreichen"
      End With

      With cbcAufheben
         .FaceId = 291
         .Caption = "Durchstreichung aufheben"
         .OnAction = "Aufheben"
     End With
End Sub
```

Die dazugehörigen Prozeduren sehen so aus:

```
Sub Durchstreichen()
   Selection.Font.Strikethrough = True
End Sub

Sub Aufheben()
   Selection.Font.Strikethrough = False
End Sub
```

In »DieseArbeitsmappe« schreiben wir die folgende Ereignis-Prozedur, die beim Schließen der Mappe das Kontextmenü wieder zurücksetzt:

```
Private Sub Workbook_BeforeClose(Cancel As Boolean)
   Application.CommandBars("Cell").Reset
End Sub
```

418 Menüpunkte eines Kontextmenüs ausblenden

In unserem nächsten Beispiel widmen wir uns dem Kontextmenü der *Zeile*, also Row. Das Standard-Kontextmenü soll um einige Punkte reduziert werden.

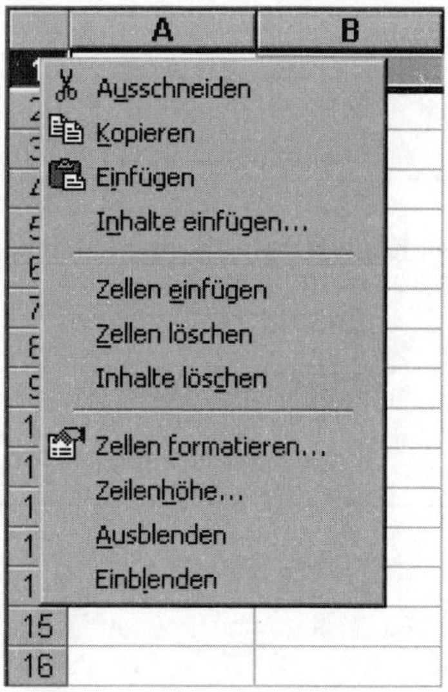

Abbildung 450: Komplettes Zeilen-Kontextmenü

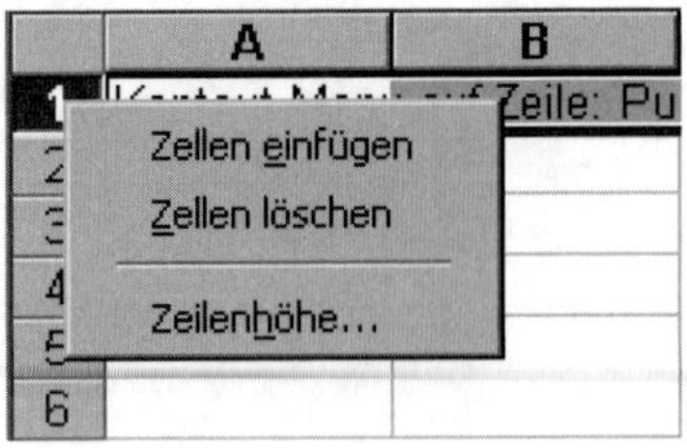

Abbildung 451: Reduziertes Kontextmenü

Nachfolgend werden einige der Menüpunkte ausgeblendet (`Visible = False`). Die Ereignis-Prozedur wird in »DieseArbeitsmappe« geschrieben.

```
Private Sub Workbook_Open()
   Dim cmb As CommandBar

    Application.CommandBars("Row").Reset

   ' Einige Standard-Kontext-Menüpunkte werden ausgeblendet
   Set cmb = Application.CommandBars("Row")
   cmb.Controls(1).Visible = False    ' Ausschneiden
   cmb.Controls(2).Visible = False    ' Kopieren
   cmb.Controls(3).Visible = False    ' Einfügen
   cmb.Controls(4).Visible = False    ' Inhalte einfügen
   cmb.Controls(7).Visible = False    ' Inhalte löschen
   cmb.Controls(8).Visible = False    ' Zellen formatieren
   cmb.Controls(10).Visible = False   ' Ausblenden
   cmb.Controls(11).Visible = False   ' Einblenden
End Sub
```

Damit die Menüpunkte nicht ausgeblendet bleiben, wird das Kontextmenü beim Schließen der Mappe wieder zurückgestellt.

```
Private Sub Workbook_BeforeClose(Cancel As Boolean)
   Application.CommandBars("Row").Reset
End Sub
```

419 Benutzerdefiniertes Zellen-Kontextmenü

In der folgenden Prozedur wird ein komplett neues Kontextmenü auf die *Zelle*, also `Cell`, erstellt.

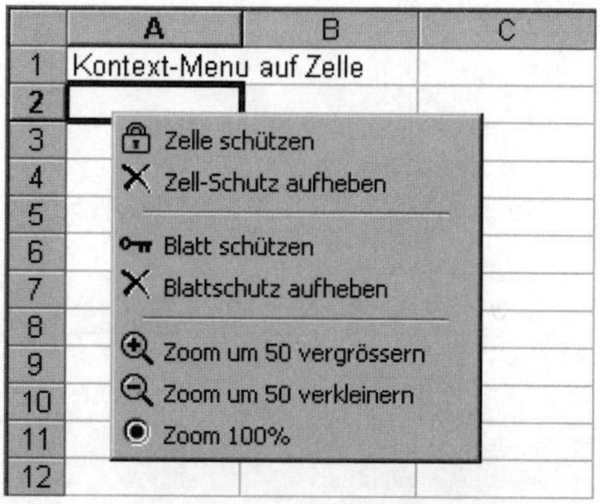

Abbildung 452: Ein komplett benutzerdefiniertes Kontextmenü auf Zelle

Die Ereignis-Prozedur wird an das entsprechende Tabellenblatt gebunden, hier »Tabelle1«. Die Prozedur wird dem Ereignis »Rechtsklick« zugewiesen.

In einer `For...Next`-Schleife werden die bestehenden Menüpunkte ausgeblendet.

```
Private Sub Worksheet_BeforeRightClick(ByVal Target As Range, _
      Cancel As Boolean)
   Dim cbc As CommandBarControls

   Application.CommandBars("Cell").Reset

   ' Alle Standard-Menüpunkte werden ausgeblendet
      For i = 1 To 13
         Application.CommandBars("Cell").Controls(i).Visible _
            = False
      Next i

   Set cbc = Application.CommandBars("Cell").Controls

      With cbc.Add(Type:=msoControlButton)
         .FaceId = 225
         .Caption = "Zelle schützen"
         .OnAction = "Zelle_schuetzen"
      End With

      With cbc.Add(Type:=msoControlButton)
        .FaceId = 478
         .Caption = "Zell-Schutz aufheben"
         .OnAction = "ZellSchutz_aufheben"
```

```
      End With

      With cbc.Add(Type:=msoControlButton)
         .BeginGroup = True
         .FaceId = 277
         .Caption = "Blatt schützen"
         .OnAction = "Blatt_schuetzen"
      End With

      With cbc.Add(Type:=msoControlButton)
         .FaceId = 478
         .Caption = "Blattschutz aufheben"
         .OnAction = "Blattschutz_aufheben"
      End With

      With cbc.Add(Type:=msoControlButton)
         .BeginGroup = True
         .FaceId = 444
         .Caption = "Zoom um 50 vergrössern"
         .OnAction = "Zoom_Gross"
      End With

      With cbc.Add(Type:=msoControlButton)
         .FaceId = 445
         .Caption = "Zoom um 50 verkleinern"
         .OnAction = "Zoom_Klein"
      End With

      With cbc.Add(Type:=msoControlButton)
         .FaceId = 446
         .Caption = "Zoom 100%"
         .OnAction = "Zoom_100"
      End With
End Sub
```

Die zugehörigen Prozeduren werden in ein »Modul« geschrieben:

```
Sub Blatt_schuetzen()
   ActiveSheet.Protect
End Sub

Sub BlattSchutz_aufheben()
   ActiveSheet.Unprotect
End Sub

Sub ZellSchutz_aufheben()
   Selection.Locked = False
End Sub

Sub Zelle_schuetzen()
   Selection.Locked = False
```

```
End Sub

Sub Zoom_Gross()
   Dim x As Integer
   x = ActiveWindow.Zoom
   On Error GoTo Errorhandler
   ActiveWindow.Zoom = x + 50
   Exit Sub
Errorhandler:
   MsgBox "Maximum erreicht"
End Sub

Sub Zoom_Klein()
   Dim x As Integer
   x = ActiveWindow.Zoom
   On Error GoTo Errorhandler
   ActiveWindow.Zoom = x - 50
   Exit Sub
Errorhandler:
   MsgBox "Minimum erreicht"
End Sub

Sub Zoom_100()
   ActiveWindow.Zoom = 100
End Sub
```

Beim Schließen der Mappe soll das Kontextmenü zurückgesetzt werden:

```
Private Sub Workbook_BeforeClose(Cancel As Boolean)
   Application.CommandBars("Cell").Reset
End Sub
```

420 Benutzerdefiniertes Kontextmenü für Zeilen

Die nachfolgende Prozedur erstellt ein benutzerdefiniertes Kontextmenü auf Zeilen (Row). Alle Standard-Kontextmenüpunkte werden ausgeblendet und die neuen hinzugefügt (Add).

```
Private Sub Worksheet_BeforeRightClick(ByVal Target As Range, _
      Cancel As Boolean)
   Dim i As Integer
   Dim cbc As CommandBarControls

   Application.CommandBars("Row").Reset

   ' Alle Standard-Menüpunkte werden ausgeblendet
      For i = 1 To 11
         Application.CommandBars("Row").Controls(i).Visible = False
      Next i
```

```
   Set cbc = Application.CommandBars("Row").Controls

      With cbc.Add(Type:=msoControlButton)
         .FaceId = 406
         .Caption = "Schriftdrehung 90°"
         .OnAction = "Drehen_90"
      End With

      With cbc.Add(Type:=msoControlButton)
         .FaceId = 407
         .Caption = "Schriftdrehung -90°"
         .OnAction = "Drehen_Min_90"
      End With

      With cbc.Add(Type:=msoControlButton)
         .FaceId = 405
         .Caption = "Normal"
         .OnAction = "Normal"
      End With
End Sub
```

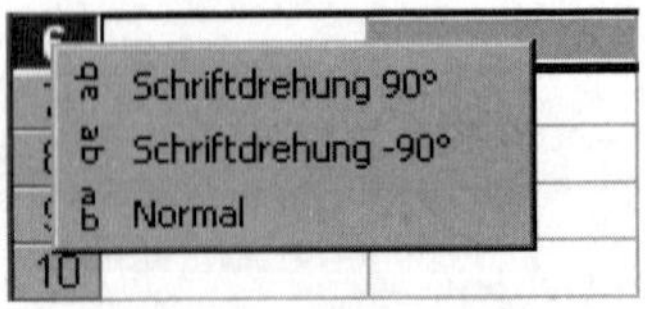

Abbildung 453: Kontextmenü auf Zeile

Die zugehörigen Prozeduren, um die Schrift zu drehen, werden in ein Modul geschrieben.

```
Sub Drehen_90()
   Selection.Orientation = 90
End Sub

Sub Drehen_Min_90()
   Selection.Orientation = -90
End Sub

Sub Normal()
   Selection.Orientation = 0
End Sub
```

421 Benutzerdefiniertes Kontextmenü für Spalten

Die nachfolgende Prozedur erstellt ein benutzerdefiniertes Kontextmenü auf Spalten (`Column`). Alle Standard-Kontextmenüpunkte werden ausgeblendet und die neuen hinzugefügt (`Add`).

```
Private Sub Worksheet_BeforeRightClick(ByVal Target As Range, _
     Cancel As Boolean)
   Dim i As Integer
   Dim cbc As CommandBarControls

   Application.CommandBars("Column").Reset

   ' Alle Standard-Menüpunkte werden ausgeblendet
      For i = 1 To 11
        Application.CommandBars("Column").Controls(i).Visible _
            = False
      Next i

   Set cbc = Application.CommandBars("Column").Controls

      With cbc.Add(Type:=msoControlButton)
         .FaceId = 62
         .Caption = "Schrift verkleinern"
         .OnAction = "Schrift_kleiner"
      End With

      With cbc.Add(Type:=msoControlButton)
         .FaceId = 63
         .Caption = "Schrift vergrössern"
         .OnAction = "Schrift_groesser"
      End With
End Sub
```

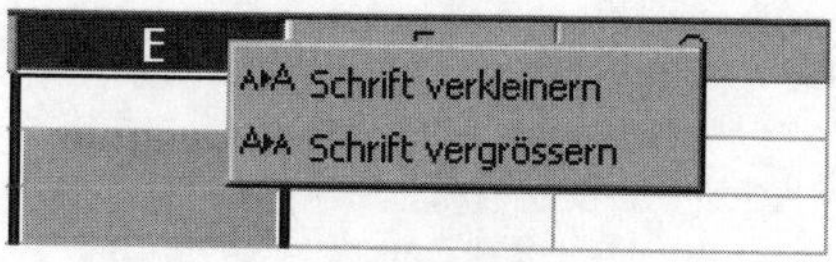

Abbildung 454: Kontextmenü auf Spalte

Die zugehörigen Prozeduren, um die Schrift zu drehen, werden in ein Modul geschrieben.

```
Sub Schrift_kleiner()
   Dim x As Integer
   x = ActiveCell.Font.Size
   Selection.Font.Size = x - 1
End Sub
Sub Schrift_groesser()
```

Grundlagen
Fehler
Intern
Funktionen
Farben
Datum/Zeit
Auswertungen
Diagramme
Objekte
UserForm
Controls
Internet
Extern
Extra

```
    Dim x As Integer
    x = ActiveCell.Font.Size
    Selection.Font.Size = x + 1
End Sub
```

422 Kontextmenü für Zellen, Zeilen und Spalten

Im folgenden Beispiel werden die Zellen-, Zeilen- und Spalten-Kontextmenüs allesamt durch ein benutzerdefiniertes Menü ersetzt.

Abbildung 455: Dasselbe Kontextmenü für Zellen, Zeilen und Spalten

Bisher haben wir das bestehende Kontextmenü manipuliert. In diesem Beispiel werden die bestehenden Kontextmenüs ausgeblendet und ein komplett neues Kontextmenü (`PopUp`) aufgebaut.

Die Ereignis-Prozedur wird in »Tabelle1« geschrieben.

```
Private Sub Worksheet_BeforeRightClick(ByVal Target As Range, _
      Cancel As Boolean)
    Dim cmbKontext As CommandBar
    Dim cbbRot As CommandBarButton
    Dim cbbGruen As CommandBarButton
    Dim cbbBlau As CommandBarButton
    Dim cbbGelb As CommandBarButton
    Dim cbbGrau As CommandBarButton
    Dim cbbKeine As CommandBarButton
    Dim cbbLinieOben As CommandBarButton
    Dim cbbLinieUnten As CommandBarButton
    Dim cbbLinieGesamt As CommandBarButton
    Dim cbbLinieKeine As CommandBarButton

    ' Zellen-, Zeilen- und Spaltenkontextmenü deaktivieren
    Application.CommandBars("Cell").Enabled = False
```

```
    Application.CommandBars("Column").Enabled = False
    Application.CommandBars("Row").Enabled = False

    On Error Resume Next
    CommandBars("Kontext").Delete

    Set cmbKontext = CommandBars.Add(Name:="Kontext", _
        Position:=msoBarPopup)

    Set cbbRot = cmbKontext.Controls.Add
       With cbbRot
          .FaceId = 282
          .Caption = "Hintergrund Rot"
          .OnAction = "Rot"
       End With

    Set cbbGruen = cmbKontext.Controls.Add
       With cbbGruen
          .FaceId = 282
          .Caption = "Hintergrund Grün"
          .OnAction = "Gruen"
       End With

    Set cbbBlau = cmbKontext.Controls.Add
       With cbbBlau
          .FaceId = 282
          .Caption = "Hintergrund Blau"
          .OnAction = "Blau"
       End With

Set cbbGelb = cmbKontext.Controls.Add
With cbbGelb
   .FaceId = 282
   .Caption = "Hintergrund Gelb"
   .OnAction = "Gelb"
End With

    Set cbbGrau = cmbKontext.Controls.Add
       With cbbGrau
          .FaceId = 282
           .Caption = "Hintergrund Grau"
          .OnAction = "Grau"
       End With

    Set cbbKeine = cmbKontext.Controls.Add
        With cbbKeine
           .FaceId = 1019
           .Caption = "Hintergrundfarbe entfernen"
           .OnAction = "KeineFarbe"
       End With

    Set cbbLinieOben = cmbKontext.Controls.Add
        With cbbLinieOben
```

```
         .BeginGroup = True
         .FaceId = 282
         .Caption = "Rahmen-Linie oben"
         .OnAction = "LinieOben"
      End With

   Set cbbLinieUnten = cmbKontext.Controls.Add
      With cbbLinieUnten
         .FaceId = 282
         .Caption = "Rahmen-Linie unten"
         .OnAction = "LinieUnten"
      End With

   Set cbbLinieGesamt = cmbKontext.Controls.Add
      With cbbLinieGesamt
         .FaceId = 282
         .Caption = "Rahmen-Linie gesamt"
         .OnAction = "LinieGesamt"
   End With

   Set cbbLinieKeine = cmbKontext.Controls.Add
      With cbbLinieKeine
         .FaceId = 1019
         .Caption = "Rahmen-Linien entfernen"
         .OnAction = "LinieKeine"
      End With
   cmbKontext.ShowPopup
End Sub
```

Die zugehörigen Prozeduren, die beim Klick auf einen der Menüpunkte gestartet werden sollen, werden in ein Modul geschrieben und sehen so aus:

```
Sub Rot()
   Selection.Interior.ColorIndex = 3
End Sub

Sub Gruen()
   Selection.Interior.ColorIndex = 4
End Sub

Sub Blau()
   Selection.Interior.ColorIndex = 5
End Sub

Sub Gelb()
   Selection.Interior.ColorIndex = 6
End Sub

Sub Grau()
   Selection.Interior.ColorIndex = 15
End Sub
```

```
Sub KeineFarbe()
   Selection.Interior.ColorIndex = xlNone
End Sub

Sub LinieOben()
   With Selection.Borders(xlEdgeTop)
      .LineStyle = xlContinuous
      .Weight = xlThin
      .ColorIndex = xlAutomatic
   End With
End Sub

Sub LinieUnten()
   With Selection.Borders(xlEdgeBottom)
      .LineStyle = xlContinuous
      .Weight = xlThin
      .ColorIndex = xlAutomatic
   End With
End Sub

Sub LinieGesamt()
   With Selection
      .Borders(xlEdgeLeft).Weight = xlThin
      .Borders(xlEdgeTop).Weight = xlThin
      .Borders(xlEdgeBottom).Weight = xlThin
      .Borders(xlEdgeRight).Weight = xlThin
   End With
End Sub

Sub LinieKeine()
   With Selection
      .Borders(xlDiagonalDown).LineStyle = xlNone
      .Borders(xlDiagonalUp).LineStyle = xlNone
      .Borders(xlEdgeLeft).LineStyle = xlNone
      .Borders(xlEdgeTop).LineStyle = xlNone
      .Borders(xlEdgeBottom).LineStyle = xlNone
      .Borders(xlEdgeRight).LineStyle = xlNone
      .Borders(xlInsideVertical).LineStyle = xlNone
      .Borders(xlInsideHorizontal).LineStyle = xlNone
   End With
End Sub
```

Wenn Sie das Kontextmenü in allen Tabellenblättern verwenden möchten, müssen Sie die Prozedur in alle Tabellenblätter kopieren. Wenn Sie in den anderen Tabellenblättern die Standard-Kontextmenüs verwenden möchten, müssen Sie diese wieder auf `True` stellen:

```
Private Sub Worksheet_Activate()
   Application.CommandBars("Cell").Enabled = True
   Application.CommandBars("Column").Enabled = True
   Application.CommandBars("Row").Enabled = True
End Sub
```

Genau so sieht auch die Prozedur aus, welche Sie in »DieseArbeitsmappe« schreiben, damit die Original-Kontextmenüs wieder hergestellt werden:

```
Private Sub Workbook_BeforeClose(Cancel As Boolean)
   Application.CommandBars("Cell").Enabled = True
   Application.CommandBars("Column").Enabled = True
   Application.CommandBars("Row").Enabled = True
End Sub
```

423 Alle Kontextmenüs zurücksetzen

Um wieder die Original-Kontextmenüs zu erhalten, können Sie diese wieder zurückstellen (`Reset`).

```
Sub Zurueckstellen()
   Application.CommandBars("Cell").Reset
   Application.CommandBars("Row").Reset
   Application.CommandBars("Column").Reset
End Sub
```

424 Alle Leisten ein- / ausblenden

```
Sub Leisten_ein()
   Dim cmb As Long
      For cmb = 1 To Application.CommandBars.Count
         Application.CommandBars(cmb).Enabled = True
      Next
End Sub

Sub Leisten_aus()
   Dim cmb As Long
      For cmb = 1 To Application.CommandBars.Count
         Application.CommandBars(cmb).Enabled = False
      Next
End Sub
```

425 Verschiedene Bildschirmelemente

Nachfolgend finden Sie einige Beispiele zu den verschiedenen Bildschirmelementen. Auf eine genaue Erläuterung können wir hier ja verzichten, da die Einzeiler für sich sprechen ...

```
Bearbeitungsleiste ein- / ausschalten:Sub Bearbeitungsleiste_ein()
   Application.DisplayFormulaBar = True
End Sub

Sub Bearbeitungsleiste_aus()
   Application.DisplayFormulaBar = False
End Sub
```

Statusleiste ein- / ausblenden:

Um die Statusleiste einzublenden, geben Sie folgenden Code in ein Modul ein:

```
Sub Statusleiste_ein()
   Application.DisplayStatusBar = True
End Sub

Sub Statusleiste_aus()
   Application.DisplayStatusBar = False
End Sub
```

Fenster in Taskleiste anzeigen / ausblenden:

```
Sub Fenster_in_Taskleiste_ein()
   Application.ShowWindowsInTaskbar = True
End Sub
Sub Fenster_in_Taskleiste_aus()
   Application.ShowWindowsInTaskbar = False
End Sub
```

Seitenwechsel anzeigen / ausblenden:

```
Sub Seitenwechsel_ein()
   ActiveSheet.DisplayAutomaticPageBreaks = True
End Sub
Sub Seitenwechsel_aus()
   ActiveSheet.DisplayAutomaticPageBreaks = False
End Sub
```

Formeln ein- / ausblenden:

```
Sub Formeln_ein()
   ActiveWindow.DisplayFormulas = True
End Sub

Sub Formeln_aus()
   ActiveWindow.DisplayFormulas = False
End Sub
```

Gitternetzlinien ein- / ausblenden:

```
Sub Gitternetzlinien_ein()
   ActiveWindow.DisplayGridlines = True
End Sub
Sub Gitternetzlinien_aus()
   ActiveWindow.DisplayGridlines = False
End Sub
```

Zeilen- und Spaltenüberschriften ein- / ausblenden:

```
Sub Zeilen_und_Spaltenueberschriften_ein()
   ActiveWindow.DisplayHeadings = True
End Sub

Sub Zeilen_und_Spaltenueberschriften_aus()
   ActiveWindow.DisplayHeadings = False
End Sub
```

Gliederungssymbole ein- / ausblenden:

```
Sub Gliederungssymbole_ein()
   ActiveWindow.DisplayOutline = True
End Sub
Sub Gliederungssymbole_aus()
   ActiveWindow.DisplayOutline = False
End Sub
```

Nullwerte ein- / ausblenden

Wenn Sie viele Formeln in einer Tabelle haben, bei der Sie nicht immer in einer Wenn-Abfrage die Nullwerte durch `""` ersetzen wollen, können Sie auch die Nullwerte ausblenden. Anstatt Null sehen Sie dann nur leere Zellen.

```
Sub Nullwerte_ein()
   ActiveWindow.DisplayZeros = True
End Sub
Sub Nullwerte_aus()
   ActiveWindow.DisplayZeros = False
End Sub
```

Bildlaufleisten ein- / ausblenden:

```
Sub Bildlaufleisten_ein()
   With ActiveWindow
      .DisplayHorizontalScrollBar = True
      .DisplayVerticalScrollBar = True
   End With
End Sub

Sub Bildlaufleisten_aus()
   With ActiveWindow
      .DisplayHorizontalScrollBar = False
      .DisplayVerticalScrollBar = False
   End With
End Sub
```

Blattregisterkarten ein- / ausblenden:

```
Sub Blattregisterkarten_ein()
   ActiveWindow.DisplayWorkbookTabs = True
End Sub

Sub Blattregisterkarten_aus()
   ActiveWindow.DisplayWorkbookTabs = False
End Sub
```

426 Ein kombiniertes Beispiel verschiedener Bildschirmelemente

Selbstverständlich lassen sich die obigen Beispiele auch kombinieren. In unserem nachfolgenden Beispiel werden beim Öffnen der Mappe alle Leisten, bis auf die Menü- und Websymbolleiste, ausgeblendet. Zudem wird auch gleich die Bearbeitungsleiste ausgeblendet. Beim Schließen der Mappe wird das Ganze wieder rückgängig gemacht.

Damit die Prozedur direkt beim Öffnen bzw. Schließen der Arbeitsmappe aktiv wird, muss der Code in »DieseArbeitsmappe« geschrieben werden.

```
Private Sub Workbook_Open()
   Dim x As Long
      For x = 1 To Application.CommandBars.Count
         If Application.CommandBars(x).Visible _
            Then Application.CommandBars(x).Enabled = False
      Next x
      Application.DisplayFormulaBar = False
      Application.CommandBars("Web").Visible = True
      Application.CommandBars("Worksheet Menu Bar").Enabled = True
End Sub

Private Sub Workbook_BeforeSave(ByVal SaveAsUI As Boolean, _
      Cancel As Boolean)
   Dim x As Long
      For x = 1 To Application.CommandBars.Count
         Application.CommandBars(x).Enabled = True
      Next x
      Application.DisplayFormulaBar = True
      Application.CommandBars("Web").Visible = False
End Sub
```

427 IDs ermitteln

Nachfolgend finden Sie einige Schaltflächen der Symbolleiste aufgelistet:

Beschreibung	ID	Beschreibung	ID
Kopieren	ID:=19	Zentriert	ID:=122
Ausschneiden	ID:=21	Blocksatz	ID:=123
Einfügen	ID:=22	Kontextsensitive Hilfe	ID:=124
Öffnen	ID:=23	Benutzerdefiniert (Uhr)	ID:=126
Wiederholen	ID:=37	Linie	ID:=130
Word starten	ID:=42	Textfeld	ID:=139
Inhalte löschen	ID:=47	Datei suchen	ID:=140
Benutzerdefiniert (Hand)	ID:=51	Rahmenlinie oben	ID:=145
Symbolleiste anfügen	ID:=52	Rahmenlinie unten	ID:=146
Benutzerdefiniert (Smilie)	ID:=59	Rahmenlinie links	ID:=147
Doppelt unterstrichen	ID:=60	Rahmenlinie rechts	ID:=148
Benutzerdefiniert (Abfalleimer)	ID:=67	Innenrahmen hinzufügen	ID:=149
Benutzerdefiniert (Lautsprecher)	ID:=68	Rahmenlinien außen	ID:=150
Schaltfläche: Schließen	ID:=106	Rahmen entfernen	ID:=151
Autoformat	ID:=107	Objektgruppierung	ID:=164

Tabelle 52: IDs

Beschreibung	ID	Beschreibung	ID
Format übertragen	ID:=108	Gruppierung aufheben	ID:=165
Seitenansicht	ID:=109	In den Vordergrund	ID:=166
Benutzerdefiniert (Viereck)	ID:=112	In den Hintergrund	ID:=167
Fett	ID:=113	Eine Ebene nach vorne	ID:=170
Kursiv	ID:=114	Eine Ebene nach hinten	ID:=171
Unterstrichen	ID:=115	Ganzer Bildschirm	ID:=178
Anpassen	ID:=117	Objekte markieren	ID:=182
Dunkle Schattierung	ID:=118	Makro aufzeichnen	ID:=184
Linksbündig	ID:=120	Makro ausführen	ID:=186
Rechtsbündig	ID:=121	Makro Einzelschritt	ID:=187

Tabelle 52: IDs (Forts.)

Um die IDs der Symbolleisten zu ermitteln, verwenden Sie die folgende Prozedur, die Ihnen die ID sowie den dazugehörigen Namen ausgibt.

Im folgenden Beispiel können Sie über ein Eingabefenster entweder den Namen oder die Nummer der Symbolleiste eingeben. Eine Dialogbox wird Ihnen die gewünschten Angaben anzeigen.

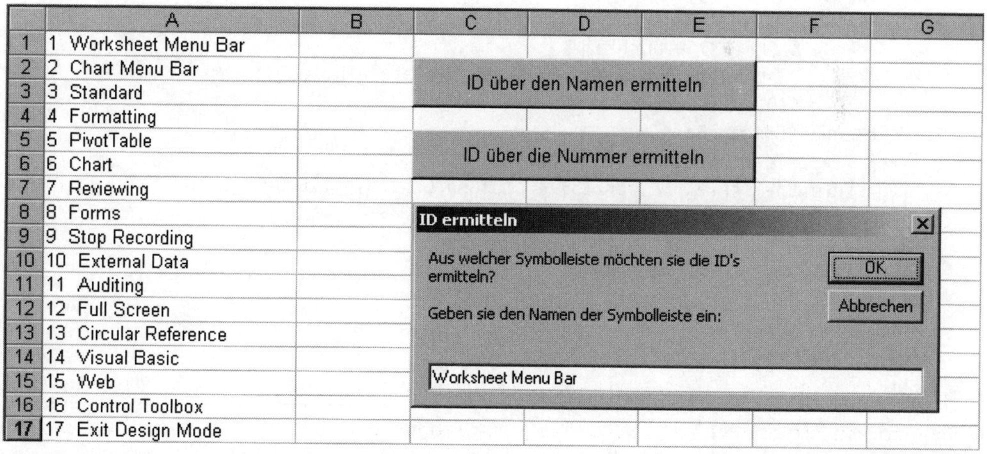

Abbildung 456: Eingabe über eine InputBox

Abbildung 457: Ausgabe erfolgt per MsgBox

IDs über den Namen der Symbolleiste ermitteln:

```
Sub ID_von_Symbolleisten_ermitteln_Namen()
   Dim x As String
   Dim i As Integer
   Dim cmbMenu As CommandBar
   Dim strText As String
   On Error GoTo Errorhandler
    x = InputBox("Aus welcher Symbolleiste möchten Sie die " & _
                "IDs ermitteln?" _
               & Chr(13) & Chr(13) & _
               "Geben Sie den Namen der Symbolleiste ein:", _
               "ID ermitteln")
  Set cmbMenu = CommandBars(x)
      For i = 1 To cmbMenu.Controls.Count
         strText = strText & Chr(13) & cmbMenu.Controls(i).ID & _
         Chr(9) & cmbMenu.Controls(i).Caption
     Next i
   MsgBox strText, , cmbMenu.Name
   Exit Sub
Errorhandler:
   MsgBox ("Falsche Eingabe")
End Sub
```

IDs über die Nummer der Symbolleiste ermitteln:

```
Sub ID_von_Symbolleisten_ermitteln_Nummer()
   Dim x As Integer
   Dim i As Integer
   Dim cmbMenu As CommandBar
   Dim strText As String
   On Error GoTo Errorhandler
   x = InputBox("Aus welcher Symbolleiste möchten Sie die " & _
```

```
                "IDs ermitteln?" _
                & Chr(13) & Chr(13) & _
                "Geben Sie die Nummer der Symbolleiste ein:", _
               "ID ermitteln")
    Set cmbMenu = CommandBars(x)
       For i = 1 To cmbMenu.Controls.Count
          strText = strText & Chr(13) & cmbMenu.Controls(i).ID & _
          Chr(9) & cmbMenu.Controls(i).Caption
       Next i
   MsgBox strText, , cmbMenu.Name
   Exit Sub
 Errorhandler:
    MsgBox ("Falsche Eingabe")
 End Sub
```

Internet

428 Mit Hyperlinks arbeiten

Hyperlinks kennen Sie ja sicher schon aus dem Internet. Sie dienen dazu, durchs Netz zu navigieren. Das Wundervolle daran ist, dass Sie so einen Hyperlink einfach anklicken können und dann zu einem beliebigen anderen Ort gelangen. Im Internet wird das sehr deutlich dadurch, dass man sich beispielsweise auf einer Homepage in Deutschland befindet, einen Hyperlink anklickt und dann vielleicht in Boston landet.

Nun aber wieder zurück zu Excel. Wir haben glücklicherweise auch hier die Möglichkeit, mit Hyperlinks zu arbeiten. Sei es nun, um per Mausklick auf eine Webseite zu gelangen oder um innerhalb einer Tabelle zu navigieren. In Excel können Sie auf diese Weise ein anderes Tabellenblatt oder eine Zelle irgendwo in Ihrer Arbeitsmappe ansteuern. Sie können sich so ein ganzes Netz an Verknüpfungen aufbauen.

429 Hyperlink zu einer Webseite einfügen

Um einen Hyperlink auf einer Webseite einzufügen, klicken Sie auf den Menüpunkt EINFÜGEN | HYPERLINK oder drücken Sie alternativ die Tastenkombination `Strg` + `K`.

Das Dialogfenster aus Abbildung 458 wird geöffnet.

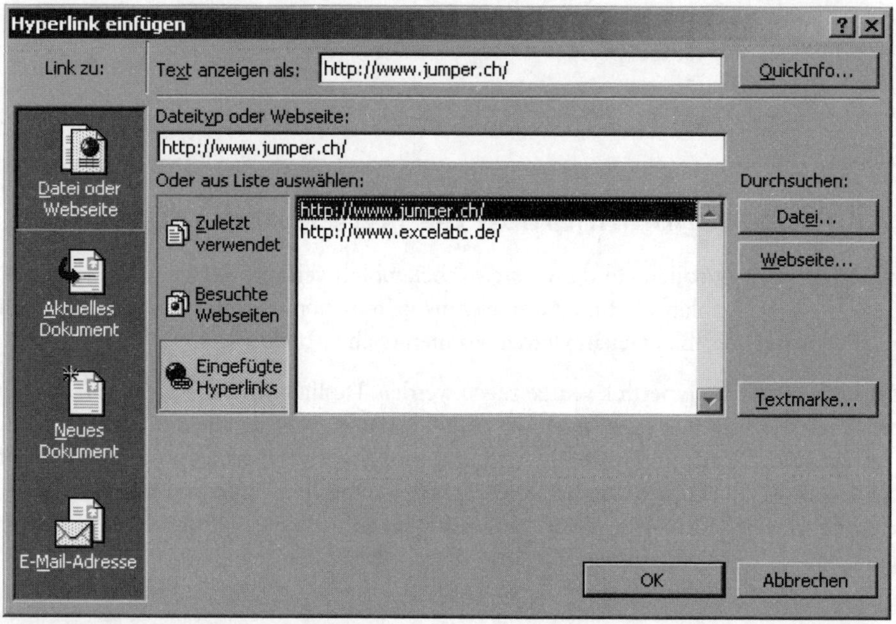

Abbildung 458: Dialogfenster Hyperlink

Geben Sie in der Zeile DATEITYP ODER WEBSEITE den gewünschten Pfad ein. Bestätigen Sie mit OK. Sie sehen, dass der Text als Hyperlink eingefügt wird. Wenn Sie diesen nun anklicken, gelangen Sie auf die entsprechende Webseite im Internet. Wenn Sie an Stelle des Hyperlinks einen anderen Text in der Tabelle angezeigt haben möchten, geben Sie unter TEXT ANZEIGEN ALS einen beliebigen Text ein.

430 Hyperlink zu einem Tabellenblatt

Wenn Sie mit vielen Tabellenblättern arbeiten müssen, können Sie beispielsweise das erste Tabellenblatt als Inhaltsverzeichnis festlegen. Von da aus können Sie die anderen Tabellenblätter per Hyperlink ansteuern. Auf jedes der anderen Tabellenblätter gehört wiederum ein Link zurück auf das Inhaltsverzeichnis, also auf das erste Tabellenblatt.

Um einen Hyperlink einzufügen, der auf ein anderes Tabellenblatt springt, geben Sie einen beliebigen Text in eine Zelle ein. Um auf diesen Text einen Hyperlink zu legen, klicken Sie auf den Menüpunkt EINFÜGEN | HYPERLINK oder betätigen Sie alternativ die Tastenkombination [Strg] + [K].

Klicken Sie in der rechten Leiste auf AKTUELLES DOKUMENT und wählen Sie rechts davon das gewünschte Tabellenblatt aus. Bestätigen Sie dies mit OK. Der Hyperlink wird eingefügt. Wenn Sie den Hyperlink anklicken, gelangen Sie auf das ausgewählte Tabellenblatt.

In der folgenden Prozedur wird ein Hyperlink zur Zelle A1 in der TABELLE2 gesetzt (`Hyperlinks.Add`).

```
Sub Hyperlink_Tabellenblatt()
    Range("A1").Select
    ActiveSheet.Hyperlinks.Add _
               Anchor:=Selection, _
               Address:="", _
               SubAddress:= "Tabelle2!A1"
End Sub
```

431 Alle Tabellenblattnamen als Hyperlink einfügen

Sämtliche Tabellenblätter sollen auf dem ersten Tabellenblatt verlinkt werden. Das heißt, wir wollen das erste Tabellenblatt als Inhaltsverzeichnis gebrauchen, von wo aus alle restlichen Tabellenblätter per Hyperlink erreicht werden können (siehe Abbildung 459).

Ab der Zelle B2 sollen die Hyperlinks eingetragen werden. Deshalb wird diese Zelle zu Beginn der Prozedur selektiert. Danach benötigen wir eine `For...Next`-Schleife, die die Tabellenblätter abfragt. Anschließend wird hinter die Anweisung `SubAdress` der Hyperlink zusammengestellt und mit dem String A1 verkettet. Das bedeutet, dass der Hyperlink auf jedem Tabellenblatt zu der Zelle A1 führt. Die Hochkommas sind erforderlich, falls in den Blattnamen Leerzeichen vorhanden sind.

Abbildung 459: Hyperlink zu allen Tabellenblättern

Damit das Ganze ordentlich und ohne Zellenbezug in unserer Tabelle dargestellt wird, übergeben wir die gewünschten Werte an `TextToDisplay`. Das dient lediglich der Anzeige im Vordergrund bzw. so wie im Tabellenblatt dargestellt. Der Hyperlink befindet sich ja gewissermaßen im Hintergrund.

```
Sub Tabellennamen()
  Dim i As Integer
  Worksheets(1).[B2].Select
    For i = 1 To Worksheets.Count
      ActiveSheet.Hyperlinks.Add _
        Anchor:=Selection, _
        Address:="", _
        SubAddress:="'" & Worksheets(i).Name & "'!A1", _
        TextToDisplay:=Worksheets(i).Name
      ActiveCell.Offset(1, 0).Select
    Next I
End Sub
```

432 Hyperlink zu einer Zelle

Wenn Sie zu einer bestimmten Zelle in Ihrem aktuellen Tabellenblatt springen möchten, müssen Sie diese zuerst benennen. Klicken Sie die Zelle an, zu der Sie per Hyperlink springen möchten. Geben Sie ihr dann über den Menüpunkt EINFÜGEN | NAME | DEFINIEREN einen Namen.

Geben Sie nun in die Zelle, von der aus Sie springen möchten, einen Text ein. Klicken Sie dann auf den Menüpunkt EINFÜGEN | HYPERLINK oder alternativ [Strg] + [K].

Per VBA lässt sich auch das lösen. Benennen Sie zuerst die Zellen, die Sie anspringen möchten. Mit dem nachfolgenden Code können Sie auf dem ersten Tabellenblatt ein Hyperlink-Verzeichnis zu diesen Zellen erstellen lassen.

In der For-Each-Schleife werden alle benannten Bereiche (Names) angesprochen. In der Schleife wird dann der Hyperlink auf diese Namen gesetzt (Hyperlinks.Add). Als Hyperlink-Namen verwenden wir die Namen, die den Zellen oder Bereichen zugewiesen wurden.

```
Sub Hyperlink_auf_Zellen()
    Dim WS1 As Worksheet
    Dim N As Name
    Dim x As Integer
    x = 1
    Set WS1 = Worksheets(1)
       For Each N In Names
          WS1.Hyperlinks.Add _
             Anchor:=WS1.Cells(x, 1), _
             Address:="", _
             SubAddress:=N.Name, _
             TextToDisplay:=N.Name
             x = x + 1
       Next N
End Sub
```

433 Hyperlinks entfernen

Um einen Hyperlink zu entfernen, klicken Sie mit der rechten Maustaste auf die Zelle, in der sich der Hyperlink befindet. Wählen Sie anschließend aus dem Kontextmenü den Befehl HYPERLINK ENTFERNEN.

Um alle Hyperlinks auf dem ersten Tabellenblatt per VBA zu entfernen, können Sie mit einer For-Each-Schleife arbeiten und darin die Hyperlinks entfernen (Delete). Der Text bleibt bestehen, es werden nur die Hyperlinks entfernt.

```
Sub Hyperlinks_entfernen()
    Dim hypLink As Hyperlink
       For Each hypLink In Worksheets(1).Hyperlinks
          hypLink.Delete
       Next
End Sub
```

Um den Vorgang auf die ganze Mappe, also auf alle Blätter auszudehnen, erweitern Sie die Prozedur um eine Schleife, die zuerst die Blätter zählt (Variable i). In der zweiten Schleife wird dann nacheinander jedes Blatt angesprochen und die Hyperlinks werden entfernt.

```
Sub Alle_Hyperlinks_entfernen()
    Dim i As Integer
    Dim hypLink As Hyperlink
        For i = 1 To Sheets.Count
            For Each hypLink In Sheets(i).Hyperlinks
              hypLink.Delete
            Next hypLink
        Next i
End Sub
```

434 Dateiliste mit Hyperlinks versehen

Wenn Sie in Excel eine Liste Ihrer Dateien führen, können Sie diese so verlinken, dass Sie die Dateien direkt aus Excel starten können (siehe Abbildung 460).

Voraussetzung für das folgende Beispiel ist, dass sich alle Dateien im selben Ordner befinden, denn der Pfad wird hier als Konstante (`Const Pfad`) deklariert.

In der `If..Then`-Entscheidung wird zuerst geprüft, ob die Zelle leer ist, wenn nicht, wird der Wert der Zelle einer Variablen (`strZelleninhalt`) übergeben. Danach wird der Variable `strHypLink` der zusammengesetzte Pfad aus Pfad, Zelleninhalt und Endung .xls zugewiesen. Der Zelle wird nun wiederum dieser zusammengesetzte Text zugewiesen.

Nun muss das Ganze noch in einen Hyperlink (`Hyperlinks.Add`) umgewandelt werden.

Der Hyperlink soll nicht als ausgeschriebener Hyperlink dargestellt werden. Wir wollen nach wie vor nur den Dateinamen sehen. Also müssen wir dem angezeigten Text (`TextToDisplay`) wieder den ursprünglichen Zelleninhalt (`strZelleninhalt`) zuweisen.

Markieren Sie den gewünschten Bereich und führen Sie die Prozedur aus.

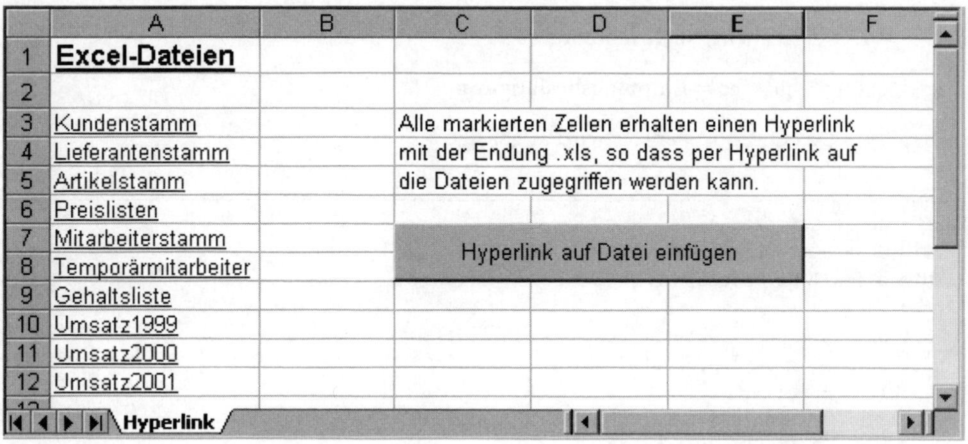

Abbildung 460: Den Dateinamen wird ein Hyperlink zugewiesen

```
Sub Hyperlink()
   Dim c As Range
   Dim strZelleninhalt As String
   Dim strHypLink As String
   Const Pfad = "C:\Codebook\"
      For Each c In Selection
         If c.Value <> Empty Then
            strZelleninhalt = c.Value
            strHypLink = Pfad & c.Value & ".xls"
            c.Value = strHypLink
            ActiveSheet.Hyperlinks.Add Anchor:=c, _
               Address:=strHypLink, _
               TextToDisplay:=strZelleninhalt
         End If
      Next c
End Sub
```

435 Eine Mail aus Excel versenden

Im folgenden Beispiel wird vor dem Versand zuerst das Outlook-Fenster geöffnet (`Display`). Da wir von Excel auf Outlook zugreifen, ist das ein externer Zugriff, der entsprechend referenziert werden muss (`Set`). Mehr über externe Zugriffe erfahren Sie in der Kategorie »Extern«.

- `To` = An (hier zwei Empfänger)
- `CC` = CC (diese Abkürzung hat übrigens ihren Ursprung in alten Zeiten und stammt von »Carbon Copy«, also Kohlepapier, ab)
- `BCC` = Blindkopie (Blind Carbon Copy)
- `Subjekt` = Betreff
- `Body` = Der eigentliche Nachrichtentext
- `ReadReceiptRequested` = Empfangsbestätigung
- `Display` = Das Outlook-Fenster wird angezeigt

```
Sub Mappe_verschicken()
   Dim OL_App As Object
   Dim objMail As Object

   Set OL_App = CreateObject("Outlook.Application")
   Set objMail = OL_App.CreateItem(0)
      With objMail
         .To = "monika@jumper.ch; zulfu@jumper.ch"
         .CC = "bert@excelabc.de"
         .BCC = "info@jumper.ch"
         .Subject = "Mein Betreff"
         .Body = "Mein Nachrichtentext" & Chr(10) & Chr(10)
```

```
            .Attachments.Add "C:\Codebook\test.xls"
            .ReadReceiptRequested = True
            .Display
        End With
End Sub
```

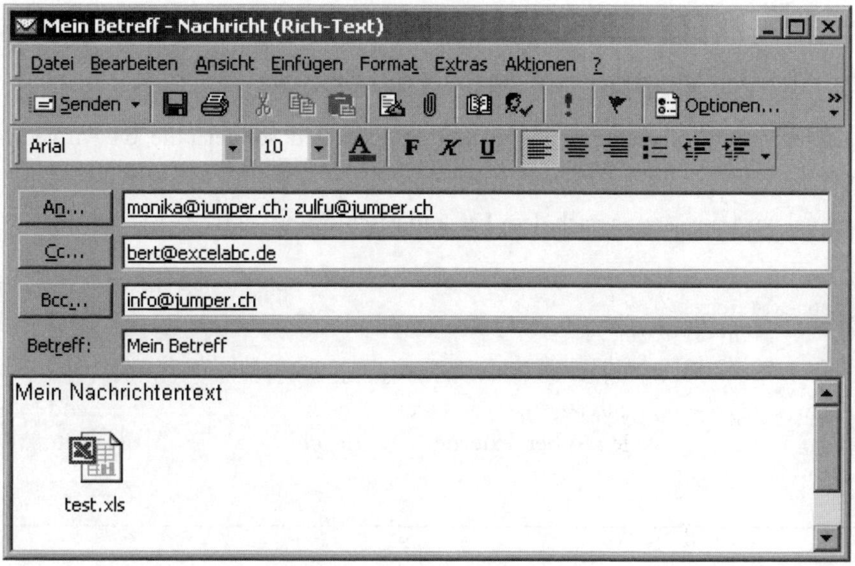

Abbildung 461: Outlook-Fenster wird geöffnet

436 Eine bestimmte Datei per Mail versenden

In unserem Beispiel vergeben wir einen festen Pfad mit Dateinamen, eine feste E-Mail-Adresse sowie einen fixen Betreff. Alle diese Angaben hinterlegen wir als Konstante, d.h. als unveränderliche Variable.

Zudem bauen wir eine Fehlerprüfung ein, damit nicht der Debugger gestartet wird, wenn der Dateiname oder der Pfad falsch ist. Es soll stattdessen eine Dialogbox mit der entsprechenden Meldung erscheinen.

```
Sub Datei_mailen()
   Const Dateiname = "C:\Codebook\Tagesumsatz.xls"
   Const EMail = "monika@jumper.ch"
   Const Betreff = "Tagesumsatz"
      On Error Goto Errorhandler
      Workbooks.Open Filename:=Dateiname
         With ActiveWorkbook
            .SendMail EMail, Betreff
            .Close
         End With
```

```
      Exit Sub
Errorhandler:
   MsgBox ("Falscher Pfad oder Dateiname")
End Sub
```

Die Mail wird unmittelbar nach der Ausführung des Codes direkt versendet bzw. in den Postausgang gestellt.

437 Die aktive Mappe als Mail versenden

In diesem Beispiel wollen wir nicht irgendeine Mappe versenden, sondern die, die wir geöffnet haben, also die aktive Mappe. Wir hinterlegen die festen Werte als Konstante.

In diesem Beispiel wird die Mappe nach dem Versand geschlossen: `ActiveWorkbook.Close`.

```
Sub Aktive_Mappe_mailen()
   Const EMail = "monika@jumper.ch"
   Const Betreff = "Neueste Nachrichten"
      With ActiveWorkbook
         .SendMail EMail, Betreff
         .Close
      End With
End Sub
```

Die Mail wird unmittelbar nach der Ausführung des Codes versendet bzw. in den Postausgang gestellt.

438 Aktives Tabellenblatt versenden

In den bisherigen Beispielen wurde jeweils die gesamte Mappe als Anlage verschickt. Wenn Sie nun aber nur ein einzelnes Tabellenblatt verschicken möchten, können Sie dies tun, indem Sie aus dem aktuellen Blatt temporär eine neue Mappe erzeugen (`ActiveSheet.Copy`) und diese versenden. In der folgenden Prozedur wird das aktive Blatt verschickt.

Die neue Mappe wird nach dem Versand ungespeichert geschlossen (`ActiveWorkbook.Close`). Damit die Meldung »Sollen Ihre Änderungen in ›Mappe1‹ gespeichert werden« unterdrückt wird, stellen wir `Application.DisplayAlerts` auf `False`, schließen die Mappe und stellen dann wieder auf `True` zurück.

```
Sub Blatt_verschicken()
   ActiveSheet.Copy
      With Application
         .Dialogs(xlDialogSendMail).Show _
            "monika@jumper.ch", _
            "Hallo", True
         .DisplayAlerts = False
      End With
```

```
    ActiveWorkbook.Close
    Application.DisplayAlerts = True
End Sub
```

439 Serien-Mail verschicken

Sie können in Excel zwar keinen Seriendruck erzeugen, wie z.B. in Word, Sie können sich jedoch mit einer entsprechenden Tabelle und einer VBA-Prozedur eine Serien-Mail zusammenstellen.

	A	B	C
1	**Empfänger**	monika@jumper.ch	bert@excelabc.de
2	**Betreff**	Rechnungen	Rechnungen
3	**Zeile1**	Hallo Monika	Hallo Bert
4	**Zeile2**	Beiliegend sende ich dir die ausstehenden Rechnungen. Bei Rückfragen stehe ich dir gerne zur Verfügung.	Beiliegend sende ich dir die ausstehenden Rechnungen. Bei Rückfragen stehe ich dir gerne zur Verfügung.
5	**Zeile3**	Mit freundlichen Grüssen	Mit freundlichen Grüssen
6	**Zeile4**	Monika	Monika
7	**Anhang1**	C:\Codebook\Rechnung1.xls	C:\Codebook\Rechnung1.xls
8	**Anhang2**	C:\Codebook\Rechnung2.xls	C:\Codebook\Rechnung2.xls
9	**Anhang3**	C:\Codebook\Rechnung3.xls	
10			
11			
12	Senden		
13			
14			

Abbildung 462: Serien-Mail

Wie Sie der Abbildung 462 entnehmen können, steht für jede Mail eine Spalte zur Verfügung. Das heißt, dass aus jeder Spalte eine separate Mail erzeugt wird.

In der `For...Next`-Schleife werden ab der zweiten Spalte alle benutzten Spalten einzeln angesprochen.

In der `If...Then`-Entscheidung wird geprüft, ob in der ersten Zelle der entsprechenden Spalte ein Wert enthalten ist. Wenn dies der Fall ist, wird eine Mail erzeugt (`CreateItem`).

Dann werden die folgenden Werte übergeben: Empfänger `Recipients`, der Betreff `Subject` und Text `Body` mit Dateianhängen `Attachments`. Am Ende wird die Mail direkt in den Outlook-Postausgang gestellt (`Send`).

```
Sub Serien_Mail_versenden()
   Dim OL_App As Object
   Dim SpNr As Integer
   Dim Datei1 As String
   Dim Datei2 As String
   Dim Datei3 As String

   Set OL_App = CreateObject("Outlook.Application")
   On Error GoTo Errorhandler
      For SpNr = 2 To ActiveSheet.UsedRange.Columns.Count
         If Cells(1, SpNr) <> "" Then
```

```
            With OL_App.CreateItem(0)
               .Recipients.Add Cells(1, SpNr)
               .Subject = Cells(2, SpNr)
               .Body = Cells(3, SpNr).Value & Chr(10) & Chr(10) & _
                       Cells(4, SpNr).Value & Chr(10) & Chr(10) & _
                       Cells(5, SpNr).Value & Chr(10) & Chr(10) & _
                       Cells(6, SpNr).Value & Chr(10) & Chr(10)

                 ' Dateianhänge
                 Datei1 = Cells(7, SpNr)
                    If Cells(7, SpNr) <> "" Then
                       .Attachments.Add Datei1
                    End If
                 Datei2 = Cells(8, SpNr)
                    If Cells(8, SpNr) <> "" Then
                       .Attachments.Add Datei2
                    End If
                 Datei3 = Cells(9, SpNr)
                    If Cells(9, SpNr) <> "" Then
                       .Attachments.Add Datei3
                    End If
               .Send
            End With
         End If
      Next SpNr
   Set OL_App = Nothing
   Exit Sub
Errorhandler:
   MsgBox "Die Mail konnte nicht gesendet werden." & Chr(10) & _
          "Bitte überprüfen Sie die Dateinamen.", _
          vbCritical, "Fehlermeldung"
End Sub
```

440 Outlook-Dialogbox öffnen

Mit der folgenden Prozedur wird die Dialogbox von Outlook geöffnet. Der Vorteil dabei ist, dass Sie die E-Mail noch bearbeiten können, zum Beispiel noch einen Text dazu schreiben.

In diesem Beispiel wird die Mappe zuerst noch gespeichert (`ActiveWorkbook.Save`), damit der Empfänger auch sicher die aktuellste Mappe erhält.

```
Sub Outlook_Dialog_oeffnen()
   Const EMail = "monika@jumper.ch"
   Const Betreff = "Post ist da!"
      ActiveWorkbook.Save
      Application.Dialogs(xlDialogSendMail).Show EMail, Betreff
End Sub
```

441 E-Mail-Adressen als Hyperlink einfügen

Firmenintern ist es in der Regel so, dass die E-Mail-Adressen aller Mitarbeiter gleich aufgebaut sind. Zum Beispiel *fmuster@muster.com* oder *felix.muster@muster.com*.

Wenn Sie nun beispielsweise Ihr Mitarbeiterverzeichnis um die entsprechenden E-Mail-Adressen erweitern möchten, können Sie sich die umständliche Tipparbeit durch eine Prozedur automatisieren lassen und sich somit eine Menge Arbeit ersparen.

	A	B
1	Natascha	Hauser
2	Maria	Keller
3	Carla	Klammer
4	Henry	Koller
5	Martin	Meier
6	Karl	Müller
7	Billi	Reich
8	Max	Schwarz
9	Sonja	Sommer
10	Anita	Trüb
11	Monika	Tschan
12	Thomas	Vogt
13	Markus	Voller
14	Roger	Weiss

Abbildung 463: Mitarbeiterverzeichnis

Im folgenden Beispiel sollen die E-Mail-Adressen so aussehen: *fmuster@muster.com*.

Zu Beginn der `For...Next`-Schleife wird die Anzahl der belegten Zeilen gezählt (`Rows.Count`).

`Der Variablen strEMail werden die Werte für die E-Mail-Adresse übergeben. LCase` wandelt alle Großbuchstaben in Kleinbuchstaben um. Danach wird in der Spalte A, also vom Vornamen, das erste Zeichen ermittelt und anschließend mit der Spalte B, dem Nachnamen, verkettet (`&`). Nun fehlt noch der Firmenname (`@muster.com`), den wir ebenfalls noch der Variablen anhängen.

Die Adresse muss noch als Hyperlink festgelegt werden. Dies geschieht über die Anweisung `Adress:="mailto:"`.

Da es jedoch unschön wäre, wenn vor jeder E-Mail-Adresse ein `mailto:` stehen würde (*mailto:fmuster@muster.com*), schließen wir dies von der Anzeige aus. Dies geschieht über `TextToDisplay`, dem wir nun wiederum die Variable `strEMail` zuweisen, das heißt, in der Spalte C wird letztlich nur der Inhalt der Variablen und nicht der Adresse angezeigt.

```
Sub EMail_Adresse()
   Dim i As Long
   Dim strEMail As String
      For i = 1 To Cells(Rows.Count, 2).End(xlUp).Row
```

```
        strEMail = LCase(Left(Cells(i, 1), 1) & Cells(i, 2) & _
                    "@muster.com")
        ActiveSheet.Hyperlinks.Add Anchor:=Cells(i, 3), _
        Address:="mailto:" & strEMail, _
        TextToDisplay:=strEMail
     Next i
End Sub
```

Das Problem bei den E-Mail-Adressen ist, dass keine *Umlaute* verwendet werden können. Das bedeutet, dass wir die Prozedur entsprechend erweitern müssen.

Der Inhalt der Variablen `strEMail` wird einer Prüfung unterzogen, bzw. es werden alle Umlaute und ß entsprechend ausgeschrieben. Die Anweisung für das Ersetzen von Zeichen heißt `Application.Substitute`.

```
Sub EMail_Adresse()
   Dim i As Long
   Dim strEMail As String
      For i = 1 To Cells(Rows.Count, 2).End(xlUp).Row
         strEMail = LCase(Left(Cells(i, 1), 1) & Cells(i, 2) & _
                     "@muster.com")
         strEMail = Application.Substitute(strEMail, "ä", "ae")
         strEMail = Application.Substitute(strEMail, "ö", "oe")
         strEMail = Application.Substitute(strEMail, "ü", "ue")
         strEMail = Application.Substitute(strEMail, "ß", "ss")
         ActiveSheet.Hyperlinks.Add Anchor:=Cells(i, 3), _
         Address:="mailto:" & strEMail, TextToDisplay:=strEMail
      Next i
End Sub
```

	A	B	C
1	Natascha	Hauser	nhauser@muster.com
2	Maria	Keller	mkeller@muster.com
3	Carla	Klammer	cklammer@muster.com
4	Henry	Koller	hkoller@muster.com
5	Martin	Meier	mmeier@muster.com
6	Karl	Müller	kmueller@muster.com
7	Billi	Reich	breich@muster.com
8	Max	Schwarz	mschwarz@muster.com
9	Sonja	Sommer	ssommer@muster.com
10	Anita	Trüb	atrueb@muster.com
11	Monika	Tschan	mtschan@muster.com
12	Thomas	Vogt	tvogt@muster.com
13	Markus	Voller	mvoller@muster.com
14	Roger	Weiss	rweiss@muster.com
15			
16	E-Mail-Adresse zuweisen		
17			

Abbildung 464: E-Mail-Adressen als Hyperlink einfügen

Wenn in Ihrer Firma der Name der E-Mail-Adresse voll ausgeschrieben wird, können Sie den Code entsprechend anpassen:

```
Sub EMail_Adresse_ganzer_Name()
   Dim i As Long
   Dim strEMail As String
      For i = 1 To Cells(Rows.Count, 2).End(xlUp).Row
         strEMail = LCase(Cells(i, 1) & "." & Cells(i, 2) & _
            "@muster.com")
         strEMail = Application.Substitute(strEMail, "ä", "ae")
         strEMail = Application.Substitute(strEMail, "ö", "oe")
         strEMail = Application.Substitute(strEMail, "ü", "ue")
         strEMail = Application.Substitute(strEMail, "ß", "ss")
         ActiveSheet.Hyperlinks.Add Anchor:=Cells(i, 3), _
         Address:="mailto:" & strEMail, TextToDisplay:=strEMail
      Next i
End Sub
```

	A	B	C
1	Natascha	Hauser	natascha.hauser@muster.com
2	Maria	Keller	maria.keller@muster.com
3	Carla	Klammer	carla .klammer@muster.com
4	Henry	Koller	henry.koller@muster.com
5	Martin	Meier	martin.meier@muster.com
6	Karl	Müller	karl .mueller@muster.com
7	Billi	Reich	billi.reich@muster.com
8	Max	Schwarz	max.schwarz@muster.com
9	Sonja	Sommer	sonja.sommer@muster.com
10	Anita	Trüb	anita.trueb@muster.com
11	Monika	Tschan	monika.tschan@muster.com
12	Thomas	Vogt	thomas.vogt@muster.com
13	Markus	Voller	markus.voller@muster.com
14	Roger	Weiss	roger.weiss@muster.com
15			
16	E-Mail-Adresse zuweisen		
17			

Abbildung 465: E-Mail-Adresse mit vollem Namen als Hyperlink

442 Kontakte auslesen und versenden

Um die folgende Prozedur ausführen zu können, müssen Sie in der VBA-Umgebung den Verweis »Microsoft Outlook x.x Object Libary« aktivieren.

Nach der Variablendeklaration wird referenziert, um die Verbindung mit Outlook herzustellen.

In der `For`-Schleife werden die Einträge aus den Kontakten Ihres Outlook ermittelt und in eine neue Mail übertragen. Diese wird nach der `For`-Schleife direkt versendet. Dabei wird auch gleich der Betreff ausgefüllt und noch ein Text geschrieben. Anschließend wird die Mail ohne Vorwarnung an Ihre eigene E-Mail-Adresse verschickt (`CurrentUser.Adress`).

```
Sub EMailBandwurm()
  Dim OlApp, OlAnw, NameSp, mail As Object
  Dim OlAdr As Object
  Dim i As Byte, anz As Integer, Email As String
  Dim Namen As String
  For i = 1 To 2
    Set OlApp = CreateObject("Outlook.Application")
    Set mail = OlApp.CreateItem(0)
    Set NameSp = OlApp.GetNamespace("MAPI")
    Email = NameSp.CurrentUser.Address
    OlAnw = NameSp.CurrentUser.Name
    Set OlAdr = NameSp.GetDefaultFolder(olFolderContacts)

    On Error Resume Next
    For anz = 1 To OlAdr.Items.Count
        Cells(anz, 1) = OlAdr.Items(anz).LastName
        Cells(anz, 2) = OlAdr.Items(anz).FirstName
        Cells(anz, 3) = OlAdr.Items(anz).MailingAddressCity
        Cells(anz, 4) = OlAdr.Items(anz).Email1Address

        Namen = Namen & OlAdr.Items(anz).LastName & ", " & _
          OlAdr.Items(anz).FirstName & ", " & _
          OlAdr.Items(anz).MailingAddressCity & ", " & _
          OlAdr.Items(anz).Email1Address & Chr(13)

    Next anz
    On Error GoTo 0

    mail.Subject = "Emailbandwurm " & Now
    mail.To = Email
    ' mit body wird nur noch im txt-Format versandt!
    mail.Body = "Hallo " & OlAnw & Chr(13) & _
    "Diese Mail wurde direkt aus Excel versandt" & Chr(13) & _
    "und das gleich ein paar Mal." & Chr(13) & Chr(13) & _
    "Diese Adressen stehen in Ihrem Ordner """ & OlAdr & """:" _
    & Chr(13) & Chr(13) & Namen

    ' mit dem folgenden Befehl kann direkt gesendet werden
    mail.Send
  Next i
End Sub
```

443 E-Mail ohne Outlook

Viele haben kein Outlook in Benutzung, sondern verwenden zum Beispiel Outlook Express oder andere Mailprogramme. Diese bieten aber nicht immer eine VBA-Schnittstelle an. Bei diesen Programmen muss man dementsprechend anders verfahren.

Die erste Variante geht über den in der Registry eingetragenen Mailclient, der direkt angesprochen wird.

Die folgende Prozedur ist ein entsprechendes Beispiel dazu. Das Prinzip bleibt im Grunde genommen das Gleiche wie bei den vorigen Beispielen, bloß dass extern zugegriffen werden muss, was hier in den ersten und letzten Zeilen gegeben ist.

```
Private Declare Function ShellExecute Lib "Shell32.dll" _
  Alias "ShellExecuteA" (ByVal hWnd As Long, _
  ByVal lpOperation As String, ByVal lpFile As String, _
  ByVal lpParameters As String, ByVal lpDirectory As String, _
  ByVal nShowCmd As Long) As Long

Sub Email_mit_unbekanntem_Mailprogramm1()
  Dim Email As String
  Dim Betreff As String
  Dim Text As String
  Dim Gruss As String
  ' mehrere Emailempfänger mit Semikolon trennen!
  Email = "berti@excelabc.de; Bert@bert-koern.de"
  Betreff = "Email auch ohne Outlook"
  ' Zeilenumbruch mit %0D%0A erzwingen!
  Text = "Hallo Excelfreunde!" & "%0D%0A" & "%0D%0A" & _
    "Nachrichtentext je nach Bedarf"
  Gruss = "%0D%0A" & "%0D%0A" & "Mit freundlichen Grüßen" & _
    "%0D%0A" & "Ein Codebook-Leser"

  Call ShellExecute(0&, "Open", "mailto:" + Email + _
    "?Subject=" + Betreff + "&Body=" + Text + Gruss, "", "", 1)
End Sub
```

Die andere Variante geht über einen Hyperlink, der nicht einmal in der Tabelle vorhanden ist. Die Leser, die HTML-Kenntnisse haben, werden diese Zeilen kennen:

mailto:berti@excelabc.de?subject=Betreff&Body=Nachrichtentext

Damit kann man einem E-Mail-Hyperlink gleich den Betreff und einen einfachen Nachrichtentext mitgeben. Was viele nicht mehr wissen dürften, ist, dass es auch eine Möglichkeit gibt, einen Zeilenumbruch mit »%0D%0A« zu erzwingen.

```
Sub Email_mit_unbekanntem_Mailprogramm2()
  Dim Email As String
  Dim Betreff As String
  Dim Text As String
```

```
  Dim Gruss As String
  Dim Emailversand As String
  ' mehrere Emailempfänger mit Semikolon trennen!
  Email = "berti@excelabc.de; bert@bert-koern.de"
  Betreff = "Email auch ohne Outlook"
  ' Zeilenumbruch mit %0D%0A erzwingen!
  Text = "Hallo Excelfreunde!" & "%0D%0A" & "%0D%0A" & _
    "Nachrichtentext je nach Bedarf"
  Gruss = "%0D%0A" & "%0D%0A" & "Mit freundlichen Grüßen" & _
    "%0D%0A" & "Ein Codebook-Leser"

  Emailversand = "mailto:" + Email + _
    "?Subject=" + Betreff + "&Body=" + Text + Gruss

  ActiveWorkbook.FollowHyperlink Address:=Emailversand
End Sub
```

444 E-Mail mit HTML-Formatierung

Heute im Zeitalter der optischen Aufbereitung aller Informationen sehen reine Textmails nicht mehr so toll aus. In den bisherigen Beispielen wurde immer nur in der Textformatierung versandt. Outlook bietet auch die Möglichkeit, Ihre Nachrichten im HTML-Format und im Rich-Text-Format zu versenden. Zum Testen sollten Sie eine aktive Internetverbindung haben. Der Hintergrund und auch das Logo werden nur online angezeigt, da sie direkt aus dem Internet geholt werden und nicht mit der E-Mail versandt werden. Der Dateianhang muss dagegen versandt werden.

```
Sub HTML_EMail_mit_Datei_senden()
  Dim ol, mail As Object
  Set ol = CreateObject("Outlook.Application")
  Set mail = ol.CreateItem(0)
  mail.Subject = "HTML-Email mit Datei im Anhang " & Now
  mail.To = "berti@excelabc.de"
  mail.cc = "monika@jumper.ch"
  mail.bcc = "bert@bert-koern.de"

  ' HTML-Nachrichtenformatierung
  mail.htmlbody = "<body background=" & _
  """http://www.bert-koern.de/bilder/hintergrund.jpg"">" _
  & Chr(13) & "<b>Testmail<br></b>" & Chr(13) & _
  "Dieses Mail wurde direkt aus Excel versandt<br>" & Chr(13) & _
  "und dabei der nachfolgende Dateianhang angehängt.<br>"& Chr(13) _
  & "<font color=red>Was man da nicht alles machen kann:<br> </font>" _
  & Chr(13) & _
  "Sogar Bilder mit Link sind möglich!<br><br><br>" & Chr(13) & _
  "<a href=""http://www.bert-koern.de""><img border = 0 " & _
  "src=""http://www.excelabc.de/bilder/bertishomepagekl.gif""></a>"

  mail.Attachments.Add "C:\MSDOS.SYS"
```

```
  ' Mail anzeigen
  mail.Display
End Sub
```

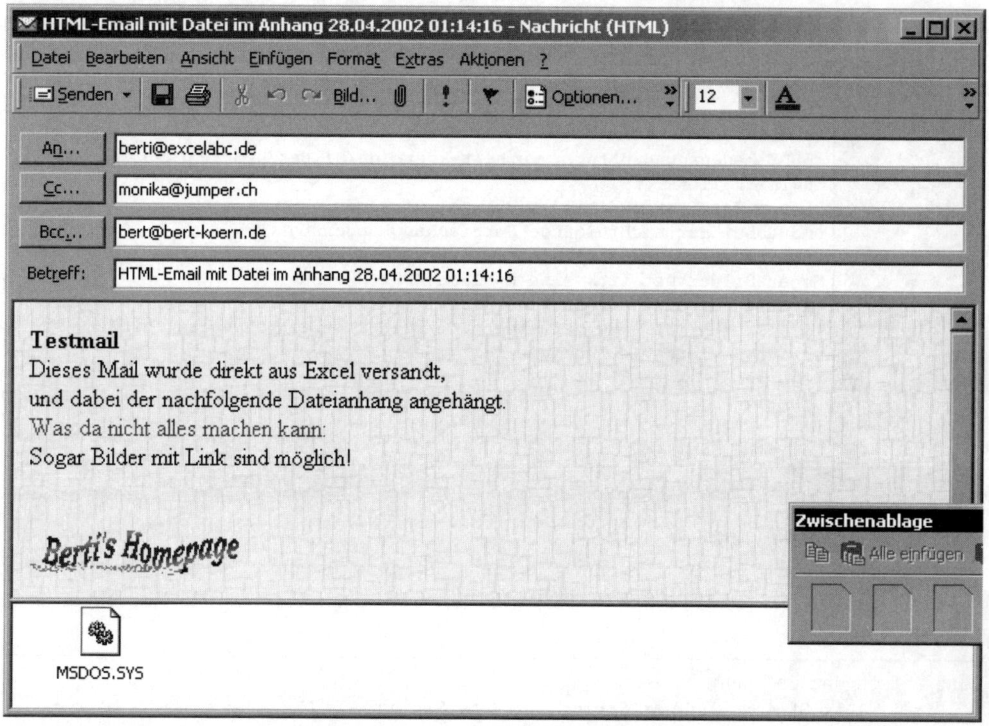

Abbildung 466: HTML-E-Mail mit Dateianhang

Um Ihnen den Bereich der HTML-Formatierung zu verdeutlichen, sehen Sie in Abbildung 467 den HTML-Code im Codefenster von Frontpage, das ebenfalls von Microsoft stammt. Es wurde hierbei bewusst auf jede überflüssige Zeile verzichtet, die nichts mit der Mailerstellung bzw. der Formatierung zu tun hat.

Der Bereich, der für die wenigen Zeilen in der Mail zuständig ist, geht in diesem Beispiel bereits über 10 Zeilen. Sie werden garantiert für Ihre erste HTML-E-Mail längere Zeit brauchen, das ist normal. Sie werden bei der Erstellung Ihrer Prozedur vom VBA-Editor mit sehr viel ROT unterstützt werden. Den Fehler müssen Sie dann selbst suchen.

Hier ist ein wichtiger Hinweis angebracht:

Jedes Anführungszeichen, das Sie im HTML-Code verwenden müssen, muss in Ihrer Prozedur mit einem zusätzlichen Anführungszeichen versehen werden. Sie haben also in der Mitte des Textes 2 zu setzen und zu Beginn und Ende einer Verknüpfung jeweils sogar 3.

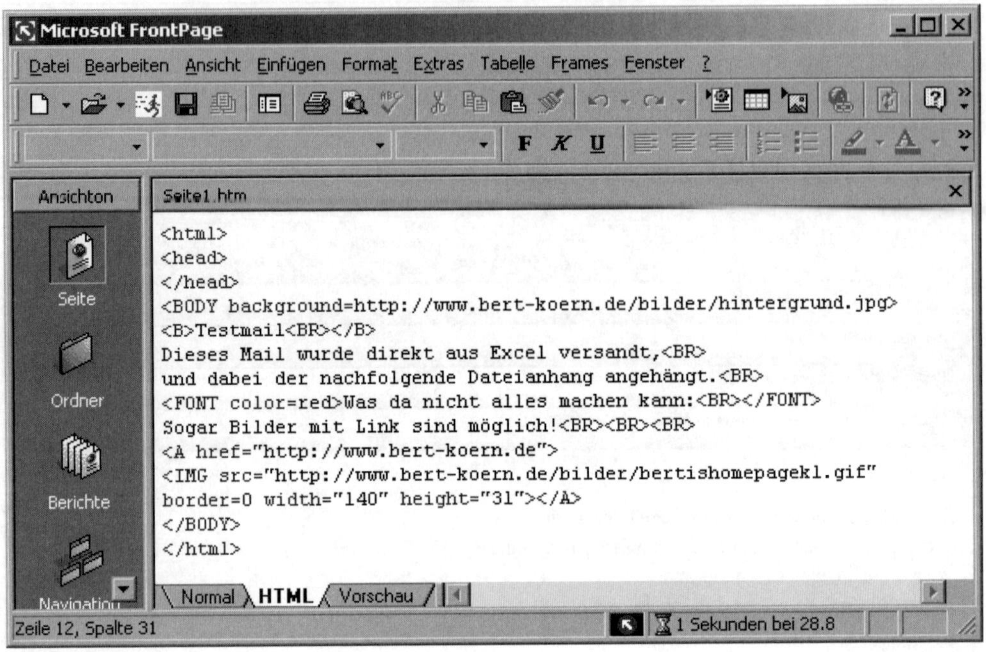

Abbildung 467: HTML-Code

Das nachfolgende Beispiel soll dies verdeutlichen:

```
Sub Anfuehrungszeichen()
  Dim Txt1 As String, Txt2 As String, Txt3 As String
  Txt1 = """Anführungszeichen vorne und hinten"""
  Txt2 = "Anführungszeichen ""in der"" Mitte"
  Txt3 = """Anführungszeichen""" & Chr(13) & "mit ""Zeilenumbruch"""

  MsgBox Txt1 & Chr(13) & Txt2 & Chr(13) & Chr(13) & Txt3
End Sub
```

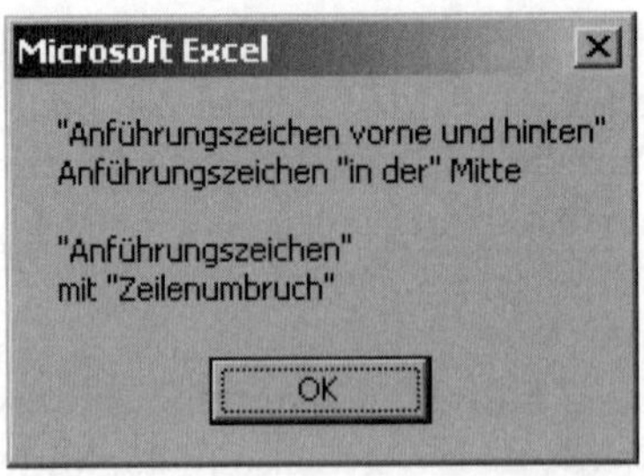

Abbildung 468: Anführungszeichen

445 Webabfragen

Webabfragen stehen und fallen mit dem Seitenaufbau und Layout der Webpräsenz. Werden die Seiten oder die Seitenstruktur geändert, läuft logischerweise die Webabfrage in Leere. Seiten in einem Frameset sind natürlich nicht geeignet, eine Webabfrage durchzuführen. Hier muss schon auf die richtige Einzelseite die URL bezogen werden. Zu ermitteln ist diese mit einem Rechtsklick in die betreffende Internetseite. Hier findet man unter EIGENSCHAFTEN die vollständige Internetadresse. Es ist möglich, eine vollständig manuelle Webabfrage zu erstellen.

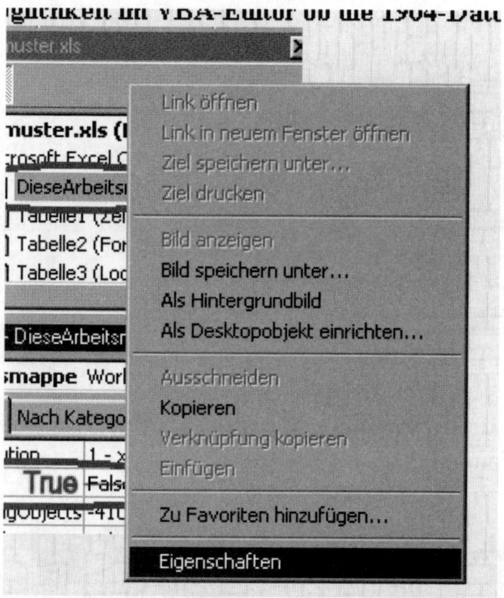

Abbildung 469: Webadresse ermitteln, hier IE 5.5

Um die Webabfrage zu starten, klicken Sie auf den Menüpunkt DATEN | EXTERNE DATEN | NEUE WEBABFRAGE (siehe Abbildung 470).

Jetzt wollen wir einmal eine manuelle Webabfrage von Börsenkursen vornehmen. Hierzu bietet sich unter anderem folgender Link an:

http://de.finance.yahoo.com/q?s=@XETRA.DE&f=snlcvi

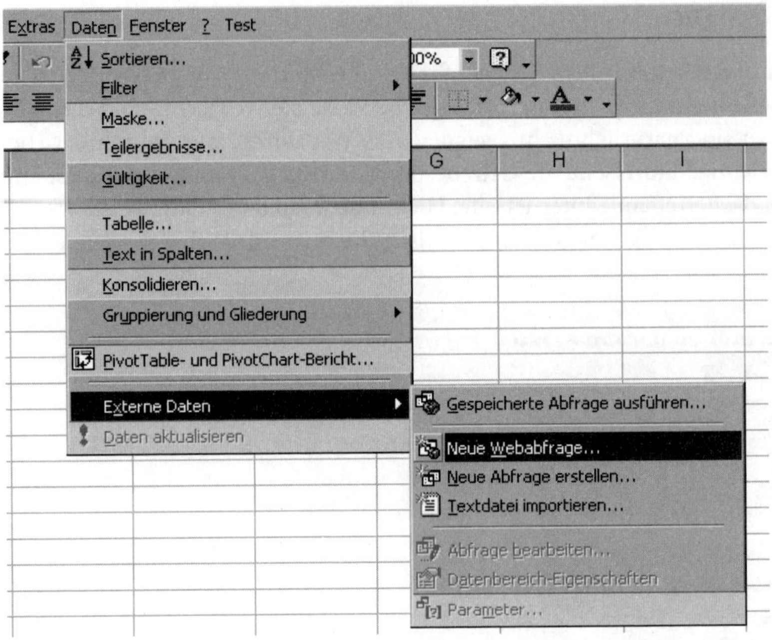

Abbildung 470: Neue Webabfrage

Die Seite enthält eine Tabelle aller DAX-Werte und wird öfters aktualisiert. Diese Seite soll uns für unser nächstes Beispiel als Grundlage dienen.

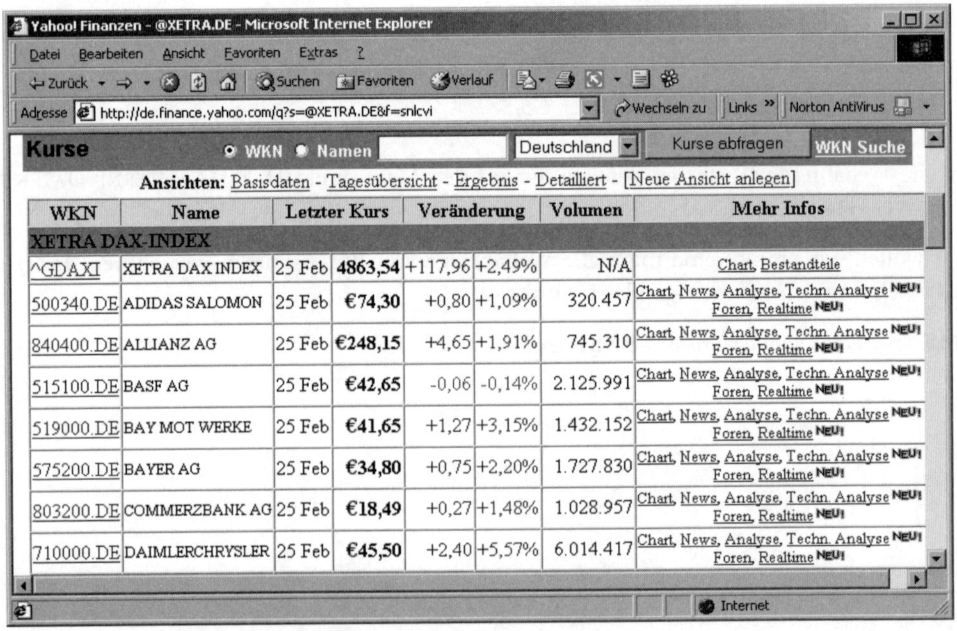

Abbildung 471: DAX-Werte bei Yahoo

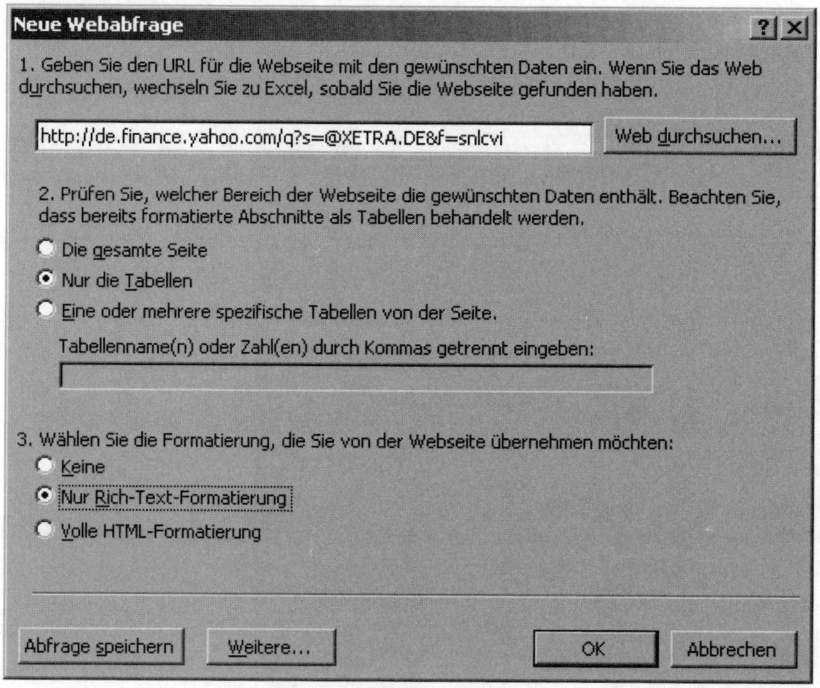

Abbildung 472: Neue Webabfrage erstellen

Gemäß der Abbildung 473 geben wir ein, ab welcher Zelle in unserem Tabellenblatt die Daten der Webseite übertragen werden sollen.

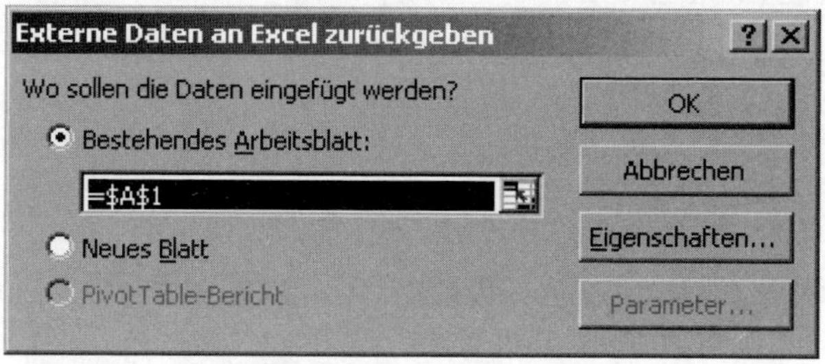

Abbildung 473: Wohin mit der Webabfrage

Wenn Sie auf die Schaltfläche EIGENSCHAFTEN klicken, erhalten Sie das Dialogfenster der Abbildung 474. Dort können Sie nun einstellen, ob die Daten laufend aktualisiert werden sollen, nur beim Öffnen der Datei oder in welchem Minuten-Zyklus.

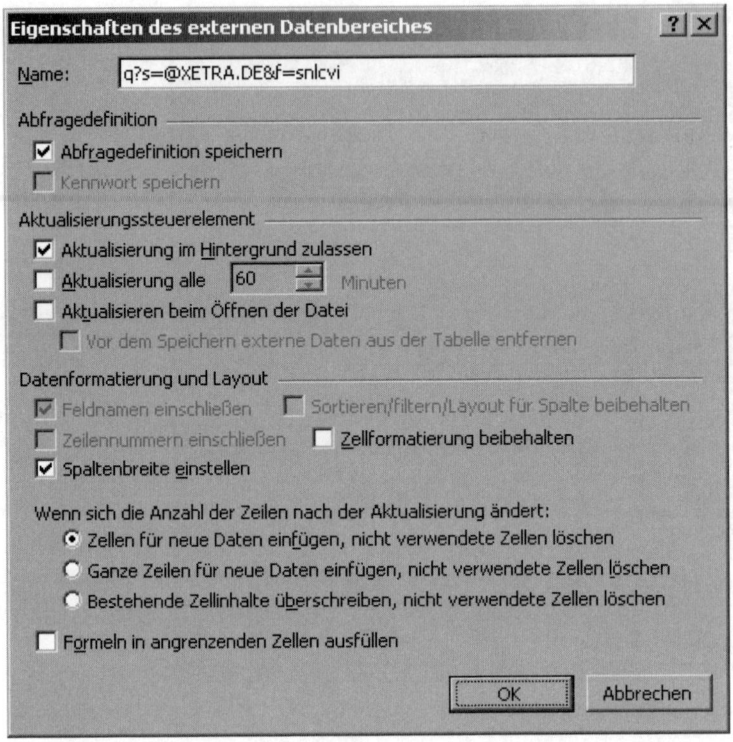

Abbildung 474: Eigenschaften der Webabfrage

Sobald Sie auf die Schaltfläche OK klicken, werden die Daten vom Internet runtergeladen und ins Tabellenblatt übertragen (siehe Abbildung 475).

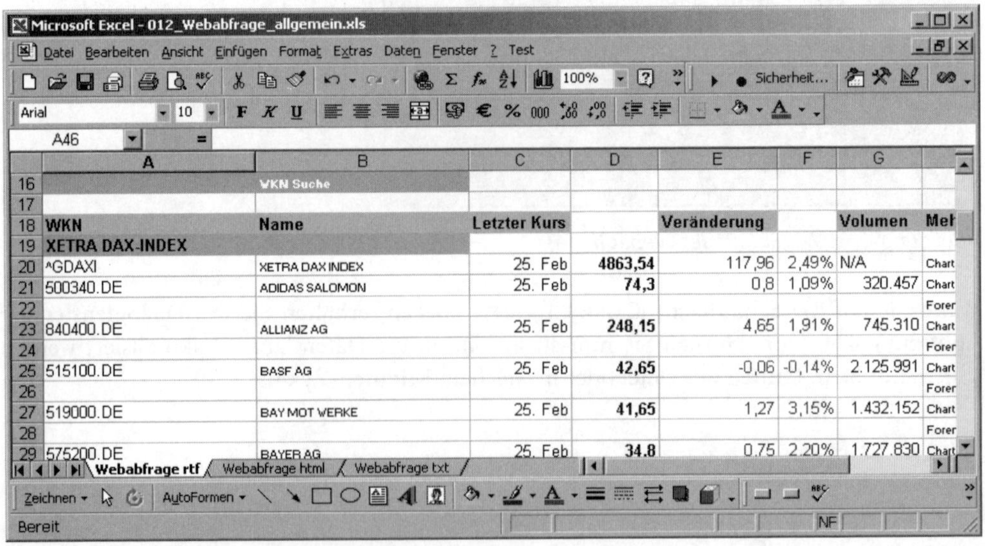

Abbildung 475: Die fertige manuelle Webabfrage

446 Webabfrage »Vornamen«

Im folgenden Beispiel werden insgesamt 52 Webseiten sehr schnell ausgelesen und im zweiten Tabellenblatt bereitgestellt. Es werden aus den Seiten von *www.namenfinder.de* die Vornamen in Excel übertragen (siehe Abbildung 476). Die 52 Seiten bedeuten 2 x 26 Anfangsbuchstaben, einmal für männlich und einmal für weiblich.

	A
1	Aage (m)
2	Aaron (m)
3	Abbe (m)
4	Abbo (m)
5	Abel (m)
6	Abi (m)
7	Abilo (m)
8	Abo (m)
9	Achatius (m)
10	Achaz (m)
11	Achi (m)
12	Achill (m)
13	Achilles (m)

Abbildung 476: Auszug aus dem Ergebnis der Webabfrage

Direkt nach der Variablendeklaration wird zuerst die Bildschirm-Aktualisierung (`ScreenUpdating`) ausgeschaltet. Damit wird bewirkt, dass einerseits das Bild während des Imports der Daten nicht flackert und andererseits die ganze Prozedur schneller abläuft. Am Ende des Codes wird die Bildschirmaktualisierung wieder eingeschaltet.

Ins zweite Tabellenblatt sollen die Daten aus der Webabfrage übertragen werden. Um alte Restbestände aus diesem Tabellenblatt zu entfernen, wird der Inhalt des Blattes entfernt (`Cells.Clear`).

```
Sub Web_Namen()
  Dim geschl As String
  Dim i As Integer
  Dim Buchst As String
  Application.ScreenUpdating = False
  Worksheets(2).Cells.Clear
```

Ab hier werden die männlichen Vornamen bzw. die Namen der Jungen übertragen, deshalb das »j«. In der `For`-Schleife werden die 26 Anfangsbuchstaben abgearbeitet. Es wird erst bei 97 begonnen, da wir mit dem ASCII-Code arbeiten, und der Buchstabe A hat die Nummer 97. Der Variablen `Buchst` wird das ASCII-Zeichen übergeben.

In der `With`-Anweisung wird Verbindung mit der gewünschten Seite aufgenommen. Der Hyperlink wird mit der Variablen `Buchst` verkettet.

Nach der `With`-Anweisung wird die Prozedur `Uebertrag` aufgerufen (`Call`). Die Beschreibung zu dieser Prozedur finden Sie weiter unten.

```
geschl = "j"
For i = 97 To 122
  [A:B].Delete
  Buchst = Chr(i)
  With ActiveSheet.QueryTables.Add(Connection:= _
    "URL;http://www.namenfinder.de/namen.php?geschlecht=" _
        & geschl & "&buchstabe=" & Buchst, _
        Destination:=Range("A1"))
    .PreserveFormatting = True
    .WebSelectionType = xlEntirePage
    .Refresh BackgroundQuery:=False
  End With
  Call Uebertrag(geschl)
Next i
```

Ab hier werden die weiblichen Namen ausgelesen, also die Mädchen. Der Vorgang ist derselbe wie oben.

```
geschl = "m"
For i = 97 To 122
[A:B].Delete
Buchst = Chr(i)
  With ActiveSheet.QueryTables.Add(Connection:= _
    "URL;http://www.namenfinder.de/namen.php?geschlecht=" _
        & geschl & "&buchstabe=" & Buchst, _
        Destination:=Range("A1"))
    .PreserveFormatting = True
    .WebSelectionType = xlEntirePage
    .Refresh BackgroundQuery:=False
  End With
  Call Uebertrag(geschl)
Next i
```

Hier werden die Spalten A und B des ersten Tabellenblattes gelöscht. Das hängt mit der nächsten Prozedur zusammen, die diesen Bereich temporär benutzt. Nach der Löschung dieser Spalten muss die Schaltfläche wieder positioniert werden.

Die Zelle A1, die leer ist, nutzen wir als Überschrift »Vornamen«. Danach wird, wie bereits gesagt, die Bildschirmaktualisierung wieder eingeschaltet. Zu guter Letzt geben wir noch eine Meldung aus mit der Info, wie viele Namen gefunden wurden.

```
[A:B].Delete
' Schaltfläche wieder an ihren Platz bringen
ActiveSheet.Shapes(1).Top = [D2].Top
ActiveSheet.Shapes(1).Left = [D2].Left
```

```
  Worksheets(2).Activate
  [A1].Value "Vornamen"
  Application.ScreenUpdating = True
  MsgBox Cells(Rows.Count, 1).End(xlUp).Row - 1 & _
    " Vornamen wurden eingelesen"
End Sub
```

Direkt nach der Referenzierung (`Set`) werden die Variablen »j« und »m« umbenannt in »m« und »w« und können dann für die Auswertung verwendet werden.

Danach wird der Startpunkt für die Auswertung ermittelt. Wir verwenden dazu die Spalte A des ersten Tabellenblattes.

In der `For`-Schleife arbeiten wir mit einer `If`-Entscheidung, die prüft, ob die gerade angesprochene Zelle leer ist. Wenn nicht, wird der Vorname übertragen. Das Geschlecht (Variable `gesch`) wird gleich mitgeliefert.

```
Sub Uebertrag(geschl As String)
  Dim WS1 As Worksheet, WS2 As Worksheet
  Dim i As Integer, Start As Integer
  Dim lZeile As Long
  Set WS1 = Worksheets(1)
  Set WS2 = Worksheets(2)
  If geschl = "j" Then gesch = "m"
  If geschl = "m" Then gesch = "w"
  Start = WS1.[A:A].Find(What:="Zurück zur Startseite", LookIn:= _
        xlValues, LookAt:=xlPart, MatchCase:=False).Row + 1
  For i = Start To WS1.Cells(Rows.Count, 1).End(xlUp).Row
    If WS1.Cells(i, 1) <> "" Then
      lZeile = WS2.Cells(Rows.Count, 1).End(xlUp).Row
      WS2.Cells(lZeile + 1, 1) = WS1.Cells(i, 1) _
           & " (" & gesch & ")"
    End If
  Next i
End Sub
```

447 HTML-Seiten aus Excel-Dateien erstellen

Seit Excel 97 ist es möglich, komplette Tabellen im Internetformat HTML abzuspeichern. Diese Funktionalität ist der wichtigste Unterschied auch in den Folgeversionen. So sind immer mehr Zusatzfunktionen im HTML-Format mit speicherbar. Inzwischen ist eine tolle Interaktivität möglich. Diese ist allerdings auch sehr browserabhängig. Die älteren Browserversionen tun sich eben mit diesen Neuerungen schwer. Sie müssen davon ausgehen, dass ein größerer Prozentsatz der Besucher Ihrer Internetpräsenz einfach nicht alles sehen kann. Deshalb sollten Sie immer eine Alternative bereitstellen.

Die einfachste Variante ist folgende:

Sie stellen einfach Ihre Excel-Datei in Ihrer Webpräsenz ein. Die neueren Browser in Verbindung mit einem installierten Excel-Programm erlauben bereits ab Excel 97 ein normales Arbeiten in den Excel-Seiten. Das Speichern geht dagegen nicht ins Internet, es wird aber das lokale Abspeichern angeboten. Beispieldateien zum Download bieten Sie dagegen besser als Zip-Datei an.

Einerseits können Sie also eine Excel-Datei direkt als *.xls ins Netz laden. Wenn Sie eine solche Excel-Seite vom Internet aufrufen möchten, geben Sie den genauen Pfad und die Datei mit der Endung *.xls ein (siehe Abbildung 477).

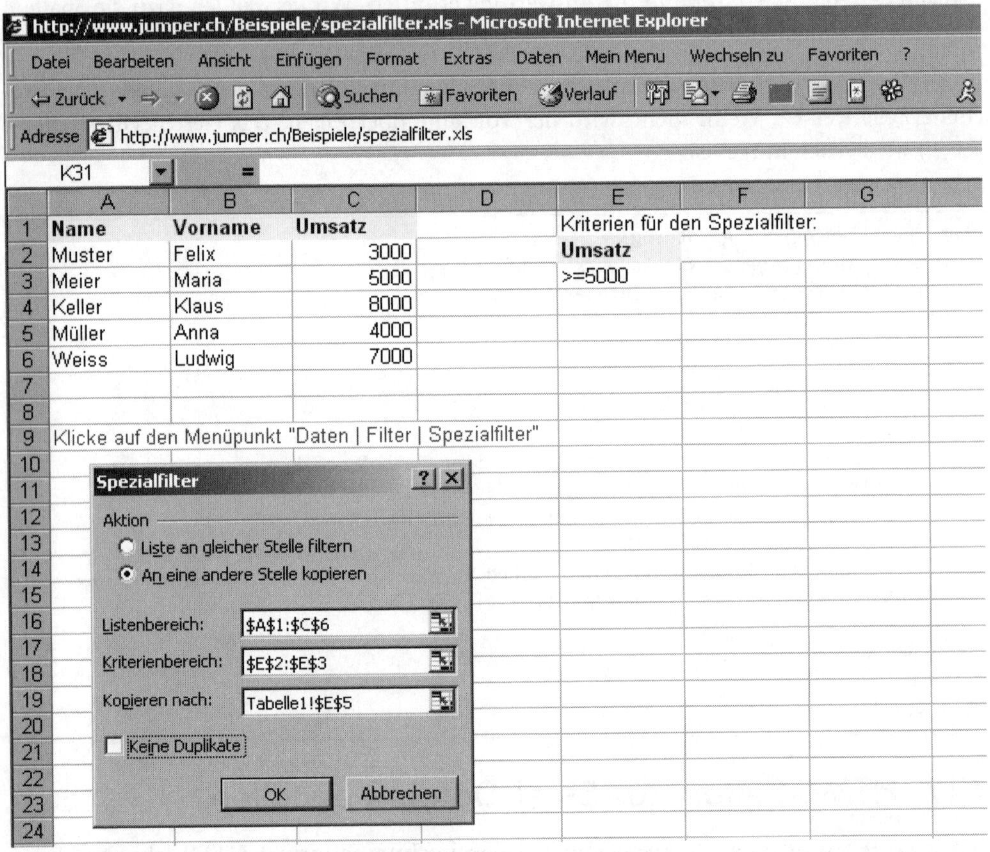

Abbildung 477: Reine Excel-Datei im Internet

Wenn Sie jedoch eine *.html-Seite erstellen möchten, müssen Sie diese bereits beim Speichern so hinterlegen. Klicken Sie auf den Menüpunkt DATEI | ALS WEBSEITE SPEICHERN.

In dem Dialogfenster, das sich nun öffnet, können Sie wählen, ob Sie die ganze Arbeitsmappe oder nur den markierten Bereich speichern möchten. Wenn Sie auf die Schaltfläche TITEL ÄNDERN klicken, können Sie dort eine Überschrift eingeben, die dann auf der Internetseite als Titel verwendet wird (siehe Abbildung 478).

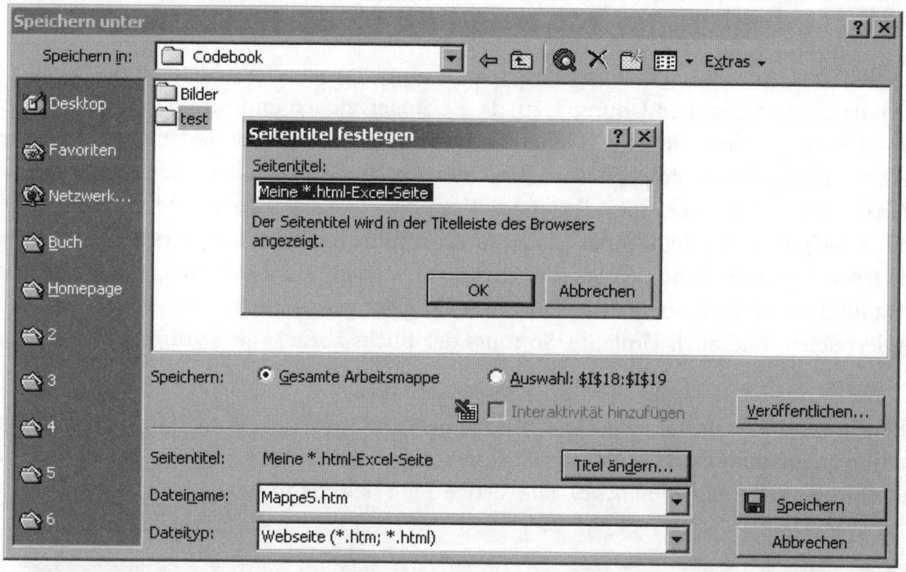

Abbildung 478: Excel-Datei als Webseite speichern

Was sich hinter der Schaltfläche VERÖFFENTLICHEN verbirgt, ist interessant, denn dort können Sie Interaktivität hinzufügen, entweder für die Arbeitsmappe oder für eine Pivot-Tabelle.

Das bedeutet, dass die Seite direkt im Internet verändert werden kann. Es stehen auch einige Excel-Funktionen zur Verfügung. Wenn Sie ein solches Beispiel im Internet live testen möchten, besuchen Sie doch einfach *www.jumper.ch* und sehen sich die »Theorie-Tests« an. Sie können dort online Ihr Wissen testen.

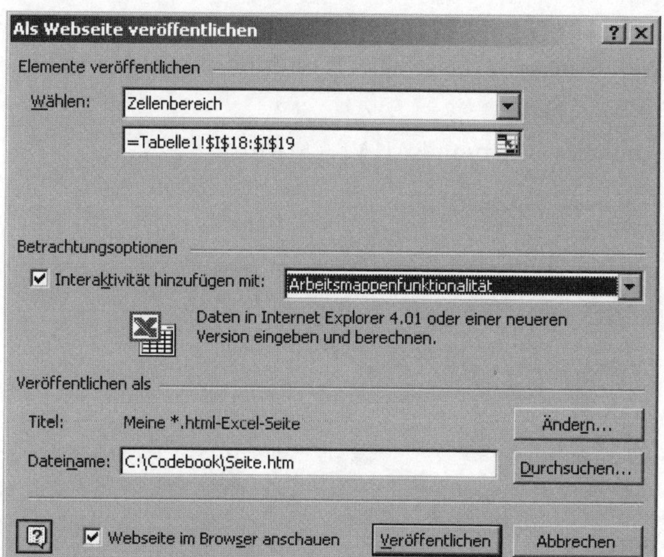

Abbildung 479: Interaktivität hinzufügen

448 HTML-Seiten per Makro erstellen

Es ist mit der Print-Anweisung nicht weiter schwer, komplette Seiten per Makrocode zu erstellen. Es gehört aber ein bisschen Übung dazu, da die Steuerzeichen und Anführungszeichen in VBA teilweise stören. Beim Schreiben einer Textdatei, und nichts anderes ist eigentlich eine HTML-Datei, gibt es einen Stolperstein zu beachten. Es sind die Anführungszeichen. Sie zeigen normalerweise das Ende eines Textes im Code an. Um im Makrocode auszugebende Anführungszeichen zu erhalten, muss ein weiteres Anführungszeichen im Code geschrieben werden. Dementsprechend müssen Sie drei davon verwenden, um diese Zeichen am Ende zu setzen. Dadurch wird die Lesbarkeit des Codes nicht gesteigert. Eine Besonderheit in HTML sind Sonderzeichen und auch Umlaute. So muss der Buchstabe »ö« als »ö« angegeben werden.

Dieses Beispiel enthält nur ein paar Header-Angaben und minimale Body-Angaben. Zu den einzelnen Eintragungen im HTML-Code ist Ihnen die Seite von Stefan Münz im Internet zu empfehlen (*http://selfhtml.teamone.de*). Die fertige Seite sieht dann so aus:

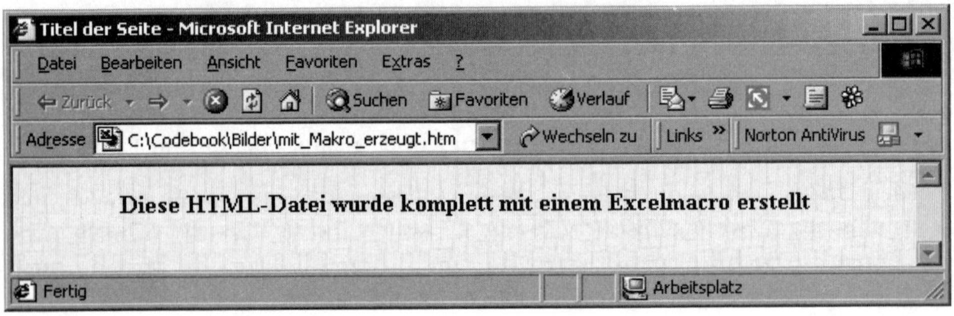

Abbildung 480: Html_erzeugen

Wie Sie sehen, hat das Icon im Adressfenster ein beigefügtes Excel-Symbol. Dies wurde durch die folgende Header-Zeile erreicht:

<meta name=»GENERATOR« content=»Microsoft Excel VBA Macro«>

Hier jetzt noch der Code, mit dem das Beispiel erstellt wurde:

```
Sub Html_schreiben()
  Dim Tit$, Beschr$, Aut$, Swort$, HG$
  Dim Dat$    'Dateiname
  Const Pfad As String = "C:\Codebook\bilder\"     ' \als Abschluss
  ' Variablen füllen
  Tit = "Titel der Seite"
  Beschr = "Beschreibung der Seite"
  Aut = "Bert K&ouml;rn"
  Swort = "Einzelne,Suchw&ouml;rter,mit,Komma,getrennt"
  HG = "http://www.excelabc.de/bilder/hintergrund.jpg"
  ' Datei öffnen, oder neu erstellen
  Dat = "mit_Makro_erzeugt.htm"
```

```
  Open Pfad & Dat For Output As #1
  ' Schreiben beginnen
  Print #1, "<html>"
  ' Metaangaben zum Inhalt
  Print #1, "<head>"
  Print #1, "<title>" & Tit & "</Title>"
  Print #1, "<meta name=""GENERATOR""" & _
    " content=""Microsoft Excel VBA Macro"">"
  Print #1, "<meta name=""description"" content=""" & Beschr & """>"
  Print #1, "<meta name=""Author"" content=""" & Aut & """>"
  Print #1, "<meta name=""keywords"" content=""" & Swort & """>"
  Print #1, "<meta http-equiv=""content-language"" content=""de"">"
  Print #1, "</head>"
  ' Body-Daten
  Print #1,
  Print #1, "<body background=""" & HG & """>"
  Print #1, "<center><b>"
  Print #1, _
    "Diese HTML-Datei wurde komplett mit einem Excelmacro erstellt"
  Print #1, ""
  Print #1, "</center></b>"
  ' Das Ende
  Print #1, "</body>"
  Print #1,
  Print #1, "</html>"
  ' Datei schließen
  Close #1
  MsgBox "Eine HTML-Datei ist im Verzeichnis " & Pfad & _
    " erzeugt worden"
  Shell ("explorer.exe " & Pfad)
End Sub
```

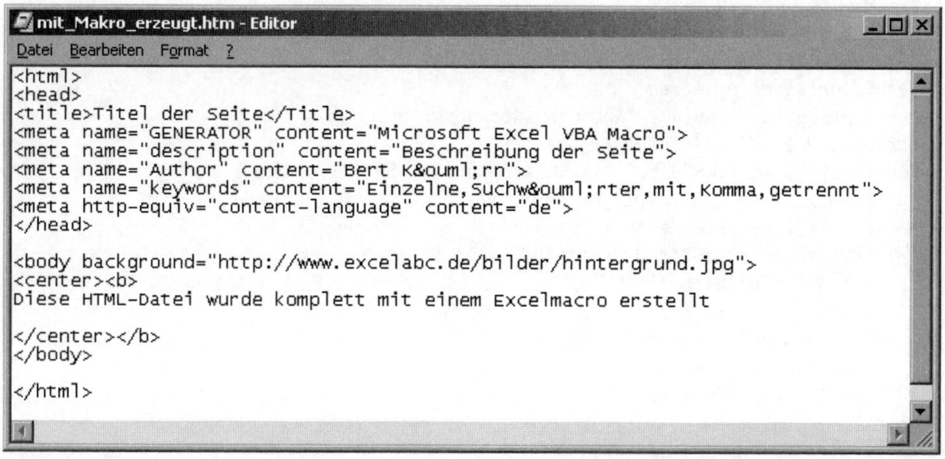

```
<html>
<head>
<title>Titel der Seite</Title>
<meta name="GENERATOR" content="Microsoft Excel VBA Macro">
<meta name="description" content="Beschreibung der Seite">
<meta name="Author" content="Bert K&ouml;rn">
<meta name="keywords" content="Einzelne,Suchw&ouml;rter,mit,Komma,getrennt">
<meta http-equiv="content-language" content="de">
</head>

<body background="http://www.excelabc.de/bilder/hintergrund.jpg">
<center><b>
Diese HTML-Datei wurde komplett mit einem Excelmacro erstellt

</center></b>
</body>

</html>
```

Abbildung 481: Im Bild sehen Sie den kompletten Quellcode der Seite

Die zweitletzte Zeile des Codes öffnet automatisch den Explorer mit dem entsprechenden Verzeichnis. Da diese an sich rechnerabhängig zu Fehlermeldungen führen kann, ist sie unter Umständen von Ihnen auszukommentieren.

Eine benutzerdefinierte Funktion, um die Umlaute im HTML-Text zu maskieren, finden Sie in der Kategorie »Funktionen«.

449 Makrocode für Foren im HTML-Format

Wen hat es noch nicht geärgert: In den Foren, in denen HTML erlaubt ist, ist der Code trotzdem ein Einheitsbrei. Alles in schwarzer Schrift, die Tabulatoren fehlen und so weiter. Ein Teil der Beantworter behilft sich umständlich mit Frontpage und ähnlichen Programmen. In der nächsten Prozedur lernen Sie eine Alternative dazu kennen. Sie kopieren wie gewohnt den Code in die Zwischenablage, starten das folgende Makro, gehen direkt in das Forum (das *.html unterstützt) und fügen den jetzt formatierten Code einfach ein. Bequemer kann man es kaum haben. Den extrem kurzen Code erreicht man über eine Hilfsspalte in der Tabelle, in der die einzelnen Schlüsselwörter hinterlegt sind. Diese ist dynamisch erweiterbar.

Direkt nach der Variablendeklaration wird der Text, den Sie zuvor in die Zwischenablage kopiert haben, geholt (`GetFromClipboard`).

Der Einfachheit halber haben wir die weitere Beschreibung direkt im Code untergebracht.

```
Sub Forum_HTML()
  Dim MyData As Object
  Dim txt As String
  Dim i As Integer
  Dim htmlDaten As Object
  Set MyData = New DataObject
  MyData.GetFromClipboard
  txt = MyData.GetText(1)
  ' Ersetzung vom Zeilenumbruch
  txt = Replace(txt, Chr(13) & Chr(10), Chr(10))
  ' Tabulatortasten ersetzen
  txt = Replace(txt, Chr(9), "   ")
  ' Schleife über die Einträge in SpalteA
    For i = 1 To ActiveSheet.Cells(Rows.Count, 1).End(xlUp).Row
      ' Ersetzung Wort gefolgt von Leertaste
      txt = Replace(txt, Cells(i, 1) & " ", _
        "<b><font color=""#0000FF"">" & Cells(i, 1) & _
        " " & "</font></b>")
      ' Ersetzung Wort gefolgt von Zeilenumbruch
      txt = Replace(txt, Cells(i, 1) & Chr(10), _
        "<b><font color=""#0000FF"">" & Cells(i, 1) & _
        Chr(10) & "</font></b>")
    Next i
  ' Smilies vermeiden bei :D
  txt = Replace(txt, ":D", ":d")
  ' Bemerkungen Start
  txt = Replace(txt, "'", "<font color=""#008000"">'")
```

```
    ' Bei allen Zeilen Font und Bold zurücksetzen
    txt = Replace(txt, Chr(10), "</font>" & Chr(10))
    ' Ausgabe in Zwischenablage
    Set htmlDaten = New DataObject
    htmlDaten.SetText txt
    htmlDaten.PutInClipboard
End Sub
```

	A
1	Option Explicit
2	Option Base
3	Private WithEvents
4	On Error Resume Next
5	Private Declare Function
6	Public Function
7	Private Function
8	Public Sub
9	Private Sub
10	Exit Sub
11	As Byte
12	As Boolean
13	As Currency
14	As Decimal

Microsoft Excel

```
<b><font color="#0000FF">Sub </font></b>Forum_HTML()</font>
<font color="#008000">'Text aus der Zwischenablage holen</font>
<b><font color="#0000FF">Set </font></b>MyData = <b><font color="#0000FF">New </font></b>DataObject</font>
  MyData.GetFromClipboard</font>
  txt = MyData.GetText(1)</font>
<font color="#008000">'Ersetzung vom Zeilenumbruch</font>
txt = Replace(txt, Chr(13) & Chr(10), Chr(10))</font>
<font color="#008000">'Tabulatortasten ersetzen</font>
txt = Replace(txt, Chr(9), "   ")</font>
<font color="#008000">'Schleife über die Einträge in SpalteA</font>
lZeile = ActiveSheet.Cells(Rows.Count, 1).End(xlUp).Row</font>
<b><font color="#0000FF">For </font></b>i = 1 <b><font color="#0000FF">To </font></b>lZeile</font>
  <font color="#008000">'Ersetzung Wort gefolgt von Leertaste</font>
  txt = Replace(txt, Cells(i, 1) & " ", _</font>
    "<b><font color=""#0000FF"">" & Cells(i, 1) & _</font>
    " " & "</font></b>")</font>
  <font color="#008000">'Ersetzung Wort gefolgt von Zei
```

Abbildung 482: Das Ergebnis der Umwandlung des Forumsmakros in HTML

Diese Prozedur hebt zwar unnötigerweise HTML-Formatierungen auf, die es gar nicht gibt, aber zum einen stören sie keinen Browser und zum anderen wird der Code kürzer. Durch die Anordnung der Schlüsselwörter mit mehreren Einzelwörtern weiter oben und der Tatsache, dass direkt nach dem Schlüsselwort die HTML-Formatierung steht, werden weitgehend Mehrfachformatierungen vermieden. Die Smilie-Ersetzung ist für manche Foren erforderlich, da dort aus :D ein Smilie generiert wird. Zum Beispiel macht [A1:D22] bereits Probleme.

```
Sub Schriftarten_auflisten()
Dim Schriftliste As Object
Dim SchrNr As Integer
Set Schriftliste = _
  Application.CommandBars("formatting").FindControl
Application.ScreenUpdating = False
On Error Resume Next
[A😃].ClearContents
For SchrNr = 0 To Schriftliste.ListCount - 1
  Cells(SchrNr + 1, 1).Value = Schriftliste.List(SchrNr
  Cells(SchrNr + 1, 2).Value = "€"
  Cells(SchrNr + 1, 3).Value = "abcdefghijklmnopqrstu
  Cells(SchrNr + 1, 4).Value = "ABCDEFGHIJKLMNO
  Cells(SchrNr + 1, 2).Font.Name = Schriftliste.List(S
  Cells(SchrNr + 1, 3).Font.Name = Schriftliste.List(S
  Cells(SchrNr + 1, 4).Font.Name = Schriftliste.List(S
Next
[A😃].EntireColumn.AutoFit
Application.ScreenUpdating = True
End Sub
```

```
Sub Schriftarten_auflisten()
Dim Schriftliste As Object
Dim SchrNr As Integer
Set Schriftliste = _
  Application.CommandBars("formatting").FindControl(ID:=1728)
Application.ScreenUpdating = False
On Error Resume Next
[A:d].ClearContents
For SchrNr = 0 To Schriftliste.ListCount - 1
  Cells(SchrNr + 1, 1).Value = Schriftliste.List(SchrNr + 1)
  Cells(SchrNr + 1, 2).Value = "€"
  Cells(SchrNr + 1, 3).Value = "abcdefghijklmnopqrstuvwxyzäöü"
  Cells(SchrNr + 1, 4).Value = "ABCDEFGHIJKLMNOPQRSTUVWXYZÄÖÜ"
  Cells(SchrNr + 1, 2).Font.Name = Schriftliste.List(SchrNr + 1)
  Cells(SchrNr + 1, 3).Font.Name = Schriftliste.List(SchrNr + 1)
  Cells(SchrNr + 1, 4).Font.Name = Schriftliste.List(SchrNr + 1)
Next
[A:d].EntireColumn.AutoFit
Application.ScreenUpdating = True
End Sub
```

Abbildung 483: Ohne / mit Makrobearbeitung

Grundlagen
Fehler
Intern
Funktionen
Farben
Datum/Zeit
Auswertungen
Diagramme
Objekte
UserForm
Controls
Internet
Extern
Extra

Zum Testen dieser Prozedur sind Sie herzlich in unser Excel-Forum eingeladen.

www.jumper.ch

www.excelabc.de

Sie können in der Vorschau testen, ohne dass Sie einen Beitrag einstellen müssen. Antworten zu Fragen sind natürlich auch gern gesehen.

Extern

In dieser Kategorie finden Sie Verschiedenes rund um Excel in Zusammenarbeit mit anderen Programmen und nicht Excel-spezifischen Dateien. Hier werden verschiedene Dateimanipulationen inklusive einem Setup-Programm mit VBA beschrieben.

450 Organigramme erstellen

Einfache Organigramme können Sie mit der seit vielen Programmversionen mitgelieferten Testversion von »Org Plus for Windows« erstellen. Das Microsoft-Organisationsdiagramm hat zwar nur einen eingeschränkten Funktionsumfang, reicht aber für viele Bereiche bereits aus.

Sie finden dieses Zusatzprogramm, das eingebettete Objekte in Excel erstellt, im Menü unter EINFÜGEN | GRAFIK | ORGANIGRAMM. Die Bedienung als solche ist recht einfach und bedarf keiner weiteren Erläuterung, da es selbsterklärend ist.

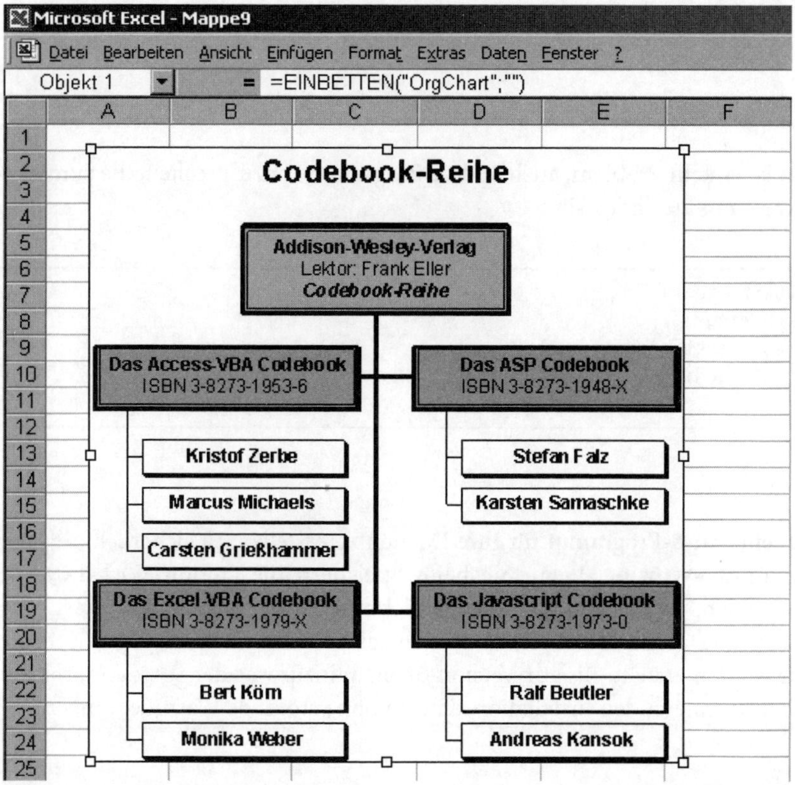

Abbildung 484: Organigrammbeispiel

451 Andere Programme mit Shell aufrufen

Fast jedes Programm kann man mit dem Shell-Befehl aufrufen. Programme, die im Betriebssystem angemeldet sind, erreicht man schon mit dem Namen des Programms.

```
Sub RechnerStarten()
  Shell "calc.exe", 1
End Sub
```

Auf der sicheren Seite sind Sie allerdings, wenn Sie die Pfadangabe vor das ausführbare Programm setzen. Jetzt ergibt sich aber das Problem, dass nicht jeder Rechner gleich konfiguriert ist. Mit dem Befehl `Environ` gefolgt von einem Parameter können Sie je nach Betriebssystem den Pfad des Betriebssystems ermitteln.
Das folgende Makro listet Ihnen alle vom Betriebssystem bereitgestellten Parameter auf.

```
Sub Parameter_Environ()
  i = 1
  Do While Environ(i) <> ""
    Debug.Print Environ(i)       ' Direktfenster
    Cells(i, 1) = Environ(i)     ' aktive Tabelle
    i = i + 1
  Loop
End Sub
```

Mit diesem Wissen ist es kein Problem, auch andere Programme anzusprechen, die zum Beispiel im Systemverzeichnis zu finden sind.

```
Sub RegistryEditorStarten()
  Dim Syspfad As String
  Syspfad = Environ("SystemRoot") & "\"
  Shell Syspfad & "regedit.exe", 1
End Sub
```

452 Setup

Die einfachste Art, ein Setup-Programm für Ihre Dateien zu erstellen, ist sicherlich die über das Sharwareprogramm »Winzip«. Wenn Sie beim Speichern die Option VOLLSTÄNDIGE PFADANGABEN auswählen, werden auch Unterverzeichnisse erfolgreich mitgesichert. Der Empfänger muss nur alle Dateien in ein bestimmtes Verzeichnis hineinkopieren. Notwendige Unterverzeichnisse werden erstellt. Bis zur Version 6 von Winzip war der `Selfextraktor` zur Erstellung von selbstextrahierenden Installationsdateien ohne störende Warnmeldungen.

Da Sie ein Excel-Buch in den Händen halten, zeigen wir Ihnen jetzt, dass selbst komplexe Installationen mit Excel möglich sind. Damit der Makrocode übersichtlich bleibt, haben wir die Pfade und Dateinamen in eine Tabelle geschrieben. Diese werden mit Schleifen abgearbeitet. Natürlich könnten Sie auch alles in der Prozedur eintragen.

Wir haben sowohl eine Variante mit der `FileCopy`-Methode integriert als auch eine mit den alten DOS-Befehlen. Beide führen zum gleichen Ergebnis. In der Prozedur wird jeweils mit `On Error Resume Next` bei einem Fehler mit den anderen Dateien bzw. Verzeichnissen weitergearbeitet.

Da die Dateien auf einer CD automatisch den Status »Schreibgeschützt« haben, werden nach dem Kopieren die Datei-Attribute mit `SetAttr` zurückgesetzt.

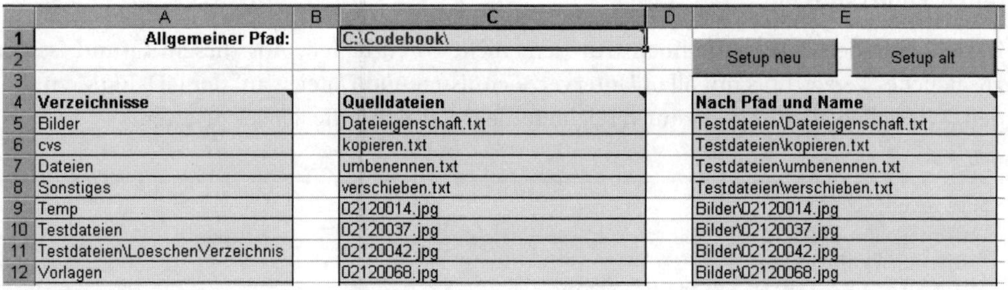

Abbildung 485: Die Setup-Datei

```
Sub Setup()
  Dim Fso As Object
  Dim WS As Worksheet
  Dim Pfad1 As String, Pfad2 As String
  Dim Quell As String, Ziel As String
  Dim i As Integer
  Set WS = ThisWorkbook.Worksheets(1)
  Pfad1 = WS.[c1] & "\"
  Pfad2 = ThisWorkbook.Path & "\Install\"
  Set Fso = CreateObject("Scripting.FileSystemObject")
  On Error Resume Next

  ' Pfad C:\Codebook anlegen
  Fso.CreateFolder (Pfad1)

  ' Unterverzeichnisse anlegen
  For i = 5 To WS.Cells(Rows.Count, 1).End(xlUp).Row
    Fso.CreateFolder (Pfad1 & WS.Cells(i, 1))
  Next i

  ' Dateien in Verzeichnisse kopieren
  For i = 5 To WS.Cells(Rows.Count, 3).End(xlUp).Row
    Quell = Pfad2 & WS.Cells(i, 3) ' Namen der Quelldatei festlegen
    Ziel = Pfad1 & WS.Cells(i, 5) ' Namen der Zieldatei festlegen
    Fso.CopyFile Quell, Ziel, 1  ' Quell- in Zieldatei kopieren
```

```
    SetAttr Ziel, vbNormal        ' Schreibschutz da von CD entfernen
  Next i
End Sub
```

Eine weitaus schnellere Alternative ist das komplette Kopieren des Verzeichnisses vom Quelldatenträger auf den Zieldatenträger. Eine Nachinstallation ist aber hierdurch nicht mehr möglich, da es sich bei dem zu kopierenden Objekt ja um ein einziges handelt. Der Kopiervorgang wird aber bei einem Fehler, den eine Datei auslöst, die bereits vorhanden ist, abgebrochen.

Die `CopyFolder`-Methode bleibt beim ersten aufgetretenen Fehler stehen. Es werden dabei keine Änderungen zurückgesetzt oder aufgehoben, die vor dem Auftreten eines Fehlers durchgeführt wurden.

Diese Methode wollen wir Ihnen trotzdem nicht vorenthalten. Aus diesem Grund ist ein zusätzliches Verzeichnis mit allen Unterverzeichnissen und Dateien auf der CD-ROM zu finden. Wir haben allerdings darauf verzichtet, die Datei-Attribute zurückzusetzen.

```
Sub Setup_schnell()
  Dim Fso As Object
  Dim WS As Worksheet
  Dim Pfad1 As String, Pfad2 As String
  Set WS = ThisWorkbook.Worksheets(1)
  Pfad1 = WS.[c1]
  Pfad2 = ThisWorkbook.Path & "\Install\"
  Set Fso = CreateObject("Scripting.FileSystemObject")

  Fso.CopyFolder Pfad2 & "Codebook", Pfad1, True
End Sub
```

Diese Variante mit den alten DOS-Befehlen gibt es zusätzlich. Der Code ist ein bisschen einfacher handhabbar als bei der `FileSystemObjekt`-Lösung.

```
Sub Setup_alt()
  Dim WS As Worksheet
  Dim Pfad1 As String, Pfad2 As String
  Dim Quell As String, Ziel As String
  Dim i As Integer
  Set WS = ThisWorkbook.Worksheets(1)
  Pfad1 = WS.[C1]
  Pfad2 = ThisWorkbook.Path & "\Install\"

  On Error Resume Next
  ' Verzeichnisse aus Spalte A anlegen
  MkDir Pfad1
  For i = 5 To WS.Cells(Rows.Count, 1).End(xlUp).Row
    MkDir Pfad1 & WS.Cells(i, 1)
```

```
  Next i

  ' Dateien kopieren
  For i = 5 To WS.Cells(Rows.Count, 3).End(xlUp).Row
    Quell = Pfad2 & WS.Cells(i, 3) ' Namen der Quelldatei festlegen
    Ziel = Pfad1 & WS.Cells(i, 5) ' Namen der Zieldatei festlegen
    FileCopy Quell, Ziel          ' Quell- in Zieldatei kopieren
    SetAttr Ziel, vbNormal        ' Schreibschutz da von CD entfernen
  Next i
End Sub
```

453 Logdatei erstellen

Log-Dateien gibt es auf den einzelnen Computern sehr viele. Auch für Sie kann es interessant sein, bestimmte Vorgänge zu protokollieren. Das nachfolgende Beispiel soll Ihnen einen möglichen Lösungsweg aufzeigen. Der Inhalt der bestehenden Log-Datei wird zeilenweise ausgelesen und in eine temporäre Datei geschrieben. Am Ende wird der Name des Computerbenutzers angehängt sowie Datum und Uhrzeit. Die Original-Log-Datei wird gelöscht und die temporäre Datei mit dem richtigen Namen umbenannt.

```
Sub Logfile()
   On Error GoTo Errorhandler
   Dim TMP as string
   ' Pfadangabe hier gleiches Verzeichnis
   Pfad = ThisWorkbook.Path & "\"
   ' Windowsbenutzer auslesen
   Benutzer = Environ("Username")
   ' eventuell geöffnete (Text-) Dateien schließen
   Close
   ' Dateien öffnen bzw. anlegen
   Open Pfad & "test.log" For Input As #1
   Open Pfad & "test.tmp" For Output As #2
   Do While Not EOF(1)
      ' Daten lesen
      Input #1, TMP
      ' Daten schreiben
      Print #2, TMP
   Loop
      ' Neuer Eintrag
      Print #2, Benutzer, Now
   ' Alle (Text-) Dateien schließen
   Close
   ' Alte Datei löschen
   Kill Pfad & "test.log"
   ' Neue Datei in Logdatei umbenennen
   Name Pfad & "\test.tmp" As Pfad & "test.log"
Exit Sub
Errorhandler:
' Falls bisher keine Logdatei existierte, diese anlegen
   If Err = 53 Then
```

```
      Open Pfad & "test.log" For Output As #1
      Print #1, "Logverzeichnis"
      Close
      Resume
    End If
End Sub
```

454 Registry eintragen, lesen, ändern

In der Registry werden in Windows die meisten Konfigurationseinstellungen gespeichert. Sie werden anhand der nächsten Beispiele sehen, dass die Registry auch von VBA aus gelesen und manipuliert werden kann. Das wichtigste ist für Sie, dass Sie wissen, dass es zwei Bereiche in der Registry gibt. Der Bereich, den wir Ihnen vorstellen, ist für Sie und Ihren Rechner völlig ungefährlich. Die Befehle `GetSetting`, `GetAllSettings`, `SaveSetting` und auch `DeleteSetting` greifen eingeschränkt auf einen Teilbereich der Registry zu. Dies ist der Bereich *HKEY_CURRENT_USER\Software\VB and VBA Program Settings*. Hier können alle VBA-Programme schadlos Einträge vornehmen und ändern.

Über API-Aufrufe kann man allerdings auf alle Bereiche der Registry zugreifen. Hier kann man auch Schaden anrichten, wenn der falsche Schlüssel geändert oder gar gelöscht wird. In diesem Buch verzichten wir zugunsten der Datensicherheit auf ein Beispiel.

455 Registryeinträge eintragen

Mit der folgenden Prozedur erzeugen wir unterhalb des Schlüssels *HKEY_CURRENT_-USER\Software\VB and VBA Program Settings* einen neuen Schlüssel mit dem Namen »Addison-Wesley«. Unter diesem dann einen weiteren mit dem Namen »Codebook«. Diesen füllen wir dann mit den Namen »Codebook-Leser 1« bis »Codebook-Leser 6« und weisen jeweils als Wert die Quadratzahl der jeweiligen Nummer zu.

```
Sub RegistryEintragen()
  Dim Bereich As String
  Dim Schluessel As String
  Dim Wert As String
  Dim i As Integer
  Bereich = "Codebook"
  For i = 1 To 6
    Schluessel = "Codebook-Leser " & i
    Wert = i ^ 2  'Quadratzahl von i
    SaveSetting "Addison-Wesley", Bereich, Schluessel, Wert
  Next i
End Sub
```

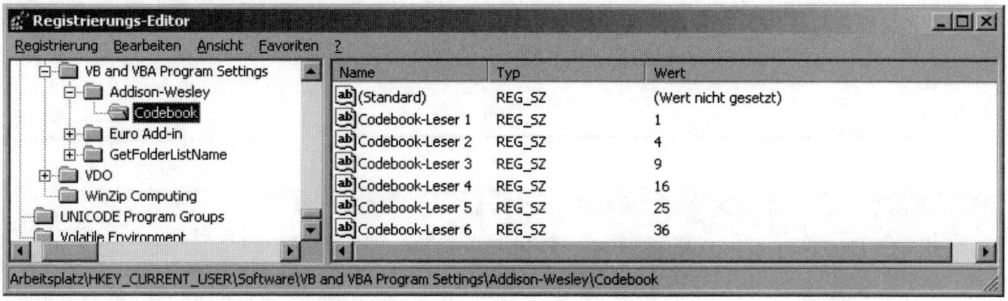

Abbildung 486: Die ergänzte Registry

456 Registry auslesen

Die im vorhergehenden Beispiel eingetragenen Schüssel und Werte werden jetzt im folgenden Beispiel wieder ausgelesen und in das aktive Tabellenblatt geschrieben sowie auch im Direktbereich ausgegeben. Das Auslesen erfolgt in die zweidimensionale Variable »Regwerte«, die trotz eventuell vorhandenem `Option Base 1` immer mit Null beginnt.

```
Sub AlleRegistryEintraegeAuflisten()
  Dim Bereich As String
  Dim Schluessel As String
  Dim RegWerte As Variant
  Dim i As Integer
  Bereich = "Codebook"
  RegWerte = GetAllSettings("Addison-Wesley", Bereich)
  For i = LBound(RegWerte) To UBound(RegWerte)
    Cells(i + 1, 1) = RegWerte(i, 0)
    Cells(i + 1, 2) = RegWerte(i, 1)
    Debug.Print RegWerte(i, 0) & Chr(9) & RegWerte(i, 1)
  Next i
End Sub
```

457 Registryeinträge ändern

Das Ändern von Registryeinträgen erfolgt durch einfaches Überschreiben der alten Werte mit den neuen und ist problemlos zu realisieren. Hier werden zu jedem bestehenden Wert, der eingelesen wird, einfach 1000 dazuaddiert und zurückgeschrieben.

```
Sub RegistryAendern()
  Dim Bereich As String
  Dim Schluessel As String
  Dim RegWert As String
  Dim i As Integer
  Bereich = "Codebook"
  For i = 1 To 6
    Schluessel = "Codebook-Leser " & i
```

```
    RegWert = GetSetting("Addison-Wesley", Bereich, Schluessel)
    SaveSetting "Addison-Wesley", Bereich, Schluessel, RegWert +1000
  Next i
End Sub
```

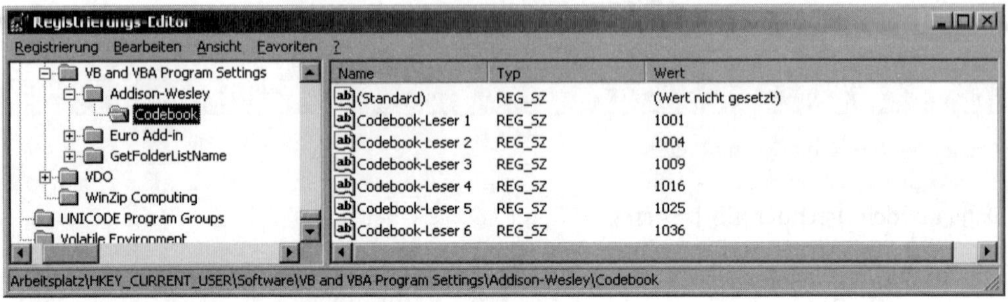

Abbildung 487: Die geänderten Einträge der Registry

458 Einzelne Registryeinträge löschen

Es ist sinnvoller, einzelne Schlüssel zu löschen, anstatt die Werte auf Null zurückzusetzen. Falls ein Schlüssel irgendwann wieder benötigt wird, wird er ja automatisch wieder angelegt.

```
Sub RegistryEintraegeLoeschen()
  Dim Bereich As String
  Dim Schluessel As String
  Dim i As Integer
  Bereich = "Codebook"
  For i = 1 To 6 Step 2
    Schluessel = "Codebook-Leser " & i
    DeleteSetting "Addison-Wesley", Bereich, Schluessel
  Next i
End Sub
```

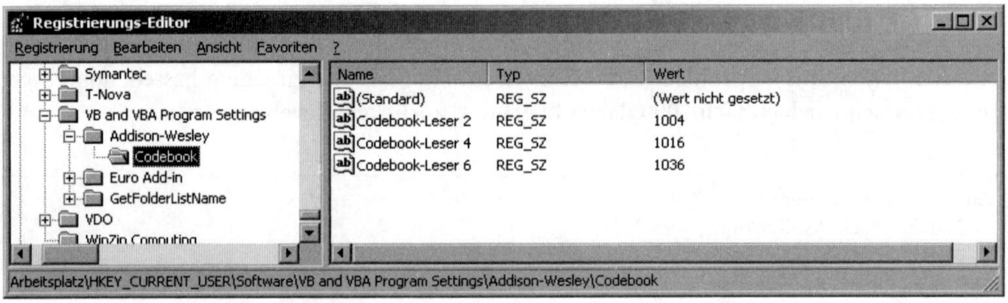

Abbildung 488: Alle ungeraden Einträge wurden entfernt

459 Schlüssel in der Registry löschen

Mit dem folgenden Beispielcode beseitigen wir alle Spuren unserer Beispiele aus der Registry. Es genügt hierzu ein simpler Dreizeiler. Dabei werden alle Unterschlüssel und Werte unwiederbringlich gelöscht.

```
Sub RegistrySchluesselLoeschen()
  DeleteSetting "Addison-Wesley"
End Sub
```

Ein simples Beispiel, wie man die Registry benutzen kann, ist ein Zähler, der das Öffnen der Datei auf dem Rechner zählt. Dieses ist hinter »DieseArbeitsmappe« in der Beispieldatei eingetragen. Realisiert wird die Zählung über ein `Workbook_Open-Makro`. Die einzige Besonderheit ist die Fehlerumgehung bei noch nicht angelegtem Benutzer in der Registry.

```
Private Sub Workbook_Open()
  Dim Bereich As String
  Dim Schluessel As String
  Dim RegWert As String
  Dim i As Integer
  Bereich = "Excel-VBA_Codebook"
  Schluessel = Application.UserName
  RegWert = GetSetting("Addison-Wesley", Bereich, Schluessel)
  If RegWert = "" Then
    RegWert = 1
  Else
    RegWert = RegWert + 1
  End If
  SaveSetting "Addison-Wesley", Bereich, Schluessel, RegWert
End Sub
```

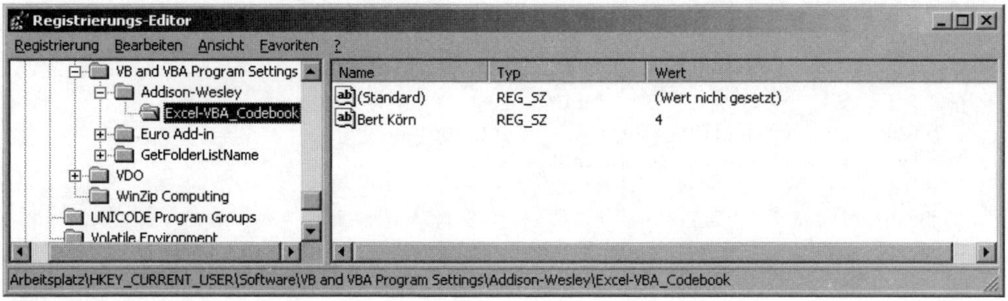

Abbildung 489: Wie man sieht, wurde die Mappe bisher vier Mal von mir geöffnet

460 UNC-Pfad eines Netzlaufwerks ermitteln

Diejenigen unter den Lesern, die häufig in Netzwerken arbeiten, kennen die Anwendung von UNC-Namen (Universal Naming Convention) bestens. Über einen UNC-Pfad kann direkt (ohne Laufwerksverknüpfung) auf eine beliebige Ressource im Netzwerk zugegriffen werden. Wenn Sie den UNC-Pfad von einem Netzlaufwerk wissen möchten, benutzen Sie folgende Prozedur:

```
Sub Netzlaufwerkspfad()
  Dim Fso, LW
  Set Fso = CreateObject("Scripting.FileSystemObject")
  Set LW = Fso.GetDrive(Fso.GetDriveName _
    (Fso.GetAbsolutePathName("L:\")))
  MsgBox "Drive " & LW.DriveLetter & ": - " & LW.ShareName
End Sub
```

461 Dateisystem

Die Art des Dateisystems des Datenträgers lässt sich ebenfalls mit einer Prozedur ermitteln. Unter anderem erhalten Sie folgende Rückgabewerte: FAT, FAT32, NTFS, CDFS

```
Sub DateiSystem()
  Dim Fso, LW
  Set Fso = CreateObject("Scripting.FileSystemObject")
  Set LW = Fso.GetDrive("C:")
  MsgBox LW.FileSystem
End Sub
```

462 Datenträgerbezeichnung

Das Auslesen der Datenträgerbezeichnung ist auch möglich.

```
Sub Datentraegerbezeichnung_lesen()
  Dim Fso, LW
  Set Fso = CreateObject("Scripting.FileSystemObject")
  Set LW = Fso.GetDrive(Fso.GetDriveName _
    (Fso.GetAbsolutePathName("a:\")))
  MsgBox "Drive " & LW.DriveLetter & ": - " & LW.VolumeName
End Sub
```

Sie haben sogar die Möglichkeit, Ihre Datenträger, besonders die Wechselmedien, auch mit einer Prozedur mit einem neuen Namen zu versehen. Speziell bei Sicherungskopien ist dies sinnvoll.

```
Sub Datentraegerbezeichnung_schreiben()
  Dim Fso, LW
  Set Fso = CreateObject("Scripting.FileSystemObject")
  Set LW = Fso.GetDrive(Fso.GetDriveName _
    (Fso.GetAbsolutePathName("a:\")))
  LW.VolumeName = "Diskette"
End Sub
```

463 Explorer: Dateien auslesen

Die nächsten Beispiele sollen Ihnen verschiedene Ideen und Anregungen geben, wie Sie Dateien aus dem Explorer auslesen können. Die gefundenen Dateien sollen entweder ins Tabellenblatt geschrieben oder in einer Dialogbox angezeigt werden.

Im ersten Beispiel sind die wichtigsten Elemente aufgeführt, mit denen wir in den folgenden Prozeduren arbeiten werden. Der Code ist nicht zum Ausführen gedacht, sondern vielmehr als Übersicht über die Möglichkeiten:

```
Sub Dateien_suchen()
  With Application.FileSearch
    ChDir "C:\Codebook"                 ' Verzeichnis wechseln
    .LookIn = "C:\Codebook"             ' Pfad angeben
    .SearchSubFolders = True            ' Unterverzeichnis einbeziehen
    .Filename = "Test.doc"              ' Dateiname suchen
    .TextOrProperty = "Dies ist*"       ' Text innerhalb Datei
    .MatchAllWordForms = True           ' Alle Formen des Wortes berücks.
    .FileType = msoFileTypeBinders      ' Alle Dateitypen ausgeben
    .Execute msoSortByFileName          ' Ausführen (Dateiname)
  End With
End Sub
```

In der folgenden Tabelle finden Sie die verfügbaren Dateitypen:

Dateitypen	Bedeutung
msoFileTypeAllFiles	Alle Dateien
msoFileTypeBinders	Sammelmappen
msoFileTypeDatabases	Datenbanken
msoFileTypeExcelWorkbooks	Excel-Arbeitsmappen
msoFileTypeOfficeFiles	Alle Office-Dateien
msoFileTypePowerPointPresentations	PowerPoint-Präsentationen
msoFileTypeTemplates	Vorlagen
msoFileTypeWordDocuments	Word Dokumente

Tabelle 53: Dateitypen

Der Standardwert ist msoFileTypeOfficeFiles.

Die msoFileTypeOfficeFiles-Konstante enthält alle Dateien mit den folgenden Dateinamenerweiterungen: *.doc, *.xls, *.ppt, *.pps, *.obd, *.mdb, *.mpd, *.dot, *.xlt, *.pot, *.obt, *.htm oder *.html.

464 InputBox mit Pfad-Eingabe

In diesem Beispiel wollen wir Dateien aus dem Explorer auslesen und die gefundenen Dateien mit deren Namen und Pfad in die Tabelle schreiben.

Zuerst programmieren wir ein Eingabefenster, über das der Pfad eingegeben werden kann (siehe Abbildung 490).

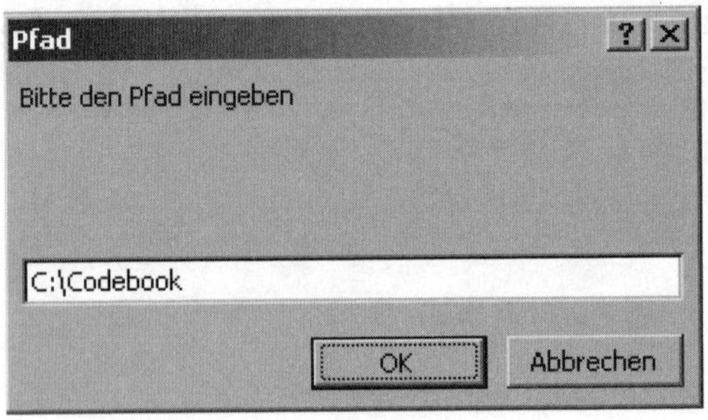

Abbildung 490: Eingabefenster mit Pfadeingabe

Mittels einer If-Entscheidung wird geprüft, ob der Pfad vorhanden ist. Wenn ja, wird die Prozedur weitergeführt, wenn nein, wird abgebrochen und eine entsprechende Fehlermeldung ausgegeben (siehe Abbildung 491).

Abbildung 491: Fehlermeldung bei falscher Pfadeingabe

Danach wird der Inhalt der Spalte A entfernt (ClearContents), damit die Spalte frei ist für unsere Ausgabe.

In der With-Anweisung wird das Verzeichnis, das Sie ins Eingabefeld eingegeben haben, ausgelesen. Wenn Dateien gefunden wurden (.Execute > 0), wird eine Dialogbox angezeigt, die ausgibt, wie viele Dateien gefunden wurden (siehe Abbildung 492).

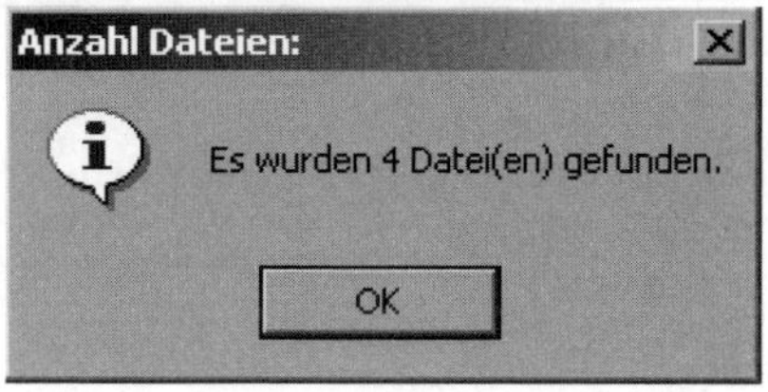

Abbildung 492: Info, wie viele Dateien gefunden wurden

In einer `For...Next`-Schleife werden die Dateien gezählt und in die Tabelle, Spalte A geschrieben.

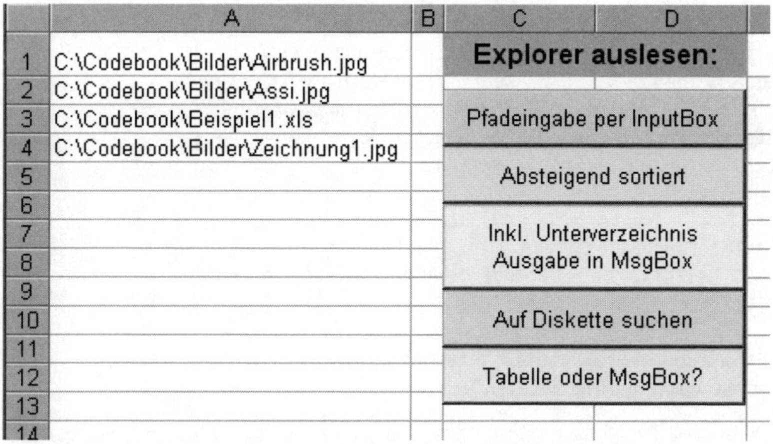

Abbildung 493: Gefundene Dateien werden in die Tabelle geschrieben

Wenn keine Dateien gefunden wurden, wird eine entsprechende Fehlermeldung ausgegeben (siehe Abbildung 494).

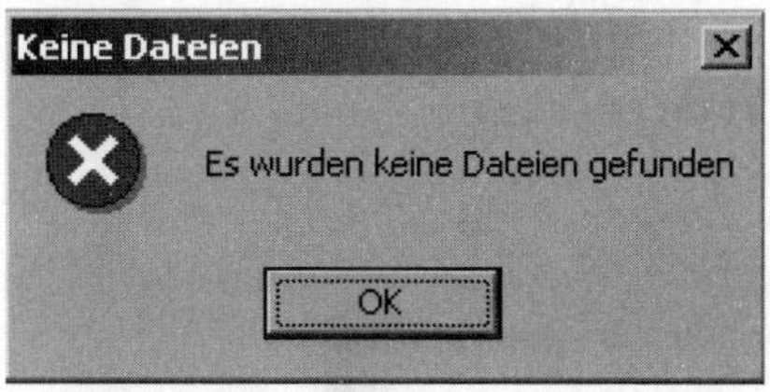

Abbildung 494: Info, wenn in dem Verzeichnis keine Dateien vorhanden sind

Am Ende der Prozedur wird die Spalte A noch dem längsten Eintrag angepasst (`AutoFit`).

```
Sub Pfad_InputBox()
  Dim ASF As Object
  Dim i As Integer
  Dim Pfad As Variant
  Set ASF = Application.FileSearch

  Pfad = Application.InputBox("Bitte den Pfad eingeben", "Pfad", _
       "C:\Codebook")                     ' InputBox für den Pfad
    If Pfad = False Then Exit Sub
  Columns("A:A").ClearContents            ' Spalte A leeren
    With ASF
      On Error GoTo Errorhandler
      ChDir Pfad                          ' Verzeichnis wechseln
      .NewSearch                          ' Neue Suche beginnen
      .LookIn = Pfad                      ' Suchen in <<Pfad>>
      .Filename = "*.*"                   ' Alle Dateien anzeigen
        If .Execute > 0 Then              ' Wenn Suche erfolgreich, dann
                                          ' Anzahl Dateien ausgeben
          MsgBox "Es wurden " & .FoundFiles.Count & _
          " Datei(en) gefunden.", vbInformation, _
          "Anzahl Dateien:"
                                          ' Ausgabe in Tabelle2
          For i = 1 To .FoundFiles.Count
            Sheets(1).Cells(i, 1) = .FoundFiles(i)
          Next i
        Else
          MsgBox "Es wurden keine Dateien gefunden", _
                 vbCritical, "Keine Dateien"
          Exit Sub
        End If
  End With
  Columns("A:A").AutoFit                  ' Spaltenbreite anpassen
  Exit Sub
Errorhandler:
  MsgBox "Pfad " & Pfad & " nicht gefunden", vbCritical, "Fehler:"
End Sub
```

465 Dateien absteigend sortiert ausgeben

Die Dateien werden normalerweise in aufsteigender Reihenfolge ausgegeben. Das wollen wir umdrehen, so dass eine Ausgabe alphabethisch absteigend erfolgt. In unserem nächsten Beispiel werden ebenfalls die gefundenen Dateien ins Tabellenblatt geschrieben.

Auf ein Eingabefeld werden wir hier verzichten und stattdessen eine Kostante mit einem festen Pfad deklarieren.

In der `If...Then`-Entscheidung wird zu Beginn in der Methode `Execute` die Sortierung mitgegeben. Die Konstante `msoSortOrderDescending` steht für absteigend sortieren. Wenn Sie in die andere Richtung, also aufsteigend, sortieren möchten, verwenden Sie `msoSortOrderAscending`.

Der Rest der Prozedur entspricht dem vorherigen Beispiel.

```
Sub Absteigend_sortiert()
  Dim AFS As Object
  Dim i As Integer
  Const Pfad = "C:\Codebook"
  Set AFS = Application.FileSearch
  Columns("A:A").ClearContents
    With AFS
      ChDir Pfad
      .NewSearch
      .LookIn = Pfad
      .Filename = "*.*"

        ' Absteigend sortieren
        If .Execute(SortBy:=msoSortByFileName, _
          SortOrder:=msoSortOrderDescending) > 0 Then

          MsgBox "Es wurden " & .FoundFiles.Count & _
          " Datei(en) gefunden.", vbInformation, _
          "Anzahl Dateien:"
            For i = 1 To .FoundFiles.Count
              Sheets(1).Cells(i, 1) = .FoundFiles(i)
            Next i
        Else
          MsgBox "Es wurden keine Dateien gefunden", _
                vbCritical, "Keine Dateien"
          Exit Sub
        End If
    End With
  Columns("A:A").AutoFit
End Sub
```

Grund-lagen
Fehler
Intern
Funk-tionen
Farben
Datum/Zeit
Auswer-tungen
Dia-gramme
Objekte
User-Form
Controls
Internet
Extern
Extra

466 Unterverzeichnisse mit auslesen

Diesmal soll das Unterverzeichnis mit ausgelesen werden (`SearchSubFolders = True`). Zudem wollen wir die Dateien nicht mehr in der Tabelle ausgeben, sondern in einer Dialogbox. Bedenken Sie jedoch, dass in einer Dialogbox maximal 1024 Zeichen angezeigt werden können.

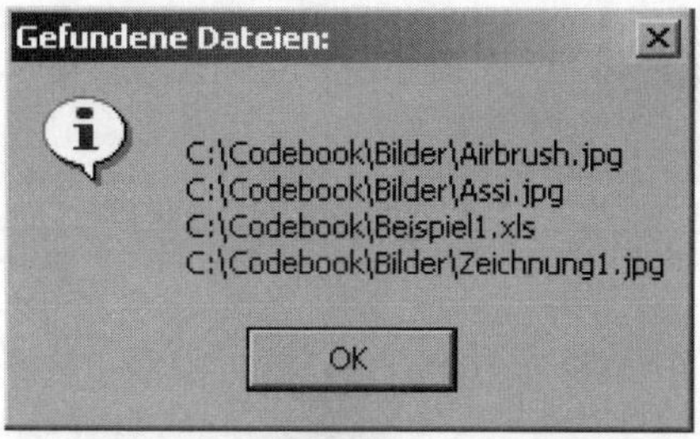

Abbildung 495: Dateien in Dialogbox ausgeben

Damit wir die gefundenen Dateien in einer Dialogbox ausgeben können, werden wir mit der Variablen `strMldg` arbeiten, der wir die Werte nach und nach in einer `For...Next`-Schleife übergeben wollen. Nach Abschluss der Schleife wird der Inhalt der Variablen an die Dialogbox übergeben. Selbstverständlich können Sie die Dateien analog der obigen Beispiele auch in die Tabelle ausgeben.

```
Sub Unterverzeichnis()
  Dim i As Integer
  Dim strMldg As String
  Const Pfad = "C:\Codebook"
  On Error Resume Next
    With Application.FileSearch
      ChDir Pfad
      .NewSearch
      .LookIn = Pfad
      .SearchSubFolders = True      ' inkl. Unterverzeichnis
      .Filename = "*.*"
      .FileType = msoFileTypeAllFiles
        If .Execute > 0 Then
          MsgBox "Es wurde(n) " & .FoundFiles.Count & _
                 " Datei(en) gefunden.", vbInformation, _
                 "Anzahl Dateien:"

           ' String für MsgBox vorbereiten
           For i = 1 To .FoundFiles.Count
             strMldg = strMldg & Chr(10) & .FoundFiles(i)
           Next i
          ' Dateien in MsgBox ausgeben
          MsgBox strMldg, vbInformation, "Gefundene Dateien:"
        Else
          MsgBox "Es wurden keine Dateien gefunden", _
                vbCritical, "Keine Dateien"
          Exit Sub
        End If
    End With
End Sub
```

467 Verzeichnisse anlegen

Das Anlegen von Verzeichnissen (`MkDir`) ist ein Kinderspiel, sowohl mit dem alten DOS-Befehl als auch mit dem `FileSystemObject`.

```
Sub Verzeichnis_anlegen()
  MkDir "C:\Codebook\Temp\Test"
End Sub

Sub Verzeichnis_anlegen2()
  Dim Fso As Object
```

```
  Set Fso = CreateObject("Scripting.FileSystemObject")
  Fso.CreateFolder ("C:\Codebook\Temp\Test2")
End Sub
```

468 Datei-Eigenschaften ändern

VBA beinhaltet auch eine Funktion namens `SetAttr`, mit der die Attribute einer Datei auf der Festplatte leicht geändert werden können. `SetAttr` benötigt zwei Parameter, einmal den Dateinamen und dann noch die Angabe, welche Parameter eingestellt werden sollen. Der zweite Parameter berechnet sich aus folgenden Werten:

vbNormal	0	Normal (Voreinstellung)
vbReadOnly	1	Schreibgeschützt
vbHidden	2	Versteckt
vbSystem	4	Systemdatei
vbArchive	32	Datei wurde seit dem letzten Speichern geändert

Wollen Sie mehr als ein Attribut verändern, müssen Sie die einzelnen Werte einfach nur addieren. Um eine Datei z.B. als »Nur lesbar« zu markieren und sie auch noch zu verstecken, können Sie folgendes Codefragment benutzen:

```
Sub Dateiattribut()
  Dim dat As String
  ChDir "C:\"
  dat = "C:\Codebook\Testdateien\Dateieigenschaft.txt"
  SetAttr dat, vbReadOnly + vbHidden
End Sub
```

Das Ganze können Sie natürlich auch wieder rückgängig machen:

```
Sub Dateiattribut_normal()
  Dim dat As String
  ChDir "C:\"
  dat = "C:\Codebook\Testdateien\Dateieigenschaft.txt"
  SetAttr dat, vbNormal
End Sub
```

469 Dateien löschen

Das Löschen einzelner Dateien oder das Leerräumen eines Verzeichnisses ist auch kein Problem. Zum Löschen mehrerer Dateien können Sie die Stellvertreterzeichen * und ? verwenden.

```
Sub löschen()
  ChDir "C:\"
  Kill ("C:\Codebook\Testdateien\Löschen.txt")
End Sub
```

470 Dateien umbenennen

Umbenennungen von Dateien in einer Prozedur sind einfach zu realisieren. Dabei wird die Datei auch in ein anderes Verzeichnis verschoben, solange es sich auf demselben Laufwerk befindet.

```
Sub umbenennen()
  Dim altN$, neuN$, Pfad$
  Pfad = "C:\Codebook\Testdateien\"
  altN = "umbenennen.txt"
  neuN = "xxxxxx_umbenennen.txt"
  ChDir "C:\"
  Name Pfad & altN As Pfad & neuN
End Sub
```

471 Dateien kopieren

Das Kopieren ist ähnlich dem Umbenennen der Dateien.

```
Sub kopieren()
  Dim Datei$, Neu$
  Datei = "C:\Codebook\Testdateien\kopieren.txt"
  Neu = "C:\Codebook\Temp\kopieren.txt"
  FileCopy Datei, Neu
End Sub
```

Die modernere Methode ist die Ansprache über das `FileSystemObject`, das einen kleinen Mehraufwand bedeutet.

```
Sub kopieren2()
  Dim Fso As Object
  Set Fso = CreateObject("Scripting.FileSystemObject")
  Fso.CopyFile "C:\Codebook\Testdateien\kopieren.txt", _
    "C:\Codebook\Temp\"
End Sub
```

472 Disketten-Laufwerk A:\

In unserem nächsten Beispiel wollen wir die Dateien einer Diskette auslesen. Auch hier werden wir die gefundenen Dateien in einer Dialogbox ausgeben.

Wenn Sie die Dateien von einer Diskette auslesen möchten, müssen Sie prüfen, ob sich überhaupt eine Diskette im Laufwerk A:\ befindet.

Dazu verwenden wir die Fehlerprüfung (`Errorhandler`). Wenn sich keine Diskette im Laufwerk befindet, soll eine Dialogbox angezeigt werden. Die Dialogbox enthält zwei Schaltflächen WIEDERHOLEN und ABBRECHEN (`vbRetryCancel`), wie in Abbildung 496 zu sehen ist. Auf diese Weise besteht die Möglichkeit, die Diskette einzulegen und die Schaltfläche WIEDERHOLEN anzuklicken, ohne dass die Prozedur erneut gestartet werden muss.

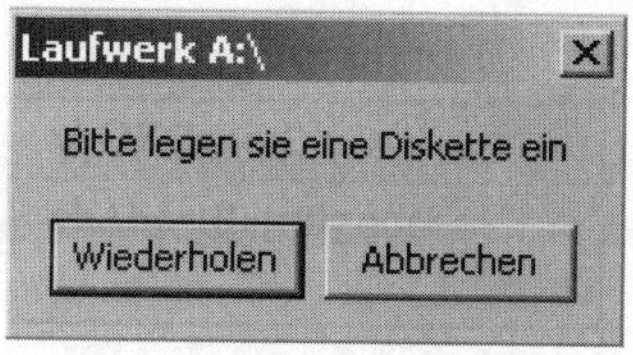

Abbildung 496: Meldung, wenn keine Diskette eingelegt ist

```
Sub Auf_Diskette_suchen()
  Dim AFS As Object
  Dim i As Integer
  Dim strMldg
  Const Pfad = "A:\"
  Set AFS = Application.FileSearch
  On Error GoTo Errorhandler
    With AFS
      ChDir Pfad
      .NewSearch
      .LookIn = Pfad
      .Filename = "*.*"
        If .Execute > 0 Then
          Msgbox "Es wurde(n) " & .FoundFiles.Count & _
          " Datei(en) gefunden.", vbInformation, _
          "Anzahl Dateien:"
            For i = 1 To .FoundFiles.Count
              strMldg = strMldg & Chr(10) & .FoundFiles(i)
            Next i
              Msgbox strMldg, vbInformation, "Gefundene Dateien:"
        Else
          Msgbox "Es wurden keine Dateien gefunden", _
                 vbCritical, "Keine Dateien"
          Exit Sub
      End If
    End With
    Set AFS = Nothing
    Exit Sub
```

```
Errorhandler:
  strMldg = Msgbox("Bitte legen Sie eine Diskette ein", _
            vbRetryCancel, "Laufwerk A:\")
  If strMldg = vbRetry Then Call Auf_Diskette_suchen
End Sub
```

473 Laufwerksangaben auslesen

Wer hat nicht bereits nach der Möglichkeit gesucht, alle Laufwerke nacheinander aufzulisten. Die nachfolgende Prozedur ermöglicht auch noch, viele Daten der einzelnen Laufwerke zurückzugeben.

Sogar die Seriennummer des Datenträgers kann man sich anzeigen lassen. Diese ist besonders bei Disketten und sonstigen Wechselmedien interessant, wenn ein unerlaubtes Speichern auf fremden Wechselmedien verhindert werden soll. Genauso ist eine rechnerbezogene Öffnung der Datei am besten über die Seriennummer der Festplatte steuerbar.

```
Sub Laufwerk()
  Dim i As Byte
  Dim txt As String
  On Error Resume Next
  txt = "Laufwerk" & Chr(9) & "Datenträgerart" & Chr(9) & _
    "Seriennummer" & Chr(9) & "Freier Platz" & Chr(9) & _
    "Gesamtkapazität  " & Chr(9) & "LW-Bezeichnung" & Chr(13) _
    & Chr(13)
  For i = 65 To 90
    txt = txt & Laufwerksinfo(Chr(i) & ":\") & Chr(13)
  Next i
  MsgBox txt, , "Laufwerksdaten"
End Sub

Function Laufwerksinfo(Pfad)
  Dim Fso As Object, LW As Object, txt As String, Art As String
  Set Fso = CreateObject("Scripting.FileSystemObject")
  Set LW = Fso.GetDrive(Fso.GetDriveName( _
    Fso.GetAbsolutePathName(Pfad)))
  Select Case LW.DriveType
    Case 0: Art = "unbekannt "
    Case 1: Art = "Wechseldatentr."
    Case 2: Art = "Festplatte"
    Case 3: Art = "Netzwerk  "
    Case 4: Art = "CD-ROM    "
    Case 5: Art = "RAM Disk  "
  End Select
  txt = LW.DriveLetter & Chr(9) _
    & Art & Chr(9) & LW.SerialNumber & Chr(9) _
    & Format(LW.FreeSpace / 1048576, "000.00") & " MB" & Chr(9) _
    & Format(LW.TotalSize / 1048576, "000.00") & " MB" & Chr(9) _
    & LW.VolumeName
  Laufwerksinfo = txt
End Function
```

Die einzelnen möglichen Rückgabewerte sehen Sie in der nachfolgenden Tabelle:

Parameter	Rückgabewert
DriveLetter	Gibt den Laufwerksbuchstaben zurück
DriveType	Gibt die Art des Laufwerks zurück ▶ 0 = unbekannt ▶ 1 = Wechseldatenträger (Diskette, ZIP, JAZ etc.) ▶ 2 = Festplatte ▶ 3 = Netzwerk ▶ 4 = CD-ROM etc. ▶ 5 = RAM-Laufwerk
DriveExists	Gibt True zurück, wenn es das angegebene Laufwerk gibt. Für die Prüfung, ob es Disketten im Laufwerk gibt, ungeeignet
IsReady	Gibt True zurück, wenn das angegebene Laufwerk verfügbar ist. Ideal zur Prüfung, ob Disketten, CD-ROM etc. eingelegt sind.
FreeSpace	Gibt den freien Speicherplatz zurück
AvailableSpace	Gibt den zur Verfügung stehenden Speicherplatz zurück. Hat nur unterschiedliche Ergebnisse zu FreeSpace bei quotierten Laufwerken
TotalSize	Gibt die Gesamtkapazität eines Laufwerks oder eines Netzlaufwerks in Byte zurück
FileSystem	Gibt das Format des Datenträgers zurück, unter anderem FAT, FAT32, NTFS, CDFS
VolumeName	Gibt die Laufwerksbezeichnung zurück, auch Schreibzugriff
SerialNumber	Gibt die dezimale Seriennummer des Datenträgers zurück. Ideal zum Überprüfen, ob die richtige Diskette eingelegt ist. Genauso gut zur Berechtigungsüberprüfung der Dateinutzung zu verwenden.
ShareName	Gibt den UNC-Pfad eines Netzlaufwerks zurück

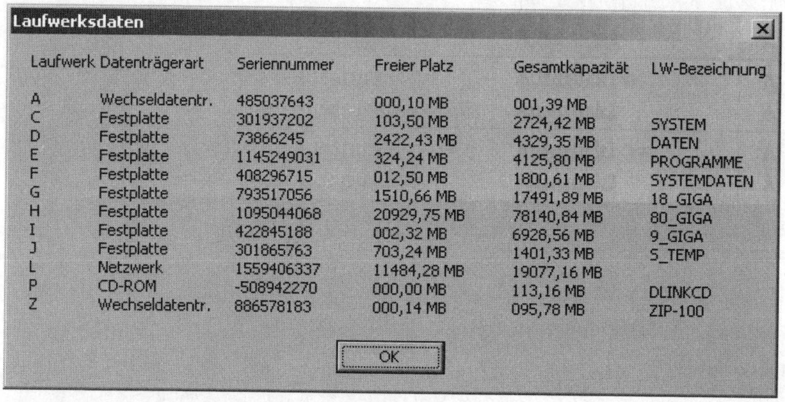

Abbildung 497: Laufwerksdaten eines Rechners

Grundlagen
Fehler
Intern
Funktionen
Farben
Datum/Zeit
Auswertungen
Diagramme
Objekte
UserForm
Controls
Internet
Extern
Extra

474 Diskette eingelegt?

Sie werden die Variante der Ermittlung, ob eine Diskette eingelegt ist, über eine Fehlerrückgabe kennen. Über das `FileSystemObjekt` haben Sie aber die besseren Voraussetzungen.

```
Sub Diskette_eingelegt()
  Dim Fso, LW
  Set Fso = CreateObject("Scripting.FileSystemObject")
  Set LW = Fso.GetDrive("a")
  If LW.IsReady Then
    MsgBox "Diskette vorhanden"
  Else
    MsgBox "keine Diskette eingelegt"
  End If
End Sub
```

475 Diskette formatieren (Shell32.dll und RunDLL.exe)

Wenn wir schon beim Thema »Disketten« sind, möchten wir Ihnen nicht vorenthalten, wie Sie eine Diskette aus Excel heraus formatieren können. Leider gibt es in VBA keinen Befehl, den man verwenden könnte, um eine Diskette aus Excel heraus zu formatieren. Eine Möglichkeit, die zur Verfügung steht, ist die Funktion `SHFormatDrive`, die aus der Bibliothek SHELL32.DLL stammt. Eine weitere Möglichkeit, das Dialog-Fenster zur Formatierung einer Diskette aufzurufen, wäre über RUNDLL.EXE.

Zur ersten Variante: Der Vorteil der Bibliothek SHELL32.DLL liegt sicherlich darin, dass einzelne Parameter übergeben werden können. Die Einstellung der Parameter hängt von der verwendeten Windows-Version ab.

```
Private Declare Function SHFormatDrive Lib "shell32" _
   (ByVal hwndOwner As Long, _
    ByVal lngDrive As Long, _
    ByVal lngCapacity As Long, _
    ByVal lngFormatType As Long) As Long

Sub Diskette_formatieren1()
   Const StandardKapazitaet = 0
   Const Kapazitaet360 = 3      ' nur 5 1/4"-Laufwerke
   Const Kapazitaet720 = 5      ' nur 3 1/2"-Laufwerke
   Const QuickFormatOff = 0
   Const QuickFormatOn = 1
   Const VollstaendigesFormatieren = 1
   Const NurSystemdateienKopieren = 2

   SHFormatDrive 0, _
      Asc("A") - Asc("A"), _
      StandardKapazitaet, _
      QuickFormatOn
End Sub
```

Leider kann das Laufwerk nicht über seinen Buchstaben angesprochen werden, sondern wird von 0 ausgehend aufgezählt. Die Funktion `Asc("A") - Asc("A")` dient zur Umwandlung des Wertes 0 und ist lediglich als Erkennung des Laufwerks A:\ gedacht. Sie können also genauso gut den Wert 0 einsetzen (siehe unten stehenden Code). Dieser Wert wiederum wird an `lngDrive` übergeben.

Auf die Konstanten-Deklaration können Sie grundsätzlich verzichten, wir haben sie hier jedoch der Vollständigkeit halber aufgeführt und haben jeweils versucht, sie so zu benennen, dass sie für sich selbst sprechen. Ohne Deklaration der Konstanten könnte derselbe Code so aussehen:

```
Private Declare Function SHFormatDrive Lib "shell32" _
   (ByVal hwndOwner As Long, _
    ByVal lngDrive As Long, _
    ByVal lngCapacity As Long, _
    ByVal lngFormatType As Long) As Long

Sub Diskette_formatieren()
   SHFormatDrive 0, 0, 0, 1
End Sub
```

Wenn Sie die beiden Codes vergleichen, werden Sie unschwer erkennen, wie sich mit den vier verwendeten Parametern »spielen« lässt.

Zur zweiten Variante: Der Vorteil hierbei ist, dass das gewünschte Dialog-Fenster mit einer Codezeile aufgerufen werden kann. Der Nachteil ist, dass keine Parameter mitgeliefert werden können.

Der Code sieht folgendermaßen aus: Die Konstante `vbNormalFocus` lässt das Fenster im Vordergrund anzeigen; welche weiteren Möglichkeiten Sie haben, können Sie direkt beim Eingeben des Codes erkennen, und zwar direkt nach der Eingabe des Kommas.

```
Sub Diskette_formatieren3()
Call Shell("rundll32.exe shell32.dll, SHFormatDrive", vbNormalFocus)
End Sub
```

Mittels der `RunDLL` können Sie von Excel her auch auf weitere Windows-Komponenten zugreifen.

Um Ihnen einen kleinen Überblick zu gewähren, haben wir eine Liste mit möglichen Funktionen zusammengestellt. Der Code ist jeweils, wie bei obigem Beispiel, zwischen Klammer und Anführungszeichen zu setzen.

Eingabehilfen (Registerkarten)	
Tastatur	rundll32.exe shell32.dll,Control_RunDLL access.cpl,,1
Sound	rundll32.exe shell32.dll,Control_RunDLL access.cpl,,2
Anzeige	rundll32.exe shell32.dll,Control_RunDLL access.cpl,,3
Maus	rundll32.exe shell32.dll,Control_RunDLL access.cpl,,4
Allgemein	rundll32.exe shell32.dll,Control_RunDLL access.cpl,,5
Eigenschaften von Anzeige (Registerkarten)	
Hintergrund	rundll32.exe shell32.dll,Control_RunDLL desk.cpl,,0
Bildschirmschoner	rundll32.exe shell32.dll,Control_RunDLL desk.cpl,,1
Darstellung	rundll32.exe shell32.dll,Control_RunDLL desk.cpl,,2
Einstellungen	rundll32.exe shell32.dll,Control_RunDLL desk.cpl,,3
Eigenschaften von Tastatur (Registerkarten)	
Geschwindigkeit	rundll32.exe shell32.dll,Control_RunDLL main.cpl @1,0
Eingabe	rundll32.exe shell32.dll,Control_RunDLL main.cpl @1,1
Hardware	rundll32.exe shell32.dll,Control_RunDLL main.cpl @1,2
Ländereinstellungen (Registerkarten)	
Allgemein	rundll32.exe shell32.dll,Control_RunDLL intl.cpl,,0
Zahlen	rundll32.exe shell32.dll,Control_RunDLL intl.cpl,,1
Währung	rundll32.exe shell32.dll,Control_RunDLL intl.cpl,,2
Uhrzeit	rundll32.exe shell32.dll,Control_RunDLL intl.cpl,,3
Datum	rundll32.exe shell32.dll,Control_RunDLL intl.cpl,,4
Eingabe	rundll32.exe shell32.dll,Control_RunDLL intl.cpl,,5
Eigenschaften von Datum und Uhrzeit (Registerkarten)	
Datum und Uhrzeit	rundll32.exe shell32.dll,Control_RunDLL timedate.cpl,,0
Zeitzone	rundll32.exe shell32.dll,Control_RunDLL timedate.cpl,,1
Verschiedenes	
Diskette kopieren	rundll32.exe diskcopy.dll,DiskCopyRunDll
Eigenschaften Maus	rundll32.exe shell32.dll,Control_RunDLL main.cpl @0
Systemsteuerung	rundll32.exe shell32.dll,Control_RunDLL

476 Wahl zwischen Ausgabe in Tabelle oder Dialogbox

In unserem nächsten Beispiel können Sie wählen, ob die gefundenen Dateien in die Tabelle geschrieben werden sollen oder ob sie in einer Dialogbox ausgegeben werden.

Wenn Sie die Schaltfläche JA anklicken, wird in die Tabelle geschrieben. Wenn Sie die Schaltfläche NEIN anklicken, wird in der Dialogbox ausgegeben.

Abbildung 498: Entscheidung, ob in Tabelle oder Dialogbox schreiben

In der Prozedur können wir diese Auswahl über eine zusätzliche `If...Then...Else`-Entscheidung programmieren.

```
Sub Tabelle_oder_MsgBox()
  Dim i As Integer
  Dim intWahl As Integer
  Dim strMldg As String
  Const Pfad = "C:\Codebook"
    With Application.FileSearch
      ChDir Pfad
      .LookIn = Pfad
      .Filename = "*.*"
        If .Execute > 0 Then
          intWahl = Msgbox("Es wurde(n) " & .FoundFiles.Count & _
                    " Datei(en) gefunden." & Chr(10) & Chr(10) & _
                    "Sollen die Daten in die Tabelle eingetragen" _
                    & " werden?" & Chr(10) & Chr(10) & _
                    "Ja" & Chr(9) & "Die Daten werden in die " & _
                    "Tabelle geschrieben" & Chr(10) & _
                    "Nein" & Chr(9) & "Die Daten " & _
                    "werden in einer MsgBox angezeigt", vbYesNo, _
                    "Auswahl")

          ' Wenn <<Ja>>, dann Ausgabe in Tabelle
          If intWahl = vbYes Then
            Columns("A:A").Clear
              For i = 1 To .FoundFiles.Count
                Sheets(1).Cells(i, 1) = .FoundFiles(i)
              Next i
          ' Wenn <<Nein>>, dann Ausgabe in MsgBox
```

```
            ElseIf intWahl = vbNo Then
                For i = 1 To .FoundFiles.Count
                  strMldg = strMldg & Chr(10) & .FoundFiles(i)
                Next i
                Msgbox strMldg, vbInformation, "Gefundene Dateien:"
            End If
         Else
             Msgbox "Es wurden keine Dateien gefunden", _
                     vbCritical, "Keine Dateien"
             Exit Sub
         End If
     End With
End Sub
```

477 Textdatei erzeugen

In den beiden nachfolgenden Beispielen wollen wir direkt aus Excel heraus *.txt-Dateien erzeugen.

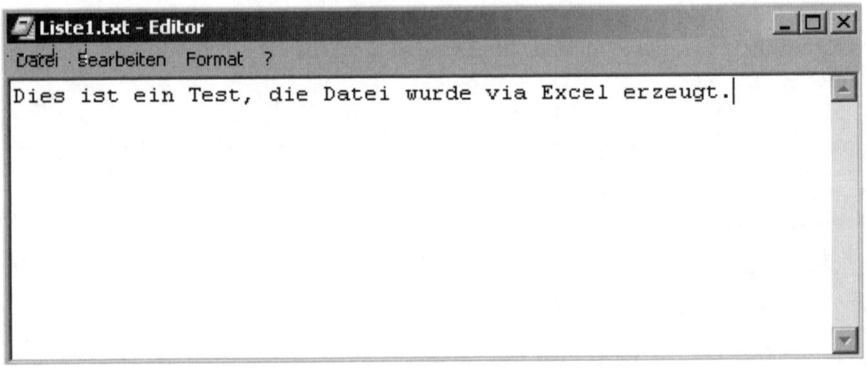

Abbildung 499: Textdatei von Excel aus erstellt

Zuerst wird mit `CreateObject` ein neues Objekt erstellt. In Klammern steht, von welchem Typ das Objekt sein soll. Danach wird die Textdatei erzeugt (`CreateTextFile`), wobei wir gleich den Pfad und den Dateinamen mitliefern. Beachten Sie, dass die Datei jeweils ohne Warnung überschrieben wird, wenn Sie in Klammern `True` schreiben.

Dann wird mit `WriteLine` ein Text in die Datei geschrieben. Mit `Close` wird sichergestellt, dass die Datei geschlossen wird. Sie können das natürlich auch weglassen, dann bleibt das Text-File geöffnet. Wenn Sie den Code so ausführen, wie er unten geschrieben steht, werden Sie gar nicht merken, dass die Datei erzeugt wurde. Im Explorer können Sie sich jedoch davon überzeugen.

Zu guter Letzt wird der Verweis und somit der Speicherplatz wieder freigegeben (`Set fso = Nothing`).

```
Sub txt_Datei()
   Dim fso As Object
   Dim txt As Object
   Set fso = CreateObject("Scripting.FileSystemObject")

   ' Bei True wird die alte Datei ohne Warnung überschrieben
   Set txt = fso.CreateTextFile("C:\Codebook\Liste2.txt", True)

   ' Text wird in Datei geschrieben
   txt.WriteLine ("Dies ist ein Test, die Datei wurde via" & _
                 "Excel erzeugt.")
   txt.Close                  ' Textdatei schließen
   Set fso = Nothing          ' Verweis freigeben
   Set txt = Nothing          ' Verweis freigeben
End Sub
```

478 Export in eine Textdatei

In unserem nächsten Beispiel wollen wir Daten aus einem Tabellenblatt in die Textdatei schreiben (siehe Abbildung 500). Die Daten stehen in den Spalten A und B. Sie sollen getrennt durch ein Semikolon in die Textdatei übertragen werden.

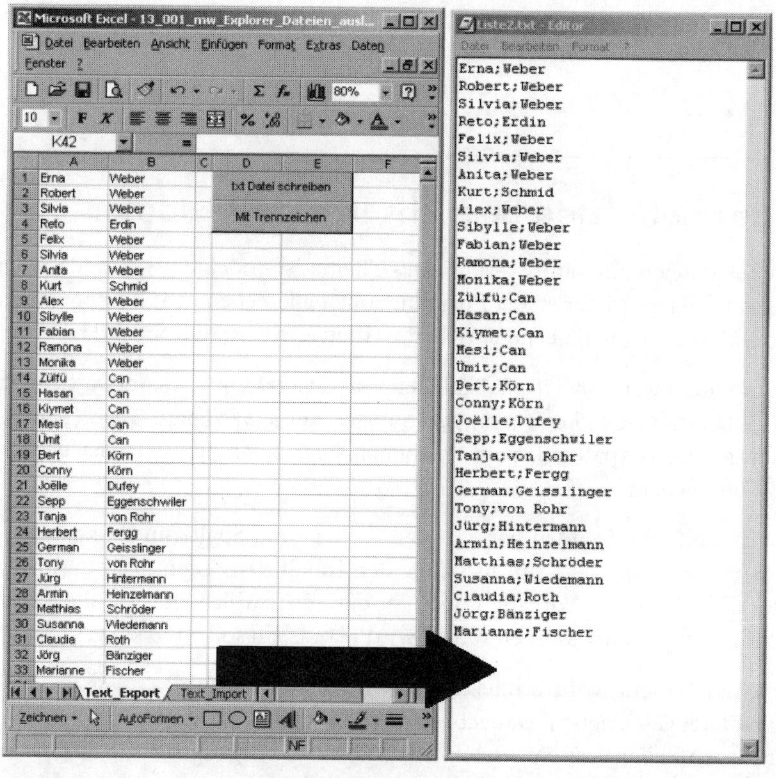

Abbildung 500: Ausgabe in Textdatei getrennt durch ein Semikolon

Um die Textdatei ansprechen zu können, müssen wir zu Beginn der Prozedur entsprechend referenzieren (Set).

In der For...Each-Schleife werden die Einträge in der Spalte A der Variablen c übergeben. Die If-Entscheidung prüft, ob die Variable gefüllt wurde. Wenn nicht, wird die Prozedur verlassen (Exit Sub). Wenn sie einen Eintrag enthält, wird dieser Eintrag mit einem Semikolon und mit dem Inhalt der Nebenzelle, also aus Spalte B, verkettet. Der Wert, der nun in der Variablen c steht, wird in die Textdatei geschrieben (txt.WriteLine).

Das Beispiel kann beliebig um zusätzliche Spalten erweitert werden.

```
Sub txt_mit_Trennzeichen()
   Dim fso As Object
   Dim txt As Object
   Dim c As Range
   Set fso = CreateObject("Scripting.FileSystemObject")
   Set txt = fso.CreateTextFile("C:\Codebook\Liste2.txt", True)
      For Each c In Range("A:A")
         If c.Value <> "" Then
            ' Spalte A und B getrennt durch Semikolon
            txt.WriteLine c & ";" & c.Offset(0, 1).Value
         Else
            Exit Sub
         End If
      Next c
   Set fso = Nothing
   Set txt = Nothing
End Sub
```

479 Export des benutzten Bereichs in eine Textdatei

Da der Export nach Textdateien ein häufig diskutiertes Thema ist, möchten wir Ihnen noch zwei weitere Beispiele aufzeigen. In der ersten Prozedur sollen alle Zellen pro Zeile durch ein Semikolon getrennt und in eine Textdatei geschrieben werden (siehe Abbildung 501).

Die Prozedur arbeitet mit zwei For...Next-Schleifen. In der ersten Schleife werden im benutzten Bereich (UsedRange) die Zeilen (Rows) gezählt und an die Variable z übergeben. In der zweiten Schleife werden die Spalten (Columns), ebenfalls des benutzten Bereichs, gezählt und an die Variable s übergeben.

Die beiden Variablen z und s verwenden wir, um den Zeilen- und Spaltenindex anzusprechen. Die Variable temp verwenden wir, um pro Zeile den Inhalt der Zellen nach und nach der Variablen zu übergeben. Dieser Vorgang erfolgt in der zweiten Schleife. Da die Werte jeweils durch ein Semikolon getrennt werden sollen, wird jeweils ein solches dazu verkettet.

Direkt nach der zweiten Schleife wird schließlich der Inhalt der Variablen temp als Zeile (WriteLine) in die Textdatei geschrieben. Danach wird die Variable temp auf leer ("") gesetzt, um die Daten der nächsten Zeilen aufnehmen zu können. Dieser Vorgang wird so lange wiederholt, bis das Ende des benutzten Bereiches im aktiven Tabellenblatt erreicht ist.

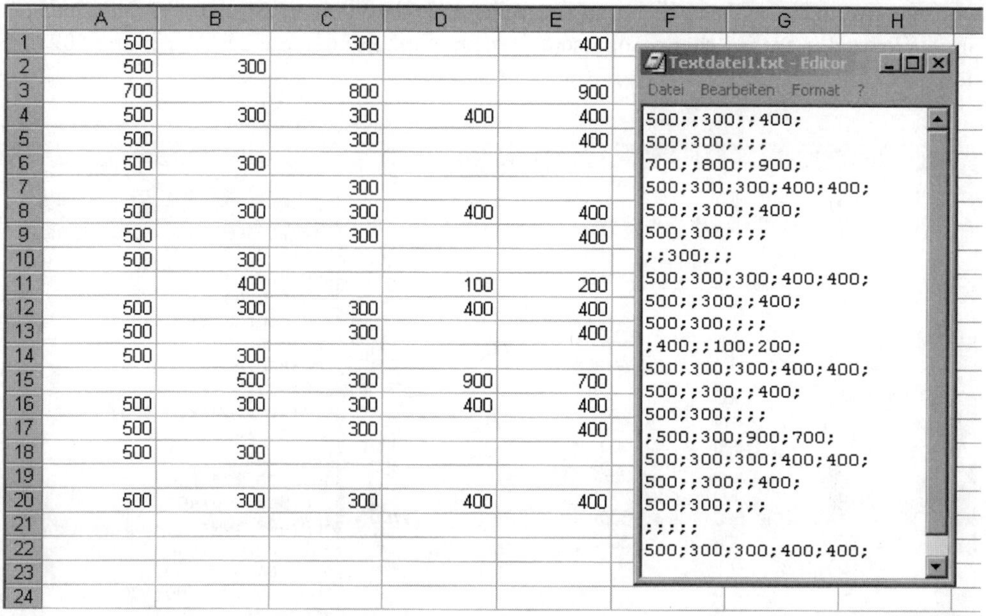

Abbildung 501: Benutzten Bereich in Textdatei schreiben

Am Ende wird eine Dialogbox angezeigt, die mitteilt, dass die Daten erfolgreich in die Textdatei geschrieben werden konnten.

```
Sub Textdatei1()
   Dim fso As Object
   Dim txt As Object
   Dim z As Integer
   Dim s As Integer
   Dim temp As String
   Set fso = CreateObject("Scripting.FileSystemObject")
   Set txt = fso.CreateTextFile("C:\Codebook\Textdatei1.txt")
      For z = 1 To ActiveSheet.UsedRange.Rows.Count
         For s = 1 To ActiveSheet.UsedRange.Columns.Count
            temp = temp & Cells(z, s) & ";"
         Next s
         txt.WriteLine temp
         temp = ""
      Next z
   Set fso = Nothing
   Set txt = Nothing
   MsgBox "Die Textdatei ""C:\Codebook\Textdatei1.txt""" & _
          " wurde erfolgreich erstellt"
End Sub
```

Wenn Sie die Abbildung 501 betrachten, können Sie erkennen, dass viele »überflüssige« Semikolons enthalten sind. Je nach Weiterverarbeitung ist dies erforderlich oder unerwünscht. Wenn Sie bei Leerzellen und Leerzeilen kein Semikolon ausgeben möchten, müssen Sie die Prozedur entsprechend anpassen. Das Ergebnis können Sie der Abbildung 502 entnehmen.

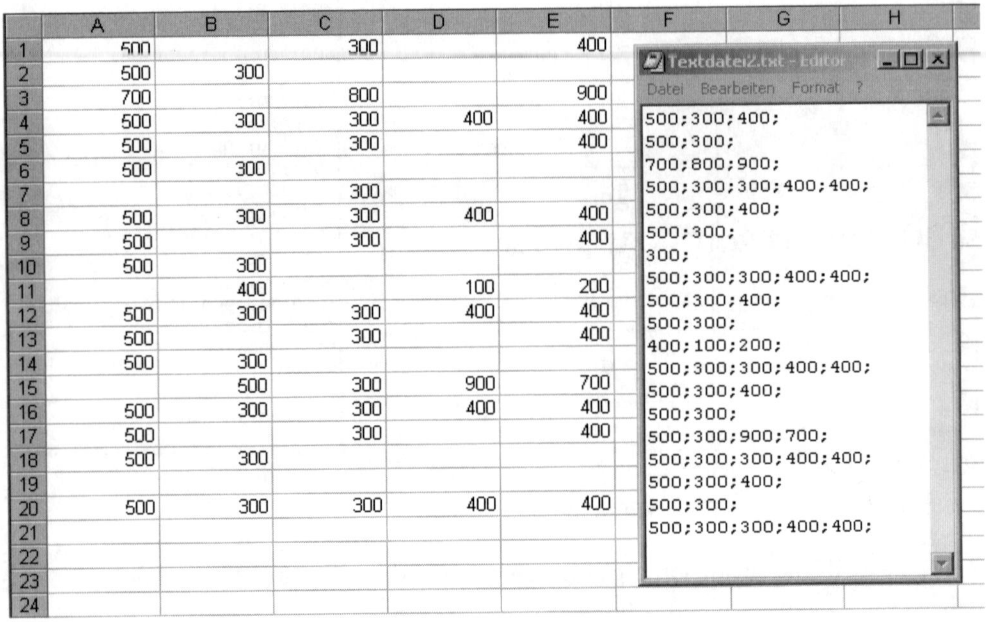

Abbildung 502: Ohne Berücksichtigung der Leerzellen bzw. Leerzeilen

Die Prozedur wurde durch zwei `If`-Entscheidungen erweitert. Die erste `If`-Entscheidung wurde in die zweite Schleife integriert. Sie prüft, ob die Zelle leer ist. Wenn dies nicht zutrifft, wird der Wert an die Variable `temp` übergeben, ansonsten geschieht gar nichts bzw. die Prozedur wird fortgeführt, ohne einen Wert in die Variable zu schreiben.

In der zweiten `If`-Entscheidung wird geprüft, ob die Variable `temp` leer ist. Wenn dies der Fall ist, bedeutet das, dass eine Leerzeile in der Tabelle gefunden wurde. Sollte dies zutreffen, wird keine Zeile in die Textdatei geschrieben. Wenn die Variable `temp` jedoch einen Wert enthält, wird eine Zeile in die Textdatei geschrieben (`WriteLine`).

```
Sub Textdatei2()
  Dim fso As Object
  Dim txt As Object
  Dim z As Integer
  Dim s As Integer
  Dim temp As String
  Set fso = CreateObject("Scripting.FileSystemObject")
  Set txt = fso.CreateTextFile("C:\Codebook\Textdatei2.txt", True)
    For z = 1 To ActiveSheet.UsedRange.Rows.Count
      For s = 1 To ActiveSheet.UsedRange.Columns.Count
        If Cells(z, s) <> "" Then temp = temp & Cells(z, s) & ";"
```

```
        Next s
          If temp <> "" Then

             temp = ""
          End If
        Next z
    Set fso = Nothing
    Set txt = Nothing
     MsgBox "Die Textdatei ""C:\Codebook\Textdatei1.txt""" & _
            " wurde erfolgreich erstellt"
End Sub
```

480 Import von Textdateien

Das Ganze soll nun in die andere Richtung geschehen. Das heißt, wir wollen den Inhalt einer Textdatei in unsere Excel-Tabelle schreiben (siehe Abbildung 503).

Wir arbeiten mit einem festen Pfad, den wir der Konstanten `Datei` übergeben.

Um die Geschwindigkeit zu erhöhen, schalten wir die Bildschirmaktualisierung aus (`Application.ScreenUpdating = False`). Am Ende der Prozedur müssen wir diese wieder einschalten, indem wir den Wert auf `True` setzen.

Damit das Ganze funktioniert, müssen wir das Blatt referenzieren (`Set`). Um den Speicher wieder freizugeben, wird am Ende der Prozedur das `Set` auf `Nothing` gesetzt.

Eine Fehlerbehandlung (`Errorhandler`) benötigen wir für den Fall, dass die angegebene Textdatei nicht existiert. Sollte das der Fall sein, wird eine entsprechende Dialogbox angezeigt.

Direkt nach der Fehlerbehandlung löschen (`Clear`) wir allfällige Einträge in den Spalten A und B, damit sie mit unseren Werten aus der Textdatei neu gefüllt werden können.

Die Textdatei wird dann als Excel-Datei geöffnet (`Workbooks.OpenText`). Sicherheitshalber geben wir hier noch an, dass die Daten durch ein Semikolon getrennt sind.

Danach werden die Daten in unsere Tabelle kopiert (`Copy`). Die Mappe, die die Daten vom Import enthält, wird ohne Speichern geschlossen.

Die Spalten werden in der Breite den Einträgen angepasst (`AutoFit`).

```
Sub txt_Import()
   Dim Blatt As Worksheet
   Const Datei = "C:\Codebook\Liste2.txt"
   Application.ScreenUpdating = False
   Set Blatt = Sheets(1)
   On Error GoTo Errorhandler
   Blatt.Range("A:B").Clear
   Workbooks.OpenText Datei, Semicolon:=True
   Cells.Copy Blatt.Range("A1")
   ActiveWorkbook.Close SaveChanges:=False
   Blatt.Columns("A:B").AutoFit
```

```
   Application.ScreenUpdating = True
   Set Blatt = Nothing
   Exit Sub
Errorhandler:
   Msgbox "Die Datei wurde nicht gefunden", vbCritical, "Fehler:"
End Sub
```

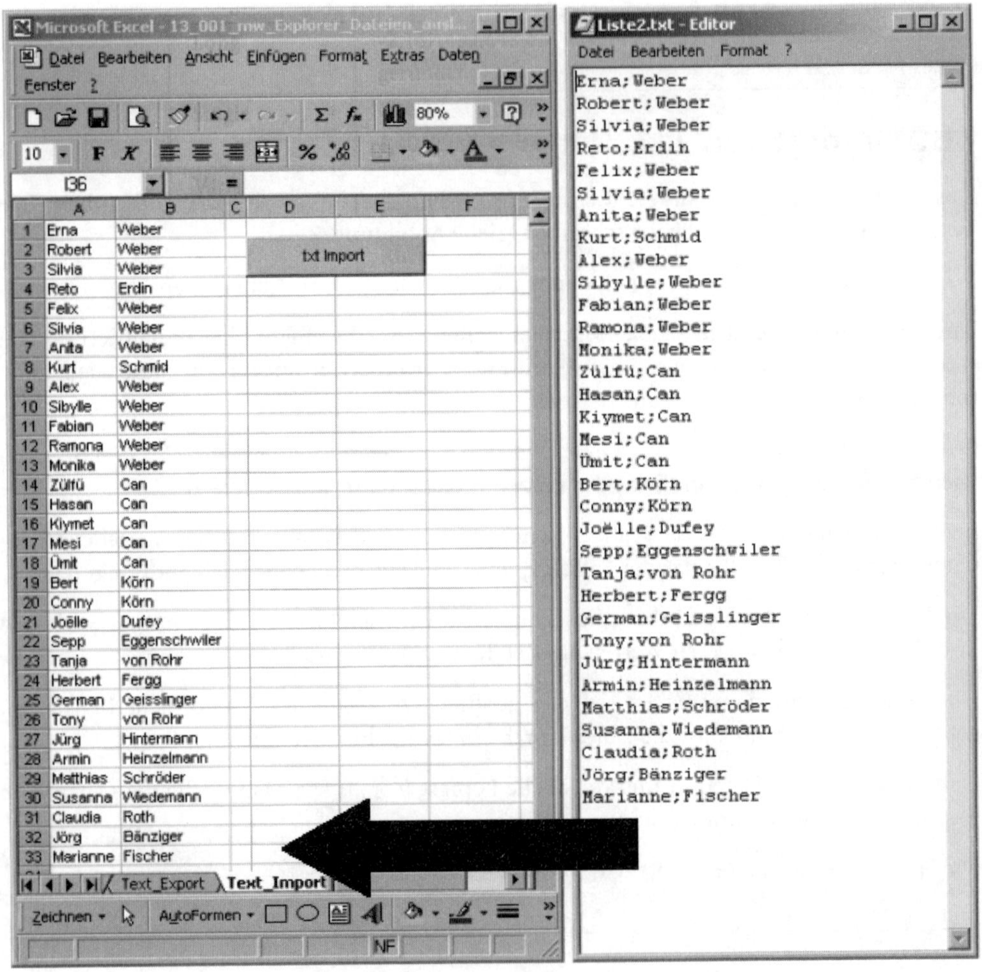

Abbildung 503: Import aus Textdatei

481 Excel-Datei für Serienbrief

Eigentlich gehört dieser Abschnitt gar nicht in ein Excel-Buch, da sich fast alles rund um Word dreht. Aber es werden sehr oft in den Newsgroups und Foren Fragen rund um Serienbriefe gestellt, so dass wir uns entschlossen haben, hier die Anleitung dazu doch aufzuführen. Einen Serienbrief nur in Excel zu erstellen ist zwar auch möglich, aber in Zusammenarbeit mit Word haben Sie sehr viel mehr Möglichkeiten. Diese sollten Sie auch nutzen. Bitte haben Sie Verständnis, dass wir uns kurz fassen. Um einen Serienbrief zu schreiben, sind keine VBA-Kenntnisse erforderlich. Als Erstes erstellen wir eine Adressdatei mit Excel, die etwa folgendes Aussehen haben sollte:

	A	B	C	D	E	F	G	H	I
1	**Anrede**	**Vorname**	**Nachname**	**Straße**	**Hs.-Nr.**	**Land**	**PLZ**	**Stadt**	**Briefanrede**
2	Herr	Bert	Körn	Öschlestr.	26	D	78628	Rottweil	Hallo Herr Körn
3	Frau	Monika	Weber	Platzweg	99	CH	12345	Hägendorf	Sehr geehrte Frau Weber
4	Herr	Santa	Klaus	Himmelspforte	1	xyz	99999	Hinter dem Mond	Hallo lieber Weihnachtsmann

Abbildung 504: Die Adressdatei

Die Reihenfolge der Spalten bleibt Ihnen überlassen, nur sollten Sie die Spaltenüberschriften anders formatieren als die restlichen Adressbestandteile. Die Fettformatierung bietet sich hier an. Jetzt speichern Sie diese Datei bitte ab. Wir haben als Speicherort *C:\Codebook\\Dateien* gewählt. Dort finden Sie auch diese Arbeitsmappe.

Jetzt ist die Vorbereitung in Excel abgeschlossen, der Rest spielt sich in Word ab.

In Word klicken Sie im Menü EXTRAS auf den Eintrag SERIENDRUCK. Im erscheinenden Fenster klicken Sie auf HAUPTDOKUMENT | ERSTELLEN. In der Auswahl wählen Sie dann SERIENBRIEFE aus.

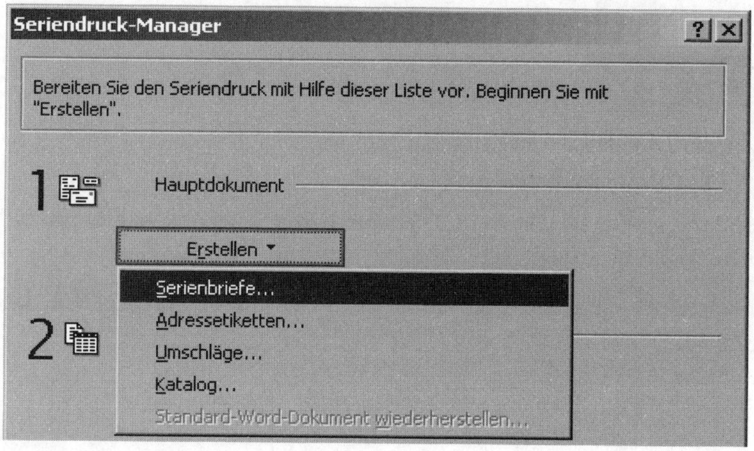

Abbildung 505: Der Seriendruck-Manager

Es folgt ein Meldungsdialog, der abfragt, ob Sie ein neues Dokument anlegen wollen oder mit dem bestehenden fortfahren möchten. Was Sie hier wählen, kommt auf den Verwendungszweck an. Als Nächstes wählen Sie im Seriendruck-Manager DATEN IMPORTIEREN und dann DATENQUELLE ÖFFNEN.

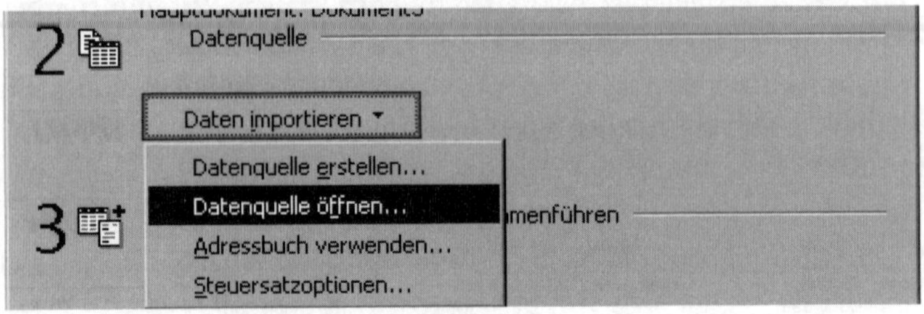

Abbildung 506: Datenquelle auswählen

Im jetzt erscheinenden Fenster stellen Sie oben das Laufwerk *C:\Codebook\Dateien* ein und unten wählen Sie als Dateityp MS-EXCEL ARBEITSBLÄTTER *.XLS. Jetzt erscheinen die Excel-Dateien in dem großen Feld. Hier wählen Sie die gewünschte Datei aus. Danach erscheint eine Abfrage, ob das gesamte Tabellenblatt benutzt werden soll.

Abbildung 507: Die Abfrage

Im Regelfall wählen Sie das gesamte Tabellenblatt. Die andere Möglichkeit wäre die Auswahl eines benannten Bereichs.

Jetzt müssen Sie nur noch die Seriendruckfelder in Ihr Word-Dokument einfügen. Wie dies geht, zeigt die Abbildung 508.

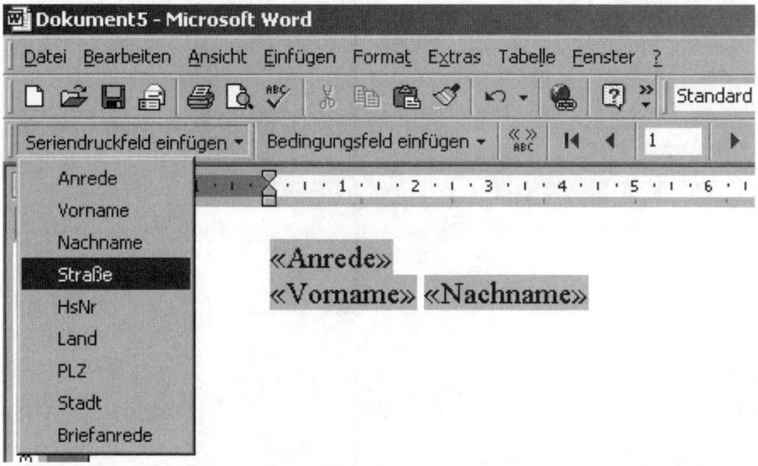

Abbildung 508: Seriendruckfelder einfügen

Wenn Sie alle benötigten Datenfelder ausgefüllt haben, können Sie mit der Schaltfläche ABC einen Datensatz in Reinschrift anzeigen lassen.

Abbildung 509: Der erste Datensatz

Der Seriendruck-Manager bietet unzählige Möglichkeiten, die den Rahmen dieses Buches bei weitem sprengen würden. Für weiterführende Informationen rund um diese Word-Funktionalitäten schauen Sie bitte in einem Word-Buch nach.

482 Export nach Word

Wenn Sie Daten in andere Office-Applikationen exportieren möchten, müssen Sie einen Verweis auf deren Objekt-Bibliothek setzen, damit deren Eigenschaften und Methoden verwendet werden können.

Klicken Sie im VBA-Editor auf den Menüpunkt EXTRAS | VERWEISE und aktivieren Sie dort die gewünschte Bibliothek. Je nach Version, mit der Sie arbeiten, ist es eine andere Nummer.

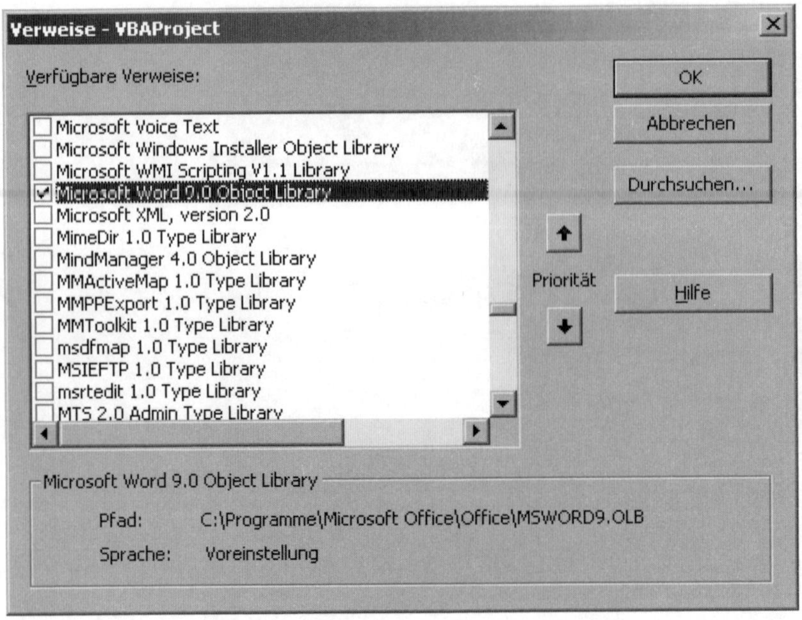

Abbildung 510: Objekt-Bibliothek aktivieren

In unserem nächsten Beispiel wollen wir ein WordArt-Objekt von Excel nach Word exportieren.

Zuerst erstellen wir ein Objekt `CreateObject`, über das wir die Verbindung mit Word aufnehmen wollen. Dieses Objekt weisen wir der Variablen `MSWord` zu.

Dann wird das WordArt-Objekt kopiert (`Activesheet.Shapes(1).Copy`).

In der `With`-Anweisung erstellen wir unter Verwendung der Variablen `MSWord` ein neues Dokument (`Documents.Add`). Damit das Word-Dokument sichtbar ist, wird zuvor `Visible` auf `True` gestellt. Das Aktivieren (`Activate`) ist nicht unbedingt erforderlich, aber wir wollten Ihnen diese Möglichkeit nicht vorenthalten.

In dem Word-Dokument wird das WordArt-Objekt eingefügt (`Paste`) und die Markierung aufgehoben (`MoveRight`).

```
Sub Word_Export()
   Dim MSWord As Object
   Set MSWord = CreateObject("Word.Application")
   On Error GoTo Errorhandler
   ActiveSheet.Shapes(1).Copy   ' WordArt-Objekt kopieren
      With MSWord
         .Visible = True
         .Activate
         .Documents.Add
            With .Selection
               .Paste
```

```
            .MoveRight
         End With
      End With
   Set MSWord = Nothing
   Exit Sub
Errorhandler:
   MsgBox "Die Prozedur konnte nicht ausgeführt werden", _
   vbCritical, "Fehler"
End Sub
```

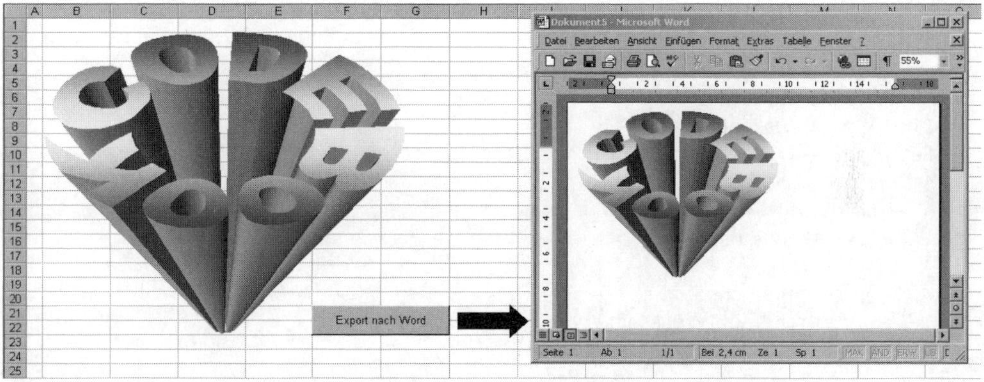

Abbildung 511: WordArt-Objekt von Excel nach Word exportieren

483 Export nach PowerPoint

Auch hier muss ein Verweis zur Objekt-Bibliothek von PowerPoint aktiviert werden, um deren Eigenschaften und Methoden ansprechen zu können (Menüpunkt EXTRAS | VERWEISE). Die PowerPoint 2000-Bibliothek heißt `Microsoft PowerPoint 9.0 Object Library`.

In unserem Beispiel wollen wir in ein Diagramm von Excel nach PowerPoint exportieren.

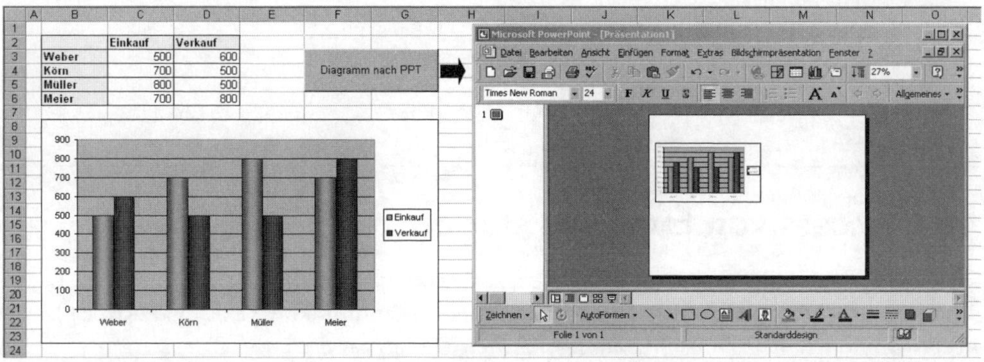

Abbildung 512: Diagramm von Excel nach PowerPoint exportieren

Zuerst erstellen wir ein Objekt `CreateObject`, über das wir die Verbindung mit PowerPoint aufnehmen wollen. Dieses Objekt weisen wir mittels Referenzierung (`Set`) der Variablen `MSppt` zu.

Dann wird das Diagramm kopiert (`ActiveSheet.Shapes(1).Copy`).

Unter Verwendung der Variablen `MSppt` erstellen wir eine neue Präsentation `Presentations.Add`. Zuvor wird die PowerPoint-Präsentation sichtbar gemacht (`Visible = True`) und aktiviert (`Activate`).

Dann wird eine neue Folie hinzugefügt (`Slides.Add`) und schließlich das Diagramm eingefügt (`Shapes.Paste`).

```
Sub PowerPoint_Export()
   Dim MSppt As Object
   Set MSppt = CreateObject("PowerPoint.Application")
   ActiveSheet.Shapes(1).Copy
      With MSppt
         .Visible = msoTrue
         .Activate
         .Presentations.Add
            With .ActivePresentation
               .Slides.Add 1, ppLayoutBlank
               .Slides(1).Shapes.Paste
            End With
      End With
   Set MSppt = Nothing
End Sub
```

Sie können von Excel aus eine bestehende PowerPoint-Präsentation direkt im Vorführmodus starten.

```
Sub MSppt_Praes_straten()
   Dim MSppt As Object
   Application.ActivateMicrosoftApp (xlMicrosoftPowerPoint)
   Set MSppt = GetObject("C:\Codebook\Grafik.ppt")
   MSppt.SlideShowSettings.Run
   Set MSppt = Nothing
End Sub
```

484 Access von Excel aus starten

Erstellen Sie auch hier zuerst einen Verweis zur Access Objekt-Bibliothek, um deren Eigenschaften und Methoden ansprechen zu können (Menüpunkt EXTRAS | VERWEISE). Die Access-Bibliothek heißt `Microsoft Access 9.0 Object Library`.

Auch hier wird zuerst ein Access-Objekt erzeugt (`CreateObject`). Danach wird Access geöffnet (`UserControl = True`).

```
Sub Access_Starten()
   Dim MSAccess As Object
   On Error GoTo Errorhandler
   Set MSAccess = CreateObject("Access.Application")
      MSAccess.UserControl = True
   Set MSAccess = Nothing
   Exit Sub
Errorhandler:
   MsgBox "Access konnte nicht gestartet werden", vbCritical, _
        "Fehler:"
End Sub
```

Mit der folgenden Prozedur können Sie von Excel aus eine bestehende Access-Datenbank öffnen.

Eine Fehlerbehandlung bauen wir ein für den Fall, dass die Datei nicht existiert oder bereits geöffnet ist.

Danach wird auf das Access-Objekt referenziert (`Set`). Am Ende der Prozedur wird dies wieder zurückgesetzt (`Set MSAccess = Nothing`).

In der `With`-Anweisung wird die Datenbank geöffnet und angezeigt.

```
Sub Access_DB_oeffnen()
   Dim MSAccess As Object
   On Error GoTo Errorhandler
   Set MSAccess = CreateObject("Access.Application")
      With MSAccess
         .OpenCurrentDatabase "C:\Codebook\Namen.mdb"
         .UserControl = True
      End With
   Set MSAccess = Nothing
   Exit Sub
Errorhandler:
   MsgBox "Die Datenbank konnte nicht geöffnet werden" & Chr(10) & _
        "Die Datei existiert nicht oder ist bereits" & _
        "geöffnet", vbCritical, "Fehler:"
End Sub
```

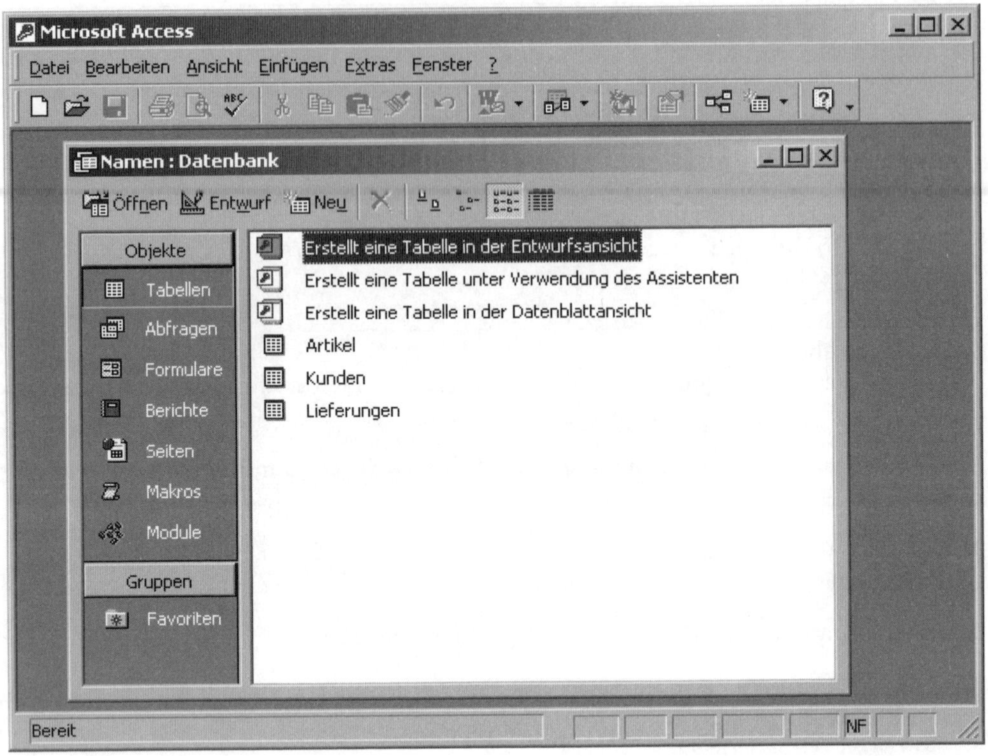

Abbildung 513: Access-Datenbank von Excel aus starten

Da man jedoch korrekterweise keinen Verweis setzten sollte, um »nur« etwas zu starten, könnte der Code bzw. der API-Aufruf so aussehen:

```
Private Declare Function ShellExecute Lib "shell32.dll" _
                          Alias "ShellExecuteA" _
   (ByVal hwnd As Long, _
    ByVal lpOperation As String, _
    ByVal lpFile As String, _
    ByVal lpParameters As String, _
    ByVal lpDirectory As String, _
    ByVal nShowCmd As Long) As Long

   Sub Start()
      ShellExecute 0, _
      "Open", _
      "C:\Codebook\Datenbank.mdb", _
      vbNullString, _
      vbNullString, _
      vbNormalFocus
   End Sub
```

Beachten Sie, dass den sechs Variablen in der Deklaration die Funktionen in der Sub zugewiesen werden.

API ist übrigens die Abkürzung für *Application Programming Interface*. Dies ist eine genormte Schnittstelle, die Programmierern erlaubt, auf die Funktionen des Betriebssystems zuzugreifen.

485 Datensätze von Excel nach Access schreiben

Die Ausgangslage für unser nächstes Beispiel ist eine Access-Datenbank mit dem Namen *Datenbank.xls*. Darin befindet sich eine Tabelle mit dem Namen *Adressen*, die drei Spalten enthält (siehe Abbildung 514).

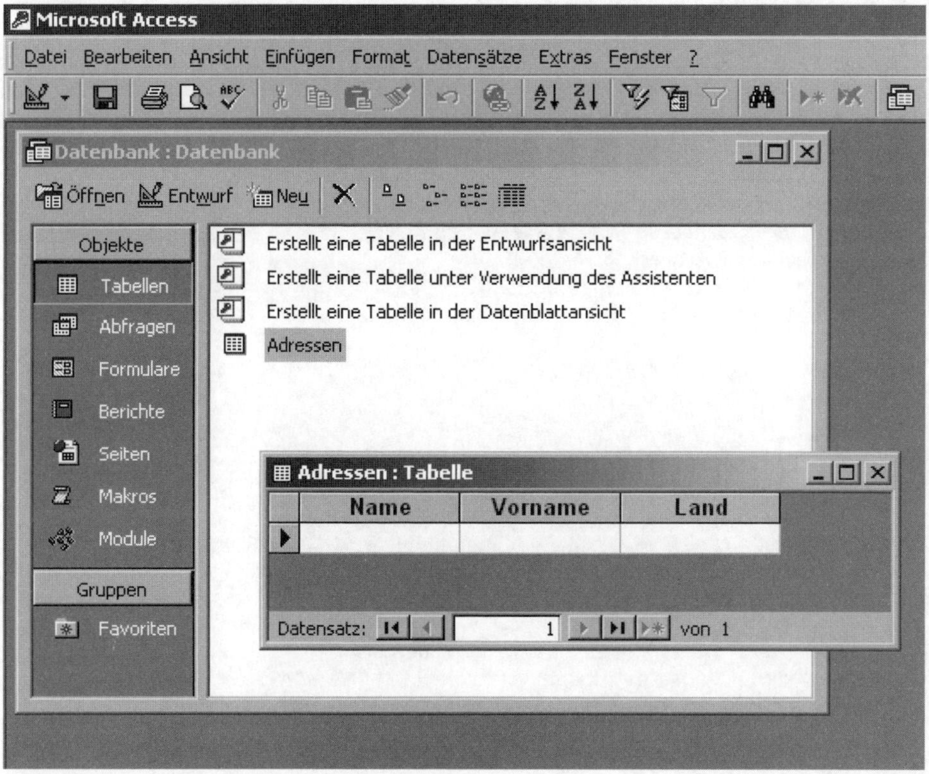

Abbildung 514: Access-Tabelle mit drei Spalten

Des Weiteren besitzen wir eine Excel-Tabelle mit ebenfalls drei Spalten (siehe Abbildung 515). Unser Ziel ist es nun, per VBA den Inhalt der drei Excel-Spalten in die Access-Tabelle zu übertragen.

Auch hier muss wieder ein Verweis gesetzt werden, und zwar auf die Bibliothek: *Microsoft ActiveX Data Objects x.x Object Library*.

	A	B	C
1	**Name**	**Vorname**	**Land**
2	Scheffler	Michael	Deutschland
3	Can	Zülfü	Schweiz
4	Weber	Monika	Schweiz
5	Körn	Bert	Deutschland
6	Körn	Conny	Deutschland
7	Ramel	Thomas	Schweiz
8	Lauper	Mike	Schweiz
9	Eller	Frank	Deutschland
10			

Abbildung 515: Excel-Tabelle mit drei Spalten

Wir haben uns hier erlaubt, die Beschreibung direkt im Code unterzubringen.

```
Sub ADO_Excel_nach_Access()
   Dim Con As ADODB.Connection
   Dim RecS As ADODB.Recordset
   Dim Zeile As Long
   On Error GoTo Errorhandler
   ' Die Verbindung zu Access wird erstellt
   Set Con = New ADODB.Connection
   Con.Open "Provider=Microsoft.Jet.OLEDB.4.0;" & _
            "Data Source=C:\Codebook\Datenbank.mdb;"

   ' Einen neuen Datensatz hinzufügen
   Set RecS = New ADODB.Recordset

   ' Alle Datensätze in Tabelle
   RecS.Open "Adressen", Con, adOpenKeyset, _
              adLockOptimistic, adCmdTable

   ' Ab der 2. Zeile übertragen
   Zeile = 2

      ' Wiederholen, bis eine leere Zelle gefunden wird
      Do While Range("A" & Zeile) <> ""
         With RecS
            .AddNew ' Einen neuen Datensatz erstellen
            ' Werte hinzufügen
            .Fields("Name") = Range("A" & Zeile).Value
            .Fields("Vorname") = Range("B" & Zeile).Value
            .Fields("Land") = Range("C" & Zeile).Value
            .Update
         End With
         Zeile = Zeile + 1 ' Nächste Zeile
      Loop

   RecS.Close
   Set RecS = Nothing
   Con.Close
```

```
   Set Con = Nothing
   MsgBox "Der Export ist erfolgreich abgeschlossen"
   Exit Sub
Errorhandler:
   MsgBox "Die Prozedur ist fehlgeschlagen"
End Sub
```

Nachdem der Code ausgeführt wurde, sind die Daten bereits fertig übertragen.

In diesem Zusammenhang möchten wir erwähnen, dass ein Bereich einer Excel-Tabelle auch per Drag&Drop nach Access übertragen werden kann. In unserem Beispiel würden Sie den Bereich A1:C9 markieren, kopieren und in Access einfügen.

486 Datensätze von Access nach Excel übertragen

Die Ausgangslage ist eine bestehende Access-Datenbank (*C:\Codebook\Datenbank.mdb*), die eine Tabelle namens *Adressen* enthält (siehe Abbildung 516). Die Daten dieser Tabelle wollen wir nach Excel übertragen.

Abbildung 516: Access-Datenbank mit Tabelle

Wir benötigen zwei Prozeduren. Eine, die die Daten zur Übertragung vorbereitet, und eine, die diese Prozedur ausführt.

Beachten Sie, dass in der ersten Prozedur direkt hinter deren Name in Klammern die Variablen deklariert werden, die in der zweiten Prozedur übergeben werden.

Um die Prozedur auszuführen, müssen zwei Verweise gesetzt werden. Der eine ist wie bereits im vorherigen Beispiel die Bibliothek *Microsoft ActiveX Data Objects x.x Object Library* und der zweite ist die Bibliothek *Microsoft Forms x.x Object Library.*

```
Sub Access_Import(DBName As String, _
                  Tabelle As String, _
                  Bereich As Range)
   Dim Con As ADODB.Connection
   Dim RecS As ADODB.Recordset
   Dim intColIndex As Integer
   Set Bereich = Bereich.Cells(1, 1)
   ' Datenbank öffnen
   Set Con = New ADODB.Connection
   Con.Open "Provider=Microsoft.Jet.OLEDB.4.0; Data Source=" & _
         DBName & ";"
   Set RecS = New ADODB.Recordset
      With RecS
         ' Access-Tabelle öffnen und alle Datensätze einlesen
         .Open Tabelle, Con, adOpenStatic, adLockOptimistic, _
            adCmdTable
         For intColIndex = 0 To RecS.Fields.Count - 1
            Bereich.Offset(0, intColIndex).Value = _
               RecS.Fields(intColIndex).Name
         Next
         ' Daten in die Excel-Tabelle einfügen
         Bereich.Offset(1, 0).CopyFromRecordset RecS
    End With
    RecS.Close
    Set RecS = Nothing
    Con.Close
    Set Con = Nothing
End Sub
```

In der nächsten Prozedur werden also die erforderlichen Werte an die erste Prozedur übergeben. Die Werte stehen in der Klammer. Zuerst wird der Pfad zu der Datenbank an die Variable `DBName` übergeben, dann der Name der Access-Tabelle (Adressen) an die Variable `Tabelle` übergeben. Schließlich wird noch der Zielbereich der Excel-Tabelle festgelegt und an die Variable `Bereich` übergeben. Die Daten sollen in unserem Beispiel ab der Zelle A1 übergeben werden.

```
Public Sub Start()
   Call Access_Import("C:\Codebook\Datenbank.mdb", "Adressen", [A1])
End Sub
```

Das Ergebnis können Sie der Abbildung 517 entnehmen.

	A	B	C
1	**Name**	**Vorname**	**Land**
2	Scheffler	Michael	Deutschland
3	Can	Zülfü	Schweiz
4	Weber	Monika	Schweiz
5	Körn	Bert	Deutschland
6	Körn	Conny	Deutschland
7	Ramel	Thomas	Schweiz
8	Lauper	Mike	Schweiz
9	Eller	Frank	Deutschland
10			

Abbildung 517: Ergebnis in der Excel-Tabelle

Hier näher darauf (ADO/DAO) einzugehen, würde zu weit führen. Wir möchten Ihnen jedoch eine gute Website angeben, wo Sie mehr Informationen zur Kommunikation zwischen Excel und Access finden (ADO/DAO): *http://www.erlandsendata.no/english/vba/adodao/index.htm.*

ADO = ActiveX Data Objects

DAO = Data Access Objects

487 Outlook abfragen

Sie haben eine E-Mail-Adresse, wie jeder andere Internetbenutzer auch. Diese, und alle anderen Angaben, die in Outlook eingetragen sind, kann man mit einer Prozedur abfragen. Im folgenden Beispiel beschränken wir uns erst einmal auf die zwei wichtigsten Angaben. Es wird Ihr Name, unter dem Sie in Outlook eingetragen sind, ausgelesen, ebenso Ihre E-Mail-Adresse. Um dies zu erreichen, benötigen Sie einen Verweis auf die *Microsoft Outlook x.x Object Libary.* Diesen können Sie in der VBA-Entwicklungsumgebung unter dem Menü-Eintrag EXTRAS | VERWEISE einrichten.

```
Sub EMailUserDaten()
  Set objOlApp = CreateObject("Outlook.Application")
  Set mynamespace = objOlApp.GetNamespace("MAPI")
  MsgBox mynamespace.CurrentUser.Name
  MsgBox mynamespace.CurrentUser.Address
End Sub
```

488 Outlook-Sicherheit

Mit zunehmender Verbreitung von Makroviren ergibt sich das Problem, dass immer wieder der Kontakte-Ordner von Outlook oder das Adressbuch zur Verbreitung von Viren missbraucht wird. Falls Sie das Sicherheitsupdate für Outlook nicht installiert haben, erscheint keine Warnmeldung, wie in Abbildung 518, sondern es gehen ohne Warnung zwei E-Mails an Ihre eigene E-Mail-Adresse. Falls dies so ist, sollten Sie bei Microsoft vorbeischauen und sich die neuesten Updates herunterladen und installieren.

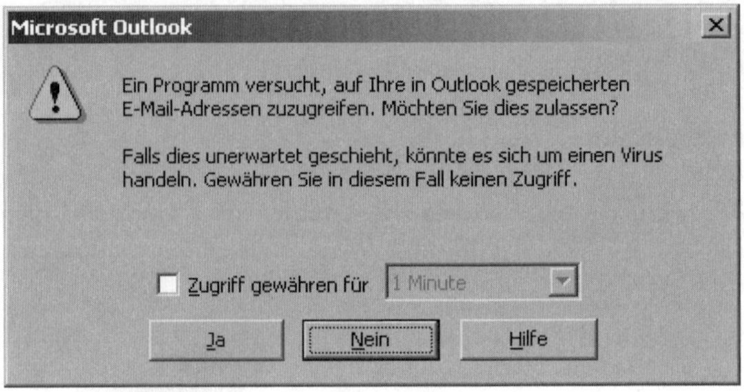

Abbildung 518: Sicherheitsabfrage von Outlook

Nachfolgend eine kleine Demonstration. Wie sogar Kontakte aus Ihrem Outlook ausgelesen werden können, erfahren Sie in der Kategorie »Internet«.

```
Sub EMailBandwurm()
  Dim ol As Object, mail As Object
  Dim mynamespace, Email As String, i As Byte
  Set ol = CreateObject("Outlook.Application")
  Set mynamespace = ol.GetNamespace("MAPI")
  Email = mynamespace.CurrentUser.Address
  For i = 1 To 2
    Set mail = ol.CreateItem(0)
    mail.Subject = "Emailbandwurm " & Now
    mail.To = Email
    ' mit Body wird nur noch im txt-Format versandt!
    mail.Body = "Testmail" & Chr(13) & _
      "Dieses Mail wurde direkt aus Excel versandt" & Chr(13) & _
      "und das gleich ein paar Mal."
    ' mit dem folgenden Befehl kann direkt gesendet werden:
    mail.Send
  Next i
End Sub
```

489 Outlook-Posteingang auflisten

Was man nicht alles rund um Outlook anstellen kann. Ihren Posteingang können Sie auch mit Excel verwalten. In diesem Beispiel lesen wir den Eingangsordner von Outlook aus und tragen die gefundenen Einträge in eine neue Arbeitsmappe ein. Ein umfangreicheres Beispiel finden Sie in der gleichen Beispieldatei, wo alle Outlook-Ordner aufgelistet werden.

```
Sub OutlookPosteingang()
  Dim OLF As Outlook.MAPIFolder
  Dim AnzEintraege As Integer, i As Integer, Email As Integer
  Workbooks.Add
  On Error Resume Next
  ' Überschriften
  [A1].Value = "Betreff"
  [B1].Value = "Datum Uhrzeit"
  [C1].Value = "empfangen von"
  [D1].Value = "gelesen"
  [E1].Value = "Dateianhänge"
  Rows(1).Font.Bold = True

  Set OLF = GetObject("", "Outlook.Application") _
    .GetNamespace("MAPI").GetDefaultFolder(olFolderInbox)
  AnzEintraege = OLF.Items.Count
  i = 0: Email = 0
  While i < AnzEintraege
    i = i + 1
    Application.StatusBar = "Lese Posteingang " & _
                Format(i / AnzEintraege, "0%")
    With OLF.Items(i)
      Email = Email + 1
      Cells(Email + 1, 1).Value = .Subject
      Cells(Email + 1, 2).Value = .ReceivedTime
      Cells(Email + 1, 3).Value = .SenderName
      Cells(Email + 1, 4).Value = Not .UnRead
      Cells(Email + 1, 5).Value = .Attachments.Count
    End With
  Wend
  Set OLF = Nothing
  Columns("A:E").AutoFit
  [A2].Select
  ActiveWorkbook.Saved = True
  Application.StatusBar = False
End Sub
```

Extra

In dieser Kategorie finden Sie all die Informationen, die Ihre Aufmerksamkeit besonders verdient haben. Sie finden hier grundlegende Informationen über Makrosicherheit, die digitale Signatur und auch eine Abhandlung über die einzelnen Passwörter von Excel. Des Weiteren sind Beispiele beschrieben, wie man Code mit Makrocode verändern kann.

490 Module exportieren / importieren

Wenn Sie eine Prozedur geschrieben haben und diese in einem anderen Programm oder gar auf einem anderen Rechner zur Verfügung stellen möchten, können Sie das Modul als Dateityp `*.bas` exportieren.

Klicken Sie in der VBA-Umgebung mit der rechten Maustaste auf das Modul, das Sie exportieren möchten, und wählen Sie aus dem Kontextmenü DATEI EXPORTIEREN.

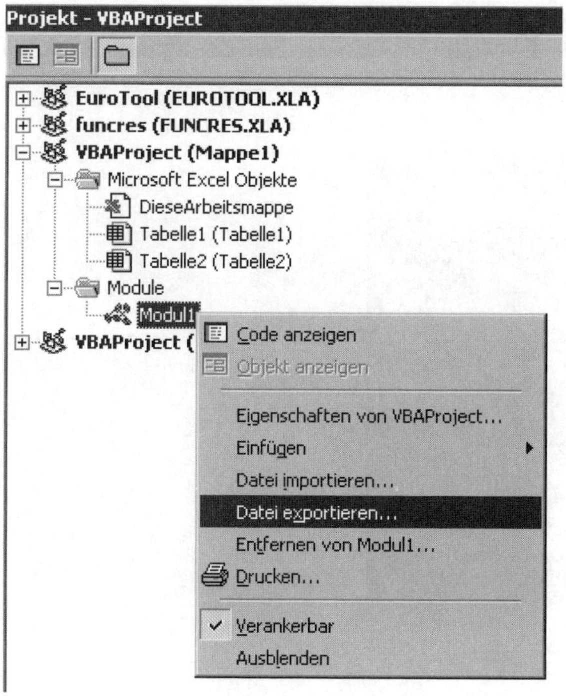

Abbildung 519: Export eines Moduls

Sie können das Modul auf der Festplatte abspeichern oder auf einer Diskette.

Um das Modul auf einem anderen PC oder in einer anderen Mappe verfügbar zu machen, klicken Sie in der VBA-Umgebung mit der rechten Maustaste auf das Projekt der gewünschten Mappe und wählen dann aus dem Kontextmenü DATEI IMPORTIEREN.

491 Add-Ins

Excel liefert bereits eine Reihe von Add-Ins mit. Diese finden Sie unter dem Menüpunkt EXTRAS | ADD-INS-MANAGER. Sie können sie nach Belieben installieren; nach der Installation stehen Ihnen mehr Funktionen und Auswahlmöglichkeiten zur Verfügung. Sie sollten jedoch nur die Add-Ins installieren, die Sie auch wirklich benötigen, Ihr Speicherplatz wird es Ihnen danken.

Sie können Ihre eigenen Add-Ins erstellen und so Ihre Module und UserForms in allen Arbeitsmappen zur Verfügung stellen.

Um eine Prozedur als Menüpunkt aufrufen zu können, müssen Sie diesen über eine entsprechende Prozedur hinzufügen. Nähere Angaben zur Erstellung von Menüpunkten finden Sie in der Kategorie »Controls«.

Um eine Mappe als Add-In zu speichern, wählen Sie DATEI | SPEICHERN UNTER. Stellen Sie den Dateitypen auf `*.xla`.

Danach müssen Sie das Add-In installieren. Sie finden es unter dem Menüpunkt EXTRAS | ADD-INS-MANAGER (siehe Abbildung 520).

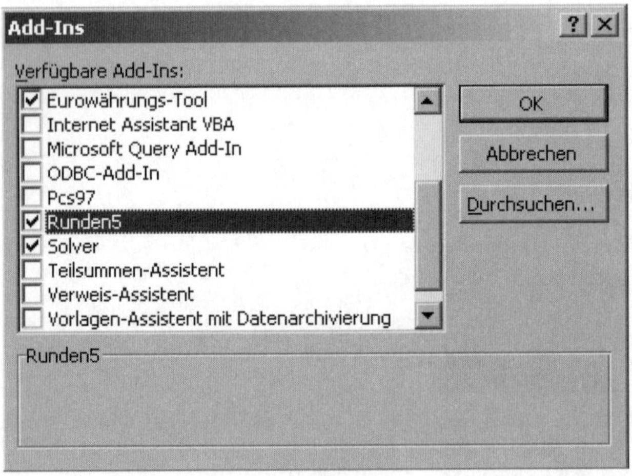

Abbildung 520: Add-In installieren

Wenn Sie das Add-In installiert haben, wird diese Mappe jedes Mal beim Start von Excel geladen. Die Mappe selbst bleibt jedoch unsichtbar.

492 Add-In mit Kennwortschutz

Sie können Ihre Prozeduren durch ein Kennwort schützen. Dies kann sinnvoll sein, wenn Sie sich davor schützen möchten, dass die Anwender an den Programmen Änderungen anbringen und auf diese Weise möglicherweise das Programm laufunfähig machen. Oder ganz einfach, wenn Sie ein geniales Tool geschrieben haben und nicht möchten, dass jemand anders den Quellcode einsieht und kopiert.

Wenn Ihre Prozedur fertig gestellt ist und Sie sie mit einem Kennwort schützen möchten, sollten Sie das Projekt zuerst Debuggen/Kompilieren, um sicherzustellen, dass alle Variablen deklariert sind und der Code richtig eingesetzt wurde. Damit die Variablen geprüft werden, muss `Option Explicit` zu Beginn der Prozedur stehen. Um zu debuggen, wählen Sie den Menüpunkt DEBUGGEN | KOMPILIEREN VON VBA-PROJEKT.

Wählen Sie dann den Menüpunkt EXTRAS | EIGENSCHAFTEN von VBA-Projekt. Aktivieren Sie die Registerkarte SCHUTZ. Aktivieren Sie das Kontrollkästchen PROJEKT FÜR ANZEIGE SPERREN und geben Sie das Passwort zweimal ein. Verwahren Sie das Kennwort an einem sicheren Ort, denn Kennwörter haben nun mal die unangenehme Eigenschaft, dass man sie vergisst.

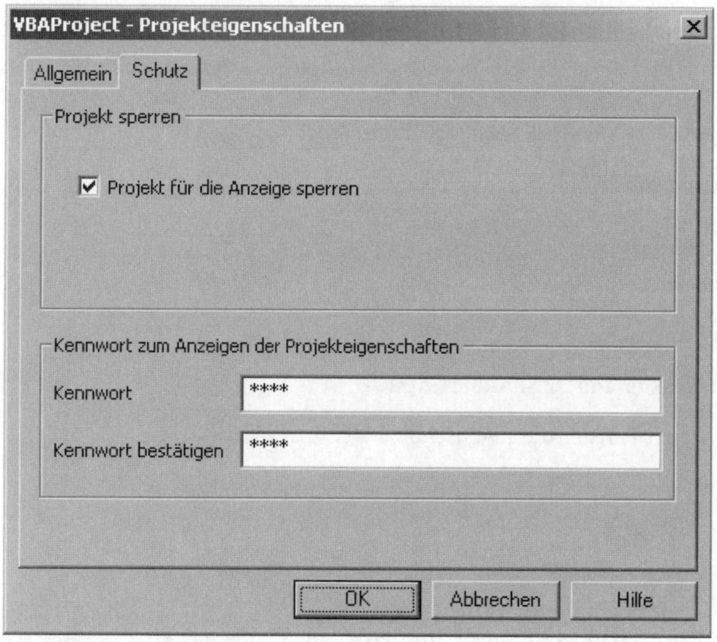

Abbildung 521: Kennwort-Schutz für Add-In

Verlassen Sie die VBA-Umgebung, indem Sie zu Excel wechseln. Klicken Sie auf DATEI | SPEICHERN unter und wählen Sie den Dateityp als `*.xla`. Wechseln Sie wieder in die VBA-Umgebung. Klicken Sie im Projekt-Fenster auf DIESEARBEITSMAPPE. Stellen Sie im EIGENSCHAFTEN-FENSTER die Eigenschaft ISADDIN auf TRUE und speichern Sie die Änderungen.

Schließen Sie Excel und starten Sie erneut. Sie können nun das Add-In installieren. Wenn Sie nun das Projekt anklicken, müssen Sie ein Kennwort eingeben.

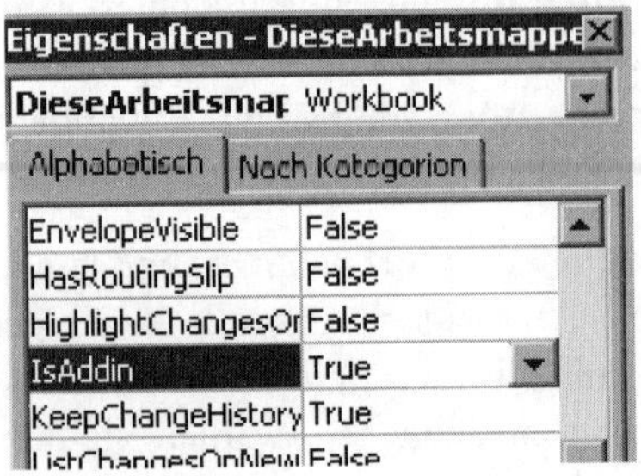

Abbildung 522: Eigenschaften eines Add-In

Zusammenfassung

- Prozedur erstellen
- Menupunkt: DEBUGGEN | KOMPILIEREN VON VBA-PROJEKT
- Menüpunkt: EXTRAS | EIGENSCHAFTEN VON VBA-PROJEKT
- Registerkarte SCHUTZ
- Kontrollkästchen PROJEKT FÜR ANZEIGE SPERREN aktivieren
- Zweimal das Kennwort eingeben
- Zu Excel wechseln
- Mappe als `*.xla` speichern
- In die VBA-Umgebung wechseln
- Klicken Sie im Projekt-Fenster auf DIESEARBEITSMAPPE
- Stellen Sie im Eigenschaften-Fenster die Eigenschaft `IsAddin` auf `True`
- Änderungen speichern
- Excel schließen und wieder starten
- Installieren Sie das Add-In

Wenn daraus nicht gleich ein Add-In werden soll, sondern Sie lediglich das Projekt schützen möchten, können Sie auch mit der rechten Maustaste auf das Projekt klicken. Wählen Sie aus dem Kontextmenü den Eintrag EIGENSCHAFTEN VON VBAPROJEKT. Klicken Sie auf die Registerkarte SCHUTZ. Aktivieren Sie das Kontrollkästchen PROJEKT FÜR ANZEIGE SPERREN. Speichern und schließen Sie die Mappe. Beim nächsten Öffnen ist das Modul nur noch per Passworteingabe zu öffnen.

493 Excel-Datei für mehrere Benutzer gleichzeitig freigeben

Seit Excel 97 hat man die Möglichkeit, an ein und derselben Arbeitsmappe mit mehreren Benutzern gleichzeitig zu arbeiten. Dabei spielt die benutzte Excel-Version ab Excel 97 keine Rolle. Zur optischen Unterscheidung wurde auf dem Rechner2 mit der Version Excel XP gearbeitet. Zu Testzwecken reichen auch zwei gleichzeitig installierte Excel-Versionen auf dem gleichen Rechner.

Um eine Mappe freizugeben, klicken Sie auf den Menüpunkt EXTRAS | ARBEITSMAPPE FREIGEBEN. Im Status werden unter anderem alle aktuellen Dateibenutzer aufgelistet (siehe Abbildung 523). Das Öffnen der Datei wird dabei mit Datum und Uhrzeit protokolliert.

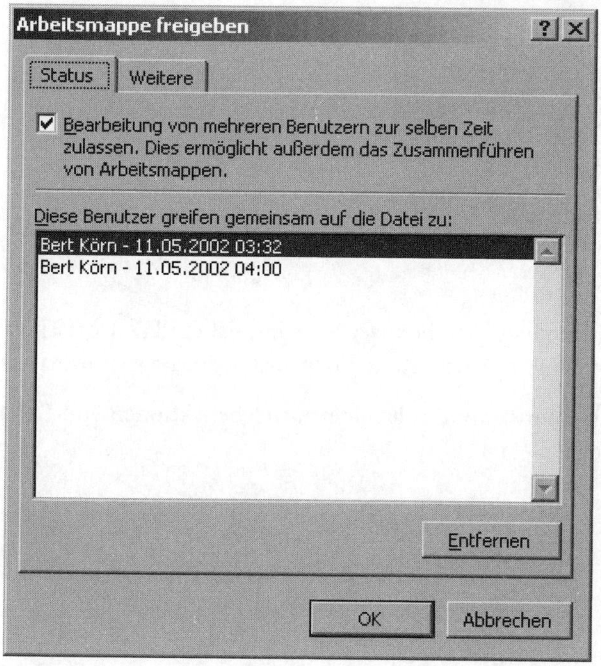

Abbildung 523: Freigabemaske

Auf der Registerkarte WEITERE haben Sie zusätzliche Einstellungsmöglichkeiten. Nutzen Sie die automatische Speicherung der Datei in möglichst kurzen Zeitabständen. Warum Sie das tun sollten, wird in der Beschreibung weiter unten deutlich.

Das Änderungsprotokoll sollte auf jeden Fall geführt werden. Die restlichen Einstellungen können Sie Ihrem Bedarf anpassen.

Solange eine Arbeitsmappe freigegeben ist, ist es nicht möglich, in der VBA-Umgebung das Projekt zu bearbeiten. Zudem sind viele Funktionen von Excel gesperrt, außer solche für die Dateneingabe.

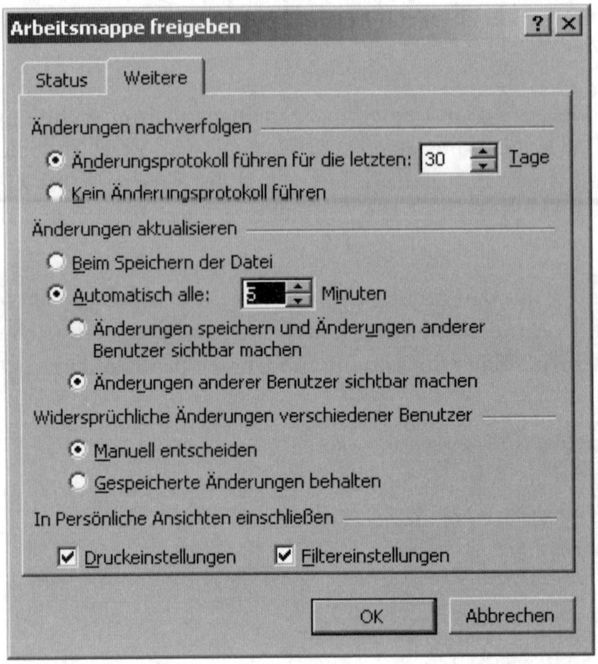

Abbildung 524: Die weiteren Optionen

Damit die Freigabe nicht durch Unbefugte aufgehoben werden kann, ist ein Passwortschutz möglich. Genaueres erfahren Sie im nächsten Abschnitt, der den Passwörtern gewidmet ist.

Nachfolgend finden Sie eine kleine Demonstration mit Bildern, welche Aktionen von Excel Sie bei einer Freigabe erhalten können.

	A	B	C	D	E	F	G
1		Buch	CD	Zeitschriften			
2	Monika	1	2	3			
3	Bert	2	3	4			
4	Frank	3	4	5			
5	Hajo	4	5	6			
6	Peter	5	6	7			

Abbildung 525: Der Urzustand

Auf dem Rechner2 wird die Zelle `C3` auf den Wert 8 geändert und gespeichert. Gleich danach wird dieselbe freigegebene Datei auf dem Rechner1 in der Zelle `C5` verändert und gespeichert. Nach dem Speichern (auch Datenabgleich) erscheint jetzt eine Warnmeldung (siehe Abbildung 526).

Die Zelle hat die Änderungen gespeichert und kann in Form eines Kommentars angezeigt werden. Der Indikator für Änderungen ist oben links in Zelle `C3` zu sehen (siehe Abbildung 527).

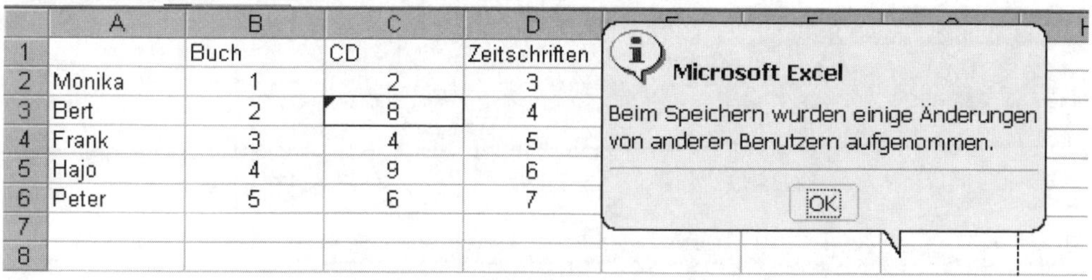

Abbildung 526: Warnmeldung an Rechner1

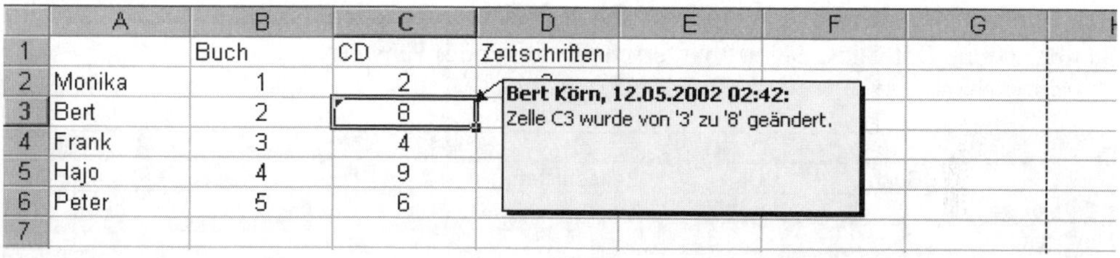

Abbildung 527: Rechner1: Arbeitsmappenänderung anzeigen bei Excel 2000

Die gleiche Warnmeldung wird auf dem Rechner2 beim erneuten Speichern angezeigt. Folgende Anzeige wird in Excel XP auf Rechner2 ausgegeben.

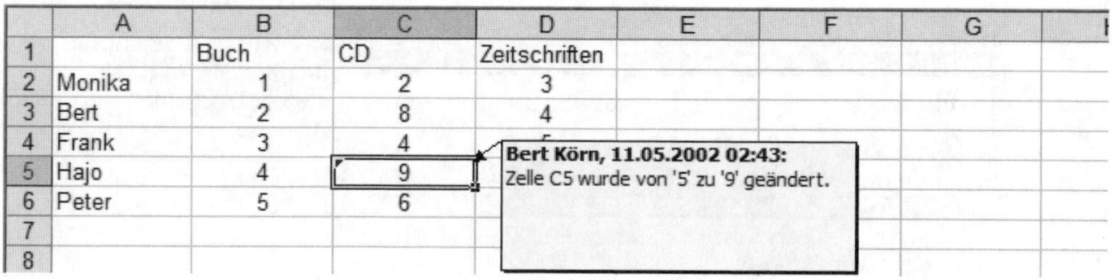

Abbildung 528: Rechner2: Arbeitsmappenänderung anzeigen bei Excel XP

Die Änderungen werden jeweils übernommen und jeder kann mit den aktuellen Werten weiterarbeiten. Es ist nicht unbedingt erforderlich, jedoch sinnvoll, gelegentlich die Änderungen anzunehmen oder abzulehnen. Diese Funktion finden Sie im Menü EXTRAS | ÄNDERUNGEN VERFOLGEN | ÄNDERUNGEN AKZEPTIEREN ODER ABLEHNEN.

Wie Sie sehen, eine prima Sache. Aber was passiert, wenn zeitgleich dieselbe Zelle geändert wird? Das führt, wie auch in einer Datenbank, zu einem Konflikt. Nur eine Version kann die Richtige sein, die andere geht verloren und muss nachgearbeitet werden.

In unserem Beispiel wird gleichzeitig durch beide Benutzer die Zelle B4 geändert.

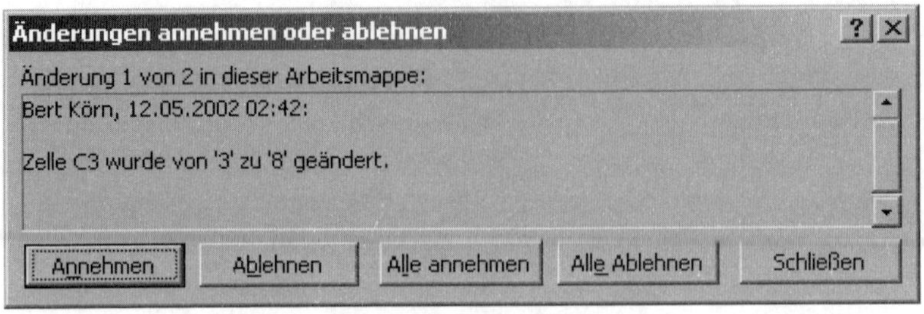

Abbildung 529: Änderungen annehmen oder ablehnen

Den Konflikt als solches sehen Sie sofort nach dessen Auftauchen. Nachdem auch der zweite Benutzer seine Datei gespeichert hat, erscheint folgendes Fenster:

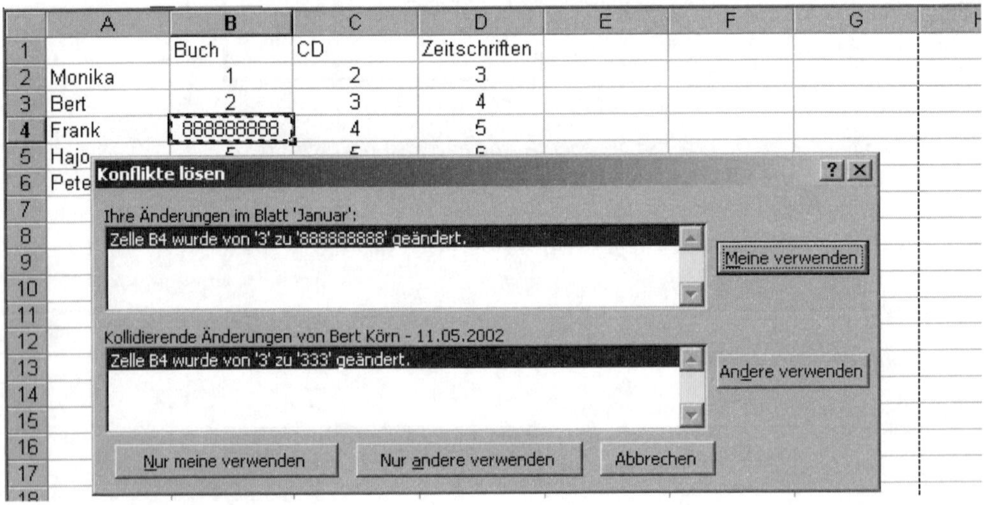

Abbildung 530: Konfliktmeldung

Sie haben jetzt die Qual der Wahl, welche der Zelleingaben die Richtige ist. Wie Sie sehen, zeigt Ihnen Excel bereits die Änderungsdaten an (siehe Abbildung 531).

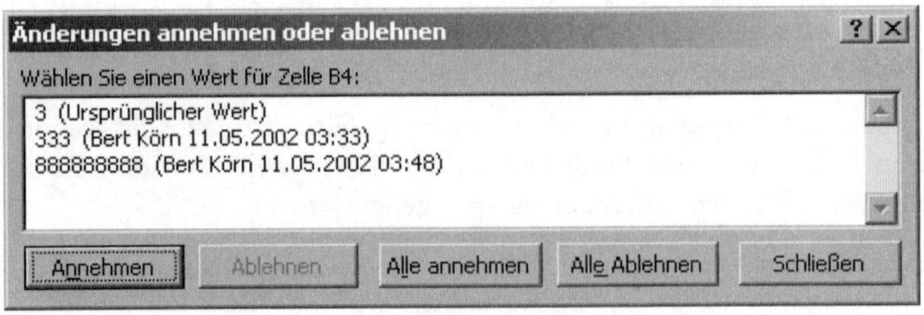

Abbildung 531: Änderungen annehmen nach einem Konflikt

Sie sehen auch hier noch einmal den ignorierten Wert und können sich zur Not doch noch anders entscheiden.

Einen allgemeinen Tipp können wir Ihnen mit auf den Weg geben:

Sichern Sie möglichst häufig Ihre Dateien. Dabei werden jeweils die Änderungen der Kollegen in Ihre Arbeitsmappenversion übertragen. Genau aus diesem Grund haben wir weiter oben die Automatische Speicherung in so kurzen Abständen eingegeben.

Das wichtigste ist allerdings Folgendes: Sie sollten sich bewusst sein, dass Excel eine Tabellenkalkulation ist und keine Datenbank. Umfangreiche oder wichtige Dateien sollten aus Sicherheitsgründen nicht freigegeben werden. Verwenden Sie dafür lieber Access, das ebenfalls aus dem Hause Microsoft stammt. Zu diesem Programm ist in der Codebook-Reihe ein sehr informatives Buch erschienen.

494 Passwörter in Excel

Bei den Passwörtern gibt es mehrere Ebenen, die man unterschiedlich einsetzen kann.

1. Blattschutz

Dieser Schutz ist wohl den meisten Anwendern bestens bekannt. Mit ihm kann man einzelne Zellinhalte oder das ganze Tabellenblatt schützen. Dieser Blattschutz ist relativ leicht wegen einer Sicherheitslücke zu knacken, denn das Passwort wird »nur« als Quersumme gespeichert und nicht als realer verschlüsselter Text. So ergibt sich der Umstand, dass das Originalpasswort »zzz« einfach mit »bbp« entfernt werden kann.

Dieser Blattschutz ist auch per Makro aktivierbar bzw. deaktivierbar.

```
Sub Blattschutz_setzen()
  ActiveSheet.Protect Password:= "Codebook"
End Sub

Sub Blattschutz_entfernen()
  ActiveSheet.Unprotect Password:= "Codebook"
End Sub
```

Alle Tabellenblätter einer Arbeitsmappe können Sie schützen / entsperren, indem Sie die oberen Codezeilen in eine kleine Schleife packen:

```
Sub Alle_Tabellen_schuetzen()
  Dim t As Worksheet
  For Each t In ActiveWorkbook.Worksheets
    t.Protect Password:= "Codebook"
  Next
End Sub

Sub Alle_Tabellen_entsperren()
```

```
  Dim t As Worksheet
  For Each t In ActiveWorkbook.Worksheets
    t.Unprotect Password:= "Codebook"
  Next
End Sub
```

2. Arbeitsmappenschutz

Speziell wenn Tabellenblätter ausgeblendet wurden, wird der Arbeitsmappenschutz angewandt (EXTRAS | SCHUTZ | ARBEITSMAPPE SCHÜTZEN). Der Benutzer hat keine Möglichkeit, diese wieder einzublenden, wenn »Struktur« ausgewählt wurde. Die Auswahl »Fenster« bedeutet, dass die angeordneten Fenster nicht verschoben werden können. Dieser Schutz ist genauso unsicher wie der Blattschutz.

```
Sub Mappe_schuetzen()
  ActiveWorkbook.Protect Password:="Codebook", _
        Structure:=True, Windows:=False
End Sub

Sub Mappe_entsperren()
  ActiveWorkbook.Unprotect Password:="Codebook"
End Sub
```

Für diese ersten zwei Passwörter erhalten Sie als Codebook-Leser ein kleines Add-In mit Namen 14_Passwoerter_entfernen.xla. Das Projekt ist allerdings passwortgeschützt. Sicherlich können Sie verstehen, dass eine weitere Verbreitung nicht erwünscht ist und das Passwort für das VBA-Projekt nicht preisgegeben wird. Anfragen wegen des Passworts sind zwecklos.

3. Freigabepasswort

Die Freigabe als solches wurde bereits weiter oben erläutert.

Sie können die Freigabe mit einem Passwort schützen, um sämtliche Änderungen zu protokollieren. Ohne Passwort ist dann die Freigabe und Protokollierung nicht aufzuheben. Den Freigabeschutz aktivieren Sie wie folgt: EXTRAS | SCHUTZ | FREIGEGEBENE ARBEITSMAPPE SCHÜZEN.

Eine Aktivierung der Freigabe setzt zwingend eine Speicherung voraus. Dadurch muss nicht explizit mit `SaveAs` gespeichert werden.

```
Sub Datei_mit_Freigabeschutz_speichern()
  Dim Datei As String
  Datei = "C:\Codebook\Dateien\Freigabepasswort.xls"
  ActiveWorkbook.ProtectSharing Filename:=Datei, _
    SharingPassword:="codebook"
End Sub
```

Das Entfernen des Freigabeschutzes mit dem richtigen Passwort ist kein Problem.

```
Sub Freigabeschutz_loeschen()
  ActiveWorkbook.UnprotectSharing SharingPassword:="codebook"
End Sub
```

4. Schreibschutzpasswort

Sie können die Datei auch so sichern, dass nur berechtigte Excel-Anwender deren Inhalt ändern können. Dazu müssen Sie beim erstmaligen Speichern der Datei unter EXTRAS (siehe Abbildung 532) in ALLGEMEINE OPTIONEN im Kennwortfeld SCHREIBSCHUTZKENNWORT Ihr Passwort eingeben und danach bestätigen (siehe Abbildung 533).

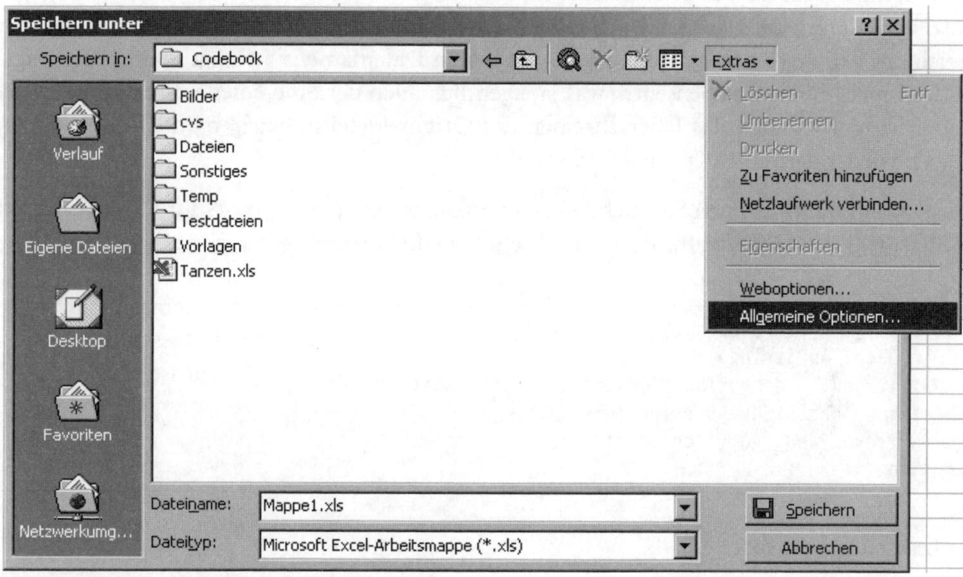

Abbildung 532: Schreib- / Leseschutzpasswort1

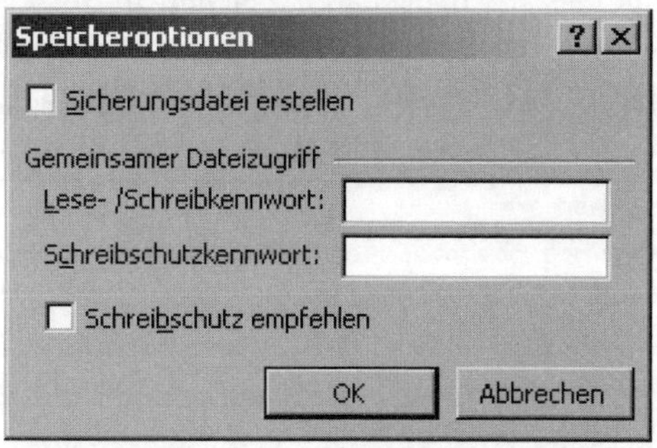

Abbildung 533: Schreib- / Leseschutzpasswort2

Beim Öffnen der Datei mit Schreibschutz sehen Sie dann folgenden Dialog:

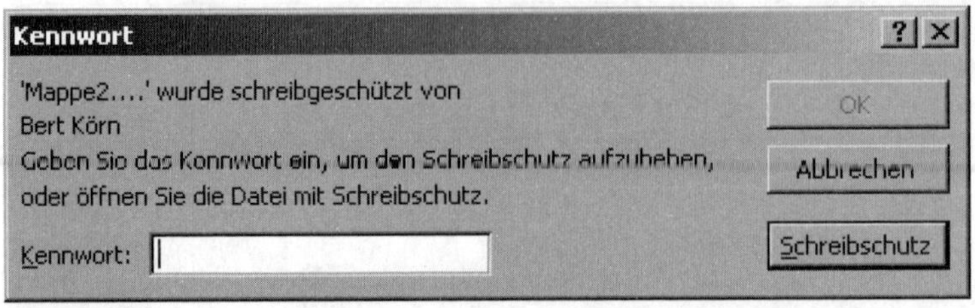

Abbildung 534: Abfrage Schreibschutzpasswort

Falls Sie ein »Schreibschutzkennwort« vergeben haben, kann die Datei *trotzdem* geöffnet werden, indem auf die Schaltfläche SCHREIBSCHUTZ geklickt wird (siehe Abbildung 534). Die Datei wird dann zwar geöffnet, ist jedoch schreibgeschützt. Wenn versucht wird, die Datei zu speichern, wird zwingend die Eingabe eines neuen Dateinamens verlangt, damit die Originaldatei nicht überschrieben wird, was ja eigentlich auch der Sinn eines Schreibschutzes ist. Leider ist hierbei auch das Überschreiben der Originaldatei möglich, nämlich indem man einfach wieder denselben Dateinamen eingibt.

Den Schreibschutz können Sie auch bei einer Speicherung in einer Prozedur (SaveAs) direkt mitliefern. Die Anweisung für den Schreibschutz heißt `WriteResPassword`.

```
Sub Datei_mit_Schreibschutz_speichern()
  Dim Datei As String
  Datei = "C:\Codebook\Dateien\Leseschutzpasswort2.xls"
  ActiveWorkbook.SaveAs Filename:=Datei, _
    WriteResPassword:="codebook"
End Sub
```

5. Leseschutzpasswort

Diese Funktion ist auf demselben Weg wie der Schreibschutz einzurichten (siehe Abbildung 534). Hier muss man, um die Datei öffnen zu können, sofort das richtige Passwort eingeben. Dieses Passwort ist sehr sicher, solange Sie alle druckbaren Zeichen in ausreichender Anzahl verwenden. Sie haben jederzeit die Möglichkeit, eine so geschützte Datei mit einer Prozedur zu öffnen, wobei Sie das Passwort direkt in der Prozedur hinterlegen:

```
Sub Lesegeschützte_Datei_oeffnen()
  Dim Datei As String
  Datei = "C:\Codebook\Dateien\Leseschutzpasswort.xls"
  Workbooks.Open Datei, Password:="codebook"
End Sub
```

Eine Datei können Sie per Makro natürlich auch mit dem Leseschutz speichern:

```
Sub Datei_mit_Leseschutz_speichern()
  Dim Datei As String
  Datei = "C:\Codebook\Dateien\Leseschutzpasswort2.xls"
  ActiveWorkbook.SaveAs Filename:=Datei, Password:="codebook"
End Sub
```

6. Projektpasswort

Das Projektpasswort in der VBA-Umgebung ist für die Entwickler das wichtigste Passwort. Hier kann man die vielen Codezeilen vor den Augen anderer schützen. Es ist relativ sicher, da es keinen Aufruf zum Setzen oder Ändern des Passwortes gibt. Es gibt nur die Möglichkeit, mit `SendKeys` Passwörter zu setzen bzw. zu entfernen. Diese Methode wird weiter unten in dieser Kategorie genau beschrieben.

Mit einer Prozedur können Sie wenigstens abfragen, ob das Projekt gesperrt ist.

```
Sub Projekt_gesperrt()
  Dim Wert As Boolean
  Wert = Application.VBE.ActiveVBProject.Protection
  MsgBox Wert
End Sub
```

495 Sichere Passwörter

Wie Sie sicherlich bereits öfters gehört haben, ist jedes Passwort knackbar. Wer ein Passwort knacken will, stellt sich nur die Frage: »Lohnt sich der Aufwand?« Die meisten Computerbenutzer machen bei der Wahl des Passwortes denselben Fehler:

Ein möglichst bequem zu merkendes Passwort in Kleinbuchstaben, weil es leichter zu tippen ist.

Hier einfach ein paar Tipps zur korrekten Passwortwahl:

- Kein Wort, das in den Wörterbüchern der Rechtschreibhilfen vorkommt. Hier ist besonders das eigene Wörterbuch gemeint.
- Groß- und Kleinbuchstaben verwenden.
- Alle druckbaren Zeichen verwenden, unter anderem sind unsere deutschen Umlaute im Zeichensatz verstreut platziert. Zahlen sollten auch dabei sein.
- »Chaotische« Buchstabenkombinationen verwenden, die keinen Sinn ergeben. Dies könnten zum Beispiel Tasten auf der Tastatur sein, die ein Muster ergeben.
- Einen Merksatz verwenden. Das Passwort »2kKgüdS« kann man sich ganz leicht mit folgendem Satz merken: »2 kleine Katzen gehen über die Straße.«

Denken Sie bei der Vergabe von Passwörtern daran, dass sie die unangenehme Eigenschaft haben, vergessen zu werden. Gehen Sie deshalb bei der Vergabe unbedingt überlegt vor, beispielsweise mit der Aufbewahrung an einem sicheren Ort, der für Unbefugte unzugänglich ist, wie z.B. ein Tresor. Natürlich gibt es Programme, die solche Kennwörter knacken können, aber wie gesagt, der zeitliche Aufwand und die dadurch entstehenden Kosten können unter Umständen sehr groß sein.

496 Makroviren und Makrovirenschutz

Makroviren sind eine sehr gefährliche Virenart. Der erste allgemein bekannt gewordene Makrovirus für Excel heißt LAROUX und ist inzwischen in vielen Varianten im Umlauf. Viele PC-Benutzer können sich gar nicht vorstellen, dass eine Excel-Datei oder ein ganz normaler Word-Brief überhaupt gefährlich werden kann. Dabei sind Sie als Leser dieses Buches bereits in der Lage, schädliche Dateien zu erzeugen. Die Kombination verschiedener in diesem Buch gezeigter Prozeduren würde schon ausreichen. Aber dieses Buch soll ja kein Kochbuch für Viren sein.

Es kann jedem Leser nur angeraten werden, die Sicherheitseinstellungen zu überprüfen und gegebenenfalls anzupassen. Am besten gehen Sie in Excel 2000 und Excel XP wie folgt vor:

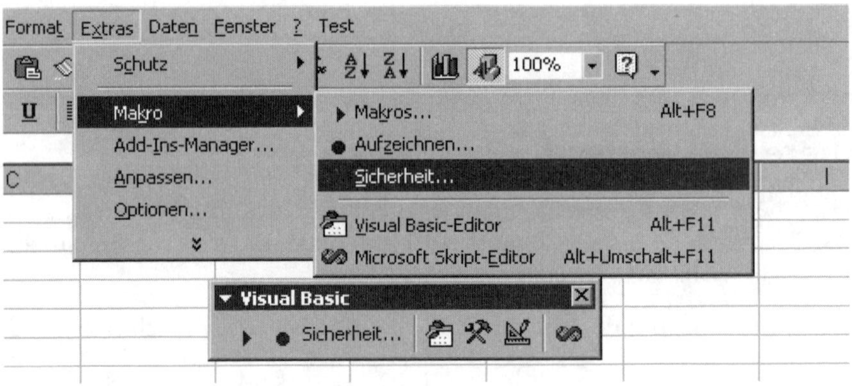

Abbildung 535: Makroschutz einrichten

Hier wählen Sie jeweils SICHERHEIT aus (siehe Abbildung 535). Im erscheinenden Dialogfenster sollten Sie die Einstellung »Niedrig« nur in begründeten Ausnahmefällen verwenden. Wer sich an der Makroviren-Warnung stört, sollte den Abschnitt *Digitale Signatur* lesen. Bei der mittleren Sicherheitsstufe haben Sie die Möglichkeit zu entscheiden, ob der Code in der sich öffnenden Datei ausgeführt werden soll. Im Zweifelsfall empfehlen wir Ihnen, die Makro-Ausführung zu unterdrücken, d.h. die Schalftläche MAKROS DEAKTIVIEREN anzuklicken (siehe Abbildung 536). Sie können dann im VBA-Editor nachsehen, welche Codezeilen verwendet werden. Vergessen Sie aber nicht, dass nicht nur in Modulen Code enthalten sein kann, sondern auch hinter DIESEARBEITSMAPPE, UserForms und den Tabellen. Bei der hohen Sicherheitsstufe wird nur noch in signierten Dateien der Makrocode ausgeführt. Im Allgemeinen dürfte die mittlere Einstellung als empfehlenswert gelten.

Hinweis für die Benutzer von Excel 97:

In Excel 97 finden Sie die Einstellungen zur Sicherheit unter dem Menüeintrag EXTRAS | OPTIONEN. Die in den neueren Versionen enthaltene hohe Sicherheitsstufe gibt es leider noch nicht für Excel 97.

497 Digitale Signatur

Wer von unseren Lesern hat sich nicht schon über das Fenster in Abbildung 536 geärgert?

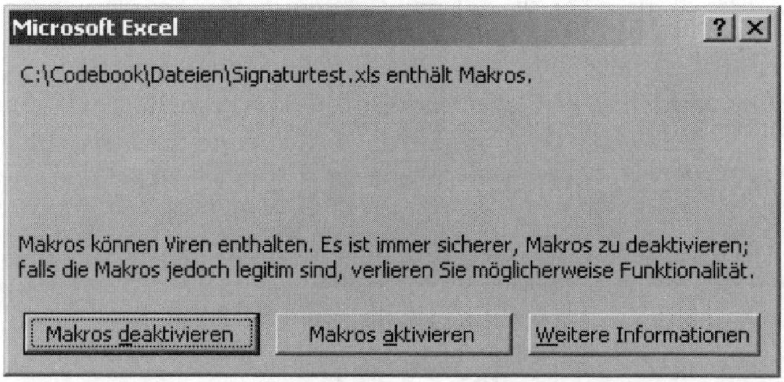

Abbildung 536: Makrowarnung

Die schlechteste Variante, diese Warnung zu umgehen, ist es, die Makrosicherheit auszuschalten (wie bereits im Abschnitt oben beschrieben). Ab Office 2000 haben Sie die Möglichkeit, die Datei zu signieren. Die Benutzer von Excel 97 sind leider ausgeschlossen. Sie haben sogar noch mit weiteren Einschränkungen zu kämpfen, falls das Projekt zur Anzeige gesperrt ist. Sie können das Projekt nicht entsperren und dementsprechend auch nichts ändern.

498 Eigene Signatur erstellen

Es gibt drei Möglichkeiten, zu einer eigenen digitalen Signatur zu gelangen:

- Man besorgt sich eine bei einer der Zertifizierungsstellen, wie zum Beispiel Verisign (*http://verisign.com*), T-Systems (*http://www.t-systems.de*), Deutsche Post Signtrust GmbH (*http://www.signtrust.de*) und viele mehr
- Man erstellt sich mit der Datei selfcert.exe, die sich im Office-Verzeichnis befindet, einfach eine eigene. Diese hat zwar Nachteile, aber private Benutzer können die meist in Kauf nehmen. In diesem Abschnitt finden Sie die Beschreibung, wie es geht.
- Man stuft Signaturen von Kollegen, Freunden etc. einmalig als vertrauenswürdig ein

Alternativ zur zweiten Möglichkeit können Sie auch diese Prozedur ausführen:

```
Sub Signaturaufrufen()
  Shell Application.Path & "\selfcert.exe", 1
End Sub
```

Grundlagen
Fehler
Intern
Funktionen
Farben
Datum/Zeit
Auswertungen
Diagramme
Objekte
UserForm
Controls
Internet
Extern
Extra

In das Dialogfenster, das sich nun öffnet, sollten Sie dann Ihren Namen eintragen (siehe Abbildung 537). Wir haben hier im Beispiel als Benutzer »Excel-VBA Codebook« gewählt. Bitte benutzen Sie hier keinen Phantasienamen, da ja andere der Signatur vertrauen sollen.

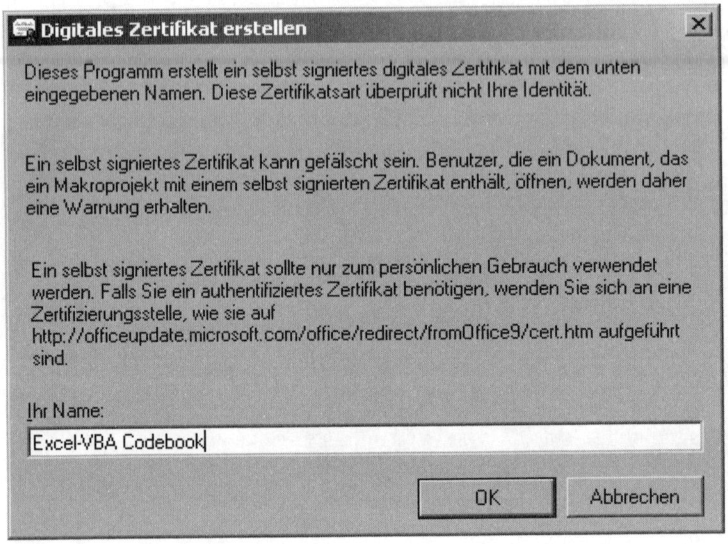

Abbildung 537: Signatur erstellen

Nachdem Sie auf OK geklickt haben, ist der Vorgang bereits beendet. Einfacher geht es nicht.

Ganz fertig sind wir jedoch noch nicht, denn jetzt muss für die Excel-Datei im VBA-Editor das Projekt signiert werden (siehe Abbildung 538).

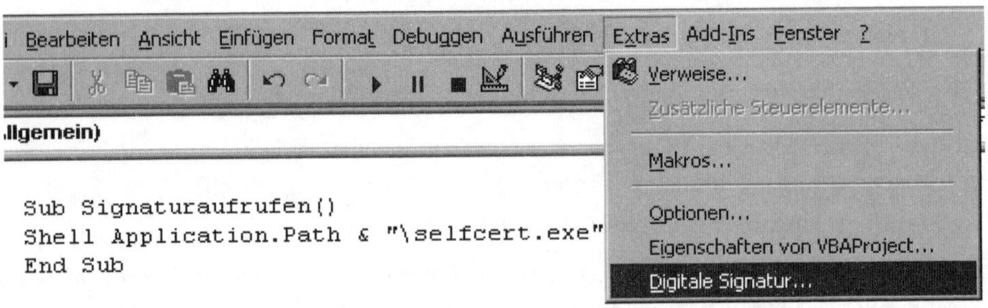

Abbildung 538: Projekt signieren

Im Dialogfenster, das sich nun öffnet, klicken Sie auf WÄHLEN und wählen dann im nächsten Dialogfenster Ihre neue Signatur aus (siehe Abbildung 539).

Anschließend könnte Ihr Dialogfenster bereits so aussehen, wie in Abbildung 540 gezeigt.

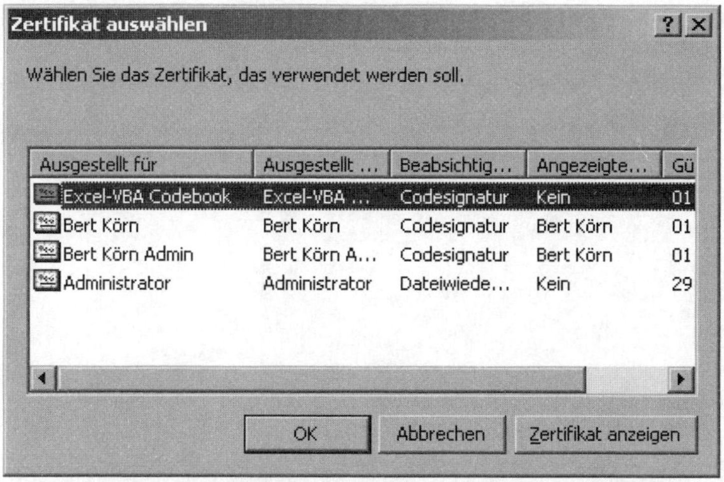

Abbildung 539: Zertifikat auswählen

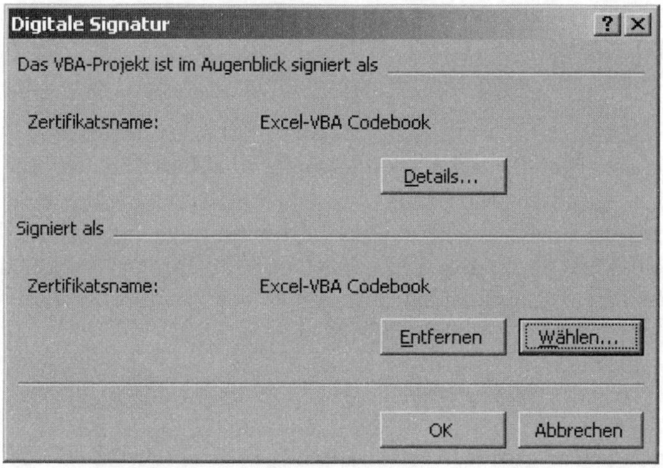

Abbildung 540: Signatur fertig

Beim nächsten Aufruf der Datei erhalten Sie eine andere Makrowarnung wie bisher. Sie haben nun die Möglichkeit, dauerhaft den Dateien mit dieser Signatur zu vertrauen. Ihren eigenen können Sie jederzeit vertrauen, aber bei unbekannter Herkunft ist immer Vorsicht geboten.

Sie werden feststellen, dass bis auf eine Beispieldatei auf der CD alle Dateien *nicht* signiert sind. Wir haben uns dazu entschlossen, da es immer wieder Probleme beim Lesen von Projekten mit Excel 97 gibt. Vor allen Dingen in Kombination mit dem Projektschutz sind sonst unsere Leser mit Excel 97 ausgesperrt.

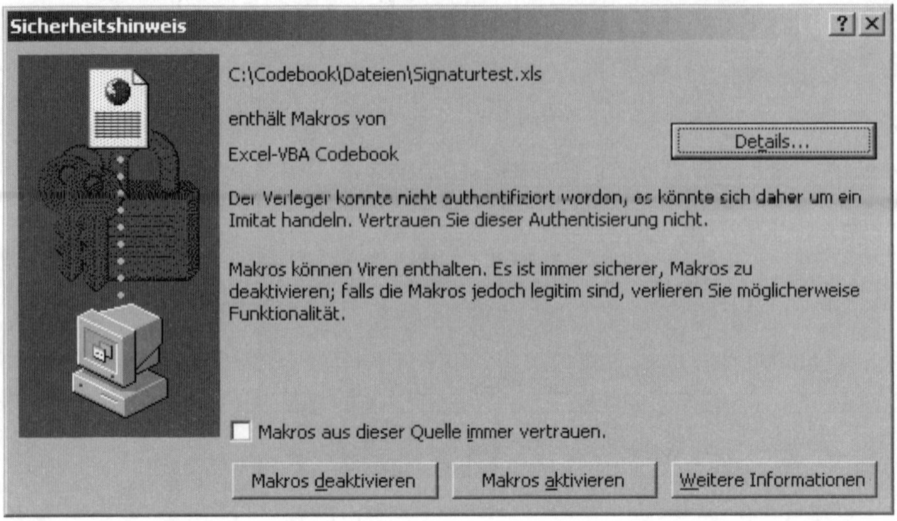

Abbildung 541: Neue Makrowarnung

499 Probleme beim Projektschutz mit Excel 97

Excel 97-Benutzer haben beim Projektschutz häufig Probleme. Selbst bei richtiger Eingabe des Passwortes bleibt ihnen der Einblick in das Projekt verwehrt. Dies rührt daher, dass ab Excel 2000 das Projektpasswort anders abgespeichert wird. Abhilfe schafft hier nur das Entsperren in Excel XP oder Excel 2000 und Abspeicherung ohne Passwortschutz. Jetzt kann der Excel 97-Benutzer den Projektschutz wieder aktivieren. Beim Schützen unter Excel 97 wird allerdings das Passwort sehr unsicher in der Datei mitgespeichert. Im Internet kursieren mehrere Passwortfinder, die das Passwort auslesen können. In den neueren Versionen existiert dieses Sicherheitsproblem nicht mehr.

500 SendKey

Mit `SendKey` werden im Windows-System richtige Tastaturanschläge abgearbeitet. So wie Sie normalerweise die Tastenkombination `Alt` + `F4` benutzen, um eine Anwendung zu beenden, simuliert dies das folgende Makro:

```
Sub Beenden()
  SendKeys "%{F4}"
End Sub
```

Ein umfangreicheres Beispiel soll Ihnen zeigen, wie leistungsstark die `SendKey`-Funktionalität ist. Das Programm »Notepad« wird aufgerufen, und darin werden 1000 Zeilen geschrieben. Das Programm wird automatisch mit `Alt` + `F4` beendet. Wäre nicht die Speicherabfrage, würden Sie das nicht einmal bemerken.

```
Sub Editor()
  Dim i As Integer
  Dim Text
  ' Notepad starten
  Text = Shell("NOTEPAD.EXE", 1)
  AppActivate Text
  For i = 1 To 1000
    ' Tastenanschläge senden, um die Eintragungen zu tätigen
    SendKeys "Codebook " & i & "{ENTER}", True
  Next i
  ' Notepad mit ALT+F4 beenden.
  SendKeys "%{F4}", True
  ' Die Speichernabfrage sollte manuell bestätigt werden
End Sub
```

Für die normalen Text- und Zahleneingaben braucht man nichts zu beachten. Die wichtigsten Tastenkombinationen sollten noch erwähnt werden. Fast alle Steuerungs- und Funktionstasten kann man mit [Enter] ...... [F12] simulieren. Eine komplette Auflistung finden Sie im Glossar.

501 Projekt entsperren mit SendKey

Die Methode SendKey ist die einzige bekannte Möglichkeit, das Projektpasswort zu entsperren. Es gibt keine von Microsoft programmierte Methode, die Eingabemaske für den Passwortschutz zu umgehen.

Ein kleines Problem stellen die unterschiedlichen Excel-Versionen dar. Der unterstrichene Buchstabe im Menü, um mit [Alt] gefolgt von diesem das Menü zu öffnen, hat sich von Excel 97 zu Excel 2000 geändert. Deshalb ist eine Versionsunterscheidung eingebaut. Um die Kompatibilität zu Excel 97 sicherzustellen, wurde diese Beispielmappe ohne Projektschutz gespeichert. Es wird jeweils der Zellinhalt der Zelle C1 als Passwort benutzt.

```
Sub setzen_aus_VB_Editor()
  If Left(Application.Version, _
      InStr(1, Application.Version, ".") - 1) > 8 Then
    SendKeys "%Xi{TAB 9}{RIGHT}{tab}a{tab}" & [C1] _
           & "{TAB}" & [C1] & "{tab}{enter}"
  Else
    SendKeys "%Xs{TAB 9}{RIGHT}{tab}a{tab}" & [C1] _
           & "{TAB}" & [C1] & "{tab }{enter}"
  End If
End Sub

Sub aufheben_aus_VB_Editor()
  If Left(Application.Version, _
      InStr(1, Application.Version, ".") - 1) > 8 Then
    SendKeys "%Xi{TAB 9}" & [C1] & "{tab}{enter}{enter}"
  Else
    SendKeys "%Xs{TAB 9}" & [C1] & "{tab}{enter}{enter}"
```

```
  End If
End Sub

Private Sub setzen_aus_Tabelle()
  If Left(Application.Version, _
      InStr(1, Application.Version, ".") - 1) > 8 Then
    SendKeys "%{F11} %Xi{TAB 9}{RIGHT}{tab}a{tab}" & [C1] _
            & "{TAB}" & [C1] & "{tab}{enter}"
  Else
    SendKeys "%{F11} %Xs{TAB 9}{RIGHT}{tab}a{tab}" & [C1] _
            & "{TAB}" & [C1] & "{tab}{enter}"
  End If
End Sub

Private Sub aufheben_aus_Tabelle()
  If Left(Application.Version, _
      InStr(1, Application.Version, ".") - 1) > 8 Then
    SendKeys "%{F11} %Xi{TAB 9}" & [C1] & "{tab}{enter}{enter}"
  Else
    SendKeys "%{F11} %Xs{TAB 9}" & [C1] & "{tab}{enter}{enter}"
  End If
End Sub
```

502 Application.OnKey

Mit dieser Funktionalität kann man die Tastatur umprogrammieren. Dann sind ganz andere Eingabemöglichkeiten temporär vorhanden. Das Beispiel *14_Fragebogen.xls* nutzt diese Funktion zu einem verblüffenden Effekt. Lassen Sie sich überraschen. Es werden dabei die [Tab]-Taste und beide [Enter]-Tasten mit anderen Funktionen belegt. Durch die Eventprozeduren

1. Private Sub Workbook_Open()
2. Private Sub Workbook_Activate()
3. Private Sub Worksheet_Activate()

wird die neue Funktionalität aktiviert. Dabei wird bei `Workbook_Activate` die Unterscheidung getroffen, ob der Fragebogen gerade das aktive Tabellenblatt ist. Es wird anstatt der Originaltastenfunktion das Makro »Umkehren«, das eine kleine Änderung der Zelleingabe bewirkt, aufgerufen. Mit

1. `Private Sub Workbook_BeforeClose(Cancel As Boolean)`
2. `Private Sub Workbook_Deactivate()`
3. `Private Sub Worksheet_Deactivate()`

wird der Ausgangszustand wiederhergestellt.

Der Code ist wegen der entsprechenden Events dreigeteilt. Die folgenden Makros müssen hinter »DieseArbeitsmappe« geschrieben werden.

```
' Makro wird beim Öffnen der Datei ausgeführt
Private Sub Workbook_Open()
  Worksheets("Fragebogen").Select
  ' [C4:C22] = ""        ' automatische Löschung optional möglich
  [c4].Select
  Application.OnKey "{ENTER}", "umkehren"
  Application.OnKey "~", "umkehren"
  Application.OnKey "{TAB}", "umkehren"
End Sub

' Prozedur wird beim Schließen der Datei ausgeführt
' Löscht die Sondertastenbelegung
Private Sub Workbook_BeforeClose(Cancel As Boolean)
  Application.OnKey "{ENTER}"
  Application.OnKey "~"
  Application.OnKey "{TAB}"
End Sub

' Makro wird beim Wechsel zu dieser Arbeitsmappe ausgeführt
Private Sub Workbook_Activate()
  'Nur ausführen, wenn der Fragebogen aktiv ist
  If ActiveSheet.Name = "Fragebogen" Then
  Application.OnKey "{ENTER}", "umkehren"
  Application.OnKey "~", "umkehren"
  Application.OnKey "{TAB}", "umkehren"
  End If
End Sub

' Prozedur wird beim Verlassen dieser Mappe ausgeführt
' Dadurch wieder eine normale Tastatur in der anderen Mappe
Private Sub Workbook_Deactivate()
  Application.OnKey "{ENTER}"
  Application.OnKey "~"
  Application.OnKey "{TAB}"
End Sub
```

Die nachfolgenden Prozeduren müssen hinter der entsprechenden Tabelle, in diesem Beispiel die Tabelle »Fragebogen«, eingetragen werden.

```
' Makro wird beim Wechsel zu dieser Tabelle ausgeführt
Private Sub Worksheet_Activate()
  Application.OnKey "{ENTER}", "umkehren"
  Application.OnKey "~", "umkehren"
  Application.OnKey "{TAB}", "umkehren"
End Sub

' Prozedur wird beim Verlassen dieser Tabelle ausgeführt
' Dadurch wieder die normale Tastatur in anderem Tabellenblatt
Private Sub Worksheet_Deactivate()
  Application.OnKey "{ENTER}"
```

```
    Application.OnKey "~"
    Application.OnKey "{TAB}"
End Sub
```

Jetzt noch die Codezeilen, die in ein Modul geschrieben werden:

```
Sub Umkehren()
  Dim x$, y$, z%
  x = ActiveCell.Value
  For z = Len(x) To 1 Step -1
    y = y & Right(x, 1)
    x = Left(x, z - 1)
  Next z
  ActiveCell.Value = y
  ActiveCell.Offset(1, 0).Select
End Sub
```

Viel Spaß beim Ausfüllen des Fragebogens.

503 Navigationshilfen

In umfangreichen Tabellen kann man schnell die Übersicht verlieren. Besonders, wenn man die Zeilen- und Spaltenfixierung nicht verwenden will oder kann. Im Beispiel *14_Navigation.xls* sind gleich zwei Hilfsmöglichkeiten integriert. Dies sind

1. Farbbalken senkrecht und waagrecht bezogen auf die aktive Zelle

```
Private Sub Worksheet_SelectionChange(ByVal Target As Excel.Range)
  ' alle Farben in Tabelle löschen
  Cells.Interior.ColorIndex = xlNone    ' neue Spalte einfärben
  Columns(Target.Column).Interior.ColorIndex = 34
  ' neue Zeile einfärben
  Rows(Target.Row).Interior.ColorIndex = 34
  ' Aktive Zelle hervorheben
  Target.Interior.ColorIndex = 40        ' Farbe ändern
End Sub
```

2. Automatischer Kommentar bei der aktiven Zelle mit Zellinhalt der ersten Spalte und der obersten Zeile.

```
Private Sub Worksheet_SelectionChange(ByVal Target As Excel.Range)
  ' Bereichsselection ausschließen
  If Target.Cells.Count > 1 Then
    Cells(ActiveCell.Row, ActiveCell.Column).Select
    Exit Sub
  End If
  ' alle Kommentare löschen
```

```
    Cells.ClearComments
    With Target
      .AddComment  ' Kommentar hinzufügen
      .Comment.Text Text:= _
        "Spalte: " & Cells(1, Target.Column) & Chr(10) _
        & "Zeile: " & Cells(Target.Row, 1)
      .Comment.Shape.TextFrame.AutoSize = True
      .Comment.Visible = True
    End With
  End Sub
```

Beide Prozeduren benutzen beim Wechsel der Selektion das Ereignis `Worksheet_SelectionCange`. Leider haben beide einen Nachteil: Entweder hat man keine farbige Zellformatierung (außer bedingte Formatierung) zur Verfügung, oder aber es sind keine weiteren Kommentare möglich. Bei den Kommentaren könnte man allerdings den Inhalt ergänzen und die Ergänzung wieder zurücknehmen lassen. Die Kommentare haben dafür einen anderen Nachteil: Es ist keine Mehrfachselektion möglich. Diese wurde in den oberen Codezeilen unterdrückt.

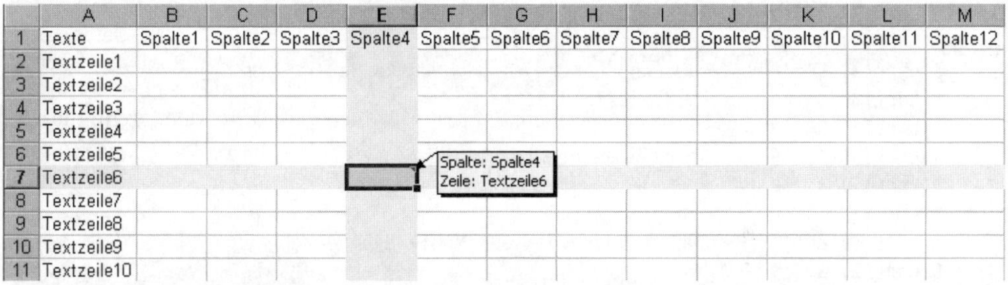

Abbildung 542: Beide Navigationshilfen in Kombination

Eine weitere Variante funktioniert ähnlich und benutzt aus der Symbolleiste ZEICHNEN das Textfeld als Informationsträger. Da Shapes aber teilweise beim Kopieren andere Namen erhalten, wurde dieses Textfeld gleich mit folgendem Makro anders benannt.

```
Sub Textfeld_umbenennen()
  Selection.Name = "Navigationsfeld"
End Sub
```

Dadurch kann man es direkt über seinen Namen [Navigationsfeld] eindeutig ansprechen.

```
Private Sub Worksheet_SelectionChange(ByVal Target As Range)
  [Navigationsfeld].Top = ActiveCell.Top
  [Navigationsfeld].Left = ActiveCell.Offset(0, 1).Left
  [Navigationsfeld].Text = "Spalte: " & Cells(1, Target.Column) _
      & Chr(10) & "Zeile: " & Cells(Target.Row, 1)
```

```
  [Navigationsfeld].AutoSize = True
End Sub
```

504 Code mit Code ändern

Wie Ihnen sicherlich bereits aufgefallen ist, haben all unsere Module etc., die Sie auf der CD finden, einen einheitlichen Kopf in Form von Text (Remarks). Diesen in jedes Modul zu übertragen, wäre selbst mit Copy&Paste sehr umständlich gewesen. Mittels einer entsprechenden Prozedur können Sie solche Einträge automatisch einfügen lassen. Das Schlüsselwort für Änderungen im Code heißt `VBE` (VB Extensibility). Voraussetzung hierfür ist allerdings, dass Sie einen Verweis auf die *Microsoft Visual Basic for Application Extensibility* eingerichtet haben (Menüpunkt EXTRAS | VERWEISE in der VBA-Umgebung). Als kleines Beispiel ist hier der Code zum Erzeugen des Copyright-Vermerks.

```
Sub CodeSigBuch()
  Dim txt As String
  txt = "'©©©©©©©©©©©©©©©©©©©©©©©©©©©©©©©©©©©©©©©©©©©©©'" _
    & Chr(13) & "'#     Dieses Beispiel stammt aus:          #'" _
    & Chr(13) & "'#     Das Excel-VBA Codebook               #'" _
    & Chr(13) & "'#     Autoren: Bert Körn und Monika Weber  #'" _
    & Chr(13) & "'#     ISBN: 382731979                      #'" _
    & Chr(13) & "'#                                          #'" _
    & Chr(13) & "'#        Alle Rechte vorbehalten           #'" _
    & Chr(13) & "'#                                          #'" _
    & Chr(13) & "'#  Anfragen unter:                         #'" _
    & Chr(13) & "'#  Bert@bert-koern.de oder Monika@jumper.ch #'" _
    & Chr(13) & "'#                                          #'" _
    & Chr(13) & "'©©©©©©©©©©©©©©©©©©©©©©©©©©©©©©©©©©©©©©©©©©©©©'"
  Application.VBE.ActiveCodePane.CodeModule.InsertLines 1, txt
End Sub
```

Diese Prozedur verändert das aktive Modul dahingehend, dass ab der ersten Zeile eine Zeile mit Zeilenumbrüchen eingefügt wird.

Diese kleine Bedienungsanleitung für das Verändern des aktiven Moduls könnte für Sie nützlich sein. Setzen Sie bitte den Cursor oben in der ersten Zeile vor den ersten Buchstaben. Somit sind Sie außerhalb aller Prozeduren. Starten Sie die Makro-Ausführung mit der Funktionstaste [F5]. Jetzt können Sie die Prozedur zur Codesignierung auswählen und starten.

505 Projekte auflisten

In der nächsten Prozedur werden alle geöffneten Projekte (Arbeitsmappen) mit Ihren Modulen etc. in Ihrem Tabellenblatt aufgelistet. Hier ist die Fehlerbehandlung `On Error Resume Next` zwingend notwendig, da gesperrte Projekte auch per Makrocode nicht eingesehen werden können.

```
Sub Projekte_auflisten()
  Dim AVB As Object
  Dim Proj As Object
  Dim CP As Object
  Dim i as Integer
  Set AVB = Application.VBE.VBProjects
  i = 1
  Cells.Clear
  On Error Resume Next
  For Each Proj In AVB
    Cells(i, 1) = Proj.Filename
    i = i + 1
      For Each CP In Proj.VBComponents.VBE.CodePanes
        Cells(i, 2) = CP.CodeModule.codepane.Window.Caption
        i = i + 1
      Next CP
  Next Proj
End Sub
```

506 Neue Arbeitsmappe mit Workbook_Open

Mittels der folgenden Prozedur wird eine neue Arbeitsmappe erstellt. Bei der Erstellung dieser Mappe werden auch gleich einige Codezeilen in »DieseArbeitsmappe« geschrieben (siehe Abbildung 543).

Das folgende Beispiel schreibt Ihre kompletten Codezeilen wortgetreu in den Codebereich. Sie dürfen nicht erstaunt sein, dass das Einfügen erst in der dritten Codezeile beginnen soll (`InsertLines 3`). Dies ist für den Fall, dass Sie unter EXTRAS | OPTIONEN im VBA-Editor die Option VARIABLENDEKLARATION ERFORDERLICH aktiviert haben. Dann sind nämlich die ersten 2 Zeilen bereits mit `Option Explicit` vergeben. Ansonsten werden die Codezeilen automatisch in die Zeilen 1 bis 3 geschrieben, was bedeuten würde, dass die Zeilen oberhalb von `Option Explicit` eingefügt würden.

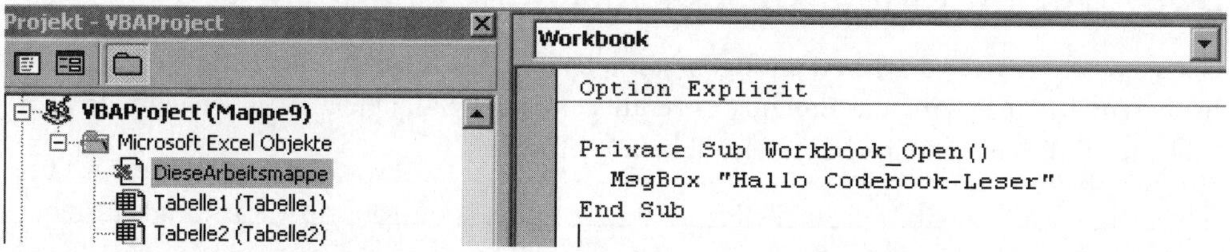

Abbildung 543: Automatisch erstellte Mappe mit Code in <<DieseArbeitsmappe>>

```
Sub Neue_Mappe_mit_OpenProzedur_anlegen()
  Dim WB As Workbook
  Dim VBC_WB As Object
  Set WB = Workbooks.Add
  Set VBC_WB = WB.VBProject.VBComponents("DieseArbeitsmappe")
  With VBC_WB.CodeModule
```

```
    .InsertLines 3, "Private Sub Workbook_Open()"
    .InsertLines 4, "  Msgbox ""Hallo Codebook-Leser"""
    .InsertLines 5, "End Sub"
  End With
End Sub
```

507 Tabelle mit Ereignisprozedur einfügen

Sie können auch jederzeit eine neue Tabelle in eine Mappe einfügen und ihr, mittels unten stehenden Codes, eine Ereignisprozedur hinzufügen lassen. Die Variationen sind unbegrenzt ausbaubar. Hier nur ein kleines Beispiel, dessen Codeinhalt Sie bereits kennen gelernt haben. Es werden die selektierte Zelle sowie Zeile und Spalte farblich hervorgehoben.

```
Sub Neue_Tabelle_mit_Makro()
  Dim WS As Worksheet
  DimVB_Comp As VBComponent
  Dim Zeile As Long
  Set WS = Worksheets.Add
  Set VB_Comp = ActiveWorkbook.VBProject.VBComponents(WS.CodeName)
  With VB_Comp.CodeModule
    Zeile = .CreateEventProc("SelectionChange", "Worksheet")
    .InsertLines Zeile + 1, "Cells.Interior.ColorIndex = xlNone"
    .InsertLines Zeile + 2, _
        "Columns(Target.Column).Interior.ColorIndex = 34"
    .InsertLines Zeile + 3, _
        "Rows(Target.Row).Interior.ColorIndex = 34"
    .InsertLines Zeile + 4, "Target.Interior.ColorIndex = 40"
  End With
  Set VB_Comp = Nothing
  Set WS = Nothing
End Sub
```

508 Gezielt eine Prozedur löschen

Genauso, wie man Prozeduren einfügen kann, ist es auch möglich, diese wieder zu löschen. In diesem Beispiel wird die Ereignisprozedur `Worksheet_SelectionChange` des Tabellenblatts »Tabelle9« (dies ist der Codename der Tabelle) gelöscht.

```
Sub Makro_in_Tabelle_loeschen()
  Dim VBC_WSName As String
  Dim ProzName As String
  Dim Zeile As Long
  Dim Zeilen As Long
  ProzName = "Worksheet_SelectionChange"
  VBC_WSName = "Tabelle9" ' Codenamen verwenden!!!!
  With ActiveWorkbook.VBProject.VBComponents(VBC_WSName).CodeModule
    Zeile = .ProcStartLine(ProzName, vbext_pk_Proc)
    Zeilen = .ProcCountLines(ProzName, vbext_pk_Proc)
```

```
    If MsgBox(.Lines(Zeile, Zeilen) + vbCr + "löschen?", _
        vbYesNo + vbQuestion) = vbYes Then
      .DeleteLines Zeile, Zeilen
    End If
  End With
End Sub
```

509 Userform löschen

Eine Userform zu löschen, ist ebenfalls kein Problem:

```
Sub Userform_loeschen()
  With ActiveWorkbook.VBProject
    .VBComponents.Remove .VBComponents("Userform1")
  End With
End Sub
```

510 Modul löschen

Ein Modul zu löschen, bereitet keine Schwierigkeiten.

```
Sub Modul_loeschen()
  With ActiveWorkbook.VBProject
    .VBComponents.Remove .VBComponents("Modul4")
  End With
End Sub
```

511 Ganzes VBA-Projekt löschen

Wie oft haben Sie sich schon geärgert, dass Sie bei archivierten Arbeitsmappen, die eigentlich nur noch Sicherungsdaten enthalten müssen, immer wieder die Sicherheitsabfrage wegen der VBA-Komponenten erhalten? Falls Sie in einer Arbeitsmappe keine Makros mehr benötigen, erfüllt Ihnen die nachfolgende Prozedur Ihre Wünsche. Es werden nach einer Sicherheitsabfrage in der aktiven Arbeitsmappe alle Module, Klassenmodule, Formulare und UserForms gelöscht. Diese Prozedur sollten Sie am besten in ein Add-In verpacken, da es sogar sich selbst löscht.

```
Sub Projekt_loeschen()
  Dim WB As Object
  Dim VB_Comp As Object
  Set WB = Workbooks(ActiveWorkbook.Name).VBProject
  If MsgBox("Wollen Sie alle VBA-Komponenten der Arbeitsmappe""" & _
        ActiveWorkbook.Name & """ wirklich löschen?", _
        vbYesNo + vbCritical) <> vbYes Then Exit Sub
  For Each VB_Comp In WB.VBComponents
    If VB_Comp.CodeModule.Parent.Type < 5 Then
```

```
      WB.VBComponents.Remove VB_Comp
    ElseIf VB_Comp.CodeModule.Parent.Type = 100 Then
      VB_Comp.CodeModule.DeleteLines 1, _
            VB_Comp.CodeModule.CountOfLines
    End If
  Next VB_Comp

  ' Antiquitäten löschen
  Dim Sh As Object
  Application.DisplayAlerts = False
  For Each Sh In ActiveWorkbook.Excel4MacroSheets
    Sh.Delete
  Next Sh
  For Each Sh In ActiveWorkbook.DialogSheets
    Sh.Delete
  Next Sh
  Application.DisplayAlerts = True
End Sub
```

In der unteren Hälfte werden noch die Dialoge und die Excel 4.0-Makroblätter gelöscht. Diese haben zwar nichts mit VBA zu tun, werden aber bei der Makroabfrage auch berücksichtigt. Sie kommen noch in alten Dateien vor, die mit einer Programmversion vor Excel 97 erstellt worden sind.

512 VBA-Editor schließen

Die Entwicklungsumgebung kann man mit folgendem Dreizeiler schließen.

```
Sub VBE_Umgebung_schließen()
  Application.VBE.MainWindow.Visible = False
End Sub
```

513 Feste Anzahl Ziffern bei Zahlen

Es ist immer wieder die Frage nach einer festen Anzahl von Ziffern bei Zahlen gewünscht. Das Auffüllen mit führenden Nullen kann man prima mit der Formatierung lösen. Sowohl mit den Tabellenblatt-Funktionalitäten als auch im Makrocode. Im Tabellenblatt sieht die benutzerdefinierte Formatierung für eine fünfstellige Zahl zum Beispiel so aus:

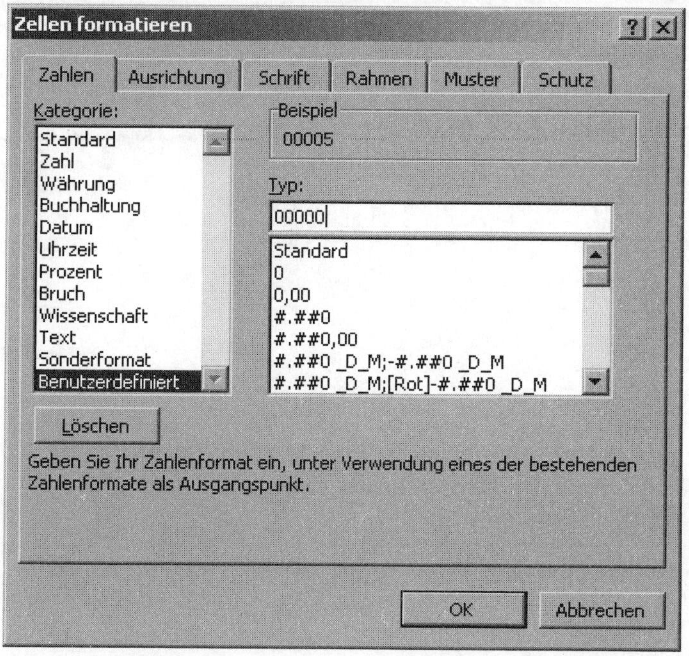

Abbildung 544: Zellformatierung

Eine entsprechende Prozedur würde so aussehen:

```
Sub Feste_Anzahl_Stellen()
  [C2].NumberFormat = "00000"
End Sub
```

Bei Berechnungen kann es aber auch erforderlich werden, die Ausgabe mit anderen Daten zu verknüpfen. Dann bietet sich folgende Lösung an:

```
Sub Feste_Anzahl_Stellen2()
  Dim Zahl As Long
  Zahl = 5
  MsgBox Format(Zahl, "00000")
End Sub
```

Die große Schwierigkeit ist das Auffüllen der Zelle mit Nullen *nach der Zahl* (siehe Abbildung 545, Spalte A). Mit einer Formatierung kann man nicht erreichen, bei einer unbekannten Anzahl an gegebenen Stellen den Rest hinten aufzufüllen. Man kann zwar ein bisschen schummeln, indem man ein paar Nullen hinten anfügt, aber das war es dann auch schon. Wir schreiben mit Absicht »schummeln«, da zu jeder weiteren Berechnung doch mit falschen Zahlen weitergerechnet werden müsste. Hinten stehen nun mal Nullen, die man nie vernachlässigen sollte.

	A	B
1	**Mit Nullen**	**Ohne Nullen**
2	1000000000	1
3	1200000000	12
4	1230000000	123
5	1234000000	1234
6	1234500000	12345
7	1234560000	123456
8	1234567000	1234567
9	1234567800	12345678
10	1234567890	123456789
11		

Abbildung 545: Folgende Nullen

Die nachfolgende Prozedur bringt Ihnen diese Eingabe-Erleichterung. Der wichtigste Teil dieses Makros ist die Multiplikation mit 10 potenziert um die fehlenden Stellen.

$$10^{\text{fehlende Stellen}}$$

Abbildung 546: Rechenoperation

Da diese Prozedur für eine aktuelle Eingabeerleichterung konzipiert ist, werden im oberen Teil des Makros Bereichsselektionen ausgeschlossen. Sonst würde die Makrolaufzeit wesentlich erhöht, das ja jede Zelle immer wieder überprüft werden müsste. Außerdem wurde der Bereich, der umgestellt werden soll, auf die Spalte A beschränkt. Der Code wird direkt hinter das gewünschte Tabellenblatt geschrieben.

```
Private Sub Worksheet_SelectionChange(ByVal Target As Range)
  Static AltWert
  Static AltZelle
  Dim Laenge As Byte
  Laenge = 10 ' Anzahl Zeichen festlegen

  ' Mehrfachselektion unterbinden
  If Target.Cells.Count <> 1 Then
     ActiveCell.Select
     Exit Sub
  End If

  ' Wenn keine alte Adresse vorhanden war, den Rest nicht ausführen
  If AltZelle = "" Then GoTo Weiter
  ' Abzweigen, wenn die alte Adresse nicht in definierter Spalte
  If Range(AltZelle).Column <> 1 Then GoTo Weiter
  On Error GoTo Weiter
  ' Wenn sich der Zellwert in der alten Adresse geändert hat
  If Range(AltZelle).Value <> AltWert Then
    ' wenn Länge zu kurz und der Zellinhalt ist eine Zahl
```

```
    If Len(Range(AltZelle).Value) < Laenge And _
         IsNumeric(Range(AltZelle).Value) = True And _
         Range(AltZelle).Value <> "" Then
     ' Zellwert mit der fehlenden Anzahl an Stellen
     ' als Potenz von 10 mit dem Zellwert multiplizieren
      Range(AltZelle).Value = Range(AltZelle).Value * _
         10 ^ (Laenge - Len(Range(AltZelle).Value))
    End If
  End If
Weiter:
  AltZelle = Target.Address
  AltWert = Target.Value
End Sub
```

514 Ein kleiner Ausflug in die Klassen

Mit einem Klassenmodul können Sie Ihre eigenen *Eigenschaften* und *Methoden* erzeugen.

Wählen Sie EINFÜGEN | KLASSENMODUL, um ein Klassenmodul zu erstellen.

515 Eine Methode erzeugen

In unserem ersten Beispiel wollen wir eine Methode erzeugen. Die Methode soll eine einfache Dialogbox liefern.

Erstellen Sie zuerst ein Klassenmodul. Geben Sie ihm den Namen `clsMeineKlasse`. Das Klassenmodul können Sie im EIGENSCHAFTEN-FENSTER unter der Eigenschaft NAME umbenennen. Mit diesem Namen werden wir später in einem normalen Modul weiterarbeiten.

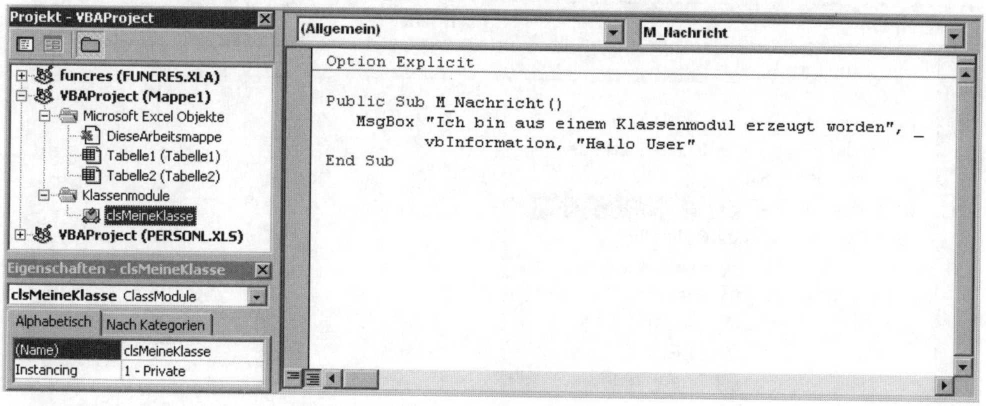

Abbildung 547: Methode in Klassenmodul erzeugen

Wir schreiben nun in das Klassenmodul die Dialogbox plus den Text, der jeweils in der Dialogbox angezeigt werden soll. Der Code für das Klassenmodul sieht so aus:

```
Public Sub M_Nachricht()
   MsgBox "Ich bin aus einem Klassenmodul erzeugt worden", _
        vbInformation, "Hallo User"
End Sub
```

Fügen Sie nun in Ihr Projekt ein gewöhnliches Modul ein. Hier wollen wir zuerst die Variable als das Klassenmodul deklarieren, das wir erzeugt haben:

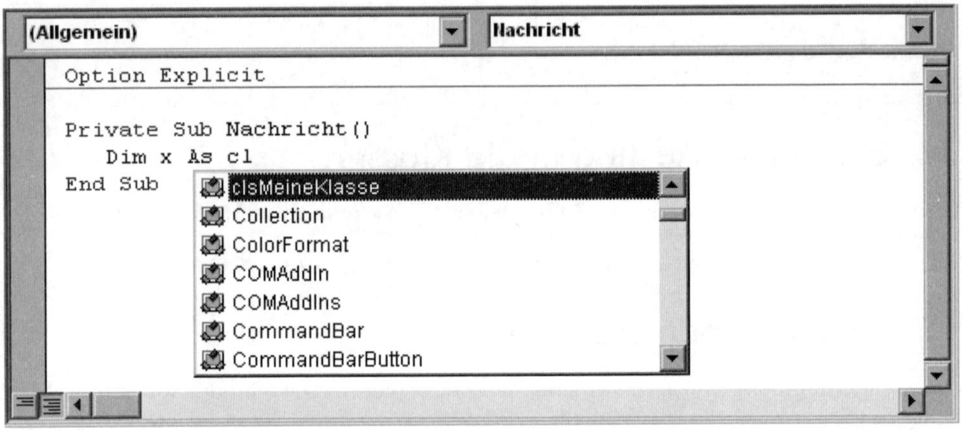

Abbildung 548: Deklaration

Über das Schlüsselwort `New` wollen wir auf unsere Klasse verweisen:

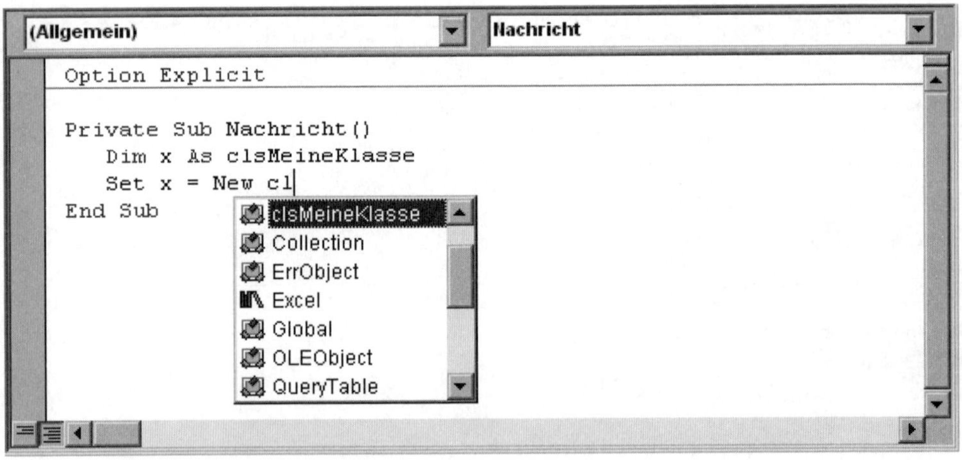

Abbildung 549: Referenzierung

Der Variablen `x` kann nun die Methode, die wir im Klassenmodul erzeugt haben, zugewiesen werden. Wie Sie der Abbildung unten entnehmen können, ist der Name der Methode der

Name der Prozedur im Klassenmodul `M_Nachricht`, wobei das `M` daran erinnern soll, dass es sich um eine Methode handelt.

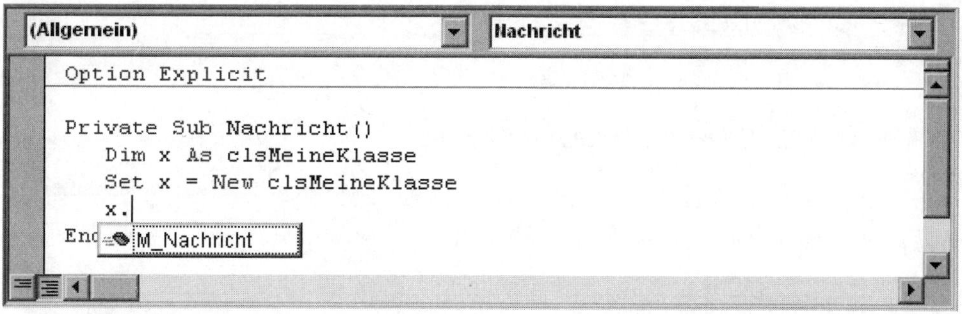

Abbildung 550: Verwendung der Methode

Der komplette Code in dem gewöhnlichen Modul sieht dann so aus:

```
Private Sub Nachricht()
   Dim x As clsMeineKlasse
   Set x = New clsMeineKlasse
   x.M_Nachricht
End Sub
```

Diese selbst erstellte Methode können Sie nun im ganzen Projekt verwenden.

Wenn Sie der MsgBox in der Klasse nicht einen fixen Text zuweisen möchten, können Sie auch mit einer Variablen arbeiten. Dieser wird dann erst im gewöhnlichen Modul ein beliebiger Text zugewiesen.

Wir ändern unsere selbst erstellte Klasse also so ab, dass wir mit einer Variablen (`strNachricht`) arbeiten können:

```
Public Sub M_Nachricht(ByVal strNachricht As String)
   MsgBox strNachricht, vbInformation, "Hallo User"
End Sub
```

Im gewöhnlichen Modul können wir der selbst erstellten Methode nun einen beliebigen Text zuordnen:

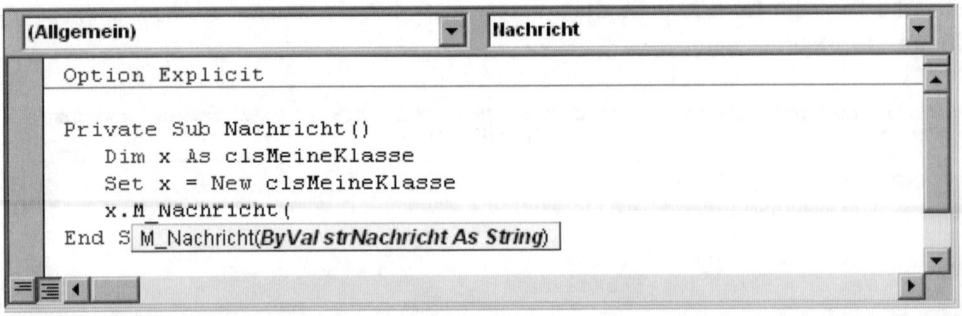

Abbildung 551: Verwendung der neuen Methode

```
Private Sub Nachricht()
   Dim x As clsMeineKlasse
   Set x = New clsMeineKlasse
   x.M_Nachricht ("Ich bin aus der Variablen im" & _
                  "Klassenmodul erzeugt worden")
End Sub
```

516 Eine Eigenschaft erzeugen

Die einfachste Möglichkeit, eine Eigenschaft festzulegen, ist, diese als globale Variable zu deklarieren (`E_Text`). Das `E` soll daran erinnern, dass es sich um eine Eigenschaft handelt. Sie besitzt dann Schreib- und Lesezugriff.

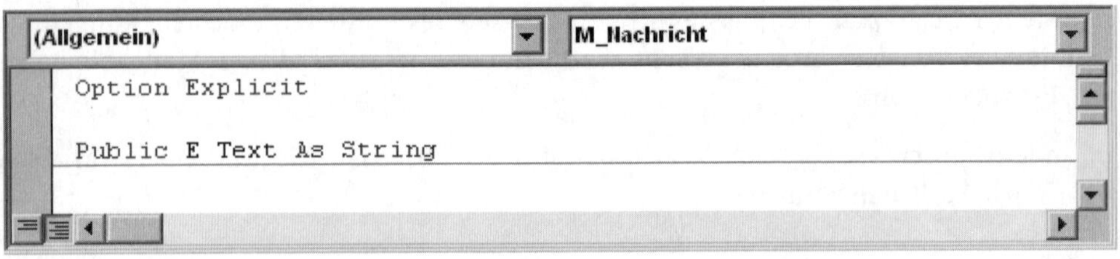

Abbildung 552: Globale Variable

```
Public E_Text As String
```

In einem gewöhnlichen Modul könnten wir die Eigenschaft wie folgt verwenden:

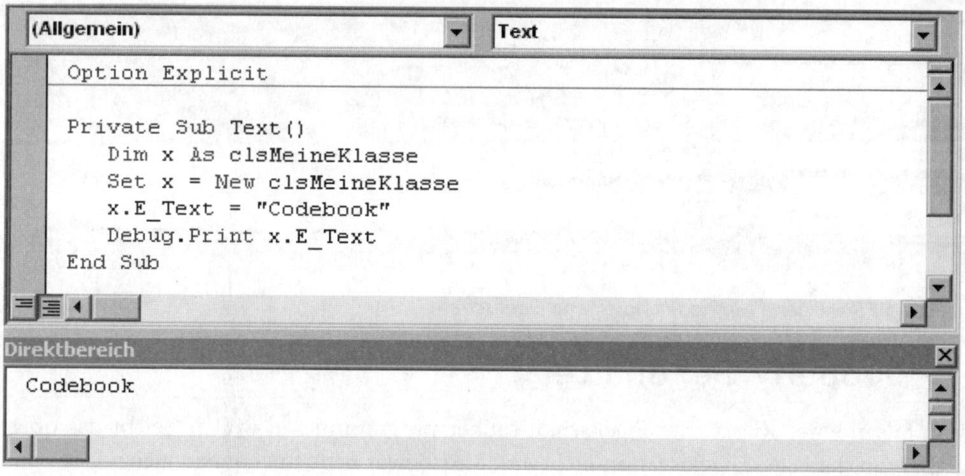

Abbildung 553: Die Eigenschaft wird eingesetzt

```
Private Sub Text()
   Dim x As clsMeineKlasse
   Set x = New clsMeineKlasse
   x.E_Text = "Codebook"
   Debug.Print x.E_Text
End Sub
```

Die Eigenschaft kann auf beliebige Objekte verwendet werden. Zum Beispiel, um ein Tabellenblatt zu benennen:

```
Private Sub Text()
   Dim x As clsMeineKlasse
   Set x = New clsMeineKlasse
   x.E_Text = "Codebook"
   Sheets(1).Name = x.E_Text
End Sub
```

Am Ende der Prozedur sollten Sie den Speicher wieder freigeben: `Set x = Nothing`.

Wenn wir uns nun den Objekt-Katalog ansehen, können wir erkennen, dass wir eine eigene Methode und eine eigene Eigenschaft erstellt haben:

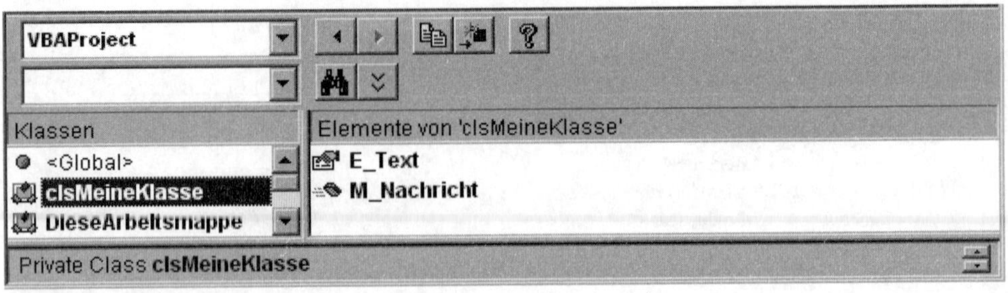

Abbildung 554: Eigene Methode und eigene Eigenschaft

517 Property Get und Let

Wenn Sie in einer Klasse ihre Eigenschaft sauber programmieren wollen, reicht das obige Beispiel mit der `Public`-Deklaration nicht aus. Sie ist zwar bequem, da man gleich Lese- und Schreibberechtigung erhält, aber es ist eben nicht korrekt für ein Klassenmodul.

Wenn Sie korrekt arbeiten wollen, bleibt es Ihnen nicht erspart, die Eigenschaft mit `Get` (`Lesen`) und `Let` (`Schreiben`) zu erstellen.

Achten Sie bei der Deklaration darauf, dass Sie bei beiden Modulen den `gleichen Datentyp` verwenden, in unserem Beispiel `As String`. Wenn Sie das nicht tun, werden Sie eine Fehlermeldung erhalten.

```
Private Temp As String

Public Property Get strText() As String
 strText = Temp                    ' Lesen
End Property

Public Property Let strText(ByVal meineVariable As String)
 Temp = meineVariable              ' Schreiben
End Property
```

Abbildung 555: Property Let und Get

```
' Klassenmodul
Private Temp As String

Public Property Get strText() As String
 strText = Temp                    ' Lesen
End Property

Public Property Let strText(ByVal meineVariable As String)
 Temp = meineVariable              ' Schreiben
End Property
```

Das Modul dazu sieht so aus:

```
' Modul
Private Sub Test()
 Dim x As clsMeineKlasse2
 Set x = New clsMeineKlasse2
 x.strText = "Meine 2. Klasse"  ' Schreiben
 MsgBox x.strText               ' Lesen
 Set x = Nothing
End Sub
```

TEIL III
Referenz

Glossar

Zeichensätze

1. ASCII-Zeichensatz

Der ASCII (American Standard Code for Information Interchange)-Zeichensatz (7-Bit) wird verwendet, um Buchstaben und Symbole darzustellen, die auf einer US-Standard-Tastatur verwendet werden. Der ASCII-Zeichensatz entspricht den ersten 128 Zeichen (0-127) des ANSI-Zeichensatzes.

2. ANSI-Zeichensatz

Abkürzung für »American National Standard Institute«. Amerikanisches Normungsinstitut, das mit dem deutschen DIN-Institut vergleichbar ist, beide gehören der ISO an. Seine Normen sind zwar nur Empfehlungen, werden aber allgemein akzeptiert.

Der ANSI-Code ist eine Weiterentwicklung des ASCII-Zeichensatzes und besteht aus 256 Zeichen (Buchstaben, Ziffern, Interpunktionszeichen und Sonderzeichen). Während der ASCII-Code ein reiner Zeichencode ist, lassen sich mittels des ANSI-Codes Farben, Cursor und Hervorhebungen auf dem Bildschirm steuern.

3. Unicode

ISO-Zeichenstandard (International Standards Organization). Unicode verwendet eine 16-Bit-Codierung (2 Bytes), die 65.536 verschiedene Zeichen erlaubt. Unicode enthält Darstellungen für Satzzeichen, mathematische Symbole und Dingbats und bietet noch ausreichend Platz für künftige Erweiterungen.

Die englischen Funktionsnamen für unsere deutschen Tabellenblattfunktionen

Deutsche Funktion	Englische Funktion	Deutsche Funktion	Englische Funktion
ABRUNDEN	ROUNDDOWN	MAX	MAX
ABS	ABS	MDET	MDETERM
ACHSENAB-SCHNITT	INTERCEPT	MEDIAN	MEDIAN
ADRESSE	ADDRESS	MIN	MIN
ANZAHL	COUNT	MINUTE	MINUTE
ANZAHL2	COUNTA	MINV	MINVERSE

Tabelle 54: Funktionsnamen Deutsch-Englisch

Deutsche Funktion	Englische Funktion	Deutsche Funktion	Englische Funktion
ANZAHLLEEREZEL-LEN	COUNTBLANK	MITTELABW	AVEDEV
ARCCOS	ACOS	MITTELWERT	AVERAGE
ARCCOSHYP	ACOSH	MMULT	MMULT
ARCSIN	ASIN	MODALWERT	MODE
ARCSINHYP	ASINH	MONAT	MONTH
ARCTAN	ATAN	MTRANS	TRANSPOSE
ARCTAN2	ATAN2	N	N
ARCTANHYP	ATANH	NBW	NPV
AUFRUFEN	CALL	NEGBINOMVERT	NEGBINOMDIST
AUFRUNDEN	ROUNDUP	NICHT	NOT
BEREICH.VER-SCHIEBEN	OFFSET	NORMINV	NORMINV
BEREICHE	AREAS	NORMVERT	NORMDIST
BESTIMMTHEITS-MASS	RSQ	NV	NA
BETAINV	BETAINV	OBERGRENZE	CEILING
BETAVERT	BETADIST	ODER	OR
BINOMVERT	BINOMDIST	PEARSON	PEARSON
BOGENMASS	RADIANS	PI	PI
BW	PV	POISSON	POISSON
CHIINV	CHIINV	POTENZ	POWER
CHITEST	CHITEST	PRODUKT	PRODUCT
CHIVERT	CHIDIST	QIKV	MIRR
CODE	CODE	QUADRATESUMME	SUMSQ
COS	COS	QUANTIL	PERCENTILE
COSHYP	COSH	QUANTILSRANG	PERCENTRANK
DATUM	DATE	QUARTILE	QUARTILE
DATEDIF	DATEDIFF	RANG	RANK
DATWERT	DATEVALUE	RECHTS	RIGHT
DBANZAHL	DCOUNT	REGISTER.KEN-NUMMER	REGISTER.ID
DBANZAHL2	DCOUNTA	REST	MOD
DBAUSZUG	DGET	RGP	LINEST
DBMAX	DMAX	RKP	LOGEST
DBMIN	DMIN	RMZ	PMT

Tabelle 54: Funktionsnamen Deutsch-Englisch (Fortsetzung)

Deutsche Funktion	Englische Funktion	Deutsche Funktion	Englische Funktion
DBMITTELWERT	DAVERAGE	RÖMISCH	ROMAN
DBPRODUKT	DPRODUCT	RUNDEN	ROUND
DBSTDABW	DSTDEV	SÄUBERN	CLEAN
DBSTDABWN	DSTDEVP	SCHÄTZER	FORECAST
DBSUMME	DSUM	SCHIEFE	SKEW
DBVARIANZ	DVAR	SEKUNDE	SECOND
DBVARIANZEN	DVARP	SIN	SIN
DIA	SYD	SINHYP	SINH
DM	DOLLAR	SPALTE	COLUMN
ERSETZEN	REPLACE	SPALTEN	COLUMNS
EXP	EXP	STABW	STDEV
EXPONVERT	EXPONDIST	STABWN	STDEVP
FAKULTÄT	FACT	STANDARDISIE-RUNG	STANDARDIZE
FALSCH	FALSE	STANDNORMINV	NORMSINV
FEHLER.TYP	ERROR.TYPE	STANDNORMVERT	NORMSDIST
FEST	FIXED	STEIGUNG	SLOPE
FINDEN	FIND	STFEHLERYX	STEYX
FINV	FINV	STUNDE	HOUR
FISHER	FISHER	SUCHEN	SEARCH
FISHERINV	FISHERINV	SUMME	SUM
FTEST	FTEST	SUMMENPRO-DUKT	SUMPRODUCT
FVERT	FDIST	SUMMEWENN	SUMIF
GAMMAINV	GAMMAINV	SUMMEX2MY2	SUMX2MY2
GAMMALN	GAMMALN	SUMMEX2PY2	SUMX2PY2
GAMMAVERT	GAMMADIST	SUMMEXMY2	SUMXMY2
GANZZAHL	INT	SUMQUADABW	DEVSQ
GDA	DDB	SVERWEIS	VLOOKUP
GDA2	DB	T	T
GEOMITTEL	GEOMEAN	TAG	DAY
GERADE	EVEN	TAGE360	DAYS360
GESTUTZTMITTEL	TRIMMEAN	TAN	TAN
GLÄTTEN	TRIM	TANHYP	TANH
GRAD	DEGREES	TEIL	MID

Tabelle 54: Funktionsnamen Deutsch-Englisch (Fortsetzung)

Deutsche Funktion	Englische Funktion	Deutsche Funktion	Englische Funktion
GROSS	UPPER	TEILERGEBNIS	SUBTOTAL
GROSS2	PROPER	TEXT	TEXT
GTEST	ZTEST	TINV	TINV
HARMITTEL	HARMEAN	TREND	TREND
HÄUFIGKEIT	FREQUENCY	TTEST	TTEST
HEUTE	TODAY	TVERT	TDIST
HYPGEOMVERT	HYPGEOMDIST	TYP	TYPE
IDENTISCH	EXACT	UND	AND
IKV	IRR	UNGERADE	ODD
INDEX	INDEX	UNTERGRENZE	FLOOR
INDIREKT	INDIRECT	VARIANZ	VAR
INFO	INFO	VARIANZEN	VARP
ISTBEZUG	ISREF	VARIATION	GROWTH
ISTFEHL	ISERR	VARIATIONEN	PERMUT
ISTFEHLER	ISERROR	VDB	VDB
ISTKTEXT	ISNONTEXT	VERGLEICH	MATCH
ISTLEER	ISBLANK	VERKETTEN	CONCATENATE
ISTLOG	ISLOGICAL	VERWEIS	LOOKUP
ISTNV	ISNA	VORZEICHEN	SIGN
ISTTEXT	ISTEXT	WAHL	CHOOSE
ISTZAHL	ISNUMBER	WAHR	TRUE
JAHR	YEAR	WAHRSCHBEREICH	PROB
JETZT	NOW	WECHSELN	SUBSTITUTE
KAPZ	PPMT	WEIBULL	WEIBULL
KGRÖSSTE	LARGE	WENN	IF
KKLEINSTE	SMALL	WERT	VALUE
KLEIN	LOWER	WIEDERHOLEN	REPT
KOMBINATIONEN	COMBIN	WOCHENTAG	WEEKDAY
KONFIDENZ	CONFIDENCE	WURZEL	SQRT
KORREL	CORREL	WVERWEIS	HLOOKUP
KOVAR	COVAR	ZÄHLENWENN	COUNTIF
KRITBINOM	CRITBINOM	ZEICHEN	CHAR
KURT	KURT	ZEILE	ROW
KÜRZEN	TRUNC	ZEILEN	ROWS
LÄNGE	LEN	ZEIT	TIME

Tabelle 54: Funktionsnamen Deutsch-Englisch (Fortsetzung)

Deutsche Funktion	Englische Funktion	Deutsche Funktion	Englische Funktion
LIA	SLN	ZEITWERT	TIMEVALUE
LINKS	LEFT	ZELLE	CELL
LN	LN	ZINS	RATE
LOG	LOG	ZINSZ	IPMT
LOG10	LOG10	ZUFALLSZAHL	RAND
LOGINV	LOGINV	ZW	FV
LOGNORMVERT	LOGNORMDIST	ZZR	NPER

Tabelle 54: Funktionsnamen Deutsch-Englisch (Fortsetzung)

VBA-Schlüsselwörter

Deutsch	Englisch	Deutsch	Englisch
Abs	Abs	MkDir	ErstelleVerz
Access	Zugriff	Mod	Mod
Alias	Original	Module	Modul
And	Und	Month	Monat
Any	Unbestimmt	MsgBox	MeldungsDlg
AppActivate	AktiviereAnw	Name	Benenne
Append	Anhängen	Next	Nächste
ArgName	Argument	Not	Nicht
Array	Datenfeld	Nothing	Nichts
As	Als	Now	Jetzt
Asc	Code	Null	Null
Atn	ArcTan	Number	Zahl
Attributes	Attribute	Object	Objekt
B	R	Oct	Okt
Base	Basis	Of	Von
Beep	Signal	On	Bei
BF	RF	Open	Öffne
Binary	Binär	Option	Option
Blue	Blau	Optional	Optional
Boolean	Boolesch	Or	Oder
Buttons	Schaltflächen	Output	Ausgabe
ByRef	AlsZeiger	ParamArray	ArgumentListe
ByVal	AlsWert	Path	Pfad

Tabelle 55: VBA-Schlüsselwörter Englisch – Deutsch

Deutsch	Englisch	Deutsch	Englisch
Call	Rufe	PathName	Pfadname
Case	Fall	Preserve	Erhaltend
CBool	ZuBoolesch	Print	Drucke
CCur	ZuWährung	Private	Privat
CDate	ZuDatumZeit	Prompt	Eingabeaufforderung
CDbl	ZuDoppelt	Prompt	Meldung
CDecl	CDekl	Property	Eigenschaft
Character	Zeichen	Public	Öffentlich
CharCode	Zeichencode	Put	Lege
ChDir	WechsleVerz	Random	Wahlfrei
ChDrive	WechsleLW	Randomize	ZufallInit
Chr	Zn	Read	Lese
CInt	ZuGanz	Red	Rot
Class	Klasse	ReDim	Redim
CLng	ZuLang	Rem	Kmt
Close	Schliesse	Reset	SchliesseAlles
Color	Farbe	Resume	Weiter
Compare	Vergleiche	Return	Zurück
Const	Konst	ReturnType	RückgabeTyp
Constant	Konstante	RGB	RGB
Context	HilfeKontextID	Right	Rechts
Conversion	Konvertierung	RightB	RechtsB
Cos	Cos	RmDir	EntferneVerz
CreateObject	ErstelleObjekt	Rnd	Zufallszahl
CSng	ZuEinfach	RSet	SetzeR
CStr	ZuZnF	RTrim	KürzeR
CurDir	AktVerz	Script	Skript
Currency	Währung	Second	Sekunde
CVar	ZuVariant	Seek	DPos
CVDate	ZuVariantDatumZeit	Select	Prüfe
CVErr	ZuFehler	SendKeys	SendeTastenF
Date	DatumZeit	Set	Setze
Date	Datum	SetAttr	SetzeAttr
DateSerial	Datumszahl	Sgn	VZchn
DateValue	Datumswert	Shared	Gemeinsam

Tabelle 55: VBA-Schlüsselwörter Englisch – Deutsch (Fortsetzung)

Deutsch	Englisch	Deutsch	Englisch
Day	Tag	Shell	Starte
Debug	Test	Sin	Sin
Declare	Deklariere	Single	Einfach
Default	Standard	Source	Quelle
DefBool	DefBoolesch	Space	LZn
DefCur	DefWährung	Spc	PosLZn
DefDate	DefDatumZeit	Sqr	Wurzel
DefDbl	DefDoppelt	Static	Statisch
DefInt	DefGanz	Step	Schrittweite
DefLng	DefLang	Stop	Stop
DefObj	DefObjekt	Str	ZnF
DefSng	DefEinfach	StrComp	VergleicheZnF
DefStr	DefZnF	StrConv	KonvertiereZnF
DefVar	DefVariant	Strict	Strikt
Destination	Ziel	String	ZeichenF
Dim	Dim	String	Zeichenfolge
Dir	Verz	Sub	Sub
Do	Durchlaufe	Tab	PosTab
DoEvents	Ereignisse	Tan	Tan
Double	Doppelt	Text	TextSpezial
Drive	Laufwerk	Then	Dann
Each	Alle	Time	Zeit
Else	Sonst	Timer	Zeitgeber
ElseIf	SonstWenn	TimeSerial	Zeitzahl
Empty	Leer	TimeValue	Zeitwert
End	Ende	Title	Titel
EndIf	EndeWenn	To	Bis
EOF	DEnde	Trim	Kürze
Eqv	Äqv	True	Wahr
Erase	Lösche	Type	Typ
Erl	FehlerZeile	TypeName	TypName
Err	FehlerNr	UBound	GrenzeO
Error	Fehler	UCase	Gross
Exit	Verlasse	Unknown	Unbekannt
Exp	Exp	Unlock	Entsperre

Tabelle 55: VBA-Schlüsselwörter Englisch – Deutsch (Fortsetzung)

Deutsch	Englisch	Deutsch	Englisch
Explicit	Explizit	Until	BisWahr
Expression	Ausdruck	Val	Wert
F	F	Variant	Variant
False	Falsch	VarName	Variable
FileAttr	DAttr	VarType	VarTyp
FileCopy	DKopiere	vbAbort	vbAbbruch
FileDateTime	DDatumZeit	vbAbortRetryIgnore	vbAbbruchWieder-holenIgnorieren
FileLen	DLänge	vbApplicationModal	vbAnwendungModal
FileNumber	Dateinummer	vbArchive	vbArchiv
Fix	Schneide	vbArray	vbDatenfeld
For	Für	vbBoolean	vbBoolesch
Format	Format	vbCancel	vbAbbrechen
FreeFile	DNrNeu	vbCritical	vbKritisch
Function	Funktion	vbCurrency	vbWährung
Get	Hole	vbDataObject	vbDatenObjekt
GetAttr	HoleAttr	vbDate	vbDatumZeit
GetObject	HoleObjekt	vbDefaultButton1	vbStdSchaltfläche1
Global	Global	vbDefaultButton2	vbStdSchaltfläche2
GoSub	RufeMarke	vbDefaultButton3	vbStdSchaltfläche3
GoTo	GeheZu	vbDirectory	vbVerzeichnis
Green	Grün	vbDouble	vbDoppelt
HelpFile	Hilfedatei	vbEmpty	vbLeer
Hex	Hex	vbError	vbFehler
Hour	Stunde	vbExclamation	vbWarnung
If	Wenn	vbHidden	vbVersteckt
IMEStatus	IMEStatus	vbHiragana	vbHiragana
Imp	Imp	vbIgnore	vbIgnorieren
In	In	vbInformation	vbInformation
Input	Eingabe	vbInteger	vbGanz
InputB	EingabeB	vbKatakana	vbKatakana
InputBox	EingabeDlg	vbLong	vbLang
InStr	InZnF	vbLowerCase	vbKleinschreibung
InStrB	InZnFB	vbNarrow	vbSchmal
Int	RundeAb	vbNo	vbNein

Tabelle 55: VBA-Schlüsselwörter Englisch – Deutsch (Fortsetzung)

Deutsch	Englisch	Deutsch	Englisch
Integer	Ganz	vbNormal	vbNormal
Is	Ist	vbNull	vbNull
IsArray	IstDatenfeld	vbObject	vbObjekt
IsDate	IstDatumZeit	vbOK	vbOK
IsEmpty	IstLeer	vbOKCancel	vbOKAbbrechen
IsError	IstFehler	vbOKOnly	vbNurOK
IsMissing	IstFehlend	vbProperCase	vbGroßschrei-bungWort
IsNull	IstNull	vbQuestion	vbFrage
IsNumeric	IstZahl	vbReadOnly	vbNurLesen
IsObject	IstObjekt	vbRetry	vbWiederholen
Kill	DLösche	vbRetryCancel	vbWiederholenAb-brechen
LBound	GrenzeU	vbSingle	vbEinfach
LCase	Klein	vbString	vbZnFolge
Left	Links	vbSystem	vbSystem
LeftB	LinksB	vbSystemModal	vbSystemModal
Len	Länge	vbUpperCase	vbGroßschreibung
LenB	LängeB	vbVariant	vbVariant
Length	Länge	vbVolume	vbDatenträger
Let	Bestimme	vbWide	vbBreit
Lib	Biblio	vbYes	vbJa
Like	Wie	vbYesNo	vbJaNein
Line	Zeilen	vbYesNoCancel	vbJaNeinAbbrechen
Loc	Pos	Wait	Wartezeit
Local	Lokal	WeekDay	Wochentag
Lock	Sperre	Wend	EndeSolange
LOF	DGrösse	Where	Wobei
Log	Ln	While	Solange
Long	Lang	Width	Breite
Loop	Schleife	WindowStyle	Fensterart
LSet	SetzeL	With	Mit
LTrim	KürzeL	Write	Schreibe
MacID	MacID	Xor	XOder
MacScript	MacScript	XPos	XPosition

Tabelle 55: VBA-Schlüsselwörter Englisch – Deutsch (Fortsetzung)

Deutsch	Englisch	Deutsch	Englisch
Mid	TeilZnF	Year	Jahr
MidB	TeilZnFB	YPos	YPosition
Minute	Minute		

Tabelle 55: VBA Schlüsselwörter Englisch – Deutsch (Fortsetzung)

Feiertage

Feiertag	Datum	Basis: Ostern	Bemerkungen
Neujahr	1. Januar		
Dreikönig	6. Januar		
Fasnachtsmontag			Leider kein offizieller Feiertag
Rosenmontag			
Karfreitag		-2	
Ostersonntag		0	
Ostermontag		+1	
Erster Mai	1. Mai		
Tag der Arbeit			
Christi Himmelfahrt		+39	
Pfingstsonntag		+49	
Pfingstmontag		+50	
Fronleichnam		+60	
Nationalfeiertag der Schweiz	1. August		
Maria Himmelfahrt	15. August		
Tag der Deutschen Einheit	3. Oktober		
Reformationstag	31. Oktober		
Allerheiligen	1. November		
Buß- und Bettag			Mittwoch zwischen dem 16. und 22. Nov.
Heiligabend	24. Dezember		Kein Feiertag
1. Weihnachtsfeiertag	25. Dezember		
2. Weihnachtsfeiertag	26. Dezember		
Silvester	31. Dezember		Kein Feiertag

Tabelle 56: Feiertage

Der Einfachheit halber haben wir in der Tabelle 0.3 nur die deutschen Feiertage aufgeführt. Die Feiertage weltweit finden Sie im Internet unter http://www.feiertage-weltweit.com.

MsgBox-Konstanten

Zeigt eine Meldung in einem Dialogfeld an und wartet darauf, daß der Benutzer auf eine Schaltfläche klickt. Es wird dann ein Wert vom Typ *Integer* zurückgegeben, der anzeigt, auf welche Schaltfläche der Benutzer geklickt hat.

Syntax

MsgBox(prompt[, buttons] [, title] [, helpfile, context])

Konstante	Wert	Beschreibung
vbOKOnly	0	Nur Schaltfläche OK (Voreinstellung)
vbOKCancel	1	Schaltflächen OK und Abbrechen
vbAbortRetryIgnore	2	Schaltflächen Abbruch, Wiederholen und Ignorieren
vbYesNoCancel	3	Schaltflächen Ja, Nein und Abbrechen
vbYesNo	4	Schaltflächen Ja und Nein
vbRetryCancel	5	Schaltflächen Wiederholen und Abbrechen
vbCritical	16	Meldung für kritischen Fehler
vbQuestion	32	Warnung mit Abfrage
vbExclamation	48	Warnmeldung
vbInformation	64	Informationsmeldung
vbDefaultButton1	0	Erste Schaltfläche ist Voreinstellung (Voreinstellung)
vbDefaultButton2	256	Zweite Schaltfläche ist Voreinstellung
vbDefaultButton3	512	Dritte Schaltfläche ist Voreinstellung
vbDefaultButton4	768	Vierte Schaltfläche ist Voreinstellung
vbApplicationModal	0	An die Anwendung gebundenes Meldungsfeld (Voreinstellung)
vbSystemModal	4096	An das System gebundene Meldungsfeld
vbMsgBoxHelpButton	16384	Fügt eine Hilfeschaltfläche zum Meldungsfeld hinzu
VbMsgBoxSetForeground	65536	Legt das Meldungsfeld als Vordergrundfenster fest.
vbMsgBoxRight	524288	Der Text ist rechtsbündig
vbMsgBoxRtlReading	1048576	Legt fest, dass der Text von rechts nach links dargestellt wird, für hebräische und arabische Systeme.

Tabelle 57: MsgBox-Argumente

Konstante	Wert	Beschreibung
vbOK	1	Schaltfläche OK gedrückt
vbCancel	2	Schaltfläche Abbrechen gedrückt
vbAbort	3	Schaltfläche Abbruch gedrückt
vbRetry	4	Schaltfläche Wiederholen gedrückt
vbIgnore	5	Schaltfläche Ignorieren gedrückt
vbYes	6	Schaltfläche Ja gedrückt
vbNo	7	Schaltfläche Nein gedrückt

Tabelle 58: MsgBox-Rückgabewerte

Beispiel:

```
Sub Meldung()
   MsgBox "Hallo Welt", 1572864, "Rechtsbündig"
End Sub
```

InputBox-Methode

Öffnet ein Dialogfeld für eine Benutzereingabe. Zurückgegeben werden die Informationen, die in das Dialogfeld eingegeben wurden.

Wert	Bedeutung
0	Formel
1	Zahl
2	Text (Zeichenfolge)
4	Logischer Wert (True oder False)
8	Zellbezug, z. B. ein Range-Objekt
16	Fehlerwert, z. B. #N/A
64	Wertematrix

Tabelle 59: InputBox-Methode

Sie können die zulässigen Werte für das *Type*-Argument auch als Summe angeben. Damit etwa in einem Eingabefeld sowohl Text als auch Zahlen eingegeben werden können, setzen Sie Type auf 1 + 2.

Beispiele:

```
Sub Eingabe()
   Dim myCell
   myCell = Application.InputBox("Markieren Sie einen Bereich", _
                                 Type:=3)   ' Text und Zahl
   MsgBox myCell
End Sub

Sub Markieren()
   Dim myCell
   myCell = Application.InputBox("Markieren Sie einen Bereich", _
                                 Type:=8)
End Sub
```

Vergleichs-Operatoren

Syntax

Ergebnis = Ausdruck1 VergleichsOperator Ausdruck2
Ergebnis = Objekt1 Is Objekt2
Ergebnis = Zeichenfolge Like Muster

Operator	True, wenn	False, wenn	Null, wenn
< (Kleiner als)	Ausdruck1 < Ausdruck2	Ausdruck1 >= Ausdruck2	Ausdruck1 oder Ausdruck2 = Null
<= (Kleiner oder gleich)	Ausdruck1 <= Ausdruck2	Ausdruck1 > Ausdruck2	Ausdruck1 oder Ausdruck2 = Null
> (Größer als)	Ausdruck1 > Ausdruck2	Ausdruck1 <= Ausdruck2	Ausdruck1 oder Ausdruck2 = Null
>= (Größer oder gleich)	Ausdruck1 >= Ausdruck2	Ausdruck1 < Ausdruck2	Ausdruck1 oder Ausdruck2 = Null
= (Gleich)	Ausdruck1 = Ausdruck2	Ausdruck1 <> Ausdruck2	Ausdruck1 oder Ausdruck2 = Null
<> (Ungleich)	Ausdruck1 <> Ausdruck2	Ausdruck1 = Ausdruck2	Ausdruck1 oder Ausdruck2 = Null
< (Kleiner als)	Ausdruck1 < Ausdruck2	Ausdruck1 >= Ausdruck2	Ausdruck1 oder Ausdruck2 = Null

Tabelle 60: Vergleichs-Operatoren

Beispiel:

```
Sub Kleiner_als()
   ' Prüft, ob der erste Wert kleiner ist als der zweite Wert
   Dim a As Integer
   Dim b As Integer
   a = 300
   b = 500
     If a < b Then
        MsgBox "Der Wert a ist kleiner"
     Else
        MsgBox "Der Wert b ist kleiner"
     End If
End Sub
```

Arithmetische Operatoren

Arithmetisch	Vergleich	Logisch
Potenzierung (^)	Gleich (=)	Not
Negation (-)	Ungleich (<>)	And
Multiplikation und Division (*, /)	Kleiner als (<)	Or
Ganzzahldivision (\)	Größer als (>)	Xor
Restwert (Mod)	Kleiner oder gleich (<=)	Eqv
Addition und Subtraktion (+, –)	Größer oder gleich (>=)	Imp
Zeichenverkettung (&)	Like Is	

Tabelle 61: Arithmetische Operatoren

Beispiel:

In diesem Beispiel wird der Operator / verwendet, um eine Fließkommadivision durchzuführen.

```
Sub Div()
   ' Dividieren
   Dim Wert1
   Wert1 = 10 / 4     ' Liefert 2,5
   Wert1 = 10 / 3     ' Liefert 3,333333
End Sub
```

In diesem Beispiel wird der Operator `Eqv` verwendet, um zwei Ausdrücke mit einer logischen Äquivalenzoperation zu verknüpfen.

```
Sub Operator_Eqv()
    Dim A, B, C, D, Test1
    A = 10: B = 8: C = 6: D = Null ' Variablen initialisieren
    Test1 = A > B Eqv B > C        ' Liefert True
    Test1 = B > A Eqv B > C        ' Liefert False
    Test1 = A > B Eqv B > D        ' Liefert Null
    Test1 = A Eqv B               ' Liefert -3 (Bit-weiser Vergleich)
End Sub
```

In diesem Beispiel wird der Operator `Imp` verwendet, um zwei Ausdrücke mit einer logischen Implikation zu verknüpfen.

```
Sub Operator_Imp()
    Dim A, B, C, D, Test1
    A = 10: B = 8: C = 6: D = Null  ' Variablen initialisieren
    Test1 = A > B Imp B > C         ' Liefert True
    Test1 = A > B Imp C > B         ' Liefert False
    Test1 = B > A Imp C > B         ' Liefert True
    Test1 = B > A Imp C > D         ' Liefert True
    Test1 = C > D Imp B > A         ' Liefert Null
    Test1 = B Imp A                ' Liefert -1 (Bit-weiser Vergleich)
End Sub
```

In diesem Beispiel wird der Operator `Mod` verwendet, um zwei Zahlen zu dividieren und den ganzzahligen Rest zurückzugeben. Fließkommazahlen werden vor der Operation auf einen ganzzahligen Wert gerundet.

```
Sub Operator_Mod()
    ' Ganzzahligen Rest ausgeben
    Dim Ergebnis As Double
    Ergebnis = 10 Mod 5     ' Liefert 0
    Ergebnis = 10 Mod 3     ' Liefert 1
    Ergebnis = 12 Mod 4.3   ' Liefert 0
    Ergebnis = 12.6 Mod 5   ' Liefert 3
End Sub
```

In diesem Beispiel wird der Operator `Like` verwendet, um eine Zeichenfolge mit einem Muster zu vergleichen.

```
Sub Operator_Like()
    ' Vergleichen
    Dim Test1 As String
    Test1 = "aBBBa" Like "a*a"     ' Liefert True
    Test1 = "F" Like "[A-Z]"       ' Liefert True
    Test1 = "F" Like "[G-Z]"       ' Liefert False
    Test1 = "a2a" Like "a#a"       ' Liefert True
```

```
    Test1 = "ABC" Like "A?C"        ' Liefert True
    Test1 = "ABC" Like "A?C?"       ' Liefert False
End Sub
```

Verkettungs-Operatoren

& (Operator)

+ (Operator)

Beispiel:

```
Sub Verketten()
  ' Werte verketten
  Dim Test1
  Test1 = "Hallo" & " " & "Welt"    ' Liefert: Hallo Welt
  Test1 = "Hallo" + " " + "Welt"    ' Liefert: Hallo Welt
  Test1 = 123 & 456                 ' Liefert: 123456
  Test1 = 123 + 456                 ' Liefert: 579
End Sub
```

SpecialCells-Methode

Stellt alle Zellen dar, die mit dem Typ übereinstimmen.

Syntax

Ausdruck.SpecialCells(Type.Value)

Konstante	Beschreibung
xlCellTypeAllFormatConditions	Zellen mit beliebigem Format
xlCellTypeAllValidation	Zellen mit Gültigkeitskriterien
xlCellTypeBlanks	Leere Zellen
xlCellTypeComments	Zellen mit Anmerkungen
xlCellTypeConstants	Zellen mit Konstanten
xlCellTypeFormulas	Zellen mit Formeln
xlCellTypeLastCell	Letzte Zelle im benutzten Bereich
xlCellTypeSameFormatConditions	Zellen mit gleichem Format
xlCellTypeSameValidation	Zellen mit gleichen Gültigkeitskriterien
xlCellTypeVisible	Alle sichtbaren Zellen

Tabelle 62: SpecialCells-Methode

Beispiel:

```
Sub SpezialCells()
    ' Letzte Zelle des benutzten Bereichs
    ActiveSheet.Cells.SpecialCells(xlCellTypeLastCell).Activate
End Sub
```

RGB-Funktion

Stellt einen RGB-Farbwert dar.

Syntax

RGB(red, green, blue)

Farbe	Rot-Komponente	Grün-Komponente	Blau-Komponente
Schwarz	0	0	0
Blau	0	0	255
Grün	0	255	0
Cyan	0	255	255
Rot	255	0	0
Magenta	255	0	255
Gelb	255	255	0
Weiß	255	255	255

Tabelle 63: RGB-Funktion

Beispiel:

```
Sub RGB_Farbe()
    ' Zelle A1: Rote Hintergrundfarbe
    [A1].Interior.Color = RGB(255, 0, 0)
End Sub
```

ColorIndex-Eigenschaft

Farbe einem Objekt zuweisen.

Objekt	ColorIndex
Border	Die Farbe des Rahmens
Borders	Die Farbe aller vier Rahmen. Gibt **Null** zurück, wenn nicht alle vier Farben gleich sind
Font	Die Farbe der Schriftart. Geben Sie **xlColorIndexAutomatic** an, um die Farbe automatisch zu verwenden
Interior	Die Füllfarbe des Innenraums. Weisen Sie dieser Eigenschaft **xlColorIndexNone** zu, um den Innenraum nicht zu füllen; weisen Sie **xlColorIndexAutomatic** zu, um diesen automatisch zu füllen (bei Zeichnungsobjekten)

Tabelle 64: ColorIndex-Eigenschaft

Beispiel:

```
Sub ColorIndex_Farbe()
   ' Zelle A1: Rote Hintergrundfarbe
   [A1].Interior.ColorIndex = 3
End Sub
```

ColorFormat-Objekt (Fülleffekte)

Verwenden Sie eine der in der Tabelle 69 aufgeführten Eigenschaften, um ein ColorFormat-Objekt zurückzugeben.

Verwenden Sie folgende Eigenschaft	Mit folgendem Objekt	Um ein ColorFormat-Objekt zurückzugeben, das Folgendes darstellt:
BackColor	FillFormat	Hintergrundfüllfarbe (bei schattierter oder gemusterter Füllung)
ForeColor	FillFormat	Vordergrundfüllfarbe (oder nur die Farbe einer einfarbigen Füllung)
BackColor	LineFormat	Hintergrundlinienfarbe (bei einer gemusterten Linie)
ForeColor	LineFormat	Vordergrundlinienfarbe (oder nur die Farbe einer einfarbigen Linie)
ForeColor	ShadowFormat	Schattenfarbe
ExtrusionColor	ThreeDFormat	Farbe der Seiten eines projizierten Objekts

Tabelle 65: ColorFormat-Objekt

Beispiele:

```
Sub Fuelleffekte()
   ' Ein Quadrat mit Fülleffekt erstellen (Fill)
   Dim myDocument As Worksheet
   Set myDocument = Worksheets(1)
   With myDocument.Shapes.AddShape(msoShapeRectangle, _
          90, 90, 90, 50).Fill
      .ForeColor.RGB = RGB(128, 0, 0)
      .BackColor.RGB = RGB(170, 170, 170)
      .TwoColorGradient msoGradientHorizontal, 1
   End With
End Sub

Sub Kreis_Schatten()
   ' Einen Kreis mit Schatten erstellen (TreeD & Extrusion)
   Dim myDocument As Worksheet
   Dim MyShape As Shape
   Set myDocument = Worksheets(1)
   Set MyShape = myDocument.Shapes.AddShape(msoShapeOval, _
          90, 90, 90, 40)
   With MyShape.ThreeD
      .Visible = True
      .Depth = 50
      .ExtrusionColor.RGB = RGB(255, 100, 255)
   End With
End Sub
```

FormatCondition-Objekt (Bedingte Formatierung)

Verwenden Sie `FormatConditions(Index)`, wobei Index die Indexnummer des bedingten Formats ist, um ein `FormatCondition`-Objekt zurückzugeben.

Objekt	Eigenschaften
Font	Bold
	Color
	ColorIndex
	FontStyle
	Italic
	Strikethrough
	Underline
	Die Unterstreichungsarten »Buchhaltung« können nicht verwendet werden.

Tabelle 66: FormatCondition-Objekt

Objekt	Eigenschaften
Border	Bottom
	Color
	Left
	Right
	Style
	Folgende Rahmenarten können verwendet werden (alle anderen werden nicht unterstützt): xlNone, xlSolid, xlDash, xlDot, xlDashDot, xlDashDotDot, xlGray50, xlGray75 und xlGray25.
	Top
	Weight
	Folgende Rahmenstärken können verwendet werden (alle anderen werden nicht unterstützt): xlWeightHairline und xlWeightThin
Interior	Color
	ColorIndex
	Pattern
	PatternColorIndex

Tabelle 66: FormatCondition-Objekt (Fortsetzung)

Beispiel:

```
Sub Bedinge_Formatierung()
   ' Eine Bedingung (FormatConditions(1)
   ' für den Bereich A1:A10 wird hinzugefügt
   [A1:A10].FormatConditions.Delete
   [A1:A10].FormatConditions.Add Type:=xlCellValue, _
          Operator:=xlBetween, _
          Formula1:="1", Formula2:="100"
   With [A1:A10].FormatConditions(1)
        .Font.ColorIndex = 3
        .Interior.ColorIndex = 27
   End With
End Sub
```

Formatcodes für Kopf- und Fußzeilen

Die speziellen Formatcodes aus der Tabelle 68 können in die Kopf- und Fußzeilen aufgenommen werden:

Formatcode	Beschreibung
&L	Richtet nachfolgende Zeichen links aus
&C	Zentriert das nachfolgende Zeichen
&R	Richtet nachfolgende Zeichen rechts aus
&E	Schaltet Doppelt Unterstreichen ein oder aus
&X	Schaltet Hochstellen ein oder aus
&Y	Schaltet Tiefstellen ein oder aus
&B	Schaltet Fettdruck ein oder aus
&I	Schaltet Kursivdruck ein oder aus
&U	Schaltet Unterstreichen ein oder aus
&S	Schaltet Durchstreichen ein oder aus
&D	Druckt das aktuelle Datum
&T	Druckt die aktuelle Zeit
&F	Druckt den Namen des Dokuments
&A	Druckt den Namen des Registers einer Arbeitsmappe
&P	Druckt die Seitenzahl
&P+Zahl	Druckt die Seitenzahl zuzüglich der angegebenen Zahl
&&	Druckt ein einzelnes kaufmännisches Und-Zeichen
&»Schriftart«	Druckt die nachfolgenden Zeichen in der angegebenen Schriftart. Schriftart muss von Anführungszeichen eingeschlossen sein
&nn	Druckt die nachfolgenden Zeichen im angegebenen Schriftgrad. Geben Sie eine zweistellige Zahl an, um den Schriftgrad anzugeben
&N	Druckt die Gesamtanzahl der Seiten eines Dokumentes

Tabelle 67: Formatcodes für Kopf- und Fußzeilen

Englisch	Deutsch
LeftHeader	Linke Kopfzeile
CenterHeader	Mittlere Kopfzeile
RightHeader	Rechte Kopfzeile
LeftFooter	Linke Fußzeile
CenterFooter	Mittlere Fußzeile
RightFooter	Rechte Fußzeile

Tabelle 68: Kopf- und Fußzeilen ansprechen

Beispiel:

```
Sub Linke_Fusszeile()
    ' Linke Fusszeile Schriftgröße 8
    ActiveSheet.PageSetup.LeftFooter = "&8Das Excel-VBA-Codebook"
End Sub
```

Datentypen

Die Tabelle 69 enthält die von Visual Basic unterstützten Datentypen sowie deren Speicherbedarf und Wertebereiche.

Datentyp	Speicherbedarf	Wertebereich
Byte	1 Byte	0 bis 255
Boolean	Boolean	True oder False
Integer	2 Bytes	-32.768 bis 32.767
Long (lange Ganzzahl)	4 Bytes	-2.147.483.648 bis 2.147.483.647
Single (Gleitkommazahl mit einfacher Genauigkeit)	4 Bytes	-3,402823E38 bis -1,401298E-45 für negative Werte; 1,401298E-45 bis 3,402823E38 für positive Werte.
Double (Gleitkommazahl mit doppelter Genauigkeit)	8 Bytes	-1,79769313486231E308 bis -4,94065645841247E-324 für negative Werte; 4,94065645841247E-324 bis 1,79769313486232E308 für positive Werte
Currency (skalierte Ganzzahl)	8 Bytes	-922.337.203.685.477,5808 bis 922.337.203.685.477,5807
Decimal	14 Bytes	+/-79.228.162.514.264.337.593.543.950.335 ohne Dezimalzeichen; +/-7,9228162514264337593543950335 mit 28 Nachkommastellen; die kleinste Zahl ungleich Null ist +/-0,0000000000000000000000000001
Date	8 Bytes	1. Januar 100 bis 31. Dezember 9999
Object	4 Bytes	Beliebiger Verweis auf ein Objekt vom Typ Object
String (variable Länge)	10 Bytes plus Zeichenfolgenlänge	0 bis ca. 2 Milliarden

Tabelle 69: Datentypen

Datentyp	Speicherbedarf	Wertebereich
String (feste Länge)	Zeichenfolgenlänge	1 bis ca. 65.400
1 bis ca. 65.400	16 Bytes	Numerische Werte im Bereich des Datentyps Double
Variant (mit Zeichen)	22 Bytes plus Zeichenfolgenlänge	Wie bei String mit variabler Länge
Benutzerdefiniert (mit Type)	Zahl ist von Elementen abhängig	Der Bereich für jedes Element entspricht dem Bereich des zugehörigen Datentyps

Tabelle 69: Datentypen (Fortsetzung)

Typ-Umwandlungsfunktionen

Jede Funktion legt für einen bestimmten Datentyp zwingend einen Ausdruck fest.

Syntax

CBool(Ausdruck)
CByte(Ausdruck)
CCur(Ausdruck)
CDate(Ausdruck)
CDbl(Ausdruck)
CDec(Ausdruck)
CInt(Ausdruck)
CLng(Ausdruck)
CSng(Ausdruck)
CVar(Ausdruck)
CStr(Ausdruck)

Funktion	Rückgabetyp	Bereich des Arguments Ausdruck
CBool	Boolean	Eine gültige Zeichenfolge oder ein gültiger numerischer Ausdruck
CByte	Byte	0 bis 255
CCur	Currency	-922.337.203.685.477,5808 bis 922.337.203.685.477,5807
CDate	Date	Ein beliebiger gültiger Datumsausdruck
CDbl	Double	-1,79769313486231E308 bis -4,94065645841247E-324 für negative Werte; 4,94065645841247E-324 bis 1,79769313486232E308 für positive Werte

Tabelle 70: Typ-Umwandlungsfunktionen

Funktion	Rückgabetyp	Bereich des Arguments Ausdruck
CDec	Decimal	+/-79.228.162.514.264.337.593.543.950.335 für skalierte Ganzzahlen, d.h. Zahlen ohne Dezimalstellen. Für Zahlen mit 28 Dezimalstellen gilt der Bereich +/-7,9228162514264337593543950335. Die kleinste mögliche Zahl ungleich Null ist 0,0000000000000000000000000001
CInt	Integer	-32.768 bis 32.767; Nachkommastellen werden gerundet
CLng	Long	-2.147.483.648 bis 2.147.483.647; Nachkommastellen werden gerundet
CSng	Single	-3,402823E38 bis -1,401298E-45 für negative Werte; 1,401298E-45 bis 3,402823E38 für positive Werte
CVar	Variant	Numerische Werte im Bereich des Typs Double. Nichtnumerische Werte im Bereich des Typs String
CStr	String	Rückgabe für CStr hängt vom Argument *Ausdruck* ab

Tabelle 70: Typ-Umwandlungsfunktionen (Fortsetzung)

Beispiel:

```
Sub Umwandlung()
    ' Wandelt den Typ Currency in Double um
    Dim TestCur As Currency
    Dim TestDouble As Double
    ' TestCur hat Typ Currency
    TestCur = CCur(234.456784)
    ' Ergebnis in Double umwandeln
    TestDouble = CDbl(TestCur * 8.2 * 0.01)
End Sub
```

Benutzerdefinierte Datums- und Zeitformate (Format-Funktion)

Die Tabelle 71 enthält die Zeichen zum Erstellen von benutzerdefinierten Datums- und Zeitformaten:

Zeichen	Beschreibung
(:)	Zeit-Trennzeichen. Das gebräuchlichste Zeit-Trennzeichen ist der Doppelpunkt, aber in manchen Gebietsschemata werden andere Zeichen zum Trennen von Zeitangaben verwendet. Das Zeit-Trennzeichen trennt Stunden, Minuten und Sekunden beim Formatieren von Zeitangaben voneinander. Das tatsächliche Zeit-Trennzeichen in der formatierten Ausgabe hängt von den Systemeinstellungen ab

Tabelle 71: Datums- und Zeitformate

Zeichen	Beschreibung
(/)	Datumstrennzeichen. In manchen Gebietsschemata können andere Zeichen zum Darstellen des Datum-Trennzeichens verwendet werden. Das Datum-Trennzeichen trennt Tag, Monat und Jahr beim Formatieren von Datumsangaben voneinander. Das tatsächliche Datum-Trennzeichen in der formatierten Ausgabe hängt von den Systemeinstellungen ab
C	Zeigt das Datum in der Form ddddd und die Zeit in der Form ttttt an, und zwar in dieser Reihenfolge. Hat die fortlaufende Zahl für das Datum keine Nachkommastellen, so wird nur das Datum angezeigt. Hat sie ausschließlich Nachkommastellen, so wird lediglich die Uhrzeit angezeigt
d	Zeigt den Tag als Zahl ohne führende Null (1 – 31) an
dd	Zeigt den Tag als Zahl mit führender Null (01 – 31) an
ddd	Zeigt den Tag als Abkürzung (So – Sa) an
dddd	Zeigt den Tag mit vollständigem Namen (Sonntag – Samstag) an
ddddd	Zeigt ein vollständiges Datum (einschließlich Tag, Monat und Jahr) an, das entsprechend der Systemeinstellung für das kurze Datumsformat formatiert ist. Die Voreinstellung für das kurze Datumsformat ist dd.mm.yy
dddddd	Zeigt ein vollständiges Datum (einschließlich Tag, Monat und Jahr) an, das entsprechend der Systemeinstellung für das lange Datumsformat formatiert ist. Die Voreinstellung für das lange Datumsformat ist dd.mmmm.yyyy
aaaa	Das Gleiche wie dddd, allerdings die lokalisierte Version der Zeichenfolge
w	Zeigt den Wochentag als Zahl (1 für Sonntag bis 7 für Samstag) an
ww	Zeigt die Kalenderwoche als Zahl (1 – 54) an
m	Zeigt den Monat als Zahl ohne führende Null (1 – 12) an. Wenn m unmittelbar auf h oder hh folgt, wird nicht der Monat, sondern die Minute angezeigt
mm	Zeigt den Monat als Zahl mit führender Null (01 – 12) an. Wenn m unmittelbar auf h oder hh folgt, wird nicht der Monat, sondern die Minute angezeigt
mmm	Zeigt den Monat als Abkürzung (Jan – Dez) an
mmmm	Zeigt den Monat mit vollständigem Namen (Januar – Dezember) an
oooo	Das Gleiche wie mmmm, allerdings die lokalisierte Version der Zeichenfolge
q	Zeigt das Jahresquartal als Zahl (1 – 4) an
y	Zeigt den Kalendertag als Zahl (1 – 366) an
yy	Zeigt das Jahr als zweistellige Zahl (00 – 99) an
yyyy	Zeigt das Jahr als vierstellige Zahl (100 – 9999) an
h	Zeigt die Stunde als Zahl ohne führende Nullen (0 – 23) an
hh	Zeigt die Stunde als Zahl mit führenden Nullen (00 – 23) an
n	Zeigt die Minute als Zahl ohne führende Nullen (0 – 59) an
nn	Zeigt die Minute als Zahl mit führenden Nullen (00 – 59) an
s	Zeigt die Sekunde als Zahl ohne führende Nullen (0 – 59) an

Tabelle 71: Datums- und Zeitformate (Fortsetzung)

Zeichen	Beschreibung
ss	Zeigt die Sekunde als Zahl mit führenden Nullen (00 – 59) an
t t t t t	Zeigt eine vollständige Zeitangabe (einschließlich Stunden, Minuten und Sekunden) an, die mit dem Zeit-Trennzeichen formatiert ist, das in der Systemeinstellung für das Zeitformat festgelegt ist. Eine führende Null wird angezeigt, wenn die entsprechende Option ausgewählt wurde und die Zeit vor 10:00 liegt. Die Voreinstellung für das Zeitformat ist h:mm:ss
AM/PM	12-Stunden-Format mit Anzeige von AM (großgeschrieben) vor 12 Uhr mittags und PM (großgeschrieben) ab 12 Uhr mittags und vor 24:00 Uhr
am/pm	12-Stunden-Format mit Anzeige von am (kleingeschrieben) vor 12 Uhr mittags und pm (kleingeschrieben) ab 12 Uhr mittags und vor 24:00 Uhr
A/P	12-Stunden-Format mit Anzeige von A (großgeschrieben) vor 12 Uhr mittags und P (großgeschrieben) ab 12 Uhr mittags und vor 24:00 Uhr
a/p	12-Stunden-Format mit Anzeige von a (kleingeschrieben) vor 12 Uhr mittags und p (kleingeschrieben) ab 12 Uhr mittags und vor 24:00 Uhr
AMPM	12-Stunden-Format mit Anzeige des AM-Zeichenfolgenliterals, das von Ihrem System festgelegt ist. Vor 12 Uhr mittags wird die AM-Zeichenfolge und ab 12 Uhr mittags bis 24:00 Uhr die PM-Zeichenfolge angezeigt. AMPM kann klein- oder großgeschrieben werden, die tatsächlich verwendete Schreibweise hängt von den Systemeinstellungen ab. Die Voreinstellung ist AM/PM

Tabelle 71: Datums- und Zeitformate (Fortsetzung)

DateDiff-Funktion

Gibt einen Wert vom Typ Variant (Long) zurück, der die Anzahl der Zeitintervalle zwischen zwei bestimmten Terminen angibt.

Syntax

DateDiff(interval, date1, date2[, firstdayofweek[, firstweekofyear]])

Die Syntax für die DateDiff-Funktion besteht aus folgenden benannten Bereichen:

Teil	Beschreibung
interval	Erforderlich. Zeichenfolgenausdruck, der das Zeitintervall ergibt, das Sie zur Berechnung der Differenz zwischen date1 und date2 verwenden
date1, date2	Erforderlich. Wert vom Typ Variant (Date). Zwei Termine, die Sie in Ihrer Berechnung verwenden möchten
Firstdayofweek	Optional. Eine Konstante, die den ersten Tag der Woche angibt. Ist dieser Wert nicht angegeben, wird Sonntag angenommen

Tabelle 72: DateDiff-Funktion

Teil	Beschreibung
firstweekofyear	Optional. Eine Konstante, die die erste Woche des Jahres angibt. Ist dieser Wert nicht angegeben, wird die Woche mit dem 1. Januar als die erste Woche angenommen

Tabelle 72: DateDiff-Funktion (Fortsetzung)

Das Argument `interval` hat die folgenden Einstellungen:

Einstellung	Beschreibung
yyyy	Jahr
q	Quartal
m	Monat
y	Tag des Jahres
d	Tag
w	Wochentag
ww	Woche
h	Stunde
n	Minute
s	Sekunde

Tabelle 73: Interval

Das Argument `firstdayofweek` hat folgende Einstellungen:

Konstante	Wert	Beschreibung
vbUseSystem	0	Die NLS API-Einstellung wird verwendet
vbSunday	1	Sonntag (Voreinstellung)
vbMonday	2	Montag
vbTuesday	3	Dienstag
vbWednesday	4	Mittwoch
vbThursday	5	Donnerstag
vbFriday	6	Freitag
vbSaturday	7	Samstag

Tabelle 74: firstdayofweek

Das Argument `firstweekofyear` hat folgende Einstellungen:

Konstante	Wert	Beschreibung
vbUseSystem	0	Die NLS API-Einstellung wird verwendet
vbFirstJan1	1	Anfang in der Woche mit dem 1. Januar (Voreinstellung)
vbFirstFourDays	2	Anfang in der ersten Woche, die mindestens vier Tage im neuen Jahr enthält
vbFirstFullWeek	3	Anfang in der ersten vollständigen Woche des Jahres

Tabelle 75: firstweekofyear

Beispiel:

```
Sub Datum()
    ' Datumsdifferenz berechnen
    Dim Datum1 As Date
    Dim Msg
    Datum1 = InputBox("Geben Sie ein Datum ein")
    Msg = "Tage von heute an: " & DateDiff("d", Now, Datum1)
    MsgBox Msg
End Sub
```

OnKey-Methode

Führt die angegebene Prozedur aus, wenn eine bestimmte Taste oder Tastenkombination gedrückt wird.

Syntax

Ausdruck.OnKey(Key, Procedure)

TASTE	Code
RÜCKTASTE	{BACKSPACE} oder {BS}
PAUSE	{BREAK}
FESTSTELLTASTE	FESTSTELLTASTE
ENTF	{CLEAR}, {DELETE} oder {DEL}
NACH-UNTEN-TASTE	{DOWN}
ENDE	{END}
EINGABETASTE (Zehnertastatur)	{ENTER}
EINGABETASTE	~ (Tilde)
ESC	{ESCAPE} oder {ESC}
HILFE	{HELP}

Tabelle 76: OnKey-Methode

TASTE	Code
POS1	{HOME}
EINFG	{INSERT}
NACH-LINKS-TASTE	{LEFT}
NUM	{NUMLOCK}
BILD-AB	{PGDN}
BILD-AUF	{PGUP}
EINGABETASTE	{RETURN}
NACH-RECHTS-TASTE	{RIGHT}
ROLLEN	{SCROLLOCK}
TAB	{TAB}
NACH-OBEN-TASTE	{UP}
F1 bis F15	{F1} bis {F15}

Tabelle 76: OnKey-Methode (Fortsetzung)

Sie können jede beliebige Tastenkombination mit [⇧], [STRG] und [ALT] angeben. Kombinieren Sie eine Taste mit einer oder mehreren anderen Tasten entsprechend der Tabelle 81.

Kombinieren mit	Vorangestelltes Zeichen
UMSCHALT	+ (Pluszeichen)
STRG	^ (Caret-Zeichen)
ALT	% (Prozentzeichen)

Tabelle 77: Kombinationsmöglichkeiten

Ein komplettes Beispiel dazu finden Sie in der Kategorie »Intern«.

Attributes-Eigenschaft

Legt die Attribute von Dateien oder Ordnern fest bzw. gibt diese zurück. Je nach Attribut kann aus den Dateien/Ordnern gelesen und in sie geschrieben werden bzw. sind sie schreibgeschützt.

Syntax

Objekt.Attributes [= neueAttribute]

Konstante	Wert	Beschreibung
Normal	0	Normale Datei. Es wurden keine Attribute festgelegt
ReadOnly	1	Schreibgeschützte Datei. Attribut mit Lese-/Schreibzugriff

Tabelle 78: Attributes-Eigenschaft

Konstante	Wert	Beschreibung
Hidden	2	Verborgene Datei. Attribut mit Lese-/Schreibzugriff
System	4	Systemdatei. Attribut mit Lese-/Schreibzugriff
Volume	8	Datenträgerbezeichnung des Laufwerks. Attribut mit Schreibschutz
Directory	16	Ordner oder Verzeichnis. Das Attribut ist schreibgeschützt
Archive	32	Die Datei hat sich seit der letzten Sicherung geändert. Attribut mit Lese-/ Schreibzugriff
Alias	64	Verknüpfung. Attribut mit Schreibschutz
Compressed	128	Komprimierte Datei. Attribut mit Schreibschutz

Tabelle 78: Attributes-Eigenschaft (Fortsetzung)

Verschiedene Konstanten

Konstante	Äquivalent	Beschreibung
vbCrLf	Chr(13) + Chr(10)	Kombination aus Wagenrücklauf und Zeilenvorschub
vbCr	Chr(13)	Wagenrücklaufzeichen
vbLf	Chr(10)	Zeilenvorschub
vbNewLine	Chr(13) + Chr(10) oder, auf dem Macintosh, Chr(13)	Plattformspezifisches Zeilenumbruchzeichen; je nachdem, welches für die aktuelle Plattform geeignet ist
vbNullChar	Chr(0)	Zeichen mit dem Wert 0
vbNullString	Zeichenfolge mit dem Wert 0	Nicht identisch mit der Null-Zeichenfolge (»«); wird verwendet, um externe Prozeduren aufzurufen
vbObjectError	- 2147221504	Benutzerdefinierte Fehlernummern sollten größer als dieser Wert sein. Zum Beispiel: Err.Raise Number = vbObjectError + 1000
vbTab	Chr(9)	Tabulatorzeichen
vbBack	Chr(8)	Rückschrittzeichen
vbFormFeed	Chr(12)	Nicht sinnvoll unter Microsoft Windows oder auf dem Macintosh
vbVerticalTab	Chr(11)	Nicht sinnvoll unter Microsoft Windows oder auf dem Macintosh

Tabelle 79: Verschiedene Konstanten

Beispiel:

```
Sub Konst()
   MsgBox "Hallo" & vbLf & "Welt"
End Sub
```